NEUROPSICOLOGIA

A Artmed é a editora oficial da Sociedade Brasileira de Neuropsicologia

N494   Neuropsicologia : teoria e prática / Organizadores, Daniel Fuentes ... [et al.].
– 2. ed. – Porto Alegre : Artmed, 2014.
432 p. : il. ; 25 cm

ISBN 978-85-8271-055-5

1. Neuropsicologia. I. Fuentes, Daniel.

CDU 616.8:159.9

Catalogação na publicação: Ana Paula M. Magnus – CRB-10/2052

NEUROPSICOLOGIA

teoria e prática

DANIEL FUENTES
LEANDRO F. MALLOY-DINIZ
CANDIDA HELENA PIRES DE CAMARGO
RAMON M. COSENZA
Organizadores

2ª EDIÇÃO

2014

© Artmed Editora Ltda, 2014

Gerente editorial
Letícia Bispo de Lima

Colaboraram nesta edição:

Coordenadora editorial
Cláudia Bittencourt

Capa
Márcio Monticelli

Imagem de capa
MedicalRF.com/Getty Images

Ilustrações do Capítulo 2
Gilnei Cunha

Preparação do original
Antonio Augusto da Roza

Leitura final
Grasielly Hanke Angeli
Lisandra Cássia Pedruzzi Picon

Projeto e editoração
Armazém Digital® Editoração Eletrônica – Roberto Carlos Moreira Vieira

Reservados todos os direitos de publicação à
Artmed Editora Ltda.
Av. Jerônimo de Ornelas, 670 – Santana
90040-340 – Porto Alegre, RS
Fone: (51) 3027-7000 Fax: (51) 3027-7070

É proibida a duplicação ou reprodução deste volume, no todo ou em parte, sob quaisquer formas ou por quaisquer meios (eletrônico, mecânico, gravação, fotocópia, distribuição na Web e outros), sem permissão expressa da Editora.

SÃO PAULO
Av. Embaixador Macedo Soares, 10.735 – Pavilhão 5
Cond. Espace Center – Vila Anastácio
05095-035 São Paulo SP
Fone: (11) 3665-1100 Fax: (11) 3667-1333

SAC 0800 703-3444 – www.grupoa.com.br

IMPRESSO NO BRASIL
PRINTED IN BRAZIL

Autores

Daniel Fuentes. Psicólogo. Especialista em Neuropsicologia pelo Conselho Federal de Psicologia (CFP). Doutor em Ciência pela Faculdade de Medicina da Universidade de São Paulo (USP). Diretor do Serviço de Psicologia e Neuropsicologia do Instituto de Psiquiatria da Faculdade de Medicina da USP (IPq-FMUSP).

Leandro F. Malloy-Diniz. Neuropsicólogo. Mestre em Psicologia e Doutor em Farmacologia Bioquímica e Molecular pela Universidade Federal de Minas Gerais (UFMG). Professor adjunto da Faculdade de Medicina da UFMG. Coordenador do Laboratório de Investigações Neuropsicológicas no Instituto Nacional de Tecnologia e Pesquisa em Medicina Molecular – UFMG (LIN-INCT-MM-UFMG). Presidente da Sociedade Brasileira de Neuropsicologia (SBNp – 2011-2013).

Candida Helena Pires de Camargo. Psicóloga. Especialista em Psicologia Clínica e Neuropsicologia pelo Conselho Federal de Psicologia (CFP).

Ramon M. Cosenza. Médico. Doutor em Ciências pela Universidade Federal de Minas Gerais (UFMG). Professor aposentado do Instituto de Ciências Biológicas (ICB) da UFMG.

Alessandra Assumpção. Psicóloga e assistente social. Mestranda em Medicina Molecular pela UFMG. Membro do Centro Regional de Referência em Drogas – UFMG.

Alessandra Gotuzo Seabra. Psicóloga. Mestre, Doutora e Pós-doutorada em Psicologia pela USP. Professora do Programa de Pós-graduação em Distúrbios do Desenvolvimento da Universidade Presbiteriana Mackenzie. Bolsista produtividade do Conselho Nacional de Desenvolvimento Científico e Tecnológico (CNPq).

Alex de Toledo Ceará. Psicólogo, neuropsicólogo, psicólogo social e comunitário, psicoterapeuta. Mestre em Ciências Biomédicas pela Faculdade de Ciências Médicas da Universidade de Campinas (Unicamp). Doutorando em Saúde da Criança e do Adolescente na Faculdade de Ciências Médicas da Unicamp. Membro pesquisador dos Laboratórios Integrados de Neurociências (Lineu) do IPq-HCFMUSP.

Amer Cavalheiro Hamdan. Psicólogo. Mestre em Educação pela Universidade Estadual Paulista (Unesp). Doutor em Ciências (Psicobiologia) pela Universidade Federal de São Paulo (Unifesp). Professor adjunto do Departamento de Psicologia da Universidade Federal do Paraná (UFPR). Orientador do Programa de Pós-graduação em Psicologia da UFPR, linha de pesquisa Avaliação e Reabilitação Neuropsicológica.

Ana Paula Almeida de Pereira. Psicóloga. Mestre e Doutora em Psicologia da Reabilitação pela Universidade de Wisconsin, Estados Unidos. Professora adjunta na UFPR, Programa de Pós-graduação em Psicologia, linha de pesquisa Avaliação e Reabilitação Neuropsicológica.

Anita Taub. Psicóloga. Especialista em Neuropsicologia pelo CFP. Mestre em Ciências da Saúde pela Unifesp. Colaboradora do Projeto Transtorno Obsessivo-compulsivo (PROTOC) do HCFMUSP.

António Alvim-Soares. Psiquiatra da infância e adolescência. Mestre e doutorando em Medicina Molecular na UFMG.

Antonio Lucio Teixeira. Neurologista e psiquiatra. Mestre e Doutor em Biologia Celular pela UFMG. Livre-docente em Psiquiatria pela Unifesp. Professor da Faculdade de Medicina da UFMG.

Beatriz Lobo Araripe. Psicóloga. Especialista em Neuropsicóloga pelo Centro de Estudo em Psicologia da Saúde (CEPSIC).

Blaise Christe. Psicólogo. Ph.D. em Psicologia pela Geneva University, Suíça. Psicólogo na Traffic Medicine and Psychology Unit, University Center Of Legal Medicine, Geneva University Hospitals, Suíça.

Breno Satler Diniz. Psiquiatra e psicogeriatra. Doutor em Ciências pela FMUSP. Pós-doutor em Neurociências Clínicas pela Universidade de Pittsburgh, Estados Unidos. Professor adjunto da Faculdade de Medicina da UFMG. Pesquisador associado ao LIN-INCT-MM-UFMG.

Bruna Messina. Psicóloga e neuropsicóloga. Mestranda pela FMUSP. Pesquisadora no Ambulatório de Impulso Sexual Excessivo, PRO-AMITI, IPq-HCFMUSP.

Claudia Berlim de Mello. Psicóloga. Especialista em Neuropsicologia. Mestre em Psicologia (Desenvolvimento no Contexto Sociocultural) pela Universidade de Brasília (UnB). Doutora em Psicologia (Neurociências e Comportamento) pela USP. Pesquisadora do Centro Paulista de Neuropsicologia (CPN), Associação Fundo de Incentivo à Pesquisa (AFIP).

Cristiana Castanho de Almeida Rocca. Psicóloga. Mestre e Doutora em Ciências pela FMUSP. Psicóloga supervisora no Serviço de Psicologia e Neuropsicologia do IPq-FMUSP.

Cristina Yumi Nogueira Sediyama. Psicóloga. Mestranda em Medicina Molecular na UFMG. Integrante do LIN-INCT-MM-UFMG e do Núcleo de Transtornos Afetivos – Hospital das Clínicas de Minas Gerais.

Daniel C. Mograbi. Psicólogo. Doutor em Psicologia e Neurociências pelo Institute of Psychiatry, King's College, Londres. Pesquisador de pós-doutorado e professor da Pontifícia Universidade Católica do Rio de Janeiro (PUC-Rio).

Danielle de Souza Costa. Psicóloga. Mestranda em Medicina Molecular na UFMG. Integrante do LIN-INCT-MM-UFMG. Integrante do Núcleo de Investigação da Impulsividade e Atenção (NITIDA) do Hospital das Clínicas, UFMG.

Danielle Rossini Dib. Psicóloga. Mestre em Ciências pelo HCFMUSP. Coordenadora das investigações em neuropsicologia do Programa Ambulatorial dos Transtornos do Impulso do IPq-HCFMUSP.

Debora Gomes de Melo S. Medeiros. Médica. Membro do INCT-MM.

Debora Marques de Miranda. Pediatra. Professora adjunta do Departamento de Pediatria da UFMG.

Deborah Azambuja. Fonoaudióloga e psicopedagoga. Especialista em Neuropsicologia. Mestre em Distúrbios da Comunicação pela Pontifícia Universidade Católica de São Paulo (PUC-SP). Professora do curso de Formação em Neuropsicologia do Instituto de Neurologia do Estado de São Paulo (INESP). Sócia e fundadora do Centro de (RE)Habilitação Cognitiva. Sócia fundadora e membro da diretoria da SBNp.

Elizeu Coutinho de Macedo. Psicólogo. Mestre e Doutor em Psicologia Experimental pela USP. Professor adjunto do Programa de Pós-graduação em Distúrbios do Desenvolvimento da Universidade Presbiteriana Mackenzie. Pesquisador produtividade em Pesquisa 1C do CNPq.

Fabricia Quintão Loschiavo-Alvares. Terapeuta ocupacional. Especialista em Neuropsicologia pela Universidade Fumec. Mestre em Ciências do Esporte pela UFMG. Doutoranda em Neurociências na UFMG e Universidade de Cambridge, Reino Unido.

Felipe Filardi da Rocha. Médico clínico, psiquiatra e operador de mercado de capitais. Mestre e Doutor em Farmacologia Bioquímica e Molecular pelo ICB-UFMG. MBA em Finanças com ênfase em Mercado de Capitais pela Fundação Getúlio Vargas (FGV).

Fernando Silva Neves. Psiquiatra. Mestre e Doutor em Biologia Celular pela UFMG. Chefe do Serviço de Psiquiatria do Hospital das Clínicas da UFMG. Professor adjunto do Departamento de Saúde Mental da Faculdade de Medicina da UFMG. Orientador permanente do Programa de Pós-graduação em Neurociências da UFMG.

Flávia Heloísa Dos Santos. Psicóloga. Especialista em Psicologia da Infância pela Unifesp. Doutora em Ciência pela Unifesp, com período de intercâmbio na University of Durham, Reino Unido. Pós-doutora em Psicologia Cognitiva pela Universidade de Murcia, Espanha. Professora do Programa de Pós-graduação em Psicologia do Desenvolvimento e Aprendizagem da Unesp, *campus* de Bauru.

Flávia Miele. Psicóloga. Pós-graduada em Neurociências pela Universidade Católica de Petrópolis

(UCP). Neuropsicóloga e pesquisadora do Centro de Neuropsicologia Aplicada (CNA) e do Instituto D'Or de Pesquisa e Ensino (IDOR).

Frederico Garcia. Psiquiatra. Especialista em Psiquiatria pela Université Louis Pasteur, França, e pelo Hospital das Clínicas da UFMG. Doutor e Pós-doutor em Biologia Celular e Molecular pela Université de Rouen, França. Professor do Departamento de Psiquiatria da UFMG. Coordenador do Centro Regional de Referência em Dependências Químicas da UFMG (CRR-UFMG).

Gabriel Coutinho. Psicólogo. Especialista em Neuropsicologia pelo CFP e em Neurociências pela UCP. Mestre em Saúde Mental pelo Instituto de Psiquiatria da Universidade Federal do Rio de Janeiro (IPUB/UFRJ). Doutorando em Ciências Morfológicas no Programa de Ciências Morfológicas/UFRJ. Pesquisador do IDOR.

Gabriel J. C. Mograbi. Professor e pesquisador. Mestre em Filosofia pela UFRJ. Doutor em Filosofia pela UFRJ, com estágio sanduíche na University of California, Berkeley. Professor adjunto (Epistemologia, Filosofia da Mente e Neurofilosofia) na Universidade Federal de Mato Grosso (UFMT). Pós-doutorando em Neurofilosofia e Neurociência no Laboratório Mind, Brain Imaging and Neuroethics, Institute of Mental Health Research, Royal Ottawa Mental Health Centre, University of Ottawa, Canadá, com bolsa da Capes.

Guilherme Menezes Lage. Educador físico. Especialista em Treinamento Esportivo. Mestre em Educação Física e Doutor em Neurociências pela UFMG. Professor adjunto da Escola de Educação Física, Fisioterapia e Terapia Ocupacional da UFMG. Membro do Grupo de Estudo em Desenvolvimento e Aprendizagem Motora (GEDAM) e Laboratório de Intervenções Neuropsicológicas (LIN) da UFMG.

Humberto Corrêa. Psiquiatra. Professor titular de Psiquiatria da UFMG.

J. Landeira-Fernandez. Psicólogo. Mestre em Psicologia Experimental pela USP. Doutor em Neurociência Comportamental pela UCLA. Professor e diretor do Departamento de Psicologia da PUC-Rio. Pesquisador pelo CNPq e Cientista do Nosso Estado pela Fundação de Amparo à Pesquisa do Estado do Rio de Janeiro (FAPERJ).

Fundador e atual presidente do Instituto Brasileiro de Neuropsicologia e Comportamento (IBNeC). Fundador e atual editor do periódico *Psychology & Neuroscience.*

Jaqueline de Carvalho Rodrigues. Psicóloga. Mestre e doutoranda em Psicologia no Programa de Pós-graduação em Psicologia da Universidade Federal do Rio Grande do Sul (UFRGS). Integrante do Núcleo de Estudos em Neuropsicologia Cognitiva (Neurocog) e da equipe do Ambulatório de Neuropsicologia do Hospital de Clínicas de Porto Alegre (HCPA).

Jeffrey T. Parsons. Psicólogo. Distinguished Professor de Psicologia, Hunter College of the City University of New York.

Jerusa Fumagalli de Salles. Fonoaudióloga. Especialista em Linguagem pelo Conselho Federal de Fonoaudiologia (CFFa). Mestre e Doutora em Psicologia pela UFRGS. Professora adjunta do Instituto de Psicologia, Programa de Pós-graduação em Psicologia da UFRGS. Coordenadora do Neurocog. Integrante da equipe do Ambulatório de Neuropsicologia do HCPA.

Joana Peres de Paula. Psicóloga clínica e neuropsicóloga. Especialista em Neuropsicologia pelo IPq-HCFMUSP.

Jonas Jardim de Paula. Psicólogo. Mestre em Neurociências e doutorando em Medicina Molecular na UFMG. Professor da Faculdade de Ciências Médicas de Minas Gerais e do LIN-INCT-MM-UFMG.

Juliana O. Góis. Psicóloga. Especialista em Neuropsicologia pelo IPq-HCFMUSP e em Psicopedagogia pela PUC-SP. Mestre em Ciências pelo IPq-HCFMUSP.

Jussara Mendonça Alvarenga. Psiquiatra e psicogeriatra do Hospital da Polícia Militar do Estado de Minas Gerais (HPMMG). Mestre e doutoranda em Ciência da Saúde no Centro de Pesquisa Renê Rachou, Fiocruz.

Katie Moraes de Almondes. Psicóloga clínica e hospitalar/saúde. Doutora em Psicobiologia pela Universidade Federal do Rio Grande do Norte (UFRN). Professora adjunta III do Departamento de Psicologia e da Pós-graduação em Psicologia da UFRN. Editora de Estudos de Psicologia (Natal). Conselheira do Conselho Estadual dos Direitos da Pessoa Idosa (CEDEPI). Integrante do Comitê de Ética da UFRN. Membro da

Sociedade Brasileira de Neurociências e Comportamento (SBNEc), da SBNp e da Sociedade Brasileira de Sono. Coordenadora das bases de pesquisa – Neurociências Aplicadas, Cronobiologia e Processos Básicos (GPNaCPB) e Neurociências Cognitiva e Comportamental. Coordenadora do Ambulatório de Sono (Ambsono) na UFRN. Pesquisadora integrante dos Lineu/MG.

Lafaiete Moreira. Psicólogo. Mestre pelo Programa de Pós-graduação em Medicina Molecular da Faculdade de Medicina da UFMG. Colaborador do LIN-INCT-MM-UFMG. Colaborador do Centro Regional de Referência em Drogas da UFMG. Neuropsicólogo do Instituto Jenny de Andrade Faria de Atenção à Saúde do Idoso.

Lee Fu-I. Médica. Especialista em Psiquiatria Geral e da Infância e da Adolescência. Doutora em Medicina pela FMUSP. Médica supervisora do IPq-HCFMUSP. Responsável pelo Programa de Atendimento de Transtorno Afetivo Infância e Adolescência do IPq-HCFMUSP.

Leonardo Cruz de Souza. Neurologista. Doutor em Neurociências pela Université Pierre et Marie Curie – Paris VI (Sorbonne Universités). Membro do Grupo de Neurologia Cognitiva da Faculdade de Medicina da UFMG.

Leonardo F. Fontenelle. Psiquiatra. Professor adjunto do Departamento de Psiquiatria e Medicina Legal da Faculdade de Medicina da UFRJ. Pesquisador sênior IDOR.

Lucas Araújo Lima Géo. Psicólogo. Mestrando em Neurociências na UFMG. Pesquisador associado ao LIN.

Lucas de Francisco Carvalho. Psicólogo. Mestre e Doutor em Psicologia pela Universidade São Francisco. Professor do Programa de Pós-graduação *stricto-sensu* em Psicologia da Universidade São Francisco. Editor associado do periódico *Psico-USF* e parecerista *ad hoc* do Sistema de Avaliação de Testes Psicológicos (Satepsi) e de periódicos de referência em psicologia no contexto nacional.

Lucia Iracema Zanotto de Mendonça. Neurologista. Mestre e Doutora em Neurologia pela FMUSP. Professora de Neurologia na Fonoaudiologia da USP e na Psicologia da PUC-SP. Responsável pelo Ambulatório de Neurolinguística do HCFMUSP.

Luciane Lunardi. Psicóloga. Especialista em Neuropsicologia pelo Serviço de Psicologia e Neuropsicologia do IPq-HCFMUSP. Mestre e doutoranda em Neurologia na Unicamp. Pesquisadora dos Lineu-FMUSP.

Luiz Fernando Longuim Pegoraro. Psicólogo. Especialista em Neuropsicologia pelo IPq-HCFMUSP. Especialista em Saúde Mental pela Faculdade de Ciências Médicas (FCM) da Unicamp. Mestre e doutorando em Ciências pela FCM-Unicamp. Psicólogo do Departamento de Psicologia Médica e Psiquiatria da FCM-Unicamp. Pesquisador colaborador dos Lineu-FMUSP.

Maicon Rodrigues Albuquerque. Educador físico. Mestre em Ciências do Esporte e Doutor em Medicina Molecular pela UFMG. Professor adjunto do Departamento de Educação Física da Universidade Federal de Viçosa (UFV).

Maila de Castro L. Neves. Psiquiatra. Doutora em Medicina Molecular pela UFMG. Professora adjunta do Departamento de Saúde Mental da UFMG.

Manuel Sedó. Psicólogo e neuropsicólogo. Ph.D. Multilingual Testing. INC (Boston).

Marcelo Camargo Batistuzzo. Psicólogo. Doutorando no Departamento de Neurologia da FMUSP. Pesquisador do PROTOC do HCFMUSP.

Marco Aurélio Romano-Silva. Psiquiatra. Professor titular de Psiquiatria da Faculdade de Medicina da UFMG.

Marco de Tubino Scanavino. Psiquiatra. Mestre e Doutor em Ciências da Saúde pela FMUSP. Médico assistente do IPq-HCFMUSP. Responsável e pesquisador do Ambulatório de Impulso Sexual Excessivo do IPq-HCFMUSP. Orientador de Mestrado do Programa de Fisiopatologia Experimental da FMUSP. Professor colaborador do Departamento de Psiquiatria da FMUSP. Membro da Comissão de Pesquisa da FMUSP.

Marilia Salgado P. da Costa. Psicóloga. Especialista em Neuropsicologia pelo IPq-HCFMUSP. Supervisora clínica e professora no Serviço de Psicologia e Neuropsicologia do IPq-HCFMUSP.

Martinho Luemba. Psicólogo. Especialista em Neuropsicologia Clínica pelo IPq-HCFMUSP. Mestre em Ciências pela USP. Professor auxiliar da Faculdade de Medicina da Universidade Agostinho

Neto – Departamento de Ciências Neurológicas, Luanda, Angola.

Mauro Muszkat. Neurologista infantil. Mestre e Doutor em Neurologia pela Unifesp. Coordenador do Núcleo de Atendimento Neuropsicológico Infantil Interdisciplinar (NANI) da Unifesp. Professor orientador do curso de Educação e Saúde da Infância e Adolescência da Unifesp. Criador do Serviço e Linha de Pesquisa (CNPq) de Reabilitação e Ensino em Neurociência Educacional (Serene).

Miguel Angelo Boarati. Psiquiatra da infância e adolescência. Coordenador do Ambulatório do Programa de Transtornos Afetivos (PRATA) e do Hospital Dia Infantil (HDI) do Serviço de Psiquiatria da Infância e Adolescência (SEPIA) do IPq-HCFMUSP. Supervisor de médicos residentes de psiquiatria infantil.

Miguel S. Bettencourt Mateus. Especialista em Neurologia. Doutor em Neurofisiologia Clínica pela Universidade do Porto, Portugal. Professor titular de Neurologia da Faculdade de Medicina da Universidade Agostinho Neto, Luanda, Angola. Decano da Faculdade de Medicina da Universidade Agostinho Neto, Luanda, Angola.

Nara Côrtes Andrade. Psicóloga. Mestre em Psicologia do Desenvolvimento pela Universidade Federal da Bahia (UFBA). Doutoranda em Psicologia Experimental na USP. Professora da Universidade Católica do Salvador (UCSAL).

Neander Abreu. Psicólogo. Especialista em Neuropsicologia. Doutor em Neurociências e Comportamento pela USP. Pós-doutorado pela Universidade de Luxemburgo e pela Universidade de York. Professor adjunto do Instituto de Psicologia da UFBA.

Orlando F. A. Bueno. Psicólogo. Mestre em Farmacologia e Doutor em Psicobiologia pela Escola Paulista de Medicina (EPM). Livre-docente em Psicobiologia pela Unifesp. Professor adjunto da Unifesp.

Patricia de Oliveira Lima Muñoz. Psicóloga. Especialista em Neuropsicologia pelo HCFMUSP. Mestranda em Psicologia Experimental no Instituto de Psicologia da USP. Psicóloga clínica, analista do comportamento, fundadora e supervisora da Educação Especial Paulista.

Patricia Rzezak. Psicóloga e neuropsicóloga. Doutora em Ciências pela FMUSP.

Paulo Mattos. Psiquiatra. Mestre e Doutor em Psiquiatria pela UFRJ. Professor associado da UFRJ. Pesquisador do IDOR.

Paulo Pereira Christo. Neurologista. Doutor em Neurologia pela USP. Professor da Pós-graduação da Santa Casa de Belo Horizonte. Coordenador do Ambulatório de Neuroinfecção do Hospital das Clínicas da UFMG.

Paulo Sérgio Boggio. Psicólogo. Especialista em Neuropsicologia pela USP. Mestre em Psicologia Experimental e Doutor em Neurociências e Comportamento pela USP. Coordenador do Laboratório de Neurociência Cognitiva e Social, coordenador de pesquisa do Centro de Ciências Biológicas e da Saúde, professor do Programa de Pós-graduação em Distúrbios do Desenvolvimento e do curso de Psicologia, Universidade Presbiteriana Mackenzie. Membro afiliado da Academia Brasileira de Ciências (ABC). Pesquisador produtividade em pesquisa do CNPq.

Pedro Fonseca Zuccolo. Psicólogo. Formação em Neuropsicologia Clínica e de Pesquisa pelo IPq-HCFMUSP. Especialista em Clínica Analítico-comportamental pelo Núcleo Paradigma de Análise do Comportamento. Mestrando no Departamento de Psicologia Experimental do Instituto de Psicologia da USP.

Renata Santos. Psicóloga. Especialista em Neuropsicologia pelo Serviço de Psicologia e Neuropsicologia do IPq-HCFMUSP.

Ricardo de Oliveira Souza. Neurologista. Coordenador de Neurociências do IDOR. Professor titular de Neurologia da Escola de Medicina e Cirurgia da Universidade Federal do Estado do Rio de Janeiro (Unirio).

Rita Marcato. Psicóloga. Especialista em Neuropsicologia. Mestre em Psicologia pela University of East London (UEL)/Tavistock Clinic, Inglaterra. Pesquisadora do Lineu e do Programa de Diagnóstico e Intervenções Precoces (ProDIP) do IPq-HCFMUSP.

Rodrigo Nicolato. Psiquiatra e psicogeriatra. Doutor em Farmacologia Bioquímica Molecular pela UFMG. Coordenador da Residência em Psiquiatria do HC/UFMG. Professor adjunto do Departamento de Saúde Mental da Faculdade de Medicina da UFMG.

Sancler Andrade. Terapeuta ocupacional. *Team Leader* do Serviço de Reabilitação do Mount Sinai Medical Center, Miami Beach, Flórida. *Clinical Instructor* para estudantes de Terapia Ocupacional da Florida International University (FIU) e da University of Florida (UF). MBA com Especialização em Administração Hospitalar pela Florida University University.

Silvia Adriana Prado Bolognani. Psicóloga. Especialista em Terapia Cognitiva e em Neuropsicologia pelo IPq-HCFMUSP. Coordenadora clínica do Serviço de Reabilitação Neuropsicológica de Adultos (REAB) do CPN. Pesquisadora do Departamento de Psicobiologia da Unifesp.

Silviane Andrade. Psicóloga. Especialista em Neuropsicologia. Mestre em Ciências pela Unifesp. Coordenadora de Pós-graduação *latu senso* em Neuropsicologia da Unichristus.

Tatiana Aboulafia Brakha. Psicoterapeuta e neuropsicóloga, Geneva University Hospitals (Suíça). Especialista em Terapia Cognitivo-comportamental pela University of Geneva. Candidata a Ph.D. em Psicologia na University of Geneva.

Thaís Quaranta. Psicóloga. Especialista em Neuropsicologia e Psicologia Hospitalar pelo IPq-HCFMUSP. Colaboradora em pesquisa nas unidades de Neurologia e Psiquiatria do HCFMUSP. Neuropsicóloga em consultório particular, no Centro de Referência em Distúrbios de Aprendizagem (CRDA) e no ambulatório da Associação de Pais e Amigos dos Excepcionais (APAE), São Paulo.

Thiago Strahler Rivero. Psicólogo. Especialista em Medicina Comportamental pela Unifesp. Mestre em Ciências e doutorando no Programa de Psicobiologia da Unifesp. Pesquisador associado ao CPN (AFIP) e ao LIN-INCT-MM-UFMG.

Vitor Geraldi Haase. Médico. Doutor em Psicologia Médica pela Ludwig-Maximilians-Universität zu München. Professor titular no Departamento de Psicologia da UFMG. Bolsista de produtividade 1D do CNPq.

Wellington Borges Leite. Médico. Especialista em Neurologia e Neurocirurgia. Especialista em Neurociência e Comportamento pela UFMG. Mestre em Neurociências, área de concentração Neuropsiquiatria, pela UFMG.

Agradecimentos

Agradeço aos meus alunos e pacientes, que, ao me permitirem ajudá-los em suas dificuldades e buscas, possibilitam que eu aprenda cada vez mais e aplaque parte das minhas próprias buscas e dificuldades.

D.F.

A Dani e Maria Clara, amores da minha vida! Aos meus alunos, com quem aprendo neuropsicologia diariamente!

L.F.M.D.

Agradeço às pessoas que me abriram as portas do conhecimento ao longo da vida: meus pais, aos mestres queridos do colégio e da faculdade, meus analistas, e àqueles que repartiram seu saber comigo, de forma generosa, na Divisão de Neurocirurgia e no Instituto de Psiquiatria do Hospital das Clínicas, FMUSP.

C.H.P.C.

Prefácio à segunda edição

Cinco anos se passaram desde o lançamento da primeira edição de *Neuropsicologia: teoria e prática*. Ao longo desse tempo, observamos um crescimento exponencial da área no Brasil, no que se refere tanto à produção científica de qualidade quanto à proliferação de grupos de pesquisa e de núcleos de capacitação e formação. Mais do que isso, observamos um aumento considerável nas interações colaborativas e nas produções conjuntas entre esses grupos, o que tem catalisado o desenvolvimento da neuropsicologia brasileira. Novas oportunidades de formação em cursos de pós-graduação, atualização e até mesmo graduação tornaram necessária esta nova edição do livro, a fim de que ele continuasse a oferecer informações relevantes para a formação e a prática da neuropsicologia em nosso meio.

Outro fenômeno digno de nota ao longo desses anos foi o aumento do reconhecimento e da aplicabilidade da neuropsicologia a diversas outras áreas de conhecimento. A partir das interfaces da neuropsicologia com outras disciplinas da saúde e da educação, novos conhecimentos têm sido produzidos, sendo fundamental a sua veiculação aos interessados na área. E é justamente com esse objetivo que apresentamos esta segunda edição.

Todos os capítulos do livro apresentam atualizações importantes, exceto três capítulos conceituais que mantiveram sua estrutura original: O exame neuropsicológico e os diferentes contextos de aplicação, Fundamentos de reabilitação neuropsicológica e Novas tecnologias para neuropsicologia.

O leitor poderá perceber, além das atualizações propostas, a inclusão de novos capítulos e a expansão de temas já discutidos na edição anterior. Apresentamos capítulos inéditos que versam sobre a aplicação da neuropsicologia a questões clínicas importantes, como transtornos da aprendizagem, traumatismo craniencefálico, acidentes vasculares cerebrais, obesidade, dependências químicas e não químicas, bem como um novo capítulo sobre neuropsicologia e neuroeconomia, interface que tem se mostrado altamente profícua para a compreensão de comportamentos normais e patológicos relacionados, por exemplo, à tomada de decisão. Por fim, considerando a expansão das intervenções neuropsicológicas no contexto brasileiro, um capítulo sobre remediação cognitiva apresenta ao leitor uma nova abordagem para tratamento de pacientes com alterações cognitivas e comportamentais.

Com relação à ampliação dos temas abordados, transtornos externalizantes, transtornos invasivos do desenvolvimento e hepatite foram incluídos nos capítulos sobre transtorno de déficit de atenção/hiperatividade, autismo e neuropsicologia da infecção por HIV, respectivamente.

O transtorno bipolar agora está dividido em dois capítulos: um sobre o transtorno em crianças e outro sobre o transtorno em adultos. Em ambos, o leitor encontrará informações sobre as peculiaridades neuropsicológicas do transtorno bipolar de acordo com a faixa etária em questão.

Esperamos que esta nova edição de *Neuropsicologia: teoria e prática* continue cumprindo bem seu papel: oferecer ao leitor uma oportunidade de atualização e formação continuada na área.

Desejamos, a todos, uma boa leitura!

Os autores

Prefácio da primeira edição

"Você não tem uns testes para me mandar para que eu possa aplicar nos pacientes aqui?" foi o que ouvi do outro lado da linha, de um médico interessado em investigar neurotoxicidade por mercúrio em uma população ribeirinha, em região de garimpo no Norte do Brasil. Desnecessário dizer, o colega não tinha a menor ideia de quais testes empregar, do que exatamente eles podiam mensurar e nem sequer de como administrá-los ou interpretá-los. Ainda hoje, é bastante comum em nosso meio que profissionais tenham uma visão "mecânica" do emprego de testes neuropsicológicos. Costumo dizer em minhas aulas que alguns colegas ainda têm uma ideia ingênua acerca do neuropsicólogo: desde que não fosse ele mesmo disléxico, bastaria comprar um teste, ler seu manual e aplicá-lo, corrigindo os escores de acordo com as tabelas fornecidas.

Isso sem contar com a multiplicidade de publicações acerca das enfermidades as mais variadas apresentando resultados de "testes neuropsicológicos" que não guardam nenhuma correlação com o entendimento clínico ou fisiopatológico da doença, levantam suspeitas frequentemente infundadas e tecem considerações eventualmente absurdas. Aparentemente, alguns creem que "aplicar testes" nesta ou naquela doença pode revelar "resultados incríveis". Chegamos, inclusive, ao absurdo de examinar portadores de enfermidades cujo comportamento afeta a *execução* de um teste por conta dos próprios sintomas e concluir pela existência de disfunção cognitiva primária.

Neuropsicologia nada mais é que *um exame clínico* armado. No caso, armado de testes de atenção, memória, visuopercepção, etc. Obviamente, só é possível examinar clinicamente um indivíduo quando se conhece com razoável profundidade e extensão as afecções do sistema nervoso central. Como diz a Professora Candida Pires Camargo: "o neuropsicólogo deve conhecer Pediatria, Psiquiatria, Neurologia e Geriatria". Deve conhecer a fundo psicometria e saber julgar os próprios instrumentos que utiliza quanto a sua sensibilidade, especificidade e validade. Não deve ser por outra razão que Muriel Lezak, autora do mais conhecido livro-texto sobre testes neuropsicológicos – logo ela –, sugere que se perca mais tempo com a anamnese do que com a aplicação de testes.

A neuropsicologia é por definição *multidisciplinar* e, provavelmente, é a área que permite maior interlocução entre diferentes profissionais nas neurociências, malgrado o desejo cartorial de entidades profissionais. Desde 1995 coordeno um curso de neuropsicologia, em que sempre julguei "natural" um corpo docente formado por médicos, psicólogos e fonoaudiólogos e um grupo de alunos idem.

Este livro congrega profissionais de diferentes áreas e serve como belíssimo exemplo da dimensão da neuropsicologia. Ele aborda temas de enorme relevância clínica, sendo escrito pelos profissionais de maior expressão no nosso meio. Boa leitura.

Paulo Mattos
Presidente da Sociedade
Brasileira de Neuropsicologia
(2000-2002 e 2004-2006)

Sumário

1. Aspectos históricos da neuropsicologia e o problema mente-cérebro 19
   Daniel C. Mograbi, Gabriel J. C. Mograbi e J. Landeira-Fernandez

2. Neuroanatomia funcional básica para o neuropsicólogo 29
   Ramon M. Cosenza

3. Neuropsicologia molecular 47
   Rodrigo Nicolato, Jussara Mendonça Alvarenga, Marco Aurélio Romano-Silva e Humberto Corrêa

4. Neuroimagem aplicada à neuropsicologia 57
   Maila de Castro L. Neves e Humberto Corrêa

5. Fundamentos da psicometria 67
   Alessandra Gotuzo Seabra e Lucas de Francisco Carvalho

6. O exame neuropsicológico e os diferentes contextos de aplicação 77
   Candida Helena Pires de Camargo, Silvia Adriana Prado Bolognani e Pedro Fonseca Zuccolo

7. Neuropsicologia da linguagem 93
   Jerusa Fumagalli de Salles e Jaqueline de Carvalho Rodrigues

8. Neuropsicologia da aprendizagem e memória 103
   Neander Abreu, Thiago Strahler Rivero, Gabriel Coutinho e Orlando F. A. Bueno

9. Neuropsicologia das funções executivas e da atenção 115
   Leandro F. Malloy-Diniz, Jonas Jardim de Paula, Manuel Sedó, Daniel Fuentes e Wellington Borges Leite

10. Transtornos específicos de aprendizagem: dislexia e discalculia 139
    Vitor Geraldi Haase e Flávia Heloísa Dos Santos

11. Neuropsicologia do comportamento motor 155
    Guilherme Menezes Lage, Maicon Rodrigues Albuquerque e Blaise Christe

12. Neuropsicologia do transtorno de déficit de atenção/hiperatividade e outros transtornos externalizantes 165
    Danielle de Souza Costa, Debora Gomes de Melo S. Medeiros, António Alvim-Soares, Lucas Araújo Lima Géo e Debora Marques de Miranda

13. Neuropsicologia do autismo 183
    Mauro Muszkat, Beatriz Lobo Araripe, Nara Côrtes Andrade, Patricia de Oliveira Lima Muñoz e Claudia Berlim de Mello

14. Neuropsicologia do transtorno bipolar em adultos 193
    Leandro F. Malloy-Diniz, Fernando Silva Neves, Cristina Yumi Nogueira Sediyama e Fabricia Quintão Loschiavo-Alvares

Sumário

15 Neuropsicologia do transtorno bipolar de início na infância 203
Cristiana Castanho de Almeida Rocca, Miguel Angelo Boarati e Lee Fu-I

16 Neuropsicologia das psicoses 215
Luiz Fernando Longuim Pegoraro, Alex de Toledo Ceará e Daniel Fuentes

17 Neuropsicologia do traumatismo craniencefálico e do acidente vascular cerebral 223
Ana Paula Almeida de Pereira e Amer Cavalheiro Hamdan

18 Neuropsicologia do transtorno obsessivo-compulsivo 231
Marcelo Camargo Batistuzzo, Anita Taub e Leonardo F. Fontenelle

19 Neuropsicologia das dependências químicas 241
Frederico Garcia, Lafaiete Moreira e Alessandra Assumpção

20 Neuropsicologia da dependência de sexo e outras dependências não químicas 249
Bruna Messina, Daniel Fuentes, Marco de Tubino Scanavino e Jeffrey T. Parsons

21 Neuropsicologia da obesidade 257
Joana Peres de Paula, Rita Marcato, Renata Santos, Marilia Salgado P. da Costa e Daniel Fuentes

22 Neuropsicologia e jogo patológico 267
Danielle Rossini Dib e Daniel Fuentes

23 Avaliação neuropsicológica aplicada às epilepsias 277
Daniel Fuentes, Luciane Lunardi, Juliana O. Góis, Tatiana Aboulafia Brakha, Patricia Rzezak, Martinho Luemba e Miguel S. Bettencourt Mateus

24 Neuropsicologia dos comportamentos antissociais 287
Ricardo de Oliveira Souza, Paulo Mattos, Flávia Miele e Leandro F. Malloy-Diniz

25 Aspectos neuropsicológicos das infecções virais: aids e hepatite C 297
Paulo Pereira Christo, Lucas Araújo Lima Géo e Fernando Silva Neves

26 Neuropsicologia das demências 321
Leonardo Cruz de Souza e Antonio Lucio Teixeira

27 Neuropsicologia do sono e seus transtornos 333
Katie Moraes de Almondes

28 Exame neuropsicológico de pacientes com comprometimento cognitivo leve e demência 341
Jonas Jardim de Paula, Breno Satler Diniz e Leandro F. Malloy-Diniz

29 Fundamentos da reabilitação neuropsicológica 359
Sancler Andrade

30 Remediação cognitiva 377
Silviane Andrade, Thaís Quaranta e Daniel Fuentes

31 Novas tecnologias para reabilitação neuropsicológica 385
Elizeu Coutinho de Macedo e Paulo Sérgio Boggio

32 Neuroeconomia e neuropsicologia 397
Felipe Filardi da Rocha e Leandro F. Malloy-Diniz

33 Neuropsicologia no Brasil 409
Luciana Iracema Zanotto de Mendonça e Debora Azambuja

Índice 427

1

Aspectos históricos da neuropsicologia e o problema mente-cérebro

DANIEL C. MOGRABI
GABRIEL J. C. MOGRABI
J. LANDEIRA-FERNANDEZ

O PROBLEMA MENTE-CÉREBRO E O INTERACIONISMO CARTESIANO

> How can the soul of man determine the spirits of the body, so as to produce voluntary actions (given that the soul is only a thinking substance)*
>
> (Elisabeth da Boêmia apud Kim, 2005. p. 73)

A epígrafe, trazendo-nos a objeção da princesa da Boêmia ao seu preceptor, serve aqui de manifestação do impasse entre teoria psicológica e filosófica *versus* prática médica e científica na modernidade. Descartes, conhecedor da obra de Harvey e ele mesmo engajado na dissecação de animais, em especial de seus cérebros, muito oportunamente para sua própria condição palaciana e cortesã, não questionava os dogmas católicos que poderiam gerar anátemas, excomunhões de diversos níveis e mesmo a fogueira, como aconteceu com Giordano Bruno, caso conhecido e temido por Descartes a ponto de fazê-lo pedir a seus discípulos que publicassem seu primeiro livro, um tratado sobre ótica que desafiava o geocentrismo, apenas postumamente. No entanto, o próprio Descartes poderia ser incluído no rol dos precursores da neuropsicologia pela via da relação entre filosofia psicológica e fisiologia (mesmo que contingenciada pelos pressupostos ontológicos da noção de alma ainda vicejante naquele então), como se pode notar pela seguinte citação de seu último livro, *As paixões da alma*:

> Enfim, sabe-se que todos esses movimentos dos músculos, assim como todos os sentidos, dependem dos nervos, que são como pequenos fios ou como pequenos tubos que procedem, todos, do cérebro, e contêm, como ele, certo ar ou vento muito sutil que chamamos espíritos animais [...] (Descartes, 1979, p. 229).

Descartes entende que a relação do cérebro com o corpo e a mente é mediada por esses espíritos animais. Assim, sua posição poderia ser considerada uma forma de interacionismo. No entanto, como se pode ver pela citação seguinte, na obra cartesiana, ainda que à alma seja resguardada uma natureza distinta, a de *res cogitans*, coisa pensante, aos espíritos animais é conferida uma condição puramente material:

> Descartes entende que a relação do cérebro com o corpo e a mente é mediada por esses espíritos animais. Assim, sua posição poderia ser considerada uma forma de interacionismo.

> [...] pois o que denomino aqui espíritos não são mais do que corpos e não têm qualquer outra propriedade, exceto a de serem corpos muito pequenos e se moverem muito depressa,

---

* Como pode a alma do homem determinar / o humor do corpo, de modo a produzir / ações voluntárias (uma vez que a alma / é apenas uma substância pensante).

assim como as partes da chama que sai de uma tocha; de sorte que não se detêm em nenhum lugar e, à medida que entram alguns nas cavidades do cérebro, também saem outros pelos poros existentes na sua substância, poros que os conduzem aos nervos e daí aos músculos, por meio dos quais movem o corpo em todas as diversas maneiras pelas quais esse pode ser movido [...] (Descartes, 1979, p. 230).

No entanto, de que maneira a interação entre alma e espíritos se daria? Descartes afirma que há uma diminuta glândula no meio do cérebro que perfaz o papel de *locus* principal da interação da alma com o corpo pela via dos espíritos:

> Concebamos, pois, que a alma tem a sua sede principal na pequena glândula que existe no meio do cérebro, de onde irradia para todo o resto do corpo, por intermédio dos espíritos, dos nervos e mesmo do sangue, que, participando das impressões dos espíritos, podem levá-los pelas artérias a todos os membros [...] (Descartes, 1979, p. 240).

A glândula mencionada é a pineal. A escolha de Descartes pela glândula pineal se dá por dois motivos: trata-se de uma estrutura única e centralizada, em vez de dupla e dividida em hemisférios, que, assim, por razões analógicas e quase geométricas, é vista pelo autor como a melhor candidata para ser um centro de unificação das representações e impressões. Numa carta a Mersenne, datada de 24 de dezembro de 1640, Descartes (1979) afirma que o caráter de unicidade é também pertinente à glândula hipófise, mas que esta "não dispõe da mobilidade da pineal", referindo-se ao fato de que a hipófise está presa à face superior do osso esfenoide por meio da sela túrcica (ou sela turca), uma pequena fosseta em forma de sela árabe. É notável a ideia de que uma alteração do corpo na alma (ou mente) ou vice-versa dependa de um movimento, no sentido tradicional de deslocamento, gerado pela impulsão de espíritos. Além disso, mesmo que esse movimento pudesse se dar em pequenas dimensões, ele é concebido ainda de maneira extensa, vetorial e com todas as demais propriedades que possamos atribuir à matéria condensada.

> É notável a ideia de que uma alteração do corpo na alma (ou mente) ou vice-versa dependa de um movimento, no sentido tradicional de deslocamento, gerado pela impulsão de espíritos.

No entanto, não foram os arroubos de materialismo de Descartes recém-descritos que ficaram consagrados na história da filosofia, e sim o seu dualismo de substâncias: a ideia de que a realidade é cindida em dois mundos – um pensante; outro, extenso e material. Assim, o imaterialismo e racionalismo se coadunavam em uma decisão filosófica clara de sobrepor a racionalidade da mente às paixões, devendo esta ser sua guia e determinante. Esses mesmos racionalismo e primazia do pensamento podem ser abstraídos da popularizada máxima cartesiana "*cogito ergo sum*". A existência é descoberta pela primazia epistemológica do pensamento, e o pensamento se configura como substância imaterial e inextensa. Até hoje sofremos influências desse dualismo cartesiano, que segue reverberando em algumas das tendências explicativas presentes no senso comum e mesmo no debate filosófico, menos afeito à interdisciplinaridade com ciências empíricas. Pode-se afirmar, inclusive, de acordo com Searle (1992), que o uso desse vocabulário antiquado condiciona o debate de tal forma espúria que muitos dos alegados problemas filosóficos da relação mente-corpo seriam pseudoproblemas.

No trecho a seguir, será feito um mapeamento de algumas das mais importantes correntes contemporâneas de análise do problema mente-cérebro. Não se pretende exibir em caráter exaustivo todas as correntes e suas subdivisões, mas apenas criar uma possibilidade de entendimento das diferentes postulações no que concerne essa relação para melhor compreensão da fundamentação histórica da neuropsicologia.

ALGUMAS TESES CORRENTES SOBRE A RELAÇÃO MENTE-CÉREBRO

Raros são os dualistas de substâncias na contemporaneidade. A maioria das teorias filosóficas, na atualidade, repudia essa postura tida como ultrapassada diante de nosso vigente quadro de referências, tanto filosófico como científico. Ainda assim, existem filósofos que, apelando para a noção de possibilidade lógica (ou, ainda, para a noção mais geral de possibilidade metafísica), argumentam que não se pode em princípio excluir a possibilidade de que haja uma substância não física que corresponda à natureza da mente ou de uma suposta alma.

> Existem filósofos que, apelando para a noção de possibilidade lógica (ou, ainda, para a noção mais geral de possibilidade metafísica), argumentam que não se pode em princípio excluir a possibilidade de que haja uma substância não física que corresponda à natureza da mente ou de uma suposta alma.

No lado diametralmente oposto do espectro de posições sobre a relação mente-cérebro, encontra-se o eliminativismo ou materialismo eliminativo. Uma das principais teses do eliminativismo é a de que a *folk psychology* (psicologia popular) trabalha com categorizações falsas, terminologias herdadas de um passado remoto que precisam ser eliminadas para um progresso da compreensão da relação cérebro-mente. Assim como a teoria do *phlogiston* foi superada cientificamente e tornada obsoleta pelas pesquisas empíricas em oxidação, também muitas classes de supostos estados mentais seriam apenas ilusões. Ainda que permaneçam em nosso vocabulário explicativo, esses *entia non-gratia* não possuiriam qualquer capacidade causal, nem sequer existiriam, tal como bruxas, almas, *élan* vital, etc. Entre as entidades mentais que essa linha de pensamento pretende eliminar, encontram-se, por exemplo, atitudes proposicionais: relações entre conteúdos proposicionais e uma determinada postura mental com implicações práticas (p. ex., acreditar, desejar, esperar) (P. M. Churchland, 1981; P. S. Churchland, 1986). Também foi proposto por eliminativistas (Dennett, 1992) que a noção de *qualia* (sensações e experiências como estados subjetivos qualitativos) poderia ter um caráter ilusório e não ter a existência que lhes é atribuída na psicologia popular.

Em sua grande maioria, posições eliminativistas entendem que uma neurociência em alto grau de maturidade e desenvolvimento irá substituir essa terminologia da psicologia popular que se referiria a objetos não existentes por uma descrição científica de fato.

Voltando a outro lado do espectro de posições, mais comuns são aqueles que defendem alguma versão de dualismo de propriedades. Eles entendem que propriedades mentais não podem, em princípio, ser reduzidas às propriedades físicas ou cerebrais; no entanto, acreditam que os componentes últimos da realidade sejam todos de natureza física, diferentemente dos dualistas de substâncias. Entre os dualistas de propriedades, poderíamos distinguir dois grupos majoritários de posições: aqueles que acreditam em causação mental, ou seja, que é possível que propriedades mentais tenham poder causal nesse mundo constituído de uma substância física; e os epifenomenalistas – aqueles que acreditam que propriedades mentais seriam epifenômenos e, assim, desprovidas de qualquer papel causal (Jackson, 1982).

Além das tendências teóricas já descritas, existem várias formas mais ou menos redutivas de fisicalismo ou materialismo. Por redutivo, entende-se, aqui, a capacidade de uma teoria explicar predicados mentais em termos de predicados neurais ou criar reduções interteóricas do vocabulário explicativo mental em termos de um vocabulário neural por via de leis de ponte, ou, ainda, funcionalizar propriedades mentais em termos de sua estrutura causal física. Além dessas posições, existem teorias identitárias que defendem a ideia de que processos mentais seriam idênticos a processos neurais. Além de outras variantes, as teorias identitárias podem ser classificadas em duas famílias de posições: a identidade de tipo (Lewis, 1966) e a identidade de ocorrência (*token*) (Kim, 1966). No primeiro caso, cria-se uma identidade estável entre um tipo mental e um tipo físico. No entanto, o argumento da múltipla realizabilidade (Fodor, 1974; Putnam 1967) – a defesa da possibilidade de que um estado mental (funcional) possa ser realizado por diversos estados cerebrais – coloca o argumento da identidade de tipo em maus lençóis. No caso da identidade de ocorrência, esse problema parece estar, pelo menos, mitigado, já que as identidades se dariam entre ocorrências individuais de estados cerebrais e mentais. Muitos funcionalistas acabam por aderir a essa posição, visto que visões mais algorítmicas de funcionalismo acreditam que uma função pode ser instanciada, por exemplo, tanto *in silico* como *in vivo*. Assim, para tal linha de argumentação, o suporte material que sustenta o algoritmo não faria grande diferença. Como será comentado a seguir, tal postura pode até ser entendida como uma forma de dualismo, já que a mente pode ser vista como uma estrutura meramente formal.

Mais promissoras são as pesquisas interdisciplinares que coadunam filosofia da mente e da ciência com neuropsicologia, neurociência e ciência cognitiva, entendendo que qualquer capacidade mental deve ter um correlato neural. A ideia de correlatos neurais pode ter várias versões e variações; entretanto, algumas dessas versões não se comprometem com uma postura necessariamente identitária, o que é uma vantagem. Trata-se, aqui, de encontrar o conjunto mínimo de eventos e processos cerebrais que possa ser correlacionado a uma capacidade mental como seu substrato neural. Variações dessa ideia se dispõem fundamentalmente em um eixo no qual posturas mais localizacionistas (Zeki et al., 1991) ou globalistas/conexionistas (Baars, 1988; Mesulam, 2012) são postuladas. Por localizacionismo, entende-se, aqui, o poder de imputar a áreas bem determinadas do cérebro capacidades distintas e específicas. Por globalismo/conexionismo, considera-se a possibilidade de que as correlações sejam estabelecidas entre capacidades funcionais e áreas em interação e reverberação informativa, como será abordado mais adiante neste mesmo capítulo. Entende-se aqui que a fidelidade responsável ao projeto de uma neuropsicologia há de congregar o entendimento dessas propriedades sistêmicas que emergem da interação complexa entre diferentes níveis de processamento de informação em áreas distintas do cérebro, sem, no entanto, perder de vista a especificidade inerente a cada parte ou subsistema constituinte do sistema. Essa dupla vinculação da neuropsicologia será discutida nas duas seções seguintes.

> A fidelidade responsável ao projeto de uma neuropsicologia há de congregar o entendimento dessas propriedades sistêmicas que emergem da interação complexa entre diferentes níveis de processamento de informação em áreas distintas do cérebro, sem, no entanto, perder de vista a especificidade inerente a cada parte ou subsistema constituinte do sistema.

O MÉTODO ANATOMOCLÍNICO E O SURGIMENTO DA NEUROPSICOLOGIA

Ainda que não seja possível determinar o exato surgimento de uma disciplina complexa como a neuropsicologia, um de seus atos de fundação pode ser considerado o trabalho de Pierre Paul Broca (1824-1880) na localização de um centro dedicado para produção da fala no cérebro. Em meio à controvérsia sobre a localização das funções cerebrais – que persistia desde a Antiguidade, mas havia ganhado força a partir do século XVII –, Broca faz uma breve comunicação, em 1861, no *Boletim da Sociedade de Antropologia* (que na época discutia temas tão diversos quanto arqueologia, mitologia, anatomia e psicologia), sobre o caso de um paciente com um comprometimento específico na capacidade de produção de fala, em meio a um quadro de relativa preservação cognitiva (Sagan, 1979). Essa publicação é acompanhada de outra, mais extensa, no *Boletim da Sociedade Anatômica*, também em 1861. O paciente, Sr. Leborgne, havia "perdido o uso da palavra" e era incapaz de "pronunciar mais do que uma sílaba, que ele repetia duas vezes seguidas" (*tan tan*) (Broca, 1861). Leborgne morreu pouco tempo depois do exame clínico, e sua autópsia revelou uma lesão específica no giro frontal inferior esquerdo. Broca (1861) conclui em seu relato que "[...] tudo permite crer que, neste caso específico, a lesão do lobo frontal foi a causa da perda da palavra [...]". O quadro clínico específico de perda de produção da fala e o giro frontal inferior se tornaram epônimos de Broca, sendo chamados, respectivamente, de afasia de Broca e área de Broca.

Broca (1891) utilizava em seus estudos o método anatomoclínico, o esteio da neurologia científica no final do século XIX. Esse método consistia em um exame em dois estágios com o intuito de vincular sinais clínicos a padrões de alteração cerebral (Goetz, 2010). O primeiro estágio dessa abordagem dedicava-se a um exame clínico em profundidade, acompanhando o paciente ao longo de um extenso período de tempo, ao passo que o segundo estágio, após a morte do paciente, envolvia a necropsia do cérebro e da medula espinal (Goetz, 2010). Assim, o método permitia vincular dados clínicos com informações sobre neuroanatomia, sugerindo uma potencial relação de causalidade entre esses dois fatores e possibilitando a classificação de doenças neurológicas a partir de achados anatômicos.

Desde a descoberta de Broca (1891), evidências crescentes indicaram uma correlação entre disfunções cognitivas ou quadros clínicos específicos com padrões de lesões cerebrais. Por exemplo, amparado na casuística de centenas de ex-combatentes da Primeira Guerra Mundial, Kleist (1934) desenvolve, na década de 1930, um mapa de localização cerebral relativamente preciso, sugerindo comprometimentos específicos que o dano focal ao cérebro traz.

O conhecimento sobre a localização de funções cerebrais ganharia novo impulso a partir dos estudos de Wilder Penfield, na década de 1950, que, em seu trabalho com cirurgias de pacientes epilépticos utilizando o procedimento Montreal, estabeleceu por meio de estimulação elétrica um detalhado mapa de processamento sensorial (Jasper & Penfield, 1954). Na segunda metade do século XX, evidências de estudos de lesão, modelos animais, medições em células únicas e, mais recentemente, pesquisas utilizando neuroimagem acumularam-se para indicar de forma inequívoca a especialização de regiões cerebrais em termos de processamento de informação. Tais dados, no entanto, são complementados por perspectivas conexionistas e por um gradual refinamento do conceito de localização cerebral. Esses pontos são discutidos nas seções seguintes deste capítulo, a partir da biografia e das ideias de um dos precursores da neuropsicologia, Alexander Romanovich Luria.

LURIA, O CONCEITO DE SISTEMA E A INSTANCIAÇÃO DA CULTURA NO CÉREBRO

Alexander Romanovich Luria nasceu em 1902, na cidade russa de Kazan, em uma família judia formada por profissionais liberais. Seu pai era um médico especializado em doenças gastrintestinais, e sua mãe era dentista – algo pouco comum na época. Sua formação é marcada por grande ecletismo, graduando-se primeiro em ciências sociais pela Universidade de Kazan; entrou no curso no ano seguinte à Revolução Russa, para posteriormente formar-se em medicina pela Universidade de Moscou. Ao longo de seu percurso acadêmico, filiou-se a diversas teorias. No início de sua formação, nos anos 1920, estudou psicanálise, traduzindo Freud para o russo e fundando a Associação Psicanalítica de Kazan. Em 1924, conheceu Lev S. Vygotsky e Aleksei N. Leontiev, junto aos quais estabeleceu os fundamentos de uma psicologia que considerasse a interação entre fatores individuais e elementos sociais/culturais. Ocorreram, em seguida, na década de 1930, suas excursões à Ásia Menor, em que realizou estudos sobre a influência de fatores como escolaridade na cognição e linguagem. Também são dessa época seus estudos com gêmeos, quando tentou elucidar a relação entre fatores genéticos e culturais. Durante a Segunda Guerra Mundial, trabalhou em um hospital para ex-combatentes, estendendo seu conhecimento sobre pacientes com lesões cerebrais adquiridas. Na década de 1950, em virtude de uma onda de antissemitismo, afastou-se do Departamento de Neurocirurgia, dedicando-se a estudos sobre crianças com déficits cognitivos e atrasos de desenvolvimento. Ao final dessa década, retornou ao trabalho com pacientes neurológicos, passando os últimos anos de sua carreira refinando seu arsenal clínico. Morreu aos 77 anos, vítima de problemas cardíacos.

Luria foi não apenas um dos fundadores da neuropsicologia contemporânea, mas também teve papel proeminente no desenvolvimento da psicologia histórico-cultural. Em função dessa dupla vinculação, Luria tinha uma perspectiva privilegiada sobre a relação entre biologia e cultura. Para ele, a dissociação entre psicologia social e individual era uma falácia teórica, e o desenvolvimento e funcionamento do cérebro se davam a partir de complexas interações entre fatores biológicos e sociais (Luria, 1976). Essa posição encontra ecos em tendências contemporâneas da neurociência, que sugerem que, na medida em que os humanos fazem parte de uma espécie altamente social, nosso desenvolvimento biológico não pode ser dissociado da influência da interação social. Isso é indicado, por exemplo, por proponentes da hipótese do cérebro social, que sugerem que demandas impostas pela estrutura social complexa da ordem dos primatas foram um dos fatores determinantes na evolução do cérebro (Dunbar, 1998).

Uma das ideias essenciais da abordagem de Luria é a noção de que vínculos funcionais entre regiões cerebrais são construídos historicamente. Por exemplo, áreas responsáveis pela linguagem se tornam funcionalmente conectadas a regiões vinculadas ao processamento visual e motor a partir da invenção da escrita (Luria, 1976). Essa perspectiva é particularmente relevante na medida em que relativiza a ideia de um cérebro humano trans-histórico (cérebros da idade de pedra) (Cosmides & Tooby, 1994), considerando que a escrita surgiu em torno de 3.500 anos atrás (Kramer, 1981) e, portanto, tem uma história muito curta em contraste com as primeiras evidências de humanos anatomicamente

> Uma das ideias essenciais da abordagem de Luria é a noção de que vínculos funcionais entre regiões cerebrais são construídos historicamente.

modernos, com no mínimo 100 mil anos (Stringer, 2012). Com base na visão de Luria, podemos especular como são formadas as conexões entre as áreas do cérebro humano a partir da estimulação e do ambiente providos na sociedade contemporânea.

Um conceito fundamental dentro da perspectiva luriana, que ressitua a questão da localização cerebral, é o de sistema funcional. Luria (1976) promove uma desconstrução da ideia de função ao sugerir que, em suas formas complexas, esta não pode ser atribuída a um único órgão ou tecido. Dando o exemplo da respiração, ele afirma que não se trata de uma função apenas do pulmão, sendo executada por um sistema completo, que inclui diversos órgãos e um aparato muscular amplo. A noção de sistema sugere um alto grau de plasticidade e compensação entre as suas partes. Atendo-se ainda ao exemplo da respiração, Luria indica como os músculos intercostais são recrutados para compensar casos em que há atividade deficiente do diafragma. Modalidades complexas de cognição seriam, segundo ele, um exemplo privilegiado de funcionamento sistêmico, com diferentes áreas cerebrais trabalhando em concerto para sua consecução. Luria identifica três sistemas com base em contribuições funcionais específicas: uma unidade de sono-vigília, uma de processamento sensorial e armazenamento de informação e uma de regulação e monitoramento de atividades (Luria, 1976). Ainda que essas unidades funcionais possam ser situadas em diferentes substratos neurais (respectivamente, no tronco cerebral, nos córtices occipital, parietal e temporal e no córtex pré-frontal), o conceito de sistema pressupõe a ideia de que tais regiões cumprem funções amplas e que diferentes componentes de cada unidade compensam a atividade de outros em casos de dano cerebral. Assim, essa perspectiva é particularmente frutífera para pensar implicações clínicas e o aspecto qualitativo de sintomas neurológicos.

TRAZENDO A NEUROPSICOLOGIA PARA O SÉCULO XXI

Em que pese o impacto da obra de Luria na formação da neuropsicologia como disciplina, alguns de seus *insights* não foram plenamente incorporados por autores que o seguiram. De forma geral, a neuropsicologia ainda hoje subscreve a um campo conceitual em descompasso com algumas das vias mais frutíferas para se pensar a relação entre funcionamento mental e cerebral. Por exemplo, a noção de modularidade, um dos pilares da abordagem neuropsicológica, vem sendo relativizada diante de achados empíricos novos. Especificamente, o aumento de estudos sobre conectividade estrutural, funcional e efetiva entre regiões cerebrais (Mesulam, 2012) sugere que, ainda que a especialização funcional de regiões cerebrais seja inegável, é somente da interação entre áreas que funções complexas podem emergir. Além disso, paradigmas recentes para o entendimento do funcionamento cerebral calcam-se em modelos dinâmicos, em que o processamento de informação, mesmo em níveis básicos, é influenciado por processos de ordem superior (Friston, 2010). Um exemplo privilegiado dessas perspectivas é o estudo da consciência, que ganhou nova força a partir da adoção dos conceitos de conectividade (Tononi, 2007) e predição probabilística (Friston, 2010).

Paralelamente, as últimas décadas trouxeram um gradual abandono da metáfora da

> O aumento de estudos sobre conectividade estrutural, funcional e efetiva entre regiões cerebrais (Mesulam, 2012) sugere que, ainda que a especialização funcional de regiões cerebrais seja inegável, é somente da interação entre áreas que funções complexas podem emergir.

mente como um computador. Fundamental para a discussão promovida neste capítulo, o cognitivismo estrito sugeria que a mente funcionaria tal como um *software*, que poderia ser instalado em diferentes suportes, não importando as características do *hardware* (i. e., o corpo e o cérebro) no qual funcionava. Essa perspectiva, considerada *ad extremum*, cai em uma posição dualista, em que a mente é um conjunto de regras formais que pode ser instanciado independentemente de sua base orgânica (Searle, 1980). Em oposição a essa perspectiva, acompanha-se a incorporação nas neurociências de um paradigma biológico que considera todos os processos cognitivos como calcados em uma base material (o cérebro) e motivados em última instância por questões referentes à adaptação do organismo. De um ponto de vista clínico, a adesão da neuropsicologia a esse paradigma biológico enfatiza o caráter adaptativo dos sintomas e respostas de pacientes neurológicos, em vez de considerá-los meramente expressões de déficits.

Além dessas questões de ordem teórica, uma neuropsicologia para o século XXI precisa reinventar-se metodologicamente. Estudos de lesão formaram o cerne da abordagem neuropsicológica ao longo do século XX. Nas últimas décadas, os campos mais amplos da neurologia clínica e das neurociências cognitivas beneficiaram-se de inovações técnicas, como procedimentos de neuroimagem de alta resolução espacial (p. ex., fMRI, PET, DTI). Essas técnicas possibilitam evitar as limitações associadas com estudos de lesão, como, por exemplo, o fato de que raramente o dano cerebral está limitado a áreas corticais específicas e a dificuldade em determinar as habilidades pré-mórbidas de pacientes (Fotopoulou, 2013).

Além disso, essas técnicas permitem de forma mais eficaz a investigação de objetos de estudo que tradicionalmente foram excluídos da neurociência cognitiva, em parte por dificuldades metodológicas. O estudo da emoção em humanos é um exemplo *princeps* dessa mudança. Uma exploração científica da emoção é complicada pelo fato de que estados emocionais são subjetivos e acessados de forma privilegiada a partir de uma perspectiva de primeira pessoa. Ainda que essa limitação não se aplique a aspectos comportamentais da emoção (p. ex., expressões faciais), o estudo objetivo de sentimentos e estados internos ganhou novo impulso com técnicas de imagem (Ekman, 1992). As evidências convergentes sobre o processamento emocional em humanos e a extensa literatura sobre modelos animais e estudos comparados fizeram emergir nas últimas décadas o campo das neurociências afetivas (Panksepp, 2004).

> Uma exploração científica da emoção é complicada pelo fato de que estados emocionais são subjetivos e acessados de forma privilegiada a partir de uma perspectiva de primeira pessoa.

Diante desse panorama, um dos desafios atuais da neuropsicologia é acompanhar os últimos desenvolvimentos do campo mais amplo das neurociências, encampando posições que possam revitalizar seus métodos e teorias. Ao mesmo tempo, a neuropsicologia, amparada na vasta riqueza de seus dados clínicos, pode informar produções futuras nas neurociências. Sendo assim, esse desafio deve ser encarado com otimismo.

REFERÊNCIAS

Baars, B. J. (1988). *A cognitive theory of consciousness*. New York: Cambridge University.

Broca, P. P. (1861). Perte de la parole, ramollissement chronique et destruction partielle du lobe antérieur gauche du cerveau. *Bulletin de la Societé Anthropologique, 2*, 235-238.

Churchland, P. M. (1981). Eliminative materialism and the propositional attitudes. *Journal of Philosophy, 78*(2), 67-90.

Churchland, P. S. (1986). *Neurophilosophy: toward a unified science of the mind/brain*. Cambridge: MIT.

Cosmides, L., & Tooby, J. (1994). Beyond intuition and instinct blindness: toward an evolutionarily rigorous cognitive science. *Cognition, 50*(1-3), 41-77.

Dennett, D. C. (1992). Quining qualia. In A. Marcel, & E. Bisiach (Eds.), *Consciousness in contemporary science* (pp. 42-77). New York: Oxford University.

Descartes, R. (1979). As paixões da alma. In Abril Cultural, *Os Pensadores* (2. ed., pp. 213-294). São Paulo: Abril.

Dunbar, R. (1998). The social brain hypothesis. *Evolutionary anthropology, 6*(5), 178-90.

Ekman, P. (1992). An argument for basic emotions. *Cognition and emotion, 6*, 169-200.

Fodor, J. (1974). Special sciences: or the disunity of science as a working hypothesis. *Synthese, 28*(2), 97-115.

Fotopoulou, A. (2013). Time to get rid of the 'Modular' in neuropsychology: a unified theory of anosognosia as aberrant predictive coding. *Journal of Neuropsychology*, doi: 10.1111/jnp.12010. [Epub ahead of print].

Friston, K. (2010). The free-energy principle: a unified brain theory? *Nature Reviews Neuroscience, 11*, 127-138.

Goetz, C. G. (2010). Chapter 15: Jean-Martin Charcot and the anatomo-clinical method of neurology. *Handbook of Clinical Neurology, 95*, 203-212.

Jackson, F. (1982). Epiphenomenal qualia. *The Philosophical Quarterly, 32*, p. 127-136.

Jasper, H., & Penfield, W. (1954). *Epilepsy and the functional anatomy of the human brain* (2nd ed.). New York: Brow.

Kim, J. (1966). On the psycho-physical identity theory. *American Philosophical Quarterly, 3*(3), 227-235.

Kim, J. (2005). *Physicalism, or something near enough*. New York: Princeton University.

Kleist, K. (1934). *Gehirnpathologie*. Leipzig: J.A. Barth.

Kramer, S. N. (1981). Appendix B: the origin of the cuneiform writing system. In S. N. Kramer, *History Begins at sumer: thirty-nine firsts in man's recorded history* (3rd ed., pp. 381-383). Philadelphia: University of Pennsylvania.

Lewis, D. (1966). An argument for the identity theory. *Journal of Philosophy, 63*(1), 17-25.

Luria, A. R. (1976). *The working brain: an introduction to neuropsychology*. New York: Basic Books.

Mesulam, M. (2012). The evolving landscape of human cortical connectivity: facts and inferences. *Neuroimage, 62*(4), 2182-2189.

Panksepp, J. (2004). *Affective neuroscience: the foundations of human and animal emotions*. New York: Oxford University.

Putnam, H. (1967). Psychological predicates. In W. H. Capitan, & D. D. Merrill (Eds.), *Art, mind, and religion* (pp. 37-48). Pittsburgh: University of Pittsburgh.

Sagan, C. (1979). *Broca's brain*. New York: Random House.

Searle, J. (1980). Minds, brains and programs. *Behavioral and brain science, 3*(3), 417-457.

Searle, J. (1992). *The rediscovery of the mind*. Cambridge: MIT.

Stringer, C. (2012). *Origin of our species*. London: Penguin Books.

Tononi, G. (2007). The information integration theory of consciousness. In M. Velmans, & S. Schneider (Eds.), *The Blackwell companion to consciousness* (pp. 287-299). Malden: Blackwell.

Zeki, S., Watson, J. D., Lueck, C. J., Friston, K. J., Kennard, C., & Frackowiak, R. S. (1991). A direct demonstration of functional specialization in human visual cortex. *Journal of Neuroscience, 11*(3), 641-649.

2
Neuroanatomia funcional básica para o neuropsicólogo

RAMON M. COSENZA

As diferentes regiões do sistema nervoso central contribuem para a coordenação do comportamento e da cognição – objetos de interesse da neuropsicologia –, mas é no cérebro que se encontram os principais grupamentos neuronais e circuitos envolvidos nessa mediação, destacando-se nesse aspecto o córtex cerebral, que será o foco principal deste capítulo.

ESTRUTURA E DIVISÕES DO CÓRTEX CEREBRAL

O córtex cerebral é visualizado macroscopicamente como uma camada de substância cinzenta que reveste todo o cérebro. Este, no caso da espécie humana, é girencefálico, pois tem sua superfície marcada por sulcos e giros, de tal forma que a maior parte do córtex permanece oculta a uma inspeção externa. Anatomicamente, o córtex cerebral costuma ser fracionado em regiões, denominadas lobos, a saber: frontal, parietal, temporal, occipital e lobo da insula, este último visível quando se examina a profundidade do sulco lateral do cérebro (Fig. 2.1). Em cada um desses lobos podem ser localizados sulcos, giros e regiões que têm importância na coordenação de diferentes funções. Para uma descrição mais detalhada, recomenda-se a consulta a obras de neuroanatomia geral, uma vez que isso escapa aos objetivos do presente texto (ver, por exemplo, Cosenza, 2013; Clark, Boutros & Mendez, 2010).

Microscopicamente, o córtex é constituído, na sua maior parte, por seis camadas de células que têm aspecto morfológico diferente. Essas camadas se dispõem, da superfície para o interior, na seguinte sequência: camada molecular, granular externa, piramidal externa, granular interna, piramidal interna e camada das células fusiformes. Esse córtex de seis camadas é chamado de isocórtex; contudo, existem

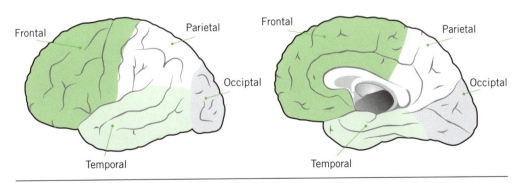

FIGURA 2.1 Os grandes lobos da superfície cortical.

regiões, denominadas de alocórtex (alo = diferente; iso = igual), em que as seis camadas clássicas não estão presentes. O córtex cerebral apresenta, então, uma grande diversidade citoarquitetônica, pois, mesmo nas regiões de isocórtex, as camadas podem ter diferentes espessuras e organização. Isso levou ao aparecimento de numerosos mapas corticais, entre os quais o desenvolvido por Korbinian Brodmann (1981), que divide o córtex em mais de cinquenta regiões numeradas sucessivamente (Fig. 2.2). Os mapas citoarquitetônicos permitem uma localização mais precisa de regiões com conexões e funções distintas e ainda são usados cotidianamente.

Durante muito tempo discutiu-se a existência de localizações funcionais no córtex cerebral: os localizacionistas postulavam a existência de centros específicos para diferentes funções, enquanto os holistas, ou distributivistas, acreditavam em uma equipotencialidade entre as diferentes regiões corticais. Atualmente, sabemos que existem, de fato, especializações de função; contudo, considera-se que as diferentes regiões corticais atuem não como sedes funcionais, mas como pontos nodais de circuitos de larga escala, constituindo sistemas encarregados de integrar e coordenar as diferentes funções atribuídas ao córtex cerebral.

O neuropsicólogo Alexander R. Luria (1973) propôs a existência de duas unidades funcionais no córtex cerebral: uma receptora, localizada posteriormente ao sulco central, e outra executora, situada em posição anterior a tal sulco (Fig. 2.3). A unidade receptora seria encarregada de receber, analisar e armazenar a informação. Nela podem ser encontradas áreas que se ocupam, por exemplo, da visão, audição e somestesia. Já a unidade executora se encarregaria de programar, coordenar e verificar as ações do indivíduo, sobretudo as ações conscientes. Nela se encontram as áreas que lidam diretamente com a motricidade e também uma porção situada mais anteriormente, conhecida com região pré-frontal.

Luria sugeriu ainda que essas duas unidades se organizam de forma hierárquica, em áreas classificadas como primárias, secundárias e terciárias (Fig. 2.3). No caso da unidade receptora, as áreas primárias são aquelas que recebem as projeções das diferentes modalidades sensoriais e realizam uma primeira análise da informação, que será posteriormente trabalhada e integrada

> O neuropsicólogo Alexander R. Luria (1973) propôs a existência de duas unidades funcionais no córtex cerebral: uma receptora, localizada posteriormente ao sulco central, e outra executora, situada em posição anterior a tal sulco.

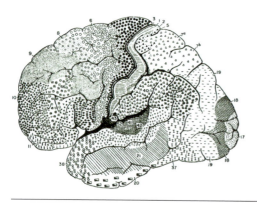
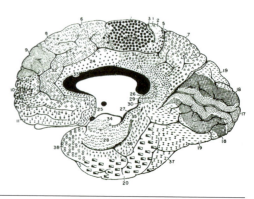

FIGURA 2.2 O mapa citoarquitetônico cortical de Brodmann.
Fonte: De Carpenter (1991).

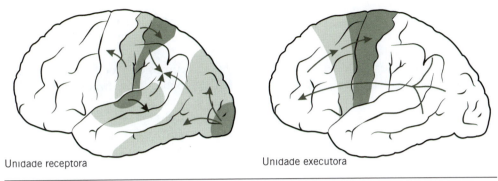

FIGURA 2.3 As unidades receptora e executora de Luria, com suas áreas primárias, secundárias e terciárias. Vê-se o fluxo de informação entre essas áreas corticais.

nas áreas secundárias. A área terciária, por sua vez, coordena o trabalho dos diferentes analisadores e produz esquemas simbólicos em nível de complexidade acima das modalidades sensoriais (ou seja, supramodais), que sustentam a atividade cognitiva mais sofisticada. Na unidade executora, a área primária seria representada pela área motora do córtex, a qual dá origem aos feixes nervosos motores que se dirigem para o tronco encefálico e para a medula espinal. A área secundária tem situação imediatamente anterior (áreas 6 e 8 de Brodmann) e se incumbe de preparar os programas motores posteriormente encaminhados à região primária. Já a área terciária é representada pela região pré-frontal, que tem por função a formulação de intenções e programas de ação, bem como a regulação e o monitoramento do comportamento mais complexo. Nota-se que a informação flui das áreas primárias para as secundárias e terciárias na unidade receptora e teria fluxo inverso na unidade executora (Fig. 2.3). Segundo Luria, quando se progride das áreas primárias para as terciárias ocorre uma dissolução da modalidade funcional, e, ao mesmo tempo, observa-se uma crescente assimetria funcional entre os dois hemisférios cerebrais.

> Segundo Luria, quando se progride das áreas primárias para as terciárias ocorre uma dissolução da modalidade funcional, e, ao mesmo tempo, observa-se uma crescente assimetria funcional entre os dois hemisférios cerebrais.

Mesulam (2000) descreve uma divisão funcional do córtex (Fig. 2.4) que guarda relações com aquela proposta por Luria e inclui as seguintes categorias:

1. córtex de projeção, onde se encontram o córtex motor e os das diferentes modalidades sensoriais;
2. córtex de associação unimodal, que inclui áreas que se situam próximas às áreas de projeção;
3. córtex de associação supramodal; e
4. córtex límbico.

Nessa última divisão encontram-se áreas com nítida estrutura alocortical (hipocampo e córtex olfatório), áreas de estrutura intermediária entre o isocórtex e o alocórtex (córtex orbitofrontal, ínsula, polo temporal, giro para-hipocampal e giro do cíngulo), além de áreas de estrutura corticoide (estruturas cerebrais basais – como a amígdala, a região septal e a substância inominada – que apresentam características tanto corticais como nucleares). Note-se que o córtex de projeção corresponde às áreas primárias de Luria, e o córtex de associação unimodal, às áreas secundárias, enquanto o córtex de associação supramodal corresponde às áreas terciárias.

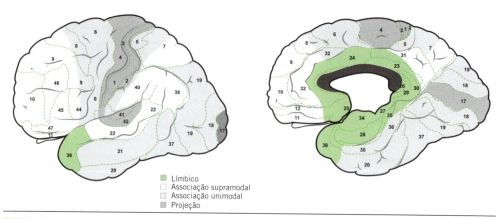

FIGURA 2.4 As regiões corticais de projeção, associação unimodal, associação supramodal e as áreas límbicas.
Fonte: Adaptada de Mesulam (2000).

Mesulam (2000) chama a atenção para o fato de que as áreas límbicas estão mais diretamente conectadas ao hipotálamo e, assim, recebem as informações vindas do meio interno e podem atuar de modo mais direto sobre ele (Fig. 2.5). Além disso, as áreas límbicas conectam-se preferencialmente com as áreas de associação supramodais. Já as informações e as ações sobre o meio externo têm conexão direta com as áreas de projeção, que estão ligadas às de associação unimodal, que, por sua vez, conectam-se às áreas de associação supramodal (Fig. 2.5). Dessa forma, as necessidades do organismo e os processos motivacionais e emocionais são integrados à percepção do meio externo, permitindo que o comportamento mais adequado possa ser escolhido e que as ações correspondentes sejam planejadas e executadas.

ÁREAS DE PROJEÇÃO, MOTORA E SENSORIAIS

A área motora do córtex cerebral localiza-se à frente do sulco central (Figs. 2.3 e 2.4), ocupando essencialmente a área 4 de Brodmann, onde se localizam grandes neurônios piramidais (células de Betz) e onde tem origem a porção mais significativa das fibras dos tractos corticospinais e corticonucleares, as chamadas vias piramidais, que irão comandar a motricidade de todo o corpo. Estimulações na área motora revelam a presença de uma somatotopia, ou seja, as diversas partes da metade contralateral do corpo são representadas separadamente: as regiões mais inferiores da área motora contêm neurônios responsáveis pelos movimentos da língua e da face; um pouco mais acima estão aqueles que se encarregam dos movimentos das mãos, dos braços, do tronco e assim sucessivamente, até que os movimentos das pernas e dos pés estejam representados na face medial do hemisfério cerebral. Lesões ocorridas na área motora

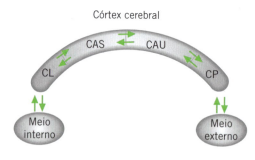

FIGURA 2.5 Visão esquemática das interações entre o meio externo, o meio interno e as diferentes áreas do córtex cerebral.

terão como resultado paralisia da musculatura contralateral correspondente.

O córtex somestésico (Figs. 2.3 e 2.4) ocupa a região do giro pós-central (áreas 1, 2 e 3 de Brodmann) e recebe as fibras que têm origem na porção ventral-posterior do tálamo, as quais trazem informações sensoriais da face e da metade contralateral do corpo. Similarmente ao que ocorre na região motora primária, existe uma somatotopia no córtex somestésico, podendo-se observar, com as técnicas adequadas, um homúnculo sensorial com a cabeça situada inferiormente e as pernas ocupando a parte superior e a face medial do hemisfério cerebral. Lesões no córtex sensorial primário têm como consequência a dificuldade em localizar estimulações táteis e a perda de discriminação de dois pontos, da grafestesia e da estereognosia.

O córtex de projeção auditiva (Figs. 2.3 e 2.4) localiza-se no chamado plano temporal (região do giro temporal superior situada no interior do sulco lateral) e ocupa as áreas 41 e 42 de Brodmann. Aí chegam fibras vindas do corpo geniculado medial (tálamo) que trazem as informações sonoras originadas no ouvido interno. No córtex auditivo primário observa-se uma tonotopia, ou seja, os sons mais graves impressionam as regiões anterolaterais, enquanto os mais agudos irão estimular as posteromediais. Lesões no córtex auditivo primário dificilmente causam surdez, pois nele chegam fibras com origem contralateral e ipsilateral. Portanto, há necessidade de perda concomitante dos córtices auditivos dos dois hemisférios para a instalação de surdez cortical.

A área visual primária do córtex (Figs. 2.3 e 2.4) situa-se no lobo occipital, nas bordas do sulco calcarino (área 17 de Brodmann). Aí chegam as projeções do trato geniculocalcarino (têm origem no corpo geniculado lateral) que trazem informações dos campos visuais contralaterais. No córtex visual primário existe uma retinotopia, ou seja, há uma correspondência entre pontos específicos da retina e sua representação no córtex: as porções periféricas da retina nas regiões mais anteriores; as porções centrais, nas regiões mais posteriores; as porções superiores, na borda superior do sulco calcarino; e as inferiores, na borda inferior desse sulco. Lesões no córtex visual primário resultam em perda da visão nos pontos correspondentes do campo visual.

ÁREAS DE ASSOCIAÇÃO UNIMODAIS

As áreas unimodais de associação estão próximas ou circundam as áreas de projeção e com elas têm suas principais conexões. Como ainda estão vinculadas à mesma modalidade sensorial (ou motora) elas têm uma característica unimodal. As áreas de associação unimodais comunicam-se então com outras regiões, como o córtex de associação supramodal (p. ex., as áreas da linguagem na região temporoparietal ou o córtex pré-frontal, que se ocupa da memória operacional e das funções executivas); e o córtex límbico, que coordena a memória e os processos emocionais. Lesões dessas áreas geralmente resultam em agnosias, como a prosopagnosia; em déficits perceptuais, como a acromatopsia; ou em problemas motores, como a apraxia.

A área visual de associação unimodal (Figs. 2.3 e 2.4) é extensa e ocupa porções dos lobos occipital e temporal (áreas de Brodmann B18 e B19 e ainda B37 e B20). Nela, existem subdivisões que costumam ser numeradas de V2 a V8. As áreas V1 (B17) e V2 (B18) dão origem a vias paralelas que se dirigem para regiões distintas. Essas vias occipitofugais tomam dois caminhos diferentes. O primeiro é dorsal, em direção aos lobos parietal e frontal. Ele se dirige para pontos nodais que analisam "o onde" da informação visual: detectam movimentos e a localização de objetos. O segundo é ventral e toma a direção do lobo temporal, onde ocorre a decodificação do "o quê" da mesma informação, como a detecção das cores e da forma. Regiões específicas do giro temporal inferior e o giro occipitotemporal lateral (giro fusiforme), por exemplo, são sensíveis à percepção e ao reconhecimento de faces, bem como à forma de objetos complexos (Felleman & Van Essen, 1991; Mesulam, 2000; Ungerleider & Haxby, 1994). Lesões nas áreas de associação visual podem provocar diferentes formas de agnosia visual, quando os objetos ou suas características são vistos, mas não reconhecidos.

A área de associação auditiva (Figs. 2.3 e 2.4) ocupa o giro temporal superior (áreas B42 e B22) e tem uma organização complexa, semelhante à que ocorre na área visual de associação unimodal. As informações vindas da área de projeção auditiva podem tomar duas direções: uma anterior ou ventral, que parece estar envolvida na identificação de sons ou voz das pessoas, e outra posterior ou dorsal, importante para a localização dos sons e conteúdo da linguagem (Alain, Arnott, Hevenor, Graham, & Grady, 2001; Lattner, Meyer, & Friederici, 2005; Scott, Blank, Rosen, & Wise, 2000). Lesões da região auditiva secundária podem levar a agnosia auditiva (incapacidade de identificação dos sons característicos do ambiente) ou inabilidade de identificação de timbres ou sequências de sons.

A área somatossensorial de associação (Figs. 2.3 e 2.4) situa-se posteriormente à área primária, ocupando a área 5 e a parte anterior da área 7 de Brodmann. Ela é importante para a localização tátil precisa, a exploração manual ativa e a coordenação do alcançar e pegar, bem como para o armazenamento das memórias somatossensoriais. Lesões nessa região ou em suas conexões levam a déficits como a agnosia tátil, a apraxia tátil (objetos não podem ser manipulados sem auxílio visual) ou a orientação espacial por meio do tato (Mesulam, 2000).

> A região de associação motora parece estar envolvida no planejamento motor e na seleção de movimentos, sendo ativada antes da execução das respostas motoras.

A região motora de associação (Figs. 2.3 e 2.4) inclui as áreas B6 (áreas pré-motora e motora suplementar) e partes das áreas B8 e B44 (esta última fazendo parte da chamada área de Broca). Essa região manda fibras para a área motora de projeção e recebe informações vindas de áreas secundárias sensoriais e supramodais do córtex cerebral. A região de associação motora parece estar envolvida no planejamento motor e na seleção de movimentos, sendo ativada antes da execução das respostas motoras. Lesões dessa região têm como resultado distúrbios motores, como alguns tipos de apraxias, sem paralisia ou fraqueza muscular (Chouinard & Paus, 2006; Mesulam, 2000).

ÁREAS DE ASSOCIAÇÃO SUPRAMODAIS

Essas regiões do córtex são consideradas supramodais porque a elas não podem mais ser atribuídas funções ligadas diretamente à motricidade ou à sensibilidade. Nelas ocorre a integração das diversas informações sensoriais que permitem o aparecimento de funções cognitivas, como a linguagem ou a atenção. Além disso, é nelas que acontecem a elaboração das estratégias comportamentais e o monitoramento de sua execução. Observam-se no cérebro duas regiões de associação supramodal: uma na unidade receptora de Luria, ocupando áreas dos lobos parietal e temporal, e outra na unidade executora, ocupando a região pré-frontal (Figs. 2.3 e 2.4).

Área temporoparietal

A área de associação supramodal temporoparietal ocupa as regiões B7, B39 e B40 e mantém conexões estratégicas com as diversas regiões unimodais do córtex cerebral, encarregando-se da integração de informações sensoriais processadas pelo cérebro – o que é importante, por exemplo, para a computação da linguagem, uma de suas funções. Além disso, liga-se ao córtex pré-frontal e envia fibras para estruturas subcorticais, como o corpo estriado. Ela tem uma maturação tardia e atinge a plenitude do seu funcionamento somente depois da primeira década de vida. Do ponto de vista funcional, essa região está relacionada com a praxia, a linguagem, a integração e o planejamento visuomotor e a atenção espacial. Quanto à atenção, ela contribui para selecionar um entre os vários estímulos existentes e para a mudança da atenção para um novo foco, atuando de forma integrada com o córtex pré-frontal. Existe, contudo, uma evidente assimetria da função, sendo o lado direito mais envolvido no sistema atencional (lesões nessa região resultam na síndrome de negligência, em que o espaço contralateral tende a ser ignorado). No lado esquerdo, o envolvimento com a linguagem é mais evidente, de modo que suas lesões causam disfasias e agnosias. A área de Wernicke, importante para a compreensão da linguagem, ocupa porções das regiões 39 e 40 de Brodmann. (Abdullaev & Posner, 2005; Corbetta & Shulman, 2011; Kelley, Serences, Gieslorecht, & Yantis, 2008; Mesulam, 2000). A síndrome de Gerstmann, caracterizada por confusão direita-esquerda, agnosia dos dedos, disgrafia e discalculia, é um exemplo de disfunção produzida por lesões à esquerda na área temporoparietal.

A Figura 2.6 representa, de forma esquemática, o processamento cognitivo de um fluxo de informação desde as áreas de projeção, ou primárias, até as áreas supramodais e límbicas, passando pelas áreas de associação unimodais. Nota-se que os

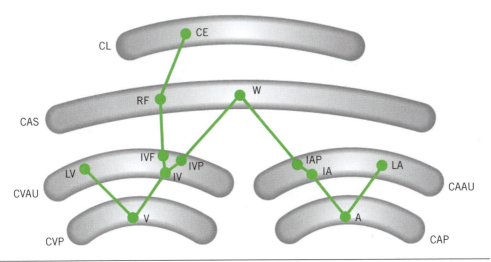

FIGURA 2.6 Organização esquemática do fluxo de informações no córtex cerebral. Registra-se o processamento visual para as faces e o visual e auditivo para a linguagem verbal. As regiões delimitadas representam áreas corticais: CAAU = córtex auditivo de associação unimodal, CAP = córtex auditivo de projeção, CAS = córtex de associação supramodal, CL = córtex límbico, CVAU = córtex visual auditivo de associação unimodal, CVP = córtex visual de projeção. Os pequenos discos representam pontos nodais de processamento, reciprocamente conectados por linhas: A = projeção auditiva primária, CE = componentes emocionais (do reconhecimento de faces), IA = identificação de sons (p. ex., vozes), IAP = identificação auditiva da palavra, IV = identificação dos objetos (córtex temporal), IVF = identificação de faces, IVP = identificação visual das palavras, LA = localização auditiva, LV = localização visual dos objetos (córtex parietal), RF = reconhecimento de faces, V = projeção visual primária, W = área de Wernicke (compreensão da linguagem).

Fonte: Adaptada de Mesulam (2000).

diferentes pontos nodais vão processando as informações de maneira cada vez mais complexa e diferenciada à medida que estas fluem através dos diferentes níveis sinápticos.

É interessante notar que a área 7 de Brodmann na face medial do hemisfério corresponde anatomicamente ao "pré-cúneo", uma região que tem chamado atenção a partir de estudos com as técnicas de neuroimagem. Ela recebe informações sensoriais multimodais do córtex parietal lateral, tem conexões recíprocas com o lobo frontal e parece estar relacionada com funções como a imaginação visuoespacial, a recuperação da memória episódica e a autoconsciência. Há evidências de que essa região é uma das áreas nodais do circuito cuja atividade predomina no cérebro em estado de repouso (*default brain network*) (Cavanna & Trimble, 2006; Fransson & Marrelec, 2008).

Na porção inferior do lobo parietal, detecta-se a presença dos chamados "neurônios espelho", que são encontrados também na região pré-motora. Esses neurônios têm a característica de disparar impulsos quando o indivíduo executa uma ação e também quando a mesma ação é observada em outras pessoas. Eles estão provavelmente envolvidos em um circuito parieto-pré-motor importante na compreensão dos atos motores e da intenção que os motiva, constituindo a base para a teoria da mente, isto é, a capacidade de identificar pensamentos e intenções nos outros. Parece ocorrer disfunção desse circuito nas síndromes autistas (Acharya & Shukla, 2012; Rizzolati, 2005).

Área pré-frontal

O córtex pré-frontal ocupa a porção mais anterior do lobo frontal. Caracteriza-se por suas conexões com o núcleo dorsomedial do tálamo e divide-se nas regiões dorsolateral, medial e orbital (Fig. 2.7). O córtex de associação supramodal, constituído de isocórtex,

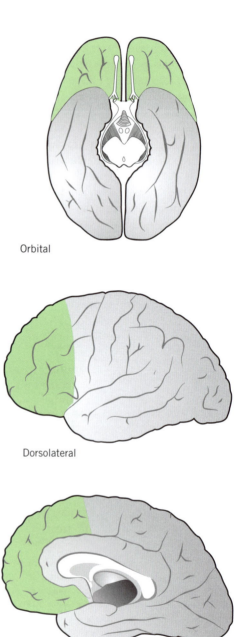

FIGURA 2.7 As três divisões do córtex pré-frontal.

ocupa principalmente a divisão dorsolateral (áreas B9, B10, B11, B45, B46 e B47), enquanto as porções medial e orbital (B12, B13, B25 e B32) não apresentam as seis camadas de células, podendo ser consideradas como uma zona de transição para o córtex límbico (áreas paralímbicas). A região pré-frontal, de forma estratégica, coordena a ligação entre as áreas de associação sensoriais e as áreas límbicas e, portanto, entre as informações do mundo externo e os processos emocionais e motivacionais, importantes para a sobrevivência do organismo e para a regulação do comportamento (Fuster, 2008; Mesulam, 2000).

Todas as regiões pré-frontais recebem fibras do núcleo dorsomedial do tálamo, que transfere informações vindas de outras estruturas subcorticais (como a formação reticular e a substância negra). Recebem também fibras do cerebelo e dos núcleos da base, do hipotálamo e da amígdala (esta última principalmente para as regiões alocorticais), além de aferentes de outras regiões límbicas, como o hipocampo. São importantes as projeções que recebem dos sistemas monoaminérgicos moduladores, vindas do *locus ceruleus* (noradrenalina), da área tegmental ventral (dopamina) e dos núcleos da rafe (serotonina). Ao córtex dorsolateral chegam informações visuais, auditivas e somáticas, enquanto no córtex orbitofrontal predominam as olfatórias e gustativas, além das informações viscerais. O primeiro usa as informações sensoriais a fim de organizar e executar estratégias para a consecução de objetivos, enquanto o segundo coleta as informações importantes para os processamentos emocional e motivacional. As conexões mencionadas são geralmente recíprocas. Importantes para a função executiva e motora são as fibras que vão para os núcleos da base e também para as áreas motoras e pré-motoras.

O córtex pré-frontal, por meio de seus circuitos e conexões, coordena as funções executivas, ou seja, as capacidades de determinar objetivos, estabelecer uma estratégia comportamental, escolher prioridades e inibir ações desnecessárias, além de monitorar o comportamento para que os objetivos sejam alcançados. Pode-se dizer que o córtex pré-frontal organiza as ações ao longo do tempo.

Embora todas as funções pré-frontais sejam interdependentes, pois compartilham circuitos que são comuns e que cooperam (ou competem) entre si, podem-se conceber dois eixos funcionais: um para a memória operacional e a atenção e outro para o comportamento e a motivação. O córtex dorsolateral coordena a memória operacional, que se relaciona com a atenção sustentada e tem o envolvimento também do córtex parietal. O córtex orbitofrontal analisa a significância dos estímulos sensoriais, identificando aqueles ligados a uma gratificação, e é importante para o controle inibitório do comportamento. Já a área pré-frontal medial lida com a atenção interna e a tomada de decisão.

Lesões dorsolaterais causam problemas com a memória operacional, bem como deficiência na capacidade de planejamento e execução de planos de ação. A síndrome lateral traz dificuldades na sustentação da atenção, perda de iniciativa e na capacidade de tomar decisões. Há perda da fluência verbal, bem como apatia e

> A região pré-frontal, de forma estratégica, coordena a ligação entre as áreas de associação sensoriais e as áreas límbicas e, portanto, entre as informações do mundo externo e os processos emocionais e motivacionais, importantes para a sobrevivência do organismo e para a regulação do comportamento.

> O córtex pré-frontal, por meio de seus circuitos e conexões, coordena as funções executivas, ou seja, as capacidades de determinar objetivos, estabelecer uma estratégia comportamental, escolher prioridades e inibir ações desnecessárias, além de monitorar o comportamento para que os objetivos sejam alcançados.

depressão. A síndrome causada por lesão orbitofrontal caracteriza-se por impulsividade, distração, hiperatividade, desinibição e perseveração. Já a síndrome medial (e do cíngulo anterior) gera perda da iniciativa e da espontaneidade, apatia e hipocinesia.

O córtex pré-frontal, particularmente a região dorsolateral, é lento no seu desenvolvimento. As fibras aí originadas, que viajam pela substância branca, mielinizam-se de modo progressivo até a terceira década de vida, o que tem consequências no desenvolvimento das funções cognitivas. Porém, essa região cortical é uma das primeiras a mostrar involução no processo de envelhecimento (diminuição no tamanho dos neurônios e na densidade sináptica), produzindo dificuldades na atenção, na memória operacional e mesmo na capacidade de planejamento (Fuster, 2008; Rolls & Grabenhorst, 2008; Stuss & Levine, 2002; Tanji & Hoshi, 2008; Wise, 2008).

ÁREAS LÍMBICAS

As áreas límbicas dispõem-se nas faces medial e inferior do cérebro, formando um anel em torno das estruturas do diencéfalo e do tronco encefálico. Esse anel cortical é tradicionalmente conhecido como lobo límbico (limbo = borda) e é constituído de alocórtex, ou seja, regiões que não possuem as seis camadas de células encontradas na maior parte da superfície do cérebro. Inicialmente, pensava-se que ele tivesse funções olfatórias, mas ao longo do século XX verificou-se que a maioria de suas funções estava relacionada com as emoções, a aprendizagem, a memória e o controle visceral. As conexões dessas regiões são extensas e incluem estruturas subcorticais e mesmo do tronco encefálico; foi proposto que, em conjunto, elas fariam parte do chamado sistema límbico. Contudo, esse conceito tem sido questionado, não só porque não há acordo sobre quais seriam os seus componentes, mas também porque não há evidências de que suas funções sejam executadas por meio do funcionamento de um sistema autônomo (Heimer, Van Hoesen, Trimble, & Zaham, 2008). Iremos, então, descrever de forma sucinta as principais estruturas do lobo límbico, com suas conexões e funções. Recomenda-se, aos interessados, a consulta a um texto geral de neuroanatomia (ver, p. ex., Cosenza, 2013).

Fazem parte do lobo límbico a região do septo (área subcalosa), o giro do cíngulo, o giro para-hipocampal, o hipocampo, parte da ínsula e da amígdala, o polo temporal e, ainda, as porções medial e orbital da área pré-frontal (Figs. 2.8 e 2.9).

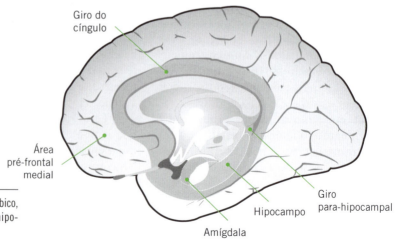

FIGURA 2.8 O lobo límbico, com visualização do hipocampo e da amígdala.

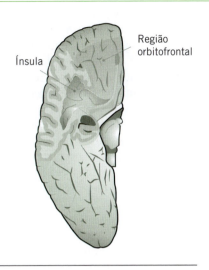

FIGURA 2.9 Visão inferior do hemisfério cerebral, com estruturas do lobo límbico (amígdala e região orbitofrontal).

É bom lembrar que nessas estruturas observa-se uma transição gradativa entre as áreas nitidamente alocorticais, como o hipocampo, e o isocórtex, que ocupa a maior parte da superfície cerebral. Nessas áreas de transição incluem-se, por exemplo, partes da ínsula e do córtex pré-frontal medial e orbital (Heimer et al., 2008; Mesulam, 2000).

Ínsula

A ínsula localiza-se no interior do sulco lateral, constituindo-se como um dos lobos corticais. Tem uma porção posterior, que é isocortical, e uma porção anterior, que não tem essa estrutura e se funde com o córtex orbitofrontal (Fig. 2.9). Ela tem conexões recíprocas com outras estruturas límbicas, como o giro do cíngulo, as áreas medial e orbital do córtex pré-frontal, a amígdala e também com o corpo estriado ventral (Nieuwenhuys, 2012). Ela recebe e processa informações visceroceptivas que se tornam conscientes, as quais incluem as sensações intestinais, respiratórias e cardiovasculares. São percebidos na ínsula o toque sensual e a estimulação sexual, as cócegas e sensações térmicas. Ela participa também da percepção da dor e seus componentes emocionais. A ínsula parece integrar as informações viscerais e do sistema nervoso autônomo com as funções emocionais e motivacionais (Craig, 2010; Menon & Uddin, 2010). Ela está envolvida nos processos conscientes ocasionados pelo uso de drogas psicoativas e poderia incentivar o seu consumo, levando à drogadição (a ínsula recebe inervação dopaminérgica, possivelmente envolvida na mediação da gratificação proporcionada pelo uso dessas substâncias) (Naqvi & Bechara, 2010).

Polo temporal

O polo temporal (área 38 de Brodmann) localiza-se na porção mais anterior do lobo temporal. Tem conexões com a amígdala, o córtex orbitofrontal e com o hipotálamo. Recebe informações sensoriais olfatórias, gustativas e relacionadas com a visão e a audição. Além disso, parece ter papel na integração límbica/sensorial, participando do processamento emocional nas interações sociais (Olson, Plotzker, & Ezzyat, 2007; Olson, McCoy, Klobusicky, & Ross, 2013).

Giro do cíngulo

O giro do cíngulo circunda o corpo caloso na face medial do hemisfério cerebral (*cingulum* = cinto). Nele se encontram as regiões anterior, posterior e retroesplenial, com conexões e funções distintas. A primeira, intimamente ligada e em continuidade com o córtex pré-frontal medial, está implicada no processamento da dor, da atenção e, ainda, na seleção de ações motoras

> A ínsula parece integrar as informações viscerais e do sistema nervoso autônomo com as funções emocionais e motivacionais.

ligadas à motivação. Tem conexões com a região pré-frontal, o tálamo, a amígdala e também com os córtices pré-motor e motor. A região posterior participa no processamento visuoespacial e tem conexões com o córtex pré-frontal dorsolateral. Já a região retroesplenial tem sido relacionada com a memória e mantém conexões com o lobo temporal medial (hipocampo) e o córtex pré-frontal dorsolateral. Lesões cingulares podem provocar apatia, mutismo e mudanças da personalidade. A doença de Alzheimer, a esquizofrenia, a depressão e o transtorno obsessivo-compulsivo são transtornos em que o giro do cíngulo parece estar envolvido (Etkin, Egner, & Kalisch, 2011; Hayden & Platt, 2010; Vogt, 2005; Vogt, Hof, & Vogt, 2004).

Hipocampo

O hipocampo é uma formação cortical, visível como uma eminência no assoalho do corno inferior do ventrículo lateral. É a estrutura mais conhecida da chamada formação hipocampal, que inclui ainda o giro denteado, o córtex entorrinal (giro para-hipocampal) e o complexo subicular (subículo, pré-subículo e parassubículo).[*] Essas estruturas formam uma unidade indissociável, tanto do ponto de vista morfológico quanto funcional.

O hipocampo tem vastas conexões com múltiplas áreas do neocórtex, que são feitas por intermédio do córtex entorrinal, em relação tanto às aferências como às eferências. Portanto, o hipocampo recebe as informações vindas dessas regiões corticais e, depois de executar seu processamento, as devolve, por uma via semelhante. Por meio das fibras que viajam pelo fórnix, ele tem relações com numerosas estruturas envolvidas no controle das emoções, como a área septal, a amígdala, partes do tálamo e do hipotálamo, o corpo estriado ventral, além de áreas da formação reticular. Existem também conexões comissurais, que ligam os hipocampos dos dois hemisférios cerebrais (Amaral & Lavenex, 2007).

Sabe-se que a lesão bilateral do hipocampo acarreta uma amnésia anterógrada global, indicando que a formação hipocampal é importante para o processamento da memória declarativa (Scoville & Milner, 1957). Parece, no entanto, haver diferentes regiões funcionais no hipocampo. A porção posterior estaria envolvida com os processos cognitivos de aprendizagem e memória, particularmente aqueles associados a navegação, exploração do ambiente e locomoção. O hipocampo anterior, em contrapartida, faz parte dos circuitos do lobo temporal envolvidos com a emoção e o comportamento motivado (Fanselow & Dong, 2010).

Hoje, sabe-se que novos neurônios são formados no sistema nervoso central depois do nascimento, contrariando um antigo dogma neurobiológico. O hipocampo é uma região na qual ocorre neurogênese ao longo de toda a vida, o que se revela importante para a execução de suas funções (Deng, Aimone, & Gage, 2010).

A exemplo do que acontece em outras áreas cerebrais, sabemos que no processo de envelhecimento normal não existe uma perda neuronal significativa no hipocampo. Contudo, na doença de Alzheimer ocorre uma acentuada diminuição de neurônios na formação hipocampal, provocando um isolamento funcional de suas estruturas, o que explicaria a deficiência de memória,

---

[*] O córtex entorrinal corresponde à porção mais anterior do giro para-hipocampal. No interior do hipocampo propriamente dito costumam-se delimitar, do ponto de vista histológico, as áreas CA1, CA2 e CA3.

uma das características mais evidentes dessa doença (Walker, Chan, & Thom, 2007).

Amígdala

A amígdala cerebral, ou núcleo amigdaloide, situa-se no interior do lobo temporal, à frente e acima do hipocampo. A amígdala é formada por sub-regiões que têm diferentes características estruturais e conexões. Embora não haja consenso na forma como ela pode ser subdividida, admite-se que sua porção centromedial é mais primitiva e está ligada ao sistema olfatório, enquanto a porção basolateral (ou corticobasolateral) seria mais recente. Esta última tem uma forma de amêndoa, o que deu origem ao nome da estrutura. Alguns autores propõem que a amígdala se estende medialmente, formando o núcleo leito da estria terminal, que ocupa uma área da substância inominada na base do cérebro. A amígdala basolateral pode ser considerada uma extensão do córtex cerebral, embora não tenha as suas camadas celulares características, ao passo que a amígdala centromedial parece ser equivalente ao corpo estriado ventral.

As informações sensoriais, de modo geral, chegam à porção basolateral da amígdala, algumas já modificadas por sua passagem pelas áreas secundárias e terciárias do córtex cerebral. Conexões com a região pré-frontal do córtex cerebral também são importantes. A região basolateral manda fibras para a região centromedial da amígdala, e essa porção tem uma função executora, por meio de suas conexões recíprocas com as áreas olfatórias do córtex, com o hipotálamo e áreas de formação reticular do tronco encefálico (De Olmos, 2004; Heimer et al., 2008).

A amígdala tem sido implicada na coordenação das respostas emocionais (principalmente as aversivas, como o medo) e na regulação do comportamento agressivo e estaria envolvida nos mecanismos de recompensa e suas implicações na motivação. Ela participa também de processos cognitivos, como a atenção, a percepção e a memória e seria importante na atribuição do significado emocional dos estímulos externos. Projeções da amígdala que chegam ao hipocampo podem reforçar a memória de eventos com conteúdo emocional.

Lesões na amígdala, assim como sua desconexão, provocam uma dissociação entre os processos sensoriais e emocionais. Essa dissociação aparece, por exemplo, na chamada síndrome de Kluver e Bucy, que é consequência da desconexão entre a amígdala e o córtex temporal. Pacientes com lesão amigdaliana não são capazes de reconhecer faces ameaçadoras não confiáveis ou que expressam medo, deixando de reagir de forma adequada e adaptativa.

Existem duas vias de acesso pelas quais a amígdala pode processar estímulos como os de expressões faciais de medo: uma via tálamo-amigdaliana direta e uma tálamo-cortical-amigdaliana. A primeira permite uma detecção grosseira dos estímulos perigosos, enquanto a segunda possibilita uma análise mais detalhada dos estímulos e medeia aprendizagens como o condicionamento do medo. Experimentos em animais demonstraram que uma lesão na amígdala impede o condicionamento de respostas de medo, o que é vital para a sobrevivência do organismo (LeDoux, 2008).

Em síntese, a amígdala participa de circuitos em que ocorre uma interação entre as informações vindas do meio externo, configurando a realidade ambiental, e as informações vindas do meio interno, configurando as necessidades do organismo em determinado momento. O processamento dessas informações permite o

> A amígdala tem sido implicada na coordenação das respostas emocionais (principalmente as aversivas, como o medo) e na regulação do comportamento agressivo e estaria envolvida nos mecanismos de recompensa e suas implicações na motivação.

desencadear de respostas autonômicas e comportamentais, bem como a interferência nos próprios processos ideacionais.

O MODELO DAS REDES NEUROCOGNITIVAS E O CÓRTEX CEREBRAL

> A cognição, seguramente, é um fenômeno derivado do funcionamento dos circuitos neurais. Ela não pode ser localizada em sinapses ou neurônios isolados, mas deriva do processamento que ocorre em um grande número de elementos nervosos interconectados de forma complexa.

O conceito de que existem áreas corticais especializadas ou dedicadas a funções específicas, como a linguagem, a atenção ou a memória, vem sendo cada vez mais criticado e substituído pelo modelo das redes nervosas dedicadas (Bressler & Menon, 2010; Catani et al., 2013; Parvizi, 2009).

Tanto Luria (1973) como Mesulam (2000), por exemplo, já propunham que, em relação à cognição, devemos prestar atenção a sistemas funcionais, ou redes integradas. Segundo Mesulam (2000), pelo menos cinco redes de larga escala poderiam ser identificadas:

1. uma para atenção espacial, com epicentros nos córtices parietal, pré-frontal e giro do cíngulo, com predominância à direita;
2. uma para linguagem com epicentros frontal (área de Broca) e temporoparietal (área de Wernicke), com predominância à esquerda;
3. uma para memória e emoção, com epicentros no hipocampo e amígdala;
4. uma para funções executivas, com epicentros nas regiões pré-frontais; e
5. uma para identificação de faces e objetos, com epicentros no lobo temporal inferior e polo temporal.

Mais recentemente, o uso das técnicas de neuroimagem veio demonstrar a existência de uma rede denominada "rede cerebral padrão" (*brain's default network*), a qual envolve estruturas como o córtex pré-frontal medial, o giro do cíngulo posterior e o lobo temporal medial. Essa rede mostra-se ativa quando as pessoas estão em estado passivo, não pressionadas por eventos externos e imersas no seu fluxo de pensamento, processando suas memórias e seu planejamento de ações para o futuro (Buckner, Andrews-Hanna, & Schacter, 2008).

A cognição, seguramente, é um fenômeno derivado do funcionamento dos circuitos neurais. Ela não pode ser localizada em sinapses ou neurônios isolados, mas deriva do processamento que ocorre em um grande número de elementos nervosos interconectados de forma complexa. As funções cognitivas resultam de transações neuronais que ocorrem em múltiplos circuitos distribuídos, os quais se entrelaçam e interagem de modo contínuo. As redes se organizam hierarquicamente, mas os neurônios situados em uma região cortical podem integrar mais de um circuito e, portanto, podem participar de várias funções (Fuster, 2008; Sporns, 2011).

Todas as funções de que o córtex cerebral participa são, na verdade, produtos de operações no interior de circuitos e das interações entre redes, que envolvem também estruturas subcorticais. Estruturas como o tálamo, o corpo estriado, o cerebelo, o hipocampo e a amígdala têm papel importante nos múltiplos circuitos que dão suporte àquelas funções que têm sido atribuídas ao córtex cerebral. É bom lembrar que o modelo de redes nervosas permite superar a antiga oposição entre os localizacionistas, que advogavam a existência de centros nervosos corticais, e os holistas ou distributivistas, que afirmavam que todas as áreas corticais podiam assumir qualquer função.

Frequentemente, muitas influências externas e internas entram em competição nessas redes, demandando atenção, ações e tomadas de decisão. As áreas cerebrais participantes cooperam para a execução das múltiplas funções, mas a computação cerebral pode ser feita pela competição entre as informações circulantes simultaneamente em diferentes redes, de forma que sairá "vencedora" aquela que for mais compatível ou adequada às necessidades do organismo naquela circunstância (Fuster, 2008; Heimer et al., 2008).

Muitas redes funcionam por um modelo de processamento paralelo, com vias recíprocas e reentrantes (que se originam e retornam ao córtex). É esse, por exemplo, o modelo encontrado nas relações entre o corpo estriado e o córtex cerebral (Fig. 2.10). Enquanto um determinado circuito desinibe um determinado canal, outros circuitos corticoestriados paralelos mantêm a inibição em canais próximos, que estão envolvidos em programas competitivos desnecessários. Assim, pode ser executado o programa selecionado, enquanto os demais são cancelados (Fig. 2.11).

Sistemas artificiais de controle (robôs) têm sido programados dessa forma: canais competitivos submetem separadamente propostas (excitatórias) a um mecanismo central de seleção; após uma análise da relevância dos dados recebidos, o seletor promove a desinibição do competidor vitorioso, que tem acesso aos mecanismos efetuadores, enquanto os demais são inibidos. O mesmo tipo de arquitetura pode funcionar em diferentes níveis de uma hierarquia funcional – poderia atuar, por exemplo, na seleção de uma estratégia comportamental global, na seleção das ações necessárias para se atingir um determinado objetivo ou na seleção de movimentos particulares necessários para determinada ação.

Parece que existe no cérebro um contínuo de circuitos paralelos, cada um deles tendo origem em áreas corticais delimitadas, passando por estruturas subcorticais e eventualmente retornando ao córtex, havendo independência dos circuitos que se originam e circulam em áreas adjacentes. Esses circuitos podem, então, inibir e/ou facilitar a atividade do córtex que lhe deu origem. Tudo indica que não apenas as áreas do isocórtex participam desses tipo de circuito, mas também as áreas límbicas, como o hipocampo, as regiões olfatórias e a própria amígdala cerebral. Trata-se, portanto, de um modelo abrangente da forma

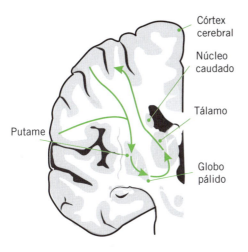

FIGURA 2.10 Corte frontal em hemisfério cerebral, com visualização do circuito reentrante entre o córtex cerebral e o corpo estriado.

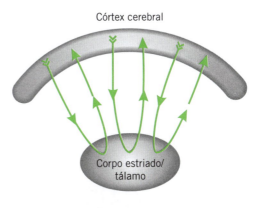

FIGURA 2.11 Visão esquemática de circuitos reentrantes paralelos entre o córtex cerebral e o corpo estriado.

de funcionamento de todo o córtex cerebral.*

Heimer e colaboradores (2008) propõem que existem sistemas anatomofuncionais no cérebro que apresentam um modelo padrão de circuito, o qual constituiria a base do funcionamento do córtex cerebral. Segundo eles, as áreas corticais costumam enviar projeções glutamatérgicas para estruturas subcorticais (que utilizam o GABA [ácido gama aminobutírico] como neurotransmissor), como o corpo estriado, partes da amígdala ou a região septal. Essas estruturas enviam projeções que podem retornar ao córtex (com uma sinapse no tálamo) ou vão para centros efetuadores somáticos e autonômicos, como a formação reticular e o hipotálamo (Fig. 2.12).

> Os núcleos da base são importantes na seleção das respostas externas, nas quais interfere diretamente o córtex cerebral; já as estruturas límbicas são fundamentais nas respostas viscerais e emocionais, nas quais são importantes a participação de estruturas como o hipotálamo e a formação reticular.

Pode-se observar uma caudalização progressiva na organização das projeções desses macrossistemas: enquanto o corpo estriado retorna mais informações ao córtex, a amígdala, por exemplo, atua mais nos mecanismos efetuadores, sobretudo viscerais. Os núcleos da base são importantes na seleção das respostas externas, nas quais interfere diretamente o córtex cerebral; já as estruturas límbicas são fundamentais nas respostas viscerais e emocionais, nas quais são importantes a participação de estruturas como o hipotálamo e a formação reticular.

Os diferentes circuitos, ou macrossistemas, estão envolvidos em funções diferentes. A amígdala, por exemplo, está envolvida no processamento das informações sobre o risco potencial de um evento e pode produzir respostas que levarão ao medo, à fuga ou à paralisação. Já o córtex orbitofrontal é sensível a estímulos positivos, com potencial de fornecer gratificação, os quais levam à escolha de comportamentos de aproximação. As informações, ainda que conflitivas, são processadas e integradas de modo que o comportamento, as sensações e a cognição resultantes sejam os mais adequados para o organismo naquelas circunstâncias.

Nesses circuitos, cabe salientar o papel das inervações derivadas dos grupos neuronais catecolaminérgicos e colinérgicos, que têm uma projeção difusa e moduladora para o córtex cerebral e muitas regiões subcorticais. Essas projeções moduladoras são importantes para que o organismo, a cada

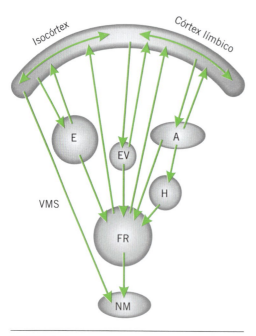

FIGURA 2.12 Visão esquemática dos circuitos entre o córtex cerebral e outras estruturas do sistema nervoso central importantes para o controle do comportamento e da cognição. A = amígdala, E = corpo estriado, Ev = corpo estriado ventral, FR = formação reticular, H = hipotálamo, NM = centro motores somáticos e viscerais na medula espinhal e tronco encefálico, VMS = vias motoras somáticas.

---

* Os circuitos de que participam as estruturas límbicas interagem com corpo estriado ventral (*nucleus acumbens* e globo pálido ventral), e não com o estriado dorsal.

momento, selecione os estímulos salientes e ignore os não salientes, flexibilizando o comportamento mais adequado para o objetivo.

O estudo das funções cerebrais por meio da abordagem das redes neurocognitivas parece promissor para entender algumas disfunções, como o transtorno de déficit de atenção/hiperatividade, as doenças de Parkinson e de Alzheimer, a esquizofrenia e mesmo o envelhecimento cerebral. Todas elas parecem estar relacionadas a problemas de coordenação ou de desconexão no funcionamento das redes neurocognitivas que suportam as diferentes funções cerebrais.

REFERÊNCIAS

Abdullaev, Y., & Posner M. I. (2005). How the brain recovers following damage. *Nature Neuroscience, 8*(11), 1424-1425.

Acharya, S., & Shukla, S. (2012). Mirror neurons: Enigma of the metaphysical modular brain. *Journal of natural science, biology, and medicine, 3*(2), 118-124.

Alain, C., Arnott, S. R., Hevenor, S., Graham, S., & Grady, C. L. (2001). "What" and "where" in the human auditory system. *Proceedings of the National Academy of Sciences of the United States of America, 98*(21), 12301-12306.

Amaral, D., & Lavenex, P. (2007). Hippocampal neuroanatomy. In P. Andersen, R. Morris, D. Amaral, T. Bliss, & J. O'Keefe. (Eds.), *The hippocampus book* (pp. 37-114). New York: Oxford University.

Bressler, S. L., & Menon, V. (2010). Large-scale brain networks in cognition: emerging methods and principles. *Trends in Cognitive Sciences, 14*, 277-290.

Brodmann, K. (1981). Vergleichende lokalisationslehre der grosshirnrinde. In A. Brodal. *Neurological Anatomy in Relation to Clinical Medicine* (3rd ed.). New York: Oxford University.

Buckner, R. L., Andrews-Hanna, J. R., & Schacter, D. L. (2008). The brain's default network anatomy, function, and relevance to disease. *Annals of the N.Y. Academy of Sciences, 1124*, 1-38.

Catani, M., Dell'Acqua, F., Bizzi, A., Forkel, S. J., Williams, S. C., Simmons, A., ... Thiebaut de Schotten, M. (2013). Beyond cortical localization in clinic-anatomical correlation. *Cortex, 48*(10), 1262-87.

Cavanna, A. E., & Trimble, M. R. (2006). The precuneus: a review of its functional anatomy and behavioural correlates. *Brain, 129*, 564-583.

Chouinard, P. A., & Paus, T. (2006). The Primary motor and premotor areas of the human cerebral cortex. *Neuroscientist, 12*(2), 143-152.

Clark, D. L., Boutros, N. N., & Mendez, M. F. (2010). *The brain and behavior: An introduction to behavioral neuroanatomy* (3rd ed.). Cambridge: Cambridge University.

Corbetta, M., & Shulman, G. L. (2011). Spatial neglect and attention networks. *Annual Review of Neurosciences, 34*, 569-99.

Cosenza, R. M. (2013). *Fundamentos de neuroanatomia* (4th ed.). Rio de Janeiro: Guanabara Koogan.

Craig, A. D. (2010). The sentient self. *Brain Structure and Function, 214*(5-6), 563-577.

De Carpenter, M. B. (1991). Core text of neuroanatomy (4th ed.). Baltimore: Williams & Wilkins.

De Olmos, J. S. (2004). Amygdala In G. Paxinos, & J. M. Mai (Eds.), *The human nervous system* (2nd ed., pp. 739-868). San Diego: Elsevier Academic.

Deng, W., Aimone, J. B., & Gage, F. H. New neurons and new memories: how does adult hippocampal neurogenesis affect learning and memory? *Nature Reviews Neuroscience, 11*(5), 339-350.

Etkin, A., Egner, T., & Kalisch, R. (2011). Emotional processing in anterior cingulate and medial prefrontal cortex. *Trends in Cognitive Sciences, 15*(2), 85-93.

Fanselow, M. S., & Dong, H. W. (2010). Are the dorsal and ventral hippocampus functionally distinct structures? *Neuron, 65*(1), 7-19.

Felleman, D. J., Van Essen, D. C. (1991). Distributed hierarchical processing in the primate cerebral cortex. *Cerebral Cortex, 1*(1), 1-47.

Fransson, P., & Marrelec, G. (2008). The precuneus/posterior cingulate cortex plays a pivotal role in the default mode network: evidence from a partial correlation network analysis. *Neuroimage, 42*(3), 1178-1184.

Fuster, J. (2008). *The prefrontal cortex* (4th ed.). London: Academic Press.

Hayden, B.Y., & Platt, M. L. (2010). Neurons in anterior cingulate cortex multiplex information about reward and action. *The Journal of Neuroscience, 30*, 3339-3346.

Heimer, L., Van Hoesen, G.W., Trimble, M., & Zahm, D. S. (2008). *Anatomy of Neuropsychiatry: The new anatomy of the basal forebrain and its implications for neuropsychiatric illness*. Burlington: Elsevier.

Kelley, T. A., Serences, J. T., Giesbrecht B., & Yantis, S. (2008). Cortical mechanisms for shifting and holding visuospatial attention. *Cerebral Cortex, 18*(1), 114-125.

Lattner, S., Meyer, M. E., & Friederici, A. D. (2005). Voice perception: sex, pitch, and the right hemisphere. *Human brain mapping, 24*(1), 11-20.

LeDoux, J. E. (2008). Amygdala. *Scholarpedia, 3*(4), 2698.

Luria, A. R. (1973). *The working brain: An introduction to neuropsychology*. New York: Basic Books.

Menon, V., & Uddin, L. Q. (2010). Saliency, switching, attention and control: a network model of insula function. *Brain Structure and Function, 214*, 655-667.

Mesulam, M-M. (2000). *Principles of behavioral and cognitive neurology* (2nd ed.). New York: Oxford University.

Naqvi, N. H., & Bechara, A. (2010). The insula and drug addiction: an interoceptive view of pleasure, urges, and decision-making. *Brain Structure and Function, 214*, 435-445.

Nieuwenhuys, R. (2012). The insular cortex: a review. *Progress in Brain Research, 195*, 123-163.

Olson, I. R., McCoy, D., Klobusicky, E., & Ross, L. A. (2013). Social cognition and the anterior temporal lobes: a review and theoretical framework. *SCAN, 8*, 123-133.

Olson, I. R., Plotzker, A., & Ezzyat, Y. (2007). The enigmatic temporal pole: a review of findings on social and emotional processing. *Brain, 130*(7), 1718-1731.

Parvizi, J. (2009). Corticocentric myopia: old bias in new cognitive sciences. *Trends in Cognitive Sciences, 13*, 354-359.

Rizzolatti, G. (2005). The mirror neuron system and its function in humans. *Anatomy and Embryology, 210*, 419-421.

Rolls, E. T, & Grabenhorst, F. (2008). The orbitofrontal cortex and beyond: from affect to decision-making. *Progress in Neurobiology, 86*, 216-244.

Scott, S. K., Blank, C. C., Rosen, S., & Wise, R. J. S. (2000). Identification of a pathway for intelligible speech in the left temporal lobe. *Brain, 123*(12), 2400-2406.

Scoville, W. B., & Milner, B. (1957). Loss of recent memory after bilateral hippocampal lesions. *Journal of Neurology, Neurosurgery and Psychiatry, 20*, 11-21.

Sporns, O. (2011). *Networks of the brain*. Cambridge: MIT.

Stuss, D. T., & Levine, B. (2002). Adult clinical neuropsychology: lessons from studies of the frontal lobes. *Annual Review of Psychology, 53*, 401-433.

Tanji, J., & Hoshi, E. (2008). Role of the lateral prefrontal cortex in executive behavioral control. *Physiology Review, 88*, 37-57.

Ungerleider, L. G., & Haxby, J. V. (1994). 'What' and 'where' in the human brain. *Current Opinion in Neurobiology, 4*(2), 157-165.

Vogt, B. A. (2005). Pain and emotion interactions in subregions of the cingulate gyrus. *Nature Reviews Neuroscience, 6*, 533-544.

Vogt, B. A., Hof, P. R., & Vogt, L. (2004). Cingulate gyrus. In G. Paxinos, & J. M. Mai (Eds.), *The human nervous system* (2nd ed., pp. 915-949). San Diego: Elsevier Academic.

Walker, M., Chan, D., & Thom, M. (2007). Hippocampus and human disease. In P. Andersen, R. Morris, D. Amaral, T. Bliss, & J. O'Keefe (Eds.), *The hippocampus book* (pp. 769-810). New York: Oxford University.

Wise, S. P. (2008). Forward frontal fields: phylogeny and fundamental function. *Trends in Neurosciences, 31*(12), 599-608.

3

Neuropsicologia molecular

RODRIGO NICOLATO
JUSSARA MENDONÇA ALVARENGA
MARCO AURÉLIO ROMANO-SILVA
HUMBERTO CORRÊA

O sequenciamento do genoma humano foi um dos grandes feitos científicos do século XX. Os estudos genéticos e moleculares podem, contudo, melhorar a compreensão de aspectos neuropsicológicos e de transtornos neuropsiquiátricos, ajudando a desvendar a associação de genes específicos com os diversos quesitos neuropsicológicos. Convém ressaltar, no entanto, que, nessas situações, estamos lidando com cenários de alta complexidade, e não há como sonhar, por ora, que determinado gene ou seu polimorfismo impacte isoladamente a atenção, a memória e os demais quesitos neuropsicológicos. Porém, podemos pensar que muitas funções neuropsicológicas e quadros neuropsiquiátricos podem ser também alterados ou regulados por determinados polimorfismos genéticos, bem como pelo meio ambiente e por determinadas condições psicossociais, que por sua vez, podem modificar ainda mais as funções neuropsicológicas, mediante certas alterações genéticas ou epigenéticas, regulando justamente a relação entre meio ambiente e genética da neuropsicologia e dos transtornos neuropsiquiátricos. Tudo isso será contemplado neste capítulo, que abordará a neuropsicologia molecular. A neuropsicologia tem ganho, nos últimos anos, enorme apoio das técnicas e descobertas genéticas para uma melhor adequação dos estudos que visam a compreensão do comportamento humano e, mais especificamente, dos processos cognitivos. A palavra *determinação* é equivocada e deve ser substituída por expressões como *tendência*, *propensão* ou *influência genética*. Os genes definem tendências, mas são sempre as experiências individuais que as modulam.

Qualquer gene precisa, para uma expressão adequada, de determinadas circunstâncias externas, sejam elas bioquímicas, físicas ou fisiológicas. A pergunta clássica "Este comportamento é herdado ou adquirido pela experiência?" perde completamente o sentido, dando lugar à difícil questão: "Como os genes interagem com o ambiente para a produção deste comportamento?" (Corrêa, & Rocha, 2008).

> Os genes definem tendências, mas são sempre as experiências individuais que as modulam. Qualquer gene precisa, para uma expressão adequada, de determinadas circunstâncias externas, sejam elas bioquímicas, físicas ou fisiológicas.

CONCEITOS BÁSICOS DE GENÉTICA

Para compreendermos o complexo estudo da genética em psiquiatria, devemos ter algumas noções básicas de genética e relembrar a organização e estrutura do ácido desoxirribonucleico (DNA) e a forma como essas informações são guardadas, decodificadas e transmitidas. Esses conceitos básicos foram também discutidos por Romano-Silva, Nicolato e Corrêa (2011).

O DNA é uma estrutura celular que contém as informações genéticas de um indivíduo, as quais estão codificadas. Essas informações são decodificadas na formação de proteínas responsáveis pelas funções vitais dos seres humanos.

> O DNA é uma estrutura celular que contém as informações genéticas de um indivíduo, as quais estão codificadas. Essas informações são decodificadas na formação de proteínas responsáveis pelas funções vitais dos seres humanos.

A estrutura do DNA

Se o DNA contido em apenas uma célula do nosso corpo pudesse ser medido, teria cerca de dois metros. Durante muito tempo foi questionado como toda essa quantidade de informação era armazenada. Por isso, o descobrimento da estrutura do DNA foi tão importante e rendeu a Watson e Crick o prêmio Nobel em 1962. A estrutura do DNA é em dupla hélice (como uma escada enrolada em si mesma). Essa dupla hélice é antiparalela, pois apresenta duas fitas complementares de nucleotídeos dispostas paralelamente. Cada fita paralela é unida por ligações químicas de pontes de hidrogênio entre os desoxinucleotídeos (que são como os degraus de uma escada). Cada desoxinucleotídeo é composto por uma desoxirribose. O primeiro carbono (1') dessa desoxirribose liga-se a uma base; o terceiro (3'), a um grupo hidroxil; e o quinto (5'), a um grupo trifosfato. A adenina (A) é sempre emparelhada com a timina (T); e a citosina (C), com a guanina (G).

A sequência de DNA geralmente é descrita na ordem das bases na direção 5'-3'. Essa terminologia é importante para a discussão de estrutura de genes e para o entendimento de técnicas de biologia molecular. Então, uma fita de DNA pode ser representada como:

- 5'-AGCTTTGGCA-3'

Consequentemente, se sabemos a sequência de bases de uma das fitas de DNA, saberemos a sequência de bases complementares. Portanto, a sequência complementar da fita de DNA antes descrita seria:

- 5'-AGCTTTGGCA-3'
- 3'-TCGAAACCGT-5'

O conteúdo do DNA de um organismo é chamado *genoma*. Nos seres humanos, o material genético está localizado em 23 pares de cromossomos, correspondendo a $3,3 \times 10^9$ pares de bases. Esses cromossomos podem ser observados no núcleo das células de organismos eucariotas, sendo que, dos 23 pares de cromossomos, 22 são autossomos (são numerados do número 1 ao número 22), e o par restante refere-se aos cromossomos sexuais. Esses cromossomos sexuais são definidos como X ou Y, sendo que indivíduos femininos possuem dois cromossomos X (XX); e indivíduos masculinos, um cromossomo X (proveniente da mãe) e um cromossomo Y (proveniente do pai).

Os pares de DNA autossomos do "mesmo número" são chamados de *cromossomos homólogos*; desta forma, possuímos a mesma informação genética duplicada. Existem genes correspondentes nos dois cromossomos pareados, e as diferentes formas de um gene são denominadas de alelos. Quando as duas cópias de alelos são idênticas, o organismo é homozigoto; quando são diferentes, é heterozigoto.

A molécula de DNA está organizada em porções de sequências denominadas *gene*, que são sequências de informações necessárias para a síntese de moléculas de ácido ribonucleico (RNA) e, posteriormente, de proteínas. Toda a informação contida no DNA precisa ser decodificada para ser transformada em proteínas. Esse processo engloba a transcrição e, mais tarde, a tradução. No processo de transcrição, uma fita de DNA serve como modelo para a síntese de RNA. As bases do RNA são as mesmas do DNA; a única diferença é que o RNA não possui timina (T), mas uracila (U). O RNA é formado por bases complementares da fita de DNA. O RNA mensageiro (RNAm) maduro move-se para o citoplasma onde a síntese de proteínas ocorre no complexo ribossomal. O RNA transportador (RNAt) é, então, responsável pela leitura do código genético por meio da translação em que um grupamento de três pares de bases forma um aminoácido. Desta forma, a sequência de códons é traduzida em uma sequência de aminoácidos que formará a proteína.

As regiões específicas onde estão localizados os genes são chamadas de *locus*. Conforme dados do Projeto Genoma Humano, sabe-se que o ser humano possui cerca de 20 mil a 25 mil genes (International Human Genome Sequencing Consortium, 2004).

Na genética molecular, podemos realizar estudos como o de ligação e o de associação. Nos estudos de ligação, dois *loci* gênicos estão muito próximos em determinado cromossomo e apresentam grande possibilidade de serem herdados em conjunto (daí o termo estudo de ligação), sem que haja influência do *crossing-over* ou troca de material nos cromossomos. Contudo, para a realização de estudos de ligação, são necessários muitos indivíduos, recrutados de várias famílias.

Os estudos de associação são, em sua maioria, caso-controle em populações grandes e não necessariamente relacionadas. O estudo de associação relaciona um alelo específico de um gene em particular com um fenótipo. Essa metodologia de estudo é uma estratégia mais apurada de mapeamento em relação ao estudo de ligação. O estudo de ligação identifica se o alelo de um marcador de um pequeno segmento de DNA é ou não uma mutação causadora da doença ou está próximo a esse segmento (i.e., em desequilíbrio de ligação). Isso ocorre ao verificar que o alelo em hipótese é mais frequente em indivíduos doentes em comparação a sujeitos-controles. A vantagem dos estudos de associação é a possibilidade de se identificarem correlações alélicas fracas com amostras menores, o que não é facilmente feito em estudos de ligação. Os estudos de associação também podem detectar mutações em um gene e suas relações com o transtorno genético.

> A vantagem dos estudos de associação é a possibilidade de se identificarem correlações alélicas fracas com amostras menores, o que não é facilmente feito em estudos de ligação.

Geralmente, os genes escolhidos são aqueles que apresentam fundamento neurobiológico relevante na fisiopatologia do transtorno ou associado ao efeito farmacológico de substâncias eficazes em seu tratamento.

Dois tipos de polimorfismos do DNA respondem pela maioria dos polimorfismos no genoma: os marcadores microssatélites, que possuem muitos alelos, e os polimorfismos de nucleotídeos únicos (SNPs, do inglês *single nucleotide polymorphisms*). Os SNPs são o tipo mais comum de polimorfismo do DNA, e, como seu nome sugere, um SNP envolve uma mutação em um nucleotídeo, como, por exemplo, uma mutação do códon de TAC para TCC, substituindo a arginina pela metionina. Os SNPs que envolvem a mudança de aminoácidos são chamados de não sinônimos, e provavelmente são funcionais: a proteína resultante conterá um aminoácido diferente. A maioria dos SNPs não altera a sequência de aminoácidos, porque o SNP envolve um dos códigos de DNA alternativos para o mesmo aminoácido. Embora os efeitos funcionais sejam mais prováveis com os SNPs não sinônimos, pois alteram a sequência de aminoácidos da proteína, é possível que os SNPs sinônimos tenham algum efeito ao mudarem a velocidade com que o RNAm é traduzido em proteína. Essa especialidade vem crescendo com a descrição de efeitos funcionais de outros SNPs do genoma, como aqueles em região de RNA não codificante do genoma. Mais de 10 milhões de SNPs foram validados,* e mais de 2 milhões satisfazem os critérios de ocorrência em pelo menos 1% da população. O projeto é chamado de HapMap porque tem o objetivo de criar um mapa de SNP correlacionado ao longo do genoma.

Endofenótipos

Enquanto investigações genéticas baseadas somente em uma abordagem posicional não têm obtido muito sucesso em várias doenças, as pesquisas utilizando estratégias para correlacionar genética e fisiopatologia têm apresentado muito mais êxito, especialmente em se tratando de traços complexos, como nos estudos de diabetes, asma, hipertensão ou doença de Alzheimer. Contudo, seria ingenuidade, apesar de tantos avanços científicos, imaginar que os transtornos psiquiátricos, multifatoriais e complexos como são, relacionam-se a um ou outro gene específico. Os estudos, no momento, direcionam-se ao conceito de endofenótipo, que permite pesquisar a presença de possíveis evidências clínico-neuropsicológicas, de neuroimagem ou moleculares, que podem apontar para a predisposição genética, ao avaliar a presença de determinados aspectos em familiares saudáveis de pacientes com certo transtorno, propiciando a identificação de substratos genéticos.

Essas estratégias podem ser utilizadas para identificar subtipos de doenças a fim de aumentar a homogeneidade clínica de amostras, definindo fenótipos mais acessíveis a investigações e selecionar genes candidatos.

Em vez de procurar por genes codificando para transtornos complexos, a pesquisa de endofenótipos procura por genes de traços simples, idealmente monogênicos, que acompanham as doenças e provavelmente contribuem para sua fisiopatologia. A redução da complexidade do marcador deverá diminuir também a complexidade de sua base genética. Se os fenótipos associados com um transtorno são muito especializados e representam mais fenômenos elementares, o número de genes necessários para produzir variações nesses traços pode ser menor que naqueles envolvidos na produção de uma entidade psiquiátrica complexa.

O endofenótipo, portanto, pode ser visto como um fenótipo intermediário entre pessoas com transtornos e seus respectivos familiares sem transtornos constituem um aspecto específico, encontrado com maior evidência nos familiares saudáveis de pacientes com determinada doença psiquiátrica, ao mesmo tempo em que é menos encontrado em familiares saudáveis de indivíduos sem a determinada psicopatologia. Por exemplo, uma alteração específica de memória poderia ser mais observada em pacientes esquizofrênicos em todas as fases do transtorno, mesmo em quadros pré-mórbidos, e em menor intensidade em seus familiares, mesmo aqueles não afetados, em proporção maior que na população em geral. Desse modo, a tal alteração poderia se constituir uma candidata a endofenótipo na esquizofrenia.

Certos critérios têm de ser seguidos antes que um marcador possa ser utilizado como um endofenótipo em análises genéticas:

1. o endofenótipo deve estar associado com traços na população;
2. o endofenótipo deve ter sua herança genética demonstrada;
3. o endofenótipo está presente quando o traço/a doença está ou não presente (p. ex., marcador de vulnerabilidade);
4. em famílias, o endofenótipo e o traço são cossegregados (mas não perfeitamente);
5. o endofenótipo encontrado em famílias com o traço (especialmente uma

---

* Disponível em: http://www.ncbi.nlm.nih.gov/SNP/.

doença) é encontrado em membros não afetados da família com uma taxa maior que na população em geral.

De maneira geral, pode ser necessário que a pesquisa afaste-se de definições sindrômicas e mova-se para uma maior ênfase em endofenótipos das doenças.

Interação genético-ambiental

Apesar de os fatores genéticos serem constantes ao longo da vida do indivíduo, evidências recentes têm demonstrado que o desenvolvimento de fenótipos ligados à suscetibilidade genética pode ser dependente do desenvolvimento e/ou do envelhecimento. Especialmente ao consideramos o sistema nervoso central (SNC), os fatores devem ser considerados quando se estudam associações e predisposições genéticas a transtornos ou a eficácia de tratamentos farmacológicos. Podemos assumir que plasticidade, significando mudanças estruturais e funcionais, ocorre em neurônios durante o período de desenvolvimento pós-natal do cérebro e o envelhecimento. Assim, a principal questão seria como produtos gênicos normais e variantes se comportam no contexto de um cérebro em envelhecimento.

A pesquisa sobre fatores de risco é um campo em desenvolvimento que procura compreender as vias e interações que levam aos transtornos psiquiátricos e suas sequelas. Parece provável que as raízes da maioria dos transtornos mentais residem em alguma combinação de fatores genéticos e ambientais – os segundos podendo ser de natureza biológica ou psicossocial.

É importante testar hipóteses de interações genético-ambientais porque, se encontradas, a relação de genes e riscos ambientais específicos pode ter uma conexão muito mais forte com um transtorno em particular do que assumido anteriormente. Na ausência de eventos vitais, todos os grupos definidos por diferentes níveis de suscetibilidade genética exibiram, a não ser quando expostos a um evento vital grave (ataques, problema conjugal sério, divórcio ou separação, morte de um parente próximo), a mesma propensão para depressão maior. Caspi e colaboradores (2002) demonstraram um padrão similar, independente do nível de atividade da enzima monoaminoxidase A (de acordo com o genótipo da MAO A), em que crianças do sexo masculino não apresentaram diferença em seu comportamento antissocial, exceto quando expostas a sofrimentos graves na infância. Caspi e colaboradores (2003) elegantemente demonstraram que a interação de um polimorfismo na região promotora do gene do transportador de serotonina (5-HTTLPR) com estresse vital tem desfechos diferentes para depressão, sendo dependente do genótipo. Assim, indivíduos com pelo menos uma cópia da variante curta (S) (S/L ou S/S) exibiram mais sintomas depressivos, depressão diagnosticável e aumento de comportamento suicida relacionados a eventos vitais estressantes quando comparados aos homozigotos para a variante longa (L/L). Especula-se que um transtorno multifatorial poderia se desenvolver a partir da exposição de uns poucos genes a riscos ambientais, em vez de a partir da combinação de pequenos efeitos de muitos genes (Caspi et al., 2003).

Podemos citar algumas possibilidades de interação entre o genótipo e o ambiente (Plomin, DeFries, McClearn, & McGuffin, 2011):

1. os genes apresentam efeito sobre o traço, sem que haja efeito do ambiente;
2. o ambiente tem efeito, mas sem participação genética;
3. as genes e o ambiente apresentam efeitos;
4. os genes e o ambiente apresentam efeitos, com interação entre genes e ambiente.

No item 4, ocorre a interação em indivíduos com predisposição genética e que são muito sensíveis ao ambiente estressante, o que é chamado de modelo diátese-estresse.

A seguir, vamos mencionar algumas das características genéticas dos principais transtornos psiquiátricos, como depressão maior, transtorno bipolar, esquizofrenia e transtorno de pânico.

DEPRESSÃO MAIOR

Para o transtorno depressivo maior (TDM), seis estudos de gêmeos apontaram concordância média de 43% para gêmeos monozigóticos e de 28% para dizigóticos. O polimorfismo na região 5' promotora (5-HTTLPR) de SLC6A4 que apresenta expressão variável 5-HTT ocorre em duas variantes alélicas, uma curta (alelo S), bem como um alelo longo (L) (Lesch et al., 1996). O alelo S foi associado com ansiedade relacionada a características temperamentais e constitui um fator de risco potencial para a TDM na presença de adversidades ambientais (Caspi et al., 2003).

Estudos de psicofarmacogenética têm demonstrado que portadores do alelo S apresentam menores taxas de resposta em TDM sob tratamento com inibidores seletivos da recaptação de serotonina (ISRSs), em comparação àqueles que apresentam o genótipo L/L (Kato & Serretti, 2010).

A importância do sistema serotonérgico na depressão é destacada por estudos de farmacogenética que visam explorar associações entre a resposta ao medicamento e C (-1019) G HTR1A (rs6295), um SNP funcional na região promotora do gene do receptor de serotonina 1A (HTR1A). Cerca de 50% da população de ascendência europeia e 21% dos asiáticos são portadores do alelo G, que tem sido associado ao TDM.

A catecol-O-metiltransferase (COMT) é predominantemente envolvida na degradação da dopamina no córtex humano. A neurotransmissão dopaminérgica tem sido associada à depressão, pois a anedonia é um sintoma-chave do TDM, e euforia pode ser induzida por medicamentos dopaminérgicos. Essa enzima extracelular é codificada pelo gene COMT, que exibe vários sítios polimórficos, como Val158Met COMT (rs4680), um SNP funcional. Os estudos de farmacogenética envolvendo a investigação dos efeitos Val158Met COMT na resposta ao tratamento antidepressivo relataram, até agora, resultados variados. A redução dos níveis séricos do fator neurotrófico derivado do cérebro (BDNF) tem sido associada a sintomas depressivos. No entanto, não parece ser o caso de uma dependência simples da depressão a partir dos níveis de BDNF. O BDNF, que está implicado na potenciação de longa duração e codificação da memória, contém diversas variantes alélicas, incluindo BDNF Val66Met (rs6265), um SNP funcional, com resultados controversos quanto à resposta ao tratamento.

TRANSTORNO BIPOLAR

No início do século XX, estudos com famílias de pacientes com transtorno bipolar (TB) já tinham observado que esse transtorno tem base hereditária. Considerando que a prevalência do TB na população em geral é de 1 a 2%, vários estudos têm relatado que o risco de morbidade para o transtorno em um parente de primeiro grau de um indivíduo com TB situa-se entre 10 e 20%. Além disso, estudos com gêmeos têm repetidamente corroborado o componente hereditário do TB, com estimativas de herdabilidade que variam entre 80 e 90%, e os estudos de adoção também sustentam a ideia de que os fatores genéticos contribuem substancialmente mais com a etiologia do TB do que os fatores ambientais.

Os genes candidatos com maior evidência em estudos de associação ao TB são:

1. Transportador de serotonina – SLC6A3
2. Ativador da D-aminoxidase (G72) DAOA
3. BDNF
4. *Disrupted-in-schizophrenia* – 1DISC1
5. Triptofano hidroxilase 2 – TPH-2

Quanto ao polimorfismo do transportador de serotonina, as variantes alélicas são geralmente referidas como S (curto, com menor expressão) e L (longas e de alta expressão variante). O alelo L tem ainda um polimorfismo de nucleotídeo único (SNP rs25531) que afeta um fator de transcrição de ligação e torna a variante LG resultante equivalente, do ponto de vista funcional, ao alelo S, diferentemente da variante LA, configurando três possibilidades alélicas: LA, LG, S (Kraft, Slager, McGrath, & Hamilton, 2005). Isso indica que o alelo S do polimorfismo 5-HTTLPR pode influenciar a função da serotonina e aumentar a suscetibilidade a quadros comórbidos fronteiriços com o TB, como transtorno da personalidade *borderline*, transtornos depressivos, ansiedade e sintomas obsessivo-compulsivos, levando a uma sintomatologia mais grave relacionada a esses quadros clínicos.

O polimorfismo de BDNF pode se associar a maior possibilidade de comorbidade em pacientes bipolares: o rs4923463 (G/G) apresentou uma associação significativa com alcoolismo, tabagismo e tentativa violenta do suicídio (Neves et al., 2011).

Em estudo de Campos e colaboradores (2011), a associação de polimorfismos do gene TPH-2 em pacientes bipolares com transtorno de pânico comórbido e a análise de haplótipos no grupo de pacientes com TB, com e sem comorbidade com transtorno de pânico, foram significativas.

O polimorfismo 5-HTTLPR do transportador de serotonina (alelo S) foi fortemente associado a comportamento suicida violento em pacientes bipolares (Neves et al., 2010). O polimorfismo 5-HTTLPR pode ser considerado um preditor de resposta anormal aos antidepressivos em pacientes com TB, mas essa ação é influenciada pela presença de um estabilizador do humor. Tais observações reforçam que o correto diagnóstico de bipolaridade antes do início do tratamento é essencial, principalmente para pacientes portadores do alelo S, que, sem estabilizadores do humor, têm maior possibilidade de apresentarem viragem maníaca (Ferreira et al., 2009). O comportamento suicida em pacientes bipolares foi relacionado ao polimorfismo 5-HTTLPR (alelo S) (Neves et al., 2008). Polimorfismos de GSK-3 beta e do gene IGF-1 também estão associados ao TB (Pereira et al., 2011).

ANSIEDADE

Com relação ao transtorno de pânico, uma revisão baseada em oito estudos apontou risco de morbidade de 13% em parentes de primeiro grau e 2% nos controles. Em estudo com gêmeos, os índices de risco de morbidade, entre monozigóticos e dizigóticos, foram, respectivamente, 31 e 10%.

Os genes candidatos que apresentam maior possibilidade de associação com transtorno de pânico são (Martin, Ressler, Binder, & Nemeroff, 2010):

1. COMT
2. Receptor 2A de adenosina
3. CCK
4. Receptor CCK tipo B
5. Receptor $5HT_{2A}$
6. MAO A.
7. Polimorfismos de SLC6A4

ESQUIZOFRENIA

Cerca de 1% da população é afetada pela esquizofrenia. Embora não tenha um padrão simples de herança, sabe-se que esse transtorno é familiar. Segundo Gottesman (1991), o risco de esquizofrenia aumenta de maneira proporcional ao aumento do parentesco genético, culminando em 48% naquelas situações em que o irmão é gêmeo monozigótico. De acordo com o autor existe:

a) 1% de risco na população geral.
b) 4% de risco caso haja parente de segundo grau afetado pelo transtorno (avô, tio).
c) 9% de risco caso haja parente de primeiro grau afetado pelo transtorno (pai, mãe, irmão).
d) 17% de risco caso haja irmão gêmeo dizigótico afetado pelo transtorno (gêmeo fraterno).
e) 48% de risco caso haja irmão gêmeo monozigótico afetado pelo transtorno (gêmeo idêntico).

Em 1991, Gottesman relatou que, em 14 duplas de gêmeos idênticos criados separadamente, nas quais ao menos um membro de cada par desenvolveu esquizofrenia, nove duplas foram concordantes (64%). Entretanto, podemos observar que, mesmo entre gêmeos idênticos, a concordância situa-se em torno de 50%, apontando para a importância de fatores além da genética, como os aspectos psicossociais.

MEMÓRIA DE TRABALHO, FUNÇÕES EXECUTIVAS, IMPULSIVIDADE, COMPORTAMENTO INIBITÓRIO

A COMT é uma enzima intracelular responsável pela inativação das catecolaminas (noradrenalina, dopamina, adrenalina), conforme citado anteriormente. O polimorfismo funcional comum do gene COMT, o Val158/108Met, afeta a atividade enzimática e o teor de dopamina. O alelo Val está associado com a atividade enzimática 40% superior no cérebro humano em relação ao alelo Met, conduzindo a uma eliminação mais eficiente de dopamina da fenda sináptica. Portanto, a presença do genótipo Val/Val está associada com um nível mais baixo de dopamina sináptica no córtex pré-frontal (Chen et al., 2004). Possivelmente, esses polimorfimos genéticos da COMT, relacionados à neurotransmissão dopaminérgica, são essenciais para as funções cognitivas moduladas pelo córtex pré-frontal, como a memória de trabalho, as funções executivas, a flexibilidade cognitiva e o comportamento inibitório, que têm sido associados com impulsividade (Peters & Büchel, 2011).

TRANSTORNO OBSESSIVO-COMPULSIVO E TOMADA DE DECISÃO

O gene do BDNF tem uma ligação importante com os sistemas de neurotransmissores, incluindo a serotonina, e parece desempenhar um papel fundamental no processo de decisão emocional. O comprometimento da tomada de decisão é uma característica determinante em psicopatologias como o transtorno obsessivo-compulsivo (TOC). Em 2011, da Rocha, Malloy-Diniz, Lage e Corrêa exploraram a ligação entre a tomada de decisão e o polimorfismo genético Val66Met do BDNF, que resultou em uma redução da atividade do BDNF em uma amostra de pacientes com TOC brancos. Os autores desse estudo utilizaram a Iowa Gambling Task (IGT) para medir a tomada de decisão em 122 indivíduos com TOC. Todos os sujeitos foram avaliados por meio da Escala Yale-Brown para TOC, do Inventário de Depressão de Beck, do Inventário de Ansiedade de Beck e das Matrizes Progressivas de Raven. Os pacientes também executaram a Continuous Performance Task (CPT-II) e o

> O gene do BDNF tem uma ligação importante com os sistemas de neurotransmissores, incluindo a serotonina, e parece desempenhar um papel fundamental no processo de decisão emocional.

Trail Making Test (TMT). Esse estudo mostrou que pacientes com TOC que carregavam o alelo Met tiveram desempenhos mais baixos no primeiro e segundo semestres da IGT comparados àqueles que não o carregavam, o que sugere que esses pacientes têm a capacidade de tomada de decisão prejudicada quando confrontados com ambiguidade e risco. No entanto, após análise estatística, a influência do alelo Met parece ser restrita à primeira metade da IGT e, portanto, só pode estar relacionada com a decisão sob condições de ambiguidade. Os resultados nulos envolvendo TMT e CPT-II estão possivelmente relacionados com disfunção do córtex orbitofrontal, associada ao TOC.

CONSIDERAÇÕES FINAIS

Ainda há muito que se estudar em termos de neuropsicologia molecular e genética aplicada à psiquiatria. Muitos estudos são contraditórios e não replicados. Há muita variabilidade, conforme a população estudada. As amostras dos pacientes precisam ter melhor uniformidade quanto a características clínicas, neuropsicológicas, demográficas, classificação e fase da doença, gravidade, comorbidade clínica e psiquiátricas, para avaliação dos dados e comparação genuína entre as diferentes populações mais aprimoradas. Contudo, o avanço e a convergência de diversos campos de estudo, como a epidemiologia molecular, de escalas para aferição de sintomas psiquiátricos, de entrevistas estruturadas ou semiestruturadas e dos exames de neuroimagem funcionais permitirão a melhor avaliação da genética aplicada à neuropsicologia.

REFERÊNCIAS

Campos, S. B., Miranda, D. M., Souza, B. R., Pereira, P. A., Neves, F. S., Tramontina, J., ... Correa, H. (2011). Association study of tryptophan hydroxylase 2 gene polymorphisms in bipolar disorder patients with panic disorder comorbidity. *Psychiatric Genetics, 21*(2), 106-111.

Caspi, A., McClay, J., Moffitt, T. E., Mill, J., Martin, J., Craig, I. W., ... Poulton, R. (2002). Role of genotype in the cycle of violence in maltreated children. *Science, 297*(5582), 851-854.

Caspi, A., Sugden, K., Moffitt, T. E., Taylor, A., Craig, I. W., Harrington, H., ... Poulton, R. (2003). Influence of life stress on depression: Moderation by a polymorphism in the 5-HTT gene. *Science, 301*(5631), 386-389.

Chen, J., Lipska, B. K., Halim, N., Ma, Q. D., Matsumoto, M., Melhem, S., ... Weinberger, D. R. (2004). Functional analysis of genetic variation in catechol-O-methyltransferase (COMT): Effects on mRNA, protein, and enzyme activity in postmortem human brain. *American Journal of Human Genetics, 75*(5), 807-821.

Corrêa, H., & da Rocha, F. F. (2008). Genética, comportamento e cognição. In D. Fuentes, L. F., Malloy-Diniz, C. H. P. Camargo, & R. Cosenza (Orgs.), *Neuropsicologia: Teoria e prática*. Porto Alegre: Artmed.

da Rocha, F. F., Malloy-Diniz, L. F., Lage, N. V., & Corrêa, H. (2011). The relationship between the Met allele of the BDNF Val66Met polymorphism and impairments in decision making under ambiguity in patients with obsessive-compulsive disorder. *Genes, Brain, and Behavior, 10*(5), 523-529.

Ferreira, A. A., Neves, F. S., da Rocha, F. F., Silva, G. S., Romano-Silva, M. A., Miranda, D. M., ... Corrêa, H. (2009). The role of 5-HTTLPR polymorphism in antidepressant-associated mania in bipolar disorder. *Journal of Affective Disorders, 112*(1-3), 267-272.

Gottesman, L. L. (1991). *Schizophrenia genesis: The origins of madness*. New York: Freeman.

International Human Genome Sequencing Consortium (2004). Finishing the euchromatic sequence of the human genome. *Nature, 431*(7011), 931-945.

Kato, M., & Serretti, A. (2010). Review and meta-analysis of antidepressant pharmacogenetic findings in major depressive disorder. *Molecular Psychiatry, 15*(5), 473-500.

Kraft, J. B., Slager, S. L., McGrath, P. J., Hamilton, S. P. (2005). Sequence analysis of the serotonin transporter and associations with antidepressant response. *Biological Psychiatry, 58*(5), 374-381.

Lesch, K. P., Bengel, D., Heils, A., Sabol, S. Z., Greenberg, B. D., Petri, S., ... Murphy, D. L. (1996).

Association of anxiety-related traits with a polymorphism in the serotonin transporter gene regulatory region. *Science, 274*(5292), 1527-1531.

Martin, E. I., Ressler, K. J., Binder, E., & Nemeroff, C. B. (2010). The neurobiology of anxiety disorders: Brain imaging, genetics, and psychoneuroendocrinology. *Clinics in Laboratory Medicina, 30*(4), 865-891.

Neves, F. S., Malloy-Diniz, L. F., Romano-Silva, M. A., Aguiar, G. C., de Matos, L. O., & Corrêa, H. (2010). Is the serotonin transporter polymorphism (5-HTTLPR) a potential marker for suicidal behavior in bipolar disorder patients? *Journal of Affective Disorders, 125*(1-3), 98-102.

Neves, F. S., Malloy-Diniz, L. F., Romano-Silva, M. A., Campos, S. B., Miranda, D. M., De Marco, L, ... Corrêa, H. (2011). The role of BDNF genetic polymorphisms in bipolar disorder with psychiatric comorbidities. *Journal of Affective Disorders, 131*(1-3), 307-311.

Neves, F. S., Silveira, G., Romano-Silva, M. A., Malloy-Diniz, L. F., Ferreira, A. A., De Marco, L., & Corrêa, H. (2008). Is the 5-HTTLPR polymorphism associated with bipolar disorder or with suicidal behavior of bipolar disorder patients? *American Journal of Medical Genetics. Part B, Neuropsychiatric Genetics, 147B*(1), 114-116.

Pereira, A. C., McQuillin, A., Puri, V., Anjorin, A., Bass, N., Kandaswamy, R., ... Gurling, H. M. (2011). Genetic association and sequencing of the insulin-like growth factor 1 gene in bipolar affective disorder. *American Journal of Medical Genetics. Part B, Neuropsychiatric Genetics, 156*(2), 177-87.

Peters, J., & Büchel, C. (2011). The neural mechanisms of inter-temporal decision-making: Understanding variability. *Trends in Cognitive Sciences, 15*(5), 227-239.

Plomin, R., DeFries, J. C., McClearn, G. E., & McGuffin, P. (2011). *Genética do comportamento* (5. ed.). Porto Alegre: Artmed.

Romano-Silva, M. A., Nicolato, R., & Corrêa, H. (2011). Genética dos transtornos psiquiátricos. In F. Kapczinski, J. Quevedo, & I. Izquierdo (Orgs.), *Bases biológicas dos transtornos psiquiátricos: Uma abordagem translacional* (3. ed.). Porto Alegre: Artmed.

4

Neuroimagem aplicada à neuropsicologia

MAILA DE CASTRO L. NEVES
HUMBERTO CORRÊA

A neuroimagem é uma das ferramentas mais importantes para estudar o cérebro humano *in vivo*. A neuroimagem moderna começou com o advento de técnicas de tomografia computadorizada, e, desde então, uma miríade de outros métodos tem sido aplicada, a fim de estudar a estrutura e a função do cérebro, na saúde e na doença (Toga, Frackowiak, & Mazziotta, 2012).

As técnicas de imagem cerebral *in vivo* podem ser utilizadas em pesquisas que buscam compreender a especialização funcional dos circuitos neurais e a fisiopatologia dos transtornos neuropsiquiátricos. A neuropsicologia e a neuroimagem podem ser pensadas como campos complementares de conhecimento, e, cada vez mais, estudos têm combinado paradigmas neuropsicológicos e mapeamento cerebral estrutural e funcional. As imagens cerebrais são fonte de informação essencial para diagnóstico e manejo de pacientes com transtornos neuropsiquiátricos. Além disso, as aplicações clínicas da neuroimagem vêm sendo cada vez mais consolidadas.

A neuroimagem pode ser dividida em estrutural e funcional. Imagem estrutural pode ser definida como informação obtida em relação à constituição física e morfológica do cérebro em um ponto no tempo e independe de qualquer tipo de atividade cerebral. Imagens obtidas por tomografia computadorizada (TC) e ressonância magnética (RM) são classificadas como estruturais. Já a imagem funcional mede indiretamente a atividade neuronal. As principais técnicas desse tipo de neuroimagem são tomografia computadorizada por fóton único (SPECT), tomografia computadorizada por emissão de pósitrons (PET), ressonância magnética funcional (RMf), magnetoencefalografia (MEG), eletrencefalografia (EEG) e espectroscopia por luz infravermelha (NIRS, do inglês *near-infrared spectroscopy*).

O objetivo deste capítulo é fazer uma introdução sobre os fundamentos teóricos e práticos dos principais métodos de neuroimagem atualmente utilizados.

TOMOGRAFIA COMPUTADORIZADA

A primeira imagem de TC foi produzida em 1972. Nessa técnica, a imagem é produzida a partir da emissão de fótons por um tubo de raios X (RX). O aparelho realiza um movimento circular ao redor da cabeça do paciente, emitindo um feixe de RX em forma de leque. No lado oposto a essa fonte, uma série de detectores transforma a radiação em sinal elétrico, que é convertido em imagem digital. Os feixes de RX emitidos são atenuados de forma variável pelos diferentes tecidos cerebrais de acordo com sua densidade. Tecidos de alta densidade, como ossos, aparecem em branco, indicando uma absorção quase completa dos RX. O ar absorve pouco a radiação (baixa atenuação) e aparece em preto. A substância cinzenta (SC) apresenta maior atenuação do contraste e aparece mais clara que a substância branca (SB). Os exames de TC liberam uma dose cumulativa de cerca de 5 rads de forma localizada e clinicamente insignificante (Hurley, Hayman, & Taber, 2006).

A última geração de tomógrafos divide o feixe de RX e adiciona múltiplos detectores, permitindo a obtenção de cortes múltiplos e mais finos, o que possibilita a visualização de lesões menores. Na década de 1990 houve introdução da TC helicoidal ou espiral, em que anéis deslizantes permitem mapeamento contínuo e obtenção de imagem tridimensional, de forma mais rápida, com menos exposição à radiação. Essa técnica tornou possível a angiografia por TC (angio-TC) e outros procedimentos que se beneficiem de dados volumétricos.

A TC é usada como um exame de mapeamento morfológico econômico, em especial para visualizar calcificação, hemorragia aguda e dano ósseo. Entretanto, a TC possui limitada capacidade de diferenciar SB e SC, notadamente na região do cerebelo e dos núcleos da base. A grande deficiência é vista nas doenças desmielinizantes e em lesões neoplásicas infiltrativas. Além disso, fornece apenas o plano de corte axial. Uma possível indicação clínica dessa técnica em psiquiatria é a pesquisa de diagnósticos diferenciais, como neoplasias e processos inflamatórios, em situações em que o acesso à RM é limitado (Amaro Júnior & Yamashita, 2001).

RESSONÂNCIA MAGNÉTICA

Em 1946, o fenômeno da ressonância magnética foi descoberto, mas apenas na década de 1970 as primeiras imagens utilizando ondas de rádio e um campo magnético estático foram produzidas.

Na RM, o paciente é colocado dentro de um magneto cujo campo magnético muda o alinhamento dos átomos de hidrogênio do corpo. Em seguida, pulsos de rádiofrequência provocam alterações na magnetização desses átomos. O campo alterado gera sinais elétricos, que são captados por uma bobina e convertidos em um mapa espacial, a imagem de ressonância magnética. Para ser convertida em mapa espacial, a imagem é parcelada em blocos. O computador torna cada bloco ligeiramente diferente por variações no campo magnético em cada carreira (direção de codificação de frequência) e na velocidade de ondas de rádio em cada coluna (direção de codificação de fase). A combinação de pulsos de radiofrequência e de campo magnético é chamada de sequência de pulso. Foram desenvolvidas sequências de pulso com sensibilidade diferenciada aos tecidos do corpo humano; a mais utilizada é denominada *spin-eco*. Essa sequência enfatiza diferentes propriedades teciduais pela variação de dois parâmetros: o tempo de recuperação (TR) (tempo de aplicação de cada repetição de sequência) e o tempo de eco (TE) (tempo em que a bobina coleta o sinal). As imagens com TR e TE curtos são chamadas ponderadas em T1, são caracterizadas por fronteiras rígidas entre o cérebro e o líquido cerebrospinal (LCS) e são tradicionalmente utilizadas para mostrar anatomia. Imagens obtidas com TR e TE longos são ponderadas em T2 e utilizadas para visualização de lesões, que geralmente aparecem brilhantes. Uma variante interessante é a imagem de recuperação de inversão atenuada por líquido (FLAIR), que permite que o sinal intenso do LCS seja reduzido, possibilitando melhor visualização de patologias próximas a ele. Se forem usados TR longo e TE curto, temos imagens chamadas de densidade de rotação ponderada (SDW), que tornam fácil a visualização dos tratos fibrosos (Hurley et al., 2006).

Na maioria dos casos, a RM é a modalidade preferida para mapear a estrutura

> A TC é usada como um exame de mapeamento morfológico econômico, em especial para visualizar calcificação, hemorragia aguda e dano ósseo.

do cérebro. Nela, a resolução da imagem é mais alta, e o cérebro pode ser visto em qualquer plano de corte. Alguns autores recomendam que imagens estruturais, especialmente a RM, sejam solicitadas em pacientes com apresentações e evoluções atípicas de sintomas psiquiátricos, diagnóstico diferencial dos quadros demenciais, dano cerebral traumático, sintomas psiquiátricos de início recente após os 50 anos de idade, primeiro episódio psicótico (Fig. 4.1) (Rocha et al., 2001), dependência de álcool, transtornos convulsivos, transtornos do movimento, doenças autoimunes, transtornos da alimentação, suspeita de exposição a toxinas, catatonia, e sintomas neurológicos focais (para revisão, ver Klöppel e colaboradores, 2012).

Estudos que utilizam RM buscam associar variações de volume, forma, concentração ou espessura de SB e SC a diversos parâmetros de interesse, como funções cognitivas, variações genéticas ou sintomas e transtornos neuropsiquiátricos.

Basicamente, dois métodos têm sido utilizados para processar imagens estruturais: o método manual de delineamento de regiões de interesse (ROI, do inglês *region of interest*) e o automatizado de morfometria baseada no voxel (VBM, do inglês *voxel based morphometry*) (Fig. 4.2). Em virtude de suas vantagens, como rapidez, ausência de definição de região *a priori* e independência do examinador, a VBM tem sido muito utilizada para estudar diversos transtornos neuropsiquiátricos, como transtorno bipolar, autismo, epilepsia, demências e esquizofrenia (Ridgway et al., 2008).

Sabemos, hoje, que o cérebro humano funciona com redes neurais interconectadas

> Em virtude de suas vantagens, como rapidez, ausência de definição de região *a priori* e independência do examinador, a VBM tem sido muito utilizada para estudar diversos transtornos neuropsiquiátricos, como transtorno bipolar, autismo, epilepsia, demências e esquizofrenia.

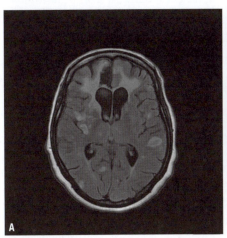 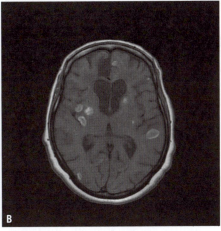

FIGURA 4.1 Imagem de RM de uma paciente de 52 anos, levada pelos filhos ao pronto-socorro, com queixas de prejuízo cognitivo progressivo que comprometia as atividades da vida diária e sintomas psicóticos, iniciados há quatro meses. Os múltiplos focos de neurotoxoplasmose, confirmados por titulação do líquido cerebrospinal, são vistos como manchas brilhantes, as maiores temporoparietais. A lesão típica descrita é em anel, próxima às estruturas de SC subcorticais. (A) Corte axial ponderado em T2 FLAIR. (B) Corte axial ponderado em T1.

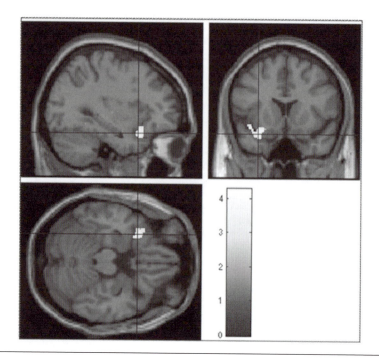

FIGURA 4.2 Representação gráfica de diferenças no volume de substância cinzenta entre dois grupos pelo método de morfometria baseada em voxel (VBM).

de forma complexa por tratos e fascículos de SB. A técnica de imagem cerebral que estuda os tratos de SB é denominada imagem por tensão de difusão (DTI, do inglês *diffusion tensor imaging*), em que propriedades de difusão das moléculas de água através da mielina dos axônios são usadas para gerar imagens de contraste, reconstruindo os tratos axonais. É possível, também, obter uma medida indireta da integridade de vias axonais por meio da mensuração da difusividade da água por fascículos de SB (anisotropia fracional) (Nery, Monkul, & Soares, 2012). A DTI é especialmente utilizada em pesquisas que buscam esclarecer a fisiopatologia de transtornos neuropsiquiátricos (Kyriakopoulos, & Frangou, 2009) e substratos neuroanatômicos de prejuízos cognitivos (Karlsgodt et al., 2008) que envolvam anormalidades da conectividade anatômica cortical. Além disso, a DTI pode ter aplicações clínicas, como ferramenta de diagnóstico e monitorização de tumores cerebrais (para revisão, ver Le Bihan & Johansen-Berg, 2012).

RESSONÂNCIA MAGNÉTICA FUNCIONAL

A ressonância magnética funcional (RMf) detecta mudanças na perfusão cerebral regional, no volume ou na oxigenação sanguíneos, que acompanham a atividade neuronal. Supostamente, em áreas com maior atividade neuronal há aumento na oferta de oxigênio, o que causa um aumento da concentração regional de hemoglobina saturada de oxigênio (oxiemoglobina). Essa molécula tem propriedades magnéticas diferentes daquelas presentes na hemoglobina não saturada (desoxiemoglobina) e comporta-se de maneira isomagnética ao tecido

Neuropsicologia

adjacente. Assim, a imagem de RMf é obtida pelo chamado efeito BOLD (*blood oxygenation level dependent*). O efeito BOLD é, então, obtido de acordo com a proporção entre oxiemoglobina e desoxiemoglobina. Áreas com altas concentrações de oxiemoglobina mostram-se mais brilhantes, com sinal mais intenso que áreas com baixa concentração.

As imagens BOLD podem ser usadas para, indiretamente, detectar alterações na atividade neuronal quando um indivíduo realiza uma tarefa. É possível apresentar estímulos visuais, auditivos, sensitivos e mesmo olfativos e gustativos. As principais vantagens são a resolução temporal da imagem em relação à tarefa e a possibilidade de repetir o mapeamento no mesmo paciente, já que não há radiação ionizante ou necessidade de injeção de contraste (Bandettini, 2012). Uma limitação que merece atenção é a possibilidade do surgimento de artefatos de movimento e da máquina, que podem comprometer o processamento (Fig. 4.3). Além disso, pesquisadores têm se debruçado para tentar avaliar o sinal genuíno associado à atividade neuronal acima do ruído de fundo da atividade cerebral contínua.

A RMf é uma das técnicas mais promissoras em neuroimagem. Suas principais aplicações são estudos que investiguem a localização de funções cerebrais, fisiopatologia de transtornos neuropsiquiátricos, resposta a intervenções terapêuticas farmacológicas, psicoterápicas ou de neuromodulação (para revisão, ver Huettel, 2012; Poldrack, 2012). Suas principais aplicações clínicas estão relacionadas à determinação de áreas de linguagem no tratamento cirúrgico da epilepsia e de áreas eloquentes de córtex antes da ressecção de tumores, bem como localização de focos ictais. Esperamos o dia em que poderemos utilizar mapeamento por RMf para identificar sinais prodrômicos de doenças e realizar diagnósticos precoces.

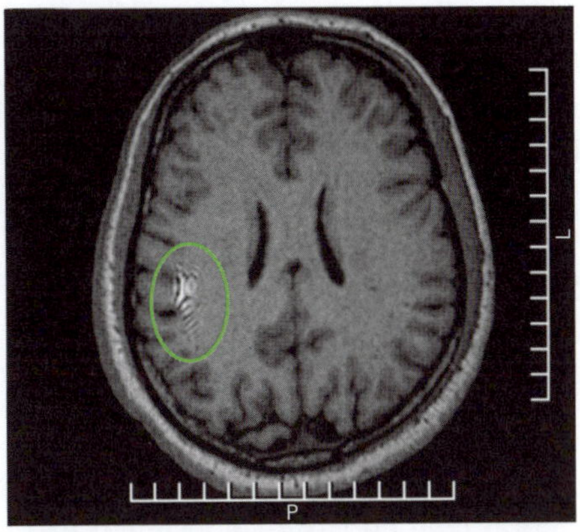

FIGURA 4.3 Imagem de RM mostrando artefato de máquina, o que levou à exclusão da imagem para o processamento.

> A RMf é uma das técnicas mais promissoras em neuroimagem. Suas principais aplicações são estudos que investiguem a localização de funções cerebrais, fisiopatologia de transtornos neuropsiquiátricos, resposta a intervenções terapêuticas farmacológicas, psicoterápicas ou de neuromodulação.

TOMOGRAFIA POR EMISSÃO DE PÓSITRONS

A tomografia por emissão de pósitrons (PET) é assim denominada por gerar imagens do funcionamento cerebral a partir de isótopos emissores de pósitrons, que são entidades radioativas utilizadas para marcar moléculas específicas, as quais fornecem medidas de parâmetros fisiológicos *in vivo*. Existem quatro principais isótopos emissores de pósitrons: oxigênio 15 (^{15}O), nitrogênio 13 (^{13}N), carbono 11 (^{11}C) e flúor 18 (^{18}F), com meia-vida de 2, 10, 20,3 e 110 minutos, respectivamente. As substâncias marcadas radioativamente são injetadas por via intravenosa, e, em seguida, a cabeça do indivíduo é posicionada dentro de um detector de radiação. O isótopo radioativo se decompõe liberando um pósitron, que colide com elétron, emitindo dois fótons. Os fótons são detectados nos lados opostos da cabeça, e a localização do pósitron emissor pode, então, ser estimada.

A água marcada com ^{15}O é utilizada para aferir a extração e o metabolismo cerebral regional de oxigênio (para revisão, ver Baron e Jones, 2012).

A utilização da ^{18}F-fluordesoxiglicose (FDG) fornece uma estimativa do metabolismo regional cerebral de glicose. Como a maior parte do uso de energia cerebral é sináptico, o mapeamento com FDG pode indicar atividade neural. A captação de FDG requer cerca de 30 minutos, um tempo relativamente longo para neuroimagem funcional. Com frequência, as imagens cerebrais são obtidas em repouso ou durante a mesma tarefa por cerca de 30 minutos. Além disso, o tempo de obtenção das imagens limita o número de estados cerebrais ativados. Por causa da radiação, cada participante pode ser estudado apenas de 2 a 4 vezes por ano (Patterson & Kotrla, 2006).

O radioisótopo ^{11}C oferece a capacidade de ser incorporado a biomoléculas (enzimas, fármacos) sem alterar suas propriedades biológicas. A descoberta da incorporação do ^{11}C e do ^{18}F a biomoléculas capazes de rastrear atividade enzimática e de neurorreceptores inaugurou um novo campo do conhecimento, a *neuroimagem molecular*. O objetivo principal dessa técnica é a visualização e quantificação *in vivo* de entidades moleculares cerebrais e suas correlações com eventos fisiopatológicos (para revisão, ver Zimmer e Luxen, 2012).

O mapeamento por PET é extremamente valioso para pesquisas em neurociências. Pode ser utilizado para investigar fisiopatologia de transtornos neuropsiquiátricos, por meio da mensuração da quantidade de receptores e transportadores de neurotransmissores (Anand e colaboradores, 2011; Yatham e colaboradores, 2010) ou da comparação de estados de repouso em pacientes com transtornos psiquiátricos e controles saudáveis (Pallanti et al., 2010).

Dados cada vez mais consistentes nos dão esperanças de futuras aplicações clínicas do PET em neuropsiquiatria, especialmente nos processos neurodegenerativos (Zimmer & Luxen, 2012).

Entretanto, devemos conhecer suas limitações. O mapeamento por PET tem menor resolução espacial e precisa ser realizado perto do ciclotrônio que produz os isótopos emissores de pósitrons; além disso, a radioatividade limita o número de varreduras.

TOMOGRAFIA COMPUTADORIZADA POR EMISSÃO DE FÓTON ÚNICO

A tomografia computadorizada por emissão de fóton único (SPECT) também utiliza compostos radioativos para mapear atividade neuronal. Entretanto, os compostos utilizados produzem apenas um fóton por desintegração, diferentemente do PET, o que torna sua resolução espacial menor.

A SPECT produz medidas quantitativas e qualitativas do fluxo sanguíneo cerebral. O radioligante mais utilizado para medir perfusão cerebral é o ^{99m}Tchexametilpropileno aminoxima (HMPAO). Ele se concentra em membranas celulares na proporção do fluxo sanguíneo cerebral regional. Outro radioligante disponível para esse fim é o ^{99m}Tc etilcisteínato (ECD), com padrões de captação consideravelmente diferentes do HMPAO.

A SPECT possui uma série de outros radioligantes para mapear a ligação a transportadores e receptores de neurotransmissores. Além disso, ela parece estar mais disponível, uma vez que os radioligantes podem ser obtidos por fontes comerciais, e tem sido utilizada para diagnóstico diferencial de quadros demenciais. Em pesquisa, entretanto, o método carece de resolução espacial e temporal em relação ao mapeamento com PET e também tem uma limitada capacidade de repetição (Patterson & Kotrla, 2006).

ESPECTROSCOPIA POR LUZ INFRAVERMELHA

O princípio da espectroscopia consiste na aplicação da luz no comprimento de onda do infravermelho-próximo, para avaliar, de forma quantitativa e qualitativa, os componentes moleculares relacionados à oxigenação tecidual. A espectroscopia por luz infravermelha (NIRS) é um método não invasivo que pode ser usado para monitoramento da atividade cerebral. Mede a quantidade de luz vermelha, cujo comprimento de onda vai de 650 a 950 nm, que é absorvida na calota craniana. A taxa de luz absorvida pode variar em função da relação de oxi e desoxiemoglobina em determinadas regiões cerebrais. Tais medidas podem ser tomadas durante a realização de tarefas. Quando comparada à RMf, a NIRS tem menor resolução espacial e pior mapeamento de regiões profundas no córtex. Entretanto, é um método com boa resolução temporal e menor custo, além de ser mais acessível e portátil (para revisão, ver Ye, Tak, Jang, Jung e Jang, 2009).

> Quando comparada à RMf, a NIRS tem menor resolução espacial e pior mapeamento de regiões profundas no córtex. Entretanto, é um método com boa resolução temporal e menor custo, além de ser mais acessível e portátil.

ELETRENCEFALOGRAFIA

As técnicas eletrofisiológicas fornecem uma medida não invasiva da fisiologia cerebral, com excelente resolução temporal. O eletrencefalógrafo registra o resultado de uma série de potenciais gerados pelo córtex cerebral, predominam potenciais excitatórios e inibitórios pós-sinápticos sobre dendritos e corpos neuronais, e não sinais axionais mais profundos. A eletrencefalografia (EEG) mede potenciais registrados no couro cabeludo, que são especialmente influenciados por projeções talâmicas e suas aferências provenientes do sistema reticular ativador ascendente. O sinal do eletrencefalograma tem uma frequência de aproximadamente 70 Hz, que pode ser subdividido em bandas de frequência definidas como beta (> 14 Hz), alfa (8 a 14 Hz) e delta (≤ 4 Hz).

Recentes avanços têm implicado a EEG como um método de imagem capaz de fornecer um mapeamento cerebral fiel, com boa resolução espacial e temporal. O uso clínico e experimental da EEG em pesquisa vem crescendo, devido ao crescente interesse na dinâmica temporal do funcionamento cerebral e à possibilidade de combinação da EEG com outras técnicas de imagem. A EEG tem utilidade clínica importante, apesar de sua especificidade limitada, especialmente para avaliar crises convulsivas, *delirium*, encefalites, intoxicações medicamentosas, encefalopatia urêmica ou hepática (para revisão, ver Michel e Murray, 2012).

POTENCIAIS EVOCADOS

Os estímulos sensoriais provocam respostas eletrencefalográficas específicas, chamadas de potenciais relacionados a eventos (PREs). Tais potenciais são medidos por análise computadorizada da variação de sinal após apresentação de estímulos. Podem ser divididos em potenciais médios (50 a 250 ms) e tardios (250 a 500 ms). Foram caracterizados potenciais somatossensoriais, visuais e auditivos do tronco cerebral; eles representam a integridade da via neural do receptor sensorial para o córtex. Os PREs são muito úteis na pesquisa em neuropsicologia, já que representam uma medida do processamento de informação, especialmente fisiologia de processos atencionais, classificação e filtragem de estímulos sensoriais. A supressão da onda P50 da resposta evocada auditiva e o potencial P300 foram extensamente estudados em neuropsiquiatria (Neylan, Reynolds, & Kupfer, 2006).

> Os PREs são muito úteis na pesquisa em neuropsicologia, já que representam uma medida do processamento de informação, especialmente fisiologia de processos atencionais, classificação e filtragem de estímulos sensoriais.

MAGNETOENCEFALOGRAFIA

A magnetoencefalografia (MEG) examina mínimas flutuações magnéticas associadas à atividade cerebral regional (Hari & Salmelin, 2012). O sinal magnetoencefalográfico pode ser definido como a contraparte magnética dos sinais eletrencefalográficos ou de potencial evocado, com vantagens de localização e resolução de frequência (Patterson & Kotrla, 2006). Além disso, a MEG é mais precisa para detectar potenciais cerebrais profundos. Sua desvantagem ainda é o custo. A combinação da MEG com a imagem de RM tem sido utilizada para produzir mapas neuromagnéticos de potenciais evocados (para revisão, ver Hari e Salmelin, 2012).

CONSIDERAÇÕES FINAIS

O estudo da neuroimagem é desafiador e intrigante, e este capítulo não tem a pretensão de esgotar o tema. É importante ressaltar que os métodos de neuroimagem se multiplicam, e, junto com eles, surgem técnicas de processamento cada vez mais sofisticadas. Portanto aconselhamos o leitor interessado a procurar fontes adicionais de consulta.

A neuroimagem é, hoje, um campo de conhecimento em franca expansão. Entretanto, alguns entraves ainda precisam ser superados para que os dados obtidos possam ser replicados e consolidados. Pesquisadores precisam uniformizar os métodos utilizados para obtenção e processamento das imagens e utilizar critérios rigorosos para a seleção das amostras.

Estudos longitudinais integrando técnicas estruturais e funcionais, com paradigmas cada vez mais próximos da vida real (Hasson & Honey, 2012) e associados a avaliações genéticas (Meyer-Lindenberg, 2012), podem ser horizontes promissores.

REFERÊNCIAS

Amaro Júnior, E., & Yamashita, H. (2001). Aspectos básicos de tomografia computadorizada e ressonância magnética. *Revista Brasileira de Psiquiatria*, 23(Supl I), 2-3.

Anand, A., Barkay, G., Dzemidzic, M., Albrecht, D., Karne, H., Zheng, Q. H., ... Yoder, K. K. (2011). Striatal dopamine transporter availability in unmedicated bipolar disorder. *Bipolar Disorders*, 13(4), 406-413.

Bandettini, P. A. (2012). Twenty years of functional MRI: The science and the stories. *NeuroImage, 62*, 575-588.

Baron, J., & Jones, T. (2012). Oxygen metabolism, oxygen extraction and positron emission tomography: historical perspective and impact on basic and clinical neuroscience. *NeuroImage, 61,* 492-504.

Hari, R., & Salmelin, R. (2012). Magnetoencephalography: from SQUIDs to neuroscience. *NeuroImage, 61,* 386-396.

Hasson, U., & Honey, C. J. (2012). Future trends in neuroimaging: neural processes as expressed within real-life contexts. *NeuroImage, 62,* 272-1278.

Huettel, S. A. (2012). Event-related fMRI in cognition. *NeuroImage, 62,* 1152-1156.

Hurley, R. A., Hayman, L. A., & Taber, K. H. (2006). Exames clínicos por imagem em neuropsiquiatria. In S. C. Yudofsky, & R. E. Hales (Eds.), *Neuropsiquiatria e neurociências na pratica clinica* (4th ed., pp. 217-252). Porto Alegre: Artmed.

Karlsgodt, K. H., van Erp, T. G., Poldrack, R. A., Bearden, C. E., Nuechterlein, K. H., & Cannon, T.

D. (2008). Diffusion tensor imaging of the superior longitudinal fasciculus and working memory in recent-onset schizophrenia. *Biological Psychiatry, 63*(5), 512-518.

Klöppel, S., Abdulkadir, A., Jack Jr., C. R., Koutsouleris, N., Mourão-Miranda, J., & Vemuri, P. (2012). Diagnostic neuroimaging across diseases. *NeuroImage, 61*, 457-463.

Kyriakopoulos, M., & Frangou, S. (2009). Recent diffusion tensor imaging findings in early stages of schizophrenia. *Curent Opinion Psychiatry, 22*(2), 168-176.

Le Bihan, D., & Johansen-Berg, H. (2012). Diffusion MRI at 25: exploring brain tissue structure and function. *NeuroImage, 61*, 324-341.

Meyer-Lindenberg, A. (2012). The future of fMRI and genetics research. *NeuroImage, 62*, 1286-1292.

Michel, C. M., & Murray, M. M. (2012). Towards the utilization of EEG as a brain imaging tool. *NeuroImage, 61*, 371-385.

Nery, F. G., Monkul, E. S., & Soares, J. C. (2012). Neuroimagem estrutural e funcional. In A. Teixeira, & P. Caramelli (Eds.), *Neurologia cognitiva e do comportamento* (pp. 66-77). Rio de Janeiro: Revinter.

Neylan, T. C., Reynolds, C. F., & Kupfer, D. J. (2006). Técnicas de eletrodiagnóstico em neuropsiquiatria. In: S. C. Yudofsky, & R. E. Hales (Eds.), *Neuropsiquiatria e neurociências na pratica clinica* (4th ed., pp. 181-194). Porto Alegre: Artmed.

Pallanti, S., Haznedar, M. M., Hollander, E., LiCalzi, E. M., Bernardi, S., Newmark, R., & Buchsbaum, M. S. (2010). Basal ganglia activity in pathological gambling: a fluorodeoxyglucose-positron emission tomography study. *Neuropsychobiology, 62*, 132-138.

Patterson, J. C., & Kotrla, K. J. (2006). Neuroimagem functional em psiquiatria In S. C. Yudofsky & R. E. Hales (Eds.), *Neuropsiquiatria e neurociências na pratica clinica* (4th ed., pp. 253-284). Porto Alegre: Artmed.

Poldrack, R. A. (2012). The future of fMRI in cognitive neuroscience. *NeuroImage, 62*, 1216-1220.

Ridgway, G. R., Henley, S. M. D., Rohrer J. D., Scahill R. I., Warren J. D., & Foxb, N. C. (2008). Ten simple rules for reporting voxel-based morphometry studies. *NeuroImage, 40*, 1429-1435.

Rocha, E. T., Alves, T. C. T. F., Garrido, G. E. J., Buchpiguela, C. A., Nitrini, R., & Busatto, G. F. (2001). Novas técnicas de neuroimagem em psiquiatria: qual o potencial de aplicações na prática clínica? *Revista Brasileira de Psiquiatria, 23*(Supl 1), 58-60.

Toga, A. W., Frackowiak, R., & Mazziotta, J. C. (2012). NeuroImage anniversary issue. *NeuroImage, 61*(2), 323.

Yatham, L. N., Liddle, P. F., Erez, J., Kauer-Sant'Anna, M., Lam, R. W., Imperial, M., ... Ruth T. J. (2010). Brain serotonin-2 receptors in acute mania. *Brazilian Journal of Psychiatry, 196*(1), 47-51.

Ye, J. C., Tak, S., Jang, K. E., Jung, J., & Jang, J. (2009). NIRS-SPM: statistical parametric mapping for near-infrared spectroscopy. *Neuroimage, 44*(2), 428-447.

Zimmer, L., & Luxen, A. (2012). PET radiotracers for molecular imaging in the brain: past, present and future. *NeuroImage, 61*(2), 363-370.

Fundamentos da psicometria

ALESSANDRA GOTUZO SEABRA
LUCAS DE FRANCISCO CARVALHO

Este capítulo apresenta a definição de avaliação neuropsicológica, situa os testes neuropsicológicos nesse contexto e sumariza os principais conceitos da psicometria que são relevantes para essa avaliação, incluindo fidedignidade, validade, normatização e padronização.

A avaliação neuropsicológica pode ser classicamente definida como um método para se examinar o encéfalo por meio do estudo de seu produto comportamental (Lezak, Howieson, & Loring, 2004). Desde a década de 1960, tem sido influenciada pela psicologia cognitiva. Nesse contexto, a ênfase é a avaliação do processamento da informação, isto é, das diferentes operações mentais necessárias para a execução de determinadas tarefas (Gazzaniga, Ivry, & Mangun, 2002). As operações mentais envolvem tomar uma representação como um *input*, executar algum tipo de processamento sobre ele e, então, produzir uma nova representação, o *output*. Assim, a teoria neuropsicológica deve apresentar explanações sobre o processamento subjacente às atividades mentais superiores do ser humano (Bear, Connors, & Paradiso, 2002) que permitam a verificação neuroanatômica de tal processamento (Kristensen, Almeida, & Gomes, 2001). A avaliação embasada na neuropsicologia cognitiva, portanto, busca ultrapassar tanto a mera classificação do indivíduo em relação a um grupo de referência quanto a mera descrição dos distúrbios apresentados, visando a interpretação dos mecanismos subjacentes (Capovilla, 1998).

A avaliação neuropsicológica envolve o estudo intensivo do comportamento por meio de entrevistas, questionários e testes normatizados que permitam obter desempenhos relativamente precisos (Lezak et al., 2004). À semelhança dos procedimentos usados na avaliação psicológica, a avaliação neuropsicológica pode se basear em duas perspectivas distintas: a idiográfica e a nomotética (Primi, 2010; Tavares, 2003). A perspectiva idiográfica está mais relacionada com procedimentos não padronizados, pouco estruturados, já que visa a obtenção de informações aprofundadas sobre o sujeito, relacionando-as com seu histórico específico e os contextos culturais e sociais nos quais está inserido. Em uma perspectiva nomotética, o foco é nos padrões, nas tendências populacionais, nas informações sobre as pessoas que podem ser generalizadas. Esta última perspectiva, portanto, está mais relacionada aos procedimentos mais estruturados, com padronização estabelecida previamente.

Do ponto de vista clínico (Tavares, 2003), é importante que o profissional considere as duas perspectivas no momento da avaliação, utilizando procedimentos padronizados e não padronizados, o que lhe permite o acesso a

> Do ponto de vista clínico (Tavares, 2003), é importante que o profissional considere as duas perspectivas no momento da avaliação, utilizando procedimentos padronizados e não padronizados, o que lhe permite o acesso a informações provenientes de diferentes naturezas e, portanto, complementares. Tradicionalmente, o campo de estudo que se foca na perspectiva nomotética é a psicometria, cujos conhecimentos são altamente requeridos na avaliação psicológica.

informações provenientes de diferentes naturezas e, portanto, complementares. Tradicionalmente, o campo de estudo que se foca na perspectiva nomotética é a psicometria, cujos conhecimentos são altamente requeridos na avaliação psicológica. Considerando o escopo deste capítulo, serão enfocados os procedimentos típicos da perspectiva nomotética e, mais especificamente, os conhecimentos relacionados à psicometria.

A avaliação neuropsicológica padronizada tem sido muito influenciada pela psicometria (Groth-Marnat, 2000; Kristensen et al., 2001; Mäder, 1996). Nesse contexto, compartilha com a avaliação psicológica o objetivo de obter informações a respeito de aspectos psicológicos de um determinado indivíduo ou grupo de indivíduos, possibilitando o subsídio e a orientação do processo de tomada de decisão. Envolve procedimentos diversos, tornando possível o uso de distintas formas para coleta de informação. Entre as opções, estão os testes padronizados, que são ferramentas úteis dentro do processo de avaliação, desde que determinadas características, denominadas propriedades psicométricas, sejam verificadas e atinjam critérios preestabelecidos (Urbina, 2007).

Contudo, é importante ressaltar que, também na avaliação neuropsicológica, as abordagens nomotética e idiográfica devem ser usadas de forma complementar. Por exemplo, para identificar os distúrbios que dificultam a realização de uma prova, pode ser necessário não se limitar à execução padronizada da prova, mas introduzir mudanças específicas na aplicação ao longo da avaliação (Ardila & Ostrosky-Solís, 1996). Aliás, a flexibilidade na aplicação dos instrumentos é um aspecto central da avaliação neuropsicológica (Lezak et al., 2004).

Adicionalmente, além da administração de provas padronizadas e do registro quantitativo das respostas, deve ser realizada uma observação detalhada das respostas gerais do paciente, incluindo responsividade, reconhecimento dos próprios erros, respostas emocionais e características de execução das tarefas (Ardila & Ostrosky-Solís, 1996).

Conforme tal descrição, pode-se observar que a avaliação neuropsicológica guarda similaridades e diferenças em relação à avaliação psicológica. Difere desta última por suplantar a quantificação e descrição do desempenho da pessoa avaliada, chegando a uma interpretação dos processos e das estruturas subjacentes a tal desempenho (Seabra & Capovilla, 2009). Porém, assemelha-se à avaliação psicológica no que tange à necessidade da investigação das qualidades psicométricas de seus instrumentos (Seabra & Capovilla, 2009; Urbina, 2007). Nesse sentido, como qualquer ferramenta de avaliação psicológica, os testes neuropsicológicos devem apresentar parâmetros psicométricos adequados, geralmente acerca dos índices de fidedignidade e evidências de validade. Exemplificando essa questão, Simões (2005) lista sete pontos que devem fundamentar a seleção de um instrumento neuropsicológico, destacando, entre eles, suas propriedades psicométricas.

De fato, a psicometria refere-se ao campo de estudo das medidas psicológicas ou de processos mentais (Urbina, 2007), fundamentando-se prioritariamente na visão quantitativa para observação dos fenômenos (Pasquali, 2009). Além disso, engloba tanto os procedimentos para verificação das propriedades psicométricas quanto as teorias psicométricas. Vale ressaltar que não há só uma corrente de pensamento na

> A avaliação neuropsicológica padronizada tem sido muito influenciada pela psicometria (Groth-Marnat, 2000; Kristensen et al., 2001; Mäder, 1996). Nesse contexto, compartilha com a avaliação psicológica o objetivo de obter informações a respeito de aspectos psicológicos de um determinado indivíduo ou grupo de indivíduos, possibilitando o subsídio e a orientação do processo de tomada de decisão.

psicometria, isto é, existem diferentes paradigmas a partir dos quais os profissionais podem se pautar. Basicamente, dois amplos paradigmas podem ser destacados, a teoria clássica dos testes (TCT) e a teoria de resposta ao item (TRI).

Uma importante distinção inicial entre esses dois paradigmas refere-se ao foco de cada um deles; a TCT foca-se em uma perspectiva macroscópica, isto é, nas propriedades relacionadas aos instrumentos de medida como um todo; já a TRI tem seu foco nos elementos relacionados aos estímulos que compõem os instrumentos (p. ex., itens), em um panorama mais microscópico (Andriola, 2009). Neste capítulo, o recorte dado fundamenta-se na TCT; ainda assim, também será apresentado o entendimento de base da TRI.

Para a análise dos estímulos que compõem um instrumento de avaliação, a TRI propõe um modelo matemático que representa os elementos centrais da situação de testagem na qual um indivíduo responde a determinado estímulo. Quanto mais presente for o construto latente no sujeito, maior a probabilidade de ele acertar ou endossar um estímulo que represente o construto latente. Já naqueles indivíduos com níveis inferiores no mesmo construto latente, a probabilidade de endosso ou acerto ao mesmo item deve ser menor.

Essa situação é representada no paradigma da TRI pela curva característica do item (CCI), que indica a probabilidade de escolha de uma determinada resposta em função do nível no construto das pessoas que o respondem (chamado *theta*) e do nível no construto latente do item (chamado *b*). Ressalta-se que existem modelos mais complexos que incluem outras características do item, como o índice de discriminação e a probabilidade de escolhas da resposta ao acaso.

Como pode ser observado, o nível de especificidade da TRI é voltado preponderantemente aos estímulos componentes de um teste. Já na TCT, pelo fato de o foco repousar no instrumento como um todo, as propriedades normalmente verificadas também se dão no nível do teste – as chamadas propriedades psicométricas. É importante indicar que a TCT, tal qual a TRI, baseia-se em fundamentos que direcionam o modelo matemático subjacente aos conceitos que a caracterizam e às análises geralmente realizadas. Foge do escopo deste capítulo apresentar esses fundamentos, mas recomenda-se a leitura de Embretson (1996) para um aprofundamento acerca da temática.

> O nível de especificidade da TRI é voltado preponderantemente aos estímulos componentes de um teste. Já na TCT, pelo fato de o foco repousar no instrumento como um todo, as propriedades normalmente verificadas também se dão no nível do teste – as chamadas propriedades psicométricas.

A verificação das propriedades psicométricas de instrumentos neuropsicológicos diz respeito à investigação de determinados atributos, do ponto de vista da psicometria, de uma dada ferramenta avaliativa. Assim, é esperado que um teste apresente propriedades psicométricas adequadas com relação a normatização, padronização, evidências de validade e índices de fidedignidade (Urbina, 2007).

Em geral, ao se utilizar um instrumento para avaliação neuropsicológica, é necessário que se conheçam minimamente suas características, sobretudo acerca do seu funcionamento. Considerando que um instrumento deve avaliar com prioridade um determinado construto, uma primeira verificação relevante busca observar se os estímulos que compõem o teste referem-se suficientemente a um único construto. Garantido isso, é importante assegurar que o construto avaliado é de fato aquele que se espera que o teste avalie. Existindo evidências de que o instrumento avalia prioritariamente um mesmo construto e que o construto avaliado é o pretendido, o passo seguinte refere-se ao estabelecimento de uma escala de medida e normas que possibilitem identificar a localização de um determinado sujeito no construto avaliado. Os três elementos aqui apresentados referem-se, respectivamente, à verificação das propriedades psicométricas dos instrumentos avaliativos, a saber, fidedignidade, validade e normatização.

Um dos elementos centrais em psicometria, e certamente na psicometria sob a ótica da TCT, é a fidedignidade. Como mencionado, a verificação da fidedignidade em um instrumento de avaliação está relacionada com a sua capacidade de avaliar prioritariamente um único construto. De fato, a fidedignidade nesse contexto pode ser expressa por uma fórmula simples, qual seja, $X = T + e$. Para o entendimento dessa fórmula, é necessário considerar que, no paradigma da TCT, toda e qualquer avaliação realizada implica erro. Portanto, no uso de uma ferramenta para avaliar determinado construto, o profissional não acessa o construto em seu nível verdadeiro no indivíduo, já que há sempre uma quantidade de erro implicada. Na fórmula da fidedignidade apresentada, o nível verdadeiro do indivíduo em determinado construto é representado na fórmula pela letra T (*true score*); a letra e, por sua vez, aponta o erro, indicando a impossibilidade de se alcançar o T em um processo avaliativo. Por isso, o que o profissional obtém é o X, que se refere ao escore observado do indivíduo. A partir dessa fórmula é fácil identificar que, quanto maior for o valor de e, mais o escore observado estará afastado do escore verdadeiro de determinado sujeito; e, ao contrário, quanto menor o valor de e, mais próximo do escore verdadeiro do sujeito é possível chegar.

Compreende-se a fidedignidade levando-se em conta a fórmula apresentada, como o grau em que as pontuações obtidas em um teste são livres de erro de medida (American Educational Research Association [AERA], American Psychological Association [APA], & National Council on Measurement in Education [NCME], 1999; Urbina, 2007). O erro de medida configura-se como tudo aquilo que o instrumento avalia, mas que não faz parte do construto-alvo do instrumento. Portanto, os indicadores de fidedignidade são, em última instância, indicadores de que o instrumento avalia de modo prioritário um determinado construto, na medida em que está suficientemente livre de erros de medida. Existem variados métodos para verificação dos índices de fidedignidade, os quais são sumariamente apresentados na Tabela 5.1.

O método por avaliadores caracteriza-se por verificar a concordância entre duas ou mais pessoas que corrigem ou atribuem pontuação a um determinado instrumento. Essa verificação tem o objetivo de determinar o nível de concordância entre as atribuições dadas pelos avaliadores a um mesmo instrumento respondido por um ou mais sujeitos. Já o teste-reteste tem como finalidade

> Um dos elementos centrais em psicometria, e certamente na psicometria sob a ótica da TCT, é a fidedignidade. Como mencionado, a verificação da fidedignidade em um instrumento de avaliação está relacionada com a sua capacidade de avaliar prioritariamente um único construto.

TABELA 5.1
Métodos para verificação dos índices de fidedignidade

MÉTODOS	ERRO AVALIADO
Por avaliadores	Subjetividade dos avaliadores
Teste-reteste	Estabilidade dos resultados em mais de uma aplicação
Formas alternadas; metades (*splithalf*)	Conteúdo dos itens
α e K-R 20	Homogeneidade do grupo de itens
Formas alternadas retardadas	Conteúdo dos itens e estabilidade dos resultados em mais de uma aplicação

investigar o quão estável são os resultados obtidos em um teste respondido mais de uma vez por uma mesma pessoa ou grupo de pessoas.

O método de formas alternadas (*split half*) trata da verificação da equivalência do conteúdo abordado por uma ferramenta de avaliação, de modo que esse conteúdo é geralmente dividido em duas metades equivalentes. Para determinar o quão consistente é um grupo de itens ou estímulos, costumam ser utilizados métodos que verificam sua homogeneidade, o alfa de Cronbach (α) e o Kudler-Richardson 20. Por fim, o método das formas alternadas retardadas diz respeito à integração do método de formas alternadas e teste-reteste, isto é, verifica-se tanto a equivalência do conteúdo de um instrumento que é dividido em formas equivalentes quanto a estabilidade das pontuações obtidas ao longo do tempo (duas aplicações ou mais).

Altos índices de fidedignidade sugerem que:

a) as variáveis que compõem o instrumento são consistentes, isto é, há indício de um construto latente subjacente comum a essas variáveis;
b) o conteúdo abordado em conjuntos de variáveis do instrumento (dois conjuntos) refere-se a um mesmo construto (no caso, uma habilidade específica); e
c) o desempenho dos sujeitos tende a ser avaliado adequadamente ao longo do tempo.

Ainda no que se refere aos índices de fidedignidade, não é consensual a quantidade de erro aceitável na avaliação realizada por determinado instrumento. Contudo, para os índices padronizados de zero a 1, em geral pautados na correlação, costuma-se considerar como minimamente aceitável o índice de 0,70 (Nunnally, 1978).

Uma vez que o instrumento de avaliação apresente índices dentro do que é aceitável em termos de quantidade de erro, indicando que se está avaliando um construto, é necessário investigar qual é esse construto. Na testagem psicológica, incluindo a neuropsicológica, verificam-se as evidências de que uma dada ferramenta avaliativa de fato mede o que se pretende por meio da adequação das interpretações realizadas às respostas que os sujeitos dão à ferramenta em questão.

O raciocínio subjacente a esse procedimento é que, se o instrumento de fato avalia determinado construto, então as interpretações que o profissional faz das respostas dos sujeitos devem ser adequadas. A propriedade que diz respeito a essa verificação é a validade, que se refere mais às interpretações realizadas do que propriamente ao teste. De fato, o instrumento deve funcionar como uma ponte entre o construto que se pretende avaliar e as interpretações realizadas. Nesse sentido, buscar por evidências de validade refere-se a investigar o quão adequadas são as interpretações realizadas a partir das respostas obtidas em um teste. Cabe ressaltar que existem diversos modos de se buscar evidências de validade para as interpretações realizadas, isto é, diversas fontes de evidências de validade. Na Tabela 5.2 são apresentadas as fontes e sínteses de seus conceitos mais recentes (AERA, APA, & NCME, 1999; Anache, 2011; Primi, Muniz, & Nunes, 2009).

É possível observar que são cinco as fontes de busca por evidências de validade.

> **Altos índices de fidedignidade sugerem que:**
>
> a) as variáveis que compõem o instrumento são consistentes, isto é, há indício de um construto latente subjacente comum a essas variáveis;
> b) o conteúdo abordado em conjuntos de variáveis do instrumento (dois conjuntos) refere-se a um mesmo construto (no caso, uma habilidade específica); e
> c) o desempenho dos sujeitos tende a ser avaliado adequadamente ao longo do tempo.

As evidências com base no conteúdo dizem respeito à verificação de quanto um dado instrumento representa o construto que tende avaliar. Distintamente, as evidências com base na estrutura interna referem-se à investigação empírica da composição dos estímulos que integram um instrumento, considerando o construto que está sendo avaliado. A busca por relações entre as pontuações obtidas em um determinado teste e variáveis externas a este (p. ex., outra ferramenta de avaliação ou características do indivíduo, como idade ou escolaridade) refere-se às evidências com base nas relações com variáveis externas.

Ainda, as evidências com base no processo de resposta dizem respeito à verificação empírica dos processos mentais utilizados pelo avaliado ao responder um instrumento de avaliação específico. Por fim, as evidências com base nas consequências da testagem se referem à investigação do impacto do uso de uma ferramenta de avaliação (ou até mesmo do processo como um todo) na vida das pessoas e, mais amplamente, na sociedade.

Após o acúmulo de evidências demonstrando que o instrumento avalia prioritariamente determinado construto e qual construto é esse, é necessário que se estabeleçam normas para que os respondentes sejam localizados em determinado nível do construto pelo instrumento. Como colocado por Urbina (2007, p. 83),

> [...] independentemente de quantas funções estatísticas forem usadas na testagem psicológica, na análise final o significado dos escores dos testes deriva dos referenciais que usamos para interpretá-los e do contexto no qual eles serão obtidos [...].

A propriedade psicométrica que está relacionada com esse processo é a normatização.

O processo de normatização de uma ferramenta de avaliação diz respeito ao estabelecimento de uma escala de medida que possibilite localizar o sujeito no construto e pode ser realizado com base em distintos referenciais. Tradicionalmente, esse procedimento pode ser realizado

> O processo de normatização de uma ferramenta de avaliação diz respeito ao estabelecimento de uma escala de medida que possibilite localizar o sujeito no construto e pode ser realizado com base em distintos referenciais.

TABELA 5.2
Fontes de evidência de validade

FONTE	CONCEITO
Evidências baseadas no conteúdo	Verificar se o conteúdo utilizado em um instrumento psicológico representa adequadamente o construto que se quer avaliar.
Evidências baseadas na estrutura interna	Verificar empiricamente se a composição teórica de um construto é adequada; ou investigar qual a composição empírica de um construto.
Evidências baseadas nas relações com variáveis externas	Verificar as relações entre um construto (avaliado por um teste psicológico) e outras variáveis; ou verificar a capacidade preditiva de um teste que avalia um construto a partir de variáveis externas.
Evidências baseadas no processo de resposta	Verificar se os processos mentais utilizados pelo respondente de um teste correspondem aos processos especulados teoricamente.
Evidências baseadas nas consequências da testagem	Verificar o impacto do uso da testagem psicológica para a sociedade.

com base em três procedimentos distintos (Cronbach, 1996):

1. referência à norma e
2. referência ao critério, ambas utilizadas com frequência em avaliação psicológica e neuropsicológica, e
3. referência ao conteúdo, geralmente empregada na área educacional.

A referência à norma compara os escores de um indivíduo com aqueles obtidos por um grupo de referência (grupo normativo) e indica a posição relativa desse escore com relação ao grupo. A referência ao critério confere significado ao escore relacionando-o a alguma outra medida que se queira prever, chamada critério externo (Primi, 2004; Urbina, 2007). A referência ao conteúdo é utilizada quando o conjunto de problemas presente no instrumento pode ser considerado uma amostra representativa do universo de problemas de um determinado conteúdo (ou domínio).

Apesar de, na avaliação neuropsicológica, ser comum empregar as referências à norma e ao critério, destaca-se a necessidade de normatizações com referência ao conteúdo. Por exemplo, um teste de leitura, que pode ser usado com indivíduos com transtorno de leitura adquirido ou do desenvolvimento, em vez de simplesmente fornecer normas sobre qual é o desempenho esperado de pessoas em determinada série (referência à norma) ou com determinado diagnóstico (referência ao critério), poderia fornecer referenciais para interpretar quais estratégias de leitura o sujeito utiliza. Para isso, basta que todas as estratégias possíveis estejam adequadamente representadas nos diferentes itens do teste.

A partir do uso desses procedimentos, os manuais dos instrumentos de avaliação apresentam as chamadas tabelas normativas – que servem para consulta – nas quais o profissional transforma a pontuação bruta do indivíduo em uma pontuação padronizada. As tabelas normativas podem ser apresentadas de acordo com o grau de instrução dos sujeitos (p. ex., série escolar) ou de acordo com a faixa etária.

Vale a pena ressaltar que, para diferentes instrumentos, as tabelas normativas irão apresentar dados baseados em distintas perspectivas. Por exemplo, é frequente o uso do percentil, que identifica a localização do sujeito em relação ao grupo normativo em termos de porcentagem (Leite, 2011). Já a pontuação-padrão refere-se à pontuação do sujeito subtraída pela média obtida pelo grupo a que este corresponde; então, multiplica-se o resultado por 15 e acrescenta-se 100. Também os escores Z, T e estanino costumam ser utilizados para transformação dos escores brutos em escores padronizados. No escore Z, a escala numérica tem média igual a zero e desvio-padrão igual a 1; no escore T, a média é igual a 50, e o desvio-padrão, a 10; já o estanino é uma escala que se aproxima do uso do percentil, em que o grupo normativo é ranqueado e, então, agrupado em 10 categorias de acordo com suas pontuações. Independentemente de como foi calculado o dado normativo a partir do bruto, basta que o avaliador identifique na tabela normativa o dado bruto obtido pela pessoa examinada e a correspondente pontuação normativa. A partir disso, o avaliador poderá realizar interpretações com base nas categorias propostas para o instrumento.

Nos parágrafos anteriores foram apresentadas as três principais propriedades psicométricas geralmente conferidas aos instrumentos de avaliação. Contudo, além dessas três, é importante também ressaltar

> Vale a pena ressaltar que, para diferentes instrumentos, as tabelas normativas irão apresentar dados baseados em distintas perspectivas. Por exemplo, é frequente o uso do percentil, que identifica a localização do sujeito em relação ao grupo normativo em termos de porcentagem (Leite, 2011).

um quarto conceito, a padronização, não somente pela sua importância na psicometria e na avaliação de forma geral, mas também pela confusão desse termo com o conceito de normatização.

Em algumas publicações nacionais, é possível notar uma confusão entre o uso dos termos normatização e padronização. De fato, ao se referir à normatização, muitas vezes os autores utilizam o termo padronização, no sentido de estabelecimento de normas para os instrumentos. Porém, a padronização está relacionada com a uniformidade no uso das ferramentas avaliativas e geralmente se refere ao momento da aplicação dos testes. Ou seja, diz respeito ao grupo de regras estabelecidas para determinar como um teste deve ser utilizado e, mais especificamente, aplicado. Por exemplo, se um teste deve ser aplicado de maneira individual, ou se há tempo limite para a execução do teste. É importante apontar que, se um teste for composto por subtestes, cada subteste pode ter suas especificidades quanto à aplicação. Portanto, a padronização diz respeito à maneira como um instrumento de avaliação deve ser utilizado no momento de aplicação.

Apesar da evidente e indiscutível importância dos termos apresentados, entre os quatro citados anteriormente, os que mais aparecem na literatura e mais investigados em relação aos testes neuropsicológicos são as evidências de validade e os índices de fidedignidade.

> A padronização está relacionada com a uniformidade no uso das ferramentas avaliativas e geralmente se refere ao momento da aplicação dos testes. Ou seja, diz respeito ao grupo de regras estabelecidas para determinar como um teste deve ser utilizado e, mais especificamente, aplicado.

CONSIDERAÇÕES FINAIS

Este capítulo teve como objetivo explicitar os principais conceitos da psicometria que possam interessar ao neuropsicólogo. Especificamente, buscou-se apresentar as definições de avaliação neuropsicológica, localizar o paradigma psicométrico em foco e descrever as propriedades psicométricas típicas (fidedignidade, validade e normatização) e também a padronização. Vale ressaltar que este capítulo não pretende esgotar as questões relacionadas aos termos discutidos, apenas fornecer informações básicas que podem ser utilizadas ao longo de todo o livro. Para o leitor interessado em se aprofundar acerca das questões psicométricas relacionadas às ferramentas de avaliação, recomenda-se a leitura de AERA, APA e NCME (1999), Urbina (2007), Primi e colaboradores (2009) e Nunnally (1978).

REFERÊNCIAS

American Educational Research Association, American Psychological Association, Nacional Council on Measurement in Education. (1999). *Standards for educational and psychological testing.* Washington: AERA.

Anache, A. A. (2011). Notas introdutórias sobre os critérios de validação da avaliação psicológica na perspectiva dos direitos humanos. In Conselho Federal de Psicologia. *Ano da avaliação psicológica: Textos geradores.* Brasília: CFP.

Andriola, W. B. (2009). Psicometria moderna: características e tendências. *Estudos em Avaliação Educacional, 20*(43), 319-340.

Ardila, A., & Ostrosky-Solís, F. (1996). *Diagnóstico del daño cerebral: Enfoque neuropsicológico.* Mexico: Trillas.

Bear, M. F., Connors, B. W., & Paradiso, M. A. (2002). *Neurociências: Desvendando o sistema nervoso.* Porto Alegre: Artmed.

Capovilla, F. C. (1998). A reabilitação cognitiva na abordagem de processamento de informação. In F. C. Capovilla, M. J. Gonçalves, & E. C. Macedo (Eds.), *Tecnologia em (re)habilitação cognitiva: Uma perspectiva multidisciplinar* (pp. 33-41). São Paulo: Edunisc.

Cronbach, L. J. (1996). *Fundamentos da testagem psicológica* (5. ed.). São Paulo: Artes Médicas.

Embretson, S. E. (1996). The new rules of measurement. *Psychological Assessment, 8*(4), 341-349.

Gazzaniga, M. S., Ivry, R. B., & Mangun, G. R. (2002). *Cognitive neuroscience: The biology of the mind*. New York: W. W. Norton.

Groth-Marnat, G. (2000). Introduction to neuropsychological assessment. In G. Groth-Marnat (Org.), *Neuropsychological assessment in clinical practice: A guide to test interpretation and integration* (pp. 3-25). New York: John Wiley and Sons.

Kristensen, C. H., Almeida, R. M., & Gomes, W. B. (2001). Desenvolvimento histórico e fundamentos metodológicos da neuropsicologia cognitiva. *Psicologia: Reflexão e Crítica, 14*(2), 259-274.

Leite, O. A. (2011). A medida no exame psicológico: reflexões sobre o significado clínico da medida. In Conselho Federal de Psicologia, *Ano da avaliação psicológica: Textos geradores*. Brasília: CFP.

Lezak, M. D., Howieson, D. B., & Loring, D. W. (2004). *Neuropsychological assessment* (4th ed.). New York: Oxford University.

Mäder, M. J. (1996). Avaliação neuropsicológica: Aspectos históricos e situação atual. *Psicologia: Ciência e Profissão, 16*(3), 12-18.

Nunnally, J. (1978). *Psychometric theory*. New York: McGraw-Hill.

Pasquali, L. (2009). Psicometria. *Revista da Escola de Enfermagem da USP, 43*(Esp), 992-999.

Primi, R. (2004). Avanços na interpretação de escalas com a aplicação da teoria de resposta ao item. *Avaliação Psicológica, 3*(1), 53-58.

Primi, R. (2010). Avaliação psicológica no Brasil: fundamentos, situação atual e direções para o futuro. *Psicologia: Teoria e Pesquisa, 26*(Esp), 25-35.

Primi, R., Muniz, M., & Nunes, C. H. S. S. (2009). Definições contemporâneas de validade de testes psicológicos. In C. S. Hutz (Org.), *Avanços e polêmicas em avaliação psicológica*. São Paulo: Casa do Psicólogo.

Seabra, A. G. S., & Capovilla, F. C. (2009). Uma introdução à avaliação neuropsicológica cognitiva. In A. G. Seabra, & F. C. Capovilla (Orgs.), *Teoria e pesquisa em avaliação neuropsicológica* (2. ed., pp. 9-16). São Paulo: Memnon.

Simões, M. R. (2005). Avaliação neuropsicológica em crianças e adolescentes. In R. Primi (Org.), *Temas em avaliação psicológica* (pp.57-75). Porto Alegre: Casa do Psicólogo.

Tavares, M. (2003). Validade clínica. *PsicoUSF, 8*(2), 125-136.

Urbina, S. (2007). *Fundamentos de testagem psicológica*. Porto Alegre: Artmed.

6

O exame neuropsicológico e os diferentes contextos de aplicação

CANDIDA HELENA PIRES DE CAMARGO
SILVIA ADRIANA PRADO BOLOGNANI
PEDRO FONSECA ZUCCOLO

BREVE HISTÓRIA: O USO TRADICIONAL DA NEUROPSICOLOGIA

As preocupações com o estabelecimento de relações entre o cérebro e o comportamento são muito antigas. Encontram-se descrições com esse tipo de enfoque em papiros do antigo Egito datados de 3500 a.C. Outros indícios são encontrados na cultura asteca, em crânios de pessoas submetidas à trepanação, feita de maneira precisa e coerente, de forma a não deixar dúvida quanto à existência de um racional por trás das cirurgias (Walsh, 1994).

A ideia de que haveria uma relação entre os fenômenos mentais e comportamentais e o funcionamento do cérebro permeou o conhecimento e as práticas médicas em algumas épocas. Porém, desapareceu sob o peso da influência de vários tipos de crenças, o que repercutiu na visão sobre os fenômenos mentais, bem como na prática e no tratamento das doenças (Feinberg & Farah, 1997).

Um novo impulso nessa direção foi provocado pelo ressurgimento da neuropsiquiatria no século XIX (Schiffer & Fogel, 1996), mas foram os estudos sobre indivíduos que sofreram lesões durante as guerras, ou em séries de pacientes com os mesmos distúrbios ou, ainda, com epilepsia, que firmaram a ótica neuropsicológica dentro das ciências relacionadas à cognição, estabelecendo-a como método para mapear lesões e disfunções cerebrais.

Grandes contribuições nesse sentido foram derivadas dos trabalhos de Luria (1966), Ajuriaguerra e Hécaen (1960), Geschwind (1965a, 1965b) e Benton, Hamsler, Varney e Spreen (1983). Um aporte especial foi dado pelos conhecimentos angariados nos programas de pesquisa do Instituto Neurológico de Montreal, por Brenda Milner (1964). Porém, indiscutivelmente, a maior contribuição foi dada por Luria (1966), que, partindo de uma base clínica e experimental, examinou pacientes com lesões cerebrais adquiridas na Segunda Guerra Mundial, no curso de trabalho de reabilitação. Suas observações meticulosas e seus estudos experimentais propiciaram o desenvolvimento de uma teoria das funções cerebrais e um método de investigação extremamente úteis e eficazes para o diagnóstico localizatório e a reabilitação. Causou enorme impacto a publicação do livro que resumia 20 anos de pesquisa no Ocidente (Luria, 1966). Foi essa obra que forneceu as linhas práticas para a avaliação neuropsicológica e norteou a prática clínica de milhares de pessoas pelo mundo, inclusive no Brasil. Ela possibilitou, aqui, a "entronação" definitiva da avaliação neuropsicológica como parte do instrumental para o auxílio ao diagnóstico e ao planejamento cirúrgico para pacientes com doenças neurológicas e neuropsiquiátricas, no início da década de 1970, na Divisão de Neurocirurgia Funcional do Instituto de Psiquiatria do Hospital das

Clínicas da Faculdade de Medicina da Universidade de São Paulo (USP).

O estudo das relações cérebro-comportamento definiu, portanto, o campo da neuropsicologia, e as descobertas e descrições providas por essa abordagem foram validadas pelos métodos de investigação estrutural e funcional nas três últimas décadas (Taylor, 1969). Entretanto, foi justamente o notável aprimoramento dos exames de neuroimagem, permitindo a localização de lesões e disfunções sutis, que mudou o eixo da investigação em neuropsicologia. A avaliação não mais concentra seu interesse na localização, mas no estabelecimento da extensão, do impacto e das consequências cognitivas, comportamentais e na adaptação emocional e social que lesões ou disfunções cerebrais podem promover nas pessoas.

Essa demanda vem sendo sentida nos últimos anos pelos profissionais ligados à educação e à saúde em geral e pelos serviços médicos, que têm se deparado com as crescentes solicitações de diagnóstico e cuidados que excedem o que pode ser feito com base apenas nos métodos da medicina. Já existe o reconhecimento de que algumas doenças têm impacto em várias esferas do funcionamento do indivíduo, atingindo áreas primordiais para sua adaptação, tais como a cognitiva e a conativa. Anteriormente, esse reconhecimento era mais fácil nas doenças de impacto primário sobre o cérebro, como é o caso dos distúrbios neurológicos, mas, nos últimos anos, essa identificação ou suspeita vem se relacionando a outros transtornos psiquiátricos e distúrbios somáticos (Tarter, Edwards, & Van Thiel, 1988; Yudofsky, 1992).

Esse fato não surpreende, considerando-se as relações finas que existem entre o cérebro, os outros órgãos e sistemas e o meio ambiente e reconhecendo-se o papel da modulação do ambiente sobre o funcionamento cerebral. Algumas doenças, mesmo transitórias, podem ter efeito potencialmente adverso no funcionamento neurológico, tais como infecções, traumas, exposição a agentes tóxicos, problemas renais, cardíacos, de fígado e outros. Esses efeitos neurológicos secundários podem afetar a cognição e, consequentemente, a capacidade adaptativa do indivíduo, causando problemas no manejo agudo e em longo prazo, caso não sejam reconhecidos (Tarter et al., 1988).

> A avaliação não mais concentra seu interesse na localização, mas no estabelecimento da extensão, do impacto e das consequências cognitivas, comportamentais e na adaptação emocional e social que lesões ou disfunções cerebrais podem promover nas pessoas.

Os desenvolvimentos científicos no século que se encerrou mostraram, ademais, o vínculo indissociável entre o físico e o mental (Geschwind, 1977; Yudofsky, 1992), e os limites antes rígidos que demarcavam os modelos conceituais das doenças vêm sendo revistos. As evidências apontam para patologias neurológicas em pacientes psiquiátricos, como, por exemplo, lesões frontais, diencefálicas e em outras regiões cerebrais na esquizofrenia (Andreasen et al., 1986) e de patologias psiquiátricas em pacientes neurológicos (Cummings & Trimble, 1995). Como exemplo de sintomatologia psiquiátrica associada a distúrbio primariamente neurológico, pode-se citar a presença expressiva de depressão e, em menor grau, de demência em pacientes com doença de Parkinson (Brown & Marsden, 1984; Mayeux, 1981), depressão após acidente cerebrovascular (Starkstein & Robinson, 1993), psicoses em epilepsia (Trimble, 1991) e abuso de substâncias, entre outras.

As manifestações cognitivo-comportamentais que podem surgir em indivíduos com doenças que atingem primária ou secundariamente o cérebro e, portanto, a cognição podem ter efeito contundente, visível a todos, como é o caso de afasias, agnosias, assomatognosias, *delirium*, delírios e apatias. Porém, elas ainda podem passar despercebidas por serem mais sutis ou por não resultarem diretamente de doença física ou cerebral. Apesar de as sequelas físicas e concomitantes alterações psicológicas das doenças virem atraindo a atenção de clínicos, pesquisadores e público após a divulgação de que muitas doenças são em parte predispostas e sustentadas por fatores psicológicos (Tarter et al., 1988) e apesar de existir uma literatura substancial documentando que transtornos emocionais e psiquiátricos são consequentes a condições médicas comuns (Jefferson & Marshall, 1981; Lishman, 1997), ainda é necessário tornar esses conceitos mais claros e acessíveis a todos.

> Déficits sutis de compreensão, percepção, memória, motivação e alerta para a própria doença podem dificultar o manejo de um quadro pela equipe de profissionais médicos e não médicos e, consequentemente, afetam a adaptação do indivíduo a seu atual estado clínico ou condição e, mais tarde, à vida cotidiana.

Geralmente, é bem aceito que as manifestações cognitivas e comportamentais podem surgir com vários tipos de quadros e que elas dependem das patologias ou disfunções de base, das condições individuais de saúde prévia e dos recursos intelectuais e de personalidade de cada sujeito (Lezak, 1995). Entretanto, apenas mais recentemente tem havido a preocupação com o futuro de indivíduos que sofrem de condições incapacitantes ou que dificultam a adaptação às demandas da vida. Em algumas situações, tais como traumatismo craniencefálico (Mackay, Chapman, & Morgan, 1997) e acidente vascular cerebral (Lishman, 1997), tem havido preocupação com os cuidados críticos e o reconhecimento precoce de déficits, porque eles apresentam impacto importante na evolução, assim como na identificação dos transtornos do desenvolvimento. Embora em outras condições esses fatores não sejam tão bem estudados, a experiência clínica mostra que vários problemas podem ser evitados quando suas causas precisas são identificadas.

Os problemas que se manifestam na cognição e no comportamento podem ocorrer tanto durante o desenvolvimento e serem percebidos apenas na fase escolar ou durante a fase aguda das doenças, enquanto o indivíduo está sob internação, ou, ainda, no decorrer da evolução de uma doença ou de um tratamento. Por exemplo, déficits sutis de compreensão, percepção, memória, motivação e alerta para a própria doença podem dificultar o manejo de um quadro pela equipe de profissionais médicos e não médicos e, consequentemente, afetam a adaptação do indivíduo a seu atual estado clínico ou sua condição e, mais tarde, à vida cotidiana.

É justamente essa preocupação com o impacto e a consequência a longo prazo dos transtornos que está ocupando pesquisadores, clínicos e a própria Organização Mundial da Saúde, que formulou um projeto de revisão da classificação das doenças, considerando, além do diagnóstico, suas consequências (World Health Organization [WHO], 1980, 1997, 2001). As doenças passaram a ser consideradas com seu impacto limitante na vida das pessoas, sob o conceito de *incapacidades*. Esse termo engloba os conceitos de prejuízos, limitações nas atividades e na participação social que uma condição pode acarretar na funcionalidade e na vida prática do indivíduo. Essa revisão e os conceitos subjacentes se aplicam a todos aqueles que desenvolvem ou são portadores de déficits e dificuldades cognitivas e conativas e, por isso, não conseguem se adaptar à vida.

Transtornos e doenças neurológicas e neuropsiquiátricas impõem um fardo pesado aos pacientes e seus familiares. O avanço da medicina que permite resgatar pessoas de condições anteriormente consideradas críticas ou irrecuperáveis, a necessidade de propiciar a inclusão social ou escolar e de prover o julgamento no contexto legal impõem a necessidade de uma forma de diagnóstico e auxílio que contemplem não apenas a identificação das patologias, mas também seu impacto na vida do indivíduo e em seu ambiente tal como é propiciado pela abordagem neuropsicológica. Avaliar o grau de inaptidão ou limitação e de competência para a vida profissional e legal vem sendo cada vez mais considerado, e são várias as razões que contribuem para isso, entre elas o rápido crescimento da população com prejuízos ou limitações. Por exemplo, considerando-se apenas a idade como fator de risco aumentado para várias doenças, é lícito supor que o problema de manejo dessa população cresça muito. No Brasil, estima-se que a população acima de 60 anos deva crescer a uma taxa oito vezes maior do que a população abaixo de 15 anos e cerca de duas vezes maior que a da população total (Ramos, Veras, & Kalache 1987).

O avanço nos conhecimentos científicos e a experiência também têm mostrado a importância da identificação e do diagnóstico precoces de problemas cognitivos/emocionais, porque, embora falhas grosseiras nessas funções possam ser prontamente reconhecidas e toleradas, falhas sutis podem provocar dificuldades na atividade produtiva da criança e do adulto, às vezes com impacto marcante. Problemas de iniciativa, planejamento, compreensão, abstração, orientação, crítica e alerta para si mesmo produzem consequências psicológicas e sociais. Problemas de memória, comuns nos transtornos neuropsiquiátricos, promovem redução na autoestima, insegurança, angústia e sentimento de solidão (Wilkins & Baddeley, 1978).

Na última década, inúmeros estudos vêm mostrando os benefícios da identificação e do diagnóstico precoce de déficits cognitivos e emocionais por meio da avaliação neuropsicológica nos quadros neuropsiquiátricos (Lishman, 1997). A identificação precisa dos componentes deficitários, das forças cognitivas e da personalidade, bem como da forma como se articulam, auxilia as tomadas de decisão e o manejo a curto e longo prazo. Esses aspectos requerem, portanto, a investigação do funcionamento e dos sintomas por meio de uma ampla avaliação que integre dados de várias áreas do conhecimento.

OBJETIVOS DA AVALIAÇÃO NEUROPSICOLÓGICA

A avaliação neuropsicológica tem se mostrado de valor fundamental no auxílio ao trabalho de vários profissionais e serviços, médicos ou não médicos, tendo em vista que propicia um amplo leque de aplicações em diferentes contextos (Camargo, 1997). De maneira geral, entretanto, seja no contexto prático de consultório, hospital ou outro, convém rever o que norteia os pedidos de exame neuropsicológico, o que será feito a seguir.

> A avaliação neuropsicológica tem se mostrado de valor fundamental no auxílio ao trabalho de vários profissionais e serviços, médicos ou não médicos, tendo em vista que propicia um amplo leque de aplicações em diferentes contextos.

1. **Auxílio diagnóstico:** Seja o que for que motiva o pedido, quando o exame é solicitado para fornecer subsídios para a identificação e a delimitação do quadro, a avaliação visa responder uma pergunta que tem a ver com a origem, a natureza ou a dinâmica da condição em estudo. Essa solicitação pode ocorrer na prática clínica de consultórios ou hospitalar. As questões diagnósticas geralmente querem saber *qual* é o problema do paciente e *como* ele se apresenta. Em boa parte das vezes, esse tipo de solicitação indica que há uma dúvida quanto ao diagnóstico ou quanto à extensão dos problemas. Isso implica que seja feito um diagnóstico diferencial entre quadros que têm manifestações muito

semelhantes ou passíveis de serem confundidas, como às vezes pode ocorrer, por exemplo, entre retardo mental leve e transtornos do desenvolvimento/da aprendizagem. A questão subsequente é o *quanto* existe de disfunção, o que implica que as medidas do exame sejam tomadas a partir de um parâmetro, seja ele o funcionamento prévio, a idade ou o nível sociocultural, para mencionar alguns. A área de diagnóstico exige amplos conhecimentos sobre o desenvolvimento normal em todas as faixas etárias, bem como sobre as doenças e os transtornos e seus efeitos sobre a cognição e o comportamento, além do conhecimento sobre efeitos de substâncias e testes neuropsicológicos. Naturalmente, a sensibilidade do exame para fazer esse diferencial depende da escolha precisa dos testes e sobretudo do poder do investigador em identificar as pistas para as hipóteses diagnósticas.

2. **Prognóstico:** A solicitação de subsídios que auxiliem o estabelecimento de prognóstico geralmente ocorre dentro da prática hospitalar, mas também pode dar-se após a alta em condições cronificadas. O diagnóstico está feito, mas se deseja estabelecer o curso da evolução e o impacto que a patologia em questão terá a longo prazo. Certamente, esse tipo de previsão tem a ver com a própria doença ou condição de base da doença ou transtorno; e, quando há lesão, com o lugar, o tamanho e lado no qual se encontra, devendo, nesse caso, ser considerados os efeitos a distância que ela provoca. A idade e a educação do sujeito, o suporte e a compreensão familiar, os recursos pessoais e físicos para reabilitação influem muito na evolução de um caso. Quando se trata de lesão, também é importante levar em conta o momento do exame, pois quanto mais cedo forem detectados os déficits, mais cedo eles serão devidamente abordados.

Em algumas situações, as técnicas de neuroimagem não são adequadas para estabelecer qual será a evolução de um caso. Lesões mais extensas em áreas menos "ruidosas" podem ter impacto menos significativo do que pequenas lesões em áreas cruciais. O fato de a avaliação neuropsicológica se basear em funções cognitivas mais do que em estruturas permite identificar os recursos remanescentes e potenciais após a instauração de um quadro, e isso dá mais subsídios para a formulação do prognóstico. Em determinadas condições, como, por exemplo, epilepsia, a avaliação neuropsicológica pré-operatória permite não só selecionar os casos passíveis de apresentar boa evolução cognitiva e cessação ou diminuição de crises após lobectomia temporal, como também antecipar maus resultados (Chelune, 1991; Crandall, Raush, & Engel, 1987). Os estudos vêm mostrando que quando a avaliação neuropsicológica dá indícios de que as alterações cognitivas são bilaterais, ou quando a integridade funcional do hemisfério contralateral ao foco é baixa, a evolução será negativa. O mesmo ocorre quando há indícios de quociente de inteligência (QI) abaixo de 70, sinalizando comprometimento difuso mais do que focal (Spencer, 1986).

Em psiquiatria, essa utilização do exame é menos difundida, embora possa trazer dados valiosos para a estimativa prévia de quais serão os resultados após determinados tratamentos. Por exemplo, a avaliação neuropsicológica pode ser útil na predição de resultados após tratamentos como eletroconvulsoterapia (ECT). Há estudos mostrando que a probabilidade de desenvolvimento de *delirium* ou confusão mais

> Lesões mais extensas em áreas menos "ruidosas" podem ter impacto menos significativo do que pequenas lesões em áreas cruciais.

prolongada após o tratamento pode estar relacionada à presença de lesões na substância branca (Kellner, Beale, & Pritchett, 1994). Essas alterações podem ser detectadas antes do tratamento como um padrão neuropsicológico lesional de tipo frontal.

> A delineação dos recursos intelectuais e afetivos, assim como das capacidades de atenção, memória, motivação, autorregulação/autocontrole, permite orientar para a psicoterapia mais adequada para o paciente.

Como já mencionado, na maioria das patologias, o estabelecimento do prognóstico está ligado à etiologia. Porém, em algumas circunstâncias, o prognóstico vai depender dos recursos cognitivos e emocionais prévios e remanescentes. A avaliação neuropsicológica pode identificar esses recursos com bastante precisão, mapeando as forças e as fraquezas cognitivas, e, assim, contribuindo para prever o que esperar quanto à evolução do paciente.

3. **Orientação para o tratamento:** Entre os empregos e objetivos da investigação neuropsicológica, este é um dos mais importantes. Ao estabelecer a relação entre o comportamento e o substrato cerebral ou a patologia, a avaliação neuropsicológica não só delimita áreas de disfunção, mas também estabelece as hierarquias e a dinâmica dos transtornos em estudo. Tal delineamento pode contribuir para a escolha ou para mudanças no tratamento medicamentoso ou outros. Por exemplo, nos quadros de déficit de atenção, o tratamento pode ser mais eficaz quando se estabelece qual é o distúrbio principal (se é impulsividade, quadro afetivo ou outro), já que as manifestações comportamentais podem ser semelhantes, independentemente da base do quadro.

A orientação para o tipo de psicoterapia também pode ser estabelecida a partir da avaliação neuropsicológica. Nesse caso, a delineação dos recursos intelectuais e afetivos, assim como das capacidades de atenção, memória, motivação, autorregulação/autocontrole, permite orientar para a psicoterapia mais adequada para o paciente.

4. **Auxílio para planejamento da reabilitação:** Pacientes psiquiátricos, neurológicos e neuropsiquiátricos podem apresentar déficits cognitivos e instrumentais que repercutem na socialização. Por exemplo, problemas de memória ou de planejamento podem dificultar o desempenho acadêmico, profissional e social e ser interpretados como falta de empenho e desinteresse, sobrecarregando o paciente e familiares.

A avaliação neuropsicológica estabelece quais são as forças e as fraquezas cognitivas, provendo, assim, um "mapa" para orientar quais funções devem ser reforçadas ou substituídas por outras. Além disso, permite auxiliar as mudanças nas opções profissionais, acadêmicas e no ambiente familiar, ampliando os recursos cognitivos que possibilitam melhora na qualidade de vida.

5. **Seleção de paciente para técnicas especiais:** Alguns tipos de tratamentos requerem indicações precisas quanto aos sujeitos que se beneficiariam pelo fato de envolverem riscos cognitivos potenciais. Esse é o caso quando se cogita a indicação de tratamento cirúrgico para indivíduos epiléticos. Pacientes com lateralização da linguagem no hemisfério esquerdo sem déficits cognitivos pré-cirúrgicos, que funcionam em alto nível e são submetidos à lobectomia temporal esquerda, têm grande risco de desenvolver dificuldades significativas de linguagem e memória após a cirurgia, mesmo quando ficam livres

das crises (Chelune, 1991). A análise fina de funções permite separar subgrupos de pacientes de uma mesma patologia, possibilitando uma triagem específica de sujeitos para um procedimento ou tratamento com medicamento.

6. **Perícia:** Diferentemente de uma avaliação no contexto clínico, o objetivo da avaliação neuropsicológica no contexto forense não é apenas aferir se um indivíduo apresenta ou não determinada condição ou transtorno e, a partir desses dados, elaborar uma intervenção relevante. Mas auxiliar a tomada de decisão dos profissionais da área do direito em determinada questão legal. Por exemplo, suponha o caso de uma mulher de 28 anos que foi encaminhada para avaliação porque seu pai pretendia suspender o pagamento de pensão, alegando que ela seria capaz de levar uma vida autônoma e prover seus próprios recursos econômicos. O objetivo dessa avaliação era aferir se ela estava realmente capacitada para isso e para se autogerir. Porém, os dados do exame revelaram que, apesar de ela apresentar uma adequação nas maneiras sociais, sendo educada e capaz de se expressar coloquialmente, não tinha as condições necessárias para tomar decisões, fazer planejamentos e se autogerenciar de forma autônoma.

As principais razões para a solicitação da avaliação neuropsicológica foram delineadas. Entretanto, ela cada vez mais tem sido incluída em projetos de pesquisa voltados ao estudo do funcionamento das pessoas, no plano cognitivo e afetivo, sob vários tipos de condições. Isso porque a neuropsicologia oferece um instrumental valioso em pesquisa, formulando ou testando hipóteses, aferindo tratamentos ou medindo mudanças comportamentais. Ao estabelecer a linha de base pré-tratamento e a evolução após intervenções por meio de medidas objetivas, a avaliação neuropsicológica fornece parâmetros para o julgamento da eficácia terapêutica. Além disso, por se basear na relação cérebro/comportamento, se presta a correlações com outros métodos de estudo do funcionamento e constituição humanas, tais como os métodos de imagem estrutural ou funcional. Isso contribui para que o objetivo máximo quando se trata de pesquisa seja cumprido, ou seja, para ampliar os modelos conhecidos da relação cérebro/mente ou cérebro/comportamento. Isso se torna possível quando se faz a integração da técnica psicopatológica/neurológica com a metodologia neuropsicológica.

> Ao estabelecer a linha de base pré-tratamento e a evolução após intervenções por meio de medidas objetivas, a avaliação neuropsicológica fornece parâmetros para o julgamento da eficácia terapêutica.

Esses são os principais motivos de demanda para a avaliação neuropsicológica, mas as possibilidades são múltiplas. Conforme ela se processa com testes quantificáveis específicos e que investigam amplamente o funcionamento, permite estabelecer se há distúrbio ou déficit, se eles têm relação com a doença e se esta é sugestiva de um transtorno não diagnosticado no presente. Ela estabelece quais funções, áreas ou sistemas cerebrais podem estar envolvidos e quais hipóteses diagnósticas podem ser feitas a partir do exame.

Como se pode ver, a avaliação neuropsicológica pode contribuir para o entendimento e o manejo de quadros tão diversos envolvendo os trantornos do desenvolvimento, quadros neurológicos, mnifestações psiquiátricas e mesmo doenças que afetam secundariamente o sistema nervoso central (SNC). Para efeitos de melhor ilustração, serão consideradas, a seguir, algumas das principais condições em que há demanda para avaliação e quais são as questões formuladas com maior frequência.

INDICAÇÕES DA AVALIAÇÃO NEUROPSICOLÓGICA

Pela própria natureza das patologias e do impacto que elas podem causar, as condições nas quais ocorreram prejuízos ou modificações cognitivas, afetivas e sociais, devido a eventos que atingiram primária ou secundariamente o SNC, são as que demandam avaliação neuropsicológica (ANP) com mais frequência. Nessa categoria estão incluídos traumatismos craniencefálicos (TCEs), tumores cerebrais (Tus), epilepsias, acidentes vasculares cerebrais (AVCs), demências, distúrbios tóxicos, doenças endócrinas ou distúrbios metabólicos, deficiências vitamínicas e outros. A revisão dos efeitos cognitivos de todas essas patologias foge ao escopo deste capítulo, podendo o leitor consultar Tarter e colaboradores (1988) e Lishman (1997). Entretanto, vale a pena ilustrar alguns dos referimentos mais frequentes.

Em TCEs, há os casos em que as sequelas não são aparentes, mas o indivíduo não consegue mais retomar a escola, o trabalho ou a vida social no nível prévio. Em vários desses casos, os exames neurorradiológicos podem não mostrar anormalidades significativas, presentes, entretanto, nas avaliações neuropsicológicas (Ponsford, 1995).

Outra indicação em TCE ocorre quando as sequelas são visíveis, mas há necessidade de que sejam estabelecidas mudanças na vida da pessoa (acadêmicas ou ocupacionais), tendo em vista que ela não poderá mais se desincumbir no nível prévio, seja no período imediato após o evento ou em longo prazo. A avaliação neuropsicológica também é indicada quando há deterioração mental ou comportamental após um período de estabilidade, ou quando há mudanças no comportamento e aparecimento de quadro psicótico. Por exemplo, tomemos o caso de um jovem de 17 anos encaminhado pela escola devido a mudanças no comportamento há três meses. Ele sofrera TCE há seis anos, ficando em coma por três meses, recobrando a consciência com déficits graves. Esteve em reabilitação contínua, mas jamais recobrou movimentação independente (em parte devido à ataxia grave), nem a memória para novas informações. Porém, seu comportamento social e afetivo continuou apropriado, mantendo as características prévias ao acidente de ser bem-humorado, piadista, um "ator". Ele ficou estável até dois meses antes do referimento, quando os professores notaram que, quando não falavam diretamente com ele, gesticulava, tinha solilóquios, ria sem motivo, tinha reações agressivas e sarcásticas, e masturbava-se em público. Nesse caso, o diagnóstico diferencial entre demência, psicose ou outros se impunha, além de se fazer necessária uma orientação para a família e para a escola quanto aos passos seguintes a serem tomados, bem como o fornecimento de um plano para o tratamento. O exame mostrou comprometimento grave do nível de alerta e da atenção como déficits primários, comprometendo o comportamento e as funções remanescentes, sendo levantada hipótese de possível hidrocefalia, tendo em vista os indícios de alterações na neurodinâmica corticossubcortical.

Outra condição de impacto primário em que há demanda expressiva para exame é a presença de Tu, porque ele pode ter, como início ou no decorrer da evolução, apenas sintomas mentais, não sendo incomum que os pacientes procurem primeiro uma avaliação psiquiátrica ou tratamento psicológico.

Naturalmente, exames por neuroimagem podem detectar a localização e a natureza do tumor, mas nem sempre esses testes

> A avaliação neuropsicológica também é indicada quando há deterioração mental ou comportamental após um período de estabilidade, ou quando há mudanças no comportamento e aparecimento de quadro psicótico.

são solicitados, especialmente quando, em primeiro lugar, são os profissionais não médicos a serem procurados pelos pacientes. Os aspectos que podem suscitar o referimento são aparecimento de déficits cognitivos em indivíduos sem fatores de risco ou antecedentes que os justifiquem; aparecimento de quadro psiquiátrico florido em personalidade prévia normal; intensificação de um quadro psiquiátrico sem resposta à medicação; e oscilações bruscas de humor e comportamento (Lishman, 1997).

Outros aspectos importantes para referimento em Tus dizem respeito a questões relacionadas ao impacto cognitivo pós-operatório, à necessidade de se estabelecer um plano para a intervenção cirúrgica ou, ainda, à necessidade de se conhecer a dominância cerebral para linguagem – essa informação pode ser utilizada tanto para conduzir a intervenção em hemisfério dominante como para esclarecer o paciente quanto ao possível impacto cognitivo dela no pós-operatório. Esse foi o caso de um senhor de 61 anos, canhoto, que dois meses antes apresentara episódios súbitos e leves de arrepio pelo corpo, piloereção, sudorese e desconforto abdominal, que se repetiram algumas vezes. A ressonância magnética (RMN) mostrou processo expansivo temporomesial direito e sinais discretos de anomalias atribuíveis a doenças de pequenos vasos. Previamente ele fora uma pessoa hiperativa, bem-humorada, infatigável e, desde o início do quadro, não saía mais da cama e exigia continuamente a presença da esposa. Ele também piorou quanto a pequenas falhas na orientação espacial, na memória topográfica e para achar palavras. As questões levantadas pelo médico eram se a dominância cerebral para a linguagem se situava em hemisfério esquerdo ou direito e se os déficits estavam circunscritos à área temporal direita. Além disso, o próprio paciente desejava saber também que tipos de problemas poderiam ocorrer após a cirurgia. O exame mostrou alto grau de preservação nas provas verbais, em contraposição a importante redução nas não verbais, sendo compatível com a RMN, sugerindo a dominância da linguagem no hemisfério esquerdo. O paciente foi orientado quanto aos déficits de memória visual e percepção espacial que poderiam persistir após a cirurgia, sendo encaminhado para reabilitação neuropsicológica após a intervenção.

Em epilepsia, a avaliação neuropsicológica é um método consagrado de auxílio ao diagnóstico localizatório e é mandatória na avaliação pré-cirúrgica. Mais de meio século de pesquisa correlacionando achados neuropsicológicos com áreas específicas de lesão ou disfunção atestam a eficácia desse exame. Além do papel localizatório contribuindo para resolver casos em que há contradição entre os achados da RMN e do eletrencefalograma (EEG), a avaliação diferencia entre déficits cognitivos funcionais ou lesionais, identifica a causa subjacente às falhas de memória, se decorrentes de descargas subclínicas, lesão ou medicação (Camargo, Riva, Radvany, & Marino, 1979), além de monitorar benefícios ou efeitos de medicamentos.

Em cirurgia de epilepsia temporal, alguns dos aspectos decisivos para a indicação e consideração dos possíveis benefícios se referem à lateralidade da linguagem e à integridade da memória contralateral à área que vai ser operada. Esses aspectos são identificados em avanço pelo exame neuropsicológico e confirmados pela realização de provas específicas durante o teste do Amital ou prova de Wada (Jones-Gotman, 1996).

A avaliação neuropsicológica também tem um papel de destaque em demência, não apenas pelo fato de os critérios diagnósticos exigirem comprovação de déficits cognitivos por testes (Caramelli & Nitrini, 1997), mas para fornecer parâmetros para comparações evolutivas e de resposta a medicamentos. Em demência, é extremamente importante oferecer orientação à família sobre a doença e o funcionamento cognitivo ao longo da evolução (Scazufca, 2000), e a testagem em intervalos sucessivos pode prover essas informações. Outra questão importante reside na avaliação do *status* cognitivo para fins práticos e legais. Muitos idosos vivem sozinhos, sendo necessário, em alguns casos, definir a competência funcional para manejo da vida diária e legal, como, por exemplo, lidar com operações bancárias ou de outra ordem. O emprego da avaliação neuropsicológica em demência é extenso. Para revisão mais ampla, o leitor poderá consultar Forlenza e Caramelli (2000) e Bottino, Laks e Blay (2006).

Seria impossível revisar todas as outras inúmeras condições em que o cérebro é primariamente atingido, causando impacto na cognição e, portanto, na adaptação. O leitor poderá recorrer a Yudofsky (1992), Schiffer e Fogel (1996), Lishman (1997), Tarter e colaboradores (1988) e Lezak (1995), entre outros.

Outra fonte de demanda para avaliação é constituída por aquelas condições em que os recursos cognitivos e adaptativos não são suficientes para o manejo da vida prática acadêmica, profissional ou social, pelo fato de os indivíduos apresentarem formas de organização de suas funções mentais diferentes ou discrepantes do habitual. Nessa categoria estão incluídos, entre outros, os transtornos específicos do desenvolvimento, os transtornos globais do desenvolvimento, o retardo mental e até mesmo quadros de transtornos da personalidade, em que pode haver uma contribuição significativa de déficits cognitivos em áreas fundamentais para a adaptação social.

De modo particular, os transtornos específicos do desenvolvimento são responsáveis pelo referimento de inúmeros casos devido aos problemas de adaptação acadêmica, ocupacional e social que eles causam tanto na infância como na adolescência e na vida adulta. O diagnóstico preciso nesses casos é de fundamental importância, tendo em vista que o impacto negativo de enganos no diagnóstico podem impedir a remediação apropriada e causar enorme atribulação na vida do sujeito e das famílias. Por exemplo, até a década de 1970 era comum atribuírem-se os problemas de adaptação à escola, fossem comportamentais ou cognitivos, a causas emocionais. Esse viés no diagnóstico levou gerações de crianças a tratamentos que não eram os mais apropriados para casos de dislexia, déficit de atenção, déficits no desenvolvimento da linguagem ou das habilidades não verbais. Tendo em vista que esses transtornos que se apresentam pela primeira vez na infância se prolongam na vida adulta às vezes de forma muito contundente, é imprescindível que se distingam o déficit principal e os defeitos secundários subjacentes a uma queixa na adaptação acadêmica, social ou profissional.

Apesar da grande demanda para diagnóstico diferencial, por exemplo, entre transtorno de déficit de atenção e dislexia, outra utilização importante da ANP reside na orientação aos tratamentos desses quadros e no mapeamento da resposta cognitiva às intervenções. Muitas condições apresentam sintomatologia e manifestações comportamentais que podem ser bastante semelhantes, como é o caso do transtorno de déficit de atenção/hiperatividade (TDAH) e do transtorno bipolar (TB) na infância e na adolescência. Entretanto, os tratamentos medicamentosos e os tipos de terapia ou treinos indicados em cada caso

> Tendo em vista que esses transtornos que se apresentam pela primeira vez na infância se prolongam na vida adulta às vezes de forma muito contundente, é imprescindível que se distingam o déficit principal e os defeitos secundários subjacentes a uma queixa na adaptação acadêmica, social ou profissional.

são bastante diferentes, e os dados fornecidos na ANP são de grande valor, tendo em vista os perfis cognitivos e de personalidade distintos em cada caso. Apesar de as descrições da literatura em ambos os transtornos assinalarem uma "disfunção executiva" em ambas as situações, os componentes e a hierarquia das disfunções são diferentes. O déficit da motivação como problema central no TDAH leva à impersistência da atenção, enquanto no TB o problema de atenção é secundário à aceleração do pensamento. Um exemplo de diagnóstico diferencial deu-se com um menino de 7 anos, referido para avaliação por dificuldades comportamentais e no rendimento escolar. Tinha dificuldade para ficar atento às atividades, brincava durante as aulas e sempre quebrava regras. Não parava quieto mesmo em casa, provocava os colegas e o irmão, e sua mãe o descrevia como "um turbilhão". Em contrapartida, quando era cobrado sobre seu desempenho, dizia que era "burro", que nunca ia melhorar e que queria morrer. Na avaliação, tinha frequentes erros por dificuldades de modular a atenção e conter a agitação psicomotora. Esquivava-se sistematicamente das tarefas dependentes de habilidades visuomotoras e visuoespaciais, pois encontrava dificuldades nessa esfera, em contraponto ao excelente desempenho verbal. Mostrou, ainda, facilidade na explicitação de regras e condutas sociais apropriadas quando deveria falar sobre elas, mas teve dificuldades para organizar cartões temáticos que formavam histórias envolvendo contextos e relações sociais implícitas e não verbais. A avaliação dos aspectos afetivo-emocionais revelou insegurança com relação ao ambiente, percebido como hostil, em especial ante seu fracasso. Este, na vida real, relacionava-se principalmente a atividades escolares fundamentais, tais como cópia do quadro-negro e escrita. Concluiu-se que a excitação mental e física, na presença de elevação do humor, contribuía para a falta de inibição e atitudes inadequadas, apesar de seu conhecimento das regras. Diante dos achados, o diagnóstico de TB associado a quadro de transtorno do desenvolvimento não verbal orientou a conduta médica para escolha do medicamento e tipo de reabilitação.

A ANP pode fornecer dados extremamente importantes que permitem diferenciar entre quadros de difícil separação, como é o caso em alguns dos transtornos pervasivos do desenvolvimento, como a síndrome de Asperger e os transtornos da aprendizagem não verbal. O seguinte caso foi encaminhado para avaliação de uma "dificuldade verbal". O motivo de preocupação dos pais era a falta de assertividade do filho de 27 anos no trato com os empregados do negócio que ele dirigia. Ele já havia sido diagnosticado previamente como tendo transtorno de déficit de atenção sem hiperatividade. De acordo com os pais, o problema se devia ao fato de ele falar mal desde pequeno, ser um pouco gago e muito inibido. Ele começou a falar aos 3 anos e sempre falou pouco. Estudou sempre na mesma escola, com aproveitamento médio e auxílio de professores particulares, embora tivesse inteligência normal e habilidades instrumentais suficientemente desenvolvidas. Concluiu curso superior, mas não conseguia trabalhar na profissão, razão pela qual a família abriu um negócio para que ele cuidasse. Socialmente, tinha pouquíssimos amigos, que eram da época do ensino fundamental. No exame, ficaram evidentes características físicas sindrômicas, além de um padrão neuropsicológico de intensas dificuldades na área não verbal, especialmente na desenvoltura motora, na capacidade de planejamento e na habilidade para exprimir, mas não para reconhecer, prosódias, além de baixa memória para cenas e reconhecimento de faces. O perfil encontrado, de prejuízos em hemisfério não dominante e com impacto contundente nas habilidades sociais, era compatível com diagnóstico de transtorno específico do desenvolvimento não verbal. Foi traçado um plano de reabilitação neuropsicológica que incluiu mudança de atividade e treino ecológico das habilidades sociais.

O outro caso também ilustra a dificuldade diagnóstica nos transtornos do desenvolvimento. Tratava-se de jovem de 21 anos, cursando ensino superior, encaminhado pelo psiquiatra para averiguar o porquê da significativa dificuldade na adaptação social. Apesar de extremamente inteligente, conforme estudo prévio, e bem-sucedido do ponto de vista acadêmico, ele não conseguia manter amigos, era inoportuno, "egoísta" e queria mudar o foco das atividades com muita frequência. O exame mostrou uma sutil diferença na velocidade de processamento entre tarefas verbais e não verbais e maior dificuldade nestas últimas, embora os resultados nas várias funções avaliadas fossem excepcionalmente altos. Ele era meticuloso, perfeccionista, "arrastando" a *performance*. Embora ficasse evidente que não tinha dificuldades, ele exibia notável falta de crítica no comportamento social e, em contraste com as demais habilidades, saiu-se muito mal nas provas que avaliavam capacidade de leitura socioemocional e no entendimento de expressões metafóricas ou piadas. Essas características aliadas à irrequietude permitiam entender a longa história de dificuldades na adaptação social. Em seu caso, o perfil neuropsicológico e os dados do exame de personalidade eram muito sugestivos de síndrome de Asperger.

Ainda considerando os quadros de transtornos pervasivos do desenvolvimento, tais como autismo, as questões que levam à avaliação referem-se normalmente tanto a dúvidas diagnósticas como a uma delimitação ou um mapeamento dos déficits e das forças cognitivas para se prover orientação para a escola, a profissão, a família e o tipo de terapia.

> Uma outra fonte de referimento para a avaliação é oriunda de condições que são geradas ou associadas à desregulação bioquímica ou elétrica do cérebro ou decorrentes de fatores etiológicos desconhecidos, como é o caso das epilepsias sem causa conhecida.

Uma outra fonte de referimento para a avaliação é oriunda de condições que são geradas ou associadas à desregulação bioquímica ou elétrica do cérebro ou decorrentes de fatores etiológicos desconhecidos, como é o caso das epilepsias sem causa conhecida. A ANP pode ser extremamente útil no diagnóstico diferencial entre síndrome de Landau-Kleffner, afasia ou psicose, tendo em vista que esta é uma condição que ocorre em crianças de idade escolar ou menores, em que os sintomas iniciais de hiperatividade ou agitação ainda não se acompanham de déficits tão contundentes na esfera da linguagem. Até o ponto de a linguagem desaparecer completamente ou quase, o quadro dá ensejo a muita confusão diagnóstica. O diagnóstico diferencial é, portanto, extremamente importante, pois permite evidenciar o quadro afásico sem que haja comprometimento proporcional em outras esferas da cognição.

Este último grupo de condições inclui também alguns dos transtornos psiquiátricos, especialmente os do humor que cursam com déficits cognitivos. Em muitos casos, sobretudo quando ocorrem em idade mais avançada, impõe-se a necessidade de um diagnóstico diferencial, em especial quando não há resposta à medicação ou quando o humor melhora e as queixas cognitivas persistem, seja por parte do paciente, seja por parte da família.

Como se pode inferir do exposto, a avaliação neuropsicológica pode angariar de escolas, outros profissionais e família, dados de interesse para manejo geral de casos tanto na prática privada como na hospitalar, durante uma doença ou condição e ao longo de sua evolução. Esse serviço de diagnóstico complementar pode estabelecer, assim, as bases para intervenções ambulatórias no período crítico de uma internação e pós-crítico, constituindo um grande auxílio para a compreensão dos quadros e, em muitas circunstâncias, fornecendo o contexto inicial da reabilitação ou habilitação funcional.

INTERNAÇÃO HOSPITALAR NO PERÍODO CRÍTICO DE UMA DOENÇA

As internações hospitalares ocorrem em situações de crise e representam, em algumas circunstâncias, um momento de perigo que é inerente ao evento em si mesmo e às incertezas quanto à evolução. Porém, elas também oferecem a oportunidade de prover aos indivíduos e famílias uma abertura para lidar de forma apropriada com os aspectos e fardos que certas doenças acarretam.

Em alguns casos, nesse período, a intervenção de uma equipe de reabilitação pode ser crucial na adesão ao tratamento agudo e pós-agudo, promovendo:

- informações para os clínicos, a enfermagem e outros profissionais sobre as condições cognitivas/emocionais e as necessidades dos pacientes.
- informações educativas para o paciente e sua família.
- suporte psicológico.

No período que se segue à alta hospitalar, a equipe pode auxiliar na transição do hospital ao domicílio, oferecendo desde as primeiras orientações de manejo do paciente a possíveis alterações no ambiente domiciliar, e estender o atendimento, em um programa de reabilitação neuropsicológica orientada em sistema ambulatorial ou domiciliar.

AVALIAÇÃO NEUROPSICOLÓGICA PARA PROGRAMAR A REABILITAÇÃO E HABILITAÇÃO COGNITIVA E FUNCIONAL

Hoje em dia, milhares de pessoas são afetadas por ocorrências que atingem o cérebro primária ou secundariamente e, em consequência, podem ter sua vida afetada. Nos Estados Unidos, a cada ano, 2 milhões de indivíduos são vítimas de acidentes que causam lesões cerebrais (Stein, Brailowsky, & Will, 1995), com os sobreviventes apresentando problemas que constituem uma "epidemia silenciosa", cujos cuidados a longo termo custam anualmente 25 bilhões de dólares.

Em parte, a crença corrente entre os profissionais da saúde de que nada ou pouco pode ser feito para reparar danos cerebrais pode contribuir para esses custos. Nesse sentido, os cuidados iniciais podem ser críticos para preservar e proteger as funções cerebrais e impedir danos cerebrais futuros e desabilidades permanentes (Stein et al., 1995).

Muitos pacientes podem melhorar sem tratamento especial. Entretanto, benefícios de intervenções reabilitativas precoces vêm sendo apontados com base nos cuidados necessários quanto aos aspectos físicos, funcionais, de linguagem, entre outros, até treino e educação dos familiares e outras pessoas que lidam com o paciente (Mackay, Bernstein, Chapman, & Morgan, 1992).

Pacientes neuropsiquiátricos apresentam dificuldades em sua adaptação prática, que decorrem dos déficits associados às suas doenças de base. Essas dificuldades podem incluir coisas tão elementares como cooperar nos cuidados, manejar utensílios e aparelhos e programar ou obedecer à rotina de uso de medicamentos e terapias.

A equipe de reabilitação pode prover uma avaliação funcional que auxilie o paciente em seus déficits, treinando-o e engajando-o em atividades práticas no próprio leito ou aposento, contribuindo para reduzir os sentimentos de impotência e incerteza.

A ANP vai mapear os déficits, os recursos e as estratégias que o paciente está utilizando ou poderá desenvolver. Dessa forma, os dados obtidos possibilitarão a escolha das metas, como, por exemplo, reparar os danos ou contornar os déficits. Ela também vai propiciar a escolha dos métodos que serão utilizados. Dependendo do mapeamento, opta-se por restaurar a função perdida por meio de prática e retreino, ou compensá-la com a utilização de suportes externos, tais como agendas e alarmes, ou, ainda, otimizando funções residuais do hemisfério mais preservado.

Pacientes que iniciaram o programa de reabilitação imediatamente após sofrer dano cerebral mostraram um melhor desempenho em áreas cognitivas específicas no momento da alta do que indivíduos semelhantes que ingressaram em programa de reabilitação três semanas após sofrer dano cerebral (Mackay, Calogero, & Morgan, 1997).

São diversos os relatos da eficácia de um programa de reabilitação neuropsicológica estruturado, entre os quais podemos destacar o trabalho de Johnston (1991), que, em um estudo realizado com 82 pacientes, comprovou que 50% da melhora dos déficits foi devida não à remissão espontânea, mas ao tratamento orientado. Observou-se também uma melhora da atividade produtiva em 81% dos casos, contra 16,5% sem alterações e 2,5% com piora.

Em estudo realizado por Cope, Cole, Hall e Barkan (1991) englobando 173 pacientes, observaram-se alguns resultados impressionantes a partir do trabalho em reabilitação com duração de 24 meses. Entre eles, destacam-se os seguintes: um aumento de 50% de pacientes que voltaram a morar em suas casas; elevação de 5,6 para 34,5% do número de pacientes que desempenhavam atividades profissionalmente competitivas; e diminuição para menos de um terço dos pacientes (de 92,3 para 27,6%) que continuavam a ser improdutivos. Com relação ao tratamento, multiplicou-se por três (chegando quase a 80% do total de casos) o número de pacientes independentes 24 horas por dia; diminuiu de 32,6 para 13,8% o número de pacientes que continuavam necessitando de cuidados intensivos; e houve uma redução média de 10,2 horas para 3,8 horas de cuidados diários.

Como consequência das melhoras obtidas com o tratamento, economizou-se por paciente em média o seguinte: naqueles com grau leve de gravidade, US$ 2.996; com grau moderado de gravidade, US$ 14.365; e em casos graves, US$ 41.288 por ano (Cope et al., 1991). Com isso, observamos que a abordagem adequada dos sintoma cognitivos tem efeitos positivos não apenas no âmbito pessoal e familiar, mas também diminui o impacto econômico provocado pela incapacitação.

Conforme dito, o crescimento da população de indivíduos com déficits coloca uma demanda de atendimento para os serviços de saúde. Essa demanda inclui desde o mapeamento dos problemas e sequelas, dando suporte às equipes médicas e auxiliares, o esclarecimento a ser prestado ao paciente e à família, até as orientações e os tratamentos de reabilitação a serem oferecidos. Nesse sentido, a avaliação neuropsicológica tem papel fundamental na orientação dos trabalhos realizados por equipes multiprofissionais, constituídas por profissionais da reabilitação.

AGRADECIMENTOS

À neuropsicóloga Carla Garcia Cid, por sua inestimável contribuição na elaboração deste capítulo.

REFERÊNCIAS

Ajuriaguerra, J., & Hécaen, H. (1960). *Le cortex cerebral.* (2ème ed.). Paris: Masson.

Andreasen, N., Nasrallah, H. A., Dunn, V., Olson, S. C., Grove, W. M., Ehrhardt, J. C., ... Crossett, J. H. W. (1986). Structural abnormalities in the frontal system in schizophrenia: A magnetic resonance imaging study. *Archives of General Psychiatry, 43*(2), 136-144.

Benton, A. L., Hamsler, K. de S., Varney, N. R., & Spreen, O. (1983). *Contributions to neuropsychological assessment: A clinical manual.* New York: Oxford University.

Bottino, C. M. C., Laks, J., & Blay, S. L. (2006). *Demência e transtornos cognitivos em idosos.* Rio de Janeiro: Guanabara Koogan.

Brown, R. G., & Marsden, C. D. (1984). How common is dementia in Parkinson's disease? *Lancet, 2*(8414), 1262-1265.

Camargo, C. H. P. (1997). *Objetivos e indicações da avaliação neuropsicológica.* Anais do Simpósio Psiquiatria no século XXI. São Paulo.

Camargo, C. H. P., Riva, D., Radvany, J., & Marino Jr, R. (1979). Cognitive disfunction and the psychiatric effects of epilepsy surgery. In E. R. Hitchcok (Ed.), *Development in psychiatry.* Amsterdam: Elsevier North Holland Biomedical.

Caramelli, P., & Nitrini, R. (1997). Conduta diagnóstica em demência. In O. V. Forlenza, & O. P. Almeida (Eds.), *Depressão e demência no idoso.* São Paulo: Lemos.

Chelune, G. J. (1991). Using neuropsychological data to forecast postsurgical cognitive outcome. In H. O. Lüders (Ed.), *Epilepsy surgery.* New York: Raven.

Cope, D. N., Cole, J. R., Hall, K. M., & Barkan, H. (1991). Brain injury: Analysis of outcomes in a post-acute rehabilitation system. Part 1: General analysis. *Brain Injury, 5*(2), 111-125.

Crandall, P. H., Raush, R., & Engel, J. Jr. (1987). Pre-operative indicators for optimal surgical outcome for temporal lobe epilepsy. In H. G. Wieser, & C. E. Elger (Eds.), *Presurgical evaluation of epileptics.* Berlin: Spring.

Cummings, J. L., & Trimble, M. R. (1995). *Concise guide to neuropsychiatric and behavioral neurology.* Washington: American Psychiatry.

Feinberg, T. E., & Farah, M. J. (1997) The development of modern behavioral neurology and neuropsychology. In T. E. Feinberg, & M. J. Farah (Eds.), *Behavioral neurology and neuropsychology.* New York: McGraw-Hill.

Forlenza, O. V., & Caramelli, P. (2000). *Neuropsiquiatria geriátrica.* São Paulo: Atheneu.

Geschwind, N. (1965a). Disconnexion syndromes in animals and man. *Brain, 88*(2), 237-294.

Geschwind, N. (1965b). Disconnexion syndromes in animals and man. *Brain, 88*(3), 585-644.

Geschwind, N. (1977). Os limites entre a neurologia e a psiquiatria: Alguns conceitos errôneos comuns. In E. F. Benson, & D. Blumer (Eds.), *Aspectos psiquiátricos das doenças neurológicas.* São Paulo: Manole.

Jefferson, J., & Marshall, J. (1981). *Neuropsychiatric features of medical disease.* New York: Plenum Medical.

Johnston, M. V. (1991). Outcomes of community reentry programmes for brain injury survivors: Further investigations. *Brain Injury, 5,* 155-168.

Jones-Gotman, M. (1996). Psychological evaluation for epilepsy surgery. In S. Sharnon, D. Dreifuss, D. Fish, & D. Thomas (Eds.), *The treatment of epilepsy.* London: Blackwell Science.

Kellner, C. H., Beale, M. D., & Pritchett, J. T. (1994). Onset of the antidepressant effect of ECT. *British Journal of Psychiatry, 164*(4), 565-566.

Lezak, M. D. (1995). *Neuropsychological assessment* (3rd ed.). New York: Oxford University.

Lishman, W. A. L. (1997). *Organic psychiatri: The psychological consequences of cerebral disorder* (3rd ed.). London: Blackwell Science.

Luria, A. R. (1966). *Higher cortical functions in man.* New York: Basic Books.

Mackay, L. E., Bernstein B. A., Chapman, P. E., & Morgan A. S. (1992). Early intervention in severe head injury: Long-term benefits of a formalized program. *Archives of Physical Medicine and Rehabilitation, 73*(7), 635-641.

Mackay, L. E., Calogero, J., & Morgan, A. S. (1997). The benefits of combining rehabilitation with critical care: Future focus in therapy and medications. In L. E. Mackay, P. E. Chapman, & A. S. Morgan (Eds.), *Maximizing brain injury recovery: Integrating critical care and early rehabilitation.* Maryland: Aspen.

Mackay, L. E., Chapman, P. E., & Morgan, A. S. (1997). *Maximizing brain injury recovery.* Maryland: Aspen.

Mayeux, R. (1981). Depression and dementia in Parkinson's disease. In C. D. Marsden, & S. Fahn (Eds.), *Neurology 2: Movement disorders.* London: Butterworth.

Milner, B. (1964). Some effects of frontal lobectomy in man. In J. M. Warren, K. Albert (Eds.), *The frontal granular cortex and behavior*. New York: McGraw-Hill.

Ponsford, J. (1995). Mechanisms, recovery, and sequelae of traumatic brain injury: A foundation for the REAL approach. In J. Ponsford, S. Sloan, & P. Snow (Eds.), *Traumatic brain injury rehabilitation for everyday adaptative living*. Hove: Lawrence Erlbaum.

Ramos, L. R., Veras, R. P., & Kalache, A. (1987). Envelhecimento populacional: Uma realidade brasileira. *Revista de Saúde Pública, 21*(3), 211-224.

Scazufca, M. (2000). Impacto nos cuidadores de idosos com demência e suas implicações para os serviços de saúde. In O. V. Forlenza, & P. Caramelli (Eds.), *Neuropsiquiatria geriátrica*. São Paulo: Atheneu.

Schiffer, R. B., & Fogel, B. S. (1996). Evolution of neuropsychiatric ideas in the United States and United Kingdom: 1800-2000. In B. S. Jogel, R. B. Schiffer, & S. M. Rao (Eds.), *Neuropsychiatry*. Baltimore: Willim & Wilkins.

Spencer, S. S. (1986). Surgical options for uncontrolled epilepsy. In R. J. Porter, & W. H. Theodore (Eds.), *Neurologic clinics*. Philadelphia: Saunders.

Starkstein, S. E., & Robinson, R. G. (1993). Depression in cerebrovascular disease. In E. S. Strakstein, & R. Robinson, R. (Eds.), *Depression in neurologic disease*. Baltimore: The Johns Hopkins University.

Stein, D. G., Brailowsky, S., & Will, B. (1995). *Brain repair*. New York: Oxford University.

Tarter, R. E., Edwards, K. L., & Van Thiel, D. H. (1988). Perspective and rationale for neuropsychological assessment of medical disease. In R. Tarter, D. Van Thiel, & K. Edwards (Eds.), *Medical neuropsychology*. London: Plenum.

Taylor, L. B. (1969). Localization of cerebral lesions by psychological testing. *Clinical Neurosurgery, 16*, 265-287.

Trimble, M. R. (1991). Interictal psychoses of epilepsy. In D. B. Smith, D. M. Treiman, & M. R. Trimble (Eds.), *Advances in neurology: Neurobehavioral problems in epilepsy* (vol. 55). New York: Raven.

Walsh, K. (1994). *Neuropsychology: A clinical aproach*. Edimburg: Churchill Livingstone.

Wilkins, A. J., & Baddeley, A. (1978). Remembering to recall in everyday life: An approach to absent mindedness. In M. Grunneberg (Ed.), *Practical aspects of memory*. New York: Academic.

World Health Organization [WHO] (1980). *International classification of impairments, disabilities, and handicaps: A manual of classification relating to the consequences of disease*. Geneva: World Health Organization.

World Health Organization [WHO] (1997). *International classification of impairments, activities, and participation: A manual of dimensions of disablement and functioning*. Geneva: World Health Organization.

World Health Organization [WHO] (2001). *International classification of functioning, disability and health: ICF*. Geneva: World Health Organization.

Yudofsky, S. C. (1992). *Textbook of neuropsychiatric: Introduction* (2nd ed.). Washington: American Psychiatry.

7

Neuropsicologia da linguagem

JERUSA FUMAGALLI DE SALLES
JAQUELINE DE CARVALHO RODRIGUES

A neuropsicologia da linguagem é uma área ampla que investiga as bases neurobiológicas da linguagem; a aquisição da linguagem; o processamento cognitivo-linguístico (oral e escrito); os déficits linguísticos, adquiridos ou do desenvolvimento; a avaliação; e a reabilitação. Neste capítulo, serão abordados apenas alguns aspectos da linguagem em adultos, sendo enfocadas as afasias, que são as alterações adquiridas mais frequentes em lesões neurológicas. Por fim, serão citados alguns instrumentos que podem contribuir para o processo de avaliação neuropsicológica da linguagem em adultos.

A linguagem é uma habilidade cognitiva bastante complexa, importante para a socialização e a comunicação humana. Portanto, os distúrbios de linguagem adquiridos geralmente interferem de forma significativa nas habilidades comunicativas, sociais, laborais e de (re)integração à sociedade (Hillis, 2007). A linguagem manifesta-se na forma de "compreensão" receptiva e de decodificação do *input* linguístico ("compreensão verbal"), que inclui a audição e a leitura, ou no aspecto de codificação expressiva e produção, que inclui fala, escrita e sinalização. Os componentes de representação da linguagem envolvem o processamento nos seguintes níveis:

a) Semântico: refere-se ao significado das palavras ou ideias veiculadas.
b) Fonético: compreende a natureza física da produção e da percepção dos sons da fala humana.
c) Fonológico: corresponde os sons da fala (fonemas).
d) Morfológico: diz respeito às unidades de significado – palavras ou partes de uma palavra.
e) Lexical: envolve compreensão e produção de palavras. Léxico é o conjunto de palavras em uma dada língua ou no repertório linguístico de uma pessoa.
f) Sintático: refere-se às regras de estrutura das frases, às funções e às relações das palavras em uma oração.
g) Pragmático: compreende o modo como a linguagem é usada e interpretada, considerando as características do falante e do ouvinte, bem como os efeitos de variáveis situacionais e contextuais.
h) Prosódico: integra a habilidade de reconhecer, compreender e produzir significado afetivo ou semântico com base na entonação, na ênfase e em padrões rítmicos da fala.

Uma vez que a linguagem envolve todos esses níveis, os modelos de processamento abordam desde o reconhecimento e a produção de palavras até a compreensão e expressão do discurso na modalidade oral e escrita. O processamento lexical inclui um conjunto de processos mediante os quais o ouvinte ou leitor reconhece a forma das palavras (ortográfica ou fonológica), compreende seu significado e tem acesso a outras propriedades armazenadas em seu léxico mental, como o conhecimento

> A linguagem manifesta-se na forma de "compreensão" receptiva e de decodificação do *input* linguístico ("compreensão verbal"), que inclui a audição e a leitura, ou no aspecto de codificação expressiva e produção, que inclui fala, escrita e sinalização.

sobre as palavras, seu som, ortografia, suas propriedades gramaticais (classe da palavra, gênero), sua estrutura morfológica e seu significado (Hagoort, 1998). No processo de reconhecimento e compreensão das palavras, em um modelo interativo, a informação sensorial da palavra-alvo (processamento *botton-up*) e a informação contextual, que envolve um processamento *top-down* (expectativas, contexto, memória e atenção do ouvinte/leitor), são usadas simultaneamente. Assim, o conhecimento lexical (semântico) tem o papel de mediar domínios representacionais diferentes, incluindo forma e significado (Hagoort, 1998). Para uma revisão dos modelos de processamento lexical e semântico pode-se consultar Shelton e Caramazza (1999).

Uma discussão sobre os modelos de processamento de sentenças pode ser vista em Martin (2006). Nesse artigo de revisão, o autor destaca que muitos estudos de casos clínicos têm contribuído para delinear os modelos de processamento de sentenças, principalmente em pacientes que apresentam agramatismo. As dificuldades na compreensão de sentenças podem depender da familiaridade das palavras que compõem uma frase, a classe gramatical (substantivos, verbos, etc.) e a relação entre elas (voz passiva ou ativa). Assim, observa-se uma heterogeneidade nos perfis dos pacientes, ressaltando que a expressão e a compreensão de sentenças possuem mecanismos cognitivos amplamente distribuídos, o que justifica os déficits seletivos nos casos com lesão cerebral. Percebe-se também que muitos estudos de casos apresentam dissociação entre o processamento sintático e semântico, ou seja, o paciente pode não compreender a relação entre as palavras em uma frase, mas saber seus significados isoladamente. Ainda, a compreensão de sentenças pode depender da preservação da memória de trabalho (operacional).

> No processo de reconhecimento e compreensão das palavras, em um modelo interativo, a informação sensorial da palavra-alvo (processamento *botton-up*) e a informação contextual, que envolve um processamento *top-down* (expectativas, contexto, memória e atenção do ouvinte/leitor), são usadas simultaneamente.

Os modelos de processamento do discurso apresentam diferentes níveis de processamento e envolvem processos cognitivo-linguísticos bastante complexos, sendo abordados por Kintsch (1988), Kintsch e Rawson (2005) e Van Dijk (2006). Em termos de compreensão da linguagem, o processamento das palavras e frases contidas no texto caracteriza um nível inicial, linguístico. Os significados das palavras são combinados, formando a microestrutura do texto. A microestrutura e a macroestrutura (estrutura mais global do texto), juntas, formam o texto-base, que representa o significado do texto (conteúdo explícito). Este deve ser usado para construir o modelo de situação, que requer a integração da informação do texto com o conhecimento prévio relevante ou a representação de mundo, incluindo a capacidade de fazer inferências. A produção de discurso coerente envolve o conteúdo pragmático, a elaboração da macroproposição (conteúdo semântico geral) e a construção de hierarquia de tópicos mais específicos. Conforme Van Dijk (2006), a produção do discurso é um processo cognitivo que consiste na construção, alocação e atualização das representações mentais dos eventos e do contexto de comunicação, incluindo a seleção de informação relevante dessas representações e do conhecimento geral. No nível discursivo, ficam bastante evidentes as relações entre linguagem, memória e funções executivas.

CONSIDERAÇÕES SOBRE AS BASES NEUROBIOLÓGICAS DA LINGUAGEM

Estudos de neuroimagem funcional com participantes neurologicamente saudáveis e com pacientes com dano neurológico têm destacado a importância do hemisfério cerebral esquerdo (HE) para o processamento da linguagem, tanto oral como escrita (Catani et al., 2012; Purcell, Napoliello, & Eden, 2011; Vigneau et al., 2006). Historicamente, os estudos de Paul Broca e Carl Wernicke, no século XIX, analisando pacientes que desenvolveram afasia de expressão e compreensão, relacionaram esses déficits aos casos pós-lesão nas regiões frontal e temporal, respectivamente (Cappa, 2001). No entanto, hoje em dia observa-se que nem sempre as dificuldades dos quadros afásicos estão relacionadas a locais de lesão específicos, conforme descreviam essas pesquisas. Assim, estudos baseados no modelo neurológico das afasias têm dado lugar aos que relacionam os déficits com prejuízo em um ou mais componentes da linguagem, uma vez que o localizacionismo não explica por que pacientes com um mesmo local de lesão manifestam características linguísticas diferentes (Devido-Santos, Gagliardi, & Mac-Kay, 2012).

Em confluência com as pesquisas que buscam não indicar locais específicos de lesão para cada síndrome afásica, mas identificar redes neurais responsáveis pelos processamentos fonológico, sintático e semântico, Vigneau e colaboradores (2006) realizaram um estudo de metanálise descrevendo a organização funcional do HE para a linguagem. Esses autores destacaram o papel do giro frontal inferior para o processamento fonológico e semântico. Além disso, ressaltaram o envolvimento da área auditiva primária na compreensão de sílabas e da área motora responsável pelos movimentos da boca. Por fim, os pesquisadores defenderam a evidência de uma área cortical no giro frontal inferior responsável pelo processamento sintático e na parte posterior do giro temporal superior, que é ativada durante o processamento de sentenças e de textos.

No estudo de revisão de Catani e colaboradores (2012), identificaram-se diversas regiões, concentradas principalmente no HE, responsáveis pelas habilidades de linguagem. Esses autores descreveram que o fascículo arqueado, compreendendo as áreas 22, 37 e 42 de Brodmann, está relacionado com as afasias de Wernicke e de condução. Além disso, a afasia transcortical sensorial pode ocorrer em pacientes com lesão no segmento posterior do fascículo arqueado (áreas 22 e 37 de Brodmann). A afasia anômica também pode ocorrer como consequência de dano nessa estrutura cerebral, mas nas áreas 21, 22, 37 e 42 de Brodmann. As projeções talâmicas auditivas (área 21 de Brodmann), quando danificadas, mostram-se responsáveis pela surdez cortical de sons ou palavras. Quando há prejuízo nos segmentos anterior e posterior do fascículo arqueado (áreas 39 e 40 de Brodmann), podem surgir as disgrafias e dislexias adquiridas, compreensão reduzida, anomia e memória operacional verbal deficitária.

Pacientes com lesão neurológica comprometendo as estruturas subcorticais (p. ex., nas doenças de Huntington, Parkinson, cerebrovasculares, etc.) também mostram prejuízo na linguagem. A "afasia subcortical" pode ocorrer devido à desconexão cortical, uma vez que a maioria das afasias corticais acontece após lesões extensas que compreendem a substância branca subcortical, frequentemente envolvendo o estriado. Quando as afasias acometem apenas as estruturas subcorticais, muitas vezes se apresentam mais sutis ou secundárias à disfunção executiva (em lesões no estriado) ou secundárias aos déficits na ativação semântica (lesões no tálamo) (Alexander & Hillis, 2008).

> Estudos baseados no modelo neurológico das afasias têm dado lugar aos que relacionam os déficits com prejuízo em um ou mais componentes da linguagem, uma vez que o localizacionismo não explica por que pacientes com um mesmo local de lesão manifestam características linguísticas diferentes.

O hemisfério cerebral direito (HD) também tem um importante papel no processamento da linguagem e da comunicação. Estudos têm demonstrado que o HD armazena os aspectos prosódicos de produção da fala e os componentes lexicais de reconhecimento visual das palavras (Lindell, 2006). Em relação às habilidades comunicativas que envolvem o HD, observa-se que esse hemisfério é responsável principalmente pelas funções discursivas, pragmáticas, inferenciais, léxico-semânticas e prosódicas. Pacientes com lesão no HD podem apresentar, ainda, déficit na produção ou no reconhecimento emocional de faces ou do som das vozes (Fonseca et al., 2006).

AFASIAS

Entre as alterações adquiridas de linguagem, as afasias são as mais estudadas. A afasia é definida como a perda ou a deficiência da linguagem expressiva e/ou receptiva, provocada por um dano cerebral, geralmente no HE. Além disso, outros processos cognitivos relacionados à linguagem, como memória, categorização, atenção e funções executivas, podem estar prejudicados (Jordan & Hillis, 2006).

O diagnóstico de afasia é realizado a partir do desempenho do paciente em tarefas de linguagem oral e escrita que avaliam compreensão, expressão, nomeação e repetição nos níveis da palavra, da sentença e do discurso (Peña-Casanova, Pamies, & Diéguez-Vide, 2005). De acordo com o estudo de Plowman, Hentz e Ellis (2012), o prognóstico da afasia depende da gravidade inicial dessa manifestação clínica, da extensão e do local da lesão cerebral. Assim, mais severo será o grau de afasia e pior o prognóstico do paciente que apresenta uma diversidade de déficits linguísticos iniciais e extensa lesão cerebral.

Há várias abordagens de categorização das afasias, sendo mais comum a classificação de Boston (Hillis, 2007), embora nem sempre os indivíduos afásicos preencham completamente os critérios para a classificação tradicional. Dessa maneira, os pacientes podem apresentar afasia do tipo fluente (lesões posteriores) ou não fluente (lesões anteriores). Afasias fluentes são caracterizadas por fala fluente e articulação relativamente normal, mas dificuldades em compreensão verbal e repetição e presença de parafasias. Nas afasias não fluentes, a compreensão verbal é relativamente preservada, mas há problemas na produção da linguagem e articulação (Turgeon & Macoir, 2008). São identificadas como não fluentes as afasias de Broca, transcortical motora, transcortical mista e global; e como fluentes, as afasias de Wernicke, de condução, anômica e transcortical sensorial (Peña-Casanova et al., 2005; Turgeon & Macoir, 2008).

Além dessa abordagem sindrômica, a avaliação e a análise dos déficits linguísticos podem seguir a abordagem da neuropsicologia cognitiva, que baseia seus estudos nos modelos do processamento da informação, buscando identificar componentes preservados e alterados em cada caso em particular.

Afasia de Broca

As afasias de Broca caracterizam-se por fala espontânea e repetição de sentenças não fluentes (extensão da frase reduzida,

> A afasia é definida como a perda ou a deficiência da linguagem expressiva e/ou receptiva, provocada por um dano cerebral, geralmente no HE. Além disso, outros processos cognitivos relacionados à linguagem, como memória, categorização, atenção e funções executivas, podem estar prejudicados.

melodia e agilidade articulatória alteradas, menor número de palavras por minuto, produção de sentenças agramáticas), com anomias associadas à relativa preservação da compreensão da linguagem. Frequentemente, coocorrem dificuldades na associação fonema-grafema na leitura e na escrita de palavras não familiares e maior dificuldade em nomear verbos do que substantivos, dificuldades essas que não podem ser explicadas por um único déficit subjacente (Hillis, 2007). Nas afasias de Broca, apesar do déficit de expressão da linguagem ser mais preponderante, há também dificuldades na compreensão de sentenças, que podem estar relacionadas aos processos léxico-semânticos (Baumgaertner & Tompkins, 2002).

Afasia transcortical motora

A afasia transcortical motora é identificada nos pacientes que apresentam melhor desempenho na repetição de sentenças do que na linguagem espontânea. Geralmente, a fala é lenta, com pouca iniciativa, estando a compreensão preservada. A leitura pode apresentar pouco ou nenhum déficit, enquanto a escrita mostra-se lentificada, tal como a fala (Ortiz, 2005). A nomeação fica comprometida, embora o paciente consiga beneficiar-se de pistas contextuais e fonêmicas, além de se observarem erros do tipo perseveração (Peña-Casanova et al., 2005).

Afasia transcortical mista

Nos casos com afasia transcortical mista, observam-se maiores dificuldades em compreender sentenças e em nomeação, mas com preservada capacidade de repetição. A expressão da linguagem mostra-se prejudicada, sendo comuns as estereotipias e a ecolalia (Beeson & Rapcsak, 2008). As habilidades de leitura e escrita mostram-se deficitárias (Peña-Casanova et al., 2005).

> A afasia global é um dos mais graves quadros afásicos, havendo prejuízo severo na expressão e na compreensão da linguagem, tanto oral quanto escrita.

Afasia global

Na afasia global, a fala espontânea consiste em estereotipias e perseverações, em que a compreensão mostra-se severamente prejudicada, podendo ser compreendidos apenas comandos simples. Além disso, a repetição mostra-se comprometida, embora algumas palavras possam ser corretamente repetidas (Alexander & Hillis, 2008). Pode-se notar que a afasia global é um dos mais graves quadros afásicos, havendo prejuízo severo na expressão e na compreensão da linguagem, tanto oral quanto escrita (Ortiz, 2005).

Afasia de Wernicke

A afasia de Wernicke caracteriza-se por linguagem expressiva espontânea e repetição fluentes, mas desprovidas de sentido (jargão), além de comprometimento da compreensão de palavras, sentenças e conversação. Os prejuízos na compreensão da linguagem parecem refletir inabilidade de acessar, usar ou manipular informações semânticas, mais do que uma perda nas representações semânticas das palavras (Kahlaoui & Joanette, 2008). Frequentemente, a produção escrita é semelhante à oral, e a compreensão de leitura encontra-se preservada em grau semelhante à oral. Os déficits têm sido atribuídos à dificuldade do paciente em selecionar a palavra, o som ou o significado apropriado das unidades linguísticas que estão em competição, sendo todas ativadas (Hillis, 2007).

Afasia de condução

A afasia de condução é reconhecida por linguagem espontânea relativamente fluente, adequada compreensão, mas dificuldade na repetição, que pode ser observada de modo inconsistente. Observam-se maiores erros na repetição de palavras de baixa frequência ou de estrutura fonológica complexa e em pseudopalavras, sendo recorrentes as parafasias fonológicas e verbais (Bernal & Ardila, 2009). Embora sejam predominantes os erros do tipo fonológico (omissões, substituições, transposições ou inserções de sons ou sílabas), podem acontecer também erros semânticos, bem como para certas categorias lexicais (p. ex., números e palavras de função). Os pacientes com afasia de condução são geralmente conscientes de seus problemas de fala, o que muitas vezes leva-os a repetitivas autocorreções (Bartha, Mariën, Poewe, & Benke, 2004).

Afasia anômica

Na afasia anômica, a linguagem expressiva mostra-se fluente, com adequadas compreensão, repetição e articulação, mas dificuldade na evocação lexical, que ocorre geralmente na linguagem espontânea, e que pode ser menos evidente na denominação por confrontação visual (Peña-Casanova et al., 2005). Os afásicos com anomias não conseguem acessar a informação fonológica e/ou ortográfica da palavra, apesar de acesso semântico intacto. Assim, esses pacientes podem recuperar nomes semântica ou fonologicamente relacionados, mas têm consciência de que estes não são aqueles que estão tentando falar (Hillis, 2007). A escrita mostra-se semelhante à linguagem oral, com erros do tipo paragrafia, enquanto a habilidade de leitura parece estar adequada (Ortiz, 2005).

Afasia sensorial transcortical

Os pacientes com afasia sensorial transcortical mostram discurso fluente, com dificuldade na compreensão, sendo observadas as parafasias semânticas, dificuldades em encontrar palavras (anomias) e circunlóquios. A repetição mostra-se preservada, podendo, às vezes, ocorrer perseverações (Beeson & Rapcsak, 2008). A nomeação e a leitura de palavras são adequadas, embora o paciente possa não compreender o que leu (Boatman et al., 2000).

AVALIAÇÃO DA LINGUAGEM EM UMA ABORDAGEM NEUROPSICOLÓGICA

A avaliação neuropsicológica da linguagem deve permitir a compreensão dos déficits, em termos de manifestações superficiais, causas subjacentes e componentes afetados, além de mostrar as potencialidades em todos os níveis de descrição (funções linguísticas, atividades comunicativas e questões psicossociais) (Turgeon & Macoir, 2008). A avaliação deve ser direcionada pelas hipóteses formadas na observação, sendo, portanto, um processo cíclico, em contínua revisão de hipóteses, até fornecer bases suficientes para a reabilitação (Nickels, 2008). Na entrevista, é importante investigar hábitos de leitura e de escrita para além do nível de escolaridade, buscando

> Na entrevista, é importante investigar hábitos de leitura e de escrita para além do nível de escolaridade, buscando informações sobre fatores individuais e socioculturais que podem impactar na comunicação.

informações sobre fatores individuais e socioculturais que podem impactar na comunicação.

As tarefas selecionadas para avaliar a linguagem oral e escrita geralmente envolvem expressão (linguagem espontânea, linguagem automática, nomeação, repetição) e compreensão, nos níveis de palavras, frases e discurso. A literatura internacional mostra que há várias ferramentas e métodos de avaliação disponíveis para mensurar a linguagem, principalmente na língua inglesa (para uma revisão ver Lezak, Howienson, & Loring, 2004; Turgeon & Macoir, 2008). No Brasil, contudo, segundo Serafini, Fonseca, Bandeira e Parente (2008), apenas um quarto das publicações sobre avaliação da linguagem faz referência especificamente à avaliação neuropsicológica da linguagem e, entre estas, os instrumentos mais usados foram o Teste de Nomeação de Boston, o Teste de Fluência Verbal Semântica (Categoria Animais), o Teste de Vocabulário por Imagens Peabody e o Token Test.

O Teste de Nomeação de Boston costuma ser utilizado para avaliar se o paciente apresenta anomia, sendo necessário comparar o desempenho dos adultos de acordo com a sua escolaridade (Mansur, Radanovic, Araújo, Taquemori, & Greco, 2006). Influência da idade e da escolaridade também foi observada no Token Test (Moreira et al., 2011), que avalia a compreensão de sentenças. Pode-se, ainda, obter medida de produção espontânea de palavras por meio das tarefas de Fluência Verbal. Há normas brasileiras para adultos idosos divididos em grupos por idade e escolaridade (Machado et al., 2009). O teste Pirâmides e Palmeiras (Pyramids and Palm Trees) mostra-se adequado para avaliar o acesso às representações semânticas no nível da palavra (Mansur, Carthery-Goulart, Bahia, Bak, & Nitrini, 2013). Para avaliar as habilidades de escrita de palavras, pode-se utilizar a Tarefa de Escrita de Palavras e Pseudopalavras (Rodrigues & Salles, 2013), buscando identificar o tipo de disgrafia adquirida que o paciente apresenta, de acordo com a abordagem da neuropsicologia cognitiva.

Além de tarefas específicas, há baterias como o Teste de Boston para o Diagnóstico das Afasias – versão reduzida (Boston Diagnostic Aphasia Examination – short form) (Bonini, 2010; Goodglass, Kaplan, & Barresi, 2001). No Brasil, foi realizada também a adaptação do Teste MT Beta – 86 Modificado – Montreal Toulousse (Soares et al., 2008) para diagnosticar as afasias. Para avaliar demais habilidades cognitivas nos pacientes que apresentam dificuldade na expressão da linguagem, pode-se utilizar o Instrumento de Avaliação Neuropsicolinguística Breve NEUPSILIN-Af, adaptado para pacientes afásicos expressivos (Fontoura, Rodrigues, Parente, Fonseca, & Salles, 2011). A investigação dos aspectos funcionais da linguagem pode ser feita por meio da Bateria Montreal de Avaliação da Comunicação – Bateria MAC (Fonseca, Parente, Côté, & Joanette, 2008). Por fim, aspectos mais pragmáticos e qualitativos da linguagem podem ser avaliados com o Questionário de Habilidades Funcionais de Comunicação (Functional Assessment of Communication Skills for Adults – ASHA-Facs) (Frattali, Holland, Thompson, Wohl, & Ferketic, 1995; Garcia & Mansur, 2006).

CONSIDERAÇÕES FINAIS

Neste capítulo, apresentou-se um breve recorte de temas importantes na área da neuropsicologia da linguagem, sem a pretensão de fornecer um panorama desse ramo de estudos. Há necessidade de o clínico/pesquisador conhecer de forma aprofundada os modelos de processamento da linguagem para traçar estratégias de avaliação, diagnóstico e tratamento das alterações de linguagem. Ressalta-se que a linguagem precisa ser avaliada em conjunto com as demais funções neuropsicológicas (como atenção, memória e funções executivas), uma vez que a comunicação envolve a participação integrada de muitas funções, e os distúrbios de linguagem, como as afasias, podem ocorrer concomitante ou secundariamente a esses déficits (Turgeon & Macoir, 2008). No Brasil, ainda há a necessidade de construir e/ou adaptar instrumentos que avaliem a linguagem de forma ampla e completa, incluindo avaliações formais e também ecológicas, para contribuir com o diagnóstico das afasias e outros distúrbios de linguagem e propor melhores estratégias de reabilitação neuropsicológica para os pacientes. Além disso, deve-se considerar a influência das variáveis sociodemográficas, como idade, escolaridade e contexto socioeconômico e cultural, no desempenho de adultos nas tarefas empregadas.

REFERÊNCIAS

Alexander, M. P., & Hillis, A. E. (2008). Aphasia. In G. Goldenberg, & B. L. Miller (Eds.), *Neuropsychology and behavioral neurology* (vol. 88, pp. 287-309). Edinburgh: Elsevier.

Bartha, L., Mariën, P., Poewe, W., & Benke, T. (2004). Linguistic and neuropsychological deficits in crossed conduction aphasia: Report of three cases. *Brain and Language, 88*(1), 83-95.

Baumgaertner, A., & Tompkins, C. A. (2002). Testing contrasting accounts of word meaning activation in Broca's aphasia: Experiences from a cross-modal semantic priming study. *Aphasiology, 16*(4-6), 397-411.

Beeson, P. M., & Rapcsak, S. Z. (2008). The aphasias. In P. J. Snyder, P. D. Nussbaum, & D. L. Robins (Eds.), *Clinical neuropsychology: A pocket handbook for assessment* (2nd ed., pp. 436-459). Washington: American Psychological Association.

Bernal, B., & Ardila, A. (2009). The role of the arcuate fasciculus in conduction aphasia. *Brain, 132*(9), 2309-2316.

Boatman, D., Gordon, B., Hart, J., Selnes, O., Miglioretti, D., & Lenz, F. (2000). Transcortical sensory aphasia: Revisited and revised. *Brain, 123*(Pt 8), 1634-1642.

Bonini, M. V. (2010). *Relação entre alterações de linguagem e déficits cognitivos não linguísticos em indivíduos afásicos após acidente vascular encefálico* (Dissertação de Mestrado, Faculdade de Medicina da Universidade Federal de São Paulo, São Paulo).

Cappa, S. F. (2001). An introduction to cognitive neuroscience: Basic notions. In S. F. Cappa. *Cognitive neurology: An introduction* (pp. 1-16). London: Imperial College.

Catani, M., Dell'Acqua, F., Bizzi, A., Forkel, S. J., Williams, S. C., Simmons, A., ... Schotten, M. T. (2012). Beyond cortical localization in clinicoanatomical correlation. *Cortex, 48*(10), 1262-1287.

Devido-Santos, M., Gagliardi, R. J., & Mac-Kay, A. P. M. G. (2012). Language disorders and brain lesion topography in aphasics after stroke. *Arquivos de Neuropsiquiatria, 70*(2), 129-133.

Fonseca, R. P., Ferreira, G. D., Liedtke, F. V., Müller, J. L., Sarmento, T. F., & Parente, M. A. M. P. (2006). Alterações cognitivas, comunicativas e emocionais após lesão hemisférica direita: Em busca de uma caracterização da Síndrome do Hemisfério Direito. *Psicologia USP, 17*(4), 241-262.

Fonseca, R. P., Parente, M. A. M. P., Côté, H., Ska, B., & Joanette, Y. (2008). Apresentando um instrumento de avaliação da comunicação à fonoaudiologia brasileira: Bateria MAC. *Pró-Fono Revista de Atualização Científica, 20*(4), 285-291.

Fontoura, D. R., Rodrigues, J. C., Fonseca, R. P., Parente, M. A. M. P., & Salles, J. F. (2011). Adaptação do instrumento de avaliação neuropsicológica breve NEUPSILIN para avaliar pacientes com afasia expressiva: NEUPSILIN-Af. *Ciências & Cognição, 16*(3), 78-94.

Frattali, C. M., Holland, A. L., Thompson, C. K., Wohl, C., & Ferketic, M. (1995). *Functional Assessment of Communication Skills for Adults (ASHA FACS)*. Rockville: American Speech-Language-Hearing Association.

Garcia, F. H. A., & Mansur, L. L. (2006). Habilidades funcionais de comunicação: Idoso saudável. *Acta Fisiatrica, 13*(2), 87-89.

Goodglass, H., Kaplan, E., & Barresi, B. (2001). *Boston diagnostic aphasia examination: Short form record booklet* (3rd ed.). Philadelphia: Lippincott Williams & Wilkins.

Hagoort, P. (1998). The shadows of lexical meaning in patients with semantic impairments. In B. Stemmer, & H. A. Whitaker (Eds.), *Handbook of neurolinguistics* (pp. 235-248). New York: Academic.

Hillis, A. E. (2007). Aphasia: Progress in the last quarter of a century. *Neurology, 69*(2), 200-213.

Jordan, L. C., & Hillis, A. E. (2006). Disorders of speech and language: Aphasia, apraxia and dysarthria. *Current Opinion of Neurology, 19*(6), 580-585.

Kahlaoui, K., & Joanette, Y. (2008). Normal and pathological semantic processing of words. In M. Ball, M. Perkins, N. Müller, & S. Howard (Eds.), *The handbook of clinical linguistics*. Oxford: Blackwell.

Kintsch, W. (1988). The role of knowledge in discourse comprehension: A construction-integration model. *Psychological Review, 95*(2), 163-182.

Kintsch, W., & Rawson, K. (2005). Comprehension. In M. J. Snowling & C. Hulme (Eds.), *The science of reading: A handbook* (pp. 211-226). Oxford: Blackwell.

Lezak, M. D., Howienson, D. B., & Loring, D. W. (2004). *Neuropsychological assessment*. Oxford: Oxford University.

Lindell, A. K. (2006). In your right mind: Right hemisphere contributions to language processing and production. *Neuropsychology Review, 16*(3), 131-48.

Machado, T. H., Fichman, H. C., Santos, E. L., Carvalho, V. A., Fialho, P. P., Koenig, A. M., ... Caramelli, P. (2009). Normative data for healthy elderly on the phonemic verbal fluency task - FAS. *Dementia & Neuropsychologia, 3*(1), 55-60.

Mansur, L. L., Carthery-Goulart, M. T., Bahia, V. S., Bak, T. H., & Nitrini, R. (2013). Semantic memory: Nouns and action verbs in cognitively unimpaired individuals and frontotemporal lobar degeneration. *Dementia & Neuropsychologia, 7*(1), 48-54.

Mansur, L. L., Radanovic, M., Araújo, G. C., Taquemori, L.Y., & Greco, L. L. (2006). Boston naming test: Performance of Brazilian population from São Paulo. *Pró-Fono Revista de Atualização Científica, 18*(1), 13-20.

Martin, R. C. (2006). The neuropsychology of sentence processing: Where do we stand? *Cognitive Neuropsychology, 23*(1), 74-95.

Moreira, L., Schlottfeldt, C. G., Paula, J. J., Daniel, M. T., Paiva, A., Cazita, V., &. Malloy-Diniz, L. (2011). Estudo normativo do Token Test versão reduzida: Dados preliminares para uma população de idosos brasileiros. *Revista de Psiquiatria Clínica, 38*(3), 97-101.

Nickels, L. (2008). The hypothesis testing approach to the assessment of language. In B. Stemmer, & H. A. Whitaker (Eds.), *Handbook of neurolinguistics*. New York: Academic.

Ortiz, K. Z. (2005). Afasia. In K. Z. Ortiz (Org.), *Distúrbios neurológicos adquiridos: Linguagem e cognição* (pp. 47-64). Barueri: Manole.

Peña-Casanova, J., Pamies, M. P., & Diéguez-Vide, F. (2005). Parâmetros e subtestes fundamentais para a avaliação clínica inicial das afasias. In J. Peña-Casanova, & M. P. Pamies (Eds.), *Reabilitação das afasias e transtornos associados* (pp. 37-46). São Paulo: Manole.

Plowman, E., Hentz, B., & Ellis, C. (2012). Post-stroke aphasia prognosis: A review of patient-related and stroke-related factors. *Journal of Evaluation in Clinical Practice, 18*(3), 689-694.

Purcell, J. J., Napoliello, E. M., & Eden, G. F. (2011). A combined fMRI study of typed spelling and reading. *NeuroImage, 55*(2), 750-762.

Rodrigues, J. C., & Salles, J. F. (2013). Tarefa de escrita de palavras/pseudopalavras para adultos: Abordagem da neuropsicologia cognitiva. *Letras de Hoje, 48*(1), 50-58.

Serafini, A. J., Fonseca, R. P., Bandeira, D. R., & Parente, M. A. M. P. (2008). Panorama nacional da pesquisa sobre avaliação neuropsicológica de linguagem. *Psicologia: Ciência e Profissão, 28*(1), 34-49.

Shelton, J. R., & Caramazza, A. (1999). Deficits in lexical and semantic processing: Implications for models of normal language. *Psychonomic Bulletin & Review, 6*(1), 5-27.

Soares, E. C., Fonseca, R. P., Scherer, L. C., Parente, M. A., Ortiz, K. Z., & Joanette, Y (2008). Protocolo Montreal-Toulouse de exame linguístico da afasia MT-86: Estudos e perspectivas futuras. In K. Z. Ortiz, L. I. Mendonça, A. Foz, C. B. dos Santos, D. Fuentes, & D. A. Azambuja (Orgs.). *Avaliação neuropsicológica: Panorama interdisciplinar dos estudos na normatização e validação de instrumentos no Brasil* (pp. 275-289). São Paulo: Vetor.

Turgeon, Y., & Macoir, J. (2008). Classical and contemporary assessment of aphasia and acquired disorders of language. In B. Stemmer, & H. A. Whitaker (Orgs.), *Handbook of neurolinguistics*. New York: Academic.

van Dijk, T. A. (2006). Discourse, context and cognition. *Discourse Studies, 8*(1), 159-177.

Vigneau, M., Beaucousin, V., Hervé, P. Y., Duffau, H., Crivello, F., Houdé, O., ... Tzourio-Mazoyer, N. (2006). Meta-analyzing left hemisphere language areas: Phonology, semantics, and sentence processing. *NeuroImage, 30*(4), 1414-1432.

8

Neuropsicologia da aprendizagem e memória

NEANDER ABREU
THIAGO STRAHLER RIVERO
GABRIEL COUTINHO
ORLANDO F. A. BUENO

Talvez por sua complexidade e importância, a memória seja uma das funções neuropsicológicas mais estudadas em diferentes campos científicos. A complexidade da memória diz respeito ao envolvimento de diversos processos de recepção, arquivamento e recordação de informações. Trata-se de uma função multifacetada, envolvendo diversos mecanismos neurais (Bueno, 2011) e de fundamental importância para o funcionamento do indivíduo. A capacidade individual de adquirir, reter e resgatar informações de forma consciente permite, teoricamente, utilizar as experiências anteriores como dados para a tomada de decisão. Conforme o indivíduo é novamente submetido a situações similares àquelas já vivenciadas, ele torna-se capaz de reconhecer padrões e ter comportamentos coerentes com suas experiências – obviamente, os processos de tomada de decisão também podem depender de outras variáveis, como ansiedade, controle dos impulsos, características da personalidade, entre outras, as quais são discutidas em outros capítulos deste livro.

Apesar de a maioria dos estudos sobre o tema vir de longa data, veremos que alguns dos *grandes* achados são relativamente recentes. Ainda na década de 1920, estudos com roedores demonstraram correlação positiva entre o tamanho da lesão cerebral e o tempo que os animais levavam para sair de labirintos, gerando (possivelmente) as primeiras evidências de que não haveria apenas uma região cerebral responsável pela memória, independentemente do local da lesão. Já na década de 1940 – e, novamente, seguindo uma tendência antilocalizacionista –, Hebb (1949) propôs que a exposição a determinados eventos ativaria assembleias de células, primeiramente uma ativação eletrofisiológica de curta duração (responsável pela memória de curto prazo), seguida de transformações bioquímicas mais duráveis nas sinapses; essas assembleias, quando reativadas, permitiriam a recordação daqueles eventos. Essa ideia reforçou a hipótese de que a memória deveria ser entendida como uma função inerente a vários circuitos neurais, separando a aquisição do resgate de informações. Por volta da década de 1960, ganhou força a hipótese de que haveria uma dissociação entre processos de memória de longo e curto prazos (McGaugh, 1966; Marr, 1971), já existindo algumas evidências de participação de regiões cerebrais distintas (lobos frontais e temporais) para esses processos (Goldman-Rakic, 1995; Milner, Corkin, & Teuber, 1968).

Grande parte do conhecimento atual sobre neuroanatomia da memória teve como gatilho o famoso caso de amnésia anterógrada profunda (perda da capacidade de fixar na memória acontecimentos ocorridos após um agente amnéstico) do paciente H.M., que também sofreu de amnésia retrógrada por alguns anos anteriores à neurocirurgia a que foi submetido. A primeira publicação sobre esse paciente ocorreu no final dos anos 1950 (Scoville & Milner, 1957), quando foi relatada a retirada cirúrgica de porções temporais mediais bilateralmente, evidenciando a importância das estruturas dessas regiões para a memória, assim como possibilitando seu fracionamento entre memória declarativa (explícita) e não declarativa (implícita) – esta última preservada no paciente, apesar de sua total incapacidade de se lembrar de eventos novos (Milner et al., 1968; Scoville & Milner, 1957) e apoiando fortemente a dissociação entre memória de curto e longo prazos. Mais ainda, esse caso revelou que a capacidade de adquirir novas memórias era uma função cerebral distinta de personalidade e inteligência. Além de ter evidenciado a importância das porções temporais mediais e motivado estudos com pacientes com lesões em regiões semelhantes e em regiões diencefálicas (para revisão, ver Oliveira & Bueno, 1993) novos avanços seguiram com trabalhos em animais, que permitiram a testagem de lesões seletivas em regiões específicas e seu impacto sobre o funcionamento mnêmico (Squire & Zola-Morgan, 1991).

O objetivo deste capítulo é compartilhar com o leitor peculiaridades da avaliação da memória para a prática clínica, não esquecendo a importância de bases neuroanatômicas para o entendimento de diferentes patologias e, principalmente, para a discriminação dos distintos processos de memória. Procuraremos apresentar aspectos clínicos e neuroanatômicos de forma paralela, abarcando desde estudos com modelos animais até pesquisas mais recentes, já utilizando tecnologias de imageamento cerebral, com a finalidade de possibilitar uma visão integrada por parte do leitor. Enfatizaremos especialmente o estudo da memória declarativa, tendo em vista sua grande importância para a prática clínica.

AVALIAÇÃO DA MEMÓRIA

O estudo da avaliação da memória é um campo consagrado na neuropsicologia. Devido à complexidade dos sistemas de memória, esta pode se tornar deficitária em diferentes patologias que atingem etapas distintas da vida e que acometem diversas regiões cerebrais. Para podermos falar de avaliação da memória, é importante levar em consideração suas diversas características e fases, buscando, assim, uma compreensão mais ampla do termo *memória* também no controle da avaliação neuropsicológica.

Muitos modelos explicativos da memória humana têm sido propostos e revisados desde os anos 1960 e 1970, como o modelo proposto por Atkinson e Shiffrin (1968) diferenciando a memória de curto prazo da de longo prazo. Posteriormente, o modelo multicomponente da memória operacional (Baddeley, 2000; Baddeley & Hitch, 1974) substituiu o modelo mais simples de Atkinson e Shiffrin (1968) e a distinção entre memória episódica e memória semântica (Tulving, 1972) foi incluída como uma subdivisão da memória de longo prazo declarativa em oposição à memória não declarativa (Squire, 1992). Para fins didáticos, utilizaremos a estrutura básica dos sistemas de memória proposta por Strauss, Sherman e Spreen (2006) (Fig. 8.1).

MEMÓRIA DE LONGO PRAZO

Memória declarativa (explícita)

A memória declarativa é caracterizada pela capacidade de arquivamento e

> A memória declarativa é caracterizada pela capacidade de arquivamento e recuperação consciente de informações relacionadas a experiências vividas ou informações adquiridas pelo indivíduo ("o quê").

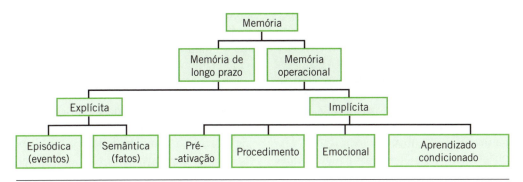

FIGURA 8.1 Estrutura dos sistemas de memória.
Fonte: Strauss e colaboradores (2006).

recuperação consciente de informações relacionadas a experiências vividas ou informações adquiridas pelo indivíduo ("o quê") (Ullman, 2004). A memória declarativa envolve dois sistemas adjacentes propostos por Tulving (1972): a memória episódica e a memória semântica. A memória episódica está relacionada ao sistema de resgate de informações vivenciadas pelo sujeito (eventos pessoais – casamento, formaturas, término de um relacionamento). Em geral, a memória episódica é avaliada por testes como o Rey Auditory Verbal Learning Test (RAVLT) – o teste das 15 palavras de Rey (Rey, 1958) –, que inclui evocação livre e resgate com dicas de reconhecimento de uma lista de palavras não relacionadas entre si aprendidas anteriormente. O sistema episódico é bastante suscetível à perda de informações.

O RAVLT é particularmente confiável para mensurar perda de informação ao longo do tempo, apresentando alta consistência interna e estrutura bifatorial relacionada aos processos de armazenamento e evocação de material (de Paula et al., 2012). O examinando é submetido a cinco tentativas de aprendizagem de uma lista de palavras, que são lidas em voz alta pelo examinador; após as cinco repetições, o examinador apresenta uma lista distrativa e, logo em seguida, solicita que o examinando resgate a lista inicial, em procedimento que permite avaliar interferência de material distrativo.

Após um intervalo de 30 minutos, solicita-se outra recordação da primeira lista. O nível de confiança para avaliação da perda de informação entre a quinta tentativa e a evocação tardia (após o intervalo) é de cerca de 0,70 (Uchiyama et al., 1995); outra etapa de reconhecimento (escolha forçada) é realizada na sequência com palavras-alvo (da primeira lista) e palavras distrativas (palavras da segunda lista e palavras não apresentadas anteriormente).

Os testes de memória declarativa são bastante úteis para verificar alterações neuropsicológicas presentes em uma extensa lista de problemas e mesmo como instrumentos auxiliares para avaliação de estresse psicológico ou depressão (p. ex., Gainotti & Marra, 1994; Uddo, Vasterling, Brailey, & Sutker, 1993). Nesses casos, os resultados devem ser analisados de modo não apenas quantitativo, mas também qualitativo, identificando, por exemplo, a presença de interferência proativa (i.e., efeito de material aprendido em momento imediatamente anterior à aquisição de material novo), interferência retroativa (interferência de material novo sobre a retenção de material aprendido em momento imediatamente anterior) ou perseveração. No Brasil, existem versões normatizadas para adultos com idades entre 20 e 60 anos (Salgado et al., 2011) e também para pacientes acima de 65 anos (Malloy-Diniz, Lasmar,

Gazinelli, Fuentes, & Salgado, 2007). Existe, ainda, uma versão modificada para crianças e adolescentes com dados normativos coletados em nosso meio (Oliveira & Charchat-Fichman, 2008). Trata-se de um recurso importante para avaliação nos quadros de demência e suspeita de declínio cognitivo. Diferentes regiões cerebrais podem participar de etapas distintas desse tipo de tarefa.

Outro teste sensível para medida de memória episódica verbal é o California Verbal Learning Test-II (CVLT-II), incluindo sua versão para crianças (CVLT-C). Além de mensurar o nível geral de lembrança nas tentativas de armazenamento e após intervalo, o teste é bastante útil para verificar aspectos qualitativos do desempenho, como, por exemplo, tipos de erro, estratégias de recordação e mecanismos de falhas da memória (Strauss et al., 2006). De fato, as características qualitativas do CVLT podem fornecer ao neuropsicólogo inferências importantes sobre o funcionamento mnêmico do indivíduo; no entanto, ressalta-se a relevância de entender os resultados com cautela, uma vez que os coeficientes de confiança são menores para os componentes específicos e maiores para os resultados gerais do teste.

A memória declarativa tem o papel de estocar/acumular informações tanto do tipo espacial como do tipo temporal (Squire, 1986). Testes de memória visuoespacial, como o Rey-Osterrieth Complex Figure Test (ROCF) (Corwin & Bylsma, 1993) – também conhecido simplesmente como Figura Complexa de Rey ou Figura de Rey –, são úteis na detecção de déficits na memória visual. Entretanto, parece haver uma indicação razoável de correlação entre a habilidade para copiar a figura complexa e a habilidade para resgatá-la, o que indica cuidado nos casos em que a cópia já apresenta pontuação abaixo do esperado (Meyers & Meyers, 1995). Kneebone, Lee, Wade e Loring (2007) mostraram que o ROCF é menos sensível para epilepsia refratária do lobo temporal direito, talvez por permitir alguma nomeação de seus componentes, apresentando maior sensibilidade quando o lobo temporal prejudicado é o esquerdo.

Aspectos neuroanatômicos da memória episódica

Conforme já mencionado, a importância das porções temporais mediais foi evidenciada primeiramente pelo estudo do paciente H.M. Estudos com modelos animais permitiram identificar algumas regiões, como a amígdala, que desempenham papel muito importante na aquisição de aprendizagem emocional (Coelho, Ferreira, Soares, & Oliveira, 2013; Le Doux, 1994; McGaugh, 2004), corroborando estudos com pacientes com lesões nessa estrutura do lobo temporal medial (Adophs, Cahill, Schul, & Babinsky, 1997). Respostas emocionais a fotografias com conteúdo emocional foram mensuradas em amostras da população brasileira (jovens: Ribeiro, Pompéia, & Bueno, 2005; idosos: Porto, Bertolucci, Ribeiro, & Bueno, 2008). Ressalta-se que as emoções aumentam a retenção de memórias, mas também podem induzir falsas memórias (Santos & Stein, 2008). O hipocampo é a principal estrutura envolvida no aprendizado de novas informações, mas outras regiões temporais mediais – tais como córtices entorrinal perirrinal/para-hipocampal – também apresentam grande importância e serão discutidas a seguir. Para um melhor entendimento do papel das diferentes regiões nos diversos mecanismos envolvidos na aprendizagem, vale ressaltar que a formação de novas informações compreende as seguintes:

1. aquisição de material;
2. armazenamento;
3. resgate do material.

Para que ocorram essas etapas, vários processos neurais são necessários, como a codificação do material entrante, a consolidação desse material mais firmemente na memória e a decodificação para resgate (Squire, 1992).

A participação de regiões cerebrais que não as porções temporais mediais ocorre sobretudo nos processos de codificação e resgate de material. O processo de codificação demanda uso de diferentes estratégias, tais como categorização de informações, associação da nova informação com traços já armazenados na memória de longo prazo, *chunking* ou agrupamentos, etc. Tais estratégias envolvem a participação de regiões pré-frontais, embora essas áreas não tenham conexão *direta* com o hipocampo (Simons & Spiers, 2003; Thierry, Gioanni, Dégénétais, & Glowinski, 2000). As pontes entre hipocampo e regiões pré-frontais são, em grande parte, mediadas pelas regiões para-hipocampais. Porém, o córtex entorrinal é a região que concentra as principais projeções para o hipocampo, ao passo que as regiões perirrinal/para-hipocampal são responsáveis por aproximadamente 60% das projeções que chegam ao córtex entorrinal. Além de regiões pré-frontais, as regiões perirrinal/para-hipocampal recebem também projeções de outras áreas associativas, como temporais laterais e parietais, tanto uni como polimodais, representando informações de diferentes vias sensoriais (Fig. 8.2).

Outras regiões também apresentam papel estratégico em processos de codificação de material. Warrington e Weiskrantz (1982) sugeriram que *inputs* para o córtex pré-frontal através dos corpos mamilares e tálamo medial teriam papel importante na mediação da codificação de material (p. ex., organização, formação de imagem mental, elaboração), uma vez que essa desconexão pode causar graves déficits mnêmicos (Vann et al., 2009). Estudos com primatas sugeriram também que o córtex retroesplenial e os núcleos talâmicos anteriores e rostrais também têm projeções convergindo para os córtices pré-frontais mediais

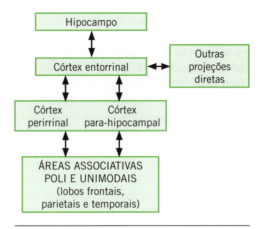

FIGURA 8.2 Esquema resumido da conectividade de porções temporais mediais. O córtex entorrinal funciona como a principal via de projeções para o hipocampo; os córtices entorrinal e para-hipocampal recebem projeções de regiões poli e unimodais e também projetam para o córtex entorrinal. O córtex entorrinal também recebe projeções de regiões pré-frontais, do giro do cíngulo e do giro temporal superior. As setas sinalizam projeções recíprocas.

e orbitais. As mesmas regiões pré-frontais também recebem projeções para-hipocampais e hipocampais – estas últimas seriam mediadas pelo fórnix. Além da participação na codificação, as regiões pré-frontais também são importantes para processos de resgate de material, além de monitorarem o desfecho do próprio resgate. Os processos de codificação e resgate de material envolvem as projeções pré-frontais que agem de volta sobre o hipocampo por meio de projeções que chegam às regiões para-hipocampais.

Estudos com crianças demonstraram que a evocação do ROCF, realizada tal qual na prática clínica – isto é, evocação depois de um intervalo de até 30 minutos após a cópia –, apresenta maior correlação com espessura cortical de porções pré-frontais, evidenciando uma possível influência de funcionamento executivo durante a codificação e o resgate do material complexo. A influência do volume do hipocampo revelou-se mais importante apenas após intervalos de aproximadamente uma semana (Østby, Tammes, Fjill, & Walhovd, 2012), o que pode sinalizar ao clínico diferentes possibilidades de aplicação do instrumento, dependendo do objetivo em questão.

A memória de reconhecimento também foi alvo de estudos. Existe relativo consenso de que a memória de reconhecimento tem a participação de dois aspectos distintos, porém relacionados: lembrança (resgate consciente e contextualizado de um evento) e familiaridade (ideia de exposição prévia sem contextualização) (Vann et al., 2009). Há evidências de que a lembrança seja mediada pelo hipocampo, enquanto as regiões entorrinais e perirrinais são importantes para a familiaridade (Aggleton & Brown, 2006). Desta forma, é possível hipotetizar um papel importante da familiaridade para tentativas de lembrança, o que poderia explicar, ao menos parcialmente, a melhora de desempenho em tarefas de reconhecimento em indivíduos com certo grau de dificuldade de memória. Processos de lembrança têm papel específico para *rejeição* de familiaridade, evitando respostas do tipo alarme falso (falso-positivo) (Dobbins, Kroll, Yonelinas, & Liu, 1998). Dificuldades mais evidentes em processos de lembrança podem se associar a respostas baseadas principalmente na familiaridade com os estímulos (podendo gerar respostas do tipo alarme falso); dificuldades em familiaridade e lembrança poderiam se associar a um padrão de rejeição para itens previamente apresentados.

> É possível hipotetizar um papel importante da familiaridade para tentativas de lembrança, o que poderia explicar, ao menos parcialmente, a melhora de desempenho em tarefas de reconhecimento em indivíduos com certo grau de dificuldade de memória.

Memória semântica e seus aspectos neuroanatômicos

A memória semântica foi definida como nossa enciclopédia mental, sendo responsável pela memória necessária para a linguagem (Tulving, 1972). Ao contrário da memória episódica, a semântica é caracterizada pela perda de dados contextuais temporais e espaciais. Por exemplo, o significado da palavra coqueiro é conhecido em uma comunidade linguística, mas o episódio real em que tal informação foi adquirida, isto é, quando exatamente e onde, geralmente se perdeu na memória.

A memória semântica (ou conhecimento conceitual) também envolve relações com percepção e ação. Por exemplo, o conhecimento que temos sobre determinado animal envolve suas características visuais, seu movimento, número de patas, presença de pelos, etc., enquanto o conhecimento de uma ferramenta envolve o uso que se faz dela, o material de que é feita, etc.

Os conceitos que constituem a memória semântica se distribuem em redes de nódulos interconectados conforme a proximidade de significado entre eles. Por exemplo, o conceito de fogo está fortemente associado ao conceito de incêndio e mais fracamente com o conceito de água (Bueno, 2011).

Uma teoria *distributed-only view* (Patterson, Nestor, & Rogers, 2007) sugere que a rede seja distribuída e parcialmente organizada de acordo com a neuroanatomia dos sistemas sensoriais, motores e linguísticos. Essa teoria sugere que tais regiões, bem como as conexões entre elas, constituam a rede semântica neural. O modelo *distributed plus-hub view* (Fig. 8.3) (Patterson, Nestor, & Rogers, 2007), sugere que o cohecimento seja distribuído em diferentes áreas do cérebro, havendo, porém, um eixo central que concentra o fluxo de ativação dessa rede que pode ser desencadeado por uma tarefa específica (p. ex., nomeação de figuras) que conectam e se comunicam convergindo para um eixo central (*hub*) amodal, o qual seria dependente do polo temporal anterior.

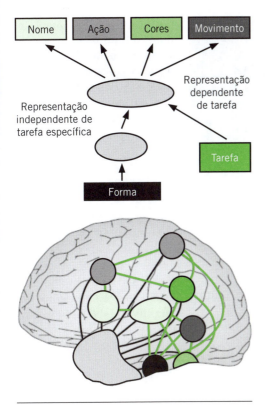

FIGURA 8.3 Representação neuroanatômica de conectividade do modelo *distributed plus-hub view*.
Fonte: Adaptado de Lent (2010).

Nesse polo, a associação entre diferentes pares de atributos (nome e forma, forma e movimento ou forma e cor) seria processada por um mesmo grupo de neurônios e sinapses, independentemente do tipo de tarefa – por isso ser um eixo "amodal". Alguns estudos sugeriram que porções perirrinais do lobo temporal medial teriam também papel importante para o *processamento* de informações semânticas, sobretudo para a identificação de estímulos ambíguos, tanto do ponto de vista perceptivo como semântico.

Memória não declarativa (implícita)

A memória não declarativa ou implícita de adquirir habilidades perceptomotoras ou cognitivas por meio da exposição repetida a atividades que seguem regras constantes mas que não requerem resgate é a habilidade consciente ou intencional da experiência (Schacter, 1987). Alterações no funcionamento dessa modalidade de memória podem interferir na aquisição de habilidades rotineiras extremamente úteis, como usar o computador ou o celular de modo adequado. Há diversas modalidades e hábitos adquiridos e treinados progressivamente, tais como aqueles desenvolvidos em tarefas como jogar futebol, usar um controle de *videogame* ou cozinhar; pré-ativação (*priming*); condicionamento clássico, encontrado nas respostas emocionais de medo, com ativação da amígdala; condicionamento operante, e na aprendizagem não associativa (Fig. 8.4).

A avaliação neuropsicológica de um tipo de memória implícita, a pré-ativação, em geral envolve identificar palavras, completar sentenças, completar palavras, solucionar anagramas e outras tarefas que

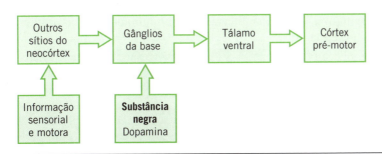

FIGURA 8.4 Circuitaria anatômica da memória implícita.

envolvam sobretudo o uso de dicas prévias ou de conhecimento prévio já automatizado (Rajaram & Roediger, 1993). Testes para avaliação de habilidades e hábitos costumam envolver tarefas motoras ou visuomotoras, tais como a escrita ou o desenho a partir da imagem projetada em espelho, labirintos e torres (Torres de Hanói, etc.).

> A avaliação neuropsicológica de um tipo de memória implícita, a pré-ativação, em geral envolve identificar palavras, completar sentenças, completar palavras, solucionar anagramas e outras tarefas que envolvam sobretudo o uso de dicas prévias ou de conhecimento prévio já automatizado (Rajaram & Roediger, 1993).

MEMÓRIA DE CURTO PRAZO

Quando falamos de memória de curto prazo, estamos discutindo a recuperação da informação, dentro de poucos segundos após a exposição e limitada a cerca de quatro itens (Cowan, 2008). Essa memória necessita de reverberação do conteúdo ou de uma aglutinação de seus elementos para sua ampliação (capacidade). Do ponto de vista funcional, a memória de curto prazo foi assimilada ao conceito de memória operacional. O modelo tornou-se relativamente simples para explicar os componentes presentes no registro imediato e no uso da informação, que passaram a ser compreendidos dentro do modelo de memória operacional.

Memória operacional

A memória operacional é um sistema de memória responsável pela manutenção temporária e pela manipulação da informação, servindo para que operações mentais sejam realizadas *on-line*, isto é, no decorrer de sua coleta ou recoleta (Baddeley, 2007). A memória operacional permite o uso, o gerenciamento e a organização da informação, ultrapassando os limites da memória de curto prazo, que exige reverberação constante da informação (Strauss et al., 2006).

O modelo multicomponente, originalmente proposto por Baddeley e Hitch (1974), prediz que a memória operacional é dividida em um sistema supervisor – o executivo central – e dois sistemas escravos – a alça fonológica e seu equivalente para material visuoespacial, o esboço visuoespacial. As alças seriam subordinadas ao executivo central, que funcionaria como um gerenciador dos subsistemas e alocador de recursos atencionais. Mais recentemente, foi acrescido um quarto componente ao modelo: o retentor episódico (Baddeley, 2000), que seria o responsável pela conexão de informações da memória de longo prazo às informações de curto prazo, integrando, assim, a lembrança de episódios (Fig. 8.5), bem como envolvendo-se na associação (*binding*) de diferentes grupos de informação (ver Baddeley, Allen, & Hitch, 2011).

> A memória operacional é um sistema de memória responsável pelo arquivamento e pela manipulação temporários da informação, servindo para que operações mentais sejam realizadas no decorrer desse tempo.

Existem muitos testes para avaliação da memória operacional. O mais comum é o *span* de dígitos das baterias Wechsler (WAIS, WISC, WMS). O teste consiste de sete pares de números em sequência aleatória, os quais são lidos pelo examinador a uma média de um número por segundo, tanto na ordem direta como na inversa. Uma variante dessa avaliação é o teste de *span* de letras o qual exige um desempenho mínimo com um número de letras levemente inferior, pois o *span* de dígitos permite a transformação de número da sequência em pares de números. Por exemplo, em vez de 4-8-3-2, o examinando poderia criar uma estratégia como 48031, facilitando, assim, a recordação dos algarismos.

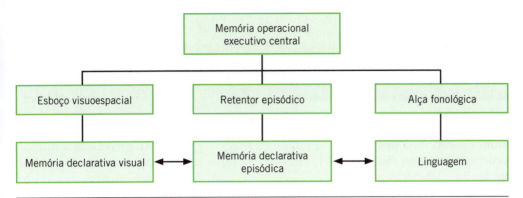

FIGURA 8.5 Estrutura dos sistemas de memória. Memória operacional.
Fonte: Adaptada de Baddeley (2000).

Outras variantes permitem também uma maior demanda da memória operacional, como, por exemplo, as tarefas que envolvem números e letras que devem ser repetidos separadamente e em ordem crescente pelo examinando (p. ex., a sequência 6-3-M-2--R-G deve ser repetida como 2-3-6-G-M--R). Um exemplo desse tipo de tarefa é a sequência de letras e números das baterias Wechsler, a partir da versão III. A memória operacional está envolvida em tarefas diárias, como registrar um número de telefone por um tempo curto para uso posterior.

Para a avaliação da memória operacional visuoespacial, um dos testes mais utilizados é o de Cubos de Corsi, que consiste de nove cubos numerados distribuídos em uma placa. O examinador toca uma sequência progressiva de itens, solicitando que, logo a seguir, o examinando toque-os tanto na ordem direta como na inversa. É uma prova de fácil aplicação e bastante sensível, sobretudo para lesões do lobo frontal e prejuízos no hemisfério direito (ver Lezak, Howieson, & Loring, 2004).

Memória prospectiva

A memória prospectiva refere-se à capacidade de lembrar-se de executar uma ação planejada para o futuro. Ela requer que o indivíduo recorde tanto da natureza de um evento futuro como da hora em que ocorrerá (intenção baseada no tempo) ou, então, lembre um conteúdo a ser tratado em um evento futuro (intenção baseada em evento). Em geral, as avaliações de memória prospectiva têm sido realizadas experimentalmente em procedimentos variados que costumam envolver a apresentação de situações futuras e a sustentação de um estímulo-alvo, como, por exemplo, uma palavra a ser lembrada todas as vezes que determinado estímulo for apresentado. O teste mais utilizado para a avaliação de memória prospectiva é o Cambridge Test of Prospective Memory (CAMPROMPT) (Wilson et al., 2005), que ainda não foi validado no Brasil (Piauilino et al., 2010).

CONSIDERAÇÕES FINAIS

Os sistemas de memória são construtos validados na pesquisa experimental, tendo grande utilidade na prática clínica. Apesar de não haver um consenso, há aceitação bastante razoável para os sistemas de memória de longo prazo dual e de memória operacional, expostos neste capítulo. A proposição de novos tipos de memória (p.

ex., memória prospectiva) e a revisão das propostas existentes (p. ex., retentor episódico da memória operacional) permitiram expandir o entendimento proporcionado pelas teorias apresentadas no século passado. Os instrumentos de avaliação de memória expostos neste capítulo e ao longo deste livro são vinculados tanto à teoria como à necessidade de compreensão clínica de pacientes com disfunção ou lesão cerebral. Enquanto há uma disponibilidade de testes neuropsicológicos validados para memória em outros países, sobretudo nos Estados Unidos e na Europa, no Brasil, os pesquisadores têm que desenvolver tanto a validação de instrumentos já consagrados na literatura neuropsicológica como novas ferramentas adequadas à nossa população (ver Malloy-Diniz et al., 2007; Malloy-Diniz, Fuentes, Mattos, & Abreu, 2010). A compreensão dos sistemas explicativos do funcionamento da memória e dos melhores instrumentos para sua avaliação é crucial para a formação e o desenvolvimento do pesquisador e profissional especializado em neuropsicologia.

REFERÊNCIAS

Adolphs, R., Cahill, L., Schul, R., & Babinsky, R. (1997). Impaired declarative memory for emotional material following bilateral amygdala damage in humans. *Learning & Memory*, 4, 291-300.

Aggleton J. P., & Brown M. W. (2006). Interleaving brain systems for episodic and recognition memory. *Trends in Cognitive Sciences*, 10(10), 455-463.

Atkinson, R. C., & Shiffrin, R. M. (1968). Human memory: A proposal system and its control processes. In K. W. Spence, & J. T. Spence (Eds.), *The psychology of learning and motivation* (vol. 8). London: Academic Press.

Baddeley, A. (2000). The episodic buffer: A new component of working memory. *Trends in Cognitive Sciences*, 4(11), 417-423.

Baddeley, A. D. (2007). *Working memory, thought and action*. Oxford: Oxford University.

Baddeley, A. D., & Hitch, G. J. (1974). Working memory. In G. H. Bower (Ed.), *The psychology of learning and motivation: Advances in research and theory* (vol. 8, pp. 47-90). New York: Academic Press.

Baddeley, A. D., Allen, R. J., & Hitch, G. J. (2011). Binding in visual working memory: The role of the episodic buffer. *Neuropsychologia*, 49(6), 1393-1400.

Bueno, O. F. A. (2011). Studying memory: From the frontal to the temporal lobe and vice-versa. In L. C. Eklund, & A. S. Nyman (Eds.), *Learning and memory development and intellectual disabilities* (vol. 1, pp. 227-240). New York: Nova Science.

Coelho, C. A. O., Ferreira, T. L., Soares, J. C., & Oliveira, M. G. (2013). Hippocampal NMDA receptor blockade impairs CREB phosphorylation in amygdala after contextual fear conditioning. *Hippocampus*, 23(7), 545-551.

Corwin, J., & Bylsma, F. W. (1993). Psychological examination of traumatic encephalopathy. *The Clinical Neuropsychologist*, 7(1), 3-21.

Cowan, N. (2008). What are the differences between long-term, short-term, and working memory? *Progress in Brain Research*, 169, 323-338.

de Paula, J. J., Melo, L. P. C., Nicolato R., Moraes, E. N., Bicalho, M. A., Hamdan, A. C., & Malloy-Diniz, L. F. (2012). Fidedignidade e validade de construto do Teste de Aprendizagem Auditivo-Verbal de Rey em idosos brasileiros. *Revista de Psiquiatria Clínica*, 39(1), 19-23.

Dobbins, I. G., Kroll, N. E. A., Yonelinas, A. P., & Liu, Q. (1998). Distinctiveness in recognition and free recall: The role of recollection in the rejection of the familiar. *Journal of Memory and Language*, 38(4), 381-400.

Gainotti, G., & Marra, C. (1994). Some aspects of memory disorders clearly distinguish dementia of the Alzheimer's type from depressive pseudo-dementia. *Journal of Clinical and Experimental Neuropsychology*, 16(1), 65-78.

Goldman-Rakic, P. S. (1995). "Cellular basis of working memory". *Neuron*, 14, 447-485

Hebb, D. O. (1949). *Organization of behavior: A neuropsychological theory*. Hoboken: John Wiley & Sons.

Kneebone, A. C., Lee, G. P., Wade, L. T., & Loring, D. W. (2007) Rey complex figure: Figural and spatial memory before and after temporal lobectomy for intractable epilepsy. *Journal of International Neuropsychological Society*, 13(4), 664-671.

Lashley, K. S. (1929). *Brain mechanisms and intelligence*. Chicago: University of Chicago.

LeDoux, J. E. (1994). Emotion, memory, and the brain. *Scientific American, 270*, 32-39.

Lent, R. (2010). Cem bilhões de neurônios? Conceitos fundamentais de neurociências (2. ed.). São Paulo: Atheneu.

Lezak, M. D., Howieson, D. B., & Loring, D. W. (2004). *Neuropsychological assessment* (4th ed.). New York: Oxford University.

Malloy-Diniz, L. F., Fuentes, D., Mattos, P., & Abreu, N. (Orgs.). (2010). *Avaliação neuropsicológica*. Porto Alegre: Artmed.

Malloy-Diniz, L. F., Lasmar, V. A. P., Gazinelli, L. S. R., Fuentes, D., & Salgado, J. V. (2007). The Rey Auditory-Verbal Learning Test: applicability for the Brazilian elderly population. *Revista Brasileira de Psiquiatria, 29*(4), 324-329.

Marr, D. (1971). Simple memory: A theory of archicortex. *Philosophical Transactions of the Royal Society of London B Biological Sciences, 262*(841), 23-81.

McGaugh, J. L. (1966). Time-dependent processes in memory storage. *Science, 153*, 1351-1358.

McGaugh, J. L. (2004). The amygdala modulates the consolidation of memories of emotionally arousing experiences. *Annual Review of Neuroscience, 27*, 1-28.

Meyers, J. E., & Meyers, K. R. (1995). *Rey complex figure test and recognition trial: Professional manual*. Lutz: PAR.

Milner, B., Corkin, S., & Teuber, H. L. (1968) Further analysis of the hippocampal amnesic syndrome: 14-year follow-up study of H.M. *Neuropsychologia, 6*, 215-234.

Oliveira, M. G. M., & Bueno, O. F. A. (1993). Neuropsicologia da memória humana. *Psicologia USP, 4*(1/2), 117-138.

Oliveira, R. M., & Charchat-Fichman, H. (2008). Brazilian children performance on Rey's auditory verbal learning paradigm. *Arquivos de Neuro-Psiquiatria, 66*(1), 40-44.

Østby, Y., Tamnes, C. K., Fjell, A. M., & Walhovd, K. B. (2012). Dissociating memory processes in the developing brain: The role of hippocampal volume and cortical thickness in recall after minutes versus days. *Cerebral Cortex, 22*(2), 381-90.

Patterson, K., Nestor, P. J., & Rogers, P. P. (2007). Where do you know what you know? The representation of semantic knowledge in the human brain. *Nature Reviews Neuroscience, 8*, 976-987.

Piauilino, D. C., Bueno, O. F., Tufik, S., Bittencourt, L. R., Santos-Silva, R., Hachul, H., ... Pompéia, S. (2010). The prospective and retrospective memory questionnaire: A population-based random sampling study. *Memory, 18*(4), 413-26.

Porto, W. G., Bertolucci, P., Ribeiro, R. L., & Bueno, O. F. A. (2008). Um estudo dos relatos afetivos subjetivos a estímulos do International Affective Picture System em uma amostra geriátrica brasileira. *Revista de Psiquiatria do Rio Grande do Sul, 30*(2), 131-138.

Rajaram, S., & Roediger, H. L. (1993). Direct comparison of four implicit memory tests. *Journal of Experimental Psychology: Learning, Memory, & Cognition, 19*(4), 765-776.

Rey, A. (1958). *L'examen clinique en psychologie*. Paris: Universitaire de France.

Ribeiro, R. L., Pompéia, S., & Bueno, O. F. A. (2005). Comparison of Brazilian and American norms for the International Affective Picture System (IAPS). *Revista Brasileira de Psiquiatria, 27*(3), 208-15.

Salgado, J. V., Malloy-Diniz, L. F., Abrantes, S. S., Moreira, L., Schlottfeldt, C. G., Guimarães, W., ... Fuentes, D. (2011). Applicability of the Rey Auditory-Verbal Learning Test to an adult sample in Brazil. *Revista Brasileira de Psiquiatria, 33*(3), 234-237.

Santos, R. F., & Stein, L. M. (2008). A influência das emoções nas falsas memórias: Uma revisão crítica. *Psicologia USP, 19*, 415-434.

Schacter, D. L. (1987). Implicit memory: History and current status. *Journal of Experimental Psychology: Learning, Memory, and Cognition, 13*(3), 501-518.

Scoville, W. B., & Milner, B. (1957). Loss of recent memory after bilateral hippocampal lesions. *Journal of Neurology, Neurosurgery & Psychiatry, 20*(1), 11-21

Simons, J. S., & Spiers, H. J. (2003). Prefrontal and medial temporal lobe interactions in long-term memory. *Nature Reviews Neuroscience, 4*, 637-648.

Squire, L. R. (1986). Mechanisms of memory. *Science, 232*(4758), 1612-1619.

Squire, L. R. (1992). Declarative and nondeclarative memory: Multiple brain systems supporting learning and memory. *Journal of Cognitive Neuroscience, 4*(3), 232-243.

Squire, L. R., & Zola-Morgan, S. (1991). The medial temporal lobe memory system. *Science, 253*, 1380-1386.

Strauss, E., Sherman, E. M. S., & Spreen, O. A. (2006). *A compendium of neuropsychological tests: Administration, norms, and commentary*. New York: Oxford University.

Thierry, A. M., Gioanni, Y., Dégénétais, E., & Glowinski, J. (2000). Hippocampo-prefrontal cortex pathway: Anatomical and electrophysiological characteristics. *Hippocampus, 10*(4), 411-419.

Tulving, E. (1972). Episodic and semantic memory. In E. Tulving, & W. Donaldson (Eds.), *Organization of memory* (pp. 381-403). New York: Academic Press.

Uchiyama, C. L., D'Elia, L. F., Dellinger, A. M., Becker, J. T., Selnes, O. A., Wesch, J. E., ... Miller, E. N. (1995). Alternate forms of the Auditory-Verbal Learning Test: Issues of test comparability, longitudinal reliability, and moderating demographic variables. *Archives of Clinical Neuropsychology, 10*(2), 133-145

Uddo, M., Vasterling, J. J., Brailey, K., & Sutker, P. B. (1993): Memory and attention in posttraumatic stress disorder. *Journal of Psychopathology and Behavioral Assessment, 15*(1), 43-52.

Ullman, M. T. (2004). Contributions of memory circuits to language: The declarative/procedural model. *Cognition, 92*(1-2), 231-270.

Vann, S. D., Tsivilis, D., Denby, C. E., Quamme, J. R., Yonelinas, A. P., Aggleton, J. P., ... Mayes, A. R. (2009). Impaired recollection but spared familiarity in patients with extended hippocampal system damage revealed by 3 convergent methods. *Proceedings of the National Academy of Sciences of the United States of America, 106*(13), 5442-5447.

Warrington, E. K., & Weiskrantz, L. (1982). Amnesia: A disconnection syndrome? *Neuropsychologia, 20*(3), 233-248.

Wilson, B., Emslie, H., Foley, J., Shiel, A., Watson, P., Hawkins, K., ... Evans, J. J. (2005). *Cambridge Prospective Memory Test (CAMPROMPT)*. New York: Pearson.

9

Neuropsicologia das funções executivas e da atenção

LEANDRO F. MALLOY-DINIZ
JONAS JARDIM DE PAULA
MANUEL SEDÓ
DANIEL FUENTES
WELLINGTON BORGES LEITE

As funções executivas correspondem a um conjunto de habilidades que, de forma integrada, permitem ao indivíduo direcionar comportamentos a metas, avaliar a eficiência e a adequação desses comportamentos, abandonar estratégias ineficazes em prol de outras mais eficientes e, desse modo, resolver problemas imediatos, de médio e de longo prazo. Essas funções são requisitadas sempre que se formulam planos de ação e que uma sequência apropriada de respostas deve ser selecionada e esquematizada (Robbins, 1996).

Para a realização bem-sucedida de diversas tarefas cotidianas, o indivíduo deve identificar claramente seu objetivo final e traçar um plano de metas dentro de uma organização hierárquica que facilite sua consecução. Em seguida, deve executar os passos planejados, avaliando constantemente o sucesso de cada um deles, corrigindo aqueles que não foram bem-sucedidos e adotando novas estratégias quando necessário. Ao mesmo tempo, o sujeito deve manter o foco da atenção na tarefa que está realizando, monitorar sua atenção e integrar temporalmente os passos que já foram realizados, bem como aquele que está sendo executado e os seguintes. Ele também

> As funções executivas correspondem a um conjunto de habilidades que, de forma integrada, permitem ao indivíduo direcionar comportamentos a metas, avaliar a eficiência e a adequação desses comportamentos, abandonar estratégias ineficazes em prol de outras mais eficientes e, desse modo, resolver problemas imediatos, de médio e de longo prazo.

deverá armazenar temporariamente em sua memória as informações que serão usadas durante toda a realização da tarefa, e esse armazenamento temporário deve ficar "protegido" do efeito de distratores. Essa organização de procedimentos garante que tenhamos um bom desempenho em atividades do dia a dia, sobretudo naquelas tarefas mais complexas, que necessitam da escolha de procedimentos, da hierarquização de passos e da administração de informações. Atividades em que há um maior nível de ineditismo também demandam maior envolvimento das funções executivas. Mesmo em tarefas corriqueiras, falhas nas funções executivas tornam sua realização verdadeiros desafios para pacientes com comprometimentos cerebrais adquiridos ou com desenvolvimento anormal do sistema nervoso.

Diversos são os modelos teóricos que definem as funções executivas. Eles diferem entre si em relação às seguintes hipóteses:

1. se as funções executivas são um construto único ou vários construtos paralelos e integrados e
2. quais são os componentes das funções executivas.

De acordo com Kluwe-Schiavon, Viola e Grassi-Oliveira (2012), vários modelos teóricos sustentam a proposta de que as funções executivas correspondem a um construto único. Entre os exemplos de modelos teóricos que sustentam essa afirmação, citamos as divisões funcionais de Luria (a unidade 3, ou unidade executiva, corresponderia à base das funções executivas) e o modelo de memória operacional de Baddeley e Hitch (descrito mais adiante neste capítulo).

Outros autores consideram que as funções executivas compreendem diversos processos relativamente independentes, os quais interagem entre si em uma estrutura hierárquica ou simplesmente paralela (ver Diamond, 2013). Seriam, dessa forma, uma espécie de guarda-chuva que abarca diversos processos, como memória operacional (ou memória de trabalho), planejamento, solução de problemas, tomada de decisão, controle inibitório, fluência, flexibilidade cognitiva e categorização.

Entre os autores que propõem a existência de múltiplos processos executivos operando de forma hierarquizada e sequencial, podemos citar Barkley (2001). O autor foca nos processos de controle inibitório, os quais poderiam ocorrer em três níveis distintos: inibição de respostas prepotentes, interrupção de respostas em curso e/ou controle de interferência de distratores. Os processos inibitórios contribuem para a atuação eficaz de outras funções executivas:

– Memória operacional: envolve a manutenção de representações mentais, retrospecção, prospecção e orientação temporal.
– Fala internalizada: comportamento encoberto envolvendo autoinstrução, definição de regras, orientação a partir das regras definidas, raciocínio moral e reflexão sobre o comportamento em curso.
– Autorregulação: ativação, motivação, controle sobre o afeto, atividade levando em consideração a perspectiva social e direcionamento à conquista de metas.
– Reconstituição: sintaxe comportamental envolvendo fluência (verbal e não verbal), criatividade, ensaios mentais, análise e síntese comportamental.

Esses quatro processos, quando otimizados, permitem a execução motora fluente e eficaz, a qual é caracterizada por comportamentos dirigidos a metas, de forma persistente e com a concomitante inibição de comportamentos irrelevantes.

Outros autores, como Lezak, Howieson, Bigler e Tranel (2012), sugerem a existência de um processo composto por etapas sucessivas e interdependentes. Para eles, as funções executivas apresentam quatro componentes principais: a volição, o planejamento, a ação proposital e o desempenho efetivo.

A volição está relacionada ao nosso comportamento intencional, envolvendo a formulação de objetivos e motivação para iniciar um comportamento dirigido à realização de metas, por mais simples que sejam. O planejamento engloba a identificação de etapas e elementos necessários para se alcançar um determinado objetivo. Envolve a análise de alternativas concorrentes e a escolha daquela que, a princípio, parece mais apropriada para a consecução do objetivo em termos de custo e benefício. A ação propositada envolve a transição da intenção e do plano para o comportamento em si, o qual, por sua vez, deve ser iniciado, sustentado ou alterado (dependendo de sua eficácia), interrompido (quando necessário) e integrado a outros no contexto da solução do problema atual.

> As funções executivas compreendem diversos processos relativamente independentes, os quais interagem entre si em uma estrutura hierárquica ou simplesmente paralela.

Enquanto desempenha as ações propositadas, é importante que o sujeito também exerça a autorregulação de seu comportamento e a monitoração do desempenho efetivo. Esse processo envolve a capacidade de avaliar se um comportamento é apropriado para o alcance do objetivo traçado, bem como a flexibilidade e a capacidade de modificá-lo caso não seja eficaz. A inflexibilidade cognitiva pode resultar em comportamentos perseverativos e estereotipados. Cabe salientar que, conforme sugerem Lezak e colaboradores (2012), a eficácia do desempenho está relacionada à capacidade do sujeito de se monitorar, autocorrigir, regular a magnitude de cada resposta e considerar a dimensão temporal das ações para a conclusão da tarefa realizada.

Outros autores, como Bechara e Van Der Linden (2005), Stuss (2011), Fuster (2008) e Happaney, Zelazo e Stuss (2004), com base em informações de estudos de correlação anatomoclínicas, propõem a separação das funções executivas de acordo com circuitos cerebrais a elas relacionados. A partir dessas correlações, alguns autores, como Zelazo e Müller (2002), sugerem a existência de funções executivas quentes, mais relacionadas ao processamento emocional e motivacional (incluindo processos como tomada de decisão, cognição social e teoria da mente), e funções executivas frias, mais relacionadas a processos predominantemente cognitivos (incluindo categorização, flexibilidade cognitiva, fluência verbal, entre outras funções). Enquanto as funções executivas quentes teriam maior relação com o córtex pré-frontal orbitofrontal, as frias teriam maior relação com o córtex pré-frontal dorsolateral. Essa separação relacionada a circuitos cerebrais será mais bem detalhada posteriormente neste capítulo.

Por fim, cumpre mencionar a proposta de que haveria três funções executivas nucleares – memória operacional, inibição e flexibilidade cognitiva – que atuariam como base para o desempenho de funções executivas mais complexas – solução de problemas, planejamento, raciocínio abstrato (Diamond, 2013). Essa divisão foi proposta por Miyake e colaboradores (2000), que se basearam em dados de natureza psicométrica. Naquele estudo, após a aplicação de uma série de testes de funções executivas em uma amostra de estudantes universitários, o autor realizou a análise fatorial dos resultados, encontrando o fracionamento das funções executivas nesses três fatores.

AS FUNÇÕES EXECUTIVAS NO CICLO DA VIDA

Em termos filogenéticos, as funções executivas atingiram seu ápice em nossa espécie. Conforme salientado por Barkley (2001), o desenvolvimento das funções executivas é um importante marco adaptativo na espécie humana, estando relacionado a alguns componentes universais de nossa natureza, como o altruísmo recíproco, a formação de coalizões, a capacidade de imitar e aprender com a observação do comportamento alheio, o uso de ferramentas, as habilidades comunicativas e a capacidade de lidar com grupos, resguardando-se de suas influências e manipulações.

Considerando o desenvolvimento ontogenético, as funções executivas atingem sua maturidade mais tardiamente se comparadas às demais funções cognitivas.

> Alguns autores, como Zelazo e Müller (2002), sugerem a existência de funções executivas quentes, mais relacionadas ao processamento emocional e motivacional (incluindo processos como tomada de decisão, cognição social e teoria da mente), e funções executivas frias, mais relacionadas a processos predominantemente cognitivos (incluindo categorização, flexibilidade cognitiva, fluência verbal, entre outras funções).

Conforme salientado por Romine e Reynolds (2005), as funções executivas desenvolvem-se com intensidade entre 6 e 8 anos de idade, e esse desenvolvimento continua até o final da adolescência e início da idade adulta. Entretanto, mesmo concluindo a maturação mais tardiamente, o desenvolvimento dessas funções inicia-se no primeiro ano de vida (Diamond, 2013), sendo possível identificar comprometimentos nesse progresso em bebês de 9 meses (Malloy-Diniz et al., 2004). Digno de nota, o desenvolvimento inicial das funções executivas é de crucial importância para a adaptação social, ocupacional e mesmo para a saúde mental em etapas posteriores da vida.

> O desenvolvimento inicial das funções executivas é de crucial importância para a adaptação social, ocupacional e mesmo para a saúde mental em etapas posteriores da vida.

Johnson (2012) sugere que as funções executivas, embora não tenham tanto valor do ponto de vista de diferenciar síndromes neuropsiquiátricas entre si, são cruciais para determinar o risco de aparecimento de vários transtornos infantis. Por exemplo, de acordo com o autor, embora as disfunções executivas não sejam condições necessárias (ou suficientes) para o surgimento de psicopatologias como o transtorno de déficit de atenção/hiperatividade (TDAH) e o autismo, a presença inicial de disfunção executiva aumentaria o risco para a configuração do transtorno (e até mesmo para aumento de sua gravidade) na medida em que ela diminui

1. a possibilidade de reorganização dos sistemas neurais compensatórios e
2. a capacidade de lidar com as adversidades em situações cotidianas.

Mesmo em estudos com populações não clínicas, o desenvolvimento inicial de algumas funções executivas parece estar diretamente relacionado ao sucesso em diversas áreas da vida. Em um estudo clássico da psicologia do desenvolvimento, o psicólogo Walter Mischel avaliou crianças de 4 anos com relação a sua capacidade de postergar gratificação, usando a famosa tarefa dos *marshmallows* (Mischel, Shoda, & Rodriguez, 1989). No teste, a criança recebe um *marshmallow* e um sino. Propõe-se que, se ela esperar um tempo, ganha um segundo *marshmallow*, ou, se preferir, pode comer o *marshmallow* imediatamente e não ganhar o segundo. Durante a espera, ela pode tocar o sino a hora que quiser, sinalizando sua desistência. As crianças de Mischel têm sido acompanhadas por vários anos. As diversas publicações derivadas desse estudo mostraram que as crianças que conseguiram postergar a gratificação aos 4 anos tiveram melhor desempenho em termos de cognição social, enfrentamento de adversidades e desempenho acadêmico na adolescência. Além disso, a postergação da gratificação aos 4 anos foi capaz de predizer o desempenho em tarefas de inibição de resposta aos 18 anos (Ayduk et al., 2000). Em um estudo mais recente com os mesmos sujeitos, agora com 40 anos, Casey e colaboradores (2011) verificaram diferenças entre aqueles que postergaram a gratificação aos 4 anos e aqueles que não o fizeram.

Após sua maturação ao final da adolescência, as funções executivas passam por um período de relativa estabilidade durante a idade adulta, tendendo a diminuir a eficiência de forma natural ao longo do processo de envelhecimento. Dessa forma, o desenvolvimento das funções executivas ao longo da vida apresenta o formato de um U invertido. Diversos mecanismos neurobiológicos naturais parecem contribuir para esse processo de declínio das funções executivas. Por exemplo, os circuitos fronto-estriatais relacionados às funções executivas parecem ter maior precocidade no processo natural de degeneração em comparação a outras regiões do encéfalo (Salat et al.,

2005). Por volta dos 50 anos, já pode ser observado um declínio sutil no desempenho de funções como categorização, organização, planejamento, solução de problemas e memória de trabalho. Outras funções executivas, como a tomada de decisão afetiva e a teoria da mente, obedecem padrão semelhante, porém seu declínio ocorre um pouco mais tarde.

NEUROBIOLOGIA DAS FUNÇÕES EXECUTIVAS

De acordo com a metáfora frontal, ainda corrente na literatura neuropsicológica, as funções executivas seriam totalmente mediadas pelo lobo frontal. Por exemplo, Goldberg (2002) considera essas funções como resultado da atividade dos lobos frontais (especificamente da região pré-frontal). Segundo ele, as funções executivas (ou funções do lobo frontal) atuam como uma espécie de diretor executivo do funcionamento da atividade mental humana. Goldberg (2002) propõe que a compreensão das funções executivas é facilitada se concebermos os lobos pré-frontais como uma espécie de maestro ou general que coordena os outros sistemas e estruturas neurais. A orquestra continua existindo sem o maestro, assim como o exército, sem o general, e a atividade dos diversos sistemas neurais, sem a atuação reguladora do córtex pré-frontal. No entanto, do mesmo modo como a coordenação dos diferentes membros da orquestra na produção musical e das estratégias bélicas do exército é comprometida sem a função de seus líderes, a atividade de diferentes sistemas neurais e suas funções subjacentes torna-se menos eficiente nos casos de comprometimentos do córtex pré-frontal.

A associação entre as regiões frontais do cérebro e funções cognitivas complexas é antiga. Em uma das primeiras descrições presentes na literatura científica moderna sobre essa associação, o relato do caso de Phineas Gage, feito por John Martyn Harlow, em 1948, apresenta as desastrosas consequências cognitivas e comportamentais decorrentes de uma lesão pré-frontal. O caso Gage, posteriormente revisitado por David Ferrier, foi um dos pilares de uma das primeiras propostas sobre a relação entre a região frontal do cérebro e funções cognitivas complexas na história da neurociência moderna (Ferrier, 1878). No entanto, a despeito das associações entre o córtex pré-frontal e as funções cognitivas complexas, é mais correto classificar tais funções como resultantes da atividade distribuída de diferentes regiões e circuitos neurais. Mesmo aquelas estruturas que antes eram vistas como predominantemente motoras (como as porções filogeneticamente mais recentes do cerebelo) têm sido relacionadas às funções executivas (Riva, Cazzaniga, Esposito, & Bulgheroni, 2013).

> As funções executivas (ou funções do lobo frontal) atuam como uma espécie de diretor executivo do funcionamento da atividade mental humana.

Os complexos circuitos relacionados às funções executivas envolvem diferentes sistemas de neurotransmissão, de modo que alterações nesses sistemas também estão relacionadas ao desempenho das funções executivas. Por exemplo, as vias dopaminérgicas estão relacionadas a memória operacional, atenção, controle inibitório, planejamento, flexibilidade cognitiva e tomada de decisão. Alterações na neurotransmissão dopaminérgica afetam as funções supramencionadas, conforme podemos constatar em transtornos como a esquizofrenia e o transtorno de déficit de atenção/hiperatividade. Por sua vez, as vias serotonérgicas são particularmente importantes para processos como o controle inibitório e a tomada de decisão afetiva (Rogers et al., 2003). A compreensão da relação entre a atividade neuroquímica cerebral e as funções executivas tem sido importante para o desenvolvimento de estratégias farmacológicas capazes de remediar déficits nesses processos mentais (Leite, Malloy-Diniz, & Corrêa, 2007).

É importante frisar que o córtex pré-frontal apresenta um nível de especialização funcional em que cada sistema neural está envolvido com aspectos cognitivos e comportamentais específicos. Brandshaw (2001) descreve a existência de cinco circuitos frontais subcorticais paralelos e inter-relacionados (motor, oculomotor, dorsolateral, orbitofrontal e cíngulo anterior) ligados a funções distintas. Desses circuitos, três estão particularmente relacionados ao desempenho das funções executivas.

> É importante frisar que o córtex pré-frontal apresenta um nível de especialização funcional em que cada sistema neural está envolvido com aspectos cognitivos e comportamentais específicos.

Circuito dorsolateral

O circuito dorsolateral (Fig. 9.1) origina-se no córtex pré-frontal dorsolateral, projeta-se para a parte dorsolateral do núcleo caudado, que também recebe sinais do córtex parietal e da área pré-motora e tem conexões com as porções dorsolaterais do globo pálido e substância negra reticulada rostral. O circuito continua para a região parvocelular dos núcleos talâmicos dorsolateral e ventral anterior. Do tálamo, por sua vez, são emitidas projeções de volta para o córtex pré-frontal dorsolateral.

A região pré-frontal dorsolateral é uma área de convergência multimodal, estando interconectada com outras áreas de associação cortical e relacionada a processos cognitivos de estabelecimento de metas, planejamento, solução de problemas, fluência, categorização, memória operacional, monitoração da aprendizagem e da atenção, flexibilidade cognitiva, capacidade de abstração, autorregulação, julgamento, tomada de decisão, foco e sustentação da atenção.

Conforme salientado por Mattos, Saboya e Araujo (2002), uma importante consequência de comprometimento do circuito

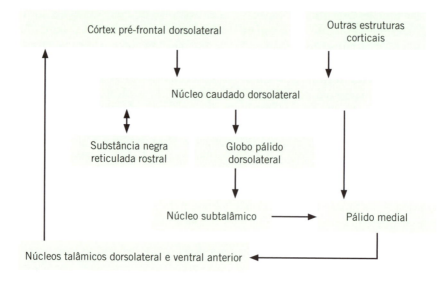

FIGURA 9.1 Circuito pré-frontal dorsolateral.

dorsolateral é a dificuldade em recuperar livremente um determinado material aprendido. Os pacientes que sofrem desse problema, a despeito de seu desempenho normal em testes de memória de reconhecimento, falham na recuperação espontânea do material consolidado. Ainda segundo Mattos e colaboradores (2002), aspectos motivacionais decorrentes da síndrome disexecutiva também podem influenciar a recuperação espontânea do material aprendido. O exame de pacientes idosos deprimidos, cujo principal comprometimento cognitivo é a disfunção executiva, ilustra tal fato: esses sujeitos apresentam déficits moderados na codificação de conteúdo e expressivos na recuperação espontânea de informações (aspectos mais relacionados aos circuitos dopaminérgicos), enquanto mostram preservação da memória de curto prazo e do reconhecimento (de Paula et al., 2013a). Linek, Sonka e Bauer (2005) relataram o caso de um paciente com síndrome disexecutiva a partir da lesão do núcleo anterior do tálamo. O sujeito, embora não tenha evidenciado alterações de sua personalidade e da atenção, apresentou prejuízos importantes relacionados a recuperação de material aprendido (evocação), planejamento e categorização. Esse caso ressalta a importância de considerarmos o circuito pré-frontal integrado, e não o córtex pré-frontal isolado, como sede das funções executivas.

Circuito orbitofrontal

O circuito orbitofrontal (Fig. 9.2) origina-se no córtex pré-frontal lateral inferior e ventral anterior. Projeta-se para o núcleo caudado ventromedial, o qual também recebe sinais de outras áreas de associação corticais – incluindo o giro temporal superior (auditivo) e o giro temporal inferior (visual) – e de regiões do tronco encefálico (formação reticular). O circuito continua para o globo pálido dorsomedial e para a porção rostromedial da substância negra reticulada. Projeta-se para a região magnocelular dos núcleos ventral anterior e dorsomedial do tálamo e, então, retorna para o córtex orbitofrontal.

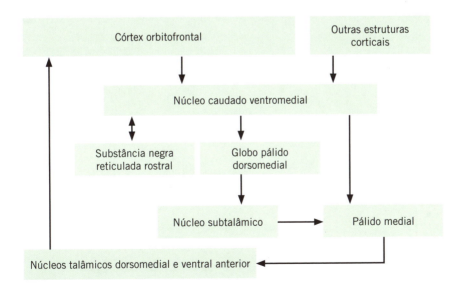

FIGURA 9.2 Circuito orbitofrontal.

O córtex orbitofrontal é fortemente interconectado com áreas de processamento cognitivo e emocional. Sua parte mais posterior e medial é considerada uma das principais regiões corticais para mediação autonômica e forma uma rede com outras áreas límbicas, como a ínsula, a amígdala, o córtex polar temporal, o hipotálamo e o tronco cerebral.

Esse circuito tem sido associado a aspectos do comportamento social, como empatia, cumprimento de regras sociais, controle inibitório e automonitoração. Seu comprometimento está geralmente associado a comportamentos de risco e alterações da personalidade caracterizadas por redução da sensibilidade às normas sociais, infantilização e dependência de reforço evidente e baixa tolerância à frustração. Há também prejuízo no julgamento social, no aprendizado baseado em emoções. Sintomas de ecopraxia e ecolalia também são frequentes. O paciente passa a apresentar dificuldades nos processos de tomada de decisão por não antecipar as futuras consequências de suas atitudes. Damásio (1996) classifica este último componente da síndrome disexecutiva como "miopia para o futuro" e explica tais dificuldades a partir da hipótese dos marcadores somáticos. Segundo essa hipótese, sensações corporais atuariam como sinalizadores no processo de tomada de decisão. Por exemplo, em situações de incerteza nas quais uma decisão é requerida, além da ativação de processos cognitivos (evocação de representações internas, planejamento, memória operacional, julgamento moral, etc.) são ativadas sensações corporais (viscerais e musculoesqueléticas) que sinalizam o risco eminente. Sensações desagradáveis, por exemplo, podem indicar as desvantagens de um determinado comportamento que está prestes a ser assumido. Esses marcadores somáticos são sinalizadores emocionais que atuam, muitas vezes, sem que tenhamos consciência de sua presença e de sua importância.

Circuito do cíngulo anterior

O circuito do cíngulo anterior (Fig. 9.3) origina-se no cíngulo anterior e se projeta para o estriado ventral (*nucleus acumbens* e

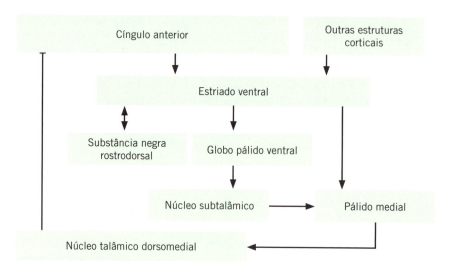

FIGURA 9.3 Circuito pré-frontal medial e cíngulo anterior.

tubérculo olfatório) (Royal, et al., 2002), o qual recebe sinais adicionais do córtex de associação paralímbico, incluindo o polo temporal anterior, a amígdala, o hipocampo inferior e o córtex entorrinal. O circuito continua para o pálido ventral e para a substância negra rostrodorsal, e daí para o núcleo talâmico dorsomedial, de onde retorna ao cíngulo anterior. Esse circuito é importante para a motivação, a monitoração de comportamentos, o controle executivo da atenção, a seleção e o controle de respostas.

Comprometimentos nesse circuito podem levar a dificuldades na realização de atividades que requerem manutenção de respostas e controle da atenção. Como consequência do comprometimento dessa circuitaria, o paciente pode apresentar apatia, dificuldades em controlar a atenção, identificar e corrigir erros produzidos a partir de tendências automatizadas, desinibição de respostas instintivas e mutismo acinético. O componente de atenção seletiva, um aspecto das redes atencionais executivas proposto por Posner (2012) e passível de avaliação por meio do paradigma de Stroop (conflito atencional e interferência), é altamente dependente desse circuito. Um estudo experimental proposto por Hayward, Goodwin e Harmer (2004) cancelou o efeito de conflito atencional (efeito Stroop) por estimulação magnética transcraniana da região do cíngulo anterior, sugerindo que tal região seja essencial para a resolução do conflito atencional característico da tarefa.

AVALIAÇÃO NEUROPSICOLÓGICA DAS FUNÇÕES EXECUTIVAS

Uma vez que as funções executivas são complexas e apresentam vários subdomínios,

> Uma vez que as funções executivas são complexas e apresentam vários subdomínios, sua avaliação neuropsicológica envolve vários procedimentos, os quais podem estar agrupados em baterias formais especificamente desenvolvidas para medi-las ou em baterias flexíveis nas quais os instrumentos são agrupados a partir de critérios definidos pelo examinador.

sua avaliação neuropsicológica envolve vários procedimentos, os quais podem estar agrupados em baterias formais especificamente desenvolvidas para medi-las ou em baterias flexíveis nas quais os instrumentos são agrupados a partir de critérios definidos pelo examinador.

Baterias específicas para avaliação das funções executivas

Existem baterias específicas para a avaliação das funções executivas, como a Behavioral Assessment of the Dysexecutive Syndrome (BADS) e o Dellis-Kaplan Executive Functions System (D-KEFS). A BADS (Willson, Alderman, Burgess, Emslie, & Evans, 1996) é uma bateria que avalia diferentes aspectos das funções executivas (p. ex., planejamento, solução de problemas, controle inibitório e flexibilidade cognitiva) por meio de tarefas que se assemelham àquelas do cotidiano do probando. A bateria é composta por seis tarefas neuropsicológicas e por uma escala de avaliação de sintomas disexecutivos (Dysexecutive Questionary – DEX) que é preenchida pelo paciente e por uma pessoa de sua convivência próxima. A BADS pode ser aplicada em sujeitos com idade entre 16 e 87 anos. Existe uma versão do teste para aplicação em crianças e adolescentes (BADS-C) com idade entre 8 e 18 anos. Essa versão mantém as mesmas características e os mesmos objetivos da versão original desenvolvida para avaliação de adultos e idosos. No Brasil, existem estudos psicométricos da BADS na população geriátrica, como o de Canali, Brucki, Bertolucci, & Bueno (2011). Os estudos evidenciaram que a versão brasileira adaptada da BADS apresenta boas propriedades psicométricas, sendo um instrumento útil na separação entre idosos normais e aqueles com quadros como comprometimento cognitivo leve e demência de Alzheimer.

Já a D-KEFS (Delis, Kaplan, & Kramer, 2001) é composta por nove testes neuropsicológicos clássicos (teste das trilhas, fluência verbal, fluência de desenhos, teste de interferência cores/palavras, teste de classificação, teste das 20 perguntas, teste contextual de palavras, teste da torre e interpretação de provérbios). A D-KEFS apresenta tanto uma pontuação global como a pontuação de cada subteste, fornecendo uma visão geral sobre o funcionamento executivo e uma avaliação de aspectos específicos desses processos mentais. A bateria pode ser aplicada em sujeitos com idade entre 8 e 89 anos.

Outros instrumentos de avaliação das funções executivas

Nas avaliações neuropsicológicas, é comum o uso de vários instrumentos que avaliam funções executivas agrupados em baterias flexíveis. É importante salientar que a avaliação neuropsicológica das funções executivas envolve a aplicação de diversos testes e escalas, os quais fornecem informações sobre diferentes componentes desse grupo de processos cognitivos.

> A avaliação neuropsicológica das funções executivas envolve a aplicação de diversos testes e escalas, os quais fornecem informações sobre diferentes componentes desse grupo de processos cognitivos.

Planejamento

O planejamento consiste na capacidade de, a partir de um objetivo definido, estabelecer a melhor maneira de alcançá-lo, levando em consideração a hierarquização de passos e a utilização de instrumentos necessários para a conquista da meta. Existem vários instrumentos destinados à avaliação das habilidades de planejamento, como os testes das torres (p. ex., Torre de Londres e Torre de Hanói) e o teste dos labirintos.

No teste da Torre de Londres, utiliza-se uma base de madeira, com três hastes de tamanhos diferentes, em que estão três bolas de cores diferentes (vermelho, verde e azul) (Fig. 9.4). Na versão original desenvolvida por Shallice (1982) e adaptada posteriormente por Krikorian, Bartok e Gay (1994), são apresentados ao sujeito 12 problemas em ordem crescente de dificuldade, um de cada vez, que devem ser resolvidos movimentando as bolas nas hastes. Os problemas são apresentados por meio de cartões que apresentam diferentes configurações envolvendo a disposição das esferas nas hastes. O sujeito deve realizar a tarefa com a menor quantidade possível de movimentos. Cada problema apresenta um número mínimo de movimentos, que pode variar de dois a cinco. Para cada problema, o sujeito tem três chances de resolvê-lo com a quantidade mínima de movimentos. Se obtiver êxito logo na primeira vez, ganha três pontos; na segunda tentativa, dois pontos; e na terceira, um ponto. Caso não consiga resolver em nenhuma tentativa, seu escore no item é zero. A pontuação máxima obtida nesse teste é de 36 pontos.

Existem estudos brasileiros com crianças e adultos normais que utilizaram essa versão do teste. Souza, Ignácio, Cunha, Oliveira, & Moll (2001), em uma amostra de 61 brasileiros com idade entre 19 e 70 anos, encontraram um desempenho médio de 31 (+/-3) para homens e de 28 (+/-3) para mulheres. Recentemente, foram publicados estudos normativos (de Paula et al., 2012a) e de validade (de Paula et al., 2012b, 2012c) da versão Krikorian da Torre de Londres para idosos brasileiros, incluindo notas de corte para a detecção de demência

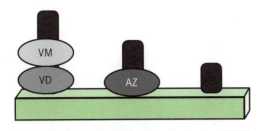

FIGURA 9.4 Posição inicial da torre de Londres.
Legenda VM: vermelho; VD: verde; AZ: azul.

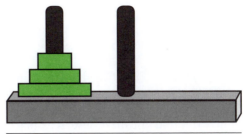

FIGURA 9.5 Exemplo de base para teste da torre de Hanói.

de Alzheimer e comprometimento cognitivo leve.

Em se tratando da população infantil, Malloy-Diniz e colaboradores (2007), em um estudo envolvendo 356 crianças de escolas públicas (n = 178) e privadas (n = 169), com idade entre 5 e 8 anos, não observaram diferenças entre meninos e meninas nessa faixa etária. As crianças de escola particular tiveram desempenho médio de 28,7 pontos (+/-4), e as de escola pública, de 26,5 (+/-4). Esse resultado aponta um desempenho semelhante entre crianças e adultos no teste, o que pode indicar um possível efeito de teto para a tarefa. Outros estudos de validade e normatização da Torre de Londres podem ser encontrados em Seabra e Dias (2010).

No teste da Torre de Hanói, utiliza-se uma base com três hastes de mesmo tamanho em que estão dispostas peças de madeira de tamanhos diferentes (Fig. 9.5). A tarefa consiste em mover as peças de um pino a outro observando as seguintes regras: o sujeito só pode movimentar uma peça de cada vez; as peças não podem ficar abaixo de uma que seja maior que a primeira; as peças só podem se mover de um pino a outro (p. ex., não podem ficar na mão do sujeito enquanto ele movimenta outra peça). Existem diferentes modelos de aplicação do teste, nos quais variam a quantidade de problemas e a quantidade de peças na torre. Gonsales, Rocca, Malloy-Diniz, Fuentes e Rodrigues (2010) apresentam dados normativos preliminares para o teste em uma amostra de crianças e adolescentes brasileiros.

Os testes de labirintos são provas de lápis e papel em que o sujeito deve traçar um caminho para sair de uma série de labirintos (Fig. 9.6), geralmente em ordem crescente de dificuldade, sem trespassar as paredes do desenho. Várias medidas podem ser utilizadas na avaliação desse tipo de teste, como o tempo gasto para resolver o problema ou a quantidade de tentativas necessárias para resolvê-lo de forma correta. Entre os principais testes de labirintos aplicados em neuropsicologia estão os da

FIGURA 9.6 Exemplo de teste de labirintos.

Escala Wechsler de Inteligência (para adultos e crianças) e o teste de labirintos de Porteous (Porteous, 1965).

Controle inibitório

O controle inibitório consiste na capacidade de inibir respostas prepotentes (para as quais o indivíduo apresenta uma forte tendência) ou reações a estímulos distratores que interrompam o curso eficaz de uma ação, bem como interromper respostas que estejam em curso (Barkley, 2001). Dificuldades relacionadas ao controle inibitório são geralmente associadas à impulsividade.

Existem diversas provas neuropsicológicas que avaliam o controle inibitório, como os paradigmas que utilizam o efeito Stroop. Nele se observa a dificuldade de processar informações simultâneas com significado conflitante, mesmo quando uma dessas informações não é relevante para a tarefa (Stroop, 1935).

Vários testes foram desenvolvidos para avaliar esse efeito, como, por exemplo, o teste Stroop de cores e palavras (versão Victória – ver descrição em Strauss, Sheerman, & Spreen, 2006). Nesse teste são apresentados ao sujeito diversos cartões, um de cada vez, os quais contêm diferentes padrões de estímulos cuja cor de impressão ele deverá nomear. O primeiro cartão apresenta pequenos retângulos coloridos (as cores originais são verde, vermelho, azul e amarelo). O segundo, palavras comuns coloridas com as cores anteriormente mencionadas. No terceiro, em que é medido o efeito Stroop, há nomes de cores impressos com cores diferentes (p. ex., vermelho escrito com a tinta azul, verde com a tinta amarela e assim por diante). O efeito Stroop pode aparecer com a lentificação significativa das respostas nessa última parte do teste ou com respostas erradas (leitura da palavra no lugar da nomeação da cor com a qual ela foi impressa).

Recentemente, foi publicado um estudo brasileiro de normatização para adolescentes com idade entre 12 e 14 anos (Duncan, 2006) no qual as cores utilizadas não foram as tradicionais, e sim azul, verde, marrom e rosa. Essas cores têm sido utilizadas por alguns grupos brasileiros com a alegação de que, com a tradução do original em inglês, pode haver disparidade relacionada ao tamanho das palavras (especificamente "*yellow*" [amarelo] e "*red*" [vermelho] em comparação a "*green*" [verde] e "*blue*" [azul]). O teste de Stroop, além de ser uma importante medida de controle inibitório, também é uma medida de atenção seletiva. Diamond (2013) considera que os processos de atenção seletiva compõem parte do mecanismo de controle inibitório, que envolve também outros aspectos do funcionamento executivo.

Para crianças pré-escolares, existe uma versão do *Stroop* que não se relaciona a habilidades de leitura e escrita. Nessa versão, a criança se depara com cartões que apresentam figuras com o desenho de um sol (representando o dia) ou de uma lua com estrelas (representando a noite). A criança deverá responder "noite" quando vê o cartão com o sol e "dia" quando vê o cartão em que está desenhada a lua (Gerstadt, Hong, & Diamond, 1994).

Ainda com relação ao controle inibitório, existem paradigmas de emissão e supressão de respostas, como os paradigmas "Go/No go", nos quais, diante de um determinado grupo de estímulos, o sujeito deve emitir a resposta e, diante de outros, suprimi-la. Um exemplo de tarefa baseada nesse paradigma é a Tarefa de Performance

> O controle inibitório consiste na capacidade de inibir respostas prepotentes (para as quais o indivíduo apresenta uma forte tendência) ou reações a estímulos distratores que interrompam o curso eficaz de uma ação, bem como interromper respostas que estejam em curso.

Contínua (CPT), que existe em diversas versões. Em uma delas, desenvolvida por Epstein e colaboradores (2003) (CPT-II), o sujeito é exposto a uma série de letras apresentadas rapidamente, uma de cada vez, em intervalos curtos e nos quais ele deve pressionar um botão cada vez que aparece uma letra. No entanto, essa regra só valerá se a letra não for X. Caso apareça essa letra, o sujeito deverá inibir a resposta de apertar a barra de espaço do computador. Essa tarefa fornece medidas sobre erros de comissão (o sujeito pressiona a barra mediante a letra x), omissão (o sujeito não pressiona a barra quando vê uma determinada letra) e tempo de reação. Enquanto a medida de erro por comissão está relacionada ao controle inibitório, a medida de omissão está relacionada à atenção. O teste avalia sujeitos a partir de 6 anos, incluindo adultos e idosos.

As tarefas que medem tempo de reação com interrupção sinalizada (*stop signal reaction time*) também são provas que avaliam o controle inibitório. Nelas, o sujeito deve responder a um determinado estímulo toda vez que ele aparece, a não ser quando outro estímulo determinado, sinalizando que o probando não deve emitir a resposta em questão, é apresentado.

Na atualidade, os profissionais da saúde em todo o mundo têm sido inquiridos a avaliar uma população cada vez mais diversificada de pacientes: imigrantes, refugiados, segundas e terceiras gerações ainda influenciadas pela cultura prévia ou (simplesmente) indivíduos com níveis educacionais dos mais variados graus. Durante os séculos XX e XXI, essa diversificada população tem incluído um número crescente de indivíduos provenientes de ambientes não industrializados, a qual busca novas oportunidades de trabalho em diferentes partes do mundo. Avaliá-los em termos cognitivos torna-se um desafio cada vez mais urgente. Para uso em indivíduos de baixa escolaridade, uma versão alternativa do teste de *Stroop* foi desenvolvida por Sedó (2007). O Teste dos 5 Dígitos envolve figuras e dígitos agrupados em pequenos quadros e que são apresentados em quatro situações sucessivas:

1. Contagem de números (situação congruente). Nessa fase do teste, o sujeito se depara com 50 quadros contendo números. A tarefa consiste em contar quantos números há em cada quadrado. Nessa etapa, há congruência entre o número e a quantidade de números representados no quadrado (p. ex., um número 1; três números 3).
2. Contagem de figuras. Novamente o sujeito se depara com 50 quadros contendo, agora, pequenas figuras (como um asterisco). A tarefa consiste em contar quantas figuras há em cada quadro.
3. Contagem de números (situação incongruente): nessa fase é testado o efeito Stroop. A tarefa consiste em contar quantos números há em cada quadrado. No entanto, nessa etapa há incongruência entre o número representado no quadro e a sua quantidade (p. ex., um número 3; três números 5).
4. Contagem de números (situação incongruente – com alternância). Por último, o sujeito se depara com uma situação semelhante à anterior, na qual deve contar quantos números há em cada quadrado com incongruências entre o número representado no quadro e a sua quantidade (p. ex., um número 3; três números 5). No entanto, em alguns quadrados há uma moldura escura. Neles, o sujeito deve falar qual número está representado, e não quantos números há no quadrado. Nessa etapa, além do efeito Stroop, há também a medida da flexibilidade cognitiva, visto que o sujeito deverá alternar entre as duas estratégias ao longo da tarefa.

Estudos brasileiros avaliando a população geriátrica demonstram que o teste apresenta excelentes propriedades psicométricas para identificar déficits em funções executivas em pacientes acometidos por doença de Alzheimer (de Paula et al., 2011), depressão maior (de Paula et al., 2011) e comprometimento cognitivo leve amnéstico (de Paula et al., 2011; de Paula et al., 2012d). Um trabalho mais recente sugere que no teste é possível dissociar medidas relacionadas à velocidade de processamento e funções executivas (de Paula et al., 2013b).

Tomadas de decisão

A tomada de decisão é um processo que envolve a escolha de uma entre várias alternativas em situações que incluam algum nível de incerteza (risco). Nesse processo, o sujeito deve analisar as alternativas considerando diversos elementos, como análise custo/benefício (considerado as repercussões da decisão em curto, médio e longo prazo), aspectos sociais e morais (repercussão da decisão para si e para outras pessoas) e autoconsciência (possibilidades pessoais para arcar com a escolha). Durante o processo de tomada de decisão, outros processos cognitivos são envolvidos, como memória de trabalho, flexibilidade cognitiva, controle inibitório e planejamento.

Um dos mais conhecidos testes para avaliação do processo de tomada de decisão é o Iowa Gambling Task (IGT) (Bechara, Damasio, Damasio, & Anderson, 1994), que simula situações da vida real. Diante de quatro montes de cartas, o probando recebe um empréstimo simbólico de 2 mil dólares para que comece a jogar. O sujeito deverá escolher as cartas, tirando-as uma a uma, com o objetivo de acumular o máximo de dinheiro possível. Todas as cartas apresentam uma premiação em dinheiro. No entanto, de maneira imprevisível, algumas implicam perdas que variam em magnitude. Os baralhos A e B trazem ganhos grandes e imediatos, mas as cartas que levam a perdas são mais frequentes ou as perdas são mais vultosas. A escolha dos baralhos A e B conduzem a um prejuízo global. Já as cartas dos montes C e D levam a ganhos pequenos em curto prazo, mas as perdas são menos frequentes e de menor magnitude. A escolha dos baralhos C e D leva a um ganho global. Os sujeitos não são informados dessa regra, devendo descobri-la na medida em que jogam. A tarefa termina quando o sujeito escolhe a centésima carta.

Diversas patologias neurológicas e psiquiátricas têm sido estudadas a partir desse paradigma (Dunn, Dalgleish, & Laurence, 2006). Um padrão de escolhas desvantajosas (que leva a ganhos imediatos e perdas expressivas de longo prazo) tem sido associado a um padrão específico de impulsividade, referido por Bechara como "impulsividade cognitiva" ou por não planejamento, que reflete inabilidade em planejar as ações tendo como referência suas consequências de curto, médio e longo prazo. Existem duas versões brasileiras adaptadas por grupos distintos (Rutz, Hamdam, & Lamar, 2013).

Outra tarefa que também vem sendo usada para avaliação da tomada de decisão é a tarefa dos dados, na qual o sujeito deve fazer apostas em um jogo de dados, escolhendo entre apostar em um único número ou em combinações de números (dois, três e quatro números combinados). Cada tipo de aposta vale uma quantidade específica de dinheiro, que é proporcional ao risco (p. ex., aposta em um único número vale R$ 500 e, em uma combinação de quatro números, vale R$ 100). A diferença em relação ao IGT é que, nessa tarefa, o risco é explicitamente apresentado de antemão, de modo que o sujeito pode calcular suas chances de ganhar ou perder em cada aposta. Existe

> A tomada de decisão é um processo que envolve a escolha de uma entre várias alternativas em situações que incluam algum nível de incerteza (risco).

uma versão brasileira da tarefa adaptada por Rzezak, Antunes, Tufik e Mello, (2012).

Flexibilidade cognitiva

A flexibilidade cognitiva implica a capacidade de mudar (alternar) o curso de ações/pensamentos de acordo com as exigências do ambiente. O Teste das Trilhas (Reitan, 1958) e o Teste de Seleção de cartas de Winsconsin (Heaton, Chelune, Talley, Kay, & Curtiss, 2004) são exemplos de testes utilizados para avaliação dessa habilidade cognitiva. No Teste das Trilhas, o sujeito deve inicialmente (parte A) unir números em sequência crescente. Posteriormente (parte B), ele deve alternar entre números e letras em sequência crescente.

Tanto a parte A como a parte B estão relacionadas às habilidades cognitivas de percepção, atenção e rastreamento visual, velocidade e rastreamento visuomotor, atenção sustentada e velocidade de processamento. Já a parte B incorpora mais complexidade ao teste, avaliando também a flexibilidade cognitiva. Em ambas as partes, o sujeito deve desempenhar o mais rápido que conseguir. A principal medida que o teste fornece é a do tempo gasto para completar cada uma das partes. Alguns autores, como Mitrushina, Boone, Razani e D'Elia (2005), sugerem que seja feita a comparação entre o tempo gasto na parte B e na parte A (dividindo o tempo gasto em B pelo tempo gasto em A). Nesse tipo de análise, tanto proporções altas como baixas podem indicar um desempenho ruim. Por exemplo, os autores sugerem que o escore ideal seria o equivalente à proporção $2 < x < 3$. Escores menores que 2 indicariam dificuldades relacionadas à parte A do teste, e escores maiores que 3, dificuldades na parte B.

Além do cálculo da velocidade de processamento, alguns autores sugerem que seja computada a quantidade de erros cometidos ao longo do teste. Os principais tipos de erros que têm sido sugeridos são os de omissão (quando um determinado elemento não é conectado) e os de perseveração (quando, na parte B, o sujeito não alterna entre letras e números). O aumento da quantidade de tempo gasto na parte B e de erros cometidos nessa etapa do teste são indicativos de inflexibilidade cognitiva. No entanto, Ruffolo, Guilmette e Willis (2000) sugerem cautela na interpretação dos erros no Teste das Trilhas. Um número excessivo de erros nesse teste pode ser indicativo de simulação de desempenho deficitário visando a obtenção de algum tipo de benefício.

> A flexibilidade cognitiva implica a capacidade de mudar (alternar) o curso de ações/pensamentos de acordo com as exigências do ambiente.

No Brasil, existem estudos sobre propriedades do Teste das Trilhas. Em uma pesquisa com adultos normais, Oliveira-Souza comparou a versão escrita com uma versão verbal do teste (Souza et al., 2001). Hamdan e Hamdan (2009) apresentaram um estudo de validade e normatização do teste para adultos brasileiros. Uma versão do teste comercializada no Brasil é o teste das Trilhas Coloridas, adaptada, validada e normatizada para sujeitos de 18 a 86 anos (Rabelo, Pacanaro, Rosseti, & Leme, 2010).

O Teste de Seleção de Cartas de Winsconsin (WCST) (Heaton et al., 2004) é um dos instrumentos mais utilizados para avaliação das funções executivas. Nele, são apresentados aos sujeitos 128 cartas (uma de cada vez), as quais devem ser agrupadas a uma entre quatro cartas-alvo. Para isso, o sujeito deverá escolher um determinado critério de categorização (que pode ser cor, forma ou número). Esse critério não é mencionado para o sujeito, cabendo a ele descobrir ao longo de suas escolhas. Cada vez que o probando escolhe uma carta, o examinador apenas assinala se a escolha foi "certa" ou "errada". Quando o probando acerta 10 vezes consecutivas em um mesmo critério, este é alterado, de forma que a resposta considerada "correta" passa a ser "errada". O sujeito deverá então mudar o critério de escolha após o *feedback* dado pelo examinador. Quando o sujeito insiste no critério anteriormente correto, comete o erro perseverativo. Esse tipo de erro é uma medida indicativa de inflexibilidade cognitiva.

Esse teste fornece as seguintes medidas: total de categorias completas, total de acertos/erros, total de erros perseverativos/não perseverativos, total de respostas perseverativas (incluindo erros e acertos), número de tentativas até completar a primeira categoria de 10 acertos, falha na manutenção do cenário (falha em completar uma categoria com 10 acertos após cinco acertos consecutivos) e o escore de "aprender a aprender" (aumento da eficácia em concluir as categorias de 10 acertos ao longo do teste). Além de ser considerada uma importante medida de flexibilidade cognitiva, o WCST também fornece informações sobre processos de categorização, impulsividade e atenção. No Brasil, existe a versão do teste para aplicação em crianças, adolescentes (Heaton et al., 2005) e idosos (Trentini, 2010). Existem versões reduzidas do WCST, com 64 e 48 cartas, que também são amplamente utilizadas em contextos específicos, como os de pesquisa.

Memória operacional

A memória operacional é um sistema temporário de armazenamento de informações que permite a monitoração e o manejo desses dados. Esse componente das funções executivas é responsável por manter ativado um delimitado volume de informações durante um determinado período de tempo, fornecendo, inclusive, base para outros processos cognitivos. A memória operacional se faz notar em diversas tarefas comuns do

> A memória operacional se faz notar em diversas tarefas comuns do dia a dia, como, por exemplo, a resolução mental de contas matemáticas ou a manutenção temporária de um número do telefone para em seguida efetuar uma ligação.

dia a dia, como, por exemplo, a resolução mental de contas matemáticas ou a manutenção temporária de um número do telefone para em seguida efetuar uma ligação.

Um dos modelos mais populares que visam explicar como funciona a memória operacional foi proposto por Allan Baddeley (2000), o qual supõe a existência de um sistema de gerenciamento informacional dividido em quatro componentes. O primeiro e mais importante deles é o executivo central. Ele é responsável pela realização de operações mentais, envolvendo outros sistemas cognitivos, com informações que são temporariamente armazenadas. Os demais componentes são os sistemas escravos: alça fonológica (armazena temporariamente informações de natureza verbal), esboço visuoespacial (armazena temporariamente informações visuais, espaciais e temporais) e retentor episódico (responsável por buscar informações na memória episódica, disponibilizando-as temporariamente para a realização de operações). Os sistemas escravos se relacionam também com informações já estocadas em sistemas mnemônicos de longo prazo, como a memória declarativa verbal e visual e a memória episódica, buscando informações para disponibilização temporária.

As provas de repetição de dígitos (p. ex., das escalas Wechsler de Inteligência) em que o sujeito deve repetir sequências crescentes de algarismos, são medidas tradicionais dessa habilidade cognitiva. Outras, como o Paced Auditory Serial Addition Test (PASAT) e os Blocos de Corsi, também fornecem medidas do funcionamento da memória operacional. Na avaliação dessa função cognitiva, é importante conciliar medidas verbais e visuoespaciais.

O PASAT (Gronwall, 1977) consiste em uma série aleatória de 61 dígitos apresentados ao probando por meio de um árquivo de áudio, sendo que a tarefa consiste em somar o último algarismo ouvido àquele que o precedeu. Por exemplo, se o algarismo reproduzido foi 5 e o anterior a ele foi 1, o sujeito deve responder 6 (5 + 1). Se, em seguida, for apresentado o algarismo 4, a resposta correta do probando deve ser 9 (5 + 4). O teste tem quatro etapas consecutivas. Em todas elas, são apresentados os mesmos 61 dígitos, cabendo ao sujeito efetuar 60 operações matemáticas, uma de cada vez. O que difere entre as etapas é o tempo de apresentação de cada dígito (2,4s na primeira etapa; 2s, na segunda; 1,6s na terceira; e 1,2s na quarta).

No teste dos Trigramas de consoantes de Brown e Peterson, o examinador fala ao sujeito uma sequência de três consoantes (p. ex., RCT). Em seguida, fala um determinado algarismo (p. ex., 108), a partir do qual deverá se iniciar uma contagem regressiva (ou subtração de três em três, de acordo com a forma de aplicação). Após um tempo determinado, que pode variar entre três possibilidades (3, 9 e 18 segundos), o sujeito deve falar os algarismos que o examinador lhe disse inicialmente.

Para a avaliação da memória operacional verbal visuoespacial, os testes de Span de Dígitos e o Teste dos Cubos de Corsi (Corsi, 1972) (Fig. 9.7) costumam ser adotados. O teste dos Cubos de Corsi é considerado a contraparte do teste Span de Dígitos, tradicionalmente adotado em escalas e baterias neuropsicológicas. No teste dos Cubos de Corsi, o examinador apresenta ao sujeito uma base de madeira contendo nove cubos de mesmo tamanho dispostos aleatoriamente. Cada cubo recebe um número, que fica virado para o examinador, fora do alcance visual do probando. O examinador aponta para os cubos em uma sequência predeterminada, e o probando deve apontar para os mesmos cubos que o examinador apontou. Inicialmente, o examinador aponta para dois cubos, um de cada vez. Após a execução desse item, o profissional aponta para uma nova sequência, agora de três cubos, e assim sucessivamente. Após essa tarefa, o examinador também realiza a mesma prova utilizando a sequência inversa. Nesse caso, ele aponta para uma sequência de cubos, e o probando deve repetir a sequência do último para o primeiro cubo apontado pelo examinador. A execução é, portanto, similar às aplicações mais tradicionais do Span de Dígitos. Em pacientes idosos, dois estudos propuseram pontos de corte para essas tarefas (de Paula et al., 2013c).

> A categorização pode ser considerada um processo pelo qual agrupamos elementos que compartilham determinadas propriedades.

Categorização

A categorização pode ser considerada um processo

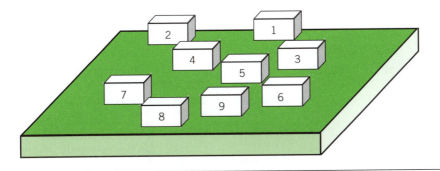

FIGURA 9.7 Blocos de Corsi.

pelo qual agrupamos elementos que compartilham determinadas propriedades (p. ex., banana e maçã categorizadas como frutas). Essa habilidade está relacionada a formação de conceitos, raciocínio dedutivo, indutivo e abstração. Entre as provas relacionadas a categorização e formação de conceitos, podemos incluir algumas das já discutidas (p. ex., fluência verbal semântica, WCST) e outras que compõem testes de inteligência, como as provas de semelhança e alguns itens do teste de compreensão das escalas Wechsler de inteligência.

Outras provas, como o Teste de Identificação de Objetos Comuns (Laine & Butters, 1982), também são utilizadas para esse propósito. Esse teste, também conhecido como Teste das Vinte Perguntas, é uma prova em que o examinador apresenta ao probando uma folha contendo 42 desenhos de vários elementos, os quais podem ser agrupados em diferentes categorias semânticas (p. ex., seres vivos, elementos da natureza, utensílios domésticos, etc.). O examinador diz ao sujeito para tentar descobrir em qual desses elementos está pensando. Para isso, o probando pode fazer perguntas para as quais o examinador pode responder apenas sim ou não. O probando deve tentar descobrir a figura com a menor quantidade de perguntas. Para isso, deve utilizar perguntas que eliminem o máximo de elementos possível. A Figura 9.8 mostra uma versão utilizada em nossos estudos, a qual contém itens semelhantes aos da versão original do teste, mas adaptados à cultura brasileira. Pacientes com o chamado "pensamento concreto" fazem perguntas diretas e pouco abrangentes, como "é a moeda?" ou "é usado para comprar coisas?".

Fluência

A fluência consiste na capacidade de emitir comportamentos (verbais e/ou não

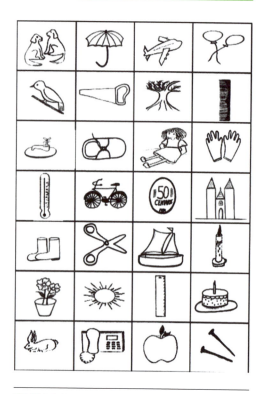

FIGURA 9.8 Teste de identificação de objetos comuns.

verbais) em sequência, obedecendo a regras preestabelecidas, sejam estas explícitas ou implícitas. A avaliação da fluência envolve provas verbais e não verbais. Entre os testes de fluência verbal, existem os que avaliam o componente semântico e os que avaliam o componente fonológico. Em ambos os formatos, o sujeito deve produzir o máximo de elementos a partir de um critério instruído pelo examinador (que pode ser uma categoria semântica ou uma determinada letra do alfabeto). O sujeito deve realizar a tarefa durante um tempo delimitado, geralmente de 1 minuto. O sujeito é instruído a não repetir palavras já ditas e a não fazer variações de uma mesma palavra (p. ex., azul-claro, azul-escuro, azul-turquesa). Em algumas versões do teste, o sujeito também é instruído a não

> A fluência consiste na capacidade de emitir comportamentos (verbais e/ou não verbais) em sequência, obedecendo a regras preestabelecidas, sejam estas explícitas ou implícitas.

falar nomes próprios. A pontuação do teste consiste na soma das palavras corretamente produzidas dentro da categoria instruída pelo examinador, o número de erros perseverativos (repetições) e de erros não perseverativos (nomes próprios, variações da mesma palavra e palavras não pertencentes à categoria-alvo).

Esse teste também é frequentemente utilizado para avaliação da linguagem expressiva, e o desempenho na tarefa pode ser influenciado por vários outros processos cognitivos, como inteligência geral, vocabulário, atenção, memória de trabalho e controle inibitório. Um estudo recente sugere a contribuição de fatores relacionados à velocidade de processamento e funções executivas de forma dissociada sobre a tarefa (de Paula et al., 2013b). Existem estudos brasileiros sobre o desempenho de adultos no teste de fluência verbal semântica usando a categoria animais (257 adultos, com média etária de 49,4 anos) (Brucki & Rocha, 2004). Também há dados sobre o desempenho de estudantes de escolas públicas com idade entre 7 e 10 anos usando as categorias semânticas animais, partes do corpo e alimentos (Malloy-Diniz et al., 2007). Para a população de idosos brasileiros, existem estudos com versões semântica e fonológica de tarefas de fluência verbal (Passos et al., 2011). Um estudo recente propõe notas de corte para a classificação de pacientes com doença de Alzheimer e comprometimento cognitivo leve nos testes de fluência categoria animais, frutas e letra "S" (de Paula et al., 2013c).

Quanto à fluência não verbal, existem várias tarefas em que costuma ser pedido ao sujeito que desenhe a maior quantidade de estímulos possível, a partir de regras específicas, em um determinado limite de tempo. Um exemplo de teste de fluência não verbal é o Teste dos Cinco Pontos (Strauss et al., 2006), no qual o sujeito recebe uma folha de papel contendo 40 quadros, cada um com cinco pontos (Fig. 9.9). O sujeito deve fazer

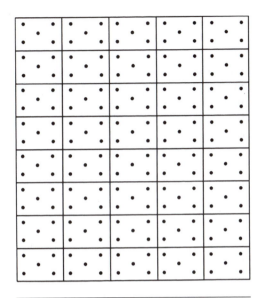

FIGURA 9.9 Folha de registro do Teste dos Cinco Pontos.
Fonte: Adaptada de Strauss e colaboradores (2006).

desenhos diferentes, unindo dois ou mais pontos, durante um intervalo de tempo que geralmente varia de 3 a 5 minutos (de acordo com a idade do sujeito e/ou método de aplicação). Os principais escores fornecidos pelo teste são o total de desenhos corretos e o total de repetições. Como o sujeito que faz mais desenhos tem mais chance de repetir desenhos, é sugerido que se calcule a porcentagem de perseverações. A diminuição da quantidade de desenhos elaborados e o excesso de erros perseverativos são comuns em pacientes com disfunção executiva.

AS REDES ATENCIONAIS

O modelo cognitivo do sistema atencional humano proposto e revisado por Posner (2012) envolve três componentes dissociados: alerta, orientação e atenção-executiva (ou vigília, processos atencionais automáticos e processos atencionais controlados, dependendo da tradução). O primeiro processo diz respeito à ativação e à responsividade do sistema nervoso central a estímulos internos e externos, envolvendo a ativação de regiões subcorticais como o tronco encefálico, o tálamo e o diencéfalo. Os processos atencionais automáticos representam um sistema relacionado ao direcionamento do foco atencional diante de estímulos ambientais. Envolvem a modulação dos recursos sensoriais e de processamento com relação ao estímulo-alvo, além do uso de esquemas fortemente consolidados pelo organismo, como a leitura e a contagem. Esse segundo aspecto da atenção é muito associado a regiões posteriores do córtex cerebral, sobretudo os lobos occipitais e parietais. Além disso, esse sistema apresenta também conexões com regiões dos lobos frontais relacionadas aos movimentos oculares e manuais e à linguagem expressiva. O terceiro componente do sistema atencional é composto pelos processos atencionais controlados, que envolvem recursos de natureza executiva, permitindo ao sujeito a mudança voluntária de foco, a manutenção do tônus atencional e a resolução de conflitos atencionais em situações que demandam inibição, flexibilidade e alternância. Esses últimos processos são fortemente associados a regiões anteriores do sistema nervoso central, incluindo as porções anteriores do giro do cíngulo. Embora esses três sistemas apresentem natureza modular, são fortemente interconectados (Fan, McCandliss, Fossella, Flombaum, & Posner, 2005; Posner, 2012).

Processos atencionais automáticos encontram grande sobreposição com o conceito de velocidade de processamento, domínio cognitivo comumente encontrado em estudos de natureza psicométrica que se relaciona à velocidade de execução de diferentes tarefas, das mais simples às mais complexas. Seus principais correlatos neurobiológicos seriam as fibras de substância branca, que conectam diferentes regiões do encéfalo, e regiões corticais posteriores. Os processos atencionais controlados, por sua vez, apresentam grande sobreposição com o conceito de funções executivas. No modelo proposto por Diamond (2013), os processos atencionais controlados integrariam os componentes de controle de interferência, parte do sistema de controle inibitório, um dos aspectos fundamentais do funcionamento executivo.

Assim como as funções executivas, o desenvolvimento dos diferentes sistemas atencionais apresenta uma curva em forma de "U" invertido, mostrando-se ainda em desenvolvimento durante a infância e adolescência e apresentando relativa estabilidade na vida adulta e declínio na velhice. Os recursos atencionais são de extrema importância a todos os aspectos do funcionamento cognitivo, sendo preditores importantes da aprendizagem e solução de problemas em diferentes fases do desenvolvimento. O declínio cognitivo característico do envelhecimento cognitivo normal pode, inclusive, estar relacionado ao comprometimento dos sistemas atencionais.

> Os recursos atencionais são de extrema importância a todos os aspectos do funcionamento cognitivo, sendo preditores importantes da aprendizagem e solução de problemas em diferentes fases do desenvolvimento.

CONSIDERAÇÕES FINAIS

As funções executivas consistem em um grupo de habilidades crucial para a adaptação do indivíduo às rotinas do cotidiano, sendo também a base para o desenvolvimento de novas habilidades. Delas dependem o convívio social e o desempenho ocupacional competente. Déficits nessas funções podem ser observados em diversas patologias neurológicas e psiquiátricas, como transtorno de déficit de atenção/hiperatividade, transtorno obsessivo-compulsivo, esquizofrenia, demências, jogo patológico.

O comprometimento das funções executivas é também o principal fator cognitivo relacionado a perda de autonomia e funcionalidade em pacientes de diferentes síndromes (de Paula & Malloy-Diniz, 2013; Royall et al., 2007).

Os déficits nas funções executivas têm sido referidos com o termo "síndrome disexecutiva" e geralmente ocorrem como consequência de um comprometimento envolvendo o córtex pré-frontal ou os circuitos a ele relacionados. Pacientes com a síndrome disexecutiva costumam apresentar dificuldades no processo de tomada de decisão traçando metas irrealistas e sem prever as consequências de suas atitudes em longo prazo, passam a tentar solucionar seus problemas pelo método de tentativa e erro, apresentam dificuldades em controlar os impulsos e tornam-se distraídos e insensíveis às consequências de seus comportamentos. As alterações do humor são frequentes e podem se traduzir por quadros de apatia, sintomas depressivos, euforia e afeto descontextualizado. A síndrome disexecutiva não abriga, necessariamente, todos esses sintomas ao mesmo tempo, sendo que sua apresentação clínica depende de quais circuitos pré-frontais foram danificados.

Dada a importância das funções executivas para a sociedade como um todo, investimentos em políticas públicas que incentivem o desenvolvimento das funções executivas na infância são de crucial importância para a prevenção não apenas de transtornos do desenvolvimento, mas também de suas consequências e prejuízos. Além disso, investir no desenvolvimento das funções executivas por meio de políticas públicas adequadas em saúde e educação pode ser uma importante forma de prevenir questões relacionadas a violência e outros tipos de comportamento de risco. De acordo com Diamond (2013), métodos educativos mais diretivos e que estimulem a cognição social (como o montessoriano), práticas esportivas que envolvam treino de disciplina (p. ex., artes marciais) e até mesmo jogos computadorizados destinados ao desenvolvimento desses processos mentais estão entre as alternativas para a estimulação do desenvolvimento dessas funções na infância.

Assim, compreender o funcionamento desse grupo de funções altamente especializadas é de crucial importância para o desenvolvimento de estratégias de avaliação, estimulação, habilitação e reabilitação. Tais intervenções poderão ser destinadas tanto a casos de déficits do funcionamento anormal do sistema nervoso como à estimulação em populações não clínicas.

REFERÊNCIAS

Ayduk, O., Mendoza-Denton, R., Mischel, W., Downey, G., Peake, P. K., & Rodriguez, M. (2000). Regulating the interpersonal self: strategic self-regulation for coping with rejection sensitivity. *Journal of Personality and Social Psychology, 79*(5), 776-792.

Baddeley, A. (2000). The episodic buffer: a new component of working memory? *Trends in Cognitive Sciences, 4*(11), 417-423.

Barkley, R. A. (2001). The executive functions and self-regulation: an evolutionary neuropsychological perspective. *Neuropsychology Review, 11*(1), 1-29.

Bechara, A., & Van Der Linden, M. (2005). Decision-making and impulse control after frontal lobe injuries. *Current Opinion in Neurology, 18*(6), 734-739.

Bechara, A., Damásio, A. R., Damasio, H., & Anderson, S. (1994). Insensitivity to future consequences following damage to human prefrontal cortex. *Cognition, 50*(1-3), 7-15.

Bradshaw, J. L. (2001). *Developmental disorders of the frontostriatal system: Neuropsychological, neuropsychiatric, and evolutionary perspectives.* East Sussex: Psychology Press.

Brucki, S. M. D., & Rocha, M. (2004). Category fluency test: effects of age, gender and education on total scores, clustering and switching in Brazilian Portuguese-speaking subjects. *Brazilian Journal of Medical and Biological Research, 37*(12), 1771-1777.

Canali, F., Brucki, S. M. D., Bertolucci, P. H. F., & Bueno, O. F. A. (2011). Reliability study of the Behavioral Assessment of the Dysexecutive Syndrome adapted for a Brazilian sample of older-adult controls and probable early Alzheimer's disease patients. *Revista Brasileira de Psiquiatria, 33*(4), 338-346.

Casey, B., Somerville, L. H., Gotlibb, I. H., Ayduck, O., Franklin, N. T., Askren, M., ... Shoda, Y. (2011). Behavioral and neural correlates of delay of gratification 40 years later. *Proceedings of the National Academy of Sciences of the United States of America, 108*(36), 14998-15003.

Corsi, P. M. (1972). Human memory and the medial temporal region of the brain. *Dissertation Abstracts International, 34,* 819B.

Damásio, A. (1996). *O erro de Descartes: Emoção, razão e cérebro humano*. São Paulo: Companhia das Letras.

de Paula, J. J., & Malloy-Diniz, L. F. (2013). Executive functions as predictors of functional performance in mild Alzheimer's dementia and mild cognitive impairment elderly. *Estudos de Psicologia (Natal), 18*(1), 117-124.

de Paula, J. J., Ávila, R. T., Costa, D. S., Moraes, E. N., Bicalho, M. A., Nicolato, R., ... Malloy-Diniz, L. F. (2011). Assessing processing speed and executive functions in low educated older adults: The use of the Five Digits Test in patients with Alzheimer's disease, mild cognitive impairment and major depressive disorders. *Clinical Neuropsychiatry, 8*(6), 339-346.

de Paula, J. J., Bertola, L., Ávila, R. T., Moreira, L., Coutinho, G., Moraes, E. N., ... Malloy-Diniz, L. F. (2013c). Clinical applicability and cutoff values for an unstructured neuropsychological assessment protocol for older adults with low formal education. *PLoS ONE 8*(9), e73167.

de Paula, J. J., Costa, D. S., Bertola, L., Miranda, D. M., & Malloy-Diniz, L. F. (2013b, no prelo). Verbal fluency in older adults with low educational level: What is the role of Executive Functions and Processing Speed? *Revista Brasileira de Psiquiatria.*

de Paula, J. J., Costa, D. S., Moraes, E. N., Nicolato, R., & Malloy-Diniz, L. F. (2012b). Contribuições da Torre de Londres para o exame do planejamento em idosos com comprometimento cognitivo leve. *Revista Neuropsicología Latinoamericana, 4*(2), 16-21.

de Paula, J. J., Costa, D. S., Moraes, E. N., Nicolato, R., Sedó, M., & Malloy-Diniz, L. F. (2012d). Automatic and Controlled Attentional Processes in Amnestic Mild Cognitive Impairment. *Psychology, 3*(5), 379-383.

de Paula, J. J., Miranda, D. M., Nicolato, R., Bicalho, M. A. C., & Malloy-Diniz, L. F. (2013a, no prelo). Verbal learning on depressive pseudodementia: Accentuate impairment of free recall, moderate on learning processes, and spared short-term and recognition memory. *Arquivos de Neuro-Psiquiatria.*

de Paula, J. J., Moreira, L., Nicolato, R., Marco, L. A., Côrrea, H., Romano-Silva, M. A., ... Malloy-Diniz, L. F. (2012a). The Tower of London Test: Different scoring criteria for diagnosing Alzheimer's disease and mild cognitive impairment. *Psychological Reports, 110*(2), 477-488.

de Paula, J. J., Neves, F., Levy, A., Nassif, E., & Malloy-Diniz, L. F. (2012c). Assessing planning skills and executive functions in the elderly: Preliminary normative data for the Tower of London Test. *Arquivos de Neuro-Psiquiatria, 70*(10), 826-830.

Delis, D., Kaplan, E., & Kramer, J. (2001). *Delis–Kaplan executive function system*. San Antonio: Harcourt.

Diamond, A. (2013). Executive Functions. *Annual Review of Psychology, 64,* 135-168.

Duncan, M. T. (2006). Obtenção de dados normativos para desempenho no teste de Stroop num grupo de estudantes do ensino fundamental em Niterói. *Jornal Brasileiro de Psiquiatria, 55*(1), 42-48, 2006.

Dunn, B. D., Dalgleish, T., & Lawrence, A. D. (2006). The somatic marker hypothesis: A critical evaluation. *Neuroscience and Behavioral Reviews, 30,* 239-271.

Epstein, J. N., Erkanli, A., Conners, C. K., Klaric, J., Costello, J. E., & Angold, A. (2003). Relations between Continuous Performance Test performance measures and ADHD behaviors. *Journal of Abnormal Child Psychology, 31*(5), 543-554.

Fan, J., McCandliss, B. D., Fossella, J., Flombaum, J. I., & Posner, M. I. (2005). The activation of attentional networks. *Neuroimage, 26*(2), 471-479.

Ferrier, D. (1878). *The localisation of cerebral disease: Being the Gulstonian lectures of the Royal College of Physicians for 1878*. London: Smith, Elder.

Fuster, J. M. (2008). *The prefrontal cortex*. Amsterdam: Academic Press.

Gerstadt, C. L., Hong, Y. J., & Diamond, A. (1994). The relationship between cognition and action: Performance of children 3 1/2-7 years old on a Stroop-like day-night test. *Cognition, 53*(2), 129-153.

Goldberg, E. (2002). *O cérebro executivo: Lobos frontais e a mente civilizada*. Rio de Janeiro: Imago.

Gonsales, S. M. L., Rocca, C. C. A., Malloy-Diniz, L. F., Fuentes, D., & Rodrigues, C. L. (2010). Teste da Torre de Hanói. In L. F. Malloy-Diniz, D. Fuentes, P. Mattos, N. Abreu. (Orgs.), Avaliação neuropsicológica (pp. 350-354). Porto Alegre: Artmed.

Gronwall, D. (1977). Paced auditory serial addition task: A measure of recovery from concussion. Percept Motor Skill, 44, 367-373.

Hamdan, A. C., Hamdan, E. M. L. R. (2009). Effect of age and education level on the Trail Making Test in A healthy Brazilian sample. *Psychology & Neuroscience*, 2(2), 199-203, 2009.

Happaney, K., Zelazo, P. D., & Stuss, D. T. (2004). Development of orbitofrontal function: Current themes and future directions. *Brain and cognition, 55*(1), 1-10.

Hayward, G., Goodwin, G. M., & Harmer, C. J. (2004). The role of the anterior cingulate cortex in the counting Stroop task. *Experimental Brain Research, 154*(3), 355-358.

Heaton, R. K., Chelune, G. J., Talley, J. L., Kay, G. G., & Curtiss, G. (2005). *Manual do teste Wisconsin de classificação de cartas*. São Paulo: Casa do Psicólogo.

Heaton, R. K., Chelune, G. J., Talley, J. L., Kay, G. G., & Curtiss, G. (2004). *Teste Wisconsin de classificação de cartas*. São Paulo: Casa do Psicólogo.

Johnson, M. H. (2012). *Executive function and developmental disorders: The flip side of the coin*. Trends in Cognitive Sciences, 16(9), 454-457.

Kluwe-Schiavon, B., Viola, T. W., & Grassi-Oliveira, R. (2012). Modelos teóricos sobre construto único ou múltiplos processos das funções executivas. *Revista Neuropsicología Latinoamericana, 4*(2), 29-34.

Krikorian, R., Bartok, J., & Gay, N. (1994). Tower of London procedure: a standard method and developmental data. *Journal of Clinical and Experimental Neuropsychology, 16*(6), 840-850.

Laine, M., & Butters, N. (1982). A preliminary study of the problem-solving strategies of detoxified long-term alcoholics. *Drug and Alcohol Dependence, 10*(2-3), 235-242.

Leite, W. B., Malloy-Diniz, L. F., & Corrêa, H. (2007). Effects of methylphenidate on cognition and behavior: A case report of a patient with a ruptured anterior communicant artery aneurysm. *The Australian and New Zealand Journal of Psychiatry, 41*(6), 554-556.

Lezak, M. D., Howieson., D. B., Bigler, E. D., & Tranel, D. (2012). *Neuropsychological assessment* (5th ed.). New York: Oxford.

Linek, V., Sonka, K., & Bauer, J. (2005). Dysexecutive syndrome following anterior thalamic ischemia in the dominant hemisphere. *Journal of the Neurological Sciences, 229-230,* 117-120.

Malloy-Diniz, L. F., Bentes, R. C., Figueiredo, P. M., Costa-Abrantes, S., Parizzi, A. M., Borges-Leite, W.,

Salgado, J. V. (2007). Normalización de una batería de tests para evaluar las habilidades de comprensión del lenguaje, fluidez verbal y denominación en niños brasileños de 7 a 10 años: Resultados preliminares. *Revista de Neurología, 44,* 275-280.

Malloy-Diniz, L. F., Cardoso-Martins, C., Carneiro, K. C., Cerqueira, M. M. M., Ferreira, A. P. A., Aguiar, M. J. B. de, & Starling, A. L. (2004). Funções executivas em crianças fenilcetonúricas: Variações em relação ao nível de fenilalanina. *Arquivos de Neuro-Psiquiatria, 62*(2b), 473-479.

Malloy-Diniz, L. F., Leite, W. B., Moraes, P. H. P. de, Corrêa, H., Bechara, A., & Fuentes, D. (2008). Brazilian Portuguese version of the Iowa Gambling Task: Transcultural adaptation and discriminant validity. *Revista Brasileira de Psiquiatria, 30*(2), 144-148.

Malloy-Diniz, L., Cardoso-Martins, C., Levy, A., Nassif, E., Leite, W., & Fuentes, D. (2007, July). Performance of Brazilian Children on the Tower of London Test: comparison by age, gender and scholar attendance. In 2007 Mid-year meeting of INS, Advances in Basic and Clinical Neuropsychology, Bilbao.

Mattos, P., Saboya, E., Araujo, C. (2002). Post-traumatic brain injury behavioural sequelae: The man who lost his charm. *Arquivos de Neuro-Psiquiatria,* 60(2-A), 319-323.

Mischel, W., Shoda, Y., & Rodriguez, M. L. (1989). Delay of gratification in children. *Science, 244*(4907), 933-938.

Mitrushina, M. N., Boone, K. B., Razani, J., D'Elia, L. F. (2005). *Handbook of normative data for neuropsychological assessment*. New York: Oxford University.

Miyake, A., Friedman, N. P., Emerson, M. J., Witzki, A. H. & Howerter, A., & Wager TD. (2000). The unity and diversity of executive functions and their contributions to complex "frontal lobe" tasks: A latent variable analysis. *Cognitive Psychology, 41*(1), 49-100.

Passos, V. M. A., Giatti, L., Barreto, S. M., Figueiredo, R. C., Caramelli, P., Bensenor, I., ... Nunes, M. A. (2011). Verbal fluency tests reliability in a Brazilian multicentric study, ELSA-Brasil. *Arquivos de Neuro-Psiquiatria, 69*(5), 814-816.

Porteus, S. D. (1965). *Porteus Maze Test: Fifty years of application*. Palo Alto: Pacific Books.

Posner, M. I. (2012). Imaging attention networks. *NeuroImage, 61*(2), 450-456.

Rabelo, I. S., Pacanaro, S., Rossetti, S., & Leme, I. (2010). *Teste das trilhas coloridas*. São Paulo: Casa do Psicólogo

Reitan, R. M. (1958). Validity of the Trail Making Test as an indicator of organic brain damage. *Perceptual and Motor Skills, 8*, 271-276.

Riva, D., Cazzaniga, F., Esposito, S., & Bulgheroni, S. (2013). Executive functions and cerebellar development in children. *Applied Neuropsychology: Child, 2*(2), 97-103.

Robbins, T. W. (1996). Dissociating executive functions of the prefrontal cortex. *Philosophical Transactions of the Royal Society of London. Series B, Biological Sciences, 351*(1346), 1463-1471.

Rogers, R. D., Tunbridge, E. M., Bhagwagar, Z., Drevets, W. C., Sahakian, B. J., & Carter, C. S. (2003). Tryptophan depletion alters the decision-making of healthy volunteers through altered processing of reward cues. *Neuropsychopharmacology, 28*(1), 153-162.

Romine, C. B., & Reynolds, C. R. (2005). A model of the development of frontal lobe functioning: Findings from a meta-analysis. *Applied Neuropsychology, 12*(4), 190-201.

Royall, D. R., Lauterbach, E. C., Cummings, J. L., Reeve, A., Rummans, T. A., Kaufer, D. I., ... Coffrey, C. E. (2002). Executive control function: A review of its promise and challenges for clinical research. A report from the Committee on Research of the American Neuropsychiatric Associations. *Journal of Neuropsychiatry Clinical Neuroscience, 14*(4), 377-405.

Royall, D. R., Lauterbach, E. C., Kaufer, D., Malloy, P., Coburn, K. L., Black, K. J., & Committee on Research of the American Neuropsychiatric Association. (2007). The cognitive correlates of functional status: A review from the committee on Research of the American Neuropsychiatric Association. The *Journal of Neuropsychiatry and Clinical Neurosciences, 19*(3), 249-265.

Ruffolo, L. F., Guilmette, T. J., & Willis, G. W. (2000). Comparison of time and error rates on the trail making test among patients with head injuries, experimental malingerers, patients with suspect effort on testing and normal controls. *The Clinical Neuropsychologist, 14*(2), 223-230.

Rutz, A., Hamdan, A. C., & Lamar, M. (2013). The Iowa Gambling Task (IGT) in Brazil: A systematic review. *Trends in Psychiatry Psychotherapy, 35*(3), 160-170.

Rzezak, P., Antunes, H. K. M., Tufik, S., & Mello, M. T. (2012). Translation and cultural adaptation of the Game Dice Task to Brazilian population. *Arquivos De Neuro-Psiquiatria, 70*(12), 929-933.

Salat, D. H., Tuch, D. S., Hevelone, N. D., Fischl, B., Corkin, S., Rosas, H. D., & Dale, A. M. (2005). Age-related changes in prefrontal white matter measured by diffusion tensor imaging. *Annals of the New York Academy of Sciences, 1064*, 37-49. Parte inferior do formulário.

Seabra, A., & Dias, N. (2010). *Avaliação neuropsicológica cognitiva*. São Paulo: Memnom.

Sedó, M. (2007). *Test de los 5 dígitos: Manual*. Madrid: Tea.

Shallice, T. (1982). Specific impairments in planning. *Philosophical Transactions of the Royal Society of London. Series B, Biological Sciences, 298*(1089), 199-209.

Souza, R., Ignácio, F. A., Cunha, F. C., Oliveira, D. L., & Moll, J. (2001). Contributions to the neuropsychology of executive behavior: performance of normal individuals on the Tower of London and Wisconsin tests. *Arquivos de Neuro-Psiquiatria, 59*(3-A), 526-531.

Strauss, E., Sherman, E. M. S., & Spreen, O. (2006). *A compendium of neuropsychological tests: Administration, norms, and commentary*. New York: Oxford University.

Stroop, J. R. (1935). Studies of interference in serial verbal reactions. *Journal of Experimental Psychology, 18*(6), 643-662.

Stuss, D. T. (2011). Functions of the frontal lobes: Relation to executive functions. *Journal of the International Neuropsychological Society, 17*(5), 759-765.

Trentini, C. (2010). *Wisconsin de classificação de cartas – versão para idosos – WCST: Manual*. São Paulo: Casa do Psicólogo.

Wilson, B. A., Alderman, N., Burgess, P. W., Emslie, H., & Evans, J. J. (1996). *Behavioural assessment of the dysexecutive syndrome*. Bury St. Edmunds: Thames Valley Test.

Zelazo, P. D., & Müller, U. (2002). The balance beam in the balance: Reflections on rules, relational complexity, and developmental processes. *Journal of Experimental Child Psychology, 81*(4), 458-465..

10

Transtornos específicos de aprendizagem: dislexia e discalculia

VITOR GERALDI HAASE
FLÁVIA HELOÍSA DOS SANTOS

O termo transtornos específicos de aprendizagem (TEAs) refere-se a um grupo de condições nas quais existe uma discrepância entre o desempenho escolar em um ou mais domínios acadêmicos e a habilidade cognitiva geral do indivíduo, excluindo como causas primárias outros fatores de risco, como deficiência neurossensorial, pobreza e falta de estimulação, experiências pedagógicas inadequadas, etc. Diversos domínios acadêmicos são potencialmente afetados em diferentes combinações, tais como reconhecimento visual de palavras, ortografia, compreensão, expressão escrita, processamento numérico, cálculo e raciocínio aritmético. Pressupõe-se, ainda, que as dificuldades são de origem intrínseca, resultando de disfunções neurogenéticas em interação com fatores ambientais de risco. O estatuto nosológico dos TEAs foi objeto de considerável polêmica (Tannock, 2013) por ocasião da preparação da quinta edição do *Manual diagnóstico e estatístico de transtornos mentais* (DSM-5), da American Psychiatric Association (APA, 2013). Este capítulo se concentra nos TEAs mais pesquisados: dislexia e discalculia. A questão da definição será enfatizada em função das controvérsias geradas. A epidemiologia clínica será descrita em uma tabela e, em seguida, serão discutidos os mecanismos cognitivos, a avaliação neuropsicológica e as intervenções.

DEFINIÇÃO

Os critérios diagnósticos tradicionalmente empregados para TEAs requerem uma limitação específica (p. ex., na leitura ou no cálculo) que não poderia ser determinada por déficits intelectuais, sensoriais e emocionais ou escolarização inadequada; além disso, as dificuldades devem estar presentes em mais de um contexto, isto é, perturbar tanto o desempenho acadêmico como a vida diária (APA, 2002; Organização Mundial da Saúde [OMS], 1993). Inclui-se a categoria sem outras especificações (SOE) para indivíduos que preenchem critérios para mais de um TEA. Os domínios afetados devem ser aferidos por meio de testes psicométricos padronizados para a habilidade específica em questão, evidenciando pontuação substancialmente inferior em relação ao nível esperado para idade, educação e inteligência (APA, 2002). Essa discrepância pode ser operacionalizada por um atraso acadêmico correspondente a dois anos letivos (Shalev, Manor, Auerbach, & Gross-Tsur, 1998) ou desempenho 1,5 a 2 desvios-padrão da média em medidas padronizadas (Silva & Santos, 2011).

Quanto ao nível intelectual, o DSM-IV-TR (APA, 2002) considera necessária uma discrepância entre o quociente de inteligência (QI) e o desempenho em um teste de leitura ou de aritmética para critério diagnóstico dos referidos transtornos. Isso exclui os casos de deficiência intelectual, em que as dificuldades escolares dessas crianças seriam assumidas como decorrentes de sua limitação intelectual global. É importante dizer que a exclusão diagnóstica desse grupo de crianças não inviabiliza o reconhecimento clínico de tais dificuldades escolares nem diminui a necessidade de intervenções especializadas para sua reabilitação. Entretanto, alguns estudos demonstram que crianças com transtornos de aprendizagem podem apresentar níveis intelectuais levemente mais baixos (médio inferior ou limítrofe), pois o próprio prejuízo específico em leitura ou em cálculo pode produzir um rebaixamento na pontuação em medidas de QI (van Bergen et al., 2013), sendo este fator um dos determinantes da persistência dos déficits em anos subsequentes (Shalev et al., 1998).

A revisão da literatura conduzida pelo grupo de trabalho do DSM-5 indicou diversas inadequações nas definições tradicionais de TEAs (Tannock, 2013). Foi constatado também que os resultados da literatura são muito contraditórios, dificultando a extração de conclusões mais definitivas. A especificidade dos transtornos foi um dos principais pontos questionados. Cerca de dois terços das crianças com TEA apresentam ao menos uma comorbidade (Dirks, Spyer, van Lieshout, & de Sonneville, 2008; Landerl & Moll, 2010; Rubinsten & Henik, 2009), e também há evidências de que a dislexia e a discalculia possam ser causadas por influências genéticas comuns, os chamados genes generalistas, implicados em diversas manifestações de transtornos do neurodesenvolvimento (Kovas et al., 2007; Willcutt et al., 2010).

Outras evidências favorecem a especificidade. Diversos estudos caracterizaram uma dupla dissociação neuropsicológica. De modo geral, a dislexia se associa a déficits no processamento fonológico, enquanto a discalculia pode ser explicada por déficits no processamento de magnitudes numéricas (Landerl, Fussenegger, Moll, & Willburger, 2009; Rubinsten & Henik, 2006; Tressoldi, Rosati, & Lucangeli, 2007). Compton, Fuchs, Fuchs, Lambert e Hamlett (2012) utilizaram técnicas de estatística multivariada em uma grande amostra de crianças com TEAs, mostrando que é possível identificar ao menos quatro tipos de TEAS e que cada tipo se associa a um perfil cognitivo específico, com déficits no reconhecimento visual de palavras, compreensão de leitura, cálculo e raciocínio aritmético.

Estudos de intervenção também sugerem relações específicas entre os tipos de transtorno e de intervenção e os resultados obtidos (Lovett, Steinback, & Frijters, 2000; Morris et al., 2010; Solis et al., 2012; Wilson, Revkin, Cohen, Cohen, & Dehaene, 2006). Finalmente, há estudos de recorrência familiar constatando segregação independente entre dislexia e discalculia (Landerl & Moll, 2010), bem como entre discalculia e transtorno de déficit de atenção/hiperatividade (TDAH) (Monuteaux, Faraone, Herzig, Navsaria, & Biederman, 2005). A revisão da literatura indica, portanto, que a questão da especificidade diagnóstica e etiológica dos TEAs é, no mínimo, contenciosa.

O segundo ponto considerado inadequado nas definições prévias dos TEAs é o critério psicométrico de discrepância (Tannock, 2013). O fato de a inteligência e o desempenho escolar serem correlacionados conduz a distorções estatísticas, incorrendo no risco de diagnósticos falso-positivos em crianças com inteligência mais alta e falso-negativos em crianças com inteligência mais baixa (Dennis et al., 2009; Hale et al., 2010). Entretanto, o critério exclusivo de inteligência normal não pode ser eliminado,

> O fato de a inteligência e o desempenho escolar serem correlacionados conduz a distorções estatísticas, incorrendo no risco de diagnósticos falso-positivos em crianças com inteligência mais alta e falso-negativos em crianças com inteligência mais baixa.

sob pena de descaracterizar o transtorno como sendo específico, ou seja, independente de déficits cognitivos mais gerais.

As inadequações do critério psicométrico de discrepância motivaram a busca de alternativas. Uma proposta se baseia na resposta à intervenção (RTI, do inglês *response to intervention*) (Fuchs, Fuchs, & Compton, 2012; Hale et al., 2010). A abordagem de RTI pressupõe que os TEAs se caracterizam por dificuldades mais graves e persistentes, resistentes a intervenções apropriadas. Essa abordagem é atraente por aliar diagnóstico, prevenção e intervenção, podendo ser aplicada na escola, sem necessariamente requerer avaliações individuais das crianças por especialistas. A proposta da RTI consiste em identificar na pré-escola crianças sob risco de desenvolver algum TEA, seja por exibirem déficits no processamento fonológico, seja por apresentarem déficits no processamento de magnitudes numéricas. Uma vez identificadas, elas são alocadas a programas sucessivos de intervenção e avaliação. Serão qualificados para o diagnóstico de TEA aqueles indivíduos que apresentarem dificuldades persistentes, ou seja, que não tenham respondido às melhores intervenções disponíveis.

A abordagem de RTI pode, entretanto, ser criticada por diversos motivos (Hale et al., 2010). Sua implementação é muito complexa, requerendo pessoal altamente qualificado, o qual não está disponível na maioria das vezes. O processo todo de diagnóstico torna-se vulnerável à qualidade da intervenção oferecida e à adesão da clientela ao programa. Preocupante também é o fato de que uma abordagem fundamentada puramente em RTI implica uma postergação do diagnóstico e dos benefícios dele decorrentes. Por fim, como a RTI não requer uma avaliação especializada e individualizada das crianças, priva-lhes do acesso a serviços diagnósticos que poderiam contribuir para a identificação das vulnerabilidades individuais frequentemente associadas aos TEAs (Shalev & Gross-Tsur, 1993). A revisão sobre os critérios diagnósticos também é inconclusiva, uma vez que tanto o critério psicométrico de discrepância como a RTI são inadequados e/ou de difícil implementação.

Considerando a indefinição do estado atual do conhecimento quanto à especificidade e aos critérios diagnósticos, bem como o estatuto nosológico de suas diversas manifestações, o grupo de trabalho do DSM-5 inclinou-se a abolir a distinção entre formas de TEAs como entidades nosológicas; descrevendo, entretanto, os domínios comprometidos em cada indivíduo por meio de qualificadores (Tannock, 2013). Foi também deliberado que o critério psicométrico de discrepância deveria ser proscrito e que, ao mesmo tempo, os critérios diagnósticos deveriam ser compatíveis com a abordagem de RTI. A proposta de abolir as distinções entre discalculia e dislexia foi, entretanto, muito mal recebida na comunidade, tanto por pesquisadores como por advogados que defendem os direitos das pessoas com transtornos de aprendizagem, e a comissão reconsiderou diversos pontos (APA, 2013). Basicamente, foi mantida uma categoria única de TEAs, sendo adotados códigos específicos, conforme o domínio acadêmico afetado. Os termos discalculia e dislexia são admissíveis como rótulos alternativos. A Tabela 10.1 resume os critérios diagnósticos para TEAs adotados no DSM-5.

EPIDEMIOLOGIA CLÍNICA

A Tabela 10.2 apresenta uma análise comparativa dos perfis clínico-epidemiológicos

> A proposta da RTI consiste em identificar na pré-escola crianças sob risco de desenvolver algum TEA seja por exibirem déficits no processamento fonológico, seja por exibirem déficits no processamento de magnitudes numéricas. Uma vez identificadas, elas são alocadas a programas sucessivos de intervenção e avaliação.

TABELA 10.1
Critérios diagnósticos para transtorno específico de aprendizagem conforme o DSM-5

Critérios diagnósticos	A	Presença de pelo menos um dos seguintes sintomas por pelo menos seis meses
		1. Reconhecimento visual de palavras impreciso, lento ou trabalhoso.
		2. Dificuldades de compreensão textual.
		3. Dificuldades com a ortografia.
		4. Dificuldades com a redação.
		5. Dificuldades com senso numérico, fatos aritméticos ou cálculo.
		6. Dificuldades com o raciocínio aritmético.
	B	Déficit substancial e psicometricamente quantificável nos domínios afetados, sendo constatado seu impacto sobre o desempenho escolar e/ou ocupacional e a vida cotidiana, por meio de uma avaliação clínica abrangente.
	C	As dificuldades de desempenho devem se iniciar nos anos escolares, ainda que possam se manifestar apenas a partir do momento em que a demanda acadêmica ultrapassa as capacidades do indivíduo.
	D	As dificuldades de aprendizagem não podem ser explicadas por deficiência intelectual, déficits visuais ou auditivos não corrigidos, outros transtornos mentais ou neurológicos, adversidade psicossocial, falta de proficiência na língua de instrução ou instrução escolar inadequada.
Códigos	DSM-5	CID-10
	315.00	F81.0 — Déficit de leitura: acurácia, fluência e compreensão.
	315.2	F81.81 — Déficit na expressão escrita: ortografia, gramática e pontuação, clareza e organização.
	315,1	F81.2 — Déficit na matemática: senso numérico, fatos aritméticos, cálculo e raciocínio aritmético.
Gravidade	Leve, moderado ou grave.	

Fonte: APA, 2013.

dos dois principais transtornos de aprendizagem, a dislexia e a discalculia (ver também Haase, Moura, Pinheiro-Chagas, & Wood, 2011). Posteriormente, serão discutidos os mecanismos cognitivos, a avaliação neuropsicológica baseada nos instrumentos diagnósticos disponíveis no Brasil e algumas abordagens à intervenção.

As dificuldades enfrentadas por ocasião da reformulação dos critérios diagnósticos dos TEAs no DSM-5 refletem o estado atual do conhecimento. Os principais tópicos de controvérsia dizem respeito à especificidade e aos critérios diagnósticos, traduzindo a falta de conhecimento sobre a validade interna dessas entidades, ou seja, sobre a homogeneidade, a consistência interna e a cobertura dos sintomas. Está disponível muito mais informação sobre a validade externa dos TEAs, compreendendo etiologia, mecanismos, prognóstico, intervenções, etc.

A inspeção da Tabela 10.2 revela mais semelhanças do que diferenças do ponto de vista clínico-epidemiológico entre dislexia e discalculia (ver também Haase et al., 2011). Isso decorre diretamente do modo como os TEAs são definidos. As grandes diferenças dizem respeito aos domínios acadêmicos comprometidos e, portanto, aos mecanismos subjacentes.

TABELA 10.2
Perfil clínico-epidemiológico comparativo da dislexia e discalculia

CATEGORIA CLÍNICO-EPIDEMIOLÓGICA	DISLEXIA RESULTADO	DISLEXIA REFERÊNCIA	DISCALCULIA RESULTADO	DISCALCULIA REFERÊNCIA
Definição	Escore substancialmente comprometido em teste padronizado de desempenho em leitura. Exclusão de déficits neurossensoriais, deficiência intelectual, transtornos emocionais e experiência educacional inadequada como fator causal primário.	APA (2013)	Escore substancialmente comprometido em teste padronizado de desempenho em matemática. Exclusão de déficits neurossensoriais, deficiência intelectual, transtornos emocionais e experiência educacional inadequada como fator causal primário.	APA (2013)
Diagnóstico	Critério de discrepância desempenho-QI questionável. Resposta à intervenção também criticável.	Hale e colaboradores (2010)	Critério de discrepância desempenho-QI questionável. Resposta à intervenção também criticável.	Hale e colaboradores (2010)
Prevalência	6-7%.	Dirks e colaboradores (2008) Fluss e colaboradores (2008) Landerl & Moll (2010)	3-6%.	Dirks e colaboradores (2008) Landerl & Moll (2010)
Comorbidades	Importantes, principalmente com discalculia e TDAH.	Dirks e colaboradores (2008) Landerl & Moll (2010) Willcutt e colaboradores (2010)	Importantes, principalmente com dislexia e TDAH.	Dirks e colaboradores (2008) Landerl & Moll (2010) Monuteaux e colaboradores (2005) Willcutt e colaboradores (2010)
Estabilidade diagnóstica	Persistência dos déficits, ainda que de forma atenuada, em até 2/3 dos indivíduos.	Astrom, Wadsworth e DeFries (2007) Shaywitz e colaboradores (1999)	Persistência dos déficits, ainda que de forma atenuada, em até 2/3 dos indivíduos.	Shalev e colaboradores (1998, 2005) Geary, Hoard, Nugent e Bailey (2012)
Prognóstico	Menor empregabilidade e menor renda. Psicopatologia internalizante e externalizante.	Parsons & Bynner (2005) Grills-Taquechel, Fletcher, Vaughn e Stuebing (2012)	Menor empregabilidade e menor renda. Psicopatologia internalizante e externalizante.	Parsons & Bynner (2005) Auerbach, Gross-Tsur, Manor e Shalev (2008) Haase et al. (2012)

(*Continua*)

TABELA 10.2
Perfil clínico-epidemiológico comparativo da dislexia e discalculia (*continuação*)

CATEGORIA CLÍNICO-EPIDEMIOLÓGICA	DISLEXIA — RESULTADO	DISLEXIA — REFERÊNCIA	DISCALCULIA — RESULTADO	DISCALCULIA — REFERÊNCIA
Etiologia	Multifatorial (poligênica + fatores socioambientais não identificados). Etiologia genética específica: síndrome de Klinefelter.	Willcutt e colaboradores (2010) Bender, Puck, Salbenblatt e Robinson (1986) Rovet, Netley, Keenan, Bailey e Stewart (1996)	Multifatorial (poligênica + fatores socioambientais não identificados). Etiologia ambiental (embriopatia alcoólica) e genética específica (Turner, velocardiofacial, Williams, sítio frágil em meninas, etc.)	Willcutt e colaboradores (2010) Jacobson e colaboradores (2010) Kopera-Frye, Dehaene e Streissguth (1996) Krajcsi, Lukács, Igács, Racsmány e Pléh (2009) Murphy, Mazzocco, Gerner e Henry (2006)
Mecanismos neurobiológicos	Transtorno da migração neuronal em áreas perissilvianas esquerdas. Alterações morfológicas de áreas corticais e de sua conectividade em um circuito envolvendo o sulco temporal superior posterior, o giro fusiforme e a área de Broca no hemisfério esquerdo. Possível déficit no canal visual magnocelular. Déficits na coordenação motora (inespecíficos).	Ashkenazi, Black, Abrams, Hoeft e Menon (2013)	Alterações morfológicas do sulco intraparietal e de sua conectividade bilateralmente tanto em indivíduos com síndromes genéticas e fetal-alcoólica como na forma multifatorial. Alterações morfológicas no giro angular do hemisfério dominante. Déficits na coordenação motora (inespecíficos).	Ashkenazi e colaboradores (2013)
Mecanismos cognitivos	Mecanismos específicos: déficit no reconhecimento visual de palavras isoladas devido a perturbações da memória operacional fonológica, da consciência fonêmica e de representações ortográfico-lexicais.	Castles & Coltheart (2004) Melby-Lervåg, Lyster e Lulme (2012)	Mecanismos específicos: transtorno do senso numérico não simbólico e/ou déficit de acesso às representações não simbólicas de magnitude a partir de representações simbólicas (verbais e arábicas).	De Smedt, Noël, Gilmore e Ansori (2013)

(*Continua*)

TABELA 10.2
Perfil clínico-epidemiológico comparativo da dislexia e discalculia *(continuação)*

CATEGORIA CLÍNICO-EPIDEMIOLÓGICA	DISLEXIA RESULTADO	REFERÊNCIA	DISCALCULIA RESULTADO	REFERÊNCIA
	Mecanismos genéricos: déficits no processamento temporal rápido de séries fonêmicas, canal visual magnocelular, mecanismos atencionais visuoespaciais e aprendizagem procedural.	Ashkenazi e colaboradores (2013)	Mecanismos gerais: déficits na memória de trabalho (verbal e visuoespacial), transformação de procedimentos em memória semântica, empobrecimento do conhecimento semântico numérico e disfunção executiva.	Ashkenazi e colaboradores (2013)
Diagnóstico precoce e prevenção	Identificação precoce de crianças com déficits na consciência fonológica e/ou dificuldades iniciais no reconhecimento visual de palavras. A intervenção neuropsicopedagógica é eficaz.	Castles & Coltheart (2004)	Ainda não foi suficientemente discutido o papel relativo das dificuldades com o senso numérico no jardim de infância em relação a outras variáveis, tais como memória operacional ou consciência fonêmica. Escassez de dados quanto à eficácia de intervenções preventivas.	Cohen-Kadosh, Dowker, Heine, Kaufmann e Kucian (2013)
Intervenções	Fundamentadas em modelos neurocognitivos e com eficácia comprovada, inclusive com estudos de neuroimagem funcional.	Castles & Coltheart (2004)	Estudos iniciais com intervenções baseadas em modelos neurocognitivos. Utilização de programas de computador. Base de dados insuficiente para conclusões definitivas quanto à eficácia.	Cohen-Kadosh e colaboradores (2013)

TDAH = transtorno de déficit de atenção/hiperatividade.

MECANISMOS COGNITIVOS

Os mecanismos cognitivos subjacentes aos TEAs podem ser categorizados em gerais e específicos. Os mecanismos gerais compreendem a inteligência e a memória operacional, sobretudo o componente executivo central. Já os mecanismos específicos diferem de uma entidade para a outra.

Muito provavelmente, os transtornos do neurodesenvolvimento se originam da interação entre fatores cognitivos gerais e específicos (Johnson, 2012). Os déficits específicos correspondem aos domínios cognitivos comprometidos. A escassez de recursos cognitivos gerais dificulta a compensação por meio de estratégias, e os efeitos dos déficits específicos são amplificados, ultrapassando o limiar sintomático que permite formular o diagnóstico.

A capacidade da memória operacional aumenta da infância para a adolescência (Gathercole & Alloway, 2004) e está implicada no desenvolvimento típico das habilidades escolares (Alloway, Gathercole, Kirkwood, & Elliot, 2009; Santos et al., 2012). Contudo, prejuízos em componentes atencionais e visuoespaciais são observados em crianças com discalculia (McLean & Hitch, 1999; Silva & Santos, 2011), enquanto crianças com dislexia exibem maior comprometimento do componente fonológico da memória operacional (Landerl, Bevan, & Butterworth, 2004). Contudo, os prejuízos globais, por si sós, não explicam os domínios afetados; há necessidade de comprometimentos específicos.

A dislexia é operacionalizada como um déficit no reconhecimento visual de palavras isoladas, distinguindo-se das dificuldades de compreensão de leitura (Compton et al., 2012; Fletcher, Lyon, Fuchs, & Barnes, 2007). Os déficits de compreensão de leitura são mais complexos, sendo influenciados por habilidades linguísticas de processamento textual, memória operacional, vocabulário e conhecimento de mundo, bem como pela capacidade inferencial. Apesar de não haver unanimidade, a hipótese majoritária e mais bem fundamentada é de que o déficit subjacente à dislexia seja de natureza psicolinguística, comprometendo o processamento fonológico. De acordo com Wagner e Torgesen (1987), o processamento fonológico compreende acesso lexical rápido, memória fonológica de curto prazo e consciência fonêmica. Os déficits na consciência fonêmica desempenham um papel mais importante em línguas com padrões pouco sistemáticos de correlação entre grafemas e fonemas, tais como o inglês e o francês, do que em línguas mais consistentes, como o alemão e finlandês (Wimmer & Schurz, 2010).

Outros mecanismos cognitivos têm sido implicados na origem da dislexia, tais como déficits no processamento temporal rápido de séries de fonemas, disfunções no canal visual magnocelular, déficits atencionais visuoespaciais e déficits na aprendizagem procedural ligados a patologias cerebelares (ver revisão em Ashkenazi et al., 2013). Contudo, esses déficits sensório-motores são compartilhados entre a dislexia e outros transtornos do desenvolvimento, constituindo, mais provavelmente, marcadores de colocalização ou efeitos secundários (Denckla, 1997). Estudos neurocognitivos de caso, usando duplas dissociações como padrão de evidência, indicam que déficits sensório-motores não são mecanismos necessários nem suficientes na causalidade de dislexia (White et al., 2006a, 2006b).

Os mecanismos cognitivos subjacentes à discalculia são objeto de intensa controvérsia na literatura atual (De Smedt et al., 2013). Uma hipótese altamente considerada é de que as dificuldades de aprendizagem na matemática decorrem de um comprometimento do senso numérico, ou seja, da habilidade de discriminar de modo rápido e aproximado a magnitude dos conjuntos, sem recurso à contagem. Há evidências mostrando uma relação entre a acuidade das discriminações da grandeza de conjuntos de objetos visualmente apresentados e o desempenho em aritmética (Halberda, Mazzocco, & Feigenson, 2008), bem como observações de menor acuidade do senso numérico em indivíduos com discalculia (Mazzocco, Feigenson, & Halberda, 2011; Piazza et al., 2010). Entretanto, esses resultados não têm sido replicados por todos autores, e a variabilidade de métodos empregados é muito grande (De Smedt et al., 2013).

Uma hipótese alternativa é de que as dificuldades com a aritmética na discalculia são decorrentes de um transtorno de acesso, e não de uma dificuldade nas representações de magnitude (Noël & Rousselle, 2011). Segundo essa perspectiva, os problemas de discalculia decorrem de uma dificuldade para automatizar os vínculos associativos entre as representações semânticas de magnitude e os numerais verbais e arábicos que as representam. A complexidade do esclarecimento dos mecanismos cognitivos da discalculia é amplificada pelo fato de que dois terços das crianças com discalculia apresentam comorbidade com dislexia. Nos casos de discalculia comórbida com dislexia, há evidências indicando que o processamento fonológico pode representar um papel fisiopatogênico adicional, comprometendo sobretudo os aspectos verbais da aritmética, tais como a aprendizagem dos fatos e a resolução de problemas verbalmente formulados (Jordan, 2007; Jordan, Wylie, & Mulhern, 2010).

AVALIAÇÃO

O exame neuropsicológico dos TEAs precisa se fundamentar em instrumentos com boas qualidades psicométricas, bem como nos conhecimentos oriundos dos mecanismos cognitivos subjacentes. A partir da revisão dos mecanismos cognitivos envolvidos nos TEAs é possível formular um roteiro de avaliação neuropsicológica, baseado exclusivamente em instrumentos desenvolvidos e/ou adaptados para uso no Brasil (Tab. 10.3).

Os dados da Tabela 10.3 refletem o progresso da neuropsicologia brasileira. Ainda é reduzido o número de instrumentos psicometricamente validados disponíveis. Entretanto, os resultados das pesquisas já permitem esboçar um roteiro, por mais incompleto e criticável que seja, de exame neuropsicológico para crianças e jovens com dificuldades de aprendizagem escolar.

INTERVENÇÕES

A reabilitação de crianças e adolescentes com transtornos de aprendizagem é uma questão complexa devido à heterogeneidade e às comorbidades. O tratamento deve ser planejado a partir dos resultados da avaliação neuropsicológica, considerando o contexto biopsicossocial da criança e visando benefícios duradouros (Kaufmann & von Aster, 2012). Os transtornos de aprendizagem não demandam tratamento farmacológico, devendo ser tratados por recursos pedagógicos e de reabilitação neurocognitiva (Santos, Silva, & Paula, 2011). Contudo, quando são acompanhados por transtornos psiquiátricos, poderão necessitar tratamentos complementares, como psicoterapia e psicofármacos (Dowker, 2005).

O treinamento em habilidades fonológicas é uma modalidade de intervenção bem consolidada no âmbito da dislexia, havendo evidência de sua eficácia (Cain, 2010; Castles & Coltheart, 2004). A eficácia e o impacto de treinamentos em processamento de magnitudes numéricas ainda não foram estabelecidos, apesar de o ritmo de pesquisa ter se acelerado nos últimos anos (Cohen-Kadosh et al., 2013).

> O exame neuropsicológico dos TEAs precisa se fundamentar em instrumentos com boas qualidades psicométricas, bem como nos conhecimentos oriundos dos mecanismos cognitivos subjacentes.

TABELA 10.3
Roteiro para avaliação neuropsicológica dos transtornos específicos de aprendizagem

DOMÍNIO	CONSTRUTO	TESTE	REFERÊNCIA
Desempenho escolar	Leitura de palavras Ortografia Aritmética	Teste de Desempenho Escolar (TDE)	Stein (1994)
	Memória operacional	AWMA*	Santos e Engle (2008)
	Memória operacional verbal	Digit span	Figueiredo e Nascimento (2007)
		Trigramas consonantais	Vaz, Cordeiro, Macedo e Lukasova (2010)
		BCPR	Santos e Bueno (2003)
Memória operacional	Memória operacional visuo-espacial	Cubos de Corsi	Santos, Mello, Bueno e Dellatolas (2005)
	Leitura de palavras, pseudopalavras e textos	PROLEC	Cappellini et al. (2010)
	Consciência fonológica	CONFIAS	Moojen et al. (2003)
	Consciência fonêmica	Teste de supressão de fonemas	Lopes-Silva (2013)
Leitura	Leitura e ortografia	Leitura e ditado de palavras e pseudopalavras	Salles e Parente (2002a, 2002b, 2007)
	Automatização do resgate lexical	Tempo de nomeação de cores na parte 1 do Stroop Victoria	Charchat-Fichman e Oliveira (2009)
Aritmética	Processamento numérico e cálculo	ZAREKI-R*	Santos et al. (2012) Silva e Santos (2011)
	Transcodificação	Leitura e ditado de numerais arábicos	Moura et al. (2013)
	Cálculo	Prova de Aritmética	Seabra, Dias e Macedo (2010)

Nota: Os testes marcados com * ainda não estão comercialmente disponíveis no Brasil.

A metanálise de Kroesbergen e van Luit (2003) selecionou 58 estudos de intervenção em matemática para alunos do ensino fundamental e revelou que as intervenções:

i. eram predominantemente focadas em habilidades numéricas básicas;
ii. eram mais eficazes quando centradas em habilidades numéricas básicas do que em habilidades precursoras ou para solução de problemas;
iii. curtas eram mais eficazes do que aquelas com 12 meses de duração;
iv. administradas por pessoas ("instrução direta pelo educador") foram mais eficazes do que as computadorizadas ("instrução mediada").

Outro estudo de metanálise demonstrou que a intervenção individualizada é altamente eficaz para melhorar a capacidade de calcular. Além disso, quando a intervenção é centrada na compreensão da estratégia, ela é mais eficaz do que quando se atém aos procedimentos ("instrução estratégica" *versus* "instrução direta"). Os métodos de intervenção mais eficazes incluem:

i. prática repetida;
ii. segmentação do assunto;
ii. grupos pequenos e interativos;
iv. uso de pistas na estratégia de aprendizagem (Swanson & Sachse-Lee, 2000).

Lambert e Spinath (2013) demonstram que uma reabilitação centrada nas dificuldades específicas em habilidades matemáticas pode, inclusive, diminuir o estresse psicológico da criança. Uma abordagem de terapia cognitivo-comportamental (TCC) pode ser integrada a esforços de restituição funcional por meio de treinamento cognitivo, de modo a focalizar as dificuldades no contexto de vida da pessoa (Antunes, Júlio-Costa, Starling-Alves, Paiva, & Haase, 2013).

CONSIDERAÇÕES FINAIS

Este capítulo procurou refletir tanto os avanços de pesquisa como as incertezas no conhecimento da neuropsicologia dos TEAs. As incertezas quanto à validade interna e a ausência de marcadores cognitivos ou biológicos válidos dificultam sobremaneira a definição dos TEAs, refletindo-se sobre as demais pesquisas na área. O progresso tem sido mais notável pelo acúmulo de evidências de validade externa, principalmente quanto aos mecanismos cognitivos subjacentes a esses transtornos. Um fenômeno notável em anos recentes é a aceleração do ritmo de pesquisas sobre discalculia. Até alguns anos, o foco de interesse recaía quase exclusivamente sobre a dislexia. A discalculia era uma espécie de "prima pobre" dos TEAs. Esse panorama está mudando. Hoje em dia, já é possível formular estratégias de reabilitação neuropsicológica para esses transtornos, fundamentadas no conhecimento dos mecanismos cognitivos implicados. Além disso, passos importantes estão sendo dados no sentido de aprimorar o conhecimento das estratégias de intervenção.

REFERÊNCIAS

Alloway, T. P., Gathercole, S. E, Kirkwood, H. J., & Elliott, J. E. (2009). The cognitive and behavioural characteristics of children with low working memory. *Child Development, 80*(2), 606-621.

American Psychiatric Association [APA] (2002). *DSM-IV-TR: Manual diagnóstico e estatístico de transtornos mentais* (4. ed.). Porto Alegre: Artmed.

American Psychiatric Association [APA] (2013). *DSM-5: Diagnostic and statistical manual of mental disorders* (5th ed.). Washington: American Psychiatric.

Antunes, A. M., Júlio-Costa, A., Starling-Alves, I., Paiva, G. M., & Haase, V. G. (2013). Reabilitação neuropsicológica do transtorno de aprendizagem da matemática na síndrome de Turner: Um estudo de caso. *Neuropsicologia Latinoamericana, 5*(1), 66-75.

Ashkenazi, S., Black, J. M., Abrams, D. A., Hoeft, F., & Menon, V. (2013). Neurobiological underpinnings of math and reading learning disabilities. *Journal of Learning Disabilities.* [Epub ahead of print].

Astrom, R. L., Wadsworth, S. J., & DeFries, J. C. (2007). Etiology of the stability of reading difficulties: The longitudinal twin study of reading disabilities. *Twin Research and Human Genetics, 10*(3), 434-439.

Auerbach, J. G., Gross-Tsur, V., Manor, O., & Shalev, R. S. (2008). Emotional and behavioral characteristics over s six-year period in youths with persistent and nonpersistent dyscalculia. *Journal of Learning Disabilities, 41*(3), 263-273.

Bender, B. G., Puck, M H, Salbenblatt, J. A., & Robinson, A. (1986). Dyslexia in 47,XXY boys identified at birth. *Behavior Genetics, 16*(3), 343-354.

Cain, K. (2010). *Reading: Development and difficulties.* Oxford: BPS Blackwell.

Castles, A., & Coltheart, M. (2004). Is there a causal link from phonological awareness to success in learning to read? *Cognition, 91*(1), 77-111.

Charchat-Fichman, H., & Oliveira, R. M. (2009). Performance of 119 Brazilian children in the Stroop paradigm - Victoria version. *Arquivos de Neuro-Psiquiatria, 67*(2b), 445-449.

Cohen-Kadosh, R., Dowker, A., Heine, A., Kaufmann, L., & Kucian, K. (2013). Interventions for improving numerical abilities: present and future. *Trends in Neuroscience and Education, 2*(2), 85-93.

Compton, D. L., Fuchs, L. S., Fuchs, D., Lambert, W., & Hamlett, C. (2012). The cognitive and academic profiles of reading and mathematicas learning disabilities. *Journal of Learning Disabilities, 45*(1), 79-95.

De Smedt, B., Noël, M. P., Gilmore, C., & Ansari, D. (2013, no prelo). How do symbolic and non-symbolic numerical magnitude processing skills relate to individual differences in children's mathematical skills? A review of evidence from brain and behavior. *Trends in Neuroscience and Education*.

Denckla, M. B. (1997). The neurobehavioral examination in children. In T. E. Feinberg, & M. J. Farah (Eds.), *Behavioral neurology and neuropsychology* (pp. 721-728). New York: McGraw-Hill

Dennis, M., Francis, D. J., Cirino, P. T., Schachar, R., Barnes, M. A., & Fletcher, J. M. (2009). Why IQ is not a covariate in cognitive studies of neurodevelopmental disorders. *Journal of the International Neuropsychological Society, 15*(3), 331-343.

Dirks, E., Spyer, G., van Lieshout, E. C. D. M., & de Sonneville, L. (2008). Prevalence of combined reading and arithmetic disabilities. *Journal of Learning Disabilities, 41*(5), 460-473.

Dowker, A. (2005). *What works for children with math difficulties?* London: Department for Education and Skills, University of Oxford. Research report RR554.

Figueiredo, V. L. M., & Nascimento, E. (2007). Desempenhos nas Duas Tarefas do Subteste Dígitos do WISC-III e do WAIS-III. *Psicologia: Teoria e Pesquisa, 23*(3), 313-318.

Fletcher, J. M., Lyon, G. R., Fuchs, L. S., & Barnes, M. A. (Eds.) (2007). *Learning disabilities: From identification to intervention*. New York: Guilford.

Fluss, J., Ziegler, J., Ecalle, J., Magnan, A., Warszawski, J., Ducot, B., ... Billeard, C. (2008). Prevalence of reading disabilities in early elementary school: Impact of socioeconomic environment on reading development in 3 different educational zozes. *Archives de Pédiatrie, 15*, 1049-1057.

Fuchs, L. S., Fuchs, D., & Compton, D. L. (2012). The early prevention of mathematics difficulty: Its power and limitations. *Journal of Learning Disabilities, 45*(3), 257-269.

Gathercole, S. E., & Alloway, T. P. (2004). Working memory and classroom learning. Journal of the *Professional Association for Teachers of Students with Specific Learning Difficulties, 17*, 2-12.

Geary, D. C., Hoard, M. K., Nugent, L., & Bailey, D. H. (2012). Mathematical cognition deficits in children with learning disabilities and persistent low achievement: A five-year prospective study. *Journal of Educational Psychology, 104*(1), 206-223.

Grills-Taquechel, A. E., Fletcher, J. M., Vaughn, S. R., & Stuebing, K. K. (2012). Anxiety and reading difficulties in early elementary school: Evidence for unidirectional of bi-directional relations? *Child Psychiatry and Human Development, 43*(1), 35-47.

Haase, V. G., Júlio-Costa, A., Pinheiro-Chagas, P., Oliveira, L. F. S., Micheli, L. R., & Wood, G. (2012). Math self-assessement, but not negative feelings, predicts mathematics performance of elementary school children. *Child Development Research, 2012*, 1-10.

Haase, V. G., Moura, R. J., Pinheiro-Chagas, P., & Wood, G. (2011). Discalculia e dislexia: semelhança epidemiológica e diversidade de mecanismos neurocognitivos. In L. M. Alves, R. Mousinho, & S. A. Capellini (Eds.), *Dislexia: Novos temas, novas perspectivas* (pp. 257-282). Rio de Janeiro: Wak.

Halberda, J., Mazzocco, M. M. M., & Feigenson, L. (2008). Individual differences in non-verbal number acuity correlate with maths achievement. *Nature, 455*, 665-669.

Hale, J., Alfonso, V., Berninger, V., Bracke, B., Christo, C., Clark, E., ... Yalof, J. (2010). Critical issues in response-to-intervention, comprehensive evaluation, and specific learning disabilities identification and intervention: an expert white paper consensus. *Learning Disability Quarterly, 33*, 223-236.

Jacobson, C., Shearer, J., Habel, A., Kane, F., Tsakanikos, E., & Kravariti, E. (2010). Core neuropsychological characteristics of children and adolescents with 22q11.2 deletion. *Journal of Intellectual Disability Research, 54*(8), 701-713

Johnson, M. H. (2012). Executive function and developmental disorders: The flip side of the coin. *Trends in Cognitive Sciences, 16*(9), 454-457.

Jordan, J. A., Wylie, J., & Mulhern, G. (2010). Phonological awareness and mathematical difficulty: a longitudinal perspective. *British Journal Developmental Psychology, 28*(1), 89-107.

Jordan, N. C. (2007). Do words count? Connections between mathematics and reading difficulties. In D. B. Berch, & M. M. M. Mazzocco (Eds.), *Why is math so hard for some children? The nature and origins of mathematical learning difficulties and disabilities* (pp. 107-119). Baltimore: Brookes.

Kaufmann, L., von Aster, M. (2012). The diagnosis and management of dyscalculia. *Deutsches Ärzteblatt International, 109*(45), 767-777.

Kopera-Frye, K., Dehaene, S., & Streissguth, A. P. (1996). Impairments of number processing induced by prenatal alcohol exposure. *Neuropsychologia, 34*(12), 1187-1196.

Kovas, Y., Haworth, C. M. A., Harlaar, N., Petrill, S. A., Dale, S. A., & Plomin, R. (2007). Overlap and specificity of genetic and environmental influences on mathematics and reading disability in 10-year-old twins. *Journal of Child Psychology and Psychiatry*, 48(9), 914-922.

Krajcsi, A., Lukács, A., Igács, J., Racsmány, M., & Pléh, C. (2009). Numerical abilities in Williams syndrome: Dissociating the analogue magnitude system and verbal retrieval. *Journal of Clinical and Experimental Neuropsychology*, 31(4), 439-446

Kroesbergen, E. H., & van Luit, J. E. H. (2003). Mathematics interventions for cildren with special educational needs. A meta-analysis. *Remedial and Special Education*, 24(2), 97-114.

Lambert, K., & Spinath, B. (2013) Changes in psychological stress after interventions in children and adolescents with mathematical learning disabilities. *Zeitschrift für Kinder- und Jugendpsychiatrie un Psychotherapie*, 41, 23-34.

Landerl, K., Bevan, A., & Butterworth, B. (2004) Developmental dyscalculia and basic numerical capacities: A study of 8-9-year-old students. *Cognition*, 93(2), 99-125.

Landerl, K., Fussenegger, B., Moll, K., & Willburger, E. (2009). Dyslexia and dyscalculia: Two learning disorders with different cognitive profiles. *Journal of Experimental Child Psychology*, 103(3), 309-324.

Landerl, K., Moll, K. (2010). Comorbidity of learning disorders: Prevalence and familial transmission. *Journal of Child Psychology and Psychiatry*, 51(3), 287-294.

Lopes-Silva, J. B. (2013). *Investigação neuropsicológica e desenvolvimental da habilidade de transcodificação numérica em crianças normais e com dificuldade de aprendizagem da matemática* (Dissertação de mestrado não publicada, Programa de Pós-Graduação em Saúde da Criança e do Adolescente, Universidade Federal de Minas Gerais, Belo Horizonte).

Lovett, M. W., Steinbach, K. A., & Frijters, J. C. (2000). Remediating the core deficits of developmental reading disability: A double-deficit perspective. *Journal of Learning Disabilities*, 33(4), 334-358.

Mazzocco, M. M., Feigeson, L., & Halberda, J. (2011). Impaired acuity of the approximate number system underlies mathematical learning disability (dyscalculia). *Child Development*, 82(4), 1224-1237.

Mclean, J. F., & Hitch, G. J. (1999). Working memory impairments in children with specific arithmetic learning difficulties. *Journal of Experimental Child Psychology*, 74(3), 240-260.

Melby-Lervåg, M., Lyster, S. A., & Hulme, C. (2012). Phonological sills and their role in learning to read: A meta-analytic review. *Psychological Bulletin*, 138(2), 322-352.

Monuteaux, M. C., Faraone, S. V., Herzig, K., Navsaria, N., & Biederman, J. (2005). ADHD and dyscalculia: Evidence for independent familial transmission. *Journal of Learning Disabilities*, 38(1), 86-93.

Moojen, S., Lamprecht, R., Santos, R., Freitas, G., Brodacz, R., & Costa, A. (2003). *CONFIAS: Consciência fonológica: instrumento de avaliação sequencial*. São Paulo: Casa do Psicólogo.

Morris, R. D., Lovett, M. W., Wolf, M., Sevcik, R. A., Steinbach, K. A., Frijters, J. C., & Shapiro, M. B. (2010). Multiple component remediation for developmental reading disabilities: IQ, socioeconomic status, and race as factors in remedial outcome. *Journal of Learning Disabilities*, 17(2), 284-293.

Moura, R., Wood, G., Pinheiro-Chagas, P., Lonnemann, J., Krinzinger, H., Willmes, K. & Haase, V. G. (2013). Transcoding abilities in typical and atypical mathematics achievers: The role of working memory, procedural and lexical competencies. *Journal of Experimental Child Psychology*, 116, 707-727.

Murphy, M. M., Mazzocco, M. M. M., Gerner, G., & Henry, A. E. (2006). Mathematics learning disability in girls with Turner syndrome or fragile X syndrome. *Brain and Cognition*, 61, 195-210.

Noël, M. P., & Rousselle, L. (2011). Developmental changes in the profiles of dyscalculia: an explanation based on a double exact-and-approximate number representation model. *Frontiers in Human Neuroscience*, 5, 165.

Organização Mundial da Saúde [OMS] (1993). *Classificação de transtornos mentais e de comportamento da CID-10: Descrições clínicas e diretrizes diagnósticas*. Porto Alegre: Artmed.

Parsons, S., & Bynner, J. (2005). *Does numeracy matter more?* London: University of London, Institute of Education National Research and Development Centre for Adult Literacy and Numeracy.

Piazza, M., Facoetti, A., Trussardi, A. N., Berteletti, I., Conte, S., Lucangeli. D., ... Zorzi, M. (2010). Developmental trajectory of number acuity revelas a severe impairment in developmental dyscalculia. *Cognition*, 116(1), 33-41.

Rovet, J., Netley, C., Keenan, M., Bailey, J., & Stewart, D. (1996). The psychoeducational profile of boys with Klinefelter syndrome. *Journal of Learning Disabilities*, 29(2), 180-196.

Rubinsten, O., & Henik, A. (2006). Double dissociation of functions in developmental dyslexia and dyscalculia. *Journal of Educational Psychology, 98*(4), 854-867.

Rubinsten, O., & Henik, A. (2009). Developmental dyscalculia: Heterogeneity might not mean different mechanisms. *Trends in Cognitive Sciences, 13*(2), 92-99.

Salles, J. F., & Parente, M. A. M. P. (2002a). Relação entre os processos cognitivos envolvidos na leitura de palavras e as habilidades de consciência fonológica em escolares. *Pró-Fono Revista de Atualização Científica, 14*(2), 175-186.

Salles, J. F., & Parente, M. A. M. P. (2002b). Processos cognitivos na leitura de palavras em crianças: Relações com compreensão e tempo de leitura. *Psicologia: Reflexão e Crítica, 15*(2), 321-331.

Salles, J. F., & Parente, M. A. M. P. (2007). Avaliação da leitura e escrita de palavras e em crianças da 2ª série: Abordagem da neuropsicológica cognitiva. *Psicologia: Reflexão e Crítica, 20*(2), 220-228.

Santos, F. H., & Bueno, O. F. A. (2003). Validation of the Brazilian children's test of pseudoword repetition in Portuguese speakers aged 4 to 10 years. *Brazilian Journal of Medical and Biological Research, 36*(11), 1533-1547.

Santos, F. H., & Engel, P. M. J. (2008). Adaptação brasileira da AWMA, "Automated Working Memory Assessment". In K. Z. Ortiz, L. I. C. Mendonça, A. Foz, C. B. Santos, D. Fuentes, & D. A. Azambuja (Org.), *Avaliação neuropsicológica: Panorama interdisciplinar dos estudos na normatização e avaliação de instrumentos no Brasil* (pp. 355-378). São Paulo: Vetor.

Santos, F. H., Mello, C. B., Bueno, O. F. A. & Dellatolas, G. (2005). Cross-cultural differences for three visual memory tasks in Brazilian children. *Perceptual and Motor Skills, 101*(2), 421-433.

Santos, F. H., Silva, P. A., & Paula, A. L. D. (2011). Discalculia do desenvolvimento: Teoria, pesquisa e clínica. In A. S. Capellini, C. Silva, & F. H. Pinheiro (Orgs.), *Tópicos em transtornos de aprendizagem*. São José dos Campos: Pulso.

Santos, F. H., Silva, P. A., Ribeiro, F. S., Dias, A. L. R. P., Frigério, M. C., Dellatolas, G., & von Aster, M. (2012). Number processing and calculation in Brazilian children aged 7-12 years. *The Spanish Journal of Psychology, 15*(2), 513-525.

Seabra, A. G., Dias, N. M., & Macedo, E. C. (2010). Desenvolvimento das habilidades aritméticas e composição fatorial da Prova de Aritmética em estudantes do ensino fundamental. *Interamerican Journal of Psychology, 44*(3), 481-488.

Shalev, R. S., & Gross-Tsur, V. (1993). Developmental dyscalculia and medical assessment. *Journal of Learning Disabilities, 26*(2), 134-137.

Shalev, R. S., Manor, O., & Gross-Tsur, V. (2005). Developmental dyscalculia: A prospective six-year follow-up. *Developmental Medicine & Child Neurology, 47*(2), 121-125.

Shalev, R. S., Manor, O., Auerbach, J., & Gross-Tsur, V. (1998). Persistence of developmental dyscalculia: What counts? Results from a 3-year prospective follow-up study. *The Journal of Pediatrics, 133*(3), 358-362.

Shaywitz, S. E., Fletcher, J. M., Holahan, J. M., Shneider, A. E., Marchione, K. E., Stuebing, K. K., ... Shaywitz, B. A. (1999). Persistence of dyslexia: The Connecticut Longitudinal Study at adolescence. *Pediatrics, 104*(6), 1351-1359.

Silva, P. A., & Santos, F. H. (2011). Discalculia do desenvolvimento: Avaliação da representação numérica pela ZAREKI-R. *Psicologia: Teoria e Pesquisa, 27*(2), 35-44.

Solis, M., Ciullo, S., Vaughn, S., Pyle, N., Hassaram, B., & Leroux, A. (2012). Reading comprehension interventions for middle school students with learning disabilities: A synthesis of 30 years of research. *Journal of Learning Disabilities, 45*(4), 327-340

Stein, L. M. (1994). *Teste de desempenho escolar*. São Paulo: Casa do Psicólogo.

Swanson, H. L., & Sachse-Lee, C. (2000). A meta-analysis of single-subject design intervention research for students with Learning Disabilities. *Journal of Learning Disabilities, 33*(2), 114-136.

Tannock, R. (2013). Rethinking ADHD and LD in DSM-5: proposed changes in diagnostic criteria. *Journal of Learning Disabilities, 46*(1), 5-25.

Tressoldi, P. E., Rosati, M., & Lucangeli. D. (2007). Patterns of developmental dyscalculia with or without dyslexia. *Neurocase, 13*(4), 217-225.

van Bergen, E., de Jong, P. F., Maassen, B., Krikhaar, E., Plakas, A., & van der Leij, A. (2013). IQ of four-year-olds who go on to develop dyslexia. *Journal of Learning Disabilities*. Epub ahead of print.

Vaz, I. A., Cordeiro, P. M., Macedo, E. C., & Lukasova, K. (2010). Memória de trabalho em crianças avaliada pela tarefa de Brown-Peterson. *Pró-Fono Revista de Atualização Científica, 22*(2), 95-100.

Wagner, R. K., & Torgesen, J. K. (1987). The nature of phonological processing and its causal role in the acquisition of reading skills. *Psychological Bulletin, 101*(2), 192-212.

White, S., Frith, U., Milne, E., Rosen, S., Swettenham, J., & Ramus, F. (2006a). A double dissociation between sensorimotor impairments and reading disability: A comparison of autistic and dyslexic children. *Cognitive Neuropsychology, 23*(5), 748-761.

White. S., Milne, E., Rosen, S., Hansen, P., Swettenham, J., Frith, U., & Ramus, F. (2006b). The role of sensorimotor impairments in dyslexia: A multiple case study of dyslexic children. *Developmental Science, 9*(3), 237-269.

Willcutt, E. G., Pennington, B. F., Duncan, L., Smith, S. D., Keenan, J. M., Wadsworth, S., ... Olson, R. K. (2010). Understanding the complex etiologies of developmental disorders: Behavioral and molecular genetic approaches. *Journal of Developmental and Behavioral Pediatrics, 31*(7), 533-544.

Wilson, A. J., Revkin, S. K., Cohen, D., Cohen, L., & Dehaene, S. (2006). An open trial assessment of "The Number Race," an adaptive computer game for remediation of dyscalculia. *Behavior and Brain Functions, 2*, 20.

Wimmer, H., & Schurz, M. (2010). Dyslexia in regular orthographies: Manifestation and causation. *Dyslexia, 16*(4), 283-299.

11

Neuropsicologia do comportamento motor

GUILHERME MENEZES LAGE
MAICON RODRIGUES ALBUQUERQUE
BLAISE CHRISTE

Em poucos meses, o Brasil vai sediar a XX Copa do Mundo de Futebol e tentará conquistar seu sexto título mundial. Esse evento representa, junto com os Jogos Olímpicos, a maior consagração midiática do comportamento motor.

Pensando um pouco, percebe-se que existem muitas outras consagrações ligadas ao comportamento motor. Qual de nós não estremeceu ouvindo Tom Jobim tocar, não ficou maravilhado ao ver uma porta-bandeira e um mestre-sala sambando, não chorou quando assistiu uma criança dar seus primeiros passos?

O comportamento motor é tão importante porque se trata do principal vetor de nossas ações, sejam desportivas, artísticas, de comunicação, de deslocamento ou simplesmente de manipulação. Essa onipresença e pluridade fazem o comportamento motor ser estudado em diferentes áreas – psicologia, fisiologia ou cinesiologia –, a partir de distintas perspectivas – controle motor, desenvolvimento ou aprendizagem – e com orientações diversas – à tarefa ou aos processos internos (Lage, Benda, Ugrinowitsch, & Christe, 2008).

Embora o comportamento motor seja muitas vezes descrito como uma área auxiliar em neuropsicologia, acreditamos que deveria ser visto como parte integrante dessa disciplina. De fato, a neuropsicologia apresenta várias interseções com o comportamento motor na sua investigação da relação entre função cerebral e comportamento nos seres humanos. Em primeiro lugar, a maioria das inferências sobre as funções mentais são baseadas em ações fundamentalmente motoras, como a fala, a escrita, o desenho ou a designação. Em segundo, a investigação das bases neurobiológicas que subsidiam as funções neuropsicológicas e motoras mostra uma forte interconexão anatômica. Destaca-se, por exemplo, o circuito pré-frontal dorsolateral, de particular importância para as funções executivas e que apresenta extensivas interconexões com regiões envolvidas em funções motoras, como o córtex pré-motor, a área motora suplementar e os núcleos da base (Dum & Strick, 1991; Tanji, 1994). Por fim, existem também várias doenças que causam comprometimentos neuropsicológicos e – observando-se com cuidado – são igualmente associadas com distúrbios motores.

Neste capítulo, serão apresentadas três relações que exemplificam as interseções entre neuropsicologia e comportamento motor. Para tal, apresentaremos, inicialmente, as relações observadas em uma doença neurológica adquirida, a doença de Parkinson (DP); em seguida, em dois transtornos psiquiátricos, o transtorno obsessivo-compulsivo (TOC) e o transtorno bipolar (TB); e, por fim, em uma doença do desenvolvimento, o transtorno de déficit de atenção/hiperatividade (TDAH).

DOENÇA DE PARKINSON

A DP é uma das patologias neurológicas adquiridas mais emblemáticas dos distúrbios motores. É o protótipo etiológico do parkinsonismo, entidade semiótica definida por uma hipocinesia – termo genérico que inclui falta de iniciação (acinesia), lentidão (bradicinesia) e redução de amplitude (hipometria) dos movimentos – à qual se adiciona uma hipertonia plástica e/ou tremores de repouso e/ou uma instabilidade postural (Hughes, Daniel, Kilford, & Lees, 1992). Anteriormente denominada extrapiramidal, essa síndrome se distingue de duas outras grandes síndromes motores de origem central:

1. a síndrome piramidal que ocorre após uma lesão cortical – especialmente no córtex motor –, na cápsula interna ou nos tratos piramidais e se manifesta por uma perda da força muscular, hipertonia espástica e aumento dos reflexos tendinosos;
2. a síndrome cerebelar que ocorre em caso de dano ao cerebelo e resulta em hipotonia, ataxia e tremores no início ou no fim dos movimentos.

No que diz respeito à neurofisiologia, a DP está associada com alterações dos núcleos da base e, mais especificamente, com uma perda de neurônios dopaminérgicos na parte compacta da substância negra. Como ilustrado na Figura 11.1, essa perda diminui a ação inibidora da via direta e aumenta o resultante excitador da via indireta. Essa dupla mudança gera uma ação inibidora anormalmente elevada do complexo pálido-nigral (GPi/SNr) sobre o tálamo e o núcleo pedunculopontino e, como consequência, uma excitação anormalmente baixa do córtex cerebral e da medula espinal.

> A DP é uma das patologias neurológicas adquiridas mais emblemáticas dos distúrbios motores. É o protótipo etiológico do parkinsonismo, entidade semiótica definida por uma hipocinesia – termo genérico que inclui falta de iniciação (acinesia), lentidão (bradicinesia) e redução de amplitude (hipometria) dos movimentos – à qual se adiciona uma hipertonia plástica e/ou tremores de repouso e/ou uma instabilidade postural.

As consequências funcionais dessas anomalias fisiológicas podem ser compreendidas de duas maneiras. De acordo com a hipótese de modulação (Albin, Young, & Penney, 1989; DeLong, 1990), as ativações das vias direta e indireta (Fig. 11.1) abrangeriam os mesmos padrões motores. Nesse caso, o desequilíbrio em detrimento da via direta poderia explicar as dificuldades para iniciar movimentos, sua lentidão e falta de amplitude. De acordo com a hipótese de focalização (Mink, 1996), o núcleo subtalâmico inibiria padrões motores concorrentes por meio de uma excitação inespecífica do complexo GPi/SNr, enquanto o corpo estriado asseguraria a remoção específica dessa inibição, promovendo os padrões motores desejados (Fig. 11.2). Nesse contexto, os danos dos núcleos da base na DP poderiam induzir uma incapacidade para levantar a inibição dos padrões motores desejados e uma incapacidade para inibir completamente os padrões motores concorrentes.

Provavelmente por causa da sua facilidade de compreensão, a hipótese de modulação é a preferida dos livros-texto; porém, a hipótese de focalização se adapta melhor a certos dados empíricos. De fato, embora ambas as hipóteses possam explicar a ativação insuficiente dos músculos agonistas observada na DP, o que requer a multiplicação dos ciclos de ativação e induz velocidade e fluidez inferiores dos movimentos, apenas a hipótese de focalização fornece uma explicação simples para o fenômeno anormal de cocontração dos músculos agonistas e antagonistas, que se deve a uma inibição imperfeita dos padrões motores concorrentes. Do mesmo modo, apenas essa hipótese traz pistas explicativas para as dificuldades de

Neuropsicologia 157

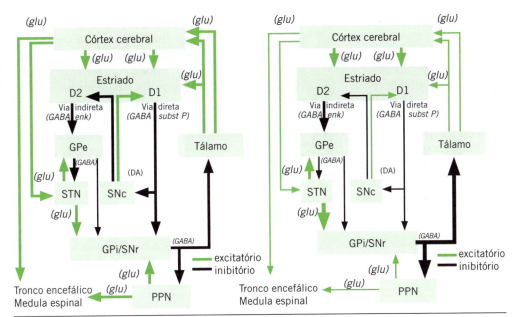

FIGURA 11.1 Organização anatomofisiológica dos núcleos da base em indivíduos saudáveis – esquerda – e com DP – direita. Legenda: DA = dopamina; D = neurônios com receptores de dopamina 1 ou 2; enk = encefalina; GABA = ácido gama-aminobutírico; GP = segmento interno (i) ou externo (e) do globo pálido; PPN = núcleo pedunculopontino; SN = parte compacta (c) ou reticular (r) da substância negra; subs P = substância P, STN = núcleo subtalâmico.
Fonte: Vitek (1997).

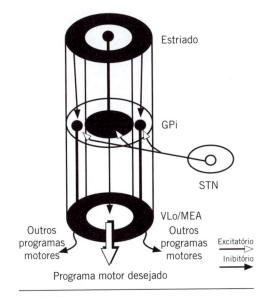

FIGURA 11.2 Modelo de focalização dos núcleos da base. Legenda: GPi = segmento interno do globo pálido; MEA = área mesencefálica extrapiramidal; STN = núcleo subtalâmico; Vlo = núcleo talâmico ventrolateral, *pars orali*.
Fonte: Mink (1996).

pacientes com DP em inibir, quando necessário, os reflexos de extensão – dificuldades provavelmente envolvidas em fenômenos de rigidez e instabilidade postural. Por fim, a hipótese de focalização reflete com mais precisão a semiótica dos distúrbios hipercinéticos, cujo nome se refere a um excesso de movimento (movimentos involuntários), e não à excelência da motricidade voluntária que, no caso de alterações, é também do tipo hipocinética.

Note-se, finalmente, que a DP foi vista por muito tempo como uma doença puramente motora. Entretanto, estima-se que, hoje em dia, 50% dos pacientes com DP sofrem de distúrbios cognitivos leves a moderados, caracterizados por problemas executivos e de memória de trabalho, e cerca de 10% se qualificam para uma demência, incluindo distúrbios de linguagem, praxia e gnosia. Associados com disfunção dos circuitos não motores dos núcleos da base (ver, por exemplo, Alexander, Crutcher, & DeLong, 1990), os distúrbios cognitivos da DP não podem ser explicados só por uma falta de dopamina, mas também por uma alteração dos sistemas noradrenérgico e colinérgico, especialmente nos casos de demência (Kehagia, Barker, & Robbins, 2010).

TRANSTORNO OBSESSIVO-COMPULSIVO E TRANSTORNO BIPOLAR

Além dos bem documentados déficits cognitivos e sociais observados em inúmeros transtornos psiquiátricos, como o TB, o TOC e a depressão, os déficits motores caracterizam uma importante faceta fenomenológica dos transtornos. Todavia, a proporção do conhecimento produzido sobre o comportamento motor de populações psiquiátricas é significativamente menor do que nos demais domínios do comportamento humano.

Anormalidades motoras, muitas vezes denominadas sinais neurológicos sutis (*neurological soft signs*), têm sido encontradas em vários transtornos. Esses sinais são caracterizados por disfunções na capacidade de integração sensorial, coordenação motora geral e produção de sequências de ações motoras complexas. Um ponto de destaque é que muitos desses estudos têm identificado esses déficits por meio de aplicação de escalas (Negash et al., 2004) ou de tarefas com baixa demanda percepto-motora inclusas em baterias neuropsicológicas. Esse tipo de instrumento de avaliação pode ser classificado como orientado à tarefa, no qual o resultado do movimento (p. ex., desempenho) é o fator analisado, impossibilitando assim a apreciação de processos internos (p. ex., planejamento) que

> Os estudos que investigam os déficits motores em populações psiquiátricas utilizando instrumentos e tarefas que possibilitam inferências sobre processos internos mostram que alguns transtornos apresentam sintomas motores similares àqueles encontrados na DP, porém em escala menos perceptível.

interferem no controle motor (Christe, Burkhard, Pegna, Mayer, & Hauert, 2007) e que diferem entre os transtornos psiquiátricos.

Os estudos que investigam os déficits motores em populações psiquiátricas utilizando instrumentos e tarefas que possibilitam inferências sobre processos internos mostram que alguns transtornos apresentam sintomas motores similares àqueles encontrados na DP, porém em escala menos perceptível. A bradicinesia, caracterizada pelo aumento do tempo de movimento (lentidão) e diminuição do pico de velocidade gerada na trajetória do movimento, tem sido encontrada, por exemplo, em pacientes com TOC e TB (Lohr & Caligiuri, 2006; Mavrogiorgou et al., 2001). Do mesmo modo, a discinesia tem sido encontrada tanto em pacientes com TOC como naqueles com TB (Lage et al., 2013; Mavrogiorgou et al., 2001). Essa é uma anormalidade motora caracterizada por variações nos perfis de aceleração durante a trajetória do movimento, resultando em movimentos com pouca fluência (tremidos) em função da relação desequilibrada entre aceleração e desaceleração no sistema muscular. A pouca fluência no movimento indica anormalidades nas funções de circuitos cerebrais que envolvem os núcleos da base. Um bom exemplo dessa associação é a observação de fluência diminuída (disfluência) nos movimentos gerados por pacientes com DP e doença de Huntington.

Lage e colaboradores (2013) observaram que pacientes com TB em eutimia não apresentam bradicinesia, mas discinesia. Em uma tarefa manual de apontamento rápido a um alvo fixo, o efeito mais marcante no controle motor foi a disfluência no movimento. Pacientes com TB apresentaram maior nível de disfluência nos movimentos de apontamento, independentemente do tipo de exigência perceptomotora imposta pela tarefa, sugerindo ser esse um potencial marcador biológico para identificação de possíveis alterações no quadro do paciente eutímico. Outro importante resultado encontrado que corrobora achados anteriores (como, p. ex., os de Mavrogiorgou et al., 2001) foi o menor tempo para se atingir o pico de velocidade durante a trajetória do membro apresentado pelos indivíduos com TB. Esse achado indica que pacientes com TB em eutimia apresentam um menor nível de automatização dos movimentos manuais, ou seja, dependem mais do controle *on-line* do movimento do que controle pré-programado, organizado antes do início do movimento. O mais interessante é que, apesar de os pacientes com TB dependerem mais de controle *on-line*, caracterizado pela utilização de *feedback* visual e proprioceptivo para controlar os movimentos, o nível de precisão espacial é marcadamente inferior ao apresentado pelos participantes do grupo-controle. Em outras palavras, apesar de os pacientes com TB utilizarem uma estratégia menos eficiente em termos de custo temporal e energético (controle *on-line*), eles ainda assim não conseguem efetuar correções efetivas, de forma que o ponto final desejado do movimento seja alcançado.

A característica da tarefa motora influencia na forma como emergem as anormalidades motoras. Esse é mais um argumento da baixa validade das escalas e tarefas muitos simples para avaliar processos envolvidos no surgimento de bradicinesia e discinesia. Mavrogiorgou e colaboradores (2001) observaram que, em tarefas manuais com maior demanda percepto-motora (p. ex., escrever sentenças), bradicinesia e discinesia foram observadas nos pacientes com TOC, o que não ocorreu em tarefas com menor demanda (p. ex., traçar círculos). Resultados similares foram encontrados por Lage e colaboradores (2013), em relação a pacientes com TB. Esse tipo de análise torna-se inviável quando utilizados instrumentos orientados à tarefa e não ao processo.

Mas qual seria a explicação para o desenvolvimento de certas anormalidades motoras em determinados transtornos psiquiátricos relacionados ao humor e à ansiedade?

Os núcleos da base, o tálamo, o córtex e todas as conexões anatômicas associadas formam um circuito de processamento de informação (Alexander, DeLong, & Strick, 1986) que, neste capítulo, será referido como circuito corticoestriatal. Existe um número considerável de evidências de funcionamento irregular do circuito corticoestriatal no TB (Marchand et al., 2007), no TOC (Harrison et al., 2009) e no transtorno de pânico (Marchand et al., 2009), entre outros transtornos. Entre os sintomas motores observados, destaca-se, por exemplo, a lentidão motora, fenômeno associado às disfunções corticais e estriatais.

A integração e o afunilamento da informação em toda a circuitaria corticoestriatal parece contribuir para a lentidão motora. Inicialmente, observa-se uma hipoativação cortical em áreas pré-frontais que, ao longo do tempo, pode resultar em diminuída ativação de áreas do estriado, levando a inibição direta de centros motores subcorticais e do tálamo e subsequente diminuição da ativação do córtex motor (Marchand, 2010). Nosso conhecimento acerca dos mecanismos envolvidos no surgimento de sintomas motores similares àqueles encontrados em DP tem progredido de modo crescente nos últimos anos. Além do aumento de pesquisas relacionadas ao tema, esperamos um aumento

> A integração e o afunilamento da informação em toda a circuitaria corticoestriatal parece contribuir para a lentidão motora. Inicialmente, observa-se uma hipoativação cortical em áreas pré-frontais que, ao longo do tempo, pode resultar em diminuída ativação de áreas do estriado, levando a inibição direta de centros motores subcorticais e do tálamo e subsequente diminuição da ativação do córtex motor.

do reconhecimento clínico sobre a importância das disfunções motoras observadas em inúmeros transtornos psiquiátricos.

TRANSTORNO DE DÉFICIT DE ATENÇÃO/HIPERATIVIDADE

Problemas motores comprometem crianças diagnosticadas com TDAH (Fliers, et al., 2009; Gillberg et al., 2004). Entre os problemas motores que esses pacientes podem apresentar, podemos destacar: dificuldade em andar de bicicleta, se vestir e amarrar cadarços; caligrafia ruim; pior desempenho nas habilidades esportivas (Fliers et al., 2009). Além disso, esses déficits motores podem prejudicar o convívio social dessa população (Bejerot, Edgar, & Humble, 2011).

Uma variedade de déficits motores é encontrada em pacientes com TDAH, incluindo déficits nas habilidades motoras finas e grossas (Pan, Tsai, & Chu, 2009). Além da pesquisa comparando os sujeitos com TDAH ao grupo-controle, estudos recentes têm buscado entender os diferentes subtipos de sintomas (desatento, impulsivo-hiperativo e combinado) e suas particularidades nos déficits das habilidades motoras.

Em relação às habilidades motoras finas, várias tarefas foram utilizadas para identificar possíveis déficits motores, sendo as principais de perseguição (*tracking task*) e de destreza manual (*grooved pegboard; maze coordination task; finger tapping task; purdue pegboard test*). Os resultados de Meyer e Sagvolden (2006) demonstraram que o desempenho de todos os subgrupos de TDAH foi significativamente pior do que o do grupo-controle. Uma possível explicação pode estar relacionada a problemas na coordenação olhos-mãos, bem como no planejamento motor.

> Os resultados de Meyer e Sagvolden (2006) demonstraram que o desempenho de todos os subgrupos de TDAH foi significativamente pior do que o do grupo-controle. Uma possível explicação pode estar relacionada a problemas na coordenação olhos-mãos, bem como no planejamento motor.

No que diz respeito aos subtipos, os resultados têm demonstrado que os pacientes dos subtipos combinado e desatento apresentam pior desempenho em habilidades motoras finas quando comparados ao subtipo impulsivo-hiperativo (Meyer & Sagvolden, 2006). Uma possível explicação para os resultados do subtipo desatento pode estar relacionada à maior exigência da atenção sustentada nas habilidades motoras finas. Já o pior desempenho dos indivíduos do subtipo impulsivo-hiperativo quando comparados aos controles pode estar relacionado a maior imprecisão e não utilização dos erros passados para corrigir os movimentos futuros (Meyer & Sagvolden, 2006).

Nas habilidades motoras grossas, as tarefas de habilidades com bola e de equilíbrio estático e dinâmico da Bateria de Avaliação de Movimento para Crianças (Movement Assessment Battery for Children) são as mais utilizadas. Os resultados são contraditórios. O estudo de Pitcher, Pick e Hay (2003) verificou que os equilíbrios estático e dinâmico não apresentam diferença significativa quando se comparam os subtipos de TDAH a controles (Pitcher et al., 2003). Ao contrário, Piek, Pitcher e Hay (1999) verificaram que os pacientes com TDAH do tipo combinado apresentaram pior desempenho do que o subtipo desatento e os controles (Piek et al., 1999). Na tarefa de habilidades com bola, os resultados de Pitcher e colaboradores (2003) demonstraram que o desempenho dos subgrupos combinado e desatento foi significativamente pior que o do grupo-controle. O subgrupo impulsivo-hiperativo apresentou um desempenho bastante superior ao do subgrupo desatento, mas não apresentou diferença significativa para o subgrupo combinado. Além disso, o subgrupo desatento não apresentou um desempenho significativamente diferente em relação ao grupo-controle. Ao contrário do estudo de Pitcher e colaboradores (2003) e Piek e colaboradores (1999), que não encontraram diferença relevante entre os grupos.

Esses resultados contraditórios podem estar relacionados a possíveis comorbidades associadas ao TDAH. Por exemplo, o transtorno do desenvolvimento da coordenação (TDC) é encontrado em pacientes com TDAH (Pitcher et al., 2003). O TDC é definido como um desempenho da coordenação motora acentuadamente abaixo do nível esperado (ou seja, impróprio para a idade e o QI do paciente), causando interferência significativa no rendimento escolar e nas atividades da vida diária (Gillberg & Kadesjö, 2003). Estima-se que o TDC compromete de 10 a 19% das crianças em idade escolar (Barnhart, Davenport, Epps, & Nordquist, 2003), sendo que, em caso de TDAH, a prevalência aumenta para 50% (Gillberg & Kadesjö, 2003). Essa comorbidade pode ser um fator interveniente no processo de investigação dos déficits motores no TDAH. Pitcher e colaboradores (2003) verificaram que 42% dos pacientes com TDAH do subtipo desatento, 31,3% daqueles que têm o subtipo impulsivo-hiperativo e 28,9% dos indivíduos com TDAH do tipo combinado apresentam TDC.

De modo geral, os resultados dos déficits motores em pacientes com TDAH podem ser explicados pelas disfunções cognitivas (p. ex., planejamento, atenção) encontradas nessa população. Uma possível explicação neurobiológica para esses achados pode estar relacionadas a uma hipofunção dopaminérgica, e vários pesquisadores acreditam que as deficiências motoras que comprometem os pacientes com TDAH estão diretamente relacionada a um funcionamento "anormal" do lobo frontal e das áreas subcorticais interconectadas (Makris et al., 2007), como os núcleos da base e o cerebelo. Apesar de os problemas motores serem identificados e apresentarem consequências aos pacientes com TDAH, o processo de avaliação/diagnóstico geralmente não investiga os possíveis problemas motores, os quais não costumam ser incluídos em programas de intervenção (Gillberg et al., 2004). No entanto, acredita-se que a avaliação e sobretudo a intervenção motora podem trazer benefícios aos pacientes com TDAH (Halperin et al., 2012).

CONSIDERAÇÕES FINAIS

As disfunções motoras encontram-se no rol de déficits neuropsicológicos observados nos mais diversos tipos de transtornos e patologias relacionados ao cérebro. Apesar de tais disfunções não estarem necessariamente em primeiro plano, elas não podem ser negligenciadas, pois afetam de modo inevitável a eficiência das respostas comportamentais usadas para inferir a integridade dos – outros – processos cognitivos.

Acreditamos que atribuindo maior importância ao comportamento motor e seus distúrbios, a prática neuropsicológica pode ser melhorada no que diz respeito a avaliação, reabilitação ou pesquisa.

REFERÊNCIAS

Albin, R. L., Young, A. B., & Penney, J. B. (1989). The functional anatomy of basal ganglia disorders. *Trends in Neurosciences, 12*(10), 366-375.

Alexander, G. E., Crutcher, M. D., & DeLong, M. R. (1990). Basal ganglia-thalamocortical circuits: parallel substrates for motor, ocu-

> De modo geral, os resultados dos déficits motores em pacientes com TDAH podem ser explicados pelas disfunções cognitivas (p. ex., planejamento, atenção) encontradas nessa população. Uma possível explicação neurobiológica para esses achados pode estar relacionada a uma hipofunção dopaminérgica, e vários pesquisadores acreditam que as deficiências motoras que comprometem os pacientes com TDAH estão diretamente relacionadas a um funcionamento "anormal" do lobo frontal e das áreas subcorticais interconectadas.

lomotor, «prefrontal» and «limbic» functions. *Progress in Brain Research, 85*, 119-146.

Alexander, G. E., DeLong, M. R., & Strick, P. L. (1986). Parallel organization of functionally segregated circuits linking basal ganglia and cortex. *Annual Review of Neuroscience, 9*, 357-381.

Barnhart, R. C., Davenport, M. J., Epps, S. B., & Nordquist, V. M. (2003). Developmental coordination disorder. *Physical Therapy, 83*(8), 722-731.

Bejerot, S., Edgar, J., & Humble, M. B. (2011). Poor performance in physical education: A risk factor for bully victimization. A case-control study. *Acta Paediatrica, 100*(3), 413-419.

Christe, B., Burkhard, P. R., Pegna, A. J., Mayer, E., & Hauert, C. A. (2007). Clinical assessment of motor function: A processes oriented instrument based on the speed-accuracy trade-off paradigm. *Behavioural Neurology, 18*(1), 19-29.

DeLong, M. R. (1990). Primate models of movement disorders of basal ganglia origin. *Trends in Neurosciences, 13*(7), 281-285.

Dum, R. P., & Strick, P. L. (1991). The origin of corticospinal projections from the premotor areas in the frontal lobe. *Journal of Neuroscience, 11*(3), 667-89.

Fliers, E., Vermeulen, S., Rijsdijk, F., Altink, M., Buschgens, C., Rommelse, N., ... Franke, B. (2009). ADHD and Poor Motor Performance From a Family Genetic Perspective. *Journal of the American Academy of Child & Adolescent Psychiatry, 48*(1), 25-34.

Gillberg, C., & Kadesjö, B. (2003). Why bother about clumsiness? The implications of having developmental coordination disorder (DCD). *Neural Plasticity, 10*(1-2), 59-68.

Gillberg, C., Gillberg, I. C., Rasmussen, P., Kadesjö, B., Söderström, H., Råstam, M., ... Niklasson L. (2004). Co-existing disorders in ADHD: Implications for diagnosis and intervention. *European Child & Adolescent Psychiatry, 13*(Suppl. 1), I80-92.

Halperin, J. M., Marks, D. J., Bedard, A. C. V., Chacko, A., Curchack, J. T., Yoon, C. A., & Healey, D. M. (2012). Training executive, attention, and motor skills: A proof-of-concept study in preschool children with ADHD. *Journal of Attention Disorders*. [Epub ahead of print].

Harrison, B. J., Soriano-Mas, C., Pujol, J., Ortiz, H., López-Solà, M., & Hernández-Ribas, R., ... Cardoner, N. (2009). Altered corticostriatal functional connectivity in obsessive-compulsive disorder. *Archives of General Psychiatry, 66*(11), 1189-1200.

Hughes, A. J., Daniel, S. E., Kilford, L., & Lees, A. J. (1992). Accuracy of clinical diagnosis of idiopathic Parkinson's disease: a clinicopathological study of 100 cases. *Journal of Neurology, Neurosurgery, and Psychiatry, 55*(3), 181-184.

Kehagia, A. A., Barker, R. A., & Robbins, T. W. (2010). Neuropsychological and clinical heterogeneity of cognitive impairment and dementia in patients with Parkinson's disease. *Lancet Neurology, 9*(12), 1200-1213.

Lage, G. M., Benda, R. N., Ugrinowitsch, H., & Christe, B. (2008). Articulações entre o comportamento motor e a neuropsicologia. In D. Fuentes, L. F. Malloy-Diniz, C. H. P. Camargo, & R. M. Cosenza (Orgs.). *Neuropsicologia: Teoria e prática* (pp. 204-225). Porto Alegre: Artmed.

Lage, G. M., Malloy-Diniz, L. F., Neves, F. S., Galo, L. G., Valentini, A. S., & Corrêa H. (2013). A kinematic analysis of manual aiming control on euthymic bipolar disorder. *Psychiatry Research, 208*(2), 140-144.

Lohr, J. B., & Caligiuri, M. P. (2006). Abnormalities in motor physiology in bipolar disorder. *The Journal of Neuropsychiatry & Clinical Neurosciences, 18*, 343-349.

Makris, N., Biederman, J., Valera, E. M., Bush, G., Kaiser, J., Kennedy, D. N., ... Seidman, L. J. (2007). Cortical thinning of the attention and executive function networks in adults with attention-deficit/hyperactivity disorder. *Cerebral Cortex, 17*(6), 1364-375.

Marchand, W. R. (2010). Corticobasal ganglia circuitry: a review of key research and implications for functional connectivity studies of mood and anxiety disorders. *Brain Structure and Function, 215*(2), 73-96.

Marchand, W. R., Lee, J. N., Thatcher, G. M., Jensen, C., Stewart, D., & Dildad, V. ... Creem-Regehr, S. H. (2007). A functional MRI study of a paced motor activation task to evaluate frontal-subcortical circuit function in bipolar depression. *Psychiatry Research, 155*(3), 221-230.

Marchand, W. R., Lee, J. N., Thatcher, G. M., Rashkin, E, Strarr, J., & Hsy, E. (2009). An fMRI motor activation paradigm demonstrates abnormalities of putame activation in females with panic disorder. *Journal of Affective Disorders, 116*(1-2), 121-125.

Mavrogiorgou, P., Mergl, R., Tigges, P., El Husseini, J., Schöter, A., Juckel, G., ... Hegerl, U. (2001). Kinematic analysis of handwriting movements in patients with obsessive-compulsive disorder. *Journal of Neurology, Neurosurgery & Psychiatry, 70*(5), 605-612.

Meyer, A., & Sagvolden, T. (2006). Fine motor skills in South African children with symptoms of ADHD: influence of subtype, gender, age, and hand dominance. *Behavioral and Brain Functions, 2,* 33.

Mink, J. W. (1996). The basal ganglia: Focused selection and inhibition of competing motor programs. *Progress in Neurobiology, 50*(4), 381-425.

Negash, A., Kebede, D., Alem, A., Melaku, Z., Deyessa, N., Shibire, T., ... Kulgren, G., (2004). Neurological soft signs in bipolar I disorder patients. *Journal of Affective Disorders, 80,* 221-230.

Pan, C. Y., Tsai, C. L., & Chu, C. H. (2009). Fundamental movement skills in children diagnosed with autism spectrum disorders and attention deficit hyperactivity disorder. *Journal of autism and developmental disorders, 39*(12), 1694-1705.

Piek, J. P., Pitcher, T. M., & Hay, D. A. (1999). Motor coordination and kinaesthesis in boys with attention deficit–hyperactivity disorder. *Developmental Medicine & Child Neurology, 41*(3), 159-165.

Pitcher, T. M., Piek, J. P., & Hay, D. A. (2003). Fine and gross motor ability in males with ADHD. *Developmental Medicine and Child Neurology, 45*(8), 525-535.

Tanji, J. (1994). The supplementary motor area in the cerebral cortex. *Neuroscience Research, 19,* 251-268.

Vitek, J. L. (1997). Stereotaxic surgery and deep brain stimulation for Parkinson's disease and movement disorders. In R. L. Watts, & W. C. Koller (Eds.), *Movement disorders: Neurologic principles and practice* (pp. 237-255). New York: McGraw-Hill.

12

Neuropsicologia do transtorno de déficit de atenção/hiperatividade e outros transtornos externalizantes

DANIELLE DE SOUZA COSTA
DEBORA GOMES DE MELO S. MEDEIROS
ANTÔNIO ALVIM-SOARES
LUCAS ARAÚJO LIMA GÉO
DEBORA MARQUES DE MIRANDA

Problemas externalizantes são aqueles comportamentos "externos" (os quais podem ser observados de forma direta) que refletem ações negativas no ambiente; são comportamentos disruptivos, inapropriados, hiperativos e/ou agressivos. Embora a maioria das pessoas apresente esse tipo de problema normalmente de forma esporádica ou pouco grave, um grupo particular de indivíduos os mantém como característica fundamental de seu comportamento, constituindo um transtorno. Neste capítulo, abordaremos os aspectos clínicos e neuropsicológicos do transtorno de déficit de atenção/hiperatividade (TDAH), do transtorno desafiador de oposição (TDO) e do transtorno da conduta (TC), com destaque para o primeiro.

> Problemas externalizantes são aqueles comportamentos "externos" (os quais podem ser observados de forma direta) que refletem ações negativas no ambiente; são comportamentos disruptivos, inapropriados, hiperativos e/ou agressivos.

CARACTERIZAÇÃO CLÍNICA

O TDAH consiste em um transtorno do neurodesenvolvimento que acomete 5,29% da população infantil mundial (Polanczyk, Lima, Horta, Biederman, & Rohde 2007). Entre essas crianças, cerca de 30 a 70% mantêm sintomas ao longo da vida adulta (Simon, Czobor, Bálint, Mészáros, & Bitter, 2009). O TDAH é o transtorno mais comum entre os transtornos psiquiátricos de início na infância (Sharp, McQuillin, & Gurling, 2009) e se caracteriza por sintomas marcantes de desatenção, hiperatividade e impulsividade, tendo uma apresentação clínica bastante heterogênea. No *Manual diagnóstico e estatístico de transtornos mentais – quarta edição* (DSM-IV-TR) (American Psychiatric Association [APA], 2002), dependendo da predominância dos eixos sintomáticos, o TDAH pode ser subclassificado como:

1. predominantemente desatento;
2. predominantemente hiperativo-impulsivo; ou
3. combinado.

A desatenção pode manifestar-se como esquecimentos, distração, perda de objetos, desorganização, falta de concentração e falta de atenção aos detalhes. Tais sintomas não podem ser decorrentes de comportamento opositor ou falta de compreensão. A hiperatividade, por sua vez, compreende atividade motora e inquietação excessivas. Já a impulsividade se manifesta por dificuldade em esperar sua vez, respostas precipitadas, intromissões e interrupções frequentes em atividades alheias. Os sintomas devem estar presentes em mais de um ambiente e devem interferir no funcionamento acadêmico, ocupacional e social do indivíduo.

Os sintomas do TDAH se sobrepõem a uma série de outras condições médicas e psiquiátricas, incluindo fatores psicossociais e ambientais, bem como distúrbios emocionais. Dessa forma, a avaliação de um indivíduo com suspeita de TDAH inclui avaliação médica, educacional e psicossocial abrangentes. Ainda que a avaliação neuropsicológica não seja obrigatória para o diagnóstico de TDAH, ela mostra-se extremamente valiosa para planejar intervenções ambientais e comportamentais e acompanhar o progresso do tratamento, além de auxiliar no diagnóstico diferencial do TDAH com outros transtornos mentais. A menos que indicados pelos achados na avaliação clínica, exames como eletrencefalograma (EEG), níveis séricos de chumbo ou outros metais pesados, função tireoidiana e exames de imagem não estão rotineiramente indicados.

Pré-escolares

Manifestações comportamentais do TDAH, como níveis elevados de atividade motora, controle inibitório deficiente e déficit de atenção, são habituais em crianças pré-escolares saudáveis. No entanto, em casos clínicos, além de serem mais pronunciados, resultam em prejuízo significativo, com taxas elevadas de acidentes e mau desempenho escolar. Mais comumente, pré-escolares com TDAH apresentam outros transtornos comórbidos, como TDO, transtornos da comunicação e transtornos de ansiedade. O TDAH em pré-escolares pode persistir na idade escolar em 60 a 80% dos casos (Cherkasova, Sulla, Dalena, Pondé, & Hechtman, 2013).

Escolares

Crianças em idade escolar com TDAH tendem a apresentar pior desempenho acadêmico e prejuízos nas interações familiares e no relacionamento com seus pares. Cerca de 70% das crianças com TDAH têm pelo menos um transtorno psiquiátrico comórbido. Em geral, sintomas de desatenção apresentam maior persistência e declínio mais lento com a idade se comparados aos sintomas de hiperatividade (Dalsgaard, 2013).

Adolescentes e adultos

Em geral, apenas um terço das crianças com TDAH cursa com remissão dos sintomas na idade adulta, ao passo que o restante continua a ter a síndrome completa ou quadros subsindrômicos, mas com prejuízo significativo. A longo prazo, adultos com TDAH cursam com pior desempenho acadêmico e realização profissional, maior número de infrações de trânsito e acidentes automobilísticos e maiores taxas de comportamento sexual de risco e comorbidades psiquiátricas, como transtornos de ansiedade, transtornos do humor e abuso de substâncias. Adultos apresentam menos sinais de hiperatividade, mas frequentemente exibem dificuldade para relaxar, sensação de que devem continuar em movimento, dificuldade para priorizar, inadequação de comportamentos sociais e manutenção de ambientes desorganizados.

DEFINIÇÕES ALTERNATIVAS AO DSM-IV (WILLCUTT ET AL., 2012)

Análises de classe latente (LCAs)

Esse tipo de análise dos sintomas de TDAH identifica grupos em parte distintos daqueles propostos pelo DSM-IV, que podem ser mais fortemente familiar em sua origem. No entanto, assim como acontece com os subtipos atuais, os tipos de classe latente são instáveis. Os modelos que definem subgrupos a partir de diferenças quantitativas, considerando as dimensões comportamentais do TDAH dentro de um *continuum* de gravidade, têm melhores evidências de validade.

Refinamento do subgrupo desatento

A heterogeneidade do subgrupo predominantemente desatento comprometeria sua validade discriminante com o subgrupo combinado. Sendo assim, foi sugerido que indivíduos considerados apenas desatentos, mas com um nível subclínico de sintomas de hiperatividade-impulsividade (4 ou 5 sintomas), seriam mais bem caracterizados como uma forma mais branda do subtipo combinado do TDAH. No entanto, ainda são poucas as evidências sobre uma diferença qualitativa entre os dois subtipos, mesmo quando a classificação desatento é restrita a indivíduos com três ou menos sintomas de hiperatividade-impulsividade.

Sluggish cognitive temp (SCT)

Alguns autores sugerem que o subtipo desatento do TDAH deveria ser associado a uma categoria específica de sintomas de desatenção, de natureza distinta dos sinais de desatenção presentes no subtipo combinado. Os sintomas de desatenção SCT são definidos por maior lentidão, menor velocidade de processamento, sonolência, certa letargia ou raciocínio geral mais confuso. Esses sintomas têm alta associação com os sintomas de desatenção do DSM-IV, e indivíduos com o subtipo desatento manifestam tais sintomas muito mais que os demais subtipos. Sujeitos desatentos são ainda mais tímidos e socialmente passivos. No entanto, essa subespecificação dos sintomas de TDAH não implica mudanças no perfil neuropsicológico e prejuízo funcional ou de resposta a tratamento no TDAH.

Transtorno único com modificadores dimensionais

Lahey e Willcutt (2010) argumentam que a melhor forma de definir o TDAH seria como um transtorno único sem subtipos. Entretanto, seriam especificados modificadores dimensionais, que nada mais são que o número de sintomas de desatenção e de hiperatividade-impulsividade no momento do exame. Esse modelo, além de manter as informações clínicas relevantes secundárias às diferentes dimensões comportamentais do TDAH, é útil por ser mais estável e preditivo do curso de sintomas ao longo do tempo. Os autores propõem faixas sintomáticas cuja severidade seria determinada pela quantidade de sintomas correntes (p. ex., 0-2 leve/baixo; 3-5 moderado/subclínico; $\geq$ 6 alto/grave).

TDAH NO DSM-5

Os pontos mais importantes na nova classificação pelo DSM-5 incluem:

1. mudanças nos exemplos dos sintomas, buscando contextualizar e ilustrar os critérios diagnóstico ao longo da vida;
2. alteração da idade de início de aparecimento dos sintomas, dos 7 para os 12 anos de idade;
3. substituição do termo "subtipo" por "apresentação atual"; e
4. remoção dos transtornos do espectro autista como fatores excludentes para o diagnóstico (APA, 2013).

OUTROS TRANSTORNOS EXTERNALIZANTES

Problemas de agressão, comportamento opositor e impulsividade com ou sem déficit de atenção ou hiperatividade estão entre os motivos mais comuns para o encaminhamento de crianças e adolescentes aos serviços de saúde mental, representando mais de 70% dos pré-púberes e cerca de 50% dos pós-púberes encaminhados (Buitelaar et al., 2013).

O TDO é definido como um padrão de comportamento negativista, desafiador, desobediente e hostil com figuras de autoridade e acessos de raiva e irritabilidade. Os sintomas podem estar presentes em apenas um ambiente, sendo o doméstico o mais frequente. Em geral, os sintomas têm início nos anos pré-escolares e, raramente, no início da adolescência. Crianças e adolescentes com TDO apresentam risco aumentado para comportamento antissocial, transtornos do controle dos impulsos, abuso de substâncias, ansiedade e depressão na vida adulta.

O TC caracteriza-se por um padrão repetitivo e persistente de comportamento em que os direitos básicos dos outros e das principais normas ou regras sociais apropriadas à idade são violados. Em muitos casos, o TC é precedido pelo TDO. Indivíduos com início dos sintomas na infância costumam apresentar curso mais grave e pior prognóstico, com risco aumentado de transtorno da personalidade antissocial e abuso de substância na vida adulta. Além dos especificadores de gravidade e idade do início dos sintomas, já presentes no DSM-IV-TR, o DSM-5 (APA, 2013) apresenta o especificador "com emoções pró-sociais limitadas", reservado a indivíduos que apresentem pelo menos dois dos seguintes sintomas:

1. ausência de remorso ou culpa;
2. falta de empatia;
3. falta de preocupação quanto à *performance*;
4. afeto raso ou deficiente.

ETIOLOGIA

O TDAH possui uma etiologia complexa, para a qual contribuem fatores genéticos e condições ambientais. Suas bases neurobiológicas foram estabelecidas por pesquisas realizadas nas últimas décadas, que apontaram várias anormalidades no sistema nervoso central (SNC) de pacientes portadores do transtorno. Ainda há, contudo, lacunas no conhecimento dos mecanismos específicos que conectam genótipos, processos neurais e sintomas cognitivos e comportamentais (Purper-Ouakil, Ramoz, Lepagnol-Bestel, Gorwood, & Simonneau, 2011).

Estudos de famílias, gêmeos e adoção evidenciaram a forte influência de fatores genéticos na suscetibilidade ao TDAH – os resultados encontrados apontam uma probabilidade de ocorrência do transtorno 2 a 8 vezes maior em parentes de crianças acometidas e uma herdabilidade média estimada em 76% (Faraone et al., 2005). A forma como essa influência genética se processa parece possuir uma arquitetura complexa, em que a vulnerabilidade é mediada por vários genes, cada um deles exercendo um pequeno efeito. A literatura recente dá suporte, particularmente, ao papel de genes que codificam receptores dopaminérgicos (DRD4, DRD5) e serotonérgicos (HTR1B), transportadores de dopamina (DAT -SLC6A3) e proteínas envolvidas na regulação da liberação de neurotransmissores (SNAP25) na etiologia do transtorno (Faraone & Mick, 2010). O Genome-Wide Association Study (GWAS) apontou centenas de novos genes associados ao TDAH, sendo a maior parte deles envolvida no processo de neurogênese e crescimento axonal.

Dados de pesquisas em neuroimagem sugerem, de forma consistente, o envolvimento de regiões como lobos frontal e parietal, gânglios da base, corpo caloso, hipocampo e cerebelo na neurobiologia do TDAH. Um atraso no desenvolvimento da espessura cortical, mais pronunciado nos lobos frontais, também foi encontrado em indivíduos que apresentam o transtorno (Giedd & Rapoport, 2010).

Uma associação entre ocorrência do TDAH e presença de fatores ambientais diversos foi verificada por diferentes estudos; por exemplo, eventos pré-natais (exposição ao tabaco, álcool, drogas e toxinas ambientais, complicações na gestação ou no parto, prematuridade e baixo peso ao nascer) e pós-natais precoces (anoxia neonatal, convulsões, lesão cerebral e exposição ao chumbo e bifenóis clorados), além de adversidades psicossociais e inconsistência na função parental (Purper-Ouakil et al., 2011).

A complexidade etiológica e a heterogeneidade clínica do TDAH vêm motivando o estudo de endofenótipos neuropsicológicos. Endofenótipos são traços herdados e mensuráveis, encontrados ao longo do caminho que liga um genótipo a transtornos neuropsiquiátricos complexos. Por vezes chamados de "fenótipos intermediários", são marcadores mais simples que os sintomas comportamentais, encontrados com maior frequência em familiares não afetados dos indivíduos com algum transtorno, em relação à população geral. Supõe-se que, por sua menor complexidade, possam indicar caminhos mais diretos para análises genéticas (Gottesman & Gould, 2003). Já foi demonstrado, por exemplo, que irmãos gêmeos não afetados de pacientes com TDAH apresentam pior desempenho que controles em uma variedade de tarefas neuropsicológicas. Os resultados mostram diferenças na variabilidade de resposta, no controle inibitório e na velocidade de processamento,* funções que poderiam representar marcadores úteis no estudo do transtorno (Purper-Ouakil et al., 2011).

É comum que outros transtornos externalizantes, como o TDO e o TC, apresentem-se em comorbidade com o TDAH. As evidências dão sustentação, principalmente, ao papel desempenhado por influências genéticas nessa coocorrência (Cosgrove et al., 2011; Tuvblad, Zheng, Paine, & Baker, 2009). Os três transtornos também compartilham fatores de risco, como desvantagens sociodemográficas e ambientes familiares caóticos, nos quais estão presentes alcoolismo, conflito conjugal, abusos ou negligência (Tuvblad et al., 2009). Os fatores genéticos parecem ainda mais relevantes quando esses transtornos acontecem em meninas. Nos meninos, em que esses transtornos são muito mais frequentes, os fatores ambientais podem exercer maior influência (Burt, 2009).

Há, entretanto, fatores genéticos e ambientais únicos associados a cada conjunto de sintomas, sugerindo alguma independência etiológica entre os transtornos. Enquanto a genética é o componente fundamental na patogênese do TDAH, a contribuição de fatores genéticos e ambientais é mais equilibrada na etiologia do TDO e do TC (Tuvblad et al., 2009). Da mesma forma, disfunção na neurotransmissão serotonérgica, desregulação emocional e um elevado grau de conflitos familiares são fatores mais fortemente relacionados ao TDO, em comparação ao TDAH (Martel, Nikolas, Jernigan, Friderici, & Nigg, 2012).

É conhecido o papel do componente genético na sintomatologia do TC, e a estimativa é de que sua herdabilidade seja de aproximadamente 50%. A implicação de genes específicos nesse transtorno, entretanto, ainda não foi bem-estabelecida. Um primeiro estudo do tipo GWAS, em que genes envolvidos no TC foram pesquisados de forma dissociada do TDAH, apontou para um possível papel do gene C1QTNF7; porém, trata-se de um gene sobre o qual se tem pouco conhecimento, logo, ainda não se sabe como ele está funcionalmente envolvido no TC (Dick et al., 2011).

ASPECTOS NEUROPSICOLÓGICOS

O aspecto neuropsicológico fundamental relacionado aos problemas externalizantes são as "funções executivas" ("controle executivo" ou, ainda, "controle cognitivo"). Elas se referem a um conjunto de processos cognitivos necessários para a realização de tarefas que exigem concentração ou esforço deliberado. Portanto, são processos imprescindíveis para a conclusão de tarefas do cotidiano que seriam impossíveis apenas pelos processos intuitivos, instintivos, sendo importantes nos mais diversos aspectos da vida (saúde, qualidade de vida, potencial para aprendizagem, sucesso escolar, realização profissional e conjugal, etc.) (Diamond, 2013).

Alguns teóricos dividem as funções executivas em dois domínios gerais: um "frio" (*cool*), mais abstrato-cognitivo (inibição de respostas motoras, atenção, flexibilidade cognitiva, etc.), e um "quente" (*hot*), que envolve o processamento de recompensas (incentivo) e a motivação (incluindo a "tomada de decisão" afetiva ou impulsiva) (Zelazo & Muller, 2002). Na Tabela 12.1, estão descritos diversos paradigmas

TABELA 12.1
Testes neuropsicológicos usados na avaliação dos transtornos externalizantes

TESTE	DESCRIÇÃO
Continuous Performance Task (CPT)	Existem muitos testes usando esse paradigma. Eles medem a habilidade de responder a um alvo raro durante extensos períodos (15 minutos ou mais). Por exemplo, o computador pode mostrar uma letra diferente a cada 2 segundos, mas quando um "X" aparece precedido por um "A", o sujeito deve pressionar (resposta motora) o botão resposta. O alvo aparecerá apenas em 25% ou menos do total de ensaios. São chamados erros por "omissão" aqueles que ocorrem quando o sujeito não reponde a um estímulo-alvo. A habilidade de detectar um alvo raro entre muitos estímulos não alvos é uma medida de vigilância.
Go/No Go	Este paradigma inclui uma medida da capacidade de resposta a alvos raros *no go*, ou seja, para os quais não se deve responder. Em uma versão típica do teste, o sujeito é instruído a pressionar um botão-reposta sempre que a letra "A" for apresentada e a não pressioná-lo quando a letra "B" aparecer. O estímulo "A" (*go*) é apresentado com frequência muito maior para tornar a emissão da resposta predominante (prepotente), habitual. A taxa de erros por responder ao estímulo "B" (*no go*) é considerada uma medida de falha do controle inibitório (erros por "comissão"/ação).
Stop Task	Neste paradigma, são apresentados alvos (p. ex.,"X" e "O"), e o sujeito é instruído a pressionar o botão de resposta o mais rapidamente que conseguir sempre que o estímulo for apresentado. Pedir para que o paciente seja rápido ajuda a criar um padrão de resposta habitual de sempre pressionar o botão. No entanto, o sujeito é instruído a não responder a qualquer alvo se, por exemplo, escutar um sinal sonoro. O sinal sonoro é emitido após a apresentação do estímulo, mas antes do tempo fisiologicamente necessário para que um humano seja capaz de emitir uma resposta motora. Sendo assim, o indivíduo precisaria inibir uma resposta em curso. O tempo de duração do sinal sonoro varia para que seja possível estimar quão longo precisa ser o aviso sonoro para que o indivíduo seja capaz de inibir a resposta. A medida de controle inibitório é

(*Continua*)

TABELA 12.1
Testes neuropsicológicos usados na avaliação dos transtornos externalizantes (*continuação*)

TESTE	DESCRIÇÃO
Stop Task	feita calculando-se o tempo de reação do sinal de interrupção da resposta (grau de sucesso nas diferentes durações do sinal sonoro que o sujeito consegue inibir a resposta). O tempo que o sujeito leva para responder a cada ensaio *go* também provê uma medida muito eficiente de sua "velocidade de decisão/tempo de resposta". A variabilidade no "tempo de resposta" (variabilidade de resposta) é uma medida importante neste paradigma.
Teste de Stroop	A versão mais comum deste paradigma consiste em cronometrar o tempo que o sujeito leva para nomear as cores com as quais estímulos neutros (como um círculo) estão impressos no papel. Podem existir 1 ou 2 condições de interferência como nomear rapidamente a cor com a qual palavras que identificam cores estão impressas (p. ex., ver a palavra "azul" impressa em verde e dizer "verde"). Como ler costuma ser uma tarefa mais automática e rápida que nomear cores, a condição de interferência geralmente demanda mais tempo para ser realizada. O tempo de execução, portanto, é tomado como uma medida da eficiência do mecanismo de supressão de interferência (inibição).
Orientação Espacial	Comumente chamado de "Teste de Orientação de Posner", nesta tarefa o sujeito é orientado a manter os olhos fixos em uma tela de computador e pressionar o mais rapidamente possível a tecla-resposta da esquerda ou da direita de acordo com a direção que o estímulo-alvo orienta. O estímulo pode ser precedido por uma dica visual que indica correta ou incorretamente a direção. A alteração na velocidade para pressionar a tecla quando a dica está incorreta pode ser interpretada como uma medida de controle inibitório, embora essa alteração sofra influência de outros mecanismos atencionais.
Trail Making Test (TMT)	Este teste é composto por duas partes. Na parte "A", o sujeito liga números aleatoriamente distribuídos em uma folha de papel (1 ao 2, 2 ao 3, etc.). Na parte "B", ele deve alternar entre números e letras (1 ao A, A ao 2, 2 ao B, etc.). A diferença entre o tempo de execução da parte "B" e da parte "A" (B-A) é considerada uma medida de flexibilidade cognitiva, um tipo de função executiva.
Torre	Torre de Londres, Torre de Hanói, entre outros, são testes de torre. De modo geral, esses testes envolvem mover discos ou bolas ao redor de pinos, rearranjando os objetos a partir de certas regras, em uma ordem predefinida. Portanto, a torre exige que o sujeito anteveja e planeje os movimentos necessários para obter sucesso, podendo ser programada para demandar muito da memória operacional visual e do sequenciamento.
Span Espacial	O *Span* Espacial é medido em tarefas que exigem do indivíduo lembrar-se de uma série de formas ou localização (sequência espacial). O paradigma busca medir memória visuoespacial de curto prazo e operacional. O teste Cubos de Corsi é um exemplo, sendo este um correlato não verbal do conhecido *Span* de Dígitos.
Wisconsin Card Sorting Test (WCST)	O teste representa uma medida clássica de função executiva. O indivíduo deve combinar uma série de cartas com uma carta-alvo. A compatibilidade das cartas pode se dar por diversas características, como quantidade, forma ou cor do estímulo. Depois de uma série consecutiva de acertos, a característica a ser combinada muda, mas o sujeito não é advertido da modificação devendo "descobrir" por si mesmo que a antiga regra não é mais válida. O teste requer memória operacional, abstração e flexibilidade.
Fluência Verbal	Há muitas versões de testes de fluência. Todas compartilham a regra de produzir o máximo de palavras possível seguindo algumas regras dentro de um período determinado. Por exemplo, o sujeito pode ser instruído a dizer o máximo de "animais" ou palavras que comecem com a letra "F" que ele é capaz de lembrar em 1 minuto. Embora envolva também habilidades de linguagem, as tarefas de fluência verbal avaliam a produtividade mental, bem como a capacidade de regular o comportamento por uma regra arbitrária e monitorar a atividade mental, evitando repetições (perseverações).

(*Continua*)

TABELA 12.1
Testes neuropsicológicos usados na avaliação dos transtornos externalizantes (*continuação*)

TESTE	DESCRIÇÃO
Tomada de Decisão Relacionada à Recompensa	Um paradigma muito usado é a Iowa Gambling Task (IGT). Consiste em quatro pilhas de 50 cartas: A, B, C e D. A cada ensaio, em um total de cem, o sujeito pode escolher uma carta de qualquer dos quatro baralhos. Em todos eles, o probando pode ganhar ou perder dinheiro (fictício), portanto o ganho é probabilístico. Nas pilhas A e B, o ganho é de $100 por carta, e nas pilhas C e D, de $50. As perdas (penalidades) são intermitentes em cada pilha e podem variar de $150 a $1.250 nas pilhas A e B e de $25 a $250 nas pilhas C e D. O caminho mais vantajoso é manter-se longe dos baralhos A e B, cujas penalidades são maiores. O objetivo é mensurar a capacidade do indivíduo de suprimir respostas afetivas diante de um sinal emocional negativo (perda), além da regulação da reatividade ao estresse.
Teste de Escolha Única	Os paradigmas de escolha única medem o aspecto da impulsividade relacionado à aversão à espera. Um exemplo é a Choice Delay Task (CDT). A CDT consiste em 20 escolhas entre "1 ponto depois de 2 segundos" ou "2 pontos depois de 30 segundos". Cada ponto equivale a $0,05. Nesses paradigmas, não há variação da magnitude da recompensa ou do tempo de espera.
Temporal Discounting (TD)	O paradigma envolve variação da "magnitude da recompensa" imediata, bem como variação do "tempo de espera" da maior recompensa (fixa), permitindo a aquisição de uma "função de desconto temporal". Os diversos testes podem ser reais (com recompensas e esperas experienciadas na realização da tarefa) ou hipotéticos. Quando oferecem as mesmas escolhas ao participante, não há diferenças importantes entre as tarefas reais e as hipotéticas. Em uma versão da tarefa, o sujeito pode escolher entre "$100 após uma espera hipotética de até 10 anos (1 mês, 1, 5 ou 10 anos depois)" e "uma recompensa menor ($1-$95) imediata (hoje)".
Percepção Temporal	Basicamente, existem quatro formas de medir a precisão da percepção/estimação de tempo: 1. Estimação verbal: um intervalo é apresentado, e o sujeito deve estimar quantos segundos/minutos se passaram. 2. Produção: um intervalo é nomeado pelo experimentador, e o sujeito deve indicar quando o intervalo foi cumprido (p. ex., pressionando uma tecla). 3. Reprodução: um intervalo-padrão é apresentado (o sujeito vivencia um intervalo de segundos/minutos) e, depois, o sujeito deve reproduzir o mais precisamente possível o intervalo experimentado antes. 4. Comparação: dois intervalos são apresentados, e o sujeito deve indicar qual foi o de maior duração.

de avaliação dessas funções frequentemente empregados no estudo dos aspectos neuropsicológicos dos transtornos externalizantes, sobretudo do TDAH.

Neuropsicologia do TDAH

O aspecto cognitivo principal do TDAH não é só o prejuízo da atenção, mas, acima de tudo, os aspectos fundamentais da autorregulação (conjunto de habilidades que permitem a adaptação do comportamento em um contexto em mudança). Nenhum déficit neuropsicológico é suficiente para explicar o TDAH. É fundamental ressaltar que, embora as diferenças entre grupos saudáveis e com TDAH sejam moderadas e, em alguns casos, até elevadas, o poder de medidas neuropsicológicas para classificar indivíduos como saudáveis ou como portadores de TDAH baixo (Doyle, Biederman, Seidman, Weber, & Faraone, 2000). Não menos importante é a heterogeneidade dos quadros neuropsiquiátricos. As comorbidades (ansiedade, depressão, transtorno de aprendizagem, etc.), a história familiar de TDAH, o gênero, etc., são fontes de diversidade no perfil do transtorno.

> Embora as diferenças entre grupos saudáveis e com TDAH sejam moderadas e, em alguns casos, até elevadas, o poder de medidas neuropsicológicas para classificar indivíduos como saudáveis ou como portadores de TDAH baixo.

Os domínios gerais consistentemente implicados no TDAH são:

1. atenção,
2. funções executivas "frias",
3. regulação de estado,
4. motivação e
5. processamento de informação temporal (Nigg, 2005).

Considerando todos esses domínios conjuntamente, entre 50 e 70% dos sujeitos com TDAH podem apresentar algum tipo de prejuízo neuropsicológico (de Zeeuw, Weusten, van Dijk, van Belle, & Durston, 2012). No entanto, a chance de que individualmente um paciente apresente mais de um domínio deficitário é pequena (Fig. 12.1). Embora estejam associadas, essas funções possuem vias neurobiológicas relativamente independentes:

1. via frontoestriatal dorsal, envolvida no controle cognitivo (funções executivas "frias");
2. via frontoestriatal ventral, envolvida no processamento de recompensas

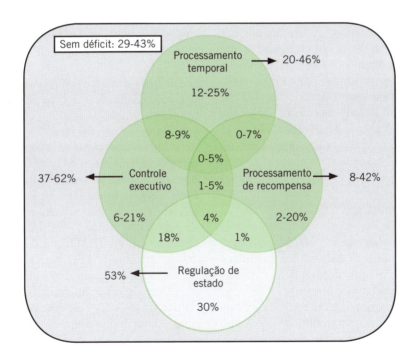

FIGURA 12.1 Diagrama de déficits neuropsicológicos em grupos com TDAH. As porcentagens representam a quantidade de sujeitos com prejuízos encontradas em três estudos.
Fonte: de Zeeuw e colaboradores (2012), Sjöwall, Roth, Lindqvist e Thorell (2013) e Sonuga-Barke (2003).

(sensibilidade ao reforço e aversão à espera pela recompensa); e
3. via frontocerebelar, relacionada ao processamento de tempo.

Uma quarta via poderia estar mais relacionada à regulação de estado (essencialmente aos aspectos de "vigilância") (de Zeeuw et al., 2012). Por conseguinte, tem sido cada vez mais reforçada a ideia de subtipos neuropsicológicos do TDAH.

Atenção

Simplificando, no domínio visual a atenção compreende orientação espacial (precisa ser direcionada a um local no espaço) e seleção (escolha de um objeto dentro da área espacial focada). Os processos sensoriais envolvidos na orientação da atenção são relativamente automáticos, simples (não exigem grande esforço mental). A seleção, por sua vez, depende de processos controlados que exigem engajamento intencional e esforço mental. Esses processos atencionais estariam relativamente preservados no TDAH, embora alguns casos específicos da forma predominantemente desatenta (SCT) apresentem dificuldades nos aspectos de seleção da atenção (Nigg, 2005).

Funções executivas "frias"

Os déficits executivos no TDAH abrangem todo o conjunto de habilidades cognitivas que pautam o controle cognitivo (calibragem das expectativas, interrupção de uma resposta, mudança de uma resposta – flexibilidade, detecção de conflito/interferência, manutenção da memória operacional via controle de interferência, inibição de respostas concorrentes e regulação de resposta por meio da reatividade [*alertness*] ou alocação de esforço mental). De fato, um dos principais modelos neuropsicológicos do TDAH sugere que seus sintomas surgem de um déficit primário nas funções executivas (principalmente da habilidade de inibição) (Barkley, 1997). Entre as dificuldades mais consistentes no TDAH se encontra a incapacidade para interromper uma resposta prestes a ser executada (inibição/impulsividade motora) (ver Stop Task, na Tab. 12.1). Outro problema frequente é o de memória operacional visual. É importante notar que vários testes clássicos de funções executivas envolvem múltiplos componentes, e não apenas aqueles mais genéricos (flexibilidade, inibição, planejamento, memória operacional, etc). O que pode representar um desafio na avaliação clínica (fica difícil inferir que componentes específicos estão prejudicados). Nesse sentido, os testes computadorizados podem ser de grande utilidade.

Regulação de estado (estado de alerta [arousal] e ativação)

O estado de alerta (*arousal*) basal pode mudar a sensibilidade e a capacidade de resposta aos sinais recebidos pelo encéfalo. Um menor estado de alerta basal pode levar o sujeito a procurar ativamente ambientes estimulantes a fim de compensar o menor nível natural de *arousal* (Lashley, 1930). Essas pessoas podem preferir, por exemplo, ler em ambientes barulhentos, cheio de pessoas ou ouvindo música. Este parece ser o caso do TDAH, como demonstrado por estudos de EEG e pela observação de que indivíduos com o transtorno podem responder de modo inconsistente (alta variabilidade no tempo de reação) em tarefas simples com muitos estímulos (p. ex., em paradigmas de Continuous Performance Task [CPT] – ver Tab. 12.1), principalmente no início da tarefa (Barry, Clarke, & Johnstone, 2003; Oosterlaan, Scheres, & Sergeant, 2005). O nível de *arousal*, portanto, interfere na como cada sujeito se comporta e lida com estímulos relevantes e irrelevantes em seu ambiente, bem como interfere na velocidade de resposta a estímulos novos, sendo muito importante nos estágios iniciais do processamento das informações. O estado de alerta também pode influenciar a sensibilidade a sinais de recompensa e punição (Zajenkowski, Goryńska, & Winiewski, 2012).

"Ativação", "atenção sustentada" e "vigilância" empregam um papel semelhante no processamento de informações, embora não sejam perfeitamente o mesmo conceito. A ativação se relaciona aos estágios intermediários do processamento de informações, como a prontidão para responder e a preparação da resposta a um estímulo. A atenção sustentada/vigilância pode ser definida como a capacidade de sustentar o tônus atencional de alerta e vigília durante uma atividade mental prolongada. Segundo Sergeant, van der Meere e Oosterlaan (1999), no TDAH, o estado de ativação estaria associado a:

1. resposta emitida (inibir ou não inibir),
2. maior tempo no desempenho da tarefa e
3. maior efeito da "taxa de estímulo" no desempenho (o desempenho pode piorar ou melhorar bastante dependendo de quantos estímulos são apresentados consecutivamente, em um mesmo intervalo de tempo [i.e., se são exibidos rápida ou lentamente]).

Esses índices podem ser obtidos em paradigmas como CPT, Go/No Go e Stop Task (ver Tab. 12.1). *Grosso modo*, portanto, o estado de regulação seria responsável pela variabilidade no padrão de resposta dos indivíduos com TDAH (na mesma tarefa, o sujeito pode ser muito rápido, normal ou muito lento, ou pode cometer poucos ou muitos erros dependendo da forma como os estímulos são apresentados).

Processamento de recompensas/tomada de decisão (impulsividade cognitiva)

Neste tópico, a questão principal seria a capacidade de escolher recompensas mais vantajosas em longo prazo em detrimento de recompensas imediatas, ou seja, a habilidade de esperar ou de deixar para depois. Existem pelo menos três aspectos principais que influenciam esse tipo de decisão:

1. a magnitude/o valor da recompensa;
2. o tempo de espera (imediato ou não); e
3. a probabilidade de realmente ganhar a recompensa (nem sempre o ganho é certo, portanto as escolhas podem envolver um risco menor ou maior de ganhar/perder) (Williams & Taylor, 2004).

De modo geral, quanto maior a espera e menor a probabilidade de ganho, mais tentadora é a escolha por uma recompensa menos vantajosa em longo prazo, mas imediata. Grupos com TDAH, principalmente crianças, tendem a experimentar maiores descontos temporais (a recompensa fica ainda menos atrativa com a espera, ou seja, o poder de certo reforço pode se tornar muito pequeno ou irrelevante quando o sujeito é forçado a esperar) quando comparados a grupos com desenvolvimento típico, mas a probabilidade de ganho parece não promover diferenças de grupo importantes (Scheres et al., 2006; Sonuga-Barke, 2003). Já na década de 1980, alguns pesquisadores indicaram que indivíduos com TDAH poderiam apresentar problemas no "sistema de recompensa". O foco era mais na recompensa que na aversão à espera (tempo) em si. Gray (1982) sugeriu que respostas motoras seriam ativadas ante dicas ambientais de recompensa (estímulo condicionado atrativa) e comportamentos de esquiva/evitação diante de pistas de punição. Esse "sistema de ativação comportamental" seria mediado pelo sistema dopaminérgico. Indivíduos com TDAH apresentariam uma superativação desse sistema comportamental, o que os levaria a responder apenas quando o ambiente oferecesse muitas dicas de recompensa/motivadores (Gorenstein & Newman, 1980). É interessante notar que alterações do nível de dopamina, portanto, mudariam a sensibilidade a dicas de recompensa (mais dopamina estriatal, por exemplo, aumenta a sensibilidade a pistas de recompensa, diminuindo a necessidade de muitos motivadores ambientais) (Aarts, van Holstein, & Cools, 2011).

Um paradigma muito interessante no estudo da tomada de decisão relacionada à recompensa envolvendo perdas (risco) é a Iowa Gambling Task (IGT) (ver Tab. 12.1). A primeira metade da tarefa envolve processos de decisão em situações de "ambiguidade" (os riscos de perda não são conhecidos). A segunda metade emprega processos de decisão envolvidos em situações de "risco" (é possível inferir quando uma penalidade alta é mais provável). O desempenho nesse tipo de paradigma depende pouco ou nada da capacidade de raciocínio lógico (p. ex., inteligência), porém envolve processos como aprendizagem implícita e instrumental, disposição de recursos adaptativos (darwinianos), associações/experiências exaustivamente aprendidas e, sobretudo, processos de regulação emocional do comportamento (Toplak, Sorge, Benoit, West, & Stanovich, 2010). Indivíduos com TDAH apresentam mais escolhas arriscadas/desvantajosas na IGT (Malloy-Diniz, Fuentes, Leite, Correa, & Bechara, 2007). Diante de uma situação nova, inesperada ou de um contexto em que prevemos a perda de uma recompensa ou uma punição, instintivamente inibir um comportamento (inibição comportamental) pode ser bastante adaptativo, estratégico. Problemas nesse sistema reativo de inibição comportamental podem estar presentes em sujeitos com TDAH, indivíduos que apresentam comportamento agressivo ou mesmo TC (Nigg, 2001).

Processamento da informação temporal

As alterações cerebelares encontradas no TDAH acabaram por renovar o interesse dos pesquisadores desse transtorno sobre a percepção temporal (Nigg, 2005). Além de se incumbir do controle motor e da percepção do tempo, o cerebelo possui um papel fundamental no processamento das informações temporais nas funções executivas (Diamond, 2000).

A percepção de tempo é um fator essencial para o processo de tomada de decisão e para a consideração das consequências associadas às escolhas que fazemos. Como o tempo que precisamos esperar para receber uma recompensa muda a forma como avaliamos subjetivamente seu valor, é possível que pessoas que percebem o tempo como demorando mais para passar obtenham maiores "descontos temporais" (quanto mais longo o tempo de espera, menor o valor atribuído à recompensa), optando por recompensas mais imediatas (escolhas impulsivas). Indivíduos com TDAH costumam ter prejuízo no processamento de tempo. Já os sujeitos impulsivos de modo geral costumam ter menor capacidade de discriminação/comparação de intervalos, subproduzem intervalos de tempo ou superestimam/super-reproduzem intervalos de tempo (Wittman & Paulus, 2008). Embora a percepção de tempo se relacione ao processamento de recompensas, esses processos são, de certo modo, independentes.

Em resumo, o TDAH é neuropsicologicamente heterogêneo com diferentes sujeitos afetados em domínios distintos (Fig. 12.1). Os processos de controle executivo, estado de regulação e prontidão para responder, processamento de recompensa e temporal estão intimamente ligados ao controle do comportamento.

> Os processos de controle executivo, estado de regulação e prontidão para responder, processamento de recompensa e temporal estão intimamente ligados ao controle do comportamento.

Diferenças de perfil entre os subtipos de TDAH

Quanto mais sintomas de ambas as dimensões comportamentais do TDAH, menor o desempenho em testes que avaliam funções executivas. No entanto, os sintomas de desatenção são mais fortemente associados com limitações em uma série de domínios neuropsicológicos, incluindo raciocínio geral (inteligência), memória de curto prazo e memória operacional, velocidade de processamento, vigilância e variabilidade de resposta (Willcutt et al., 2012). Contudo, é mais difícil identificar a associação específica entre limitações neuropsicológicas e os sintomas de hiperatividade-impulsividade, embora alguns aspectos do processamento de recompensa sejam fortes candidatos (Scheres, Lee, & Sumiya, 2008). Não é surpreendente, portanto, que indivíduos com os subtipos desatento e combinado de TDAH (têm muitos sintomas de desatenção) sejam justamente os que apresentam pior desempenho. A diferença de desempenho entre os sujeitos acometidos por esses dois subtipos é pequena, sendo que os que sofrem do subtipo combinado apresentam uma dificuldade adicional em tarefas de inibição e também maior variabilidade de resposta (Willcutt et al., 2012). Já os indivíduos com o subtipo hiperativo-impulsivo costumam apresentar menor prejuízo neuropsicológico.

TDAH e Escalas Wechsler de Inteligência

Não é surpreendente que, dada à elevada relação entre inteligência fluida e funções executivas "frias", grupos com TDAH em geral apresentam desempenho significativamente menor em comparação com grupos de desenvolvimento típico nos testes de inteligência.

Embora existam controvérsias quanto à análise de perfis de desempenho pelas Escalas de Inteligência Wechsler para Crianças (WISCs), o uso desse instrumento é uma prática muito frequente entre psicólogos e neuropsicólogos clínicos (Mayes & Calhoum, 2006). A quarta edição (WISC-IV) parece mais sensível às dificuldades do TDAH, porém, mesmo que as diferenças não se apresentem com a mesma magnitude, a terceira edição (WISC-III) também pode ser útil. O grupo com TDAH geralmente apresenta médias menores nos índices fatoriais "resistência à distração (WISC-III)/memória operacional (WISC-IV)" e "velocidade de processamento" (sendo o desempenho em "códigos" menor que em "procurar símbolos") se comparados aos índices "compreensão verbal e organização perceptual (WISC-III)/raciocínio perceptual (WISC-IV)" (Mayes & Calhoum, 2006). O mesmo também é comum em quadros de transtornos de aprendizagem e transtorno do espectro autista, por exemplo. O perfil sugeriria, portanto, preservação de habilidades verbais e de raciocínio visual em detrimento de problemas com a atenção, a velocidade de processamento e as habilidades grafomotoras.

TDAH e desempenho escolar

O baixo desempenho escolar é um dos prejuízos funcionais mais importantes e frequentes no TDAH (relacionado aos sintomas de desatenção), permanecendo até a idade adulta (Frazier, Youngstrom, Glutting, & Watkins, 2007). A taxa de comorbidade com os transtornos de aprendizagem é alta (± 45%) e, quando presente, pode agravar os demais prejuízos funcionais (DuPaul, Gormley, & Laracy, 2013). Algumas características neuropsicológicas podem ajudar no entendimento da natureza dos déficits escolares no TDAH, embora não sejam necessárias ou suficientes para tal. Entre os déficits compartilhados por sujeitos com TDAH e com problemas de leitura/escrita destaca-se o de velocidade de processamento (Semrud-Clikeman & Bledsoe, 2011). Já para o desempenho na matemática, destacam-se os problemas de atenção/inibição e memória operacional (Semrud-Clikeman & Bledsoe, 2011). É interessante notar que, mesmo na ausência de comorbidades com transtorno de aprendizagem, habilidades de aprendizagem específicas, como a consciência fonológica e o processamento numérico, podem ser menores no TDAH (Kaufmann & Nuerk, 2008; Tiffin-Richards, Hasselhorn, Woerner, Rothen-berger, & Banaschewski, 2008). O menor nível de raciocínio geral também pode ser um indicativo cognitivo global de impacto no desempenho acadêmico. Outros fatores contextuais também podem contribuir: o impacto do TDAH nas habilidades escolares pode ser pior para meninas e sujeitos com baixo nível socioeconômico (Biederman, Faraone, & Monuteraux, 2002; Gershon, 2002).

O grande impacto do TDAH nas habilidades escolares, independentemente de um diagnóstico de transtorno de aprendizagem comórbido, é razão suficiente para a incorporação de rotinas de avaliação do desempenho acadêmico, tanto na triagem diagnóstica e na avaliação neuropsicológica multidimensional como no monitoramento do tratamento. Os programas de intervenção em geral focam apenas uma das dimensões prejudicadas (desatenção ou desempenho escolar), mas, embora estejam muito relacionadas, uma ação combinada e específica para cada dimensão separadamente pode ser mais efetiva (DuPaul et al., 2013).

Neuropsicologia e outros transtornos externalizantes

Os déficits executivos parecem ser os mais proeminentes no TDO e no TC, embora os prejuízos sejam menos consistentemente encontrados em relação ao TDAH. Ainda não está claro, na verdade, se os déficits executivos nesses transtornos marcados pelo comportamento antissocial são intrínsecos a tais patologias ou se são secundários ao provável quadro comórbido de TDAH. Indivíduos com TDO/TC "puros" (i.e., sem outra comorbidade) podem ser mais lentos na inibição de respostas motoras em tarefas tipo Stop Task (Oosterlaan, Logan, & Sergeant, 1998). Contudo, muito ainda há para ser investigado quanto à ocorrência de déficits executivos "frios". Embora haja estudos mostrando prejuízos, os resultados são inconsistentes quanto à taxa de erros por comissão (p. ex., CPT, Go/No Go), flexibilidade cognitiva (p. ex., WCST) ou emissão de respostas prematuras/inconsistentes (Hobson, Scott, & Rubia, 2011). Em alguns casos, sujeitos com TDO/TC sem comorbidade com o TDAH podem apresentar melhor desempenho que sujeitos-controles em tarefas executivas como a Torre de Londres (Oosterlaan et al., 2005).

Em contrapartida, os déficits executivos "quentes" parecem ser mais consistentes no TDO/TC independente do TDAH. Uma menor sensibilidade à punição/ao reforço tem sido mais associada ao TDO/TC (e não ao TDAH sozinho), por exemplo. A sensibilidade ao reforço/à punição é fundamental na aprendizagem de comportamentos socialmente adequados (Matthys, Vanderschuren, Schutter, & Lochman, 2012). Indivíduos com TDO/TC também podem apresentar prejuízos na "tomada de decisão relacionada à recompensa" envolvendo risco (p. ex., na IGT, escolhem mais frequentemente recompensas maiores em detrimento de recompensas menores mesmo que o risco de penalidades altas seja maior) (Hobson et al., 2011).

A PRÁTICA CLÍNICA BASEADA EM EVIDÊNCIA

Como essa observação é útil para pautar o tratamento, contribuir para o diagnóstico, reduzir os sintomas e melhorar a qualidade de vida entre indivíduos com transtornos externalizantes e seus familiares? Essas são perguntas vitais que devem pautar a prática clínica. Nesse sentido, a avaliação neuropsicológica tem muito a contribuir. Considerando que o perfil neuropsicológico no TDAH é bastante heterogêneo e sua coocorrência com os demais transtornos externalizantes é bastante comum, a avaliação neuropsicológica deve incluir instrumentos de todos os domínios cognitivos (não apenas os relativos às funções executivas, por exemplo). Uma avaliação neuropsicológica útil, também deve ser capaz de traçar um perfil comportamental e emocional do paciente. Os fatores emocionais (p. ex., ansiedade, depressão) podem contribuir para a manifestação de sintomas de desatenção ou mesmo de problemas de comportamento. Conhecer os pontos fortes, e não só as limitações, ajuda na definição de objetivos terapêuticos específicos e na consequente melhora da qualidade de vida do paciente. Uma avaliação neuropsicológica compreensiva deve, definitivamente, culminar com recomendações específicas para o tratamento, levando em conta outras condições que podem ocorrer (e com frequência ocorrem) com os transtornos externalizantes. Isso significa incluir recomendações funcionais para múltiplos contextos (p. ex., para a escola, em relação às habilidades sociais), além de orientações para o tratamento propriamente dito (i.e., avaliar a necessidade de terapia comportamental, aconselhamento familiar, terapia ocupacional, fonoaudiologia e, também, intervenção médica/farmacológica). Entre as vantagens da avaliação neuropsicológica, destacam-se (Pritchard, Nigro, Jacobson, & Mahone, 2012):

1. O uso de informações e medidas múltiplas, principalmente quantitativas, que permite um entendimento mais acurado sobre as limitações, mas também dos pontos fortes, comportamentais, cognitivos e sociais do paciente.
2. A análise profunda de comorbidades psicológicas, cognitivas e acadêmicas, incluindo uma interpretação pormenorizada sobre o possível impacto das alterações estruturais e funcionais encefálicas típicas dos transtornos externalizantes nesses domínios.
3. Recomendações sobre intervenção personalizadas para cada paciente conforme seu perfil de habilidades e limitações, principalmente quanto à necessidade de terapias complementares e farmacológica.
4. Identificação objetiva dos níveis de funcionamento basais (frequência e intensidade de sintomas, nível de prejuízo cognitivo, capacidade de adaptação social, etc.) que servem como parâmetro para a avaliação da eficácia do(s) tratamento(s) bem como do progresso esperado no curso de desenvolvimento geral.

> A má caracterização do perfil cognitivo-comportamental pode levar a um tratamento subaproveitado ou conduzido de modo inadequado, visto que conhecer o nível das habilidades tem um impacto preditivo sobre a persistência de déficits cognitivos e escolares.

A má caracterização do perfil cognitivo-comportamental pode levar a um tratamento subaproveitado ou conduzido de modo inadequado, visto que conhecer o nível das habilidades tem um impacto preditivo sobre a persistência de déficits cognitivos e escolares (Pritchard et al., 2012). Sendo assim, o exame neuropsicológico, principalmente na infância e na idade escolar, permite uma avaliação mais objetiva das necessidades e dos progressos do paciente. O reconhecimento do impacto que os problemas externalizantes produzem não só nos níveis individual e familiar, mas também no nível público, é particularmente importante para o planejamento de processos de diagnóstico e de intervenção multidisciplinares.

REFERÊNCIAS

Aarts, E., van Holstein, M., & Cools, R. (2011). Striatal dopamine and the interface between motivation and cognition. *Frontiers in Psychol, 2*, 163.

American Psychiatric Association [APA] (2002). *DSM-IV-TR: Diagnostic and statistical manual of mental disorders* (4th ed.). Washington: American Psychiatric.

American Psychiatric Association [APA] (2013). *DSM-5: Diagnostic and Statistical Manual of Mental Disorders* (5th ed., pp. 5-25). Washington: APA.

Barkley, R. A. (1997). Behavioral inhibition, sustained attention, and executive functions: Constructing a unifying theory of ADHD. *Psychological Bulletin, 121*(1), 65-94.

Barry, R. J., Clarke, A. R., & Johnstone, S. J. (2003). A review of electrophysiology in attention-deficit/hyperactivity disorder: I. Qualitative and quantitative electroencephalography. *Clinical Neurophysiology, 114*(2), 171-183.

Biederman, J., Faraone, S. V., & Monuteaux, M. C. (2002). Differential effect of environmental adversity by gender: Rutter's index of adversity in a sample of boys and girls with and without ADHD. *The American Journal of Psychiatry, 159*(9), 1556-1562.

Buitelaar, J. K., Smeets, K. C., Herpers, P., Scheepers, F., Glennon, J., & Rommelse, N. N. J. (2013). Conduct disorders. *European Child & Adolescent Psychiatry, 22*(Suppl 1), S49-S54.

Burt, S. A. (2009). Rethinking environmental contributions to child and adolescent psychopathology: A meta-analysis of shared environmental influences. *Psychological Bulletin, 135*(4), 608-637.

Cherkasova, M., Sulla, E. M., Dalena, K. L., Pondé, M. P., & Hechtman, L. (2013). Developmental course of attention deficit hyperactivity disorder and its predictors. *Journal of the Canadian Academy of Child and Adolescent Psychiatry, 22*(1), 47-54.

Cosgrove, V. E., Rhee, S. H., Gelhorn, H. L., Boeldt, D., Corley, R. C., Ehringer, M. A., ... Hewitt, J. K. (2011). Structure and etiology of cooccurring internalizing and externalizing disorders in adolescents. *Journal of Abnormal Child Psychology, 39*(1), 109-123.

Dalsgaard, S. (2013). Attention-deficit/hyperactivity disorder (ADHD). *European Child & Adolescent psychiatry, 22*(Suppl 1), S43-S48.

de Zeeuw, P., Weusten, J., van Dijk, S., van Belle, J., & Durston, S. (2012). Deficits in cognitive control, timing and reward sensitivity appear to be dissociable in ADHD. *PLoS One, 7*(12):e51416.

Diamond, A. (2013). Executive functions. *Annual Reviews of Psychology, 64*, 135-168.

Diamond, A. (2000). Close interrelation of motor development and cognitive development and of the cerebellum and prefrontal cortex. *Child Development, 71*(1), 44-56.

Dick, D. M., Aliev, F., Krueger, R. F., Edwards, A., Agrawal, A., Lynskey, M., ... Bierut, L. (2011). Genome-wide association study of conduct disorder symptomatology. *Molecular Psychiatry, 16*(8), 800-808.

Doyle, A. E., Biederman, J., Seidman, L. J., Weber, W., Faraone, S. V. (2000). Diagnostic efficiency of neuropsychological test scores for discriminating boys with and without attention deficit-hyperactivity disorder. *Journal of Consulting and Clinical Psychology, 68*(3), 477-488.

DuPaul, G. J., Gormley, M. J., & Laracy, S. D. (2013). Comorbidity of LD and ADHD: Implications of DSM-5 for assessment and treatment. *Journal of Learning Disabilities, 46*(1), 43-51.

Faraone, S. V., Perlis, R. H., Doyle, A. E., Smoller, J. W., Goralnick, J. J., Holmgren, M. A., & Sklar, P. (2005). Molecular genetics of attention-deficit/hyperactivity disorder. *Biological Psychiatry, 57*(11), 1313-1323.

Faraone, S. V., & Mick, E. (2010). Molecular genetics of attention deficit hyperactivity disorder. *The Psychiatric Clinics of North America, 33*(1), 159-180.

Frazier, T. W., Youngstrom, E. A., Glutting, J. J., & Watkins, M. W. (2007). ADHD and achievement:

Meta-analysis of the child adolescent and adult literatures and a concomitant study with college students. *Journal of Learning Disabilities, 40*(1), 49-65.

Gershon, J. (2002). A meta-analytic review of gender differences in ADHD. *Journal of Attention Disorders, 5*(3), 143-154.

Giedd, J. N., & Rapoport, J. L. (2010). Structural MRI of pediatric brain development: What have we learned and where are we going? *Neuron, 67*(5), 728-734.

Gorenstein, E. E., & Newman, J. P. (1980). Disinhibitory psychopathology: A new perspective and a model for research. *Psychological Review, 87*(3), 301-315.

Gottesman, I. I., & Gould, T. D. (2003). The endophenotype concept in psychiatry: Etymology and strategic intentions. *The American Journal of Psychiatry, 160*(4), 636-645.

Gray, J. A. (1982). *The neuropsychology of anxiety: An enquiry into the functions of the septo-hippocampal system.* New York: Oxford University.

Hobson, C. W., Scott, S., & Rubia, K. (2011). Investigation of cool and hot executive function in ODD/CD independently of ADHD. *Journal of Child Psychology and Psychiatry, 52*(10), 1035-1043.

Kaufmann, L., & Nuerk, H. C. (2008). Basic number processing deficits in ADHD: A broad examination of elementary and complex number processing skills in 9- to 12-year-old children with ADHD-C. *Developmental Science, 11*(5), 692-699.

Lahey, B. B., & Willcutt, E. G. (2010). Predictive validity of a continuous alternative to nominal subtypes of attention-deficit hyperactivity disorder for DSM-IV. *Journal of Clinical Child and Adolescent Psychology, 39*(8), 761-775.

Lashley, K (1930). Basic neural mechanisms in behavior. *Psychological Review, 37*, 1-24.

Malloy-Diniz, L. F., Fuentes, D., Leite, W. B., Correa, H., & Bechara A. (2007). Impulsive behavior in adults with attention deficit/hyperactivity disorder: Characterization of attentional, motor and cognitive impulsiveness. *Journal of the International Neuropsychological Society, 13*(4), 693-698.

Martel, M. M., Nikolas, M., Jernigan, K., Friderici, K., & Nigg, J. T. (2012). Diversity in pathways to common childhood disruptive behavior disorders. *Journal of Abnormal Child Psychology, 40*(8), 1223-1236.

Matthys, W., Vanderschuren, L. J., Schutter, D. J., & Lochman, J. E. (2012). Impaired neurocognitive functions affect social learning processes in oppositional defiant disorder and conduct disorder: Implications for interventions. *Clinical Child and Family Psychology Review, 15*(3), 234-246.

Mayes, S. D., & Calhoum, S. L. (2006). WISC-IV and WISC-III profiles in children with ADHD. *Journal of Attention Disorders, 9*(3), 486-493.

Nigg, J. T. (2001). Is ADHD an inhibitory disorder? *Psychological Bulletin, 127*(5), 571-598.

Nigg, J. T. (2005). Neuropsychologic theory and findings in attention-deficit/hyperactivity disorder: The state of the field and salient challenges for the coming decade. *Biological Psychiatry, 57*(11), 1424-1435.

Oosterlaan, J., Logan, G.D., & Sergeant, J.A. (1998). Response inhibition in AD/HD, CD, comorbid AD/HD+CD, anxious, and control children: A meta-analysis of studies with the stop task. *Journal of Child Psychology and Psychiatry, 39*(3), 411-425.

Oosterlaan, J., Scheres, A., & Sergeant, J. A. (2005). Which executive functioning deficits are associated with AD/HD, ODD/CD and comorbid AD/HD+ODD/CD? *Journal of Abnormal Child Psychology, 33*(1), 69-85.

Polanczyk, G., Lima, M. S., Horta, B. L., Biederman, J., & Rohde, L. A. (2007). The world-wide prevalence of ADHD: A systematic review and metaregression analysis. *The American Journal of Psychiatry, 164*(6), 942-948.

Pritchard, A. E., Nigro, C. A., Jacobson, L. A., & Mahone, E. M. (2012). The role of neuropsychological assessment in the functional outcomes of children with ADHD. *Neuropsychology Review, 22*(1), 54-68.

Purper-Ouakil, D., Ramoz, N., Lepagnol-Bestel, A. M., Gorwood, P., & Simonneau, M. (2011). Neurobiology of attention deficit/hyperactivity disorder. *Pediatric Research, 69*(5), 69R-76R.

Scheres, A., Dijkstra, M., Ainslie, E., Balkan, J., Reynolds, B., Sonuga-Barke, E., & Castellanos, F. X. (2006). Temporal and probabilistic discounting of rewards in children and adolescents: Effects of age and ADHD symptoms. *Neuropsychologia, 44*(11), 2092-2103.

Scheres, A., Lee, A., & Sumiya, M. (2008). Temporal reward discounting and ADHD: Task and symptom specific effects. *Journal of Neural Transmission, 115*(2), 221-226.

Semrud-Clikeman, M., & Bledsoe, J. (2011). Updates on attention-deficit/hyperactivity disorder and learning disorders. *Current Psychiatry Report, 13*(5), 364-373.

Sergeant, J. A., van der Meere, J., & Oosterlaan, J. (1999). Information processing and energetic factors in attention-deficit/hyperactivity disorder. In H. C., Quay, & A. E. Hogan (Eds.), *Handbook of disruptive behavior disorders* (pp. 75-104). New York: Kluwer/.

Sharp, S. I., McQuillin, A., & Gurling H. M. (2009). Genetics of attention-deficit hyperactivity disorder (ADHD). *Neuropharmacology, 57*(7-8), 590-600.

Sjöwall, D., Roth, L., Lindqvist, S., & Thorell, L. B. (2013). Multiple deficits in ADHD: Executive dysfunction, delay aversion, reaction time variability, and emotional deficits. Journal of Child Psychology and Psychiatry, 54(6), 619-627.

Simon, V., Czobor, P., Bálint, S., Mészáros, A., & Bitter, I. (2009). Prevalence and correlates of adult attention-deficit hyperactivity disorder: Meta-analysis. *The British Journal of Psychiatry, 194*(3), 204-211.

Sonuga-Barke, E. J. (2003). The dual pathway model of AD/HD: An elaboration of neurodevelopmental characteristics. *Neuroscience and Biobehavioral Reviews, 27*(7), 593-604.

Tiffin-Richards, M. C., Hasselhorn, M., Woerner, W., Rothen-berger, A., & Banaschewski, T. (2008). Phonological short-term memory and central executive processing in attention-deficit/hyperactivity disorder with/without dyslexia: Evidence of cognitive overlap. *Journal of Neural Transmission, 115*(2), 227-234.

Toplak, M. E., Sorge, G. B., Benoit, A., West, R. F., & Stanovich, K. E. (2010). Decision-making and cognitive abilities: A review of associations between Iowa Gambling Task performance, executive functions, and intelligence. *Clinical Psychology Review, 30*(5), 562-581.

Tuvblad, C., Zheng, M., Raine, A., & Baker, L.A. (2009). A common genetic factor explains the covariation among ADHD ODD and CD symptoms in 9-10 year old boys and girls. *Journal of Abnormal Child Psychology, 37*(2), 153-167.

Willcutt, E. G., Nigg, J. T., Pennington, B. F., Solanto, M. V., Rohde, L. A., Tannock, R., ... Lahey, B. B. (2012). Validity of DSM-IV attention deficit/hyperactivity disorder symptom dimensions and subtypes. *Journal of Abnormal Psychology, 121*(4), 991-1010.

Williams, J., & Taylor, E. (2004). Dopamine appetite and cognitive impairment in attention deficit/hyperactivity disorder. *Neural Plasticity, 11*(1-2), 115-132.

Wittmann, M., & Paulus, M. P. (2008). Decision making, impulsivity and time perception. *Trends in Cognitive Sciences, 12*(1), 7-12.

Zajenkowski, M., Goryska, E., & Winiewski, M. (2012). Variability of the relationship between personality and mood. *Personality and Individual Differences, 52*(7), 858-861.

Zelazo, P. D., & Muller, U. (2002). Executive function in typical and atypical development. In U. Goswami (Ed.), *Handbook of childhood cognitive development* (pp. 445-469). Oxford: Blackwell.

13

Neuropsicologia do autismo

MAURO MUSZKAT
BEATRIZ LOBO ARARIPE
NARA CÔRTES ANDRADE
PATRICIA DE OLIVEIRA LIMA MUÑOZ
CLAUDIA BERLIM DE MELLO

O autismo é um transtorno do neurodesenvolvimento que, segundo a Organização Mundial da Saúde (OMS), em sua apresentação clássica afeta cerca de 70 milhões de pessoas no mundo inteiro (United Nations [UN], 2010). Apresenta alto risco de recorrência familiar, na ordem de 2 a 15%, com causas múltiplas e graus bastante heterogêneos. As manifestações que caracterizam seu contexto sintomático são basicamente comportamentais e qualitativas, relacionadas à dificuldade na interação social e na comunicação, além de evidenciarem-se padrões de comportamentos repetitivos e estereotipados.

A nova classificação do DSM-5 propôs agregar as categorias anteriormente descritas pelo DSM-IV (autismo, síndrome de Asperger, transtorno desintegrativo, transtorno global do desenvolvimento) em uma única categoria: transtorno do espectro do autismo – (TEA) (McPartland, Reichow, & Volkmar, 2012; Ozonoff, 2012). Segundo o DSM-5 (American Psychiatric Association [APA], 2013), os TEAs apresentam dois grupos de sintomas característicos:

1. déficits clinicamente significativos e persistentes na comunicação social e nas interações sociais; e
2. padrão de comportamentos repetitivos e estereotipados.

Mesmo as formas mais brandas do transtorno estão associadas a prejuízo social, o que, somado a sua prevalência relativamente alta (1% da população em geral), justifica a recente preocupação quanto a diagnóstico, prevenção e elaboração de políticas públicas de saúde voltadas para a atenção primária (prevenção), secundária (diagnóstico e tratamento) e terciária (reabilitação).

As escalas de diagnóstico e rastreio do TEA que auxiliam na detecção incluem a Children Autism Rating Scale (CARS) e Autism Diagnostic Observation Schedule (ADOS), que avaliam crianças de 16 a 35 meses; Checklist of Autism in Toddlers (CHAT); Modified Checklist for Autism in Toddlers (M-CHAT); Autism Diagnostic Interview (ADI); Autism Behavior Checklist (ABC); e Autism Screening Questionnaire (ASQ), algumas já adaptadas para a população brasileira (ver Ibraim, 2013).

É preciso, entretanto, um olhar interdisciplinar para o diagnóstico de TEA, sendo essencial uma visão geral do pediatra, do neurologista, do psiquiatra e de outros profissionais, como terapeuta ocupacional, fonoaudiólogo, psicólogo clínico e neuropsicólogo. Avaliações e visões complementares são bem-vindas para uma formulação diagnóstica integrada, bem como para a seleção de estratégias clínicas, farmacológicas e de reabilitação eficientes e adequadas à singularidade e à diversidade do fenótipo comportamental nos casos de TEA. Assim, o diagnóstico do transtorno envolve experiência. Requer discriminação das várias formas com que a criança utiliza a linguagem, a comunicação simbólica e a atividade imaginativa, já nos seus primeiros três anos de vida.

Os pais começam a se preocupar com esse diagnóstico, geralmente, nos dois primeiros anos de vida da criança, à medida que a linguagem apresenta atraso ou inadequação. A sensibilidade para detecção do atraso no desenvolvimento social tende a ser mais precoce em famílias com antecedentes de autismo e à medida que as dificuldades de interação social se tornam mais aparentes e manifestam-se além do contato doméstico, como na interação com outras crianças no contexto escolar. As alterações precoces no âmbito da socialização são consideradas o elemento central dos TEAs, tendo enorme impacto na vida diária dos indivíduos afetados e levando a dificuldades na adaptação social, no desenvolvimento da linguagem verbal e não verbal e no comportamento. A adaptação ao meio, na perspectiva da neuropsicologia, é associada à cognição social (Monteiro & Louzã Neto, 2010).

Estudos mostram que processos cognitivos como atenção, memória, linguagem e funções executivas são necessários para a cognição social, apesar de serem construtos diferentes e usarem sistemas de processamento semi-independentes (Couture, Penn, & Roberts, 2006; Monteiro & Louzã Neto, 2010; Penn, Sanna, & Roberts, 2008). Tanto os prejuízos na cognição social como aqueles que afetam os processos cognitivos têm sido considerados elementos centrais na compreensão dos sintomas e da funcionalidade das pessoas com TEA. A neuropsicologia tem importante papel na abordagem clínica, ao permitir um refinamento na avaliação das alterações na linguagem, na função executiva e na cognição social, que pode auxiliar o diagnóstico precoce e dar subsídios neurobiológicos e comportamentais para o planejamento das intervenções mais efetivas.

COGNIÇÃO SOCIAL

O termo cognição social foi usado primeiramente pela psicologia social no início dos anos 1970, durante a "revolução cognitiva geral", e associado a uma ampla perspectiva teórica que se concentra na forma como as pessoas processam as informações no contexto social, o que envolve a percepção do outro, atribuições causais de si e do outro, julgamento social para tomada de decisão e outros elementos (Penn et al., 2008). As possibilidades de dividir experiências com outras pessoas, compartilhar a atenção, compreender o que o outro está sentindo (empatia) e reconhecer expressões faciais constituem expressões de cognição social (Muszkat, 2012).

De acordo com Adolphs (2001), cognição social se refere às capacidades de identificar, manipular e adequar o comportamento a partir das informações sociais percebidas e processadas em um contexto específico. A cognição social inclui as funções relacionadas à percepção social, como teoria da mente, reconhecimento de emoções e coerência central. Os dois principais modelos para melhor explicar a cognição social são o modelo de processamento interativo da percepção social e o modelo conceitual de cognição social. O primeiro foi proposto por Saptute e Lieberman (2006) a partir de uma base neural dividida em dois sistemas: um reflexivo (relacionado a processos automáticos modulados por estruturas límbicas mais filogeneticamente primitivas, como a amígdala) e outro refletivo (processos voluntários mais recentes que envolvem áreas neocorticais como o lobo pré-frontal e circuitos executivos

> As alterações precoces no âmbito da socialização são consideradas o elemento central dos TEAs, tendo enorme impacto na vida diária dos indivíduos afetados e levando a dificuldades na adaptação social, no desenvolvimento da linguagem verbal e não verbal e no comportamento.

relacionados). O modelo conceitual de cognição social foi proposto por Couture e colaboradores (2006), que descreveram um exemplo de situação social específica para sua melhor compreensão. Esse modelo é dividido em quatro habilidades – percepção emocional, percepção social, teoria da mente e estilo de atribuição – e é investigado por meio de instrumentos padronizados, como a escala de funcionamento e habilidade social, testes de reconhecimento de faces e provas de teoria da mente (Monteiro & Louzã Neto, 2010).

Habilidades de cognição social nos TEAs podem ser verificadas com base na Escala de Comportamento Adaptativo da Vineland (Sparrow, Balla, & Cicchetti, 1984). Trata-se de uma entrevista semiestruturada que possibilita a verificação de habilidades em quatro domínios do desenvolvimento – atividades da vida diária (autonomia), comunicação, socialização e motricidade, na faixa etária de 0 a 18 anos. No domínio de socialização e comunicação, podem ser inferidos alguns sintomas típicos do TEA em questões como: *sorri como resposta à presença de uma pessoa; utiliza pronomes adequadamente; mostra interesse pelas atividades dos outros; verbaliza seu estado de alegria; tem um grupo de amigos.*

O subteste Compreensão das escalas Wechsler de inteligência (WISC-IV e WAIS-III) avalia situações em que o indivíduo precisa fazer uma leitura dos sinais fornecidos pelo ambiente social e observar padrões comportamentais. Dificuldades para compreender senso comum, juízo social e provérbios podem ser inferidas por meio dessa tarefa (Ibraim, 2013).

Outros instrumentos validados no Brasil para investigar cognição social são: Sistema Multimídia de Habilidades Sociais para Crianças (SMHSC), destinado a crianças de 7 anos; Inventários de Habilidades Sociais para Adolescentes (IHS), direcionados a indivíduos dos 12 aos 17 anos; e Inventário de Habilidades Sociais, específico para maiores de 18 anos (ver Ibraim, 2013).

TEORIA DA MENTE

Pessoas com TEA apresentam dificuldade para detectar sinais de crenças, desejos e intenções alheias. Uma definição clara para teoria da mente é a capacidade de inferir e compreender estados mentais dos outros (Premark & Woodruff, 1978). O termo "teoria" é empregado porque o processo envolve um sistema de inferências sobre estados não diretamente observáveis, mas que podem ser usados para predizer o comportamento (Muszkat, 2012).

> Uma definição clara para teoria da mente é a capacidade de inferir e compreender estados mentais dos outros.

De acordo com a teoria desenvolvida por Baron-Cohen (1996 apud Caixeta & Nitrini, 2002), existem quatro módulos cerebrais que interagem formando a "leitura mental" (sinônimo de teoria da mente) do ser humano. O primeiro módulo é o detentor de intencionalidade, que se refere à capacidade do indivíduo de interpretar determinado estímulo ou situação a partir do seu desejo para uma meta específica. O segundo é o módulo da direção do olhar, responsável pela detecção do olhar do outro em direção ao estímulo/objeto ou ao indivíduo, incluindo a interpretação de que o que o primeiro vê é o mesmo que o segundo vê. A partir desses dois módulos, as informações seriam captadas e enviadas para um terceiro, cujo mecanismo da atenção compartilhada seria responsável pela percepção da relação de si, do outro e do estímulo (ou seja, a pessoa olharia para um objeto e depois para outra pessoa, inter-relacionando-os). Finalmente, o quarto módulo da teoria da mente integraria as informações anteriores, até então separadas, obtendo a percepção do desejo, intenção e crenças do outro (indivíduo) e originando assim um aparato teórico coerente. De acordo com a integração desses módulos, o indivíduo forma sua capacidade para compreender o comportamento do outro em um contexto específico e, com essas informações, pode definir e direcionar o seu próprio comportamento.

Os procedimentos mais utilizados para avaliar a teoria da mente são os desenvolvidos por Baron-Cohen, Leslie e Frith (1985), principalmente o Teste da Sally-Ann. Esse teste avalia falsas crenças contando-se uma situação: "Esta é Sally (apresenta-se uma boneca) e tem uma cesta, e esta é Ann (outra boneca), que tem uma caixa. Sally tem uma bola e a coloca dentro da cesta, depois ela sai e vai dar um passeio. Ann tira da cesta a bola e a coloca dentro de sua caixa. Sally volta do passeio e quer brincar com a sua bola. Onde a Sally vai procurar a bola?". Crianças com TEA têm dificuldades para compreender o que a personagem pensava e antecipar o seu comportamento com base no seu pensamento. A resposta dada normalmente é que Sally vai procurar na caixa.

O NEPSY-II é uma bateria neuropsicológica infantil (3-16 anos) composta por 32 subtestes e 4 tarefas tardias que avaliam funções como atenção, memória/aprendizagem, linguagem, processamento visuoespacial, habilidade sensório-motora, função executiva e percepção social. Atualmente, está em processo de validação no Brasil (Argollo, 2010). O subteste teoria da mente investiga percepção social e inclui duas tarefas, uma verbal e outra contextual. A tarefa verbal avalia, por meio de histórias, figuras e questionamentos, a compreensão e percepção da intenção de si e do outro, decepção, crenças, emoções, faz de conta e imitação. A tarefa contextual avalia a habilidade de relacionar uma situação com a emoção em um determinado contexto social.

O subteste de compreensão de metáforas da Bateria Montreal de Avaliação da Comunicação (MAC) requer reconhecimento de expressões de duplo sentido e de sentenças ambíguas. As respostas das pessoas com TEA tendem a ser concretas, evidenciando dificuldades para abstrair, reconhecer e diferenciar ações de intenções (Ibraim, 2013). Essas dificuldades explicariam a notável falta de compreensão de mentiras, gafes, ironias, provérbios e expressões implícitas de emoções nos contextos de interação social.

COERÊNCIA CENTRAL

A teoria da coerência central se refere à capacidade de integrar fontes de informações para estabelecer significado em um contexto com coerência, percebendo o todo da informação tanto verbal como visual (Joliffe & Baron-Cohen, 2001).

No TEA, com frequência são evidenciadas alterações na coerência central ou no processamento gestáltico das informações, privilegiando-se partes das informações dadas. Ou seja, pessoas com esse diagnóstico têm preferência pela detecção de partes dos objetos ou cenas, em detrimento do processamento global (Baron-Cohen, 2003, 2004). Por exemplo, falhas na coerência central são comuns na execução tardia da Figura Complexa de Rey, uma vez que o foco da atenção recai nos detalhes da figura, e não na percepção do todo (Ibraim, 2013). Também são frequentes dificuldades em tarefas verbais de integração de sentenças em um parágrafo (Baron-Cohen, 2004; Girodo, Neves, & Correia, 2008) ou de identificação de figuras fragmentadas, como no *Hooper Visual Organization Test* (VOT). Em contrapartida, as capacidades de atenção superior a detalhes e segmentação, como observadas

> A teoria da coerência central se refere à capacidade de integrar fontes de informações para estabelecer significado em um contexto com coerência, percebendo o todo da informação tanto verbal como visual.

em tarefas de figuras sobrepostas (Embedded Figure Task) e no subteste cubos das escalas Wechsler, são bem desenvolvidas (White & Saldaña, 2011).

RECONHECIMENTO DE EMOÇÕES

A percepção das emoções tem um desenvolvimento precoce, sendo sua forma de expressão universal (Assumpção, Sprovieri, Kuczynski, & Farinha, 1999). Segundo Muszkat (2012), já nos primeiros meses de vida os bebês respondem às expressões faciais maternas; por volta dos 2 anos, as crianças mostram maior capacidade para nomear as emoções; aos 3 anos já relatam experiências emocionais; e aos 4 já percebem que as reações emocionais podem variar de pessoa a pessoa.

As emoções são percebidas por meio de mudanças faciais sutis, como elevação da sobrancelha, mudança no olhar e na rima labial e também na modulação/entonação da voz (prosódia), que dão ênfase à emoção específica expressa em determinado contexto social (pragmática). No TEA, é possível encontrar alterações de identificação, processamento e prosódia afetiva (entonação) de emoções. Embora ainda haja inconsistência entre os estudos quanto a qual emoção está mais prejudicada, têm sido relatadas dificuldades na identificação das emoções primárias de medo, raiva, nojo e surpresa (Ashwin, Baron-Cohen, Wheelwright, O'Riordan, & Bullmore, 2007; Girodo et al., 2008; Pelphrey et al., 2002).

Alguns testes e escalas neuropsicológicas para avaliação de emoções e competências sociais podem ser importantes ferramentas para o diagnóstico diferencial e a orientação de projetos terapêuticos para o TEA. Entre eles, destacamos: Subteste de Reconhecimento de Emoções da Bateria NEPSY-II, que possui quatro tarefas diferentes para identificar as emoções em faces de crianças (Argollo, 2010); Teste de Conhecimento Emocional (Izard, Hankins, Schultz, Tentracosta, & King, 2003; apud Andrade et al., no prelo); coeficiente de empatia e sistematização para crianças EQ-SQ (Child) (Baron-Cohen, 2009, apud Vinic & Schwartzman, 2010) e Teste dos Olhos (Baron-Cohen, Wheelwright, Spong, Scahill, & Lawson, 2001).

O Teste de Conhecimento Emocional é uma medida abrangente de compreensão emocional (CE) destinada a crianças de 3 a 6 anos e pode ser uma importante ferramenta na abordagem precoce. Envolve a apresentação de fotografias coloridas de crianças de diversas etnias realizando expressões faciais das emoções (Fig. 13.1) e é composto de quatro tarefas que avaliam reconhecimento e rotulação dessas expressões, bem como conhecimento acerca de suas causas e consequências.

> No TEA, é possível encontrar alterações de identificação, processamento e prosódia afetiva (entonação) de emoções. Embora ainda haja inconsistência entre os estudos quanto a qual emoção está mais prejudicada, têm sido relatadas dificuldades na identificação das emoções primárias de medo, raiva, nojo e surpresa.

LINGUAGEM

No TEA, déficits na linguagem tendem a ser globais (recepção, produção fonológica, sintaxe, prosódia, semântica e pragmática) e em geral são percebidos logo nos primeiros anos de vida, quando são esperadas as respostas imediatas aos chamados, bem como as expressões iniciais da comunicação oral e, com o tempo, das capacidades de abstração e narrativa (Baron-Cohen, 2004; Girodo et al., 2008). Tais déficits têm impacto na relação social, comunicação, expressão e compreensão de intenções, crenças e desejos do outro.

Dificuldades de abstração verbal e de narrativa podem ser inferidas por meio dos subtestes Semelhanças e Vocabulário das

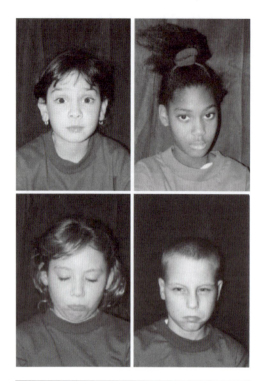

FIGURA 13.1 Exemplo de expressões faciais do Teste de Conhecimento Emocional. (Reproduzida com permissão de Carrol Izard, autor do Emotion Matching Task [EMT])

Prosódia Emocional da bateria MAC requer que a criança identifique e reproduza esses padrões de entonação emocional em situações narradas. Nessa atividade, crianças com TEA com frequência repetem as frases sem expressividade ou as reproduzem falando alto nos padrões de raiva e alegria ou abaixando o tom de voz nos de tristeza (Ibraim, 2013).

FUNÇÕES EXECUTIVAS

As funções executivas dizem respeito a um conjunto de processos cognitivos que permitem ao indivíduo engajar-se com propósito em atividades socialmente relevantes, tomar decisões e monitorar o próprio comportamento para atingir metas previamente estabelecidas (Malloy-Diniz, Fuentes, Sedó, & Leite, 2008). Trata-se, assim, de um conceito amplo que abrange diversas habilidades, como iniciar determinada ação, estabelecer metas, planejar e organizar os processos para seu cumprimento, inibir estímulos distratores e respostas automáticas, monitorar a eficiência das estratégias adotadas para resolução dos problemas e, quando necessário, criar novos esquemas de atuação.

escalas Wechsler, bem como em tarefas qualitativas como contar uma história, analisando-se, por exemplo, capacidades de sequenciar começo, meio e fim.

As pessoas com TEA tendem ainda a apresentar alterações na prosódia, como entonação monótona e robotizada (ritmo e qualidade da voz), o que parece associado com o processo pragmático e afetivo. A prosódia emocional também se encontra alterada, expressando-se em dificuldades para identificar padrões de entonações emocionais referentes a alegria, tristeza, raiva ou surpresa (Le Sourn-Bissaoui, Aguert, Girard, Chevreuil, & Laval, 2013; Oerlemans, 2013). O subteste

> As funções executivas dizem respeito a um conjunto de processos cognitivos que permitem ao indivíduo engajar-se com propósito em atividades socialmente relevantes, tomar decisões e monitorar o próprio comportamento para atingir metas previamente estabelecidas.

As dificuldades executivas mais frequentemente encontradas no TEA são as de planejamento, organização, flexibilidade mental, controle inibitório e fluência verbal e visual (Baron-Cohen, 2004; Ibraim, 2013; Oerlemans et al., 2013). Há evidências de que pessoas com TEA apresentam muitas perseverações no Teste de Classificação de Cartas de Wisconsin (WCST), o que expressaria pensamentos rígidos e dificuldades para avaliar novas estratégias diante de mudanças na atividade em curso (Ibraim, 2013). Respostas perseverativas também são comuns nas tarefas de fluência verbal fonológica e de fluência visual (F.A.S. e Teste dos Cinco Pontos).

Outros problemas de funcionamento executivo são evidenciados em tarefas como a Torre de Londres, que demanda planejamento, flexibilidade e organização, expressando especialmente impulsividade e rigidez. Baixos desempenhos nos testes de Stroop e em provas de memória episódica que envolvem recordação serial de listas de palavras, como a de Rey (RAVLT), evidenciam falhas de controle inibitório (Ibraim, 2013).

Por fim, uma consideração a respeito da avaliação de desempenho intelectual. Estudos indicam que indivíduos com TEA apresentam baixo desempenho nos subtestes das escalas Wechsler mais associados à linguagem (abstração verbal e sequenciamento), mas têm escores médios nos de habilidades visuoconstrutivas e memória (Folstein et al., 1999). Instrumentos que priorizam inteligência não verbal, como as Matrizes Progressivas de Raven e a Escala de Maturidade Mental Columbia (que abrange crianças pré-escolares), são particularmente indicados para avaliar indivíduos não verbais (Ibraim, 2013).

A Tabela 13.1 resume algumas das principais escalas de diagnóstico e instrumentos usados no transtorno do espectro do autismo.

> Estudos indicam que indivíduos com TEA apresentam baixo desempenho nos subtestes das escalas Wechsler mais associados à linguagem (abstração verbal e sequenciamento), mas têm escores médios nos de habilidades visuoconstrutivas e memória.

TABELA 13.1
Algumas das principais escalas de diagnóstico e instrumentos usados no transtorno do espectro do autismo

Diagnóstico e rastreio	Autism Diagnostic Interview A DI-R Autism Diagnostic Observation Schedule – ADOS Children Autism Rating Scale – CARS Autism Screening Questionnaire – ASQ Checklist of Autism in Toddlers – CHAT Modified Checklist for Autism in Toddlers – M-CHAT Autism Behavior Checklist – ABC
Habilidades sociais	Escala de habilidades adaptativas VINELAND Inventários de Habilidades Sociais (IHS) Subteste Compreensão das Escalas Wechsler
Teoria da mente	Provas de falsas crenças (Sally-Ann) Teoria da Mente (NEPSY-II) Subteste de compreensão de metáforas – Bateria Montreal de Avaliação da Comunicação Quociente de Empatia e Quociente de Sistematização – criança (EQ-SQ-child).
Reconhecimento de emoções	Reconhecimento de Emoções (NEPSY-II) Subteste Prosódia Emocional da bateria MAC Teste de Conhecimento Emocional
Coerência Central	Cópia e memória da figura de Rey Testes de reconhecimento de figuras fragmentadas
Funções executivas	Teste de Stroop Testes de fluência verbal (F.A.S.) e não verbal (cinco pontos) Teste de Classificação de Cartas de Wisconsin

REFERÊNCIAS

Adolphs, R. (2001). The neurobiology of social cognition. *Current Opinion in Neurobiology, 11*(2), 231-239.

American Psychiatric Association [APA] (2013). *DSM-5: diagnostic and statistical manual of mental disorders: text revision* (5th ed.). Washington: APA.

Andrade, N. C., Abreu, N., Menezes, I., Mello, C. B., Duran, V. C., & Alencar, N. (no prelo). *Adaptação transcultural do Teste de Conhecimento Emocional (EMT): Avaliação neuropsicológica das emoções.*

Argollo, N. (2010). NEPSY-II: Avaliação neuropsicológica do desenvolvimento. In L. F. Malloy-Diniz, D. Fuentes, P. Mattos, & N. Abreu (Orgs.), *Avaliação neuropsicológica*. Porto Alegre: Artmed.

Ashwin, C., Baron-Cohen, S., Wheelwright, S., O'Riordan, M., & Bullmore, E. T. (2007). Differential activation of the amygdala and the 'social brain' during fearful face-processing in Asperger Syndrome. *Neuropsychologia, 45*(1), 2-14.

Assumpção Jr., F. B., Sprovieri, M. H., Kuczynski, E., & Farinha, V. (1999). Reconhecimento facial e autismo. *Arquivo de Neuropsiquiatria, 57*(4), 944-949.

Baron-Cohen, S., Leslie, A. M., & Frith, U. (1985). Does the autistic child have a "theory of mind"? *Cognition, 21*(1), 37-46.

Baron-Cohen, S., Wheelwright, S., Spong, A., Scahill, V., & Lawson, J. (2001). Are intuitive physics and intuitive psychology independent? A test with children with Asperger Syndrome. *Journal of Developmental and Learning Disorders, 5*, 47-78.

Baron-Cohen, S. (2003). A mature review of Autism. *Trends Cognitive Social, 7*(9), 380-383.

Baron-Cohen, S. (2004). The cognitive neuroscience of autism. *Journal of Neurology, Neurosurgery and Psychiatry, 75*(7), 945-948.

Baron-Cohen, S. (2009). Autism: The Empathizing-Systemizing (E-S) theory. *The Year in Cognitive Neuroscience: Ann. N.Y. Acad. Sci, 1156*, 68-80.

Caixeta, L., & Nitrini, R. (2002). Teoria da mente: Uma revisão com enfoque na sua incorporação pela psicologia médica. *Psicologia: Reflexão e Crítica, 15*(1), 105-112.

Couture, S. M., Penn, D. L., & Roberts, D. L. (2006). The Functional significance of social cognition in schizophrenia: A review. *Schizophrenia Bulletin, 32*(Suppl 1): S44-S63.

Folstein, S. E., Santangelo, S. L., Gilman, S. E., Piven, J., Landa, R., Lainhart, J., ... Wzorek, M. (1999). Predictors of cognitive test patterns in autism families. *The Journal of Child Psychology and Psychiatry, 40*(7), 1117-1128.

Girodo, C. M., Neves, M. C. L., & Correia, H. (2008). Aspectos neurobiológicos e neuropsicológicos do autismo. In D. Fuentes, L. F. Malloy-Diniz, C. H. P. Camargo, R. M. Cosenza (Orgs.), *Neuropsicologia: Teoria e prática* (pp. 230-240). Porto Alegre: Artmed.

Ibraim, L. F. (2013). Avaliação neuropsicológica para síndrome de asperger e transtorno do espectro autista de alto funcionamento. In W. Carmago Jr. (Org.), *Síndrome de Asperger e outros transtornos do autismo de alto funcionamento: Da avaliação ao tratamento*. Belo Horizonte: Artesã.

Jollife, T., & Baron-Cohen, S. (2001). A test of central coherence theory: Can adults with high-functioning autism or Asperger syndrome integrate fragments of an object? *Cognitive Neuropsychiatry, 6*(3), 193-216.

Le Sourn-Bissaou, S., Aguert, M., Girard, P., Chevreuil, C., & Laval, V. (2013). Emotional speech comprehension in children and adolescents with autism spectrum disorders. *Journal of Communication Disorders, 46*(4), 309-320.

Malloy-Diniz, L. F., Fuentes, D., Sedó, M., & Leite, D. W. (2008). Funções executivas. In D. Fuentes, L. F. Malloy-Diniz, C. H. P. Camargo, R. M. Cosenza (Orgs.), *Neuropsicologia: Teoria e prática*. Porto Alegre: Artmed.

McPartland, J. C, Reichow, B., & Volkmar, F. R. (2012). Sensitivity and specific of proposed DSM-5 diagnostic criteria for autism spectrum disorder Running Head: DSM-5. *Journal of American Academy of Child & Adolescent Psychiatry, 51*(4), 368-383.

Monteiro, L. C., & Louzã Neto, M. R. (2010). Cognição social. In L. F. Malloy-Diniz, D. Fuentes, P. Mattos, & N. Abreu (Orgs.), *Avaliação neuropsicológica*. Porto Alegre: Artmed.

Muszkat, M. (2012) Teoria da Mente como ferramenta para inclusão. In M. Muszkat. *Inclusão e singularidade: Desafios da neurociência educacional*. São Paulo: All Print.

Oerlemans, A. M., Droste, K., van Steijn, D. J., Sonneville, L. M. J., Buitelaar, J. K., & Rommelse, N. N. J. (2013). Co-segregation of social cognition, executive function and local processing style in children with ASD, their siblings and normal controls. *Journal of Autism and Developmental Disorders*.

Ozonoff, S. (2012) Editorial perspective: Autism spectrum disorders in DSM-5 – An historical perspective and the need for change. *The Journal of Child Psychology and Psychiatry, 53*(10), 1092-1094.

Pelphrey, K. A., Sasson, N. J., Reznick, J. S., Paul, G., Goldman, B. D., & Piven, J. (2002). Visual scanning of faces in autism. *Journal of Autism and Developmental Disorders, 32*(4), 249-261.

Penn, D. L., Sanna, L. J., & Roberts, D. L. (2008). Social cognition in schizophrenia: An overview. *Schizophrenia Bulletin, 34*(3), 408-411.

Premack, D., & Woodruff, G. (1978). Chimpanzee problem-solving: A test for comprehension. *Science, 202*(4367), 532-535.

Satpute, A. B., & Lieberman, M. D. (2006). Integrating automatic and controlled process into neurocognitive models of social cognition. *Brain Research, 1079*(1), 86-97.

Sparrow, S. S., Balla, D. A., & Cicchetti, D. V. (1984). *Vineland adaptive behavior scales: Interview edition, expanded form manual*. Circle Pines: American Guidance Service.

United Nations [UN] (2010). Greater awareness and understanding of autism needed, says UN chief. Recuperado de http://www.un.org/apps/news/story.asp?NewsID=34272&Cr=health&Cr1=#.Uk7DLtKkqxU

Vinic, A. A., & Schwartzman, J. S. (2010). *Quociente de Empatia e Quociente de Sistematização-criança (EQ-SQ-child)*. Cambridge: Autism Research Center. Recuperado de http://www.autismresearchcentre.com/arc_tests

White, S. J., & Saldaña, D. (2011). Performance of children with autism on the embedded figures test: A closer look at a popular task. *Journal of Autism and Developmental Disorders, 41*(11), 1565-1572.

14
Neuropsicologia do transtorno bipolar em adultos

LEANDRO F. MALLOY-DINIZ
FERNANDO SILVA NEVES
CRISTINA YUMI NOGUEIRA SEDIYAMA
FABRICIA QUINTÃO LOSCHIAVO-ALVARES

O transtorno bipolar (TB) encontra-se entre as doenças mais associadas à incapacidade laboral no mundo (Murray, Lopes, Harvard School of Public Health, World Health Organization, & World Bank, 1996). Os pacientes acometidos apresentam menor qualidade de vida (Robb, Cooke, Devins, Young, & Joffe, 1997), menor produtividade laborativa (Reed et al., 2010) e mortalidade precoce (suicídio e complicações não psiquiátricas) (Osby, Brandt, Correia, Ekbom, & Sparén, 2001). O TB geralmente se inicia ao redor dos 20 anos e segue apresentando um curso crônico no qual, com o passar do tempo, as oscilações do humor se tornam cada vez mais pronunciadas, e os intervalos em eutimia, mais curtos (Angst & Sellaro, 2000). Sua prevalência é relativamente homogênea, ou seja, existem poucas variações em termos de raça, nível socioeconômico e sexo. Um recente estudo global encontrou taxas de prevalência de 0,6% (bipolar tipo I), 0,4% (bipolar tipo II) e 1,4% (quadros subsindrômicos) (Merikangas et al., 2011). A abordagem do TB é extremamente desafiadora. As dificuldades se apresentam desde o início do curso da doença, na identificação dos pacientes acometidos. Com o diagnóstico estabelecido, seguem-se vários outros desafios, entre os quais se destaca a baixa eficácia dos tratamentos para a depressão bipolar.

O diagnóstico precoce é fundamental para assegurar um desfecho menos negativo. Infelizmente, os pacientes esperam, em média, 10 anos para receber o diagnóstico correto (Suppes et al., 2001). Os diagnósticos psiquiátricos confundidos com maior frequência com TB são: depressão unipolar, esquizofrenia, transtornos da personalidade e transtornos de ansiedade (Ghaemi, Sachs, Chiou, Pandurangi, & Goodwin, 1999). Um dos principais motivos para o atraso do diagnóstico é a dificuldade em se caracterizar e identificar aquele que é considerado o elemento psicopatológico fundamental do TB – o distúrbio do humor. A elevação do humor, ou mania, (condição *sine qua non* para o diagnóstico de TB), além de ocorrer com muito menor frequência que a depressão, raramente é motivo de queixa por parte do paciente, que em geral não reconhece seu caráter mórbido (Judd et al., 2002).

Com o objetivo alegado de reduzir a ocorrência de falsos negativos, a quinta edição do *Manual diagnóstico e estatístico dos transtornos mentais* (American Psychiatric

> Um dos principais motivos para o atraso do diagnóstico é a dificuldade em se caracterizar e identificar aquele que é considerado o elemento psicopatológico fundamental do TB – o distúrbio do humor. A elevação do humor ou mania (condição *sine qua non* para o diagnóstico de TB), além de ocorrer com muito menor frequência que a depressão, raramente é motivo de queixa por parte do paciente, que em geral não reconhece seu caráter mórbido.

Association [APA], 2013) estabeleceu algumas modificações em relação à edição anterior. A principal delas foi promover o *aumento persistente da atividade/energia* a critério maior para diagnóstico da mania. O humor elevado (ou irritável) continua sendo considerado como critério A. Portanto, além dos sintomas cardinais supracitados, os pacientes devem permanecer mais de quatro dias (para hipomania) ou uma semana (para mania) com pelo menos três dos seguintes sintomas: autoestima inflada, redução da necessidade de sono, verborragia, fuga de ideias, distração, excitação psicomotora e envolvimento excessivo em atividades com potencial elevado para consequências desastrosas.

A avaliação clínica e laboratorial extensa e criteriosa em todos os pacientes (especialmente naqueles que apresentam o primeiro episódio após os 40 anos) deve ser empreendida no sentido de afastar condições médicas gerais, doenças neurológicas e intoxicação por substâncias. A identificação de apenas um episódio de mania é suficiente para o diagnóstico de transtorno bipolar do tipo I. Para diagnóstico de transtorno bipolar do tipo II, além da hipomania (forma branda da mania), é necessário atestar a ocorrência de pelo menos um episódio de depressão maior ao longo da vida. O clínico deve estar atento para o fato de que os critérios diagnósticos não refletem todos os componentes mórbidos encontrados nessa condição. Também é importante destacar que um número significativo de pacientes apresenta déficits cognitivos (memória verbal, função executiva e atenção) mesmo na ausência de alterações significativas do humor (Robinson et al., 2006). As alterações cognitivas estão entre as principais mudanças implicadas na enorme dificuldade de inserção psicossocial que esses pacientes encontram após o início da doença (Keck et al., 1998). Um estudo mostrou, contra o senso comum, que os episódios de oscilação do humor podem ser a consequência, e não a causa, dos déficits cognitivos (Martino et al., 2013). Se esses achados forem confirmados, uma nova perspectiva se abrirá para o diagnóstico, o tratamento e a profilaxia do TB.

Apesar do reconhecido impacto global, atualmente o TB apresenta poucas opções de tratamento farmacológico. Todos os medicamentos disponíveis, exceto o lítio, foram elaborados com intuito de tratar a depressão unipolar, a esquizofrenia e as epilepsias. Apenas dois fármacos apresentam propriedades comprovadas de estabilização do humor (eficácia no tratamento e prevenção tanto dos episódios depressivos como dos maníacos): lítio e quetiapina. Os demais são eficazes no tratamento agudo da mania (ácido valproico, paliperidona, olanzapina, asenapina, ziprazidona e risperidona) e da depressão (lamotrigina) e na profilaxia da depressão (olanzapina e lamotrigina) e da mania (ácido valproico, olanzapina, ziprazidona e risperidona) (Yatham et al., 2009). Assim, na prática clínica, apenas uma fração dos pacientes consegue a estabilização usando apenas um fármaco, e 40% necessitam de pelo menos três medicamentos para esse fim (Goldberg et al., 2009). Apesar de precários, vários estudos observacionais mostram que o tratamento farmacológico, especialmente o lítio, é fundamental para redução da incidência do suicídio e para profilaxia de oscilações do humor (Geddes, Burgess, Hawton, Jamison, & Goodwin, 2004; Tondo, Hennen, & Baldessarini, 2001). Ainda não existem fármacos com eficácia comprovada para o tratamento dos déficits da esfera cognitiva mencionados anteriormente.

> A identificação de apenas um episódio de mania é suficiente para o diagnóstico de transtorno bipolar do tipo I. Para diagnóstico de transtorno bipolar do tipo II, além da hipomania (forma branda da mania), é necessário atestar a ocorrência de pelo menos um episódio de depressão maior ao longo da vida.

A questionável premissa de que "condições biológicas" devem ser tratadas por "intervenções biológicas" relegou as intervenções psicossociais a um papel, quando muito, secundário na abordagem do TB. A hereditariedade do TB é estimada 90% (Leussis, Madison, & Petryshen, 2012), ou seja, grande parte da variação fenotípica é explicada por fatores genéticos. No entanto, estudos de genética molecular indicam que o estresse ambiental pode afetar a taxa de replicação gênica por meio da metilação/acetilação do DNA (Archer, Oscar-Berman, Blum, & Gold, 2013). Assim, por exemplo, o desenvolvimento das estratégias para o enfrentamento do estresse, mediado pelas intervenções psicossociais, pode ser um poderoso aliado no tratamento do TB. De fato, evidências crescentes têm demonstrado que as abordagens psicossociais, como a psicoeducação e a terapia cognitivo-comportamental, mostraram-se úteis no tratamento agudo, na prevenção de episódios de alteração do humor e na redução do número de hospitalizações (Parik et al., 2013).

> Evidências crescentes têm demonstrado que as abordagens psicossociais, como a psicoeducação e a terapia cognitivo-comportamental, mostraram-se úteis no tratamento agudo, na prevenção de episódios de alteração do humor e na redução do número de hospitalizações.

bipolares estão diretamente relacionadas à qualidade de vida, prognóstico e recuperação funcional desses pacientes. Além disso, existem evidências de que a cronificação do quadro e a sucessão dos episódios tendem a deteriorar ainda mais a cognição dos pacientes (Lewandowski, Cohen, & Ongur, 2011), dificultando sobremaneira a eficácia de medidas de intervenção. As alterações cognitivas em pacientes bipolares estão diretamente relacionadas ao *status* ocupacional dos pacientes ao longo da vida (Dickerson et al., 2004) e também são fortes preditores da qualidade de vida autorrelatada (Brissos, Dias, & Kapczinski, 2008) e do *status* funcional global desses indivíduos (Martinez-Aran et al., 2007). Assim, a cognição tem tido papel destacado na abordagem clínica do paciente bipolar, consistindo em um alvo terapêutico além dos sintomas relacionados ao humor.

Durante muitos anos, o conceito (frequentemente atribuído a Kraepelin) de que as alterações cognitivas permanentes caracterizariam a esquizofrenia e não o TB norteou a atividade clínica de profissionais da área da saúde mental. A partir dessa forma de raciocínio, considerava-se a eutimia uma fase do transtorno isenta de prejuízos cognitivos. No entanto, hoje sabemos que os déficits cognitivos no TB não estão presentes somente nas fases de mania e depressão, permanecendo inclusive após a remissão dos sintomas (Martínez-Arán et al., 2004; Thompson et al., 2005)

ALTERAÇÕES COGNITIVAS EM PACIENTES COM TRANSTORNO BIPOLAR

Entre os aspectos psicológicos de pacientes acometidos pelo TB, a cognição tem ganhado particular destaque nos últimos anos. A princípio, acreditava-se que as alterações cognitivas nos indivíduos bipolares eram transitórias e secundárias aos sintomas do humor. Embora não tenha sido identificado até o momento um marcador cognitivo para o TB que seja capaz de diferenciar essa população de outros grupos psiquiátricos, do ponto de vista terapêutico, sabemos, hoje, que as alterações cognitivas em pacientes

Embora não exista um perfil cognitivo típico de pacientes bipolares, são frequentemente evidenciados prejuízos nos domínios memória e aprendizagem visuoespacial e verbal, atenção sustentada e funções executivas (Balanzá-Martínez et al., 2008; Robinson et al., 2006; Thompson et al., 2005). As dificuldades cognitivas nessa população costumam estar relacionadas a outras características do transtorno, como subtipo, presença de sintomas psicóticos, história de tentativas de suicídio e comorbidades. Além disso, variáveis clínicas como curso do transtorno, duração do período de alteração do humor, número de hospitalizações, ruminação, experiência de falha, envelhecimento e idade de início também devem ser levados em consideração para a compreensão das alterações cognitivas no TB (Beblo, Sinnamon, & Baune, 2011).

Considerando os subtipos do transtorno, Hsiao e colaboradores (2009) encontraram em seu estudo padrões neuropsicológicos distintos, sendo o TB tipo I caracterizado por pior desempenho em habilidades envolvendo memória para conteúdo verbal, memória operacional, funções psicomotoras e executivas; já o TB tipo II se caracteriza por déficits evidenciados nas funções psicomotoras e na memória operacional. Há evidências de que os prejuízos cognitivos, principalmente nas funções executivas, são mais persistentes em pacientes bipolares do tipo I em comparação aos do tipo II. Li e colaboradores (2012), em um estudo usando tomografia por emissão de pósitrons e exame neuropsicológico em pacientes bipolares, verificaram que o desempenho de indivíduos com TB tipo I foi significativamente pior que o apresentado por sujeitos com TB tipo II em provas de funções executivas, sendo que estes últimos também apresentaram menor recaptação de glicose em regiões pré-frontais, na ínsula e no estriado.

Com relação ao impacto dos sintomas psicóticos sobre o curso clínico do TB, existem evidências de que a presença de sintomas psicóticos geralmente está associada a maior quantidade de déficits cognitivos nos pacientes. Alguns autores sugerem que tais prejuízos podem estar presentes desde o primeiro episódio da doença. Por exemplo, Albus e colaboradores (1996) verificaram que, no primeiro episódio de humor, a presença de sintomas psicóticos está relacionada a maiores déficits cognitivos. As dificuldades mais proeminentes em pacientes com sintomas psicóticos têm sido apontadas em domínios como memória episódica, atenção e funções executivas (Zubieta, Huguelet, O'Neil, & Giordani, 2001) e tendem a persistir mesmo quando os pacientes têm seus sintomas psicóticos remitidos (Martinez-Aran et al., 2007).

As alterações cognitivas tendem a diferir mais em intensidade do que em qualidade de acordo com o estado do humor dos pacientes. Em um estudo de metanálise, Kurtz e Gerraty (2009) verificaram que, na eutimia, os déficits mais pronunciados geralmente se encontram na atenção, memória episódica, memória operacional e em outras funções executivas. Na depressão, os déficits tendem a estar presentes em provas de memória verbal, fluência verbal fonológica, velocidade de processamento atencional visual e flexibilidade cognitiva. Da mesma forma, déficits na atenção, na memória verbal e em funções executivas tendem a aparecer na fase maníaca e em estados mistos. Os autores sugerem ainda que, na comparação entre os estados do humor, os pacientes em estado maníaco tendem a ter mais prejuízos que os eutímicos em provas que avaliam curva de aprendizagem verbal, atenção sutentada, vigilância, fluência verbal e flexibilidade cognitiva. Pacientes depressivos tendem a ter pior desempenho que eutímicos em provas de aprendizagem e fluência verbal.

As alterações cognitivas em pacientes bipolares também parecem variar de acordo com a história de tentativas de suicídio. Jollant, Lawrence, Olié, Guillaume e Courtet (2011) sugerem que as dificuldades relacionadas

> Existem evidências de que a presença de sintomas psicóticos geralmente está associada a maior quantidade de déficits cognitivos nos pacientes. Alguns autores sugerem que tais prejuízos podem estar presentes desde o primeiro episódio da doença.

às funções executivas em pacientes psiquiátricos que tentam suicídio tendem a ser expressivas. Os autores sugerem que a presença de déficits de planejamento, fluência verbal e tomada de decisão e um viés atencional negativo (hiperfoco atencional em pistas negativas do ambiente) estariam relacionados a alterações em circuitos frontoestriatais. Em pacientes bipolares, as tentativas de suicídio parecem estar relacionadas a dificuldades de controle de impulsos (Swann, Steinberg, Lijffijt, & Moeller, 2008) e pior tomada de decisão. Malloy-Diniz e colaboradores (2011) e Maloy-Diniz, Neves, Abrantes, Fuentes e Corrêa (2009) verificaram que pacientes bipolares com história de tentativas de suicídio tendem a apresentar um padrão mais imediatista e disfuncional em provas de tomada de decisão se comparados a bipolares sem tal história. Moraes e colaboradores (2013) verificaram associação entre história de tentativas de suicídio, transtorno da personalidade *borderline* e déficits em provas que avaliam tomada de decisão.

Outro aspecto importante a ser considerado em se tratando da neuropsicologia do transtorno bipolar é que as alterações cognitivas podem representar endofenótipos, ou seja, fenótipos intermediários entre expressão genética e características específicas de patologias (Gottesman & Gould, 2003). Segundo Arts, Jabben, Krabbendam e van Os (2008), parentes em primeiro grau de pacientes com diagnóstico de TB, quando comparados a um grupo-controle, possuem déficits em funções executivas e de memória verbal (mas não tanto quanto os pacientes). Tal fato sustenta a ideia de que as alterações cognitivas em sujeitos bipolares são primárias e afetam, em menor grau, indivíduos geneticamente próximos dos pacientes.

Por fim, cumpre ressaltar que a medicação pode ser um importante viés na interpretação dos estudos neuropsicológicos no TB. Além do potencial de interferência nas funções cognitivas, a prática da polifarmácia dificulta o pareamento adequado entre grupo experimental e controle. Entretanto, Wingo, Wingo, Harvey e Baldessarini (2009) verificaram que pelo menos o lítio não interfere significativamente nas funções cognitivas. Nesse estudo de metanálise, as únicas alterações significativas, porém com magnitude de efeito baixa, estiveram relacionadas a memória e aprendizagem verbais e criatividade.

Os resultados com antipsicóticos também são controversos. De acordo com Dias e colaboradores (2012), a despeito das evidências de que os antipsicóticos melhoram a cognição em pacientes esquizofrênicos, isso pode não ocorrer em indivíduos bipolares, já que, nesse grupo clínico, o relato de prejuízos cognitivos é mais frequente em comparação à medicação com lítio e anticonvulsivantes. Ainda assim, os autores apresentam alguns resultados que apontam para efeitos benéficos de antipsicóticos de segunda geração, como a olanzapina e a risperidona. Por exemplo, Yurgelun-Todd e colaboradores (2002) verificaram que olanzapina esteve associada a melhora em funções como planejamento, memória e atenção se comparada ao divalproato. Já Reinares e colaboradores (2000) verificaram que a risperidona apresentou efeitos benéficos sobre atenção, memória operacional e outras funções executivas em comparação a antipsicóticos tradicionais.

Gualtieri e Johnson (2006) compararam o efeito de cinco medicações anticonvulsivantes ao lítio em pacientes bipolares. Verificaram que o topiramato, o ácido valproico e a carbamazepina apresentaram maior potencial neurotóxico em relação às funções de velocidade de processamento,

> Outro aspecto importante a ser considerado em se tratando da neuropsicologia do transtorno bipolar é que as alterações cognitivas podem representar endofenótipos, ou seja, fenótipos intermediários entre expressão genética e características específicas de patologias.

memória, atenção, flexibilidade cognitiva e velocidade psicomotora em comparação a lítio e oxcarbamazepina e lamotrigina (esses últimos fármacos com efeito neurotóxico menor que os demais).

O efeito da medicação pode ser mediado/moderado por outras características clínicas, como duração da doença, subtipo do transtorno, cognição pré-mórbida e comorbidades. Soma-se a isso a questão da polifármácia e a interação entre fármacos e seus efeitos conjuntos sobre a cognição.

É importante frisar que o efeito da medicação não é suficiente para explicar as alterações cognitivas apresentadas por pacientes com TB. Kurtz e Gerraty (2009), nesse sentido, sugerem que:

1. há evidências de que pacientes bipolares eutímicos e medicados com um estabilizador do humor não apresentam diferenças em testes neuropsicológicos (ou apresentam efeito apenas moderado);
2. pacientes bipolares, após o primeiro episódio da doença, já apresentam alterações cognitivas antes mesmo do uso de medicação;
3. parentes saudáveis de pacientes bipolares apresentam alterações cognitivas semelhantes àquelas exibidas por pacientes bipolares.

Impacto das alterações cognitivas na funcionalidade de pacientes com transtorno bipolar

O TB é uma condição crônica que cursa com uma substancial morbidade psicossocial e ocupacional (Bearden, Hoffman, & Cannon, 2001). De acordo com dados da Organização Mundial da Saúde (World Health Organization [WHO], 2001), o TB está entre as 10 doenças que mais levam a incapacidade no exercício das tarefas laborativas. Desde a última década, um número considerável de estudos tem identificado o comprometimento cognitivo como um importante determinante dessa condição de incapacidade (Bowie et al., 2010). É estimado que somente um terço dos pacientes com TB alcancem uma completa recuperação nos domínios social e ocupacional e retornem ao nível de funcionamento pré-mórbido (Depp et al., 2012).

Arts e colaboradores (2008) e Torres, Boudreau e Yatham (2007), na comparação entre uma amostra de indivíduos-controle saudáveis e sujeitos com o TB, encontraram maior comprometimento no grupo com o transtorno, sobretudo nos domínios cognitivos de memória episódica, atenção, concentração e funções executivas. Esses déficits notavelmente persistem na ausência de sintomas de alteração do humor, ou seja, na fase de eutimia (Hsiao et al., 2009). Assim, o comprometimento cognitivo no TB tem sido considerado "traço" em vez de "estado" (Chowdhury, Ferrier, N, & Thompson, 2003).

De acordo com Altshuler e colaboradores (2007) e Tohen (2000a, 2000b), após um episódio maníaco, a maioria dos pacientes continua exibindo significativo prejuízo funcional, mesmo com a recuperação sintomática, que é alcançada em até 90% dos pacientes após episódios de mania ou depressão, ressaltando-se a relevância da medicação. Entretanto, a recuperação funcional raramente é atingida, sendo os sintomas cognitivos residuais com significativo impacto ocupacional e social muitíssimo frequentes (Huxley & Baldessarini, 2007). Em comparação à população em geral, na qual 6% dos adultos estão desempregados, 57 a 65% dos pacientes com TB não trabalham, e a até 80% destes foi atribuída pelo menos uma incapacidade profissional parcial após a recuperação de um episódio

> É estimado que somente um terço dos pacientes com TB alcancem uma completa recuperação nos domínios social e ocupacional e retornem ao nível de funcionamento pré-mórbido.

de alteração do humor. Mesmo em pacientes eutímicos, o maior comprometimento cognitivo foi diretamente associado com um pior prognóstico funcional, mesmo depois de sintomas residuais do humor e demais variáveis clínicas terem sido controladas (Wingo, Wingo, Harvey, & Baldessarini, 2009). É importante ressaltar que o referido comprometimento cognitivo é preditor de uma pior qualidade de vida (Brissos et al., 2008) e, portanto, relevante para a proposição de intervenções em reabilitação neuropsicológica.

Nessa perspectiva, a reabilitação neuropsicológica é um processo ativo que tem o objetivo de capacitar pessoas com déficits cognitivos, a fim de que estas adquiram um bom nível de funcionamento social, físico e psíquico (Wilson, 2005). Segundo Wilson (2003), a reabilitação neuropsicológica consiste na proposição de esforços para melhorar a funcionalidade e a qualidade de vida de indivíduos com comprometimento cognitivo, por meio do emprego de técnicas psicológicas, cognitivas e comportamentais, a fim de que os pacientes encontrem meios adequados e alternativos para alcançar metas funcionais específicas (Ben-Yishay, 2008). Embora ainda seja uma intervenção nova considerando-se o TB, a eficácia da reabilitação neuropsicológica já tem sido estudada, e pesquisas mais recentes apontam um impacto positivo no sentido de otimizar a recuperação funcional em pacientes na fase eutímica, quando comparada ao tratamento típico (farmacoterapia) (Loschiavo-Alvares et al., 2013; Torrent et al., 2013). Em ambos os estudos, o protocolo de reabilitação neuropsicológica foi estruturado, focado em estratégias de psicoeducação, reabilitação de memória, atenção e funções executivas voltadas para o manejo funcional do comprometimento cognitivo nas atividades cotidianas dos pacientes.

> A reabilitação neuropsicológica é um processo ativo que tem o objetivo de capacitar pessoas com déficits cognitivos, a fim de que estas adquiram um bom nível de funcionamento social, físico e psíquico.

CONSIDERAÇÕES FINAIS

A despeito do papel protagonista dos sintomas do humor na clínica do TB, a cognição tem se mostrado um alvo terapêutico cada vez mais importante na abordagem do paciente com TB. Apesar da inexistência de marcadores cognitivos que facilitem o diagnóstico diferencial, as alterações cognitivas podem desempenhar um papel na compreensão dos mecanismos neurobiológicos envolvidos na etiologia do transtorno, bem como na compreensão dos prejuízos funcionais crônicos apresentados por esses pacientes.

Do ponto de vista prático, a avaliação neuropsicológica pode identificar áreas de dificuldades que devem ser abordadas clinicamente tanto por intervenções farmacológicas quanto por intervenções cognitivas e comportamentais. A reabilitação cognitiva figura como uma área promissora, a qual poderá facilitar a reintegração do paciente aos diferentes contextos sociais que permeiam seu cotidiano.

REFERÊNCIAS

Albus, M., Hubmann, W., Wahlheim, C., Sobizack, N., Franz, U., & Mohr, F. (1996). Contrasts in neuropsychological test profile between patients with first-episode schizophrenia and first-episode affective disorders. *Acta psychiatrica Scandinavica*, *94*(2), 87-93.

Altshuler, L., Tekell, J., Biswas, K., Kilbourne, A. M., Evans, D., Tang, D., & Bauer, M. S. (2007). Executive function and employment status among veterans with bipolar disorder. *Psychiatric Services*, *58*(11), 1441-1447.

American Psychiatric Association [APA] (2013). *DSM-5: diagnostic and statistical manual of mental disorders: text revision* (5th ed.). Washington: APA.

Angst, J., & Sellaro, R. (2000). Historical perspectives and natural history of bipolar disorder. *Biological Psychiatry*, *48*(6), 445-457.

Archer, T., Oscar-Berman, M., Blum, K., & Gold, M. (2013). Epigenetic modulation of mood disorders. *Journal of Genetic Syndrome & Gene Therapy, 4*(120).

Arts, B., Jabben, N., Krabbendam, L., & van Os, J. (2008). Meta-analyses of cognitive functioning in euthymic bipolar patients and their first-degree relatives. *Psychological Medicine, 38*(6), 771-785.

Balanzá-Martínez, V., Rubio, C., Selva-Vera, G., Martinez-Aran, A., Sánchez-Moreno, J., Salazar-Fraile, J., ... Tabarés-Seisdedos, R. (2008). Neurocognitive endophenotypes review. *Neuroscience & Biobehavioral Reviews, 32*(8), 1426-1438.

Bearden, C. E., Hoffman, K. M., & Cannon, T. D. (2001). The neuropsychology and neuroanatomy of bipolar affective disorder: a critical review. *Bipolar disorders, 3*(3), 106-150; discussion 151-153.

Beblo, T., Sinnamon, G., & Baune, B. T. (2011). Specifying the neuropsychology of affective disorders: clinical, demographic and neurobiological factors. *Neuropsychology Review, 21*(4), 337-359.

Ben-Yishay, Y. (2008). Foreword. *Neuropsychological Rehabilitation, 18*(5-6), 5-6.

Bowie, C. R., Depp, C., McGrath, J. A., Wolyniec, P., Mausbach, B. T., Thornquist, M. H., ... Pulver, A. E. (2010). Prediction of real-world functional disability in chronic mental disorders: a comparison of schizophrenia and bipolar disorder. *The American journal of psychiatry, 167*(9), 1116-1124.

Brissos, S., Dias, V. V., & Kapczinski, F. (2008). Cognitive performance and quality of life in bipolar disorder. Canadian journal of psychiatry. *Revue canadienne de psychiatrie, 53*(8), 517-524.

Chowdhury, R., Ferrier, I., N, T., & Thompson, J, M. (2003). Cognitive dysfunction in bipolar disorder. *Current Opinion in Psychiatry, 16*, 7-12.

Depp, C. A., Mausbach, B. T., Harmell, A. L., Savla, G. N., Bowie, C. R., Harvey, P. D., & Patterson, T. L. (2012). Meta-analysis of the association between cognitive abilities and everyday functioning in bipolar disorder. *Bipolar Disorders, 14*(3), 217-226.

Dias, V. V., Balanzá-Martinez, V., Soeiro-de-Souza, M. G., Moreno, R. A., Figueira, M. L., Machado-Vieira, R., & Vieta, E. (2012). Pharmacological approaches in bipolar disorders and the impact on cognition: a critical overview. *Acta Psychiatrica Scandinavica, 126*(5), 315-331.

Dickerson, F. B., Boronow, J. J., Stallings, C. R., Origoni, A. E., Cole, S., & Yolken, R. H. (2004). Association between cognitive functioning and employment status of persons with bipolar disorder. *Psychiatric Services, 55*(1), 54-58.

Geddes, J. R., Burgess, S., Hawton, K., Jamison, K., & Goodwin, G. M. (2004). Long-term lithium therapy for bipolar disorder: systematic review and meta-analysis of randomized controlled trials. *The American Journal of Psychiatry, 161*(2), 217-222.

Ghaemi, S. N., Sachs, G. S., Chiou, A. M., Pandurangi, A. K., & Goodwin, K. (1999). Is bipolar disorder still underdiagnosed? Are antidepressants overutilized? *Journal of Affective Disorders, 52*(1-3), 135-144.

Goldberg, J. F., Brooks, J. O., 3rd, Kurita, K., Hoblyn, J. C., Ghaemi, S. N., Perlis, R. H., ... Thase, M. E. (2009). Depressive illness burden associated with complex polypharmacy in patients with bipolar disorder: findings from the STEP-BD. *The Journal of Clinical Psychiatry, 70*(2), 155-162.

Gottesman, I. I., & Gould, T. D. (2003). The endophenotype concept in psychiatry: etymology and strategic intentions. *The American Journal of Psychiatry, 160*(4), 636-645.

Gualtieri, C. T., & Johnson, L. G. (2006). Comparative neurocognitive effects of 5 psychotropic anticonvulsants and lithium. *MedGenMed: Medscape General Medicine, 8*(3), 1-16.

Hsiao, Y.-L., Wu, Y.-S., Wu, J. Y.-W., Hsu, M.-H., Chen, H.-C., Lee, S.-Y., ... Lu, R. B. (2009). Neuropsychological functions in patients with bipolar I and bipolar II disorder. *Bipolar Disorders, 11*(5), 547-554.

Huxley, N., & Baldessarini, R. J. (2007). Disability and its treatment in bipolar disorder patients. *Bipolar Disorders, 9*(1-2), 183-196.

Jollant, F., Lawrence, N. L., Olié, E., Guillaume, S., & Courtet, P. (2011). The suicidal mind and brain: a review of neuropsychological and neuroimaging studies. *The World Journal of Biological Psychiatry: The official journal of the World Federation of Societies of Biological Psychiatry, 12*(5), 319-339.

Judd, L. L., Akiskal, H. S., Schettler, P. J., Endicott, J., Maser, J., Solomon, D. A., ... Keller, M. B. (2002). The long-term natural history of the weekly symptomatic status of bipolar I disorder. *Archives of General Psychiatry, 59*(6), 530-537.

Keck, P. E., Jr, McElroy, S. L., Strakowski, S. M., West, S. A., Sax, K. W., Hawkins, J. M., ... Haggard, P. (1998). 12-month outcome of patients with bipolar disorder following hospitalization for a manic or mixed episode. *The American Journal of Psychiatry, 155*(5), 646-652.

Kurtz, M. M., & Gerraty, R. T. (2009). A Meta-analytic Investigation of Neurocognitive Deficits in Bipolar Illness: Profile and Effects of Clinical State. *Neuropsychology, 23*(5), 551-562.

Leussis, M. P., Madison, J. M., & Petryshen, T. L. (2012). Ankyrin 3: genetic association with bipolar disorder and relevance to disease pathophysiology. *Biology of Mood & Anxiety Disorders, 2*(1), 18.

Lewandowski, K. E., Cohen, B. M., & Ongur, D. (2011). Evolution of neuropsychological dysfunction during the course of schizophrenia and bipolar disorder. *Psychological Medicine, 41*(2), 225-241.

Li, C.-T., Hsieh, J.-C., Wang, S.-J., Yang, B.-H., Bai, Y.-M., Lin, W.-C., ... Su, T. P. (2012). Differential relations between fronto-limbic metabolism and executive function in patients with remitted bipolar I and bipolar II disorder. *Bipolar Disorders, 14*(8), 831-842.

Loschiavo-Alvares, F. Q., Sediyama, C. Y. N., Neves, F. S., Corrêa, H., Malloy-Diniz, L. F., & Bateman, A. (2013). Neuropsychological Rehabilitation for Bipolar Disorder – A Single Case Design. *Translational Neuroscience, 4*(1), 1-8.

Malloy-Diniz, L. F., Neves, F. S., Abrantes, S. S. C., Fuentes, D., & Corrêa, H. (2009). Suicide behavior and neuropsychological assessment of type I bipolar patients. *Journal of Affective Disorders, 112*(1-3), 231-236.

Malloy-Diniz, L. F., Neves, F. S., de Moraes, P. H. P., De Marco, L. A., Romano-Silva, M. A., Krebs, M.-O., & Corrêa, H. (2011). The 5-HTTLPR polymorphism, impulsivity and suicide behavior in euthymic bipolar patients. *Journal of Affective Disorders, 133*(1-2), 221-226.

Martínez-Arán, A., Vieta, E., Reinares, M., Colom, F., Torrent, C., Sánchez-Moreno, J., ... Salamero, M. (2004). Cognitive function across manic or hypomanic, depressed, and euthymic states in bipolar disorder. *The American Journal of Psychiatry, 161*(2), 262-270.

Martinez-Aran, A., Vieta, E., Torrent, C., Sanchez-Moreno, J., Goikolea, J. M., Salamero, M., ... Ayuso-Mateos, J. L. (2007). Functional outcome in bipolar disorder: the role of clinical and cognitive factors. *Bipolar Disorders, 9*(1-2), 103-113.

Merikangas, K. R., Jin, R., He, J.-P., Kessler, R. C., Lee, S., Sampson, N. A., ... Zarkov, Z. (2011). Prevalence and correlates of bipolar spectrum disorder in the world mental health survey initiative. *Archives of General Psychiatry, 68*(3), 241-251.

Moraes, P. H. P. de, Neves, F. S., Vasconcelos, A. G., Lima, I. M. M., Brancaglion, M., Sedyiama, C. Y., ... Malloy-Diniz, L. F. (2013). Relationship between neuropsychological and clinical aspects and suicide attempts in euthymic bipolar patients. *Psicologia: Reflexão e Crítica, 26*(1), 160-167.

Murray, C. J. L., Lopez, A. D., Harvard School of Public Health, World Health Organization, & World Bank. (1996). *The global burden of disease: A comprehensive assessment of mortality and disability from diseases, injuries, and risk factors in 1990 and projected to 2020.* Cambridge: Harvard University.

Osby, U., Brandt, L., Correia, N., Ekbom, A., & Sparén, P. (2001). Excess mortality in bipolar and unipolar disorder in Sweden. *Archives of General Psychiatry, 58*(9), 844-850.

Parikh, S. V., Hawke, L. D., Zaretsky, A., Beaulieu, S., Patelis-Siotis, I., Macqueen, G., ... Cervantes, P. (2013). Psychosocial interventions for bipolar disorder and coping style modification: similar clinical outcomes, similar mechanisms? *Canadian Journal of Psychiatry, 58*(8), 482-486.

Reed, C., Goetz, I., Vieta, E., Bassi, M., Haro, J. M., & EMBLEM Advisory Board. (2010). Work impairment in bipolar disorder patients--results from a two-year observational study (EMBLEM). *European Psychiatry: The Journal of the Association of European Psychiatrists, 25*(6), 338-344.

Reinares, M., Martínez-Arán, A., Colom, F., Benabarre, A., Salamero, M., & Vieta, E. (2000). Long-term effects of the treatment with risperidone versus conventional neuroleptics on the neuropsychological performance of euthymic bipolar patients. *Actas Españolas de Psiquiatría, 28*(4), 231-238.

Robb, J. C., Cooke, R. G., Devins, G. M., Young, L. T., & Joffe, R. T. (1997). Quality of life and lifestyle disruption in euthymic bipolar disorder. *Journal of Psychiatric Research, 31*(5), 509-517.

Robinson, L. J., Thompson, J. M., Gallagher, P., Goswami, U., Young, A. H., Ferrier, I. N., & Moore, P. B. (2006). A meta-analysis of cognitive deficits in euthymic patients with bipolar disorder. *Journal of Affective Disorders, 93*(1-3), 105-115.

Suppes, T., Leverich, G. S., Keck, P. E., Nolen, W. A., Denicoff, K. D., Altshuler, L. L., ... Post, R. M. (2001). The Stanley Foundation Bipolar Treatment Outcome Network. II. Demographics and illness characteristics of the first 261 patients. *Journal of Affective Disorders, 67*(1-3), 45-59.

Swann, A. C., Steinberg, J. L., Lijffijt, M., & Moeller, F. G. (2008). Impulsivity: Differential relationship to depression and mania in bipolar disorder. *Journal of Affective Disorders, 106*(3), 241-248.

Thompson, J. M., Gallagher, P., Hughes, J. H., Watson, S., Gray, J. M., Ferrier, I. N., & Young, A. H. (2005). Neurocognitive impairment in euthymic patients with bipolar affective disorder. *The British*

Journal of Psychiatry: the Journal of Mental Science, 186, 32-40.

Tohen, M., Hennen, J., Zarate, C. M., Jr, Baldessarini, R. J., Strakowski, S. M., Stoll, A. L., ... Cohen, B. M. (2000a). Two-year syndromal and functional recovery in 219 cases of first-episode major affective disorder with psychotic features. *The American Journal of Psychiatry, 157*(2), 220-228.

Tohen, M., Strakowski, S. M., Zarate, C., Jr, Hennen, J., Stoll, A. L., Suppes, T., ... Baldessarini, R. J. (2000b). The McLean-Harvard first-episode project: 6-month symptomatic and functional outcome in affective and nonaffective psychosis. *Biological Psychiatry, 48*(6), 467-476.

Tondo, L., Hennen, J., & Baldessarini, R. J. (2001). Lower suicide risk with long-term lithium treatment in major affective illness: A meta-analysis. *Acta Psychiatrica Scandinavica, 104*(3), 163-172.

Torrent, C., Del Mar Bonnin, C., Martínez-Arán, A., Valle, J., Amann, B. L., González-Pinto, A., ... Vieta, E. (2013). Efficacy of Functional Remediation in Bipolar Disorder: A Multicenter Randomized Controlled Study. *The American Journal of Psychiatry, 170*(8), 852-859.

Torres, I. J., Boudreau, V. G., & Yatham, L. N. (2007). Neuropsychological functioning in euthymic bipolar disorder: A meta-analysis. *Acta Psychiatrica Scandinavica Supplementum*, (434), 17-26.

World Health Organisation [WHO]. (2001). *The world health report 2001 - Mental Health: New Understanding, New Hope*. Geneva: WHO. Recuperado de: http://www.who.int/whr/2001/chapter2/en/index6.html.

Wingo, A. P., Harvey, P. D., & Baldessarini, R. J. (2009). Neurocognitive impairment in bipolar disorder patients: functional implications. *Bipolar Disorders, 11*(2), 113-125.

Wingo, A. P., Wingo, T. S., Harvey, P. D., & Baldessarini, R. J. (2009). Effects of lithium on cognitive performance: a meta-analysis. *The Journal of Clinical Psychiatry, 70*(11), 1588-1597.

Yatham, L. N., Kennedy, S. H., Schaffer, A., Parikh, S. V., Beaulieu, S., O'Donovan, C., ... Kapczinski, F. (2009). Canadian Network for Mood and Anxiety Treatments (CANMAT) and International Society for Bipolar Disorders (ISBD) collaborative update of CANMAT guidelines for the management of patients with bipolar disorder: Update 2009. *Bipolar Disorders, 11*(3), 225-255.

Yurgelun-Todd, D., Shi, L., Zhu, B., Namjoshi, M., Tunis, S., Baker, R. W., & Tohen, M. (2002). Olanzapine vs divalproex: Prospective comparison on self-reported cognitive function in patients with bipolar disorder. *European Neuropsychopharmacology, 12*, 308-309.

Zubieta, J. K., Huguelet, P., O'Neil, R. L., & Giordani, B. J. (2001). Cognitive function in euthymic bipolar I disorder. *Psychiatry Research, 102*(1), 9-20.

15

Neuropsicologia do transtorno bipolar de início na infância

CRISTIANA CASTANHO DE ALMEIDA ROCCA
MIGUEL ANGELO BOARATI
LEE FU-I

O transtorno bipolar (TB) com início na infância ou na adolescência vem despertando o interesse de diferentes grupos de pesquisa. As características clínicas, os padrões de ciclagem, a sobreposição de sintomas com outros transtornos psiquiátricos mais comuns na infância e na adolescência, os esquemas efetivos de tratamento e os possíveis marcadores biológicos desse transtorno têm sido estudados intensivamente (Fu-I, 2009).

Na tentativa de discutir as alterações cognitivas encontradas nessa população de pacientes, é importante iniciar com uma breve descrição dos aspectos clínicos do TB de início precoce para, em seguida, apresentar os resultados de pesquisas com foco na neuropsicologia.

ASPECTOS CLÍNICOS E DIAGNÓSTICOS DO TRANSTORNO BIPOLAR DE INÍCIO PRECOCE

Para fazer o diagnóstico de TB com início na infância ou adolescência, é necessário que haja um episódio claro de mania ou hipomania, com sintomas cardinais de euforia e grandiosidade, bem como a presença de sintomas secundários, como redução da necessidade de sono, hiperatividade, irritabilidade, aumento no fluxo dos pensamentos, logorreia,

> Para fazer o diagnóstico de TB com início na infância ou adolescência, é necessário que haja um episódio claro de mania ou hipomania, com sintomas cardinais de euforia e grandiosidade, bem como a presença de sintomas secundários.

hipersexualidade, prejuízo na atenção e aumento de busca às atividades prazerosas e de risco no período de uma semana (para mania) ou quatro dias (para hipomania).

Não sendo satisfeito o critério de duração dos sintomas ou da presença de euforia e grandiosidade (sintomas de maior poder preditivo para o diagnóstico), mas satisfazendo os demais critérios, o diagnóstico se enquadra no TB sem outras especificações.

Há várias diferenças entre a manifestação clínica de TB de início precoce e aquela com início na fase adulta. Na população infantil, observa-se maior prevalência de estados mistos e de ciclagem rápida e ultrarrápida, as quais costumam durar poucos dias ou até horas (Fu-I, 2009).

No entanto, ao que tudo indica, trata-se da mesma entidade nosológica presente em adultos, sendo considerados os mesmos critérios diagnósticos descritos na 10ª edição da *Classificação internacional das doenças* (CID-10), da Organização Mundial da Saúde (Organização Mundial da Saúde [OMS], 1993), e no *Manual diagnóstico e estatístico de transtornos mentais* (DSM-5), da Associação Americana de Psiquiatria (American Psychiatric Association [APA], 2013).

É importante ressaltar que não se trata de uma condição clínica distinta (TB na infância e adolescência e TB em adultos), mas, sim, de uma mesma condição, na qual o início é distinto, principalmente porque o TB de início precoce atinge o indivíduo em pleno processo de desenvolvimento emocional e cognitivo. Isso faz as alterações presentes no quadro precoce apresentarem diferenças com relação àquelas manifestas em adultos, além de ter outro prognóstico e a possibilidade de intervenção ser mais efetiva.

A comorbidade simultânea ao longo da vida com outras condições psiquiátricas, como transtorno de déficit de atenção/hiperatividade (TDAH), transtorno de conduta (TC), transtorno desafiador de oposição (TDO) e transtornos ansiosos, é bastante frequente (Boarati, 2012). Também é comum a presença de sintomas inespecíficos, principalmente em crianças muito pequenas, como hiperatividade, agressividade e impulsividade ou ansiedade, que podem ser confundidos como características do quadro de TDAH, TDO ou algum transtorno ansioso. Esses sintomas, muitas vezes, são pródromos do transtorno bipolar (Boarati, 2012).

A maior prevalência de sintomas não patognomônicos e a sobreposição de múltiplos sintomas com outras psicopatologias comuns da infância dificultam a definição diagnóstica do TB de início precoce, podendo levar ao atraso do início da terapêutica ou induzir ao uso de tratamentos inadequados (p. ex., a utilização de psicoestimulantes para tratar sintomas de hiperatividade ou de antidepressivos para tratar sintomas de ansiedade, desencadeando um primeiro episódio de mania e antecipando em alguns anos o início da doença bipolar).

As respostas aos tratamentos padrões, mesmo quando se espelha no uso de medicações consagradas em adultos com TB, podem ser diferentes. Crianças e adolescentes respondem melhor e mais rápido aos chamados antipsicóticos de segunda geração (APSG), como a risperidona e a quetiapina, quando comparados aos estabilizadores-padrão, como o lítio e os antiepiléticos (Kowatch et al., 2005).

Fatores genéticos estão fortemente ligados ao início precoce no TB, bem como à maior prevalência de comorbidades psiquiátricas. Esses e outros fatores tornam o TB de início precoce uma condição clínica grave, com forte impacto no desenvolvimento emocional, cognitivo, acadêmico e social.

No entanto, o diagnóstico e as intervenções precoces podem minimizar esse impacto, mudando o curso da doença e possibilitando remissão prolongada e reabilitação. Considerando que toda criança e adolescente está inserida em um contexto familiar e social complexo, as abordagens terapêuticas precisam considerar a constituição desse ambiente, bem como os recursos emocionais e cognitivos de que esses jovens dispõem. Nesse ponto é que se torna fundamental a avaliação neurocognitiva, como uma ferramenta que possa mapear os recursos cognitivos que estão bem desenvolvidos e aqueles que estão deficitários, possibilitando, assim, fazer inferências sobre as intervenções mais adequadas (Rocca, 2010).

No que tange à aplicação da avaliação neuropsicológica no TB, muitos estudos sugerem que a sintomatologia clínica que caracteriza os episódios desse transtorno interfere de maneira significativa no pensamento, na concentração e na memória do paciente, podendo ocasionar prejuízos em seu comportamento social e acadêmico (Martínez-Arán et al., 2000).

Estudos em adultos com TB têm documentado prejuízos na capacidade para sustentar a atenção, na memória de trabalho, na velocidade para processar informações, na habilidade para solucionar problemas abstratos, na flexibilidade

> Considerando que toda criança e adolescente está inserida em um contexto familiar e social complexo, as abordagens terapêuticas precisam considerar a constituição desse ambiente, bem como os recursos emocionais e cognitivos de que esses jovens dispõem.

mental, na aprendizagem verbal e no controle inibitório (Clark, Iversen, & Goodwin, 2002; McGrath, Chapple, & Wright, 2001; Soeiro-de-Souza et al., 2013; Zubieta, Huguelet, O'Neil, & Giordani, 2001).

Nesse sentido, um dos aspectos cognitivos mais analisados atualmente em adultos com TB diz respeito às funções executivas, domínio cognitivo controlado pelo funcionamento das regiões frontais. Esse interesse está pautado nos achados de vários estudos que enfatizam o comprometimento dessa esfera em pacientes bipolares e na importância desse domínio cognitivo na adaptação psicossocial e no prognóstico funcional (Cavanagh, Van Beck, Muir, & Blackwood, 2002; Martinez-Arán et al., 2007; Rubinsztein, Michael, Paykel, & Sahakian, 2000).

Há indícios de que o comprometimento nas funções executivas ocorre mesmo nas fases de eutimia, sendo praticamente independente dos episódios de alteração do humor (Martínez-Arán *et al.*, 2004a; 2004b). As funções executivas (Fig. 15.1) se referem às capacidades para formular um objetivo, planejar e executar planos de modo eficiente, tomar decisões, monitorar-se e autocorrigir-se de um modo espontâneo e confiável. A expressão *funções executivas* definiria, assim, um processo cognitivo complexo, que envolve a coordenação de vários subprocessos para a realização a contento de uma meta. Nesse sentido, esse termo abrangeria vários processos cognitivos, não podendo ser definido como um conceito unitário (Lezak, 1995).

Zelazo, Qu e Müller (2005) propuseram outro modelo de funções executivas, estabelecendo uma distinção entre funções cognitivas associadas a duas diferentes regiões corticais:

- funções do córtex pré-frontal dorsolateral (DL-PFC), que são avaliadas utilizando tarefas abstratas e descontextualizadas (*funções executivas "frias"*), ligadas à neurocognição propriamente dita; e
- funções do córtex orbitofrontal (OFC), as quais exigem uma avaliação do significado afetivo dos estímulos (*funções executivas "quentes"*). Tarefas de tomada de decisão (p. ex., Iowa Gambling Task) e de reconhecimento de emoções são paradigmas que possibilitam o exame dessas *funções executivas "quentes"*.

Em crianças, as pesquisas apontam nas mesmas direções dos estudos com adultos, e há dados tanto sobre neurocognição/funções cognitivas frias como sobre cognição social/funções executivas quentes. Assim, a questão que se impõe seria qual(is) função(ões) executiva(s) estaria(m) deficitária(s) em crianças e adolescentes com transtorno bipolar e como estabelecer um perfil que seja específico para esse grupo.

> As funções executivas se referem às capacidades para formular um objetivo, planejar e executar planos de modo eficiente, tomar decisões, monitorar-se e autocorrigir-se de um modo espontâneo e confiável.

ALTERAÇÕES COGNITIVAS NO TRANSTORNO BIPOLAR COM INÍCIO NA INFÂNCIA OU NA ADOLESCÊNCIA

Entre os importantes prejuízos associados ao TB de início precoce e à dificuldade de estabilização estão as alterações cognitivas avaliadas por meio de testes neuropsicológicos. Um estudo de *follow-up*, conduzido por Pavuluri, West, Hill, Jindal e Sweeney (2009) no período de três anos, mostrou que alterações cognitivas se mantinham independentemente do tratamento realizado, podendo significar que essas alterações se traduziriam em interferências na maturidade e no desenvolvimento cerebral provocadas pela doença.

Três anos antes, o mesmo grupo (Pavuluri, O'Connor, Harral, Moss, & Sweeney,

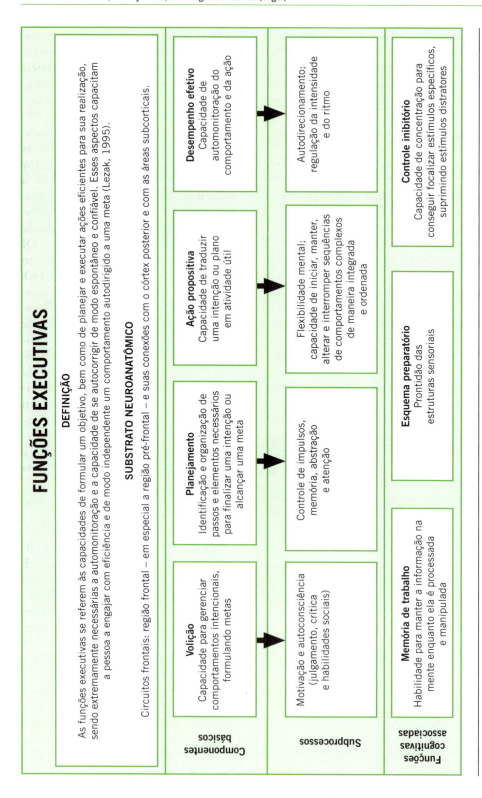

FIGURA 15.1 Funções executivas.
Fonte: Rocca (2006).

2006) havia examinado o impacto das dificuldades cognitivas no desempenho acadêmico. Além da avaliação das crianças por provas neuropsicológicas, os pais responderam a um questionário sobre o desempenho acadêmico dos filhos, tendo sido enfatizadas as dificuldades de leitura e de matemática.

Os autores verificaram que as dificuldades na atenção, na memória verbal e em componentes das funções executivas, principalmente memória de trabalho, eram preditoras de dificuldades de leitura e escrita. De fato, os processos cognitivos fundamentais para o desenvolvimento das habilidades de leitura são a capacidade de focalizar a atenção, a manipulação da informação verbal e não verbal na memória de trabalho e a capacidade de adquirir, consolidar e recuperar informação verbal, bem como a velocidade de processamento dessa informação (Pavuluri et al., 2009).

As dificuldades nas provas atencionais, que avaliavam a capacidade de vigilância e controle inibitório, foram preditoras de dificuldades na matemática. Dessa forma, fica evidenciado que crianças e adolescentes com TB precisam de atenção diferenciada para que possam ter desempenho semelhante ao de jovens saudáveis.

Portanto, é necessário discutir se tais dificuldades cognitivas não decorrem de problemas relacionados ao nível intelectual.

O que mostram os estudos que descrevem o nível intelectual no grupo com TB de início precoce?

De modo geral, os estudos em crianças e adolescentes com TB apontam rendimento intelectual dentro da média esperada para a idade (Dickstein et al., 2004; Rucklidge, 2006; Voelbel, Bates, Pandina, & Hendren, 2003). Essa é uma consideração importante, pois jovens com TB podem ter um bom potencial intelectual, mas sua eficiência na vida acadêmica e prática sofre a interferência de dificuldades cognitivas que instrumentalizam a inteligência, como a atenção, a memória e as funções executivas.

Apenas um estudo utilizando a Escala Wechsler de Inteligência para crianças (Wechsler, 2002), conduzido por McCarthy e colaboradores (2004), encontrou que a média de quociente intelectual (QI) do grupo com TB estava situada na faixa limítrofe. O dado interessante foi que o grupo de crianças e adolescentes com TB tinha o QI de execução menor quando comparado ao grupo de crianças com TDAH ou TC/TOD.

Mattis e Papolos (2003) já tinham verificado no grupo de crianças com TB estudado que o QI verbal era maior que o de execução, corroborando a dificuldade observada no estudo de McCarthy e colaboradores (2004). O menor escore na escala de execução nas crianças bipolares sugere problemas em relação ao desenvolvimento das habilidades visuoespaciais, de análise, síntese e planejamento, bem como na velocidade para processar dados. Tais habilidades estão relacionadas ao funcionamento executivo.

A dificuldade visuoespacial em sujeitos com TB também foi sustentada por Olvera, Semrud-Clikeman, Pliska e O'Donnell (2005), quando avaliaram um grupo com TC e outro com TC e TB comórbido. Apenas o grupo que tinha comorbidade com TB apresentou dificuldade para realizar provas que requeriam o processamento da informação visuoespacial.

Já Voelbel e colaboradores (2003), ao compararem crianças com TB a um grupo-controle sem patologia psiquiátrica, não encontraram diferença no resultado do QI de execução; contudo, verificaram que as crianças com TB tinham medida de QI verbal menor que os controles. Houve, ainda,

> Crianças e adolescentes com TB precisam de atenção diferenciada para que possam ter desempenho semelhante ao de jovens saudáveis.

diferença entre os grupos nos índices de velocidade de processamento da informação e de resistência à distração, com pontuação menor para o grupo com TB. Entretanto, deve ser considerado que os resultados obtidos estavam dentro da faixa média de desempenho. É importante mencionar que, na amostra desses autores, 83% das crianças do grupo de bipolares tinham comorbidade com TDAH, o que compromete a especificidade no delineamento dos déficits cognitivos.

Em resumo, crianças e adolescentes com TB apresentam dificuldades em funções executivas que estão implicadas em provas que delineiam o nível intelectual.

Quais são os achados em crianças e adolescentes com TB com relação às funções executivas?

Além da habilidade visuoespacial, da velocidade para processar dados e das capacidades de análise, síntese e planejamento, outra função cognitiva investigada em crianças e adolescentes com TB foi a capacidade de prestar atenção e de se concentrar para conseguir focalizar estímulos específicos, suprimindo estímulos distratores, função denominada como *controle inibitório* ou *atenção seletiva* (Saboya, Franco, & Mattos, 2002).

DelBello e colaboradores (2004) não encontraram déficits no controle inibitório em um grupo de jovens com TB, mas verificaram que os adolescentes que estavam medicados no momento da avaliação eram mais lentos para responder do que aqueles que não estavam medicados. Assim, a ausência de erros provavelmente ocorreu devido à lentificação na análise e na emissão da resposta, o que teria permitido o controle de respostas impulsivas.

O mesmo ocorreu no estudo de McClure e colaboradores (2005a), que também não encontraram a emissão de respostas impulsivas em tarefa que avaliava o controle inibitório, mas verificaram a lentidão para responder ao estímulo. Segundo Rubinsztein e colaboradores (2000), a lentidão na velocidade do processamento da informação é um aspecto que ocorre em adultos com TB e que tende a persistir mesmo quando os sintomas afetivos estão controlados, podendo refletir tanto uma estratégia para preservar a precisão das respostas como prejuízos na velocidade visuomotora ou na capacidade para manter-se atento e orientado.

A *flexibilidade mental* é uma função executiva importante para o uso da eficiência intelectual aplicada à vida prática, uma vez que possibilita monitorização do comportamento para mudança no curso da ação de acordo com seus resultados.

Meyer e colaboradores (2004) e Dickstein e colaboradores (2004) mostraram que os déficits encontrados em uma prova que avaliava flexibilidade mental e capacidade para formar conceitos (Teste de Seleção de Cartas de Wisconsin [WCST]) poderiam ser considerados como preditores do surgimento do quadro bipolar em adultos jovens. Pesquisas com pacientes adultos já mostravam escores menores em relação aos controles em medidas de flexibilidade mental na mesma prova utilizada no estudo com grupos de crianças, sugerindo a continuidade desse prejuízo ao longo da vida (Clark et al., 2001; Sweeney, Kmiec, & Kupfer, 2000).

Dificuldades para flexibilizar o pensamento podem levar a padrões rígidos de resposta, comprometendo a adaptação social e acadêmica, uma vez que prejudica a capacidade para aprender novas formas de ação e para responder às mudanças ambientais e relacionais.

> A flexibilidade mental é uma função executiva importante para o uso da eficiência intelectual aplicada à vida prática, uma vez que possibilita monitorização do comportamento para mudança no curso da ação de acordo com seus resultados.

Para flexibilizar o pensamento, é necessário conseguir recrutar a memória de trabalho (ou memória operacional), outro componente executivo, a qual pode ser definida como a habilidade para manter a informação na mente enquanto é processada e manipulada. De acordo com Baddeley e Hitch (1974) apud Gathercole e Baddeley (1993), a memória de trabalho exerce um papel preponderante no desempenho cognitivo, principalmente no que se refere à compreensão da linguagem, à aprendizagem e ao raciocínio.

Doyle e colaboradores (2005) encontraram diferenças no desempenho do grupo com TB em comparação a controles saudáveis em provas que avaliavam tanto a memória de trabalho como a aprendizagem verbal, a velocidade para processar informações e a capacidade de sustentar a atenção e solucionar problemas abstratos. As crianças com TB que participaram do estudo tinham história de dificuldades acadêmicas, sobretudo em matemática, e necessitavam de auxílio pedagógico especializado.

Aspectos neurocognitivos, como atenção e controle inibitório, memória de trabalho e flexibilidade mental, interferem no funcionamento das funções executivas "quentes", como tomada de decisão e reconhecimento de emoções.

A flexibilidade mental, o controle inibitório e a memória de trabalho estão envolvidos no processo de tomada de decisão, responsável pelas escolhas na forma de agir em determinada situação. As decisões são escolhas feitas com base em propósitos e configuram ações orientadas para um determinado objetivo (Sternberg, 2000).

A capacidade de tomar decisões foi estudada por Ernst e colaboradores (2004), que utilizaram uma tarefa computadorizada que examinava a resposta do paciente em relação a recompensa ou perda. Os sujeitos eram instruídos a tentar ganhar tanto dinheiro quanto pudessem. A tarefa tinha duas etapas, uma em que o sujeito ganha ou não ganha, e outra na qual ele perde ou não perde. A emoção eliciada pelo resultado era avaliada. O grupo com TB demonstrou maior insatisfação e menor confiança ao perder (condição perde/não perde) e ao não ganhar (condição ganha/não ganha). Em contrapartida, tiveram maior satisfação ao ganhar e ao não perder (na condição perde ou não perde).

Esses resultados reforçaram a descrição clínica do estudo de Leibenluft, Charney, Tocubin, Bhangoo e Pine (2003) sobre a hiper-reatividade da criança bipolar. Os autores concluíram que essas crianças tendem a manifestar reações exageradas a um resultado negativo, mesmo dentro de uma situação positiva, bem como a um resultado positivo em um contexto negativo. Esses comportamentos são bastante importantes do ponto de vista da adaptação social e precisam ser considerados nas intervenções terapêuticas.

Quanto ao reconhecimento de emoções, McClure, Pope, Hoberman, Pine e Leibenluft (2003) mostraram que crianças bipolares tinham dificuldade para reconhecer raiva em faces de crianças, o que ocasionaria problemas importantes no relacionamento interpessoal. Em estudo mais recente, os autores mostraram que, além da dificuldade para identificar emoções, outra medida relacionada à cognição social que também estaria pouco desenvolvida era a capacidade de julgamento pragmático da linguagem.

Pavuluri, O'Connor, Harral e Sweeney (2007) associaram a avaliação do reconhecimento de emoções ao exame de neuroimagem funcional e verificaram que o grupo com TB, quando exposto a faces que expressavam alegria ou tristeza, apresentava redução na atividade do córtex pré-frontal ventrolateral direito e aumento no cíngulo anterior, amígdala e córtex paralímbico. Esses pacientes também tiveram ativação reduzida na área occipital e melhor ativação nas áreas perceptuais, incluindo sulco temporal superior e giro fusiforme, diante de faces que expressavam raiva, bem como no córtex parietal posterior para as faces que expressavam alegria.

A dificuldade para reconhecer emoções também é muito bem descrita nos adultos. Há relatos de prejuízos em pacientes maníacos, especificamente para o reconhecimento de medo e nojo (Lembke & Ketter, 2002), mas isso não parece ocorrer quando o paciente está eutímico (Malhi et al., 2007; Venn et al., 2004).

Não reconhecer as emoções expressas pelos pares de forma precisa ocasiona problemas na modulação do comportamento, dificultando os relacionamentos interpessoais.

Os dados descritos nas pesquisas ainda não delineiam um perfil cognitivo específico para TB de início precoce que o diferencie completamente de outros quadros psiquiátricos de início na infância. Na maioria dos estudos, a comparação é feita com um grupo-controle saudável. Considerando que a comorbidade mais frequente no TB é o TDAH, diferenças nos mapeamentos desses grupos podem sugerir um perfil distinto entre essas duas patologias.

Rucklidge (2006) comparou o desempenho neuropsicológico de um grupo-controle ao de crianças com TDAH, com TB e com TDAH e TB em comorbidade.

O grupo de crianças com TDAH e TB comórbidos teve mais dificuldade em comparação aos demais, sugerindo tratar-se de um subgrupo.

Esse grupo se aproximou daquele com TDAH puro nas medidas de velocidade para processar informações, controle inibitório, atenção sustentada e memória (áudio-verbal e visual).

Em relação aos grupos "puros", o grupo com TB apresentou dificuldade apenas na prova de aritmética, que recrutava a memória de trabalho. Lagace, Kutcher e Robertson (2003) já tinham aventado as dificuldades em provas de matemática em adolescentes com TB. O grupo com TDAH apresentou maior dificuldade na prova de dígitos, que avaliava a atenção auditiva, mas não na de aritmética.

De modo geral, o grupo com TB apresentou um desempenho semelhante ao obtido pelo grupo-controle.

Pavuluri e colaboradores (2006) enfatizaram a necessidade de considerar a presença de comorbidade com TDAH na avaliação de crianças com TB, uma vez que há fortes evidências de que essa comorbidade tenha impacto significativo para a ocorrência de déficits cognitivos.

McClure e colaboradores (2005b) também postularam que crianças e adolescentes que preenchem critérios diagnósticos para TB com TDAH comórbido representam um grupo de risco para a presença de déficits cognitivos. Os pesquisadores encontraram déficits em provas que avaliavam a memória verbal, sendo que a comorbidade com TDAH é que levaria a um maior comprometimento da habilidade mnéstica. Dificuldades para resolver provas que avaliam a memória verbal também foram descritas em amostras de adultos com TB (Cavanagh et al., 2002; Fleck, Shear, & Strakowski, 2005).

A revisão realizada por Walshaw, Alloy e Sabb (2010) mostrou que as principais diferenças entre TB e TDAH estariam localizadas no controle inibitório, no planejamento e na flexibilidade mental,

> Os dados descritos nas pesquisas ainda não delineiam um perfil cognitivo específico para TB de início precoce que o diferencie completamente de outros quadros psiquiátricos de início na infância. Na maioria dos estudos, a comparação é feita com um grupo-controle saudável. Considerando que a comorbidade mais frequente no TB é o TDAH, diferenças nos mapeamentos desses grupos podem sugerir um perfil distinto entre essas duas patologias.

que são específicos para TB, enquanto prejuízos na memória de trabalho verbal e espacial e na fluência verbal e fonêmica seriam específicos para o TDAH.

Assim, um perfil emergente para TB na infância inclui problemas relacionados com falhas na inibição de estímulos irrelevantes e na flexibilidade mental para considerar estratégias de pensamento diferenciadas. O perfil específico para o TDAH apontaria para déficits na memória de trabalho verbal e espacial. Todavia, ainda é necessário investir mais esforços na compreensão do perfil neuropsicológico dessas duas patologias.

Um campo promissor para a neuropsicologia é a investigação dos aspectos cognitivos em filhos de pais com TB, ou seja, em crianças que não têm o diagnóstico, mas que são consideradas um grupo de risco para o desenvolvimento do transtorno. O delineamento de características e déficits cognitivos semelhantes àqueles encontrados na população com o diagnóstico auxiliará nos planos de intervenção precoce.

A esse respeito, Gotlib, Traill, Montoya, Joormann e Chang (2005) avaliaram filhos de bipolares e encontraram que essas crianças apresentavam viés atencional para estímulos afetivos congruentes com o afeto. Elas demonstraram maior atenção para palavras com conteúdos depressivos e melhor memória para fatos de cunho mais negativo. Isso significa que elas processaram melhor a informação com significado negativo, e esse padrão também pode ser observado nos adultos que apresentam o TB.

Klimes-Dougan, Ronsaville, Wiggs e Martinez (2006) também avaliaram crianças de risco. Sua amostra era composta por filhos de mães bipolares, filhos de mães deprimidas e crianças-controles. Apenas os filhos das pacientes com TB apresentaram déficits atencionais, na memória visuoespacial e nas funções executivas.

Doyle e colaboradores (2009) compararam crianças e adolescentes com TB a seus irmãos não afetados e controles saudáveis. Concluíram que, quando comparados a indivíduos saudáveis, irmãos não afetados apresentam pior desempenho em testes que avaliam resolução de problemas complexos, memória de trabalho e controle inibitório. Eles sugeriram que alterações de funções executivas seriam possíveis fatores de risco neurobiológico em famílias que apresentam TB.

> Um campo promissor para a neuropsicologia é a investigação dos aspectos cognitivos em filhos de pais com TB, ou seja, em crianças que não têm o diagnóstico, mas que são consideradas um grupo de risco para o desenvolvimento do transtorno. O delineamento de características e déficits cognitivos semelhantes àqueles encontrados na população com o diagnóstico auxiliará nos planos de intervenção precoce.

CONSIDERAÇÕES FINAIS

Os déficits cognitivos descritos na população de crianças e adolescentes com TB são praticamente os mesmos descritos nos estudos com adultos. Dessa forma, há semelhanças também em relação aos correlatos neuroanatômicos, os quais apontam para o envolvimento de estruturas pré-frontais e fronto-límbicas, responsáveis por funções bastante elaboradas no comportamento humano.

A avaliação neuropsicológica, associada às técnicas de neuroimagem, poderá trazer contribuições importantes a respeito das correlações possíveis entre os déficits encontrados e o funcionamento cerebral. Além disso, uma utilização prática dessa ferramenta é a obtenção de dados que possam subsidiar a inserção do paciente em programas de intervenções adequados, a fim de minimizar o impacto dos déficits na vida diária da criança e de sua família.

REFERÊNCIAS

American Psychiatric Association [APA] (2013). *DSM-5: Diagnostic and statistical manual of mental disorders* (5th ed.). Washington: APA.

Boarati, M. A. (2012). Comorbidade no transtorno bipolar de início precoce. In L. Fu-I, A. P. Ferreira-Maia, & M. A. Boarati (Orgs.), *Transtornos afetivos na infância e adolescência: Diagnóstico e tratamento* (137-166). Porto Alegre: Artmed.

Cavanagh, J. T., Van Beck, M., Muir, W., & Blackwood, D. H. (2002). Case-control study of neurocognitive function in euthymic patient with bipolar disorder: An association with mania. *The British Journal of Psychiatry, 180*, 320-6.

Clark, L., Iversen, S. D., & Goodwin, G. M. (2001). A neuropsychological investigation of prefrontal cortex involvement in acute mania. *The American Journal of Psychiatry, 158*(10), 1605-1611

Clark, L., Iversen, S. D., & Goodwin, G. M. (2002). Sustained attention deficit in bipolar disorder. *The British Journal of Psychiatry, 180*, 313-319.

DelBello, M. P., Adler, C. M., Amicone, J., Mills, N. P., Shear, P. K., Warne, J., & Strakowski, S. M. (2004). Parametric neurocognitive task design: A pilot study of sustained attention in adolescents with bipolar disorder. *Journal of Affective Disorders, 82*(Suppl 1), S79-S88.

Dickstein, D. P., Treland, J. E., Snow, J., McClure, E. B., Mehta, M. S., Towbin, K. E., ... Leibenluft, E. (2004). Neuropsychological performance in pediatric bipolar disorder. *Biological Psychiatry, 55*(1), 32-39

Doyle, A. E., Wilens, T. E., Kwon, A., Seidman, L. J., Faraone, S. V., Fried, R., ... Biederman, J. (2005). Neuropsychological functioning in youth with bipolar disorder. *Biological Psychiatry, 58*(7), 540-548.

Doyle, A. E., Wozniak, J., Wilens, T. E., Henin, A., Seidman, L. J., Petty, C., ... Biederman, J. (2009). Neurocognitive impairment in unaffected siblings of youth with bipolar disorder. *Psychological Medicine, 39*(8), 1253-1263.

Ernst, M., Dickstein, D. P., Munson, S., Eshel, N., Pradella, A., Jazbec, S., ... Leibenluft, E. (2004). Reward-related processes in pediatric bipolar disorder: A pilot study. *Journal of Affective Disorders, 82*(Suppl 1), S89-S101.

Fleck, D. E., Shear, P. K., & Strakowski, S. M. (2005). Processing efficiency and sustained attention in bipolar disorder. *Journal of International Neuropsychological Society, 11*(1), 49-57.

Fu-I L. (2009). Transtorno bipolar na infância e adolescência: Atualidades e características clínicas. In L. Fu-I, & M. A. Boarati (Orgs.), *Transtorno bipolar na infância e adolescência: Aspectos clínicos e comorbidades* (pp. 17-35). Porto Alegre: Artmed, 2009.

Gathercole, S. E., & Baddeley, A. D. (1993). *Working memory and language*. London: Lawrence Erlbaum.

Gotlib, I. H., Traill, S. K., Montoya, R. L., Joormann, J., & Chang, K. (2005). Attention and memory biases in the offspring of parents with bipolar disorder: Indications from a pilot study. *Journal of Child Psychology and Psychiatry, 46*(1), 84-93.

Klimes-Dougan, B., Ronsaville, D., Wiggs, E. A., & Martinez, P. E. (2006). Neuropsychological functioning in adolescent children of mothers with a history of bipolar or major depressive disorders. *Biological Psychiatry, 60*(9), 957-965.

Kowatch, R. A., Fristad, M., Birmaher, B., Wagner, K. D., Findling, R. L., Hellander, M., & Child Psychiatric Workgroup on Bipolar Disorder (2005). Treatment guidelines for children and adolescents with bipolar disorder. *Journal of the American Academy of Child and Adolescent Psychiatry, 44*(3), 213-235.

Lagace, D. C., Kutcher, S. P., & Robertson, H. A. (2003). Mathematics deficits in adolescents with bipolar I disorder. *The American Journal of Psychiatry, 160*(1), 100-104.

Leibenluft, E., Charney, D. S., Towbin, K. E., Bhangoo, R. K., & Pine, D. S. (2003). Defining clinical phenotypes of juvenile mania. *The American Journal of Psychiatric, 160*, 430-437.

Lembke, A., & Ketter, T. A. (2002). Impaired recognition of facial emotion in mania. *The American Journal of Psychiatric, 159*, 302-304.

Lezak, M. D. (1995). *Neuropsychological assessment* (3rd ed.). New York: Oxford University.

Malhi, G. S., Lagopoulos, J., Sachdev, P. S., Ivanovski, B., Shnier, R., & Ketter, T. (2007). Is a lack of disgust something to fear? A functional magnetic resonance imaging facial emotion recognition study in euthymic bipolar disorder patients. *Bipolar Disorders, 9*(4), 345-357.

Martínez-Arán, A., Vieta, E., Colom, F., Reinares, M., Benabarre, A., Gastó, C., & Salamero, M. (2000). Cognitive dysfunctions in bipolar disorder: Evidence of neuropsychological disturbances. *Psychotherapy and Psychosomatics, 69*(1), 2-18.

Martínez-Arán, A., Vieta, E., Colom, F., Torrent, C., Sánchez-Moreno, J., Reinares, M., ... Salamero, M. (2004a). Cognitive impairment in euthymic bipolar patients: Implications for clinical and functional outcome. *Bipolar Disorders, 6*(3), 224-232.

Martínez-Arán, A., Vieta, E., Reinares, M., Colom, F., Torrent, C., Sánchez-Moreno, J., ... Salamero, M. (2004b). Cognitive function across manic or hypomanic, depressed, and euthymic states in bipolar disorder. *The American Journal of Psychiatry, 161*(2), 262-270.

Martínez-Arán, A., Vieta, E., Torrent, C., Sánchez-Moreno, J., Goikolea, J. M., Salamero, M., ... Ayuso-Mateos, J. L. (2007). Functional outcome in bipolar disorder: The role of clinical and cognitive factors. *Bipolar Disorders, 9*(1-2), 103-113.

Mattis, S., & Papolos, D. F. (2003). *Neuropsychological profile of children with juvenile-onset bipolar disorder*. Westport: The Juvenile Bipolar Research Foundation. Fifth International Conference on Bipolar Disorder.

McCarthy, J., Arrese, D., McGlashan, A., Rappaport, B., Kraseski, K., Conway, F., ... Tucker, J. (2004). Sustained attention and visual processing speed in children and adolescents with bipolar disorder and other psychiatric disorders. *Psychological Report, 95*(1), 39-47.

McClure, E. B., Pope, K., Hoberman, A. J., Pine, D. S., & Leibenluft, E. (2003). Facial expression recognition in adolescents with mood and anxiety disorders. *The American Journal of Psychiatry, 160*(6), 1172-1174.

McClure, E. B., Treland, J. E., Snow, J., Dickstein, D. P., Towbin, K. E., Charney, D. S., ... Leibenluft, E. (2005b). Memory and learning in pediatric bipolar disorder. *Journal of the American Academy of Child and Adolescent Psychiatry, 44*(5), 461-469.

McClure, E. B., Treland, J. E., Snow, J., Schmajuk, M., Dickstein, D. P., Towbin, K. E., ... Leibenluft, E. (2005a). Deficits in social cognition and response flexibility in pediatric bipolar disorder. *The American Journal of Psychiatry, 162*(9), 1644-1651.

McGrath, J., Chapple, B., & Wright, M. (2001). Working memory in schizophrenia and mania: Correlation with symptoms during the acute and subacute phases. *Acta Psychiatrica Scandinavica, 103*(3), 181-188.

Meyer, S. E., Carlson, G. A., Wiggs, E. A., Martinez, P. E., Ronsaville, D. S., Klimes-Dougan, B., ... Radke-Yarrow, M. (2004). A prospective study of the association among impaired executive functioning, childhood attentional problems, and the development of bipolar disorder. *Development and Psychopathology, 16*(2), 461-476.

Olvera, R. L., Semrud-Clikeman, M., Pliszka, S. R., & O'Donnell, L. (2005). Neuropsychological deficits in adolescents with conduct disorder and comorbid bipolar disorder: A pilot study. *Bipolar Disorders, 7*(1), 57-67.

Organização Mundial de Saúde [OMS] (1993). *Classificação de transtornos mentais e de comportamento da CID-10: Descrições clínicas e diretrizes diagnósticas*. Porto Alegre: Artmed.

Pavuluri, M. A., West, A., Hill, S. K., Jindal, K., & Sweeney, J. A. (2009). Neurocognitive function in pediatric bipolar disorder: 3-year follow-up shows cognitive development lagging behind healthy youths. *Journal of the American Academy of Child and Adolescent Psychiatry, 48*(3), 299-307.

Pavuluri, M. N., O'Connor, M. M., Harral, E. M., Moss, M., & Sweeney, J. A. (2006). Impact of neurocognitive function on academic difficulties in pediatric bipolar disorder: A clinical translation. *Biological Psychiatry, 60*(9), 951-956.

Pavuluri, M. N., O'connor, M. M., Harral, E., & Sweeney, J. A. (2007). Affective neural circuitry during facial emotion processing in pediatric bipolar disorder. *Biological Psychiatry, 62*(2), 158-167.

Rocca, C. C. A. (2006). *Estudo controlado das funções executivas no transtorno bipolar* (Tese de doutorado, Faculdade de Medicina, Universidade de São Paulo, São Paulo).

Rocca, C. C. A. (2010). Perfil neuropsicológico do transtorno bipolar na infância e na adolescência como instrumento de auxílio diagnóstico. In L. Fu-I, & M. A. Boarati (Orgs.), *Transtorno bipolar na infância e adolescência: Aspectos clínicos e comorbidades* (pp. 204-221). Porto Alegre: Artmed.

Rubinsztein, J. S., Michael, A., Paykel, E. S., & Sahakian, B. J. (2000). Cognitive impairment in remission in bipolar affective disorder. *Psychological Medicine, 30*(5), 1025-1036.

Rucklidge, J. J. (2006). Impact of ADHD on the neurocognitive functioning of adolescents with bipolar disorder. *Biological Psychiatry, 60*(9), 921-928.

Saboya, E., Franco, C. A., & Mattos, P. (2002). Relações entre processos cognitivos nas funções executivas. *Jornal Brasileiro de Psiquiatria, 51*(2), 91-100.

Soeiro-de-Souza, M. G., Bio, D. S., Dias, V. V., Vieta, E., Machado-Vieira, R., & Moreno, R. A. (2013). The CACNA1C risk allele selectively impacts on executive function in bipolar type I disorder. *Acta Psychiatriaca Scandinavica*. [Epub ahead of print].

Sternberg, R. J. (2000). *Psicologia cognitiva*. Porto Alegre: Artmed.

Sweeney, J. A., Kmiec, J. A., & Kupfer, D. J. (2000). Neuropsychologic impairments in bipolar and unipolar mood disorders on the CANTAB Neurocognitive Battery. *Biological Psychiatry, 48*(7), 674-85.

Venn, H. R., Gray, J. M., Montagne, B., Murray, L. K., Michael Burt, D., Frigerio, E., ... Young, A. H.

(2004). Perception of facial expressions of emotion in bipolar disorder. *Bipolar Disorders, 6*(4), 286-93.

Voelbel, G., Bates, M., Pandina, G., & Hendren, R. (2003). *Neuropsychological functioning of children diagnosed with bipolar disorder*. Poster presented at Fifth International Conference on Bipolar Disorder, June 12-14, 2003, Pittsburgh, Pennsylvania

Walshaw, P. D., Alloy, L. B., & Sabb, F. W. (2010). Executive function in pediatric bipolar disorder and attention-deficit hyperactivity disorder: In search of distinct phenotypic profiles. *Neuropsychology Review, 20*(1), 103-120.

Wechsler, D. (2002). *WISC-III: Escala de inteligência Wechsler para crianças* (3. ed.). São Paulo: Casa do Psicólogo.

Zelazo, P. D., Qu, L., & Müller, U. (2005). Hot and cool aspects of executive function: Relations in early development In W. Schneider, R. Schumann-Hengsteler, & B. Y. Sodian, *Young children's cognitive development*. New York: Lawrence Erlbaum.

Zubieta, J. K., Huguelet, P., O'Niel, R. L., & Giordani, B. J. (2001). Cognitive function in euthymic bipolar I disorder. *Psychiatry Research, 102*(1), 9-20.

16

Neuropsicologia das psicoses

LUIZ FERNANDO LONGUIM PEGORARO
ALEX DE TOLEDO CEARÁ
DANIEL FUENTES

BREVE HISTÓRICO

Hoje em dia, a esquizofrenia é o transtorno psicótico mais importante na psiquiatria, afetando aproximadamente 1% da população. O conceito de esquizofrenia, formulado há mais de 100 anos, passou por diversas reformulações. Ao longo da história, esse transtorno atraiu a atenção de inúmeros psiquiatras e neurologistas renomados por conta de sua complexidade.

Bénédict Morel (1809-1873), psiquiatra francês do século XIX, utilizou o termo *démence précoce* (demência precoce) para descrever pacientes que apresentavam um quadro de deterioração que havia se iniciado na adolescência.

Emil Kraepelin (1856-1926), importante psiquiatra alemão, considerado o pai da psiquiatria moderna, traduziu o termo de Morel como *dementia precox* para se referir a um processo degenerativo que afetaria a cognição (*dementia*) e que se iniciaria precocemente (*precox*).

Em seguida, Eugen Bleuler (1857-1939), psiquiatra suíço renomado, cunhou o termo *esquizofrenia*, substituindo a denominação anterior de Kraepelin. Bleuler sugeriu sintomas patognomônicos, ou seja, específicos da esquizofrenia: perturbações associativas e afetivas, autismo (isolamento psíquico global do mundo) e ambivalência, além dos sintomas já descritos por Kraepelin, como delírios e alucinações. O termo cunhado por Bleuler tornou-se internacionalmente aceito, mas foram os critérios diagnósticos de Kraepelin que ganharam maior aceitação entre os profissionais da área de saúde mental.

Karl Jaspers (1883-1969), psiquiatra e filósofo alemão, contribuiu de modo significativo para a descrição objetiva e clara dos sintomas da esquizofrenia, facilitando a comunicação entre os profissionais da saúde mental.

Kurt Schneider (1887-1967) foi um psiquiatra alemão que ficou conhecido por sua contribuição substancial à compreensão diagnóstica da esquizofrenia. Ele propôs sintomas de primeira e segunda ordem para o diagnóstico da esquizofrenia. Os primeiros incluem percepção delirante, alucinações auditivas, eco ou sonorização do pensamento, difusão e sensação de roubo do pensamento, bem como as vivências de influência corporal e ideativa. Já os sintomas de segunda ordem incluem alterações da sensopercepção, perplexidade, empobrecimento afetivo e vivências de influência no campo dos sentimentos, dos impulsos e das vontades (Dalgalarrondo, 2008).

Com a publicação das diferentes revisões do *Manual diagnóstico e estatístico de transtornos mentais* (DSM) e da *Classificação internacional de doenças* (CID) ao longo dos anos, os profissionais e pesquisadores da área da saúde mental tentaram chegar a um consenso sobre a definição e os critérios diagnósticos da esquizofrenia e de outros transtornos psicóticos.

DESCRIÇÃO CLÍNICA

As definições atuais da esquizofrenia (incluindo a CID-10, o DSM-IV-TR e o DSM-5) incorporaram as contribuições de Kraepelin sobre a cronicidade da doença, os sintomas negativos de Bleuler e os sintomas positivos de Schneider para o diagnóstico da esquizofrenia. Nessas classificações, tal transtorno é caracterizado por um conjunto de sintomas positivos (alucinações, delírios, pensamentos e comportamentos bizarros) e negativos (alogia, anedonia, avolição, apatia, embotamento afetivo e retraimento social). Tanto a CID-10 como o DSM-IV-TR classificam a patologia em diferentes subtipos, baseados na distribuição e na prevalência de sintomas positivos e negativos específicos.

Os sintomas negativos podem estar diretamente relacionados aos sintomas primários da esquizofrenia ou resultar de fatores geralmente associados à doença (sintomas secundários), como, por exemplo, o uso de psicofármacos, a privação de estímulos, a depressão e os sintomas positivos (Carpenter, Heinrichs, & Wagman, 1988).

Carpenter e colaboradores (1988) propuseram uma nova forma de esquizofrenia, marcada predominantemente por sintomas negativos primários e persistentes: a síndrome deficitária da esquizofrenia. Pessoas com essa síndrome apresentam déficits cognitivos mais significativos e pior *insight*, ou seja, pior compreensão de seu próprio estado mental (Dantas, Barros, Fernandes, Li, & Bazanto, 2011; Pegoraro, Dantas, Bazanto, & Fuentes, 2013). Desde a introdução do conceito de Carpenter e colaboradores (1988), a noção de que essa síndrome corresponde a um subtipo fisiopatologicamente distinto de esquizofrenia vem ganhando forte apoio da literatura especializada (Kirkpatrick & Galderisi, 2008; Réthelyi et al., 2012).

> Carpenter e colaboradores (1988) propuseram uma nova forma de esquizofrenia, marcada predominantemente por sintomas negativos primários e persistentes: a síndrome deficitária da esquizofrenia.

Além da esquizofrenia, a CID-10 e o DSM-IV-TR descrevem outros transtornos psicóticos, como o transtorno esquizoafetivo, o transtorno delirante, o transtorno esquizotípico, o transtorno esquizofreniforme, o transtorno psicótico breve e outros quadros psicóticos devidos ao uso de substâncias psicoativas ou a uma condição médica geral.

TRANSTORNOS PSICÓTICOS NO DSM-5 E NA CID-11

Com as novas revisões do DSM e da CID, foram sugeridas modificações em relação aos critérios diagnósticos e à classificação dos transtornos psicóticos. As alterações propostas na quinta revisão do DSM (DSM-5) são modestas e estão em conformidade, em sua maioria, com a estrutura do DSM-IV-TR (Carpenter & Tandon, 2013). Duas modificações foram realizadas com relação aos critérios diagnósticos da esquizofrenia:

a) os sintomas de primeira ordem não receberam ênfase especial, já que não são específicos da esquizofrenia, e a distinção entre o que seria ou não um sintoma bizarro apresenta pouca confiabilidade;

b) para preencher o critério A, a pessoa deve apresentar pelo menos delírios ou alucinações ou pensamento desorganizado.

Com o DSM-5, os subtipos da esquizofrenia deixaram de existir, e o diagnóstico do transtorno esquizoafetivo agora deve ser feito longitudinalmente. Além disso, os sinais e sintomas dos transtornos psicóticos podem ser compreendidos de modo dimensional, dentro de uma escala de pontuação que varia de 0 a 4 (Carpenter & Tandon, 2013).

Na décima primeira revisão da CID, que será publicada em 2015, os transtornos psicóticos pertencerão ao grupo do "Espectro da Esquizofrenia e outros Transtornos Psicóticos Primários". A intenção dessa nova classificação é diferenciar os transtornos psicóticos primários dos transtornos psicóticos decorrentes de outras condições médicas, do uso de substâncias psicoativas ou de um transtorno do humor (Gaebel, 2012). Assim como no DSM-5, haverá redução da ênfase nos critérios de primeira ordem para o diagnóstico da esquizofrenia, e os subtipos deixarão de existir. A nova versão da CID poderá, ainda, incluir códigos para qualificar os sintomas, o curso do transtorno, o funcionamento cognitivo e o funcionamento social de pessoas com esquizofrenia e transtorno esquizoafetivo (Gaebel, 2012).

ESTUDOS DE NEUROIMAGEM NA ESQUIZOFRENIA

A esquizofrenia, por se tratar do principal transtorno psicótico, tem sido tema frequente dos estudos de neuroimagem, os quais identificaram consistentemente anormalidades na morfologia cerebral em pessoas com esse transtorno. Inúmeras pesquisas que utilizaram a tomografia computadorizada (TC) e a ressonância magnética (RM) constataram alargamento dos ventrículos laterais, redução generalizada no volume da substância cinzenta e no volume dos lobos frontal e temporal em pessoas com esquizofrenia (Kerns & Lauriello, 2012; Shenton, Whitford, & Kubicki, 2010).

Uma revisão sobre os estudos de neuroimagem com RM em pessoas com esquizofrenia entre 1988 e 2000 identificou que 80% dos artigos descreveram um alargamento dos ventrículos laterais; 73% apontaram um alargamento do terceiro ventrículo; 74% relataram anormalidades em estruturas do lobo temporal (com inclusão da amígdala, do hipocampo, do giro para-hipocampal e do giro temporal superior); 59% descreveram anormalidades no lobo frontal (sobretudo na região pré-frontal e orbitofrontal); 60% apontaram anormalidades na porção inferior do lobo parietal (giro supramarginal e angular); 92%, na cavidade do septo pelúcido; 68%, nos gânglios basais; 63%, no corpo caloso; 42%, no tálamo; e 31%, no cerebelo (Shenton, Dickey, Frumim, & McCarley, 2001). Uma revisão posterior desse mesmo grupo identificou um padrão semelhante de anormalidades nos estudos de neuroimagem de pessoas com esquizofrenia (Shenton et al., 2010).

Achados com RM em pacientes no primeiro episódio de esquizofrenia não são tão consistentes. Enquanto alguns estudos relataram alargamento dos ventrículos laterais e volume reduzido do cerebelo e do corpo caloso, outros encontraram volume reduzido do lobo frontal, da região pré-frontal, do giro temporal superior esquerdo e do giro de Heschl esquerdo (Mathalon, Sullivan, Lim, & Pfefferbaum, 2001; Ho et al., 2003; Kasai et al., 2003; Hulshoff Pol & Kahn, 2008).

Estudos de RM com pacientes crônicos demonstraram anormalidades cerebrais que incluem a substância cinzenta, a substância branca e, mais especificamente, as seguintes regiões: ventrículos laterais, terceiro ventrículo, córtex pré-frontal dorsolateral, córtex orbitofrontal, cavidade do septo pelúcido, giro do cíngulo anterior, tálamo, amígdala, hipocampo, giro de Heschl, cerebelo, córtex da ínsula, *nucleus acumbens*, giro temporal superior, bulbo olfatório, gânglios basais, putame, caudado,

> Inúmeras pesquisas que utilizaram a tomografia computadorizada (TC) e a ressonância magnética (RM) constataram alargamento dos ventrículos laterais, redução generalizada no volume da substância cinzenta e no volume dos lobos frontal e temporal em pessoas com esquizofrenia.

giro para-hipocampal, giro fusiforme, vérmis cerebelar, lobo parieto-occipital, sulco pré-central, córtex entorrinal, lobo occipital, ponte, fissura de Silvius e glândula pineal (Kubicki et al., 2007; Shenton et al., 2010).

Surpreendentemente, em pacientes com esquizofrenia deficitária não foi encontrado um alargamento dos ventrículos laterais, padrão consistentemente reproduzido em pesquisas com esquizofrenia e que estaria associado a sintomas negativos e pior funcionamento social, características marcantes na síndrome deficitária (Kirkpatrick & Galderisi, 2008).

Hoje, a esquizofrenia tem sido caracterizada como um transtorno da conectividade cerebral: foram descritas reduções difusas na conectividade funcional, as quais afetariam a interação entre o córtex frontal e as regiões posteriores do cérebro (Fornito, Zaleski, Pantelis, & Bullmore, 2012). Estudos com RM funcional (RMf) identificaram uma redução na atividade do córtex pré-frontal, do córtex do cíngulo anterior e do núcleo mediodorsal do tálamo em pessoas com esquizofrenia durante a realização de tarefas que avaliam funções executivas. Do mesmo modo, foi observada disfuncionalidade da circuitaria frontotemporal durante a execução de atividades associadas à memória de trabalho (Kurnianingsih et al., 2011).

Em pacientes com transtorno bipolar comparados a indivíduos com esquizofrenia, verificou-se uma maior ativação no lobo temporal medial e em estruturas associadas quando há exposição a tarefas envolvendo emoções ou memória. Não obstante, a diferença na ativação da região pré-frontal entre os dois transtornos foi menos consistente (Whalley et al., 2012).

Estudos revelaram alterações significativas no metabolismo e no fluxo sanguíneo cerebral das regiões frontal e parietal de pessoas com síndrome deficitária em comparação a indivíduos com esquizofrenia não deficitária (Kirkpatrick & Galderisi, 2008).

PERFIL NEUROPSICOLÓGICO DA ESQUIZOFRENIA

Kraepelin chegou a descrever déficits cognitivos que seriam específicos da esquizofrenia, como, por exemplo, prejuízos na atenção sustentada e seletiva, na memória de curto prazo e na capacidade de resolver problemas.

> Hoje, a esquizofrenia tem sido caracterizada como um transtorno da conectividade cerebral: foram descritas reduções difusas na conectividade funcional, as quais afetariam a interação entre o córtex frontal e as regiões posteriores do cérebro.

Atualmente, a maioria dos especialistas aceita a ideia de que a esquizofrenia está associada a determinados déficits cognitivos, que são vistos como sinais fundamentais dessa enfermidade, e não apenas como resultado de sintomas psíquicos e comportamentais, ou, ainda, como consequência das atuais intervenções psicofarmacológicas (Keefe & Eeesley, 2013).

O perfil neuropsicológico da esquizofrenia apresenta certa variabilidade, possivelmente em função da sintomatologia heterogênea dessa condição e/ou da existência de múltiplos instrumentos e diferentes funções neuropsicológicas avaliadas nas pesquisas realizadas.

Os sintomas positivos da esquizofrenia não se correlacionam com os déficits cognitivos presentes nesse transtorno. Uma exceção refere-se à interferência no processo atencional ocasionada pela vivência de alucinações visuais e auditivas. Em vez disso, os déficits cognitivos podem se correlacionar aos sintomas negativos e ao pior insight em pacientes deficitários (Dantas et al., 2011; Pegoraro et al., 2013).

Os déficits cognitivos podem ser identificados, ainda que de forma atenuada, em jovens que virão a desenvolver a esquizofrenia, ou seja, em um período que antecede o estabelecimento da doença, chamado de pródromo. Pessoas com sinais prodrômicos da esquizofrenia apresentam um comprometimento cognitivo global afetando sobretudo a memória verbal, a memória de trabalho e outras funções executivas. No caso de pessoas que estão no primeiro episódio psicótico, os déficits costumam ser mais graves. Além disso, com o passar do tempo, o prejuízo cognitivo das pessoas que desenvolvem a esquizofrenia tende a se acentuar ainda mais (Keefe & Eeesley, 2013).

Seidman e colaboradores (2013) avaliaram 99 pacientes – 45 com diagnóstico de esquizofrenia e 35 com diagnóstico de transtorno bipolar – e os compararam a 101 controles sadios. Esses pacientes, aos 7 anos, haviam sido avaliados cognitivamente em função de um estudo prospectivo amplo. Na reavaliação, já adultos, os autores constataram que aqueles sujeitos que desenvolveram a esquizofrenia já apresentavam déficits cognitivos na infância, muito antes do desenvolvimento do transtorno. O mesmo foi observado para o grupo de pessoas que havia desenvolvido o transtorno bipolar. O estudo ressaltou que os pacientes com esquizofrenia que possuíam parentes em primeiro grau diagnosticados com algum transtorno psicótico tendiam a apresentar déficits cognitivos mais severos.

Pessoas com esquizofrenia apresentam pior rendimento em uma ampla gama de atividades e testes neuropsicológicos em relação a controles sadios (Brazo et al., 2002). Uma recente metanálise com 247 artigos demonstrou um déficit em pelo menos cinco domínios cognitivos gerais na esquizofrenia: funcionamento da memória, funcionamento cognitivo global, linguagem, funções executivas e atenção (Fioravanti, Bianchi, & Cinti, 2012). Especificamente,

> Os déficits cognitivos mais proeminentes nesse transtorno referem-se a memória de trabalho, memória verbal e visual, atenção e vigilância, velocidade de processamento, resolução de problemas e cognição social.

os déficits cognitivos mais proeminentes nesse transtorno referem-se a memória de trabalho, memória verbal e visual, atenção e vigilância, velocidade de processamento, resolução de problemas e cognição social (Gur, 2011).

O prejuízo das memórias de trabalho e verbal, da atenção e de outras funções executivas está relacionado a pior funcionamento social de pessoas com esquizofrenia (Forbes, Carrick, McIntosh, & Lawrie, 2009; Kluwe-Schiavon, Sanvicente-Vieira, Kristensen, & Grassi-Oliveira, 2013). Em pacientes deficitários e não deficitários, o prejuízo da memória de trabalho se correlaciona ao pior *insight* (Pegoraro, Dantas, Banzato, & Fuentes, 2013). Já a redução na velocidade de processamento interfere negativamente na capacidade de manter-se em sintonia com as atividades dirigidas ao trabalho e à vida diária. O desempenho ruim no teste Wisconsin de Classificação de Cartas tem sido associado a pior capacidade de resolução de problemas e pior flexibilidade mental. No caso de pacientes com predomínio de sintomas negativos, o rendimento nesse teste e em outras tarefas relacionadas às funções executivas pode ser ainda pior (Polgár et al., 2010). Apesar de muitos estudos neuropsicológicos terem encontrado déficits mais significativos em atividades relacionadas ao funcionamento dos lobos frontal e parietal em pacientes com síndrome deficitária, defendendo a hipótese de um perfil diferencial para essa condição, outras pesquisas relataram déficits apenas em atividades e testes relacionados ao funcionamento do lobo temporal ou não conseguiram reproduzir os achados referentes à hipótese da alteração fronto-parietal nessa síndrome (Cohen et al., 2007).

Além disso, os pacientes com esquizofrenia ainda apresentam, em relação a pessoas saudáveis, dificuldades em reconhecer emoções, interpretar dicas sociais e inferir estados mentais dos outros (teoria da mente) (Keefe & Eeesley, 2013). Essas características e habilidades compõem a cognição social, conceito amplo que tem sido tema recorrente em estudos neuropsicológicos com transtornos psicóticos.

AVALIAÇÃO NEUROPSICOLÓGICA DA ESQUIZOFRENIA

Revisões sobre o perfil neuropsicológico da esquizofrenia têm apresentado resultados muitas vezes conflitantes (Keefe & Eeesley, 2013). Isso pode ocorrer porque muitos testes neuropsicológicos avaliam mais do que um domínio cognitivo ao mesmo tempo e/ou porque os estudos utilizam diferentes testes para avaliar as mesmas funções cognitivas. Diante dessa problemática, com o intuito de estabelecer um consenso em relação à forma de avaliação da esquizofrenia, um grupo de especialistas elaborou uma bateria de testes neuropsicológicos padronizada para avaliação do transtorno, a MATRICS Consensus Cognitive Battery (MCCB) (Lezak, Howieson, Bigler, & Tranel, 2012), recentemente validada e padronizada para a população brasileira (Berberian et al., no prelo). Os domínios cognitivos e os respectivos testes neuropsicológicos que compõem a MCCB são:

- *Velocidade de processamento*: Trail Making Test (parte A); subtestes Simbol Coding e Category Fluency (nomear animais) da Brief Assessment of Cognition in Schizophrenia (BACS).
- *Vigilância e atenção*: Continous Performance Test – Identical Pairs (CPT-IP).
- *Memória de trabalho*: Subteste não verbal Spatial Span e subteste verbal Letter-Number Span (WMS-III).
- *Aprendizagem e memória verbal*: Hopkins Verbal Learning Test – Revised (HVLT-R).
- *Aprendizagem e memória visual*: Brief Visuospatial Memory Test – Revised (BVMT-R).
- *Raciocínio e resolução de problemas*: Subteste Mazes da Neuropsychological Assessment Battery (NAB).
- *Cognição social*: Subteste Managing Emotions da Mayer-Solovey-Caruso Emotional Intelligence Test (MSCEIT).

CONSIDERAÇÕES FINAIS

O perfil neuropsicológico da esquizofrenia é marcado por déficits em diferentes domínios cognitivos. Eles estão presentes, possivelmente, na maioria das pessoas acometidas e fazem parte da caracterização desse transtorno, podendo ser ainda mais impactantes no caso da síndrome deficitária. O estudo do perfil neuropsicológico de indivíduos com esquizofrenia ou com outros transtornos psicóticos tem clara relevância clínica, já que os déficits cognitivos geralmente associados a esses transtornos interferem de modo significativo na vida cotidiana das pessoas acometidas. Além disso, a identificação de déficits cognitivos específicos da esquizofrenia ou de outros transtornos psicóticos é de extrema importância para a elaboração de programas de treinamento e reabilitação cognitiva que sejam mais adequados às particularidades e necessidades de cada paciente.

REFERÊNCIAS

Berberian, A. A., Fonseca, A. O., Gama, C., Saloma, A., Diniz, M.; Hallal, J. E. C., ... Bressan, R. A. (No prelo). The MATRICS Consensus Cognitive Battery (MCCB): coorming and standardization in Brazil. *Schizophrenia Research*.

Brazo, P., Marié, R. M., Halbecq, I., Benali, K., Segard, L., Delamillieure, P., ... Dollfus, S. (2002). Cognitive patterns in subtypes of schizophrenia. *European Psychiatry, 17*(3), 155-162.

Carpenter Jr, W. T., Heinrichs, D. W., & Wagman, A. M. I. (1988). Deficit and nondeficit forms of schizophrenia: the concept. *The American Journal of Psychiatry, 145*(5), 578-583.

Carpenter, W. T., & Tandon, R. (2013). Psychotic disorders in DSM-5: summary of changes. *Asian Journal of Psychiatry, 6*(3), 266-268.

Cohen, A. S., Saperstein, A. M., Gold, J. M., Kirkpatrick, B., Cerpenter Jr, W. T., & Buchanan, R. W. (2007). Neuropsychology of the deficit syndrome: new data and meta-analysis of findings to date. *Schizophrenia Bulletin, 33*(5), 1201-1212.

Dalgalarrondo, P. (2008). *Psicopatologia e semiologia dos transtornos mentais* (2. ed.). Porto Alegre: Artmed.

Dantas, C. R., Barros, B. R., Fernandes, P. T., Li, L. M., & Banzato, C. E. M. (2011). Insight controlled for cognition in deficit and nondeficit schizophrenia. *Schizophrenia Research, 128*(1-3), 124-126.

Fioravanti, M., Bianchi, V., & Cinti, M. E. (2012). Cognitive deficits in schizophrenia: an updated metanalysis of the scientific evidence. *BMC Psychiatry, 12*, 64.

Forbes, N. F., Carrick, L. A., McIntosh, A. M., & Lawrie, S. M. (2009). Working memory in schizophrenia: a meta-analysis. *Psychological Medicine, 39*(6), 889-905.

Fornito, A., Zalesky, A., Pantelis, C., & Bullmore, E. T. (2012). Schizophrenia, neuroimaging and connectomics. *NeuroImage, 62*(4), 2296-2314.

Gaebel, W. (2012). Status of Psychotic Disorders in ICD-11. *Schizophrenia Bulletin, 38*(5), 895-898.

Gur, R. E. (2011). Neuropsychiatric aspects of schizophrenia. *CNS Neuroscience & Therapeutics, 17*(1), 45-51.

Ho, B. C., Andreasen, N. C., Nopoulos, P., Arndt, S., Magnotta, V., & Flaum, M. (2003). Progressive structural brain abnormalities and their relationship to clinical outcome: a longitudinal magnetic resonance imaging study early in schizophrenia. *Archives of General Psychiatry, 60*(6), 585-594.

Hulshoff Pol, H. E., & Kahn, R. S. (2008). What happens after the first episode? A review of progressive brain changes in chronically ill patients with schizophrenia. *Schizophrenia Bulletin, 34*(2), 354-366.

Kasai, K., Shenton, M. E., Salisbury, D. F., Hirayasu, Y., Onitsuka, T., Spencer, M. H., ... McCarley, R. W. (2003). Progressive decrease of left Heschl gyrus and planum temporale gray matter volume in schizophrenia: a longitudinal study of first-episode patients. *Archives of General Psychiatry, 60*(8), 766-775.

Keefe, R. S. E., & Eeesley, C. E. (2013). Déficits neurocognitivos. In J. A. Lieberman, T. S. Stroup, & D. O. Perkins (Eds.), *Fundamentos da esquizofrenia* (pp. 89-108). Porto Alegre: Artmed.

Kerns, J. G., & Lauriello, J. (2012). Can structural neuroimaging be used to define phenotypes and course of schizophrenia? *The Psychiatric Clinics of North America, 35*(3), 633-644.

Kirkpatrick, B., & Galderisi, S. (2008). Deficit schizophrenia: an update. *World Psychiatry, 7*(3), 143-147.

Kluwe-Schiavon, B., Sanvicente-Vieira, B., Kristensen, C. H., & Grassi-Oliveira, R. (2013). Executive functions rehabilitation for schizophrenia: A critical systematic review. *Journal of Psychiatric Research, 47*(1), 91-104.

Kubicki, M., McCarley, R., Westin, C. F., Park, H. J., Maier, S., Kikinis, R., ... Shenton, M. E. (2007). A review of diffusion tensor imaging studies in schizophrenia. *Journal of Psychiatric Research, 41*(1-2), 15-30.

Kurnianingsih, Y. A., Kuswanto, C. N., McIntyre, R. S., Qiu, A., Ho, B. C., & Sim, K. (2011). Neurocognitive-genetic and neuroimaging-genetic research paradigms in schizophrenia and bipolar disorder. *Journal of Neural Transmission, 118*(11), 1621-1639.

Lezak, M. D., Howieson, D. B., Bigler, E. D., & Tranel, D. (2012). *Neuropsychological assessment.* (5th ed.). New York: Oxford University.

Mathalon, D. H., Sullivan, E. V., Lim, K. O., & Pfefferbaum, A. (2001). Progressive brain volume changes and the clinical course of schizophrenia in men: a longitudinal magnetic resonance imaging study. *Archives of General Psychiatry, 58*(2), 148-157.

Pegoraro, L. F., Dantas, C. R., Banzato, C. E., & Fuentes, D. (2013). Correlation between insight dimensions and cognitive functions in patients with deficit and nondeficit schizophrenia. *Schizophrenia Research, 147*(1), 91-94.

Polgár, P., Réthelyi, J. M., Bálint, S., Komlósi, S., Czobor, P., & Bitter, I. (2010). Executive function in deficit schizophrenia: What do the dimensions of the Wisconsin Card Sorting Test tell us? *Schizophrenia Research, 122*(1-3), 85-93.

Réthelyi, J. M. , Czobor, P., Polgár, P., Mersich, B., Bálint, S., Jekkel, E., ... Bitter, I. (2012). General and domain-specific neurocognitive impairments in deficit and non-deficit schizophrenia. *European Archives of Psychiatry and Clinical Neuroscience, 262*(2), 107-115.

Seidman, L. J., Cherkerzian, S., Goldstein, J. M., Agnew-Blais, J., Tsuang, M. T., & Buka, S. L. (2013). Neuropsychological performance and family history in children at age 7 who develop adult schizophrenia or bipolar psychosis in the New England Family Studies. *Psychological Medicine, 43*(1), 119-131.

Shenton, M. E., Whitford, T. J., & Kubicki, M. (2010). Structural neuroimaging in schizophrenia: from methods to insights to treatments. *Dialogues in Clinical Neuroscience, 12*(3), 317-332.

Shenton, M. E., Dickey, C. C., Frumim, M., & McCarley, R. W. (2001). A review of MRI findings in schizophrenia. *Schizophrenia Research, 49*(1-2), 1-52.

Whalley, H. C., Papmeyer, M., Sprooten, E., Lawrie, S. M., Sussmann, J. E., & McIntosh, A. M. (2012). Review of functional magnetic resonance imaging studies comparing bipolar disorder and schizophrenia. *Bipolar Disorders, 14*(4), 411-431.

17
Neuropsicologia do traumatismo craniencefálico e do acidente vascular cerebral

ANA PAULA ALMEIDA DE PEREIRA
AMER CAVALHEIRO HAMDAN

O traumatismo craniencefálico (TCE) e o acidente vascular cerebral (AVC) são considerados, junto com suas sequelas, problemas importantes de saúde pública. Este capítulo apresenta algumas características desses insultos, discorre sobre as sequelas cognitivas, emocionais e comportamentais mais frequentes e, por fim, aponta diretrizes para intervenção e pesquisa.

Essas duas formas de lesão encefálica adquirida (LEA) apresentam alguns aspectos em comum:

a) as sequelas neuropsicológicas, frequentemente, permanecem, mesmo depois de os problemas físicos terem sido superados;
b) o número de jovens adultos que sobrevivem após TCE e AVC cresce a cada ano em todas as classes socioeconômicas, o que traz um custo significativo tanto para a sociedade como para a economia devido às dificuldades de inserção dessa população no mercado de trabalho, aos gastos públicos na área da saúde e previdência e à perda de qualidade de vida; e
c) as lesões são não progressivas, no entanto, implicam risco de lesões secundárias posteriores, aumentando a complexidade do tratamento.

TRAUMATISMO CRANIENCEFÁLICO (TCE)

O TCE define-se por uma agressão traumática que gera lesão anatômica ou comprometimento funcional de couro cabeludo, crânio, meninges ou encéfalo. Essa lesão pode ocorrer devido a objeto penetrante e provocar uma fratura no crânio ou ser decorrente de um impacto que provoca lesão intracraniana. Mundialmente, o TCE tem maior incidência entre pessoas do sexo masculino, com 15 a 24 anos e idosos. Suas principais causas são os acidentes automobilísticos e as quedas.

A gravidade da lesão pode ser estimada por meio da pontuação da Escala de Coma de Glasgow (ECG), pelo tempo em que o paciente permaneceu em coma ou pela duração da amnésia pós-traumática (Loring, 1999). A ECG consiste na aferição de três aspectos: abertura ocular, melhor resposta verbal e melhor resposta motora. Os escores da ECG variam de 3 a 15 pontos: escores iguais ou menores que 8 indicam lesão grave; escores de 9 a 12 indicam lesão moderada; e escores de 13 a 15 indicam lesão leve. Em relação à duração do coma, o TCE é considerado leve quando o coma é de no máximo 20 minutos; moderado, quando dura até 6 horas; e grave, quando ocorre

> O TCE define-se por uma agressão traumática que gera lesão anatômica ou comprometimento funcional de couro cabeludo, crânio, meninges ou encéfalo. Essa lesão pode ocorrer devido a objeto penetrante e provocar uma fratura no crânio ou ser decorrente de um impacto que provoca lesão intracraniana.

por mais de 6 horas. Amnésia é uma patologia caracterizada pela perda da memória, parcial ou completa. A amnésia pós-traumática (APT), ou seja, aquela decorrente de trauma, inclui o período do coma e se estende até o momento em que a memória do paciente para eventos atuais esteja recuperada e estável (Lezak, Howieson, & Loring, 2004).

As sequelas físicas (fadiga, insônia), sensório-motoras (visão dupla, anosmia), cognitivas (memória, atenção e funções executivas) e emocionais (irritabilidade, labilidade e ansiedade) foram extensamente descritas nas últimas décadas. Os sintomas decorrentes do TCE são relatados mesmo depois de longos períodos da ocorrência da lesão, quando as evidências físicas e neurológicas já não são mais observadas. Dikmen, Machamer, Fann e Temkin (2010) encontraram a presença de queixas de sintomas pós-concussão em 53% dos pacientes, com diferentes níveis de gravidade de TCE, após um ano da lesão. Yeates (2010) também alertou para a incidência de diferentes problemas neuropsicológicos após TCE leve em crianças e adolescentes. Sendo assim, a atenção a diferentes aspectos neuropsicológicos da pessoa pós-TCE, independentemente da gravidade da lesão, se faz necessária.

As dificuldades do sono podem agravar os problemas de atenção sustentada encontrados no grupo de pessoas com TCE (Bloomfield, Espie & Evans, 2010). Os processos mnemônicos são diversos, e existem evidências de que, no contexto de TCE, a memória implícita apresenta-se preservada, enquanto déficits na memória episódica e na memória operacional são frequentes (Ozen, Skinner, & Fernandes, 2010). Problemas nos processos de aprendizagem e memória também costumam ser observados, mesmo naquelas pessoas que sofreram TCE leve (Geary, Kraus, Pliskin, & Little, 2010). A retomada das atividades regularmente realizadas antes do acidente é comprometida pelas alterações nas funções executivas (controle inibitório, flexibilidade cognitiva e organização e planejamento), presentes na maioria dos pacientes com TCE.

A ansiedade tem sido apontada como uma das sequelas emocionais mais frequentes após TCE. Existem evidências de que transtornos psiquiátricos pré-mórbidos e alto nível de ansiedade são fatores preditivos da presença de sintomas da síndrome pós-concussão (Ponsford et al., 2012). As características da personalidade do paciente antes da lesão, como negativismo, depressão, dependência e distimia, também influenciam o processo de reabilitação e a percepção das pessoas sobre seus déficits (Garden, Sullivan, & Lange, 2010). A ideação suicida torna-se um problema que precisa ser cuidadosamente averiguado, uma vez que se encontra presente nesse grupo; é ligada ao sentimento de baixa autoestima (Wood, Williams, & Lewis, 2010).

A cognição social, que engloba a capacidade de reconhecer e interpretar situações sociais e compreender os valores e as emoções do outro, é um aspecto frequentemente comprometido em decorrência de TCE (McDonald, 2013). Tal comprometimento se reflete de modo negativo na iniciação e manutenção dos relacionamentos sociais e justifica a tendência ao isolamento social observada nesse grupo. A rotina da pessoa com TCE pode ser alterada significativamente, por exemplo, influenciando de modo considerável nas atividades ocupacionais e sociais do indivíduo, o que exige uma adaptação ativa às novas condições de vida.

Traumatismo craniencefálico em crianças e adolescentes

Até pouco tempo atrás, tinha-se a noção de que, devido à neuroplasticidade própria da infância, o TCE nesse período seria totalmente superado e os processos de desenvolvimento funcional ocorreriam após adaptações pontuais. No entanto, problemas metodológicos podem ser identificados nas pesquisas com TCE pediátrico, como falhas em diagnosticar dificuldades previamente existentes, poucos estudos longitudinais e, ainda, negligência em estudar variáveis potencialmente moderadoras dos efeitos da lesão, como idade em que esta ocorreu. Tais problemas geraram incertezas quanto aos mecanismos envolvidos na reabilitação das funções atingidas e às diferenças entre TCE leve e TCE moderado/grave em crianças e adolescentes (Taylor et al., 2010).

Atualmente, estudos têm descrito dificuldades importantes na aquisição de funções complexas em crianças após TCE com diferentes níveis de gravidade. As funções executivas e a memória medidas logo após o acidente parecem ser fatores que predizem o desempenho acadêmico em crianças com TCE moderado/grave um ano depois (Fulton, Yeates, Taylor, Walz, & Wade, 2012). Gorman, Barnes, Swank, Prasad e Ewing-Cobbs (2012) encontraram déficits em memória operacional em crianças com TCE tanto em atividades verbais como em atividades visuoespaciais.

Dificuldades na cognição social, como as habilidades de autoconsciência e de perceber a perspectiva do outro, são observadas após TCE pediátrico. Tais estudos também revelam a presença de processos de plasticidade neural em crianças e adolescentes, à medida que determinadas funções recrutam a ativação de regiões que, em sujeitos normais, não estavam envolvidas (Newsome et al., 2010).

O papel da família vem sendo descrito como moderador em relação às variáveis psicológicas em crianças após TCE, embora aquelas que sofreram TCE grave tendam a apresentar dificuldades psicológicas, mesmo em famílias adequadas (Yeates, Taylor, Walz, Stacin, & Wade, 2010).

A competência social é um fator importante para o equilíbrio psicológico, o desempenho acadêmico e a qualidade de vida da criança e do adolescente. No entanto, apenas recentemente as consequências do TCE infantil para o desenvolvimento da cognição social começaram a ser investigadas (Yeates, 2013) e comprometimentos importantes nessa área foram encontrados (Rosema, Crowne, & Anderson, 2012). Dificuldades na compreensão de aspectos subliminares das relações sociais, como ironia e empatia, em crianças com TCE foram relatadas, e esses déficits se mostraram mais acentuados conforme a gravidade da lesão (Dennis et al., 2013).

Em suma, a pessoa que sofreu TCE, independentemente da faixa etária em que o insulto ocorreu, exige que o profissional investigue a presença de alterações neuropsicológicas de modo detalhado para fundamentar uma intervenção eficaz junto ao cliente e sua família.

ACIDENTE VASCULAR CEREBRAL (AVC)

O AVC, comumente chamado de derrame, refere-se a um problema neurológico, temporário ou permanente, focal e abrupto, decorrente de um processo patológico dos vasos sanguíneos encefálicos. O AVC pode ser classificado como isquêmico (devido ao entupimento) ou hemorrágico (devido ao rompimento) dos vasos, sendo o primeiro tipo o mais frequente. Como a maior causa de deficiência adquirida entre pessoas acima de 60 anos, especialmente entre homens, a prevenção, a detecção e o tratamento do AVC têm sido enfatizados pelo Ministério da Saúde (2013) no Brasil.

> O AVC, comumente chamado de derrame, refere-se a um problema neurológico, temporário ou permanente, focal e abrupto, decorrente de um processo patológico dos vasos sanguíneos encefálicos. O AVC pode ser classificado como isquêmico (devido ao entupimento) ou hemorrágico (devido ao rompimento) dos vasos, sendo o primeiro tipo o mais frequente.

O AVC geralmente se relaciona com doenças vasculares anteriores, como arterioesclerose, hipertensão arterial e diabetes. A maioria dos casos é causada pelo bloqueio de uma artéria cerebral. Existem três causas principais do insulto:

a) trombose cerebral (formação de uma obstrução em artéria cerebral);
b) embolia, caso em que a obstrução ocorre em outra parte do corpo e posteriormente se instala em uma artéria cerebral;
c) hemorragia, ou seja, a ruptura de vasos sanguíneos.

Assim, o grau de perda funcional depende de qual lado do cérebro foi afetado, qual área específica sofreu a lesão e qual a extensão do dano (Falvo, 2005).

A verificação inicial das sequelas decorrentes do AVC deve ser realizada primeiramente por meio da Escala de AVC do National Institute of Health (NIH), segundo as diretrizes publicadas pelo Ministério da Saúde (2013). Essa escala busca analisar a gravidade do AVC. A escala apresenta 11 itens, e cada um pode ser pontuado de zero (função normal) a 4 (déficits severos). Desse modo, o escore de 1 a 4 pontos revela um grau leve de comprometimento; de 5 a 15, grau moderado; de 16 a 20, grau moderado/grave; e de 21 a 42, grave comprometimento. Essa escala verifica aqueles aspectos que costumam ser afetados, como linguagem, consciência, motricidade e percepção. Outra escala importante indicada pelas diretrizes é a Barthel, que mensura o grau de comprometimento funcional.

A principal sequela física decorrente do AVC é a hemiplegia do lado oposto ao hemisfério lesionado. Os sintomas cognitivos e comportamentais do AVC variam consideravelmente dependendo da região atingida. Hurford, Charidimou, Fox, Cipolotti e Werring (2013) estudaram 209 pacientes após AVC isquêmico e encontraram que déficits nas funções executivas, perceptuais e de linguagem afetavam 30% da amostra no terceiro mês após o acidente, mas que gradualmente melhoravam. Nesse estudo, as capacidades atencionais e de velocidade de processamento, presentes em 72,4% dos pacientes no terceiro mês, ainda permaneceram após esse período em 37,9% da amostra. Os danos encontrados nos domínios relacionados aos problemas de percepção visual e de memória verbal permaneceram constantes. Em suma, as dificuldades decorrentes do AVC podem gradualmente diminuir, mas as sequelas permanentes ainda podem ser observadas em uma parte considerável dos pacientes.

A negligência visual, ou seja, a incapacidade do sujeito de detectar objetos e indivíduos localizados em um dos lados, é um déficit frequente após AVC, principalmente quando este ocorre no hemisfério direito. Os AVCs isquêmicos são as causas mais comuns de afasia, definida como um déficit adquirido da linguagem, ocorrendo cerca de 75% dos pacientes. Os estudos clínicos demonstram que, dependendo da região afetada, o tipo de afasia será diferente; por exemplo, a afasia de Wernicke ocorre quando as porções posteriores da artéria cerebral média (ACM) encontram-se comprometidas. A idade também tem papel importante nesses casos, pois em pacientes mais idosos uma lesão na ACM tende a gerar uma afasia global (Manning, 2005). Dificuldades atencionais e de memória episódica também são encontradas nesse grupo.

Os problemas emocionais e as alterações da personalidade observadas após o AVC podem ser derivados diretamente da lesão neurológica ou das dificuldades advindas em lidar com as limitações nas diversas situações rotineiras. A depressão é o sintoma emocional mais frequente. Após a alta hospitalar, a pessoa busca se readaptar às suas atividades cotidianas, no entanto, percebe, já nos primeiros meses, diversas limitações físicas e cognitivas e, com frequência, busca contorná-las ou mesmo escondê-las. Os problemas de comunicação anteriormente descritos colaboram para dificultar as interações sociais e mesmo a expressão do afeto. Tal situação pode provocar a tendência de isolamento social.

Nota-se, portanto, que o diagnóstico dos déficits decorrentes de LEA constitui-se apenas no primeiro passo para subsidiar a intervenção terapêutica interdisciplinar, e, nesse contexto, a reabilitação neuropsicológica representa uma estratégia importante de intervenção.

TRATAMENTO

Durante muitos anos, as intervenções para os problemas derivados dos déficits após LEA limitavam-se à contenção de comportamentos inadequados, ao tratamento medicamentoso e ao gerenciamento de contingências. Tais intervenções, porém, não enfocavam a melhora cognitiva, apenas diminuíam o risco de condutas inadequadas. Atualmente, a reabilitação neuropsicológica é reconhecida como uma intervenção importante no processo de inserção social.

Reabilitação neuropsicológica define-se por um conjunto sistemático de atividades terapêuticas que focaliza a funcionalidade do cliente e que se baseia na avaliação e compreensão de seus déficits e potencialidades (Cicerone et al., 2000).

Os principais fatores envolvidos na recuperação neuropsicológica são:

a) variáveis demográficas – idade em que a lesão ocorreu, nível intelectual e educacional pré-mórbido, sexo, contexto cultural e abuso de drogas e álcool;
b) características da lesão – período desde a ocorrência da lesão, extensão e gravidade e investigação da recuperação espontânea de funções;
c) fatores psicológicos – qualidade da aliança terapêutica, reações emocionais durante o processo de adaptação, presença de labilidade emocional.

O planejamento cuidadoso de intervenções que considerem tais fatores torna-se necessário. O papel do psicólogo no processo de reabilitação neuropsicológica apresenta pelo menos cinco componentes: avaliação neuropsicológica na abordagem ecológica que subsidia o delineamento das intervenções; atendimento psicoterapêutico (em grupo ou individual) às pessoas com LEA, com enfoque inicialmente no apoio e, depois, na reintegração psíquica do sujeito, que, em função das sequelas, precisa construir um novo autoconceito; atendimento psicopedagógico e de apoio às famílias; atendimentos específicos de reabilitação das funções cognitivas comprometidas a partir das capacidades preservadas; e reavaliação periódica do programa de reabilitação implementado para adequá-lo aos objetivos propostos ainda não atingidos.

Estudos em reabilitação cognitiva buscam desenvolver métodos de análise

> Reabilitação neuropsicológica define-se por um conjunto sistemático de atividades terapêuticas que focaliza a funcionalidade do cliente e que se baseia na avaliação e compreensão de seus déficits e potencialidades.

dos dados de intervenção de modo a determinar as estratégias eficazes em diferentes contextos. Outro aspecto pertinente é que a avaliação dos tratamentos leve em consideração suas repercussões na vida cotidiana dos clientes, verificando se as aquisições feitas durante a intervenção foram generalizadas e permaneceram após o período do tratamento (Spikman, Boelen, Lamberts, Brouwer, & Fasotti, 2010).

Wilson (2005) aponta o futuro da reabilitação neuropsicológica pautado nos seguintes princípios norteadores:

a) a necessidade de parceria entre pacientes, suas famílias e os profissionais da área;
b) a criação de procedimentos baseados em objetivos claramente estabelecidos;
c) a percepção de que as articulações entre déficits emocionais, cognitivos e comportamentais devem ser observadas durante as intervenções;
d) o papel importante da tecnologia no desenho das intervenções;
e) o início da reabilitação imediata ainda durante a fase aguda;
f) a incorporação de modelos teóricos para fundamentar a prática e possibilitar a interpretação dos resultados.

Um dos principais problemas observados entre pessoas após LEA é a ausência de consciência sobre os próprios déficits, o que tende tanto a retardar a iniciativa de buscar tratamento como a dificultar a adesão ao tratamento quando este é buscado pela família (Flashman & McAllister, 2002). Desse modo, os primeiros procedimentos devem contemplar a necessidade de o próprio paciente tomar consciência de suas dificuldades e engajar-se ativamente no tratamento.

O atendimento às famílias das pessoas com LEA é parte integrante do tratamento, uma vez que elas adquirem um papel central durante o processo de reabilitação, muitas vezes como rede de apoio ou até mesmo como coterapeutas.

> O atendimento às famílias das pessoas com LEA é parte integrante do tratamento, uma vez que elas adquirem um papel central durante o processo de reabilitação, muitas vezes como rede de apoio ou até mesmo como coterapeutas.

Durante a fase aguda do atendimento, as famílias e os cuidadores devem participar de intervenções psicopedagógicas, nas quais informações sobre os mecanismos da doença e suas possíveis consequências devem ser apresentadas, junto com os procedimentos terapêuticos mais comuns (terapias medicamentosas e especializadas) e a rede de apoio disponível na comunidade (p. ex., locais de atendimento especializado e associações de pessoas e famílias que enfrentam condições neurológicas semelhantes). No Brasil, os familiares tornam-se os principais cuidadores de pessoas com LEA, e inúmeros estudos têm enfocado as consequências negativas da sobrecarga que esses indivíduos enfrentam em sua rotina, o que aumenta o risco de depressão e perdas significativas de qualidade de vida entre os cuidadores (Clay et al., 2013).

Intervenções pela internet têm sido desenvolvidas, uma vez que o problema de locomoção enfrentado por pessoas com LEA apresenta-se como uma barreira para a participação no tratamento (Smith, Egbert, Dellman-Jenkins, Nanna, & Palmieri, 2012). A utilização de tecnologia durante o processo de reabilitação de problemas cognitivos é bem difundida. Gillespie, Best e O'Neill (2012) revisaram o uso dessa tecnologia no contexto clínico e, considerando a *Classificação internacional de funcionalidade*, publicada pela Organização Mundial da Saúde, propuseram um sistema abrangente para organizar tais instrumentos em diferentes áreas (alertar, distrair, preparar, orientar, lembrar, guardar e demonstrar). Além disso, os autores encontraram evidências de que essa tecnologia é eficaz em apoiar os processos atencionais, mnemônicos, de controle emocional e orientação.

A sistematização dos resultados dos estudos de reabilitação neuropsicológica tem ainda uma história recente, porém já existem evidências suficientes de sua eficácia.

PESQUISAS FUTURAS

Os futuros estudos devem enfocar tanto questões ligadas ao diagnóstico das dificuldades neuropsicológicas derivadas da LEA quanto os problemas encontrados em desenvolver intervenções de reabilitação neuropsicológica baseadas em evidências e adequadas às peculiaridades desse grupo de pacientes. Primeiramente, são necessários estudos longitudinais que utilizem um modelo biopsicossocial e incorporem considerações sobre o contexto social, o estágio de desenvolvimento do indivíduo e a variação dos fatores protetivos e de risco. A literatura aponta que as consequências da LEA são multifatoriais e, frequentemente, desenvolvem-se anos após a lesão, de modo complexo. Por consequência, um modelo abrangente auxiliaria a criação de políticas de saúde pública para a prevenção e a estruturação de uma rede de apoio visando a melhoria da qualidade de vida das famílias.

Outro aspecto importante é a utilização da tecnologia computadorizada na avaliação e no tratamento. Na avaliação, a computação, quando mais bem desenvolvida, pode coletar dados de difícil aferição manual (p. ex., tempo de reação), mas que têm papel crucial no diagnóstico diferencial. No tratamento, a tecnologia pode criar estímulos virtuais (p. ex., a realidade virtual no contexto do trânsito) que motivam e aumentam o engajamento do paciente nas tarefas de reabilitação (Buxbaum, Dawson, & Linsley, 2012). Tais tecnologias ajudarão também a discriminar características relevantes dos procedimentos de diagnóstico e avaliação dos programas de intervenção, melhorando sua eficácia.

Por fim, são necessários estudos que descrevam detalhadamente suas amostras e os procedimentos utilizados durante as intervenções (Eslinger, 2005), de modo que possam ser replicados ou facilitar futuros estudos de metanálise, práticas essenciais para o desenvolvimento científico da reabilitação neuropsicológica.

REFERÊNCIAS

Bloomfield, I. L. M., Espie, C. A., & Evans, J. J. (2010). Do sleep difficulties exacerbate deficits in sustained attention following traumatic brain injury? *Journal of the International Neuropsychological Society, 16*(1), 17-25.

Buxbaum, L. J., Dawson, A. M., & Linsley, D. (2012). Reliability and validity of the virtual reality lateralized attention test in assessing hemispatial neglect in right-hemisphere stroke. *Neuropsychology, 26*(4), 430-441.

Cicerone, K. D., Dahlberg, C., Kalmar, K., Langenbahn, D. M., Malec, J. F., Bergquist, T. F., ... Morse, P. A. (2000). Evidence-based cognitive rehabilitation: Recommendations for clinical practice. *Archives of Physical Medicine and Rehabilitation, 81*(12), 1596-1615.

Clay, O. J., Grant, J. S., Wadley, V. G., Perkins, M. M., Haley, W. E., & Roth, D. L. (2013). Correlates of health-related quality of life in African-American and Caucasian stroke caregivers. *Rehabilitation Psychology, 58*(1), 28-35.

Dennis, M., Simic, N. Agostino, A., Taylor, H. G., Bigler, E. D., Rubin, K., ... Yeates, K. O. (2013). Irony and empathy in children with traumatic brain injury. *Journal of the International Neuropsychological Society, 19*(3), 338-348.

Dikmen, S., Machamer, J., Fann, J. R., & Temkin, N. R. (2010). Rates of symptom reporting following traumatic brain injury. *Journal of the International Neuropsychological Society, 16*(3), 401-411.

Eslinger, P. J. (2005). *Neuropsychological interventions: Clinical research and practice*. New York: Guilford.

Falvo, D. (2005). *Medical and psychosocial aspects of chronic illness and disability* (3rd ed.). Sudbury: Jones and Bartlett.

Flashman, L. A., & McAllister, T. W. (2002). Lack of awareness and impact in traumatic brain injury. *NeuroRehabilitation, 17*(4), 285-296.

Fulton, J. B., Yeates, K. O., Taylor, H. G., Walz, N. C., Wade, S. L. (2012). Cognitive predictors of academic achievement in young children 1 year after traumatic brain injury. *Neuropsychology, 26*(3), 314-322.

Garden, N., Sullivan, K. A., & Lange, R. T. (2010). The relationship between personality characteristics and postconcussion symptoms in a nonclinical sample. *Neuropsychology, 24*(2), 168-175.

Geary, E. K., Kraus, M. F., Pliskin, N. H., & Little, D. M. (2010). Verbal learning differences in chronic mild traumatic brain injury. *Journal of the International Neuropsychological Society, 16*(3), 506-516.

Gillespie, A., Best, C., & O'Neill, B. (2012). Cognitive function and assistive technology for cognition: A systematic review. *Journal of the International Neuropsychological Society, 18*(1), 1-19.

Gorman, S., Barnes, M. A., Swank, P. R., Prasad, M., & Ewing-Cobbs, L. (2012). The effects of pediatric traumatic brain injury on verbal and visual-spatial working memory. *Journal of the International Neuropsychological Society, 18*(1), 29-38.

Hurford, R., Charidimou, A., Fox, Z., Cipolotti, L. & Werring, D. J. (2013). Domain-specific trends in cognitive impairment after acute ischaemic stroke. *Journal of Neurology, 260*(1), 237-241.

Lezak, M. D., Howieson, D. B., & Loring, D. W. (2004). *Neuropsychological assessment* (4th ed.). New York: Oxford.

Loring, D. (Ed.). (1999). *INS Dictionary of neuropsychology*. New York: Oxford University.

Manning, L. (2005). *A neuro-psicologia clínica: Uma abordagem cognitiva*. Lisboa: Instituto Piaget.

McDonald, S. (2013). Impairments in social cognition following severe traumatic brain injury. *Journal of the International Neuropsychological Society, 19*(3), 231-246.

Ministério da Saúde (2013). *Manual de rotinas para atenção ao AVC*. Brasília: Ministério da Saúde.

Newsome, M. R., Scheibel, R. S., Hanten, G., Chu, Z., Steinberg, J. L., Hunter, J. V., ... Levin, H. S. (2010). Brain activation while thinking about the self from another persons's perspective after traumatic brain injury in adolescents. *Neuropsychology, 24*(2), 139-147.

Ponsford, J., Cameron, P., Fitzgerald, M., Grant, M., Mikocka-Walus, A., & Schönberger, M. (2012). Predictoras of postconcussive symptoms 3 months after mild brain injury. *Neuropsychology, 26*(3), 304-313.

Smith, G. C., Egbert, N., Dellman-Jenkins, M., Nanna, K., & Palmieri, P. A. (2012). Reducing depression in stroke survivors and their informal caregivers: A randomized clinical trial of a web-based intervention. *Rehabilitation Psychology, 57*(3), 196-206.

Spikman, J. M., Boelen, D. H. E., Lamberts, K. F., Brouwer, W. H., & Fasotti, L. (2010). Effects of a multifaceted treatment program for executive dysfunction after acquired brain injury on indications of executive functioning in daily life. *Journal of the International Neuropsychological Society, 16*(1), 118-129.

Ozen, L. J., Skinner, E. I., & Fernandes, M. A. (2010). Rejecting familiar distracters during recognition in young adults with traumatic brain injury and in health older adults. *Journal of the International Neuropsychological Society, 16*(3), 556-565.

Rosema, S., Crowne, L., & Anderson, V. (2012). Social function in children and adolescents after traumatic brain injury: A systematic review 1989-2011. *Journal of Neurotrauma, 29*(7), 1277-1291.

Taylor, H. G., Dietrich, A., Nuss, K., Wright, M., Rusin, J., Bangert, B., ... Yeates, K. O. (2010). Post-concussive symptoms in children with mild traumatic brain injury. *Neuropsychology, 24*(2), 148-159

Wilson, B. (Ed., 2005). *Neuropsychological rehabilitation: Theory and practice*. Lisse: Swets & Zeitlinger.

Wood, R. L. L., Williams, C., & Lewis, R. (2010). Role of alexithymia in suicide ideation after traumatic brain injury. *Journal of the International Neuropsychological Society, 16*(6), 1108-1114.

Yeates, K. O. (2010). Mild traumatic brain injury and postconcussive symptoms in children and adolescents. *Journal of the International Neuropsychological Society, 16*(6), 953-960.

Yeates, K. O. (2013). Social outcomes in pediatric traumatic brain injury: Perspectives from social neuroscience and developmental psychology. *Journal of the International Neuropsychological Society, 19*(5), 493-496.

Yeates, K. O., Taylor, H. G., Walz, N. C., Stacin, T., & Wade, S. L. (2010). The family as a moderator of psychosocial outcomes following traumatic brain injury in young children. *Neuropsychology, 24*(3), 345-356.

18

Neuropsicologia do transtorno obsessivo-compulsivo

MARCELO CAMARGO BATISTUZZO
ANITA TAUB
LEONARDO F. FONTENELLE

CARACTERIZAÇÃO DO TRANSTORNO OBSESSIVO-COMPULSIVO

O transtorno obsessivo-compulsivo (TOC) é um transtorno neuropsiquiátrico de ansiedade que acomete cerca de 0,3 a 3,1% da população ao longo da vida, independentemente de sexo, etnia ou situação econômica (Andrade, Wang, & Andreoni, 2012; Fontenelle, Mendlowicz, & Versiani, 2006). O seu diagnóstico é clínico, e, para tal, é necessário que os sintomas obsessivo-compulsivos (SOCs) consumam no mínimo uma hora diária, tragam sofrimento ao indivíduo e interfiram significativamente em sua rotina (American Psychiatric Association [APA], 1994). Com frequência, o TOC provoca ruptura no funcionamento social e profissional. A sua caracterização é dada pela presença de obsessões e/ou compulsões, sendo mais frequente a presença de ambas. As obsessões são pensamentos intrusivos que surgem repetidamente sem que o indivíduo tenha controle. Estão associadas à angústia e em geral causam grande ansiedade, pois, embora o sujeito as reconheça como produto da sua mente, suas tentativas de ignorá-las ou controlá-las costumam ser infrutíferas (World Health Organization [WHO], 1992). Já as compulsões são comportamentos repetitivos que o indivíduo se sente compelido a realizar de acordo com regras rígidas ou com o intuito de aliviar e/ou evitar a angústia gerada pelas obsessões. As compulsões também podem manifestar-se sob a forma de rituais mentais, como contagem ou rezas repetitivas, e têm como características fundamentais o fato de serem excessivas e não terem conexão factual com o que procuram prevenir (Abramowitz, Taylor, & McKay, 2009). Apesar de avaliarem as suas obsessões como irracionais e suas compulsões como excessivas, os indivíduos acometidos pelo TOC são incapazes de utilizar a informação objetiva para acalmar sua ansiedade e mudar seu comportamento.

Os avanços ocorridos na psiquiatria e na psicologia, particularmente nas últimas décadas, têm contribuído para uma melhor compreensão do TOC ao traçar um caminho em direção a sua etiologia. Sabe-se que tanto o ambiente como traços genéticos são fatores cruciais para o desenvolvimento do comportamento patológico: ao mesmo tempo em que estudos de família com gêmeos mostram que o TOC é familial[*] e depende em grande parte do ambiente para o

> As obsessões são pensamentos intrusivos que surgem repetidamente sem que o indivíduo tenha controle [...]. As compulsões são comportamentos repetitivos que o indivíduo se sente compelido a realizar de acordo com regras rígidas ou com o intuito de aliviar e/ou evitar a angústia gerada pelas obsessões.

---

[*] O que significa dizer que a presença de um indivíduo da família acometido pelo transtorno aumenta a probabilidade de a doença ser encontrada em outro parente.

seu desenvolvimento (Nestadt et al., 2000), eles também apoiam o possível envolvimento de fatores genéticos no transtorno. Um exemplo disso é a maior concordância de diagnóstico de TOC para gêmeos monozigóticos quando comparados a dizigóticos (Pauls, 2010).

O TOC apresenta marcante heterogeneidade em relação a sua apresentação clínica. Os principais fatores que podem variar são (Abramowitz et al., 2009):

a) os sintomas, que vão desde checagem até rituais de lavagem ou organização excessivas;
b) o padrão de comorbidades, entre as quais a depressão é a mais frequente;
c) a idade de início dos sintomas;
d) a história familiar; e
e) a evolução e a resposta ao tratamento.

Essa grande variabilidade é postulada como responsável por introduzir uma alta quantidade de ruído nos estudos focados na avaliação do funcionamento cognitivo, bem como naqueles que buscam identificar biomarcadores (genéticos ou de neuroimagem). Isso se configura, portanto, como uma importante barreira para a identificação de resultados consistentes, o que se reflete na grande diversidade de resultados encontrada na literatura.

NEUROBIOLOGIA DO TRANSTORNO

Estudos fisiopatológicos consideram o TOC o resultado não de um processo degenerativo do cérebro, posto que na maioria das vezes se inicia durante a infância ou adolescência, mas provavelmente de processos que ocorrem durante o neurodesenvolvimento (American Academy of Child and Adolescent Pychiatry [AACAP], 2012).

Diversas linhas de evidências, sobretudo os estudos de imageamento cerebral iniciados no fim dos anos 1980, contribuíram com grande parte do conhecimento neurobiológico do TOC.

Esses estudos de neuroimagem foram influenciados pela revisão de Alexander, De Long e Strick (1986) sobre a descrição do funcionamento de cinco alças cortico-estriado-talâmicas, segregadas e paralelas, que conectam o córtex frontal aos gânglios da base. Entre esses circuitos, estão:

a) a alça motora;
b) a alça oculomotora;
c) um circuito envolvendo o córtex pré-frontal dorsolateral (CPFDL);
d) um circuito envolvendo o córtex orbitofrontal (COF) lateral e o núcleo caudado; e
e) um último circuito conectando o córtex do cíngulo anterior (CCA) e o estriado ventral.

Nos estudos de neuroimagem do TOC, as três últimas alças parecem estar implicadas em sua fisiopatologia.

Segundo o modelo neurobiológico, a manifestação dos sintomas estaria ligada à hiperatividade de regiões do circuito córtico-estriado-pálido-talâmico-cortical (CEPTC) (Fig. 18.1). Primeiramente, esse circuito foi postulado por estudos de neuroimagem funcional em estado de repouso comparando a atividade cerebral de pacientes com TOC *versus* controles. Nesse caso, os pacientes apresentaram hiperativações em regiões frontais do cérebro e nos gânglios basais (Del Casale et al., 2011).

Mais tarde, os estudos com paradigmas de provocação de sintomas, nos quais os pacientes são confrontados com os estímulos que lhes causam aversão – por meio da presença de fotos ou dos

> Estudos fisiopatológicos consideram o TOC o resultado não de um processo degenerativo do cérebro, posto que na maioria das vezes se inicia durante a infância ou adolescência, mas provavelmente de processos que ocorrem durante o neurodesenvolvimento.

próprios objetos –, também corroboraram o modelo das vias CEPTC. Dois estudos com técnicas diferentes, um utilizando tomografia por emissão de pósitrons (PET), e outro, ressonância magnética funcional (RMf), mostraram um padrão de fluxo sanguíneo e de ativação cerebral, ainda mais acentuado na rede frontoestriatal quando os pacientes tinham seus sintomas agravados. Isso ocorreu no córtex pré-frontal, em especial na sua porção mais orbital –, o COF – e no CCA, mas também em regiões como amígdala, tálamo e núcleos caudado e lentiforme (Mataix--Cols et al., 2004; Rauch et al., 1994). Depois desses trabalhos, inúmeros outros, utilizando neuroimagem estrutural e funcional, também mostraram regiões envolvidas no circuito CEPTC, sendo que o COF é uma das áreas mais consistentemente estudadas e reportadas nas pesquisas (Rotge et al., 2009). Por fim, evidências de pesquisas longitudinais com neuroimagem funcional, antes e depois do tratamento, indicam redução da ativação no COF após o tratamento, o que leva a associação da hiperativação dessa área à gravidade dos sintomas (Saxena et al., 1999).

Portanto, o apanhado dessas evidências e de outras, provindas de estudos neuroanatômicos, neurocirúrgicos, neurofarmacológicos e neurofisiológicos, leva a crer que a alça CEPTC estaria diretamente ligada à sintomatologia do TOC. Ainda assim, é importante ressaltar que o circuito CEPTC é a principal via envolvida nos modelos fisiopatológicos atuais do TOC, mas não a única. Estudos recentes de neuroimagem e neuropsicologia indicam o envolvimento de outras áreas cerebrais na fisiopatologia do transtorno, como, por exemplo, regiões límbicas (amígdala, hipocampo e ínsula), circuitos frontotemporoparietais e frontocerebelares, corpo caloso e hipófise (Menzies et al., 2008; Milad & Rauch, 2012).

> É importante ressaltar que o circuito CEPTC é a principal via envolvida nos modelos fisiopatológicos atuais do TOC, mas não a única.

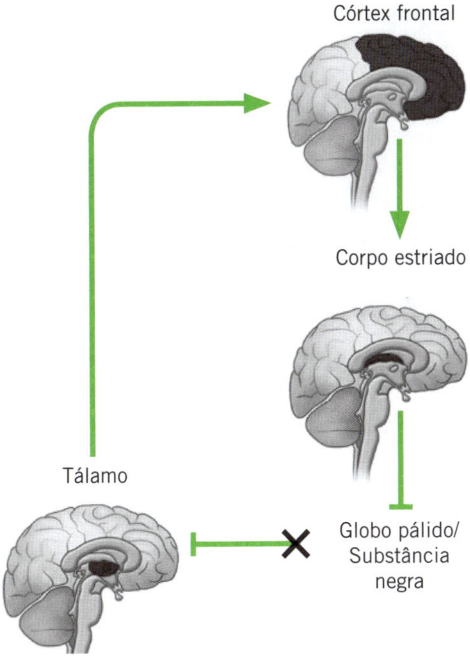

FIGURA 18.1 Imagem ilustrando as vias do circuito CEPTC. As setas indicam as vias que aparecem excitadas nos pacientes com TOC, geralmente mediadas por glutamato, enquanto os "Ts" representam as vias inibidas, mediadas por GABA.
Fonte: Adaptada de Kalva e Swedo (2009).

NEUROPSICOLOGIA DO TRANSTORNO

Embora a neuropsicologia tenha se desenvolvido com o objetivo de avaliar as funções cognitivas e associá-las ao funcionamento cerebral, essa tarefa é extremamente complexa. Esse é um dos motivos pelos quais os resultados de estudos neuropsicológicos no campo da psiquiatria têm sido tão inconsistentes nos últimos tempos. Outro fator complicador é o fato de o TOC ser um transtorno heterogêneo, com diferentes apresentações. Além dos fatores limitantes, uma importante lacuna na literatura neuropsicológica diz respeito à natureza dos déficits cognitivos no TOC: se sua presença deve ser considerada como um traço ou um estado associado aos sintomas (Rao, Reddy, Kumar, Kandavel, & Chandrashekar, 2008). A definição de traço sugere que o déficit cognitivo seja anterior e independente da sintomatologia; enquanto um estado relacionado à doença aparece como consequência de sua sintomatologia, tendendo a melhorar com a remissão dos sintomas. Com o intuito de responder a essa questão, têm sido feitos estudos envolvendo o tratamento do TOC, a avaliação das funções cognitivas pré-mórbidas e até mesmo os parentes de primeiro grau não afetados (endofenótipos)* (Chamberlain & Menzies, 2009).

Os achados neuropsicológicos mais consistentes indicam déficits em habilidades visuoespaciais, na memória e em funções executivas, ou seja, processos de alto nível de complexidade, necessários para a realização de um comportamento (meta dirigida), tais como planejamento, controle inibitório e flexibilidade cognitiva (Kuelz, Hohagen, & Voderholzer, 2004). Entre essas funções, o controle inibitório, a flexibilidade cognitiva e a memória não verbal foram propostos como possíveis endofenótipos para o TOC, tanto em estudos com familiares não afetados (Chamberlain et al., 2007; Menzies et al., 2007) como naqueles com pacientes em remissão de sintomas *versus* controles saudáveis (Rao et al., 2008).

> Com relação ao nível de funcionamento intelectual global (inteligência), os pacientes com TOC não aparentam ter diferenças quando comparados a controles, principalmente por conta de suas habilidades verbais.

Com relação ao nível de funcionamento intelectual global (inteligência), os pacientes com TOC não aparentam ter diferenças quando comparados a controles, principalmente por conta de suas habilidades verbais. Contudo, tendem a apresentar dificuldades nas habilidades visuoespaciais, o que pode ser notado em testes como "Cubos" do WAIS, Figura de Rey ou Teste de Seleção de Cartas de Wisconsin (WCST). Todas essas tarefas têm em comum o fato de serem não verbais e, portanto, avaliarem funções mais proximamente ligadas ao hemisfério cerebral não dominante (HCND), na maioria dos casos, o direito.

Dois estudos longitudinais acrescentam evidências para a caracterização da hipótese de dificuldades em funções do HCND. No primeiro, uma coorte de 1.037 crianças prospectadas ao longo de 32 anos buscou obter informações sobre o perfil neuropsicológico pré-mórbido de sujeitos que desenvolveram TOC na vida adulta. Inicialmente, quando tinham 13 anos, os voluntários foram avaliados por uma bateria de testes cognitivos; aos 32 anos, 700 desses sujeitos (68% da coorte original) foram reavaliados em relação ao diagnóstico de TOC. Os autores compararam o desempenho neuropsicológico dos participantes na infância, dividindo-os entre aqueles que apresentavam TOC (n = 13) e aqueles que não tinham o diagnóstico (n = 687) na fase adulta. Ao fazer isso, constataram que os pacientes com TOC já apresentavam, desde a infância, déficits na cópia e na evocação tardia da Figura de Rey, no subteste Matrizes do WISC e em habilidades motoras, mas não em atenção, inteligência (QI) ou habilidades verbais (Grisham, Anderson, Poulton, Moffitt, & Andrews, 2009). Em outro estudo na mesma linha, Bloch e colaboradores (2011) acompanharam 24 crianças, todas diagnosticadas com TOC, por sete

---

* Os endofenótipos, ou fenótipos intermediários, são marcadores comportamentais ou biológicos de predisposição genética, podendo ser uma medida cognitiva. São características altamente herdáveis, que precisam estar associadas com a doença e, ao mesmo tempo, serem independentes do seu estado clínico, ou seja, persistirem mesmo com a melhora dos sintomas. Além disso, devem ocorrer de maneira concomitante nos pacientes e familiares de primeiro grau não afetados.

anos. Verificaram que aquelas com maiores dificuldades na coordenação motora fina e em praxia construtiva (Cubos) tinham mais chance de persistir com os sintomas durante a vida adulta, o que não ocorreu com testes de inteligência e memória. Os resultados de ambos os estudos podem servir como argumento de que os déficits neuropsicológicos apresentados no TOC são um traço do transtorno, uma vez que já apareciam antes mesmo do início dos sintomas.

Contudo, existem autores que defendem os déficits neuropsicológicos como estado-relacionados à doença e criticam o pequeno número de pacientes com TOC nesses estudos (13 e 24), argumentando que também há relatos de indivíduos que melhoraram os seus desempenhos nos testes neuropsicológicos após a remissão dos sintomas. Além disso, embora os resultados advindos dos estudos longitudinais sejam importantes por corroborar a hipótese de déficits cognitivos relacionados com funções ligadas ao HCND, os estudos de neuroimagem abordados anteriormente não especificavam hemisférios no modelo das vias CEPTC. Uma possível explicação alternativa para a preponderância dos achados de déficits não verbais no TOC seria a alta demanda de processos estratégicos que esses estímulos recrutam, já que, muitas vezes, sua natureza é mais abstrata e complexa do que a dos estímulos verbais, aos quais se pode dar sentido e significado.

Desse modo, mais consistentes com os achados de neuroimagem, estudos que sugerem prejuízos nas funções executivas dos pacientes com TOC são abundantes na literatura (Kuelz et al., 2004). Nesses casos, falhas de organização ou no processo inibitório poderiam estar subjacentes aos sintomas do transtorno, como, por exemplo, quando o paciente começa suas compulsões de checagem ou de organização e não consegue interrompê-las antes de chegar ao final. Tais déficits em funções executivas poderiam contribuir inclusive para o aparecimento e manutenção dos sintomas do TOC, já que falhas na atenção ou no processo de codificação da memória poderiam levar a checagem repetitiva ou outras compulsões.

Por fim, a memória episódica vem sendo um dos principais achados de déficits cognitivos em estudos comparando pacientes com TOC a controles saudáveis (Rao et al., 2008; Savage & Rauch, 2000). Em geral, os pacientes têm dificuldades para recordar informações que aprenderam, sejam elas de conteúdo verbal ou não verbal, como listas de palavras, figuras geométricas ou histórias com contexto. Mesmo assim, os estudos ainda não encontraram falhas na memória para "autoações"* (Chamberlain, Blackwell, Fineberg, Robbins, & Sahakian, 2005) ou para a retenção do conteúdo aprendido (Kashyap, Kumar, Kandavel, & Reddy, 2013). Isso indica que os déficits encontrados nos pacientes com TOC não são relacionados à memória límbica.** Ao contrário, indivíduos com TOC não apresentam dificuldades no reconhecimento de estímulos apresentados previamente (Savage et al., 1996). Assim, a deficiência parece estar em outro setor da memória que não a evocação. Um exemplo disso costuma ser observado nos rituais de checagem: embora o paciente saiba que já checou e que já conferiu o estímulo, acaba ficando na dúvida se o que verificou está,

> Uma possível explicação alternativa para a preponderância dos achados de déficits não verbais no TOC seria a alta demanda de processos estratégicos que esses estímulos recrutam, já que, muitas vezes, sua natureza é mais abstrata e complexa do que a dos estímulos verbais, aos quais se pode dar sentido e significado.

---

* Do inglês *self-actions:* ações realizadas pelo próprio paciente.
** A memória límbica está associada ao lobo temporal medial, região classicamente associada à consolidação mnêmica e que costuma ser deficitária nos pacientes com demência, como a doença de Alzheimer, que apresentam prejuízos na evocação.

de fato, da maneira que deveria. Dessa maneira, surgiu a hipótese da mediação, mais consistente com o modelo neurobiológico do TOC, a qual é descrita a seguir.

HIPÓTESE DA MEDIAÇÃO

A presença de estratégias durante o aprendizado afeta a subsequente evocação dos estímulos. Nesse sentido, quanto mais "profunda" a codificação, por mais tempo a informação será armazenada. Assim, para testar a hipótese de que dificuldades no uso de estratégias organizacionais são, em grande parte, responsáveis pelos déficits mnêmicos no TOC (hipótese da mediação), foram conduzidos estudos avaliando a memória episódica verbal e não verbal.

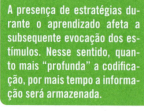

A presença de estratégias durante o aprendizado afeta a subsequente evocação dos estímulos. Nesse sentido, quanto mais "profunda" a codificação, por mais tempo a informação será armazenada.

Com relação à primeira, os autores avaliaram a memória episódica verbal de sujeitos com TOC utilizando o teste de memória e aprendizado verbal Califórnia (CVLT), que permite avaliar o grau de estratégia durante a apresentação das palavras. Para isso, basearam-se no índice de categorização semântica: se palavras da mesma categoria fossem evocadas subsequentemente, isso seria um indício de que os sujeitos realizaram maior categorização semântica durante o aprendizado dos termos. Quando testados, os pacientes apresentaram dificuldades de aplicar a estratégia de categorização semântica de modo espontâneo, o que acarretou piores escores nas evocações (Savage et al., 2000) (Fig. 18.2). Entretanto, é interessante notar que os pacientes

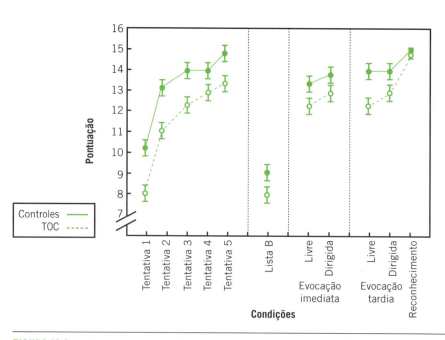

FIGURA 18.2 O gráfico mostra o resultado do desempenho de pacientes (em pontilhado) e controles (linha contínua) nos escores do CVLT. As barras representam o erro padrão da média. Embora as memórias de curto e longo prazo estejam prejudicadas em todas as medidas nos pacientes com TOC, eles se beneficiam da evocação estruturada (por meio de pistas semânticas) e apresentam o reconhecimento semelhante ao dos controles.
Fonte: Savage e colaboradores (2000).

não apresentaram dificuldades nos escores de reconhecimento. Além disso, ao serem instruídos a utilizar estratégias organizacionais, com o intuito de melhorar a codificação, obtiveram desempenho tão bom quanto o dos controles (Deckersbach, Otto, & Savage, 2000; Deckersbach et al., 2005).

No campo da memória episódica não verbal, algo semelhante ocorre: quando instruídos a copiar uma figura geométrica complexa, como, por exemplo, a Figura de Rey, os pacientes geralmente acabam se confundindo na codificação das informações e, por isso, apresentam prejuízos durante as evocações posteriores. Porém, se forem orientados a usar estratégias durante o período em que estão memorizando os estímulos, não apresentam qualquer dificuldade em aplicá-las, o que melhora substancialmente sua codificação das informações e, por consequência, acaba refletindo nos escores das futuras evocações (Savage et al., 1999).

Uma possível estratégia para a cópia de figuras complexas é focar a atenção inicialmente nas macroestruturas, que dão forma e corpo à figura, para depois completar os detalhes. Assim, é possível atribuir um escore para o grau de planejamento do sujeito durante a cópia da Figura de Rey, pontuação que reflete o nível de estratégia organizacional e a partir da qual podemos inferir se o participante estava (ou não) "enxergando" as macroestruturas que formam a imagem (Fig. 18.3). Para isso, é necessário que o avaliador aplique o teste com diferentes lápis de cor, que vão sendo trocados durante a cópia da figura.* O ponto importante é que não se pode trocar o lápis a qualquer momento: é necessário observar se, na hora da troca, o avaliando está desenhando alguma das macroestruturas. Caso esteja, não se deve trocar o lápis até ele acabar de desenhar aquela estrutura. Para a atribuição do escore, não importa a ordem em que as macroestruturas foram desenhadas. Se elas estiverem desenhadas na mesma cor, já se pode atribuir o escore, pois se infere que o sujeito "enxergava" aquela determinada estrutura "separada" das outras.

Portanto, apesar de os prejuízos nos testes de memória serem abundantes na literatura de TOC, há evidências de que esses déficits não

> Apesar de os prejuízos nos testes de memória serem abundantes na literatura de TOC, há evidências de que esses déficits não são primários, mas, sim, mediados por dificuldades nas funções executivas.

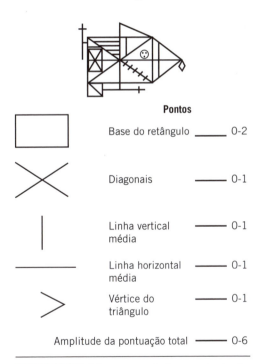

FIGURA 18.3 Modelo para correção do escore de planejamento da Figura de Rey. O escore varia de 0 a 6, e o retângulo principal tem maior peso que as demais estruturas. Foi demonstrado que uma maior pontuação nesse escore de organização prevê o desempenho dos participantes nas evocações tardias.

Fonte: Savage e colaboradores (1999).

---

* Em geral, a cópia da figura deve ser feita com algo em torno de cinco cores diferentes, e, na instrução do teste, o avaliador já deve alertar o avaliando de que irá trocar, de tempos em tempos, o lápis com o qual copia a imagem.

são primários, mas, sim, mediados por dificuldades nas funções executivas (Savage et al., 2000). Isso significa que o desempenho aquém nos testes de memória poderia ser mais bem explicado por falhas na codificação dos estímulos, mais especificamente devido à falta de emprego de estratégias organizacionais adequadas. Essa dificuldade em realizar estratégias durante a codificação dos estímulos está de acordo com o modelo das vias CEPTC e com as disfunções de circuitos frontoestriatais. Além disso, embora alguns estudos não tenham conseguido replicar tais resultados, a hipótese da mediação foi encontrada tanto para estímulos verbais como para não verbais (Anderson & Savage, 2004).

CONSIDERAÇÕES FINAIS

Ainda não há conclusões sobre os déficits neuropsicológicos apresentados pelos pacientes com TOC serem estado ou traço-relacionados ao transtorno: há autores defendendo ambos os pontos de vista e estudos com resultados que podem ser interpretados de ambas as formas. De fato, é possível que essa relação seja manifesta de ambas as formas. Contudo, é consenso na literatura que há déficits importantes nas funções executivas e em habilidades visuoespaciais, provavelmente relacionados às áreas cerebrais envolvidas no modelo neurobiológico do transtorno. Esses resultados são evidentes nos testes de memória verbal e visuoespacial em que sejam recrutadas estratégias de organização, como a Figura de Rey e o CVLT: em vez de organizar as informações de maneira geral, os pacientes desenvolvem dúvidas e focalizam os detalhes, sem qualquer hierarquia, o que dificulta a recuperação. Isso poderia contribuir, por exemplo, para os comportamentos de checagem. Em outras palavras, deficiências na utilização de estratégias de organização poderiam desencadear as dúvidas, os SOCs. Como esses fenômenos ocorrem em conjunto com acontecimentos ambientais que geram ansiedade, comportamentos ritualizados também poderiam representar uma forma de compensar os déficits de organização. Recentemente, estudos vêm sendo realizados com o objetivo de desenvolver técnicas específicas de reabilitação cognitiva, a fim de ajudar não apenas os déficits cognitivos, mas também os SOCs.

REFERÊNCIAS

Abramowitz, J. S., Taylor, S., & McKay, D. (2009). Obsessive-compulsive disorder. *Lancet, 374*(9688), 491-499.

Alexander, G. E., DeLong, M. R., & Strick, P. L. (1986). Parallel organization of functionally segregated circuits linking basal ganglia and cortex. *Annual Review of Neuroscience, 9*, 357-381.

American Academy of Child and Adolescent Psychiatry [AACAP]. (2012). Practice parameter for the assessment and treatment of children and adolescents with obsessive-compulsive disorder. *Journal of the American Academy of Child and Adolescent Psychiatry, 51*(1), 98-113.

American Psychiatric Association [APA]. (1994). *DSM-IV-TR: Diagnostic and Statistical Manual of Mental Disorders* (4th ed., pp. 980). Washington: APA.

Andrade, L., Wang Y., & Andreoni, S. (2012). Mental disorders in megacities: findings from the Sao Paulo megacity mental health survey, Brazil. *PloS one, 7*(2), e31879.

Bloch, M. H., Sukhodolsky, D. G., Dombrowski, P. a, Panza, K. E., Craiglow, B. G., Landeros-Weisenberger, A., ... Schultz, R. T. (2011). Poor fine-motor and visuospatial skills predict persistence of pediatric-onset obsessive-compulsive disorder into adulthood. *Journal of Child Psychology and Psychiatry, 52*(9), 974-983.

Chamberlain, S. R., Blackwell, A. D., Fineberg, N. A., Robbins, T. W., & Sahakian, B. J. (2005). The neuropsychology of obsessive compulsive disorder: the importance of failures in cognitive and behavioural inhibition as candidate endophenotypic markers. *Neuroscience and Biobehavioral Reviews, 29*(3), 399-419.

Chamberlain, S. R., Fineberg, N. A., Menzies, L. A., Blackwell, A. D., Bullmore, E. T., Robbins, T. W., &

Sahakian, B. J. (2007). Impaired cognitive flexibility and motor inhibition in unaffected first-degree relatives of patients with obsessive-compulsive disorder. *The American Journal of Psychiatry, 164*(2), 335-338.

Deckersbach, T., Otto, M., & Savage, C. (2000). The relationship between semantic organization and memory in obsessive-compulsive disorder. *Psychotherapy and Psychosomatics, 69*(2), 101-107.

Deckersbach, T., Savage, C. R., Dougherty, D. D., Bohne, A., Loh, R., Nierenberg, A., ... Rauch, S. L. (2005). Spontaneous and directed application of verbal learning strategies in bipolar disorder and obsessive-compulsive disorder. *Bipolar Disorders, 7*(2), 166-175.

Del Casale, A., Kotzalidis, G. D., Rapinesi, C., Serata, D., Ambrosi, E., Simonetti, A., ... Girardi, P. (2011). Functional neuroimaging in obsessive-compulsive disorder. *Neuropsychobiology, 64*(2), 61-85.

Fontenelle, L. F., Mendlowicz, M. V., & Versiani, M. (2006). The descriptive epidemiology of obsessive-compulsive disorder. *Progress in Neuro-psychopharmacology & Biological Psychiatry, 30*(3), 327-337.

Grisham, J. R., Anderson, T. M., Poulton, R., Moffitt, T. E., & Andrews, G. (2009). Childhood neuropsychological deficits associated with adult obsessive-compulsive disorder. *The British Journal of Psychiatry, 195*(2), 138-141.

Kalra, S. K., & Swedo, S. E. (2009). Children with obsessive-compulsive disorder: Are they just "little adults"? *The Journal of Clinical Investigation, 119*(4), 737-746.

Kashyap, H., Kumar, J. K., Kandavel, T., & Reddy, Y. C. J. (2013). Neuropsychological functioning in obsessive-compulsive disorder: Are executive functions the key deficit? *Comprehensive Psychiatry, 54*(5), 533-540.

Kuelz, A. K., Hohagen, F., & Voderholzer, U. (2004). Neuropsychological performance in obsessive-compulsive disorder: a critical review. *Biological Psychology, 65*(3), 185-236.

Mataix-Cols, D., Wooderson, S., Lawrence, N., Brammer, M. J., Speckens, A., & Phillips, M. L. (2004). Distinct neural correlates of washing, checking, and hoarding symptom dimensions in obsessive-compulsive disorder. *Archives of General Psychiatry, 61*(6), 564-576.

Menzies, L., Achard, S., Chamberlain, S. R., Fineberg, N., Chen, C.-H., del Campo, N., ... Bullmore, E. (2007). Neurocognitive endophenotypes of obsessive-compulsive disorder. *Brain, 130*(Pt 12), 3223-3236.

Menzies, L., Chamberlain, S. R., Laird, A. R., Thelen, S. M., Sahakian, B. J., & Bullmore, E. T. (2008). Integrating evidence from neuroimaging and neuropsychological studies of obsessive-compulsive disorder: The orbitofronto-striatal model revisited. *Neuroscience and Biobehavioral Reviews, 32*(3), 525-549.

Milad, M. R., & Rauch, S. L. (2012). Obsessive-compulsive disorder: Beyond segregated corticosstriatal pathways. *Trends in cognitive sciences, 16*(1), 43-51.

Nestadt, G., Samuels, J., Riddle, M., Bienvenu, O. J., Liang, K. Y., LaBuda, M., ... Hoehn-Saric, R. (2000). A family study of obsessive-compulsive disorder. *Archives of General Psychiatry, 57*(4), 358-363.

Pauls, D. L. (2010). The genetics of obsessive-compulsive disorder: A review. *Dialogues in Clinical Neuroscience, 12*(2), 149-163.

Rao, N. P., Reddy, Y. C. J., Kumar, K. J., Kandavel, T., & Chandrashekar, C. R. (2008). Are neuropsychological deficits trait markers in OCD? *Progress in Neuro-psychopharmacology & Biological Psychiatry, 32*(6), 1574-1579.

Rauch, S. L., Jenike, M. A., Alpert, N. M., Baer, L., Breiter, H. C., Savage, C. R., & Fischman, A. J. (1994). Regional cerebral blood flow measured during symptom provocation in obsessive-compulsive disorder using oxygen 15-labeled carbon dioxide and positron emission tomography. *Archives of General Psychiatry, 51*(1), 62-70.

Rotge, J.-Y., Guehl, D., Dilharreguy, B., Tignol, J., Bioulac, B., Allard, M., ... Aouizerate, B. (2009). Meta-analysis of brain volume changes in obsessive-compulsive disorder. *Biological Psychiatry, 65*(1), 75-83.

Savage, C. R., Baer, L., Keuthen, N. J., Brown, H. D., Rauch, S. L., & Jenike, M. A. (1999). Organizational strategies mediate nonverbal memory impairment in obsessive-compulsive disorder. *Biological Psychiatry, 45*(7), 905-916.

Savage, C. R., Deckersbach, T., Wilhelm, S., Rauch, S. L., Baer, L., Reid, T., & Jenike, M. A. (2000). Strategic processing and episodic memory impairment in obsessive compulsive disorder. *Neuropsychology, 14*(1), 141-151.

Savage, C. R., Keuthen, N. J., Jenike, M. A., Brown, H. D., Baer, L., Kendrick, A. D., ... Albert, M. S. (1996). Recall and recognition memory in obsessive-compulsive disorder. *The Journal of Neuropsychiatry and Clinical Neurosciences, 8*(1), 99-103.

Savage, C. R., & Rauch, S. L. (2000). Cognitive deficits in obsessive-compulsive disorder. *The American Journal of Psychiatry, 157*(7), 1182-1183.

Saxena, S., Brody, A. L., Maidment, K. M., Dunkin, J. J., Colgan, M., Alborzian, S., ... Baxter, L. R. Jr. (1999). Localized orbitofrontal and subcortical metabolic changes and predictors of response to paroxetine treatment in obsessive-compulsive disorder. *Neuropsychopharmacology*, *21*(6), 683-693.

World Health Organization [WHO]. (1992). *ICD-10: The ICD-10 classification of mental and behavioural disorders: clinical descriptions and diagnostic guidelines*. Geneva: WHO.

19
Neuropsicologia das dependências químicas

FREDERICO GARCIA
LAFAIETE MOREIRA
ALESSANDRA ASSUMPÇÃO

Dependência química (DQ) é uma doença crônica caracterizada por:

a) compulsão por procurar e usar drogas;
b) perda de controle do limite de uso;
c) surgimento de emoções negativas associadas à privação de consumo da droga (Koob & Le Moal, 2008);
d) recaídas de uso da droga.

A quinta edição do *Manual diagnóstico e estatístico de transtornos mentais* (DSM-5), da American Psychiatric Association, estabelece critérios objetivos para o diagnóstico diferencial, sendo a tolerância progressiva, os sintomas de abstinência e os prejuízos psicológicos e sociais associados ao uso abusivo da substância os fatores mais importantes a serem considerados (American Psychiatric Association [APA], 2013).

Entre os prejuízos psicológicos, os comprometimentos cognitivos são os mais diretamente associados a dificuldades no exercício profissional, nos processos de aprendizagem e nas relações interpessoais. Os comprometimentos cognitivos podem dificultar o tratamento e a reinserção social dos usuários de drogas. O melhor conhecimento das alterações neuropsicológicas da DQ aumenta a compreensão das dificuldades encontradas durante o processo de tratamento clínico e permite a melhor orientação da família e do paciente.

A avaliação neuropsicológica (AN) pode ser utilizada para investigar a extensão do problema, sendo uma ferramenta importante para traçar um plano de tratamento individualizado para cada paciente (Verdejo-Garcia, Lopez-Torrecillas, Aguilar de Arcos, & Perez-Garcia, 2005).

Neste capítulo, serão revistos os principais conceitos ligados ao comprometimento neuropsicológico dos usuários de drogas. Objetiva-se sensibilizar e instrumentalizar o leitor a rastrear essas alterações nos pacientes com uma DQ.

MECANISMOS NEUROPSICOLÓGICOS DA DEPENDÊNCIA QUÍMICA

A DQ é uma doença multifatorial definida por um padrão mal-adaptativo do uso de uma substância, associado, necessariamente, a prejuízos ou sofrimentos clínicos e significativos do ponto de vista social.

Apesar da existência de critérios claros para diagnóstico da doença, os mecanismos pelos quais ela ocorre ainda não são totalmente compreendidos. Um dos modelos neuropsicológicos que tem apresentado mais evidências de confiabilidade é o de Koob e Le Moal (1997), no qual a DQ é conceitualizada como um ciclo crescente de desregulação do sistema de recompensa do cérebro que resultaria no uso compulsivo da droga. O processo de dependência estaria relacionado, em um primeiro estágio, a uma mudança no *continuum* de contingências comportamentais, em que há alterações da valência do reforçamento do estímulo, de positivo para negativo. Na DQ, ocorreria algo comparável a passagem de um transtorno do controle dos impulsos, em que estímulo eliciador da resposta é positivo, para um transtorno compulsivo, no qual tal estímulo é negativo. Essa transição ocorreria em três estágios: preocupação/antecipação, abuso/intoxicação e fuga/emoção negativa (Koob & Le Moal, 2008). A maior vantagem desse modelo é o fato de poder ser investigado em diversos níveis, indo desde a neurobiologia e neuropsicologia experimental até a psicologia cognitiva social, o que permite uma abordagem translacional.

Em termos do substrato neurobiológico, Feltenstein e See (2008) sugerem que o processo de dependência ocorre devido à desregulação induzida pela droga do sistema de recompensa do cérebro, na via mesolímbica (Fig. 19.1). Nesse circuito, há o aumento da estimulação dopaminérgica, principalmente no estriato ventral e no *nucleus acumbens*, gerando sensações agradáveis que orientam o indivíduo a comportamentos ativos e adaptativos, como procurar abrigo, alimento e reproduzir-se. O uso abusivo das drogas sobrecarrega esse sistema, levando a um aumento na sinalização dopaminérgica do *nucleus acumbens*, e causa as sensações que motivam a ingestão de quantidades cada vez maiores da droga, potencializando a formação de associações mal-adaptativas e gerando os sintomas clínicos, como abstinência, fissura, vulnerabilidade persistente a recaídas.

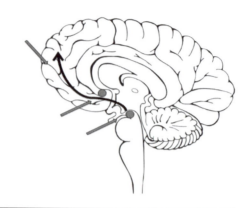

FIGURA 19.1 Localização da via mesolímbica, ligada ao sistema de recompensas.

> Os fatores mais importantes para a análise dos comprometimentos causados pelas diferentes drogas são: tipo de droga, tempo de uso, tipo de consumo – se agudo (uma única dose), eventual (esporádico), subagudo (repetidamente em dias diferentes) ou crônico, aqui chamado de dependência (período prolongado) – e quantidade usada.

consequentemente, afetam distintos aspectos ao longo do ciclo de desenvolvimento da dependência. Todas as substâncias parecem estimular, de modo direto ou indireto, a ação dopaminérgica do circuito de recompensa.

Os fatores mais importantes para a análise dos comprometimentos causados pelas diferentes drogas, são: tipo de droga, tempo de uso, tipo de consumo – se agudo (uma única dose), eventual (esporádico), subagudo (repetidamente em dias diferentes) ou crônico, aqui chamado de dependência (período prolongado) – e quantidade usada. Dependendo dessas variáveis, é possível notar comprometimentos maiores ou menores; todavia, não existe consenso nos diferentes estudos. Al-Zahrani e Elsayed (2009) apontaram como outra variável importante o número de hospitalizações, que pode contribuir para alterações comportamentais e aumento de comprometimentos cognitivos.

Na prática, outro fator a ser considerado é que sujeitos dependentes ou que consomem drogas de forma abusiva geralmente

ALTERAÇÕES NEUROPSICOLÓGICAS COMUNS

Existem diferentes tipos de drogas que agem por diferentes mecanismos bioquímicos e, usam mais de uma substância ao mesmo tempo, ainda que seja possível identificar qual a droga mais utilizada. Esse perfil comum de utilização dificulta a identificação e a pesquisa de associações específicas entre tipos de drogas e domínios cognitivos distintos. De forma geral, os usuários apresentam alterações neuropsicológicas em memória episódica, processamento de emoções e funções executivas (sobretudo tomada de decisão), associadas à utilização de todas as drogas pesquisadas (maconha, psicoestimulantes, opioides e álcool). Existe uma relação de especificidade do uso de psicoestimulantes e álcool com impulsividade e flexibilidade cognitiva; de maconha e metanfetamina com prejuízo na memória prospectiva; e, por fim, de maconha e *ecstasy* com prejuízo velocidade de processamento e no planejamento.

> Usuários eventuais de cocaína e crack apresentam comprometimentos significativos em comparação com o grupo-controle nas seguintes funções: atenção sustentada e alternada, memória espacial, controle inibitório e flexibilidade cognitiva.

DROGAS ESTIMULANTES

Cocaína e *crack*

Os achados na literatura relativos tanto ao uso eventual como ao crônico de cocaína e *crack* são controversos.

Usuários eventuais de cocaína e *crack* apresentam comprometimentos significativos em comparação com o grupo-controle nas seguintes funções: atenção sustentada e alternada, memória espacial, controle inibitório e flexibilidade cognitiva, a qual é relacionada à inabilidade de ajustar o comportamento rapidamente e de forma flexível e pode ter repercussões nas atividades do cotidiano (Colzato & Hommel, 2009; Colzato, Huizinga, & Hommel, 2009; Colzato, van den Wildenberg, van Wouwe, Pannebakker, & Hommel, 2009). Observa-se, ainda, uma frequência maior de traços esquizotípicos avaliados com o Brief Schizophrenia Person Questionnaire (SBQ-B), sugerindo uma provável disfunção dopaminérgica (Colzato & Hommel, 2009).

Estudos indicam também a presença de traços de impulsividade (Fernandez-Serrano, Perales, Moreno-Lopez, Perez-Garcia, & Verdejo-Garcia, 2012), apontando que usuários eventuais de cocaína apresentam maiores escores na escala de personalidade UPPS-P (traço de impulsividade) e menor desempenho em tarefas de controle inibitório, bem como maiores índices de perseveração, fato que pode sugerir disfunção orbitofrontal no contexto de reforço de aprendizagem.

Diferentemente dos usuários crônicos, não foram encontradas variações de comprometimento cognitivo em usuários eventuais de cocaína em relação ao sexo (Rahman & Clarke, 2005). A Tabela 19.1 apresenta um resumo das funções cognitivas comprometidas nos diferentes padrões de uso de cocaína/*crack*.

Dependentes e usuários crônicos de cocaína apresentam comprometimentos nas seguintes funções: memória de trabalho (Jovanovski, Erb, & Zakzanis, 2005; Verdejo-Garcia & Perez-Garcia, 2007), atenção (Cunha, Nicastri, Gomes, Moino, & Peluso, 2004; Jovanovski et al., 2005; Verdejo-Garcia & Perez-Garcia, 2007), controle inibitório (Verdejo-Garcia & Perez-Garcia, 2007; Woicik et al., 2009), memória verbal (De Oliveira et al., 2009; Woicik et al., 2009), aprendizagem e memória (Abi-Saab et al., 2010; Jovanovski et al., 2005), memória de curto prazo e função psicomotora (Kalapatapu et al., 2011). Além dessas alterações, foram encontrados comprometimentos na capacidade de tomada de decisão (Cunha et al., 2004). No referido estudo, as escolhas desvantajosas no Iowa Gambling Test (IGT) foram associadas a altos níveis de disfunção social em relação ao grupo-controle

TABELA 19.1
Funções cognitivas comprometidas e padrão de uso de cocaína/*crack*

PADRÃO DE USO *VERSUS* COMPROMETIMENTO COGNITIVO	
USO CRÔNICO	**USO EVENTUAL**
Atenção	Atenção
Memória	Memória visual
Psicomotricidade	Função executiva – controle inibitório, flexibilidade
Função executiva – memória de trabalho	

por meio da Social Adjustment Scale (SAS). Tal comprometimento pode ser indicativo de associação entre dificuldade de tomada de decisão e maior disfunção social.

Nas mulheres, observa-se um maior comprometimento com relação a memória de trabalho, flexibilidade cognitiva e controle inibitório (van der Plas, Crone, van den Wildenberg, Tranel, & Bechara, 2009). Essa diferença de gênero pode ser importante na criação de planos de tratamento específicos para a população feminina.

Drogas sintéticas estimulantes (MDMA/*Ecstasy*)

O uso de novas substâncias psicoativas tem ocorrido nos últimos anos em diferentes países. Há pouca experiência clínica e farmacológica para que se possa medir o impacto dessas novas drogas em termos neurocognitivos (United Nations Office on Drugs and Crime [UNODC], 2013). As evidências têm sugerido, contudo, que os danos causados por algumas delas são significativos, podendo passar pelo desencadeamento do mecanismo de autodestruição (apoptose) neuronal em sistemas monoaminérgicos.

A 3,4 metilenedioximetanfetamina (MDMA ou *ecstasy*) não necessita de padrão intenso de uso para que se observem seus efeitos deletérios na cognição dos usuários. A droga causa um efeito tóxico no sistema serotonérgico em estruturas (McCardle, Luebbers, Carter, Croft, & Stough, 2004). O uso de MDMA tem sido associado com comprometimento de memória (Ward, Hall, & Haslam, 2006) e disfunção psicológica, a qual persiste por dois anos após abstinência.

O uso eventual de drogas estimulantes foi associado ao comprometimento de memória e a alterações serotonérgicas. A maior parte dos estudos indica comprometimentos na memória e na aprendizagem (Hanson & Luciana, 2004; McCardle et al., 2004; Wagner, Becker, Koester, Gouzoulis-Mayfrank, & Daumann, 2013), no processamento visuomotor (Wagner et al., 2013), na atenção (McCardle et al., 2004; Yip & Lee, 2005), na memória verbal (Bedi, Van Dam, & Redman, 2010; Thomasius et al., 2003; Yip & Lee, 2006); na memória não verbal (Ward et al., 2006; Yip & Lee, 2005) e na memória de curto prazo (McCardle et al., 2004). Nas funções executivas, são observados comprometimentos relativos a memória de trabalho (Fisk, Montgomery, Murphy, & Wareing, 2004; Yip & Lee, 2005), fluência verbal (Yip & Lee, 2005), tomada de decisão (Quednow et al., 2007) e velocidade de processamento (Halpern et al., 2004).

Estudos indicam, ainda, altos níveis de impulsividade (Halpern et al., 2004;

> O 3,4 metilenedioximetanfetamina (MDMA ou ecstasy) não necessita de padrão intenso de uso para que se observem seus efeitos deletérios na cognição dos usuários.

Quednow et al., 2007) e de sintomas depressivos (McCardle et al., 2004; Ward et al., 2006) e ansiosos (Ward et al., 2006), especialmente em ex-usuários.

DROGAS INIBIDORAS

Álcool

A maioria dos trabalhos disponíveis na literatura sobre o abuso de álcool investiga os efeitos crônicos da droga. As principais alterações cognitivas encontradas em sujeitos adultos dependentes de álcool ocorreram no controle inibitório (Bardenhagen, Oscar-Berman, & Bowden, 2007; Hildebrandt, Brokate, Eling, & Lanz, 2004; Kareken et al., 2013; Noel, Bechara, Dan, Hanak, & Verbanck, 2007), na memória episódica (Corley et al., 2011), nas habilidades sociais (Thoma, Winter, Juckel, & Roser, 2013), na memória de trabalho (Hildebrandt et al., 2004; Thoma et al., 2013) e no processamento visuoespacial (Schottenbauer, Hommer, & Weingartner, 2007).

Quanto aos efeitos do uso eventual de álcool na ausência de intoxicação pela substância, também foram identificadas alterações no controle inibitório (Ramaekers et al., 2011) e na memória episódica verbal (Woicik et al., 2009). A Tabela 19.2 resume as funções cognitivas comprometidas nos diferentes padrões de uso de álcool.

Maconha

Usuários eventuais de maconha apresentaram alterações em processos atencionais (Theunissen et al., 2012).

O uso crônico dessa substância, na ausência da intoxicação pela droga, altera a velocidade de processamento (Bosker et al., 2013; Kelleher, Stough, Sergejew, & Rolfe, 2004), a memória episódica (Messinis et al., 2007) e os processos atencionais (Bosker et al., 2013). A Tabela 19.3 resume as funções cognitivas comprometidas em relação ao padrão de uso da maconha.

HEROÍNA/OPIOIDES

A exposição crônica a opioides ocorre tanto em população clínica, para o tratamento de dores crônicas, como em dependentes químicos, que fazem uso sem prescrição. Dependentes crônicos de opioides apresentam comprometimentos, durante o período de abuso da droga (Baldacchino, Balfour, Passetti, Humphris, & Matthews, 2012; Portenoy & Foley, 1986; Verdejo-Garcia et al., 2005), em funções executivas, como flexibilidade cognitiva e memória de trabalho e na memória de reconhecimento.

Dependentes e usuários crônicos de opioides apresentam comprometimentos

TABELA 19.2
Funções cognitivas comprometidas e padrão de uso de álcool

PADRÃO DE USO *VERSUS* COMPROMETIMENTO COGNITIVO	
USO CRÔNICO	**USO EVENTUAL**
Funções executivas: controle inibitório e memória de trabalho	Funções executivas: controle inibitório
Memória: memória episódica verbal	Memória: memória episódica verbal
Processamento visuoespacial	
Habilidades sociais	

TABELA 19.3
Funções cognitivas comprometidas e padrão de uso de maconha

PADRÃO DE USO *VERSUS* COMPROMETIMENTO COGNITIVO	
USO CRÔNICO	**USO EVENTUAL**
Atenção	Atenção
Velocidade de processamento	
Memória episódica verbal	

na memória de trabalho (Baldacchino et al., 2012), na memória de reconhecimento (Ersche & Sahakian, 2007), na fluência verbal, na flexibilidade cognitiva (Baldacchino et al., 2012) e no planejamento (Ersche & Sahakian, 2007).

Após abstinência prolongada, comprometimentos cognitivos consistentes foram observados em funções executivas (Ersche & Sahakian, 2007), memória de reconhecimento e aprendizagem. Ersche e Sahakian (2007) sugerem que, mesmo após alguns anos de abstinência, o comprometimento persistente pode refletir a neuropatologia nos córtices frontal e temporal. Tal fato é importante para o planejamento personalizado de tratamento.

> Ersche e Sahakian (2007) sugerem que, mesmo após alguns anos de abstinência, o comprometimento persistente pode refletir a neuropatologia nos córtices frontal e temporal. Tal fato é importante para o planejamento personalizado de tratamento.

CONSIDERAÇÕES FINAIS

A avaliação neuropsicológica se mostra uma ferramenta importante na identificação dos comprometimentos cognitivos decorrentes do uso ou abuso de substâncias. Quanto mais precoces forem os achados, maiores são as chances de adequar as intervenções para cada paciente. A avaliação neuropsicológica pode auxiliar no complemento do diagnóstico e na compreensão da dificuldade de manutenção da abstinência; além disso, pode ajudar no tratamento e na orientação dos familiares dos usuários de drogas.

REFERÊNCIAS

Abi-Saab, D., Beauvais, J., Mehm, J., Brody, M., Gottschalk, C., & Kosten, T. R. (2010). The effect of alcohol on the neuropsychological functioning of recently abstinent cocainedependent subjects. The *American Journal on Addiction, 14*(2), 166-178.

Al-Zahrani, M. A., & Elsayed, Y. A. (2009). The impacts of substance abuse and dependence on neuropsychological functions in a sample of patients from Saudi Arabia. *Behavioral and Brain Function, 5*, 48.

American Psychiatric Association [APA] (2013). *DSM-5: diagnostic and statistical manual of mental disorders: text revision* (5th ed.). Washington: APA.

Baldacchino, A., Balfour, D. J., Passetti, F., Humphris, G., & Matthews, K. (2012). Neuropsychological consequences of chronic opioid use: A quantitative review and meta-analysis. *Neuroscience & Biobehavioral Reviews, 36*(9), 2056-2068.

Bardenhagen, F. J., Oscar-Berman, M., & Bowden, S. C. (2007). Rule knowledge aids performance on spatial and object alternation tasks by alcoholic patients with and without Korsakoff's amnesia. Journal of *Neuropsychiatric Disease and Treatment, 3*(6), 907-918.

Bedi, G., Van Dam, N. T., & Redman, J. (2010). Ecstasy (MDMA) and high prevalence psychiatric symptomatology: Somatic anxiety symptoms are associated with polydrug, not ecstasy, use. *Journal of Psychopharmacology, 24*(2), 233-240.

Bosker, W. M., Karschner, E. L., Lee, D., Goodwin, R. S., Hirvonen, J., Innis, R. B., . . . Ramaekers, J. G. (2013). Psychomotor function in chronic daily Cannabis smokers during sustained abstinence. *PLoS One, 8*(1), e53127.

Colzato, L. S., & Hommel, B. (2009). Recreational use of cocaine eliminates inhibition of return. *Neuropsychology, 23*(1), 125-129.

Colzato, L. S., Huizinga, M., & Hommel, B. (2009). Recreational cocaine polydrug use impairs cognitive flexibility but not working memory. *Psychopharmacology (Berl), 207*(2), 225-234.

Colzato, L. S., van den Wildenberg, W. P., van Wouwe, N. C., Pannebakker, M. M., & Hommel, B. (2009). Dopamine and inhibitory action control: Evidence from spontaneous eye blink rates. *Experimental Brain Research, 196*(3), 467-474.

Corley, J., Jia, X., Brett, C. E., Gow, A. J., Starr, J. M., Kyle, J. A., . . . Deary, I. J. (2011). Alcohol intake and cognitive abilities in old age: The Lothian Birth Cohort 1936 study. *Neuropsychology, 25*(2), 166-175.

Cunha, P. J., Nicastri, S., Gomes, L. P., Moino, R. M., & Peluso, M. A. (2004). Neuropsychological impairments in crack cocaine-dependent inpatients: preliminary findings. *Revista Brasileira de Psiquiatria, 26*(2), 103-106.

De Oliveira, L. G., Barroso, L. P., Silveira, C. M., Sanchez, Z. V., De Carvalho Ponce, J., Vaz, L. J., & Nappo, S. A. (2009). Neuropsychological assessment of current and past crack cocaine users. *Substance Use & Misuse, 44*(13), 1941-1957.

Ersche, K. D., & Sahakian, B. J. (2007). The neuropsychology of amphetamine and opiate dependence: Implications for treatment. *Neuropsychology Review, 17*(3), 317-336.

Feltenstein, M. W., & See, R. E. (2008). The neurocircuitry of addiction: An overview. *British Journal of Pharmacology, 154*(2), 261-274.

Fernandez-Serrano, M. J., Perales, J. C., Moreno-Lopez, L., Perez-Garcia, M., & Verdejo-Garcia, A. (2012). Neuropsychological profiling of impulsivity and compulsivity in cocaine dependent individuals. *Psychopharmacology (Berl), 219*(2), 673-683.

Fisk, J. E., Montgomery, C., Murphy, P., & Wareing, M. (2004). Evidence for executive deficits among users of MDMA (Ecstasy). *British Journal of Psychology, 95*(Pt 4), 457-466.

Halpern, J. H., Pope, H. G. Jr., Sherwood, A. R., Barry, S., Hudson, J. I., & Yurgelun-Todd, D. (2004). Residual neuropsychological effects of illicit 3,4-methylenedioxymethamphetamine (MDMA) in individuals with minimal exposure to other drugs. *Drug and Alcohol Dependence, 75*(2), 135-147.

Hanson, K. L., & Luciana, M. (2004). Neurocognitive function in users of MDMA: the importance of clinically significant patterns of use. *Psychological Medicine, 34*(2), 229-246.

Hildebrandt, H., Brokate, B., Eling, P., & Lanz, M. (2004). Response shifting and inhibition, but not working memory, are impaired after long-term heavy alcohol consumption. *Neuropsychology, 18*(2), 203-211.

Jovanovski, D., Erb, S., & Zakzanis, K. K. (2005). Neurocognitive deficits in cocaine users: A quantitative review of the evidence. *Journal of Clinical and Experimental Neuropsychology, 27*(2), 189-204.

Kalapatapu, R. K., Vadhan, N. P., Rubin, E., Bedi, G., Cheng, W. Y., Sullivan, M. A., & Foltin, R. W. (2011). A pilot study of neurocognitive function in older and younger cocaine abusers and controls. *The American Journal on Addictions, 20*(3), 228-239.

Kareken, D. A., Dzemidzic, M., Wetherill, L., Eiler, W. 2nd, Oberlin, B. G., Harezlak, J., . . . O'Connor, S. J. (2013). Family history of alcoholism interacts with alcohol to affect brain regions involved in behavioral inhibition. *Psychopharmacology (Berl), 228*(2), 335-345.

Kelleher, L. M., Stough, C., Sergejew, A. A., & Rolfe, T. (2004). The effects of cannabis on information-processing speed. *Addictive Behaviors, 29*(6), 1213-1219.

Koob, G. F., & Le Moal, M. (1997). Drug abuse: Hedonic homeostatic dysregulation. *Science, 278*(5335), 52-58.

Koob, G. F., & Le Moal, M. (2008). Addiction and the brain antireward system. *Annual Review of Psychology, 59*, 29-53.

McCardle, K., Luebbers, S., Carter, J. D., Croft, R. J., & Stough, C. (2004). Chronic MDMA (ecstasy) use, cognition and mood. *Psychopharmacology (Berl), 173*(3-4), 434-439.

Messinis, L., Kosmidis, M. H., Tsakona, I., Georgiou, V., Aretouli, E., & Papathanasopoulos, P. (2007). Ruff 2 and 7 Selective Attention Test: Normative data, discriminant validity and test-retest reliability in Greek adults. *Archives of Clinical Neuropsychology, 22*(6), 773-785.

Noel, X., Bechara, A., Dan, B., Hanak, C., & Verbanck, P. (2007). Response inhibition deficit is involved in poor decision making under risk in nonamnesic individuals with alcoholism. *Neuropsychology, 21*(6), 778-786.

Portenoy, R. K., & Foley, K. M. (1986). Chronic use of opioid analgesics in non-malignant pain: Report of 38 cases. *Pain, 25*(2), 171-186.

Quednow, B. B., Kuhn, K. U., Hoppe, C., Westheide, J., Maier, W., Daum, I., & Wagner, M. (2007). Elevated impulsivity and impaired decision-making cognition in heavy users of MDMA ("Ecstasy"). *Psychopharmacology (Berl), 189*(4), 517-530

Rahman, Q., & Clarke, C. D. (2005). Sex differences in neurocognitive functioning among abstinent recreational cocaine users. *Psychopharmacology (Berl), 181*(2), 374-380.

Ramaekers, J. G., Theunissen, E. L., de Brouwer, M., Toennes, S. W., Moeller, M. R., & Kauert, G. (2011). Tolerance and cross-tolerance to neurocognitive effects of THC and alcohol in heavy cannabis users. *Psychopharmacology (Berl), 214*(2), 391-401.

Schottenbauer, M. A., Hommer, D., & Weingartner, H. (2007). Memory deficits among alcoholics: performance on a selective reminding task. *Neuropsychology, Development, and Cognition. Section B, Aging, Neuropsychology and Cognition, 14*(5), 505-516.

Theunissen, E. L., Kauert, G. F., Toennes, S. W., Moeller, M. R., Sambeth, A., Blanchard, M. M., & Ramaekers, J. G. (2012). Neurophysiological functioning of occasional and heavy cannabis users during THC intoxication. *Psychopharmacology (Berl), 220*(2), 341-350.

Thoma, P., Winter, N., Juckel, G., & Roser, P. (2013). Mental state decoding and mental state reasoning in recently detoxified alcohol-dependent individuals. *Psychiatry Research, 205*(3), 232-240.

Thomasius, R., Petersen, K., Buchert, R., Andresen, B., Zapletalova, P., Wartberg, L., . . . Schmoldt, A. (2003). Mood, cognition and serotonin transporter availability in current and former ecstasy (MDMA) users. *Psychopharmacology (Berl), 167*(1), 85-96.

United Nations Office on Drugs and Crime [UNODC] (2013). *World Drug Report 2013*. Viena: United Nations.

van der Plas, E. A., Crone, E. A., van den Wildenberg, W. P., Tranel, D., & Bechara, A. (2009). Executive control deficits in substance-dependent individuals: a comparison of alcohol, cocaine, and methamphetamine and of men and women. *Journal of Clinical and Experimental Neuropsychology, 31*(6), 706-719.

Verdejo-Garcia, A. J., Lopez-Torrecillas, F., Aguilar de Arcos, F., & Perez-Garcia, M. (2005). Differential effects of MDMA, cocaine, and cannabis use severity on distinctive components of the executive functions in polysubstance users: a multiple regression analysis. *Addictive Behaviors, 30*(1), 89-101.

Verdejo-Garcia, A., & Perez-Garcia, M. (2007). Profile of executive deficits in cocaine and heroin polysubstance users: common and differential effects on separate executive components. *Psychopharmacology (Berl), 190*(4), 517-530.

Wagner, D., Becker, B., Koester, P., Gouzoulis-Mayfrank, E., & Daumann, J. (2013). A prospective study of learning, memory, and executive function in new MDMA users. *Addiction, 108*(1), 136-145.

Ward, J., Hall, K., & Haslam, C. (2006). Patterns of memory dysfunction in current and 2-year abstinent MDMA users. *Journal of Clinical and Experimental Neuropsychology, 28*(3), 306-324.

Woicik, P. A., Moeller, S. J., Alia-Klein, N., Maloney, T., Lukasik, T. M., Yeliosof, O., . . . Goldstein, R. Z. (2009). The neuropsychology of cocaine addiction: Recent cocaine use masks impairment. *Neuropsychopharmacology, 34*(5), 1112-1122.

Yip, J. T., & Lee, T. M. (2005). Effect of ecstasy use on neuropsychological function: A study in Hong Kong. *Psychopharmacology (Berl), 179*(3), 620-628.

Yip, J. T., & Lee, T. M. (2006). Selective impairment of sadness and disgust recognition in abstinent ecstasy users. *Neuropsychologia, 44*(6), 959-965.

20

Neuropsicologia da dependência de sexo e outras dependências não químicas

BRUNA MESSINA
DANIEL FUENTES
MARCO DE TUBINO SCANAVINO
JEFFREY T. PARSONS

As dependências não químicas seguem o padrão cíclico das dependências de substâncias. Esse modelo de comportamento inicia-se com a sensação de prazer obtida pela busca da "droga de escolha", que gradativamente foge ao controle do indivíduo, ocorrendo o aumento da frequência, da intensidade e da duração do uso. O sujeito passa a desenvolver rituais de busca para a realização do comportamento, podendo relatar "desejo" ou "fissura" até que o consumo seja efetuado, o que resulta em posterior sensação de alívio ou prazer. Além disso, o paciente apresenta grandes chances de desenvolver tolerância ao comportamento e dependência (Donovan & Marlatt, 2007).

Esse perfil comportamental é visto na dependência de nicotina, álcool e drogas; nos transtornos da alimentação; no jogo patológico; e na dependência de sexo (Donovan & Marlatt, 2007).

A dependência é entendida como um processo pelo qual o indivíduo busca determinado comportamento por meio do qual obtém sensação significativa de prazer e saciedade, apresentando falha na capacidade de controlar tal comportamento. Outro ponto importante acerca das dependências em geral é a continuação

> A dependência é entendida como um processo pelo qual o indivíduo busca determinado comportamento por meio do qual obtém sensação significativa de prazer e saciedade, apresentando falha na capacidade de controlar tal comportamento. Outro ponto importante acerca das dependências em geral é a continuação do comportamento apesar de consequências negativas (Goodman, 1990).

do comportamento apesar de consequências negativas (Goodman, 1990).

Do ponto de vista fenomenológico, os transtornos aditivos situam-se na intersecção entre os transtornos compulsivos, os quais envolvem redução da ansiedade por meio do comportamento, e os transtornos impulsivos, que envolvem a gratificação por meio do exercício de um impulso (Goodman, 2008).

Nem sempre se observa um consenso entre os conceitos empregados para o estudo das dependências. Por exemplo, o aspecto do uso compulsivo ou engajamento em um comportamento frequentemente é empregado. Além disso, recompensas psíquicas (bem-estar), recompensas racionais (socialização) e realização de rituais associados à obtenção de recompensas têm sido consideradas importantes para a definição das dependências (Smith & Seymour, 2004).

Alguns autores ainda sugerem que as dependências comportamentais se assemelham conceitualmente ao transtorno do espectro obsessivo-compulsivo (Hollander, 1993a, 1993b), porém as evidências são limitadas (Dell'Osso, Altamura, Allen, Marazziti, & Hollander, 2006). Outros sugerem uma associação com transtornos do humor (Black,

Shaw, McCormick, Bayless, & Allen, 2012; Di Nicola et al., 2010a, 2010b).

Com o objetivo de prover evidências científicas sobre o funcionamento neurocognitivo e esclarecer as conexões entre as dependências e outras morbidades psíquicas, a neuropsicologia vem contribuindo de maneira significativa para o entendimento do desempenho cognitivo de sujeitos dependentes.

ASPECTOS HISTÓRICOS, DIAGNÓSTICOS E CLÍNICOS DA DEPENDÊNCIA DE SEXO

A dependência de sexo foi originalmente descrita por Krafft Ebbing (1886) apud (Johnson, 1973), segundo o qual se tratava de um quadro de "sexualidade patológica", em que os indivíduos engajavam-se de maneira impulsiva e insaciável em sucessivas atividades sexuais. Quase um século depois, Carnes (1983) nomeou esse comportamento como "dependência de sexo". Na década de 1980, a dependência de sexo era vista e tratada como uma condição similar ao alcoolismo. O suporte terapêutico oferecido aos indivíduos que sofriam desse transtorno era embasado na abordagem dos "12 passos", desenvolvida especificamente para a recuperação de alcoolistas (Marshall & Briken, 2010). Em 1990, Goodman adaptou os critérios diagnósticos para dependência de substância descritos no DSM-IV-TR (American Psychiatric Association [APA], 2000) ao diagnóstico de dependência de sexo, definindo esta como um padrão mal-adaptado do comportamento sexual, muito frequente e repetitivo, o qual persiste por um período de 12 meses e é caracterizado por três ou mais dos seguintes subcritérios:

1. desenvolvimento de tolerância ao comportamento
2. busca malsucedida do controle do comportamento
3. mais tempo e energia gastos com o comportamento sexual
4. sintomas de abstinência ao tentar diminuir ou parar o comportamento
5. muito tempo e energia são gastos na preparação e busca do comportamento
6. o comportamento interfere no exercício de atividades sociais ou profissionais
7. o indivíduo persiste com o comportamento sexual apesar das consequências negativas (Goodman, 1990).

Na prática clínica e de pesquisa, os critérios de Goodman têm sido considerados mais operacionais do que aqueles descritos na *Classificação internacional de doenças e problemas relacionados à saúde* (CID-10) para impulso sexual excessivo (OMS, 1993).

Na prática clínica das dependências, de modo geral, observa-se que, ao iniciar o acompanhamento, o paciente não entende seu comportamento patológico como disfuncional. Naturalmente, nesse primeiro momento, é esperado que, em vez de se sentir motivado ao tratamento, o sujeito apresente um sentimento ambivalente, vendo-se pressionado pelo familiar, por pessoas de referência ou pelas circunstâncias (consequências negativas do comportamento) a buscar ajuda e, ao mesmo tempo, sente-se receoso, pois ainda não consegue imaginar outra fonte de prazer, que não aquela obtida pelo comportamento disfuncional em questão (Ferreira, 2007).

Para um melhor entendimento desse complexo processo e com base na experiência clínica, Scanavino (2008, Comunicação Pessoal) descreve quatro fases evolutivas da dependência de sexo:

1. início do comportamento sexual, em geral no final da adolescência e início da vida adulta (Morgenstern et al.,

> Na prática clínica e de pesquisa, os critérios de Goodman têm sido considerados mais operacionais do que aqueles descritos na CID-10 para impulso sexual excessivo (Organização Mundial da Saúde [OMS], 1993).

2011; OMS, 1993), passando a ocupar um tempo considerável da rotina do indivíduo, frequentemente, ele desenvolve e aprimora o desempenho de busca e prática do sexo;
2. perpetua o avanço do tempo e a energia despendida com o comportamento sexual, que começa a trazer sofrimento e prejuízo em outras áreas da vida, mas são minimizados;
3. aumento do sofrimento ou desconforto advindo geralmente de consequências negativas importantes na área dos relacionamentos, da saúde ou das finanças;
4. predominam sentimentos negativos de vazio e arrependimento (Scanavino, 2008, Comunicação Pessoal).

Cada uma dessas fases pode durar meses ou anos, sendo que o tempo médio para busca de tratamento de sujeitos com dependência de sexo é de sete anos (Morgenstern et al., 2011).

Tem-se observado mundialmente um incremento de busca por tratamento por sujeitos com dependência de sexo. Em sua maioria, esses indivíduos procuram ajuda quando estão nas terceiras e quartas fases sugeridas por Scanavino (2008, Comunicação Pessoal). É normalmente nesses estágios que o comportamento é percebido como "fora de controle", tornando-se indesejável pelo dependente, associado com frequência a sérias consequências adquiridas, como doenças sexualmente transmissíveis (DSTs), vírus da imunodeficiência humana/síndrome da imunodeficiência adquirida (HIV/aids), prejuízo financeiro, dissolução de relacionamentos afetivos, entre outros (Scanavino, 2008, Comunicação Pessoal).

NEUROPSICOLOGIA DAS DEPENDÊNCIAS NÃO QUÍMICAS

A impulsividade é uma das principais características das dependências não químicas.

Para Barrat (1985), esse traço do temperamento é representado por pouca capacidade de reflexão, impaciência e ações impensadas. Tais achados refletem em déficits cognitivos relacionados à inabilidade de trabalhar com estímulos atencionais concomitantes, manter a atenção sustentada ou focada, além de falha na capacidade de desenvolver estratégias de maneira satisfatória (Barrat, 1985; Fuentes, 2004).

Entendendo a impulsividade como um fenômeno multifatorial, Bechara, Damásio, Damásio, & Anderson (1994) a diferenciaram funcional e estruturalmente, subdividindo-a em: impulsividade motora (referente a habilidade de inibir respostas prepotentes), impulsividade cognitiva (tomada de decisão) e capacidade de inibir informações irrelevantes.

A CID-10 (OMS, 1993) agrupou em um único critério diagnóstico alguns desses comportamentos que apresentam por base a impulsividade e sugerem um quadro de dependências não químicas, pelo próprio padrão de funcionamento.

No psicodiagnóstico que refere os transtornos do controle dos impulsos (CID10 – F63), inclusive na descrição dos transtornos sem outra especificação que aguardam validação, estão: a oniomania (compras compulsivas), a dependência de sexo, a automutilação recorrente, o transtorno de compulsão alimentar periódica e a dependência de tecnologia, como a dependência de jogos *on-line*, *videogame* e internet (Abreu, Tavares, & Cordás, 2008). Investigando por meio de tarefas neuropsicológicas o público impulsivo em específico, o serviço de triagem de neuropsicologia do Programa do Ambulatório Integrado dos Transtornos do Controle dos Impulsos (ProAmiti), do Instituto de Psiquiatria do Hospital das Clínicas da Faculdade de Medicina da Universidade de São Paulo (IPq-HCFMUSP), reproduziu uma bateria extensa e abrangente buscando um padrão de perfil cognitivo destes sujeitos.

Os testes neuropsicológicos utilizados na investigação da impulsividade em todas as suas manifestações frequentemente incluem as seguintes tarefas: avaliação motora da impulsividade por meio do teste Go/Stop, tarefa que verifica a capacidade de inibição de respostas, mensurando o tempo de reação do indivíduo após um sinal de parada; e erros perseverativos na tarefa Wisconsin Card Sorting Test (WCST), que também sugerem dificuldade na capacidade de inibição de respostas. A impulsividade atencional e a desatenção também podem ser avaliadas na aplicação de tarefas como o Continuous Performance Task (CPT), por meio dos erros de comissão e omissão, e pelo teste Matching Familiar Figures Test (MFFT). A impulsividade por não planejamento na tomada de decisão é investigada por meio do teste Iowa Gambling Task, e a capacidade de organização e planejamento, pelo teste Figuras Complexas de Rey. A investigação do quociente de inteligência (QI) é feita por meio dos subtestes do WASI (vocabulário e raciocínio matricial), além de considerar de suma importância a avaliação das habilidades sociais desses sujeitos e sua capacidade de reconhecer emoções para um melhor entendimento desse perfil exclusivo de pacientes.

Estudos neuropsicológicos que investigam essa população em específico ainda são bastante escassos, com exceção dos estudos sobre jogo patológico e transtornos da alimentação.

Os transtornos da alimentação mais investigados pela neuropsicologia são a anorexia nervosa e a bulimia. Na anorexia nervosa, geralmente os resultados apontam para déficits de atenção, visuoespaciais e de visuoconstrução. No entanto, as alterações cognitivas encontradas na bulimia nervosa são sobretudo déficits de atenção seletiva e de funções executivas (Duchesne et al., 2004). Porém, ainda não é conclusivo se alguns desses resultados encontrados são "consequências" da psicopatologia, originadas de uma desnutrição, por exemplo (Jáuregui-Lobera, 2013).

Em alguns estudos com jogadores patológicos foram constatados que esses sujeitos tinham as funções cognitivas de base preservadas, porém apresentavam dificuldades em habilidades mais complexas, como o controle inibitório, e um perfil de tomada de decisão com tendência imediatista e menos benéfica (Fuentes, 2004; Petry & Casarella, 1999). Achados neuropsicológicos de pacientes com tricotilomania, comparados a controles saudáveis também apontam diferenças significativas no funcionamento executivo (Keuthen et al., 1996; Stanley, Hannay, & Breckenridge, 1997). Evidências sugerem que esses déficits são originados por falhas principalmente relacionadas ao lobo frontal (córtex pré-frontal e áreas subcorticais) (Chambers, Garavan, & Bellgrove, 2009).

Considerando outros aspectos cognitivos envolvidos no comportamento impulsivo, observa-se que esses sujeitos costumam apresentar dificuldades sobretudo em funções executivas e de atenção (Rossini, 2008).

NEUROPSICOLOGIA DA DEPENDÊNCIA DE SEXO

Os pacientes que buscam tratamento para dependência de sexo geralmente não expressam em suas queixas alterações sugestivas de déficits de funcionamento executivo (Reid et al., 2010), e muitos profissionais da saúde mental também não suspeitam de tais alterações.

Porém, novos estudos que investigam sujeitos com dependência de sexo

> Os pacientes que buscam tratamento para dependência de sexo geralmente não expressam em suas queixas alterações sugestivas de déficits de funcionamento executivo (Reid et al., 2010), e muitos profissionais da saúde mental também não suspeitam de tais alterações.

contribuem para maior compreensão diagnóstica. Reid e colaboradores (2010) verificaram que os pacientes que procuram tratamento para dependência de sexo muitas vezes apresentam características de impulsividade, rigidez cognitiva, fraco julgamento, déficits na regulação da emoção, preocupação excessiva com o sexo e incapacidade de regular ou diminuir o comportamento disfuncional. Déficits motivacionais para a mudança do comportamento, dificuldade de iniciação, incapacidade de manter a atenção sustentada em determinada tarefa e preocupação e ruminação sobre sexo e alexitimia são outras perturbações observadas nessa população específica (Reid et al., 2010).

Precursores na investigação neuropsicológica de dependentes de sexo, Miner e colaboradores (Miner, Raymond, Mueller, Lloyd, & Lim, 2009) investigaram uma amostra de oito pacientes dependentes de sexo e oito sujeitos saudáveis, por meio dos testes Go/No Go Task. Os resultados mostraram que os dependentes de sexo apresentaram mais erros de comissão nessa tarefa, bem como mais erros de omissão, sugerindo maior impulsividade e menor capacidade atencional do que os sujeitos saudáveis.

Reid e colaboradores (Reid et al., 2010), no primeiro estudo do grupo acerca da investigação neuropsicológica de dependentes de sexo, compararam o funcionamento executivo de pacientes e de uma amostra de homens saudáveis usando um instrumento de autorrelato. Em contraste com esse estudo, no ano seguinte, os autores (Reid, Garos, Carpenter, & Coleman, 2011) repetiram a avaliação do funcionamento executivo de dependentes de sexo, mas, desta vez, utilizando testes neuropsicológicos padronizados – Color – Word Interference Test e o Trail Making Test, Tower Test e o WCST. Porém, neste segundo estudo, os grupos não apresentaram diferenças significativas quanto aos resultados dos testes empregados.

Uma das limitações sugeridas pelos próprios autores do estudo feito em 2011 foi de que os sujeitos não foram investigados dentro do contexto sexual (Reid et al., 2011). Investindo nessa hipótese, a respeito

TABELA 20.1
Déficits cognitivos encontrados nos dependentes de sexo em comparação a sujeitos saudáveis

AUTOR E ANO	GRUPOS COMPARADOS	TESTES	RESULTADOS
Miner e colaboradores (2009)	Dependentes de sexo = 8 Sujeitos saudáveis = 8	Go/No Go Task	Os pacientes com dependência de sexo apresentavam mais erros de comissão na tarefa Go/No Go Task e mais erros de omissão do que os sujeitos saudáveis.
Reid e colaboradores (2010)	Dependentes de sexo = 87 Sujeitos saudáveis = 92	Behavior Rating Inventory of Executive Function Adult Version (BRIEF-A)	Diferenças significativas entre os grupos surgiram em 8 das 9 subescalas. Os sujeitos apresentaram funcionamento executivo inferior aos controles, principalmente nas capacidades relacionadas à flexibilidade cognitiva.
Reid e colaboradores (2011)	Dependentes de sexo = 30 Sujeitos saudáveis = 30	Testes Color – Word Interference Test, Trail Making Test, Tower Test e WCST	Os grupos não apresentaram diferenças significativas.

da controvérsia de resultados dos estudos de Reid, uma equipe de pesquisadores do Ambulatório de Impulso Sexual Excessivo (ISE), do IPq-HCFMUSP, se propôs a investigar os aspectos neuropsicológicos (flexibilidade cognitiva e atenção) de pacientes dependentes de sexo e que buscam tratamento ambulatorial, antes e depois de serem submetidos a um estímulo visual sexual (vídeo erótico), comparando-os a uma amostra de indivíduos saudáveis. Como o estudo está em andamento, os primeiros achados ainda não podem ser apresentados (Tab. 20.1).

CONSIDERAÇÕES FINAIS

A dependência de sexo se trata de um campo novo de estudos, em que, supõe-se, muitas contribuições da neuropsicologia ainda serão obtidas por meio de pesquisas. Os achados iniciais apontam para a necessidade de um refinamento dos instrumentos de pesquisa, visto que muitos pacientes apresentam bom ajustamento em outras áreas (social, ocupacional), nas quais estímulos associados à dependência não estão presentes. As pesquisas com sujeitos com dependência de sexo ainda não são conclusivas. Entre aquelas que utilizaram testes, uma indicou alterações da impulsividade; e outra, uma disfunção executiva discreta.

REFERÊNCIAS

Abreu, C. N., Tavares, H., & Cordás, T. A. (Orgs.). (2008). *Manual clínico dos transtornos do controle dos impulsos*. Porto Alegre: Artmed.

American Psychiatric Association [APA] (2002). *DSM-IV-TR: Diagnostic and statistical manual of mental disorders* (4th ed.). Washington: American Psychiatric.

Barrat, E. S. (1985). Impulsiviness subtraits: Arousal and information processing. In J. T. Spence, & C. E. Izard (Eds.), *Motivation, emotion, and personality* (pp. 137-146). North-Holland: Elsevier Science.

Bechara, A., Damásio, A. R., Damásio, H., & Anderson, S. W. (1994). Insensitivity to future consequences following damage to human prefrontal cortex. *Cognition, 50*(1-3), 7-15.

Black, D. W., Shaw, M., McCormick, B., Bayless, J. D., & Allen, J. (2012). Neuropsychological performance, impulsivity, ADHD symptoms, and novelty seeking in compulsive buying disorder. *Psychiatry Research, 200*(2-3), 581-587.

Carnes, P. J. (1983). *Out of the shadows: Understanding sexual addiction*. Minneapolis: CompCare.

Chambers, C. D., Garavan, H., & Bellgrove, M. A. (2009). Insights into the neural basis of response inhibition from cognitive and clinical neuroscience. *Neuroscience & Biobehavioral Reviews, 33*(5), 631-646.

Dell'Osso, B., Altamura, A., Allen, A., Marazziti, D., & Hollander, E. (2006). Epidemiologic and clinical updates on impulse control disorders: a critical review. *European Archives of Psychiatry and Clinical Neurosciences, 256*(8), 464-475.

Di Nicola, M., Martinotti, G., Mazza, M., Tedeschi, D., Pozzi, G., & Janiri, L. (2010a). Quetiapine as add--on treatment for bipolar I disorder with comorbid compulsive buying and physical exercise addiction. *Progress in Neuro-Psychopharmacology & Biological Psychiatry, 34*(4), 713-714.

Di Nicola, M., Tedeschi, D., Mazza, M., Martinotti, G., Harnic, D., Catalano, V., ... Janiri, L. (2010b). Behavioural addictions in bipolar disorder patients: Role of impulsivity and personality dimensions. *Journal of Affective Disorders, 125*(1), 82-88.

Donovan, D. M., & Marlatt, G. A. (Eds.). (2007). *Assessment of addictive behaviors* (2nd ed.). New York: Guilford.

Duchesne, M., Mattos, P., Fontenelle, L. F., Veiga, H., Rizo, L., & Appolinario, J. C. (2004). Neuropsychology of eating disorders: A systematic review of the literature. *Revista Brasileira de Psiquiatria, 26*(2), 107-117.

Ferreira, A. M. C. (2007). *Gravidade de dependência e motivação para o tratamento*. Recuperado de http://www.psicologia.pt/artigos/textos/TL0088.pdf

Fuentes, D. (2004). *Jogo patológico: análise por neuroimagem, neuropsicológica e de personalidade* (Tese de doutorado, Faculdade de Medicina, Universidade de São Paulo, São Paulo).

Goodman, A. (1990). Addiction: Definition and implications. *British Journal of Addiction, 85*(11), 1403-1408.

Goodman, A. (2008). Neurobiology of addiction. An integrative review. *Biochemical Pharmacology, 75*(1), 266-322.

Hollander, E. (1993a). *Obsessive compulsive related disorders*. Washington: American Psychiatric

Hollander, E. (1993b). Obsessive-compulsive spectrum disorders: an overview. *Psychiatric Annals, 23*, 355-358.

Jáuregui-Lobera, I. (2013). Neuropsychology of eating disorders: 1995-2012. *Neuropsychiatric Disease and Treatment, 9*, 415-430.

Johnson, J. (1973). Psychopathia sexualis. *The Manchester Medical Gazette, 53*(2), 32-34.

Keuthen, N. J., Savage, C. R., O'Sullivan, R. L., Brown, H. D., Shera, D. M., & Baer, L. (1996). Neuropsychological functioning in trichotillomania. *Biological Psychiatry, 39*(8), 747-749.

Marshall, L. E., & Briken, P. (2010). Assessment, diagnosis, and management of hypersexual disorders. *Current Opinion in Psychiatry, 23*(6), 570-573.

Miner, M. H., Raymond, N., Mueller, B. A., Lloyd, M., & Lim, K. O. (2009). Preliminary investigation of the impulsive and neuroanatomical characteristics of compulsive sexual behavior. *Psychiatry Research, 174*(2), 146-151.

Morgenstern, J., Muench, F., O'Leary, A., Wainberg, M., Parsons, J. T., Hollander, E., … Irwin, T. (2011). Non-paraphilic compulsive sexual behavior and psychiatric comorbidities in gay and bisexual men. *Sexual Addiction & Compulsivity, 18*(3), 114-134.

Organização Mundial da Saúde [OMS] (1993). *Classificação de transtornos mentais e de comportamento da CID-10: Descrições clínicas e diretrizes diagnósticas*. Porto Alegre: Artmed.

Petry, N. M., & Casarella, T. (1999). Excessive discounting of delayed rewards in substance abusers with gambling problems. *Drug and Alcohol Dependence, 56*(1), 25-32.

Reid, R. C., Garos, S., Carpenter, B. N., & Coleman, E. (2011). A surprising finding related to executive control in a patient sample of hypersexual men. *The Journal of Sexual Medicine, 8*(8), 2227-2236.

Reid, R. C., Karim, R., McCrory, E., & Carpenter, B. N. (2010). Self-reported differences on measures of executive function and hypersexual behavior in a patient and community sample of men. *International Journal of Neuroscience, 120*(2), 120-127.

Rossini, D. (2008). Neuropsicologia da impulsividade. In Abreu, C. N., Tavares, H., & Cordás, T. A. (Orgs.), *Manual clínico dos transtornos do controle dos impulsos* (pp. 37-47). Porto Alegre: Artmed.

Scanavino, M. d. T. (2008). Palestra proferida no XIV Simpósio em Transtorno do Controle dos Impulsos no Impulso Sexual Excessivo. Comunicação pessoal.

Smith, D. E., & Seymour, R. B. (2004). The Nature of Addiction. In R. H. Coombs (Ed.), *Handbook of addictive disorders* (pp. 3-30). Hoboken: Wiley.

Stanley, M. A., Hannay, H. J., & Breckenridge, J. K. (1997). The neuropsychology of trichotillomania. *Journal of Anxiety Disorders, 11*(5), 473-488.

21

Neuropsicologia da obesidade

JOANA PERES DE PAULA
RITA MARCATO
RENATA SANTOS
MARILIA SALGADO P. DA COSTA
DANIEL FUENTES

A obesidade é uma das maiores causas de morte evitável e, de acordo com a Organização Mundial da Saúde (World Health Organization [WHO], 2013), o sobrepeso e a obesidade são a quinta causa de óbitos no mundo.

De acordo com um levantamento recente do Ministério da Saúde (2011) do governo brasileiro, a porcentagem de pessoas com excesso de peso e obesidade aumentou expressivamente nos últimos seis anos. A proporção dessa situação no Brasil avançou de 42,7%, em 2006, para 48,5%, em 2011, e o percentual de obesos subiu de 11,4 para 15,8%.

A obesidade é uma doença crônica multifatorial. Nela, ocorre um acúmulo excessivo de gordura corporal, e a ingestão de alimentos é maior do que o gasto de energia. Pode estar associada a certos problemas de saúde, tais como hipertensão, diabetes, doenças cardíacas, acidente vascular cerebral e hiperlipidemia (WHO, 2013). Embora seja um fator de condição clínica individual, é considerada cada vez mais um sério e crescente problema de saúde pública.

Além de achados de comprometimento cognitivo inespecífico ou mesmo generalizado, diversos estudos têm focado na investigação mais aprofundada da relação entre obesidade e funções neuropsicológicas específicas.

Seguem os achados que apresentam a cognição de maneira inespecífica, por meio de medidas de integridade cognitiva geral e inteligência, e os demais achados, organizados e distribuídos por funções neuropsicológicas específicas.

INTEGRIDADE COGNITIVA GERAL

Em sua maioria, os estudos de obesidade não têm a intenção de avaliar essa função, mas de assegurar uma amostra preservada cognitivamente. A integridade cognitiva geral é mais comumente utilizada como controle de variáveis do que como objetivo de estudo. Espera-se padronizar a amostra quanto ao quociente de inteligência (QI), excluindo-se sujeitos com possível demência ou incapacidade de leitura (Alosco et al., 2012; Boeka e Lokken, 2008; Cserjési, Molnár, Luminet, & Lenárd, 2007; Gunstad, Paul, Cohen, Tate, & Gordon, 2006; Gunstad et al., 2007, 2008; Lokken, Boeka, Austin, Gunstad, & Harmon, 2009; Lokken, Boeka, Yellumahanthi, Wesley, & Clements, 2010; Verdejo-García et al., 2010; Volkow et al., 2009; Waldstein & Katzel, 2006; Yim et al., 2012).

> A obesidade é uma doença crônica multifatorial. Nela, ocorre um acúmulo excessivo de gordura corporal, e a ingestão de alimentos é maior do que o gasto de energia. Pode estar associada a certos problemas de saúde, tais como hipertensão, diabetes, doenças cardíacas, acidente vascular cerebral e hiperlipidemia.

INTELIGÊNCIA

Muitos estudos sobre obesidade utilizam medidas de coeficiente de inteligência como variável-controle de funções específicas, e poucos correlacionam QI e obesidade. Destacamos um estudo feito por Cserjési e colaboradores (2007), em que não são apontadas diferenças significativas nos QIs de jovens obesos e de peso normal; uma pesquisa que mostra crianças com obesidade mórbida com QI maior do que o daquelas com síndrome de Prader-Willi (Miller et al., 2006); e, finalmente, um estudo que conclui que adolescentes obesos portadores da síndrome metabólica apresentam QI inferior ao grupo-controle (Yau, Castro, Tagani, Tsui, & Convit, 2012).

HABILIDADE VISUOESPACIAL

Estudos que abordam essa função específica em obesidade verificam que sujeitos jovens e idosos com peso normal apresentam resultados melhores se comparados a indivíduos jovens e idosos obesos. Porém, sujeitos de meia-idade com sobrepeso demonstram melhor desempenho nessa função (Nilsson & Nilsson, 2009). Outro achado expressivo foi encontrado por Gunstad, Chotsky, Wendell, Ferrucci e Zonderman (2010): indivíduos obesos têm melhores resultados em relação à habilidade visuoespacial quando comparados ao grupo-controle. Entretanto, em outros estudos, não foram localizadas diferenças significativas no desempenho de sujeitos obesos quando comparados aos de peso normal (Patel et al., 2004; Waldstein & Katzel, 2006).

HABILIDADE VISUOMOTORA

Alguns estudos demonstram que sujeitos obesos apresentam menor competência nessa função. A investigação de adultos obesos e hipertensos revela que tais condições estão significativamente relacionadas a déficits visuomotores, principalmente em obesos com circunferência da cintura e quadril maiores (Waldstein & Katzel, 2006; Wolf et al., 2007). Achados semelhantes são encontrados em crianças obesas (Jansen, Schmelter, Kasten, & Heil, 2011) e em idosos obesos que apresentam diabetes tipo II (Kim et al., 2008). Outros estudos não revelam diferença no desempenho da habilidade visuomotora.

Yim e colaboradores (2012) investigaram o efeito da obesidade em uma amostra de indivíduos eutímicos com diagnóstico de transtorno bipolar e não observaram diferenças entre sujeitos obesos e de peso normal, assim como Yau e colaboradores (2012) também não detectaram diferença significativa ao avaliar a função visuomotora em adolescentes obesos com e sem síndrome metabólica.

FUNÇÕES ATENCIONAIS

De modo geral, os estudos não têm sido consistentes em relação à existência de déficits de atenção em sujeitos obesos.

A amplitude atencional para estímulos auditivo-verbais e a atenção visuoespacial (associada à velocidade perceptomotora) têm sido frequentemente estudadas, mas os achados são inconsistentes. Destacam-se as investigações de Lokken e colaboradores (2009) e de Cohen, Yates, Duong e Convit (2011), segundo as quais adolescentes e adultos obesos têm um baixo desempenho nessas funções, e o estudo longitudinal de Elias, Elias, Sulllivan, Wolf e D'Agostino (2005), que afirma que somente obesos homens apresentaram pior desempenho na tarefa que mede o *span* atencional. Outros autores obtiveram o mesmo perfil de resultados com pacientes obesos que apresentam comorbidades como diabetes tipo II (Kim et al., 2008), hipofusão cerebral (Alosco et al., 2012) e síndrome metabólica (Yau et al., 2012).

Quanto à atenção concentrada para estímulos visuoespaciais, as investigações têm mostrado um baixo desempenho em crianças obesas (Cserjési et al., 2007), assim como em mulheres com sobrepeso (Cserjési, Luminet, Poncelet, & Lénárd, 2009).

No entanto, em algumas pesquisas, os grupos de pacientes obesos não apresentam um desempenho prejudicado. É o caso, por exemplo, das investigações de Gunstad e colaboradores (2007) com sujeitos obesos adultos, crianças e adolescentes (2008) e adultos e idosos (2010). Também podem ser citados a pesquisa de Pierbon, Giardini, Fanfulla, Callegari e Manjani (2008) com indivíduos obesos com apneia do sono e o estudo de Yim e colaboradores (2012) com indivíduos obesos com transtorno bipolar eutímicos.

Alguns estudos exploram a possibilidade de os indivíduos obesos apresentarem um viés atencional para estímulos relacionados com alimentos e, dessa forma, experimentarem um aumento do desejo de comer em comparação a indivíduos de peso normal. Nijs, Franken e Muris (2010) verificaram que sujeitos obesos tendem a ter maior atenção às palavras relacionadas a alimentos ou respondem a esse tipo de estímulo de maneira automática, o que denota maior rapidez na reação a tais estímulos. Mobbs, Iglesias, Golay e Van der Linden (2011) compararam pacientes obesos com e sem compulsão alimentar àqueles de peso normal, em tarefa de atenção envolvendo estímulos relacionados à comida, ao corpo e a estímulos neutros. Ambos os grupos de obesos demonstraram baixo desempenho nessa tarefa, independentemente do tipo de estímulo apresentado.

MEMÓRIA

As funções mnêmicas têm sido amplamente estudadas (este é o segundo domínio cognitivo mais pesquisado) na obesidade, e déficits nessas funções têm sido encontrados de forma consistente.

Na avaliação da memória episódica, medida por meio de prova de aprendizagem auditivo-verbal, diversos autores têm encontrado baixo desempenho em indivíduos obesos, independentemente da idade da população analisada (Alosco et al., 2012; Gunstad et al., 2006; Sabia, Kivimaki, Shipley, Marmot, & Singh-Manoux, 2009; Volkow et al., 2009). No entanto, em outros estudos esse resultado não foi replicado (Boeka & Lokken, 2008; Gunstad et al., 2008; Yau et al., 2012; Yim et al., 2012). Nesta função Nilsson e Nilsson (2009) verificaram que o sobrepeso interage com a idade, mas quando controlaram para hipertensão, acidente vascular cerebral e diabetes, essa interação não se manteve.

Em relação à memória episódica para material verbal contextualizado, os resultados têm sido heterogêneos. Déficits foram encontrados por Elias e colaboradores (2003, 2005), Pierobon e colaboradores (2008) e, recentemente, por Benito-León, Mitchell, Hérnandez-Gallego e Bermejo-Pareja (2013), mas não por Waldstein e Katzel (2006), Boeka e Lokken (2008) e Walther, Birdsill, Glisky e Ryan (2010).

A memória visual tem sido pouco investigada nessa população, no entanto alguns autores encontraram déficits (Elias et al., 2003, 2005; Gunstad et al., 2010). Apenas um estudo com pacientes saudáveis de meia-idade e idosos não encontrou diferenças de desempenho entre sujeitos com índices de massa corporal (IMCs) e medidas de cintura/quadril diferentes (Waldstein & Katzel, 2006).

FUNÇÕES EXECUTIVAS

As funções executivas, que estão ligadas ao funcionamento do córtex pré-frontal, são as funções neuropsicológicas mais estudadas na literatura científica relacionada à obesidade, tendo havido um considerável aumento no volume de trabalhos a esse respeito nos últimos três anos; trata-se, portanto, uma área em forte desenvolvimento. Entre as várias publicações em neuropsicologia, os estudos relacionados às funções executivas são os que apresentam resultados mais consistentes.

Em tarefas de fluência verbal, os pacientes obesos têm apresentado pior desempenho em relação às pessoas de peso considerado normal (Benedict et al., 2011; Benito-León et al., 2013; Elias et al., 2005; Graziano et al., 2011; Gunstad et al., 2010; Sabia et al., 2009; Walther et al., 2010; Yim et al., 2012).

Em relação à memória operacional, os estudos têm sido unânimes na verificação de déficits em obesos quando a memória é acessada via estímulos auditivo-verbais (Elias et al., 2005; Maayan, Hoogendoorn, Sweat, & Convit, 2011; Walther et al., 2010), mas não via estímulos visuais. Entretanto, Gunstad e colaboradores (2008) relataram que, em crianças e adolescentes saudáveis, o IMC elevado não está associado a essa função cognitiva, assim como outros estudos, que também não encontraram diferenças no desempenho de adultos (Pierobon et al., 2008; Yim et al., 2012).

Em relação às capacidades de planejamento, embora pouco investigadas, os resultados têm sido homogêneos, evidenciando falhas nos processos de planejamento em obesos (Boeka & Lokken, 2008; Gunstad et al., 2007; Lokken et al., 2010)

Os estudos têm sido unânimes na verificação de déficits no controle inibitório, colocando em evidência a dificuldade das pessoas obesas em controlar seus próprios comportamentos/impulsos em prol de um objetivo preestabelecido (Alosco et al., 2012; Cohen et al., 2011; Cserjési et al., 2009; Fagundo et al., 2012; Gunstad et al., 2007; Nederkoorn, Smulders, Havermans, Roefs, & Jansen, 2006; Waldstein & Katzel, 2006). O mesmo padrão de resposta é encontrado em estudos com crianças e adolescentes obesos (Graziano et al., 2011; Lokken et al., 2009; Maayan et al., 2011; Paulli-Pott, Albayrak, Hebebrand, & Pott, 2010; Verdejo-García et al., 2010).

A flexibilidade mental em sujeitos com sobrepeso também parece prejudicada (Boeka & Lokken, 2008; Cohen et al., 2011; Cserjési et al., 2007; Cserjési et al., 2009; Fagundo et al., 2012; Lokken et al., 2009; Lokken et al., 2010; Mobbs et al., 2011; Verdejo-García et al., 2010). Apenas um estudo não encontrou prejuízo da flexibilidade mental nessa população (Yau et al., 2012).

Finalmente, os estudos têm demonstrado de forma consistente que a tomada de decisão se encontra prejudicada em sujeitos adultos obesos (Brogan, Hevey, O'Callaghan, Yoder, & O'Shea, 2011; Davis et al., 2004, 2010; Fagundo et al., 2012; Verdejo-García et al., 2010) e em crianças com sobrepeso (Nederkoorn, Broet, Von Eijis, Tanghe, & Jansen, 2006). Esses estudos evidenciaram falhas na aprendizagem de escolhas vantajosas e/ou dificuldades em adiar gratificações.

A Tabela 21.1 resume os principais achados na avaliação neuropsicológica de indivíduos obesos.

CONSIDERAÇÕES FINAIS

Entre todos os aspectos neuropsicológicos, aqueles que apresentam resultados mais consistentes em indivíduos acima do peso e obesos são os déficits nas funções executivas e memória, independentemente da idade dos sujeitos.

No passado, a obesidade não era relacionada

> Os estudos têm sido unânimes na verificação de déficits no controle inibitório, colocando em evidência a dificuldade das pessoas obesas em controlar seus próprios comportamentos/impulsos em prol de um objetivo preestabelecido.

TABELA 21.1
Resumo dos principais achados de acordo com os testes neuropsicológicos mais utilizados para avaliação neuropsicológica em indivíduos obesos

FUNÇÕES COGNITIVAS	TESTES	PRINCIPAIS ACHADOS
Inteligência	– Woodcock-Johnson Test of Cognitive Ability and Academic Achievement – Third Edition (WJ-III) – Matrizes Progressivas de Raven – WASI – WRAT	Achados inconsistentes e controversos.
Habilidade visuoespacial	– Card Rotation Total Score – Cubos e Extended Block – Design DSMSE	Achados inconsistentes e controversos.
Habilidade visuomotora	– Symbol Digit Modality Test – Trail Making Test A (TNT) – Stroop – Simple Reaction Time e Choice Reaction Time, – DKT Motor Test e Chronometric Mental Rotation Test – Digit Symbol Substitution Test	Sujeitos obesos tiveram desempenho inferior em comparação aos sujeitos de peso normal.
Funções atencionais	– Dígitos diretos da escala Wechsler – Continuous Performance Test (CPT) – TMT	Sujeitos obesos tendem a ter pior desempenho se comparados aos sujeitos de peso normal.
Memória	– Selective Reminding Test – Memória Lógica WMS-R e Memória Verbal – Dígitos – CVLT-II – Memória Lógica Wechsler III – RAVLT – Memória Lógica Imediata e Tardia – Lista de Palavras – WRAML	Sujeitos obesos tendem a apresentar pior desempenho em testes de memória se comparados a grupos-controle.
Funções executivas	– Stroop, Trail Making Test Test B – Interference Effect – Fluência verbal – Wisconsin Card Sort Test – Iowa Gambling Task (IGT) – Hayling Sentence Completion Task – Go/No Go – Figura Complexa de Rey	Achados consistentes. Obesos tendem a ter pior desempenho em testes de funções executivas quando comparados ao grupo de sujeitos de peso normal.

a empobrecimento cognitivo, sendo apenas considerada como fator de risco para doenças cardiovasculares que, por sua vez, teriam um impacto na cognição. Atualmente, considera-se que, embora o risco de déficits cognitivos possa estar aumentado na presença de comorbidades nessa população, essa associação também é encontrada de forma independente, como demonstram vários estudos. Elias e colaboradores (2003), por exemplo, verificaram que hipertensos e obesos apresentavam déficits cognitivos de forma independente e cumulativa; Gunstad e colaboradores (2007), que usaram um critério rigoroso de exclusão (p. ex., doenças psiquiátricas, endócrinas e cardiovasculares) e ainda a investigação de Nilsson e Nilsson (2009), analisaram os dados de uma população de coorte separadamente, com e sem comorbidades. Os estudos realizados com crianças também corroboram essa hipótese, uma vez que, nessa fase do desenvolvimento, ainda não estão instaladas tais doenças cardiovasculares ou suas sequelas.

No entanto, a direção da relação entre obesidade e funções cognitivas permanece incerta. A questão é se o aumento da adiposidade é suficiente para afetar o desempenho cognitivo ou se, em vez disso, o baixo desempenho das funções executivas é um fator de risco para o aumento de peso – ou, ainda, se coexiste uma relação bidirecional envolvendo fatores genéticos. São necessárias mais pesquisas usando dados longitudinais ou de estudos clínicos randomizados, com a finalidade de avaliar a questão de causa e efeito.

Segundo Volkow e colaboradores (2009), em estudo que relacionou obesidade a drogadição, que comidas com alto valor calórico podem promover o comer excessivo, o que torna gatilho a recompensa imediata, condicionando esse comportamento. Após a primeira exposição a certos alimentos, existe um disparo de dopamina no *nucleus acumbens*. Esse mecanismo de recompensa afeta vias dopaminérgicas envolvidas na modulação de comportamentos/hábitos, motivação e funções executivas.

Verdejo-García e colaboradores (2010), em estudo com adolescentes obesos, falam da associação significativa do alto IMC com uma menor atividade metabólica no córtex pré-frontal dorsolateral, sugerindo que essa circuitaria é afetada pela alteração do receptor D2 de dopamina. A predisposição para a obesidade pode incluir uma desregulação de circuitos neuronais límbicos específicos relacionados com o córtex orbitofrontal, uma vez que esses circuitos límbicos e o córtex orbitofrontal estão associados com a dimensão inibidora das funções executivas. Déficits nessa circuitaria levariam a falta de planejamento, falhas nos processos de tomada de decisão e perseveração.

Outro estudo (Maayan et al., 2011), também com adolescentes obesos, atentou para volume orbitofrontal reduzido nessa população, o que poder acarretar em falhas de controle inibitório e dificuldade de manutenção de metas. Esse volume cerebral menor pode estar relacionado à resistência à insulina.

As circuitarias do cíngulo anterior, lateral orbitofrontal e dorsolateral acontecem por meio do sistema de neurotransmissão dopaminérgico; porém, se levarmos em conta que a motivação e o controle da impulsividade são impactadas pelas vias noradrenérgicas e serotonérgicas, respectivamente, torna-se indispensável levá-las em consideração quando estudamos a obesidade.

O estudo dos aspectos neuropsicológicos na obesidade é um tema muito recente, e existe a necessidade de uniformizar metodologias e replicá-las de forma a encontrar evidências mais consistentes. Contudo, algumas possíveis explicações para a heterogeneidade dos resultados encontrados podem ser apontadas:

1. Muitos testes neuropsicológicos são pouco sensíveis para o estudo de populações sem lesão cerebral, não detectando déficits mais sutis. O fato de os achados mais consistentes decorrerem de um teste mais complexo (IGT) corrobora a necessidade de refinar os instrumentos usados (Fitzpatrick, Gilbert, & Serpell, 2013) e da não utilidade de alguns instrumentos (p. ex., MMSE) (Smith, Hay, Campbell, & Trollor, 2011).
2. Pode existir uma invisibilidade desses déficits devido ao número reduzido de indivíduos nas amostras, sendo insuficiente para um efeito estatisticamente significativo (Fitzpatrick et al., 2013).

3. O uso de diferentes métodos para determinar obesidade (p. ex., índice de massa corporal ou índice quadril/cintura).
4. A idade de avaliação da obesidade, uma vez que existe uma perda de peso na fase pré-demencial (Whitmer, Gunderson, Barret-Connor, Quesenberry, & Yaffe, 2005).
5. A inclusão de participantes com doenças físicas e psiquiátricas que por também estarem associadas a déficits cognitivos (p. ex., diabetes, hipertensão, transtorno de déficit de atenção/hiperatividade e transtorno bipolar), podem gerar confusão com relação aos achados.
6. Muitos autores não analisaram fatores que podem mediar as funções estudadas, como nível socioeconômico e educacional, assim como o impacto de aspectos emocionais/motivacionais na realização das tarefas.

REFERÊNCIAS

Alosco, M. L., Spitznagel, M. B., Raz, N., Cohen, R., Sweet, L. H., Colbert, L. H., ... Gunstad, J. (2012). Obesity interacts with cerebral hypoperfusion to exacerbate cognitive impairment in older adults with heart failure. *Cerebrovascular Diseases Extra*, 2(1), 88-98.

Benedict, C., Jacobson, J. A., Rönnemaa, E., Sällman-Almén, M., Brooks, S., Schultes, B., ... Schiöth, H. B. (2011). The fat mass and obesity gene is linked to reduced verbal fluency in overweight and obese elderly men. *Neurobiology of Aging*, 32(6), 1159.e1-1159.e5.

Benito-León, J., Mitchell, A. J., Hernández-Gallego, J., & Bermejo-Pareja, F. (2013). Obesity and impaired cognitive functioning in the elderly: A population-based cross-sectional study (NEDICES). *European Journal of Neurology*, 20(6), 899-906.

Boeka, A. G., & Lokken, K. L. (2008). Neuropsychological performance of a clinical sample of extremely obese individuals. *Archives of Clinical Neuropsychology*, 23(4), 467-474.

Brogan, A., Hevey, D., O´Callaghan, G., Yoder, R., & O´Shea, D. (2011). Impaired decision making among morbidly obese adults. *Journal of Psychosomatic Research*, 70(2), 189-196.

Cohen, J. I., Yates, K. F., Duong, M., & Convit, A. (2011). Obesity, orbitofrontal structure and function are associated with food choice: A cross-sectional study. *BMJ Open*, 1(2), e000175.

Cserjési, R., Luminet, O., Poncelet, A. S., & Lénárd, L. (2009). Altered executive function in obesity. Exploration of the role of affective states on cognitive abilities. *Appetite*, 52(2), 535- 539.

Cserjési, R., Molnár, D., Luminet, O., & Lénárd, L. (2007). Is there any relationship between obesity and mental flexibility in children? *Appetite*, 49(3), 675-678.

Davis, C., Levitan, R. D., Muglia, P., Bewell, C., & Kennedy, J. L. (2004). Decision-making deficits and overeating: A risk model for obesity. *Obesity Research*, 12(6), 929-935.

Davis, C., Patte, K., Curtis, C., & Reid, C. (2010). Immediate pleasures and future consequences. A neuropsychological study of binge eating and obesity, *Appetite*, 54(1), 208-213.

Elias, M. F., Elias, P. K., Sullivan, L. M., Wolf, P. A., & D'Agostino, R. B. (2003). Lower cognitive function in the presence of obesity and hypertension: The Framingham Heart Study. *International Journal of Obesity and Related Metabolic Disorders*, 27(2), 260-268.

Elias, M. F., Elias, P. K., Sullivan, L. M., Wolf, P. A., & D'Agostino, R. B. (2005). Obesity, diabetes and cognitive deficit: The Framingham Heart Study. *Neurobiology of Aging*, 26(Suppl 1), 11-16.

Fagundo, A. B., de la Torre, R., Jiménez-Murcia, S., Agüiera, Z., Granero, R., Tárrega, S., ... Fernández-Aranda, F. (2012). Executive functions profile in extreme eating/weight conditions: From anorexia nervosa to obesity. *Plos One*, 7(8): e43382.

Fitzpatrick, S., Gilbert, S., & Serpell, L. (2013). Systematic review: Are overweight and obese individuals impaired on behavioural tasks of executive functioning? *Neuropsychology Review*, 23(2), 138-156.

Graziano, P. A., Bagner, D. M., Waxmonsky, J. G., Reid, A., McNamara, J. P., & Geffjen, G. R. (2011). Co-occurring weight problems among children with attention deficit/hyperactivity disorder: The role of executive functioning. *International Journal of Obesity*, 36, 567-572.

Gunstad, J., Lhotsky, A., Wendell, C. R., Ferrucci, L., & Zonderman, A. B. (2010). Longitudinal examination of obesity and cognitive function: Results from the Baltimore longitudinal study of aging. *Neuroepidemiology*, 34(4), 222-229.

Gunstad, J., Paul, R. H., Cohen, R. A., Tate, D. F., & Gordon, E. (2006). Obesity is associated with memory deficits in young and middle-aged adults. *Eating and Weight Disorders, 11*(1), e15-e19.

Gunstad, J., Paul, R. H., Cohen, R. A., Tate, D. F., Spitznagel, M. B., & Gordon, E. (2007). Elevated body mass index is associated with executive dysfunction in otherwise healthy adults. *Comprehensive Psychiatry, 48*(1), 57-61

Gunstad, J., Spitznagel, M. B., Paul, R. H., Cohen, R. A., Kohn, M., Luyster, F. S., ... Gordon, E. (2008). Body mass index and neuropsychological function in healthy children and adolescents. *Appetite, 50*(2-3), 246-251.

Jansen, P., Schmelter, A., Kasten, L., & Heil, M. (2011). Impaired mental rotation performance in overweight children. *Appetite, 56*(3), 766-769.

Kim, E., Cho, M. H., Cha, K. R., Park, J. S., Ahn, C. W., Oh, B. H., & Kim, C. H. (2008). Interactive effect of central obesity and hypertension on cognitive function in older out-patients with type 2 diabetes. *Diabetic Medicine, 25*(12), 1440-1446.

Lokken, K. L., Boeka, A. G., Austin, H. M., Gunstad, J., & Harmon, C. M. (2009). Evidence of executive dysfunction in extremely obese adolescents: A pilot study. *Surgery of Obesity and Related Diseases, 5*(5), 547-552.

Lokken, K. L., Boeka, A. G., Yellumahanthi, K., Wesley, M., & Clements, R. H. (2010). Cognitive performance of morbidly obese patients seeking bariatric surgery. *The American Surgeon, 76*(1), 55-59.

Maayan, L., Hoogendoorn, C., Sweat, V., & Convit, A. (2011). Desinhibited Eating in Obese Adolescents in associated with orbitofrontal volume reductions and executive dysfunction. *Obesity, 19*(7), 1382-1387.

Miller, J., Kranzler, J., Liu, Y., Schmafluss, I., Theriaque, D. W., Shuster, J. J., ... Driscoll, D. J. (2006). Neurocognitive findings in Prader-Willi syndrome and early-onset morbid obesity. *The Journal of Pediatrics, 149*(2), 192-198.

Ministério da Saúde (2011). *Quase metade da população brasileira está acima do peso*. Recuperado de http://portalsaude.saude.gov.br/portalsaude/noticia/4718/162/quase-metade-da-populacao-brasileira-esta-acima-do-peso.html

Mobbs, O., Iglesias, K., Golay, A., & Van der Linden, M. (2011). Cognitive deficits in obese persons with and without binge eating disorder. Investigation using a mental flexibility task. *Appetite, 57*(1), 263-271.

Nederkoorn, C., Braet, C., Van Eijis, Y., Tanghe, A., & Jansen, A. (2006). Why obese children cannot resist food: The role of impulsivity. *Eating Behaviors, 7*(4), 315-322.

Nederkoorn, C., Smulders, F. T., Havermans, R. C., Roefs, A., & Jansen, A. (2006). Impulsivity in obese women. *Appetite, 47*(2), 253-256.

Nijs, I. M., Franken, I. H., & Muris, P. (2010). Food-related Stroop interference in obese and normal weight individuals: Behavioral and electrophysiological indices. *Eating Behviors, 11*(4), 258-265.

Nilsson, L. G., & Nilsson, E. (2009). Overweight and cognition. *Scandinavian Journal of Psychology, 50*(6), 660-667.

Patel, B. N., Pang, D., Stern, Y., Silverman, W., Kline, J. K., Mayeux, R., & Schupf, N. (2004). Obesity enhances verbal memory in postmenopausal women with Down syndrome. *Neurobiology of Aging, 25*(2), 159-166.

Pauli-Pott, U., Albayrak, O., Hebebrand, J., & Pott, W. (2010). Association between inhibitory control capacity and body weight in overweight and obese children and adolescents: Dependence on age and inhibitory control component. *Child Neropsychology, 16*(6), 592-603.

Pierobon, A., Giardini, A., Fanfulla, F., Callegari, S., & Manjani, G. (2008). A muldimensional assessment of obese patients with obstructive sleep apnoea syndrome (OSAS): A study of psychological, neuropsychological and clinical relationships in a disabling multifaceted disease. *Sleep Medicine, 9*(8), 882-889.

Sabia, S., Kivimaki, M., Shipley, M. J., Marmot, M. G., & Singh-Manoux, A. (2009). Body mass index over the adult life course and cognition in late midlife: The Whitehall II Cohort Study. *The American Journal of Clinical Nutrition, 89*(2), 601-607.

Smith, E., Hay, P., Campbell, L., & Trollor, J. N. (2011). A review of the association between obesity and cognitive function across the lifespan: implications for novel approaches to prevention and treatment. *Obesity Reviews, 12*(9), 740-755.

Verdejo-García, A., Pérez-Expósito, M., Schmidt-Río-Valle, J., Fernández-Serrano, M. J., Cruz, F., Pérez-García, M., ... Campoy, C. (2010). Selective alterations within executive functions in adolescents with excess weight. *Obesity, 18*(8), 1572-1578.

Volkow, N. D., Wang, G. J., Telang, F., Fowler, J. S., Goldstein, R. Z., Alia-Klein, N., ... Pradhan, K. (2009). Inverse association between BMI and prefrontal metabolic activity in healthy adults. *Obesity, 17*(1), 60-65.

Waldstein, S. R., & Katzel, L. I. (2006). Interactive relations of central *versus* total obesity and blood pressure to cognitive function. *International Journal of Obesity, 30*, 201-207.

Walther, K., Birdsill, A. C., Glisky, E. L., & Ryan, L. (2010). Structural brain differences and cognitive functioning related to body mass index in older females. *Human Brain Mapping, 31*(7), 1052-1064.

Whitmer, R. A., Gunderson, E. P., Barrett-Connor, E., Quesenberry, C. P., & Yaffe, K. (2005). Obesity in middle age and future risk of dementia: A 27 year longitudinal population based study. *BMJ, 330*(7504), 1360.

Wolf, P. A., Beiser, A., Elias, M. F., Au, R., Vasan, R. S., & Seshadri, S. (2007). Relation of obesity to cognitive function: Importance of central obesity and synergistic influence of concomitant hypertension. The Framingham Heart Study. *Current Alzheimer Research, 42*(11), 111-116.

World Health Organization [WHO] (2013). *Obesity and overweight*. Geneva: WHO. Recuperado de http://www.who.int/mediacentre/factsheets/fs311/en/index.html

Yau, P. L., Castro, M. G., Tagani, A., Tsui, W. H., & Convit, A. (2012). Obesity and metabolic syndrome and functional and structural brain impairments in adolescence. *Pediatrics, 130*(4), 1-11.

Yim, C. Y., Soczynsca, J. K., Kennedy, S. H., Woldeyohannes, H. O., Brietzke, E., & McIntyre, R. S. (2012). The effect of overweight/obesity on cognitive function in euthymic individuals with bipolar disorder. *European Psychiatry, 27*(3), 223-228.

22

Neuropsicologia e jogo patológico

DANIELLE ROSSINI DIB
DANIEL FUENTES

IMPULSIVIDADE E NEUROPSICOLOGIA

A impulsividade está presente em diferentes transtornos psiquiátricos. Apesar de não haver um consenso entre suas definições, ela parece apresentar um denominador conceitual comum nas diferentes propostas que a abarcam. Isso envolve a ideia de que a impulsividade é constitucional (traço de personalidade), dinâmica e multifatorial. Sua exacerbação ou atenuação envolveria um desequilíbrio em processos de "regulação" comportamental, como maior ou menor suscetibilidade a estímulos e/ou manejo em função de aspectos emocionais (como medo, ansiedade e tristeza), intelectuais (como processos atencionais, mnêmicos e de planejamento) e sociais e morais (como tolerância, empatia ou ética).

A faceta neuropsicológica dessa característica está bastante atrelada aos processos intelectuais anteriormente citados e apresenta grande relação com o funcionamento atencional e das funções executivas.

Mas, neste ponto, há um impasse: quais são as melhores definição e descrição da atenção e das funções executivas?

Talvez não haja a melhor, apenas a mais conveniente, pois os diferentes teóricos apresentam ótimas classificações para essas funções.

Outra consideração importante remete ao fato de que as alterações mais sutis (como as que encontramos em casos psiquiátricos) necessitam de formas mais refinadas de avaliação; atualmente, utilizamos testes computadorizados.

ASPECTOS NEUROPSICOLÓGICOS

Entre os transtornos do impulso (p. ex., cleptomania, tricotilomania, piromania, transtorno explosivo intermitente, entre outros) e as chamadas dependências comportamentais (p. ex., compras compulsivas e uso abusivo de internet), o jogo patológico (JP) é o diagnóstico que apresenta o maior número de estudos controlados na interface com a neuropsicologia, apesar de sua quantidade elevada de comorbidades.

Na quinta edição do *Manual Diagnóstico e Estatístico de Transtornos Mentais* (DSM-5) (American Psychiatric Association [APA], 2013), o JP deverá ser deslocado para a seção de adicções. Contudo, sua descrição ainda abarcará a ideia de que se trata de um quadro no qual o sujeito mantém a atividade de forma recorrente e persistente, apesar de reconhecer o impacto negativo de jogar (social, emocional e físico). Tal descrição já dá indícios de que a capacidade de controle inibitório é uma das funções impactadas nessa população.

O modelo da integração temporal de Fuster (2008) para descrição das funções executivas está entre as definições teóricas mais convenientes para explicar as alterações cognitivas sutis percebidas no JP. Esse modelo parte da ideia de que as funções atreladas ao lobo frontal seriam organizadas de modo hierárquico e que sua ação se embasaria em associações, dinamicamente estabelecidas, entre aprendizagem e experiências.

Fuster (2008) acrescenta que, apesar de diversas funções frontais terem circuitarias específicas, três delas seriam componentes de funções mais globais e promoveriam uma organização temporal do comportamento. São elas: monitoramento ou controle inibitório; memória operativa; e flexibilidade de respostas. Assim, o JP teria alteração, pelo menos, em um dos sistemas globais, o de controle inibitório, e este seria um dos aspectos que contribuiria para a falta de controle sobre o impulso de jogar.

> O JP teria alteração, pelo menos, em um dos sistemas globais, o de controle inibitório, e este seria um dos aspectos que contribuiria para a falta de controle sobre o impulso de jogar.

Além disso, a descrição do quadro por pacientes e estudiosos e a alta incidência de comorbidades com manifestações ansiosas e depressivas falam da modulação afetiva sobre o descontrole do comportamento de jogar.

A compreensão de que funções executivas têm moduladores cognitivos e afetivos é bem-descrita na teoria neurodesenvolvimentalista de Zelazo, Qu e Müller (2005) sobre funções executivas quentes e frias. O autor descreve que há:

1. funções neurocognitivas em si, atreladas a processos abstratos de pensamento e relacionadas a porções dorsolaterais do córtex frontal;
2. funções mediadas por aspectos afetivos e mais relacionadas a porções orbitofrontais.

Tais modulatores apresentam grande incidência sobre os processos de tomada de decisão. Essa seria um dos preceitos utilizados pela teoria dos Marcadores Somáticos de Bechara, Damásio, Damásio e Anderson (1994) aplicados pela Iowa Gambling Task, uma tarefa de tomada de decisão sob ambiguidade na qual a aposta é marcada pela chance de ganhar e pelo risco de perder na mesma escolha.

Assim, por mais que o jogador patológico decida não jogar por razões lógicas, uma vez que esse comportamento o prejudica muito, sua análise "sucumbe" às emoções diante de situações estressoras ou que funcionam como gatilhos e têm relações com aspectos afetivos. Além disso, na situação de aposta, a chance de ganhar, modulada por expectativas sobre o resultado – que é aleatório –, dificulta uma análise "racional" das probabilidades reais de ganho ou da ideia de que os prejuízos poderiam estar ultrapassando os lucros e seria hora de parar, por exemplo.

Essa revisão mais integracionista, na qual se relacionam aspectos neurocognitivos e afetivos na compreensão neuropsicológica dos quadros clínicos, ainda é recente. Contudo, a evolução dos estudos em JP indica que os profissionais vislumbram esses aspectos, conforme ilustrado na Tabela 22.1, que discrimina importantes resultados de estudos sobre essa patologia.

Buscando um correlato neuroanatômico para as questões descritas, podemos entender que o JP é um comportamento motivado e dirigido para a obtenção de satisfação por meio do ato de jogar, assim como outras dependências não químicas. Tais comportamentos, segundo Royall e colaboradores (2002), envolveriam principalmente circuitarias que se projetam sobre o córtex frontal, como aquelas do giro cingulado anterior. Esse tipo de reação parece estar se confirmando na literatura, como o observado na Tabela 22.2.

Entre os achados da Tabela 22.2, discutiremos primeiro aqueles que utilizaram a investigação da atividade elétrica cerebral por meio de eletrencefalograma (EEG). Depois, discutiremos aqueles que se valeram de novas tecnologias, como a ressonância magnética (exame que permite uma análise morfológica ou funcional a partir do estabelecimento de um forte campo magnético), como forma de investigação.

TABELA 22.1
Descrição de estudos de investigação neuropsicológica em jogadores patológicos

AUTOR(ES)	PROPOSTA	POPULAÇÃO INVESTIGADA	PRINCIPAIS ACHADOS
Carlton e Manowitz (1992)	Estudar a capacidade de inibição de uma resposta	15 VSs, 12 dependentes de álcool* e 12 JRPs*	1. JRPs apresentaram nível de inibição maior que dependentes de álcool 2. Dependentes de álcool apresentaram menor inibição que VSs 3. Parte dos JRPs obteve um nível de inibição menor que os VSs 4. Outra parte dos JRPs mostrou nível de inibição maior que os VSs
Rugle e Melamed (1993)	Avaliar capacidades atencionais e funções executivas	33 JRPs e 33 VSs	Apenas as medidas de funções executivas mais complexas diferenciaram os JRPs de VSs
Petry e Casarella (1999); Petry (2001a), (2001b)	Usar medida comportamental para avaliação da capacidade de tomada de decisão	Primeiro estudo: 29 abusadores de substância em comorbidade com JP, 44 abusadores de substância 18 VSs	1. Pacientes que apresentavam abuso de substância em comorbidade com JP optavam significativamente mais por ganhos menores e imediatos (padrão imediatista) em comparação aos demais grupos 2. Aqueles que apresentavam apenas abuso de substância exibiram um padrão mais imediatista de resposta que os VSs
		Segundo estudo: 21 abusadores de substância em comorbidade com JP 39 participantes com diagnóstico apenas de JP 26 VSs	Ao correlacionar as descobertas com aspectos impulsivos da personalidade, foram confirmados os achados cognitivos anteriores e verificou-se uma correlação positiva entre a exacerbação da expressão da impulsividade com um padrão mais imediatista de resposta
Cavedini, Riboldi, Keller, D'Annucci, & Bellodi (2002)	Analisar as funções executivas, como capacidades de tomada de decisão, formação de conceitos e flexibilidade mental	20 JRPs e 40 VSs	Preservação das capacidades de formação de conceitos e flexibilidade mental em ambas as amostras, mas, em relação ao estilo de tomada de decisão, os JRPs apresentaram um padrão mais imediatista que os demais

(Continua)

TABELA 22.1
Descrição de estudos de investigação neuropsicológica em jogadores patológicos (*continuação*)

AUTOR(ES)	PROPOSTA	POPULAÇÃO INVESTIGADA	PRINCIPAIS ACHADOS
Regard, Knoch, Gütling, & Landis (2003)	Investigar as capacidades de atenção, aprendizagem, memória e funções executivas	21 JRPs e 19 VSs	JRPs foram piores que os VSs em medidas de concentração, memória e, principalmente, nas de funções executivas (controle inibitório, fluência visual e identificação de conceitos)
Fuentes (2004), Fuentes, Tavares, Artes, & Gorenstein (2006)	Avaliar as funções atencionais e executivas por meio de uma bateria composta por testes clássicos e contemporâneos, bem como verificar a expressão da impulsividade por meio de diferentes escalas de personalidade	Primeiro estudo: 20 JRPs e 20 VSs 214 JRPs e 82 VSs	Preservação das funções atencionais mais básicas, mas foram observados déficits nas funções executivas (controle inibitório) em JRPs por meio de baterias computadorizadas Correlação positiva entre menor controle inibitório e exacerbação de aspectos impulsivos da personalidade
Brand e colaboradores (2005)	Avaliar a capacidade de tomada de decisão em uma tarefa que apresentava regras explícitas	25 homens JRPs e 25 homens VSs	JRPs adotavam estratégias mais arriscadas que VSs
Kertzman e colaboradores, (2006)	Investigar a capacidade de controle inibitório por meio de uma tarefa computadorizada (versão alternativa de um teste clássico)	62 JRPs (sem medicamentos psiquiátricos há pelo menos um mês) e 83 VSs	Foram observadas dificuldades nos JRPs, pois eram significativamente mais lentos e menos precisos (errando mais) na emissão da resposta
Goudriaan, Oosterlaan, de Beurs, & von den Brink (2006)	Avaliar as funções executivas e funções cognitivas mais básicas	49 JRPs, 48 pacientes dependentes de álcool abstinentes (de 3 a 12 meses), 46 indivíduos com de síndrome de Tourette e 50 VSs	1. As funções cognitivas mais básicas estavam intactas em todos os grupos 2. Os JRPs e os dependentes de álcool apresentaram alterações na maior parte das funções executivas 3. Os indivíduos com síndrome de Tourette mostraram melhor desempenho que os grupos anteriores, mas piores que os controles na tarefa de controle inibitório

Legenda: JRPs: jogadores patológicos; VSs: voluntários sadios; JP: jogo patológico.
* Abstinentes há quase seis anos.

TABELA 22.2
Descrição de estudos de investigação neuroanatomofuncional em jogadores patológicos (JRPs) por eletrencefalografia (EEG) e ressonância magnética (RM)

MÉTODO	AUTOR(ES)	PROPOSTA	POPULAÇÃO INVESTIGADA	PRINCIPAIS ACHADOS
EEG	Goldstein e Carlton (1988)	Estudar a lateralização da ativação cerebral por meio de tarefas que supostamente ativam mais um dos hemisférios cerebrais	8 JRPs	Verificaram que JRPs apresentavam menor lateralização da atividade elétrica e maior latência de resposta eletrencefalográfica. Hipotetizaram que esses dados corresponderiam a uma diminuição na mudança do padrão de ativação esperado em uma tarefa e que isso poderia ser a explicação de base para a perseveração em uma atividade de jogo de azar apesar das consequências negativas.
	Regard e colaboradores (2003)	Correlacionar os dados neuropsicológicos com o de EEG	21 JRPs e 19 VSs	– 64% (13) dos JRPs apresentavam anormalidades no EEG, dos quais 10 exibiram disfunções em regiões temporais e dois mostraram lentificação nas porções temporais posteriores – 11 dos JRPs tinham história de alguma lesão cerebral, e seis haviam feito uso de substâncias psicotrópicas.
	Stojanov e colaboradores (2003)	Investigar a resposta eletrencefalográfica do potencial evocado relacionado a uma alça sensório-motora específica (P300)	10 JRPs e 10 VSs	Os JRPs tendiam a reduzir a amplitude da resposta em EEG quando o estímulo avaliado era precedido por uma breve estimulação anterior (efeito de *prepulse inhibition*). Esse achado foi interpretado como indicativo de maior atividade dopaminérgica endógena em JRPs.
RM	Potenza e Winter (2003)	Observar, por ressonância magnética funcional (RMf), a ativação cerebral ante cenas de situações emocionais (alegria e tristeza) e motivacionais (jogo e bebida)	10 JRPs e 11 VSs	Os JRPs apresentaram alterações diante de cenas motivacionais em áreas do giro cingulado, córtex orbitofrontal, núcleo caudado, gânglios basais e zonas talâmicas quando comparados aos VSs.
	Potenza e colaboradores (2003)	Utilizar a RMf para verificar a ativação cerebral durante uma tarefa clássica de controle inibitório (pede-se ao sujeito que iniba uma de suas respostas quando lhe são apresentados estímulos competitivos – teste de Stroop)	13 JRPs e 11 VSs	– JRPs e VSs apresentaram ativações semelhantes em regiões cerebrais diferentes (porções do giro cingulado anterior e dorsolateral do córtex pré-frontal) – JRPs apresentaram menor ativação que VSs na região ventromesial esquerda do córtex pré-frontal

(Continua)

TABELA 22.2
Descrição de estudos de investigação neuroanatomofuncional em jogadores patológicos (JRPs) por eletrencefalografia (EEG) e ressonância magnética (RM) (*continuação*)

MÉTODO	AUTOR(ES)	PROPOSTA	POPULAÇÃO INVESTIGADA	PRINCIPAIS ACHADOS
RM	Fuentes (2004)	Analisar estruturas cerebrais por meio da RM (baseada no *voxel*, unidade morfológica tridimensional para estudos de neuroimagem)	30 JRPs masculinos pareados a 30 VSs	– JRPs apresentavam menor volume do núcleo caudado à direita – Correlação entre a expressão de traços impulsivos de personalidade, com o maior volume do núcleo lentiforme caudado bilateralmente e menor volume das porções posteriores do giro cingulado – Traços compulsivos correlacionados com menor volume de um grande agrupamento de *voxels* nos córtex pré-frontais bilaterais (mais proeminente à esquerda), incluindo porções anteriores do giro cingulado e giro frontal superior
	Reuter e colaboradores (2005)	Avaliar, por meio de RMf, sujeitos em tarefa de tomadas de decisão que sabidamente ativa a porção ventral do estriado	12 JRPs e 12 VSs	– Na análise morfológica funcional, verificaram que os JRPs, na situação de ganho, apresentavam: 1. Atividade na porção ventral do estriado para ambos os grupos significativamente maior no ganho em comparação à perda 2. Menor número de *voxels* ativados nos JRPs 3. Apenas os controles obtiveram ativação adicional no córtex pré-frontal ventromedial e ventrolateral 4. Menor ativação da porção direita do estriado na amostra de JRPs. – Observaram uma correlação negativa entre o grau de gravidade de envolvimento com o jogo e a ativação na porção ventral direita do estriado e no córtex pré-frontal ventromedial e ventrolateral – Os achados não eram mais bem explicados por traços depressivos ou pelo hábito de fumar dos JRPs.

(*Continua*)

TABELA 22.2
Descrição de estudos de investigação neuroanatomofuncional em jogadores patológicos (JRPs) por eletrencefalografia (EEG) e ressonância magnética (RM) (*continuação*)

MÉTODO	AUTOR(ES)	PROPOSTA	POPULAÇÃO INVESTIGADA	PRINCIPAIS ACHADOS
RM	Crockford, Goodyear, Edwards, Quickfall, & el-Gueboly (2005)	Investigar por meio de RMf os sujeitos durante a apresentação de videoclipes, que alternavam entre imagens de jogo e de natureza	10 JRPs masculinos e 10 VSs	– As mesmas regiões cerebrais eram ativadas em JRPs e VSs – JRPs apresentaram uma ativação significativamente maior na porção direita dorsolateral do córtex pré-frontal, incluindo o giro frontal médio e inferior, o giro para-hipocampal direito, o córtex occipital esquerdo e o giro fusiforme – os JRPs relataram aumento da fissura pelo jogo após o estudo

AVALIAÇÃO NEUROPSICOLÓGICA EM JOGO PATOLÓGICO: PARA QUÊ E COMO

Apesar de toda a explanação que fizemos até aqui, temos de considerar que a população de jogadores patológicos, ao buscar seu tratamento, não apresenta uma queixa cognitiva primária. Assim, o foco do tratamento recai no controle do comportamento e na abordagem clínica das comorbidades. No entanto, em trabalho recente de mestrado, observamos que o perfil neuropsicológico dos jogadores melhora após tratamento medicamentoso (principalmente com antidepressivos) e terapia cognitivo-comportamental. Os sujeitos apresentaram melhor desempenho em controle inibitório e aumento da capacidade de tomada de decisão que recruta uma análise lógica, passando a optar mais pelo adiamento de uma gratificação e seus benefícios que antes do tratamento.

Toda essa melhora cognitiva cursou em paralelo com a redução do comportamento de jogar e de prejuízos financeiros, sociais e emocionais associados; com a reformulação de crenças distorcidas relacionadas ao jogo; e com a redução de afetos negativos e de aspectos impulsivos da personalidade, como tendência a não planejar e impulsividade motora. Porém, observou-se que um traço impulsivo desatencional permaneceu.

Quando pensamos no "para quê" da avaliação neuropsicológica do jogador, a constatação de que um resíduo desatencional se mantém após o tratamento é um dos aspectos que mais chama atenção. Isso porque uma das demandas mais frequentes na avaliação neuropsicológica dessa população se dá quando as abordagens clínicas habituais não melhoraram a contento o quadro em si e buscam compreender se outros aspectos comórbidos, além da sintomatologia associada a afetos negativos (depressão e ansiedade), poderiam estar contribuindo para a ausência de melhora.

Assim, espera-se muitas vezes que a avaliação neuropsicológica seja capaz de auxiliar na identificação de sintomas desatencionais de base para descobrir se o quadro poderia estar associado a um transtorno de déficit de atenção/hiperatividade ou auxiliar na diferenciação entre este e o transtorno bipolar, por exemplo.

Além disso, somando os achados descritos nas Tabelas 22.1 e 22.2 aos obtidos no pós-tratamento, podemos inferir que o "como" avaliar jogadores patológicos exige o enfoque de funções atencionais e executivas.

Contudo, os instrumentos habituais para a avaliação clínica abrangente, por serem mais grosseiros, podem não indicar alterações quantitativas, e isso exigirá do neuropsicólogo uma visão mais acurada sobre os aspectos qualitativos da avaliação, a fim de que verifique se o estilo cognitivo do cliente jogador faz ele perder em *performance* no dia a dia, por mais que seu desempenho não seja disfuncional em si.

CONSIDERAÇÕES FINAIS

Os estudos citados ao longo deste capítulo apresentam como achado comum às diversas populações de jogadores patológicos a preservação das funções atencionais mais básicas, como o alerta e a amplitude atencional. Entretanto, fica também evidente a presença de prejuízos, ainda que sutis, das chamadas funções executivas, particularmente das capacidades de controle inibitório e tomada de decisão.

Com maior atenção às funções executivas, parece que há um correlato neuropsicológico que ajuda a entender muitos dos comportamentos comumente expressos por jogadores patológicos, não só durante a atividade do jogo, mas em diversas áreas de suas vidas.

A identificação, em jogadores patológicos, da tendência a menor controle inibitório por prejuízos no processamento das informações, mas não necessariamente por precipitação ao ato, complementa os achados de falhas no julgamento de tomadas de decisão, uma vez que esses indivíduos geralmente optam por ganhos menores e imediatos ou por ganhos maiores à custa de maiores riscos.

A médio e longo prazos, esse estilo cognitivo mostra-se extremamente desvantajoso. No entanto, o jogador patológico parece não ser capaz de perceber sozinho os estímulos ambientais que anunciam tal desvantagem e modular seu comportamento. Desse modo passamos a ter a explicação neuropsicológica para as grandes dificuldades de se controlar ou se abster do hábito de jogar a dinheiro.

Esse padrão de funcionamento neuropsicológico é concordante com os achados neuroanatômicos e neurofuncionais que apontam para alterações estruturais e funcionais das porções corticoestriatais, áreas já reconhecidas como reguladoras das funções executivas, bem como associadas a transtornos psiquiátricos com leves sinais neurológicos.

Apesar dos esforços e avanços reais das propostas metodológicas e do conhecimento desenvolvido, sabe-se que a neuropsicologia do jogo patológico é uma área bastante recente e que as diferenças metodológicas ainda se constituem como a maior limitação da generalização destes dados.

Estudos futuros devem explorar mais a participação das funções executivas e as repercussões dos déficits na vida diária; ampliar a verificação da expressão desses déficits em estudos de seguimento; e abordar formas de se relacionar ainda mais funções executivas quentes e frias nas avaliações.

Os estudos neuropsicológicos se consolidam como ferramentas complementares na compreensão dos aspectos multifatoriais do diagnóstico e no estabelecimento dos fatores neurobiológicos dos transtornos mentais. Podem se constituir, ainda, como instrumentos auxiliares na eleição de propostas terapêuticas e na verificação de suas eficácias.

REFERÊNCIAS

American Psychiatric Association [APA]. (20103). *DSM-5: Diagnostic and statistical manual of mental disorders* (5th ed.). Washington: APA.

Bechara, A., Damásio, A. R., Damásio, H., & Anderson, S. (1994). Insensitivity to future consequences following damage to human prefrontal cortex. *Cognition, 50*(1-3), 7-15.

Brand, M., Kalbe, E., Labudda, K., Fujiwara, E., Kessler, J., & Markowitsch, H. J. (2005). Decision-making impairments in patients with pathological gambling. *Psychiatry Research, 133*(1), 91-99.

Carlton, P. L., & Manowitz, P. (1992). Behavioral restraint and symptoms of attention deficit disorder in alcoholics and pathological gamblers. *Neuropsychobiology, 25*(1), 44-48.

Cavedini, P., Riboldi, G., Keller, R., D'Annucci, A., & Bellodi, L. (2002). Frontal lobe dysfunction in pathological gambling patients. *Biological Psychiatry, 51*(4), 334-341.

Crockford, D. N., Goodyear, B., Edwards, J., Quickfall, J., el-Guebaly, N. (2005). Cue-induced brain activity in pathological gamblers. Biological Psychiatry, 58(10), 787-795.

Fuentes, D. M. (2004). *Jogo patológico: Análise por neuroimagem, neuropsicológica e de personalidade* (Tese de Doutorado, Departamento de Psiquiatria, Faculdade de Medicina da Universidade de São Paulo, São Paulo)

Fuentes, D., Tavares, H., Artes, R., & Gorenstein, C. (2006). Self-reported and neuropsychological mesures of impulsivitty in pathological gambling. *Journal of the International Neuropsychological Society, 12*(6), 907-912.

Fuster, J. (2008). *The prefrontal cortex*. Oxford: Elsevier.

Goldstein, L., & Carlton, P. L. (1988). Hemispheric EEG correlates of compulsive behavior: The case of pathological gamblers. *Research Communication in Psychology, Psychiatry, and Behavior, 13*(1-2), 103-111.

Goudriaan, A. E., Oosterlaan, J., de Beurs, E., van den Brink, W. (2006). Neurocognitive functions in pathological gambling: A comparison with alchohol dependence, Tourette syndrome and normal controls. *Addiction, 101*(4), 534-547.

Kertzman, S., Lowengrub, K., Aizer, A., Nahum, Z. B., Kotler, M., & Dannon, P. N. (2006). Stroop performance in pathological gamblers. *Psychiatry Research, 142*(1), 1-10.

Petry, N. M. (2001a). Pathological gamblers, with and without substance use disorder, discount delayed rewards at right rates. *Journal of Abnormal Psychology, 110*(3), 482-487.

Petry, N. M. (2011b). Substance abuse, pathological gambling, and impulsiveness. *Drug and Alcohol Dependence, 63*(1), 29-38.

Petry, N. M., & Casarella, T. (1999). Excessive discounting of delayed rewards in substance abusers with gambling problems. *Drug and Alcohol Dependence, 56*(1), 25-32.

Potenza, M. N., & Winters, K. C. (2003). The neurobiology of pathological gambling: Translating research findings into clinical advances. *Journal of Gambling Studies, 19*(1), 7-10.

Potenza, M. N., Leung, H. C., Blumberg, H. P., Peterson, B. S., Fulbright, R. K., Lacadie, C. M., ... Gore, J. C. (2003). An FMRI stroop task study of ventromedial prefrontal cortical function in pathological gamblers. *The American Journal of Psychiatry, 160*(11), 1990-1994.

Regard, M., Knoch, D., Gütling, E., & Landis, T. (2003). Brain damage and addictive behavior: A neuropsychological and electroencephalogram investigation with pathologic gamblers. *Cognitive and Behavioral Neurology, 16*(1), 47-53.

Reuter, J., Raedler, T., Rose, M., Hand, I., Gläscher, J., & Büchel, C. (2005). Pathological gambling is linked to reduced activation of mesolimbic reward system. *Nature Neuroscience, 8*(2), 147-148.

Royall, D. R., Lauterbach, E. C., Cummings, J. L., Reeve, A., Rummans, T. A., Kaufer D. I., Coffey, C. E. (2002). Executive control function: A review of its promise and challenges for clinical research. A report from the Committee on Research of the American Neuropsychiatric Association. *The Journal of Neuropsychiatry and Clinical Neuroscience, 14*(4), 377-405.

Rugle, L., & Melamed, L. (1993). Neuropsychological assessment of attention problems in pathological gamblers. *The Journal of Nervous and Mental Disease, 181*(2), 107-112.

Stojanov, W., Karayanidis, F., Johnston, P., Bailey, A., Carr, V., & Schall, U. (2003). Disrupted sensory gating in pathological gambling. *Society of Biological Psychiatry, 54*, 474-484, 2003.

Zelazo, P. D., Qu, L., & Müller, U. (2005). Hot and cool aspects of executive function: Relations in early development In W. Schneider, R. Schumann-Hengsteler, & B. Sodian, *Young children's cognitive development*. Mahwah: Lawrence Erlbaum.

23

Avaliação neuropsicológica aplicada às epilepsias

DANIEL FUENTES
LUCIANE LUNARDI
JULIANA O. GÓIS
TATIANA ABOULAFIA BRAKHA
PATRICIA RZEZAK
MARTINHO LUEMBA
MIGUEL S. BETTENCOURT MATEUS

EPILEPSIA: CONCEITOS E DEFINIÇÕES

A epilepsia é um distúrbio cerebral caracterizado por uma predisposição do cérebro a gerar crises epilépticas e pelas consequências neurobiológicas, cognitivas, psicossociais e sociais dessa condição. É definida pela ocorrência de pelo menos uma crise epiléptica, as quais recorrem na ausência de condições toxicometabólicas do organismo (Fisher et al., 2005).

Essas crises estão associadas a patologias estruturais ou neuroquímicas do cérebro, que desequilibram sua atividade elétrica. Elas provocam descargas neuronais súbitas, excessivas e descontroladas que ocorrem, predominantemente, no córtex cerebral.

Seu diagnóstico é fundamentalmente clínico, isto é, com base nas informações fornecidas pelo paciente e/ou acompanhante. Os exames clínico-neurológicos, a avaliação neuropsicológica e os testes complementares proporcionam subsídios valiosos ao diagnóstico completo e seguro.

> Seu diagnóstico é fundamentalmente clínico, isto é, com base nas informações fornecidas pelo paciente e/ou acompanhante. Os exames clínico-neurológicos, a avaliação neuropsicológica e os testes complementares proporcionam subsídios valiosos ao diagnóstico completo e seguro.

Crises epilépticas

As crises epilépticas podem ter topografias muito variadas, uma vez que dependem da região do cérebro envolvida, podendo acometer áreas específicas, zonas mais amplas e, até mesmo, o cérebro todo.

A classificação das crises epilépticas é feita de acordo com a área que deu origem à atividade epileptiforme. São denominadas *generalizadas*, as que se originam em algum ponto de uma rede neuronal e rapidamente se desenvolvem e se propagam em redes neuronais bilaterais; e *focais*, aquelas que se originam em redes neuronais limitadas a um hemisfério cerebral, podendo ser restritas ou distribuídas de forma mais ampla. Nas crises epilépticas focais, é importante que seja avaliado o comprometimento da consciência (Berg et al., 2010).

Síndromes epilépticas

A classificação das síndromes epilépticas baseia-se em tipo de crise, idade de início, sinais clínicos e neurológicos, história familiar, achados de exames neurologicos complementares e prognóstico.

A maioria das síndromes epilépticas não tem uma causa comum. Elas podem ser subdividas de acordo com sua etiologia: *genética* (resultado direto de um defeito genético conhecido ou presumido, em que as crises são o principal sintoma da doença), *estrutural/metabólica* (epilepsias cujas causas são identificáveis) e de *causa desconhecida* (sem etiologia) (Berg et al., 2010).

Estima-se que essas síndromes atinjam cerca de 60 milhões de pessoas no mundo, e que surjam 3 milhões de novos casos a cada ano. O Brasil ainda não dispõe de dados epidemiológicos precisos, mas estima-se uma prevalência variando de 11,9 a 20 casos de epilepsia a cada mil habitantes.

NEUROPSICOLOGIA E EPILEPSIA

Há evidências de que indivíduos com determinados tipos de epilepsia podem apresentar prejuízos cognitivos graves, sendo que, para alguns, tais déficits podem ser mais debilitantes do que as próprias crises epilépticas. A avaliação neuropsicológica tem com o objetivo diagnosticar tais prejuízos cognitivos; contribuir para a compreensão da condição neurológica do paciente e auxiliar nas decisões de seu tratamento; compreender os problemas emocionais, educacionais e psicossociais relacionados com o comprometimento cognitivo; além de monitorar os efeitos dos medicamentos e/ou da epilepsia sobre a cognição, bem como o impacto dessas disfunções cognitivas no dia a dia.

A seguir, serão detalhados os aspectos neuropsicológicos nas síndromes epilépticas mais frequentes, organizados de acordo com a idade de início das crises.

> Há evidências de que indivíduos com determinados tipos de epilepsia podem apresentar prejuízos cognitivos graves, sendo que, para alguns, tais déficits podem ser mais debilitantes do que as próprias crises epilépticas.

SÍNDROMES ELETROCLÍNICAS NA INFÂNCIA E NA ADOLESCÊNCIA

O estudo do funcionamento cognitivo de crianças, independentemente da patologia que as comete, deve considerar o fato de que seu sistema nervoso central ainda está em fase de desenvolvimento e que as regiões cerebrais desenvolvem-se em diferentes períodos.

Alguns autores salientam a complexidade do estudo das inter-relações entre funções cognitivas e epilepsia na infância ao apontarem a necessidade de considerar a presença de vários fatores, além da própria condição epiléptica, a saber: aspectos emocionais, desenvolvimento da personalidade, fatores etiológicos, gravidade da epilepsia, atividade das crises (idade de início, frequência, duração e tipo), alteração eletrencefalográfica, fatores ambientais, funções cognitivas, local da lesão ou disfunção cerebral, deficiências físicas e comprometimentos neurofisiológicos associados e efeitos colaterais de medicamentos.

Epilepsia rolândica

A epilepsia rolândica (ER) é o tipo de epilepsia mais comum na infância, sendo caracterizada por crises focais. É uma síndrome epiléptica geneticamente determinada e, em geral, abrange a faixa etária dos 3 aos 10 anos, manifestado seu pico de início aos 8 anos.

As crianças com ER são intelectualmente normais. Entretanto, nas últimas décadas, estudos demonstraram a possibilidade de ocorrência de déficits cognitivos, dificuldades de aprendizagem e piora no desempenho escolar em cerca de 20 a 30% das crianças com ER. Os déficits estão, em sua maioria, relacionados a linguagem, memória e funções executivas, colocando em discussão o prognóstico favorável desse distúrbio (Tedrus et al., 2010).

Miziara e colaboradores (2012) avaliaram o impacto das crises epilépticas no desempenho escolar de 40 crianças com ER e compararam os resultados dos testes neuropsicológicos com o grupo-controle. As crianças com ER apresentaram pontuações significativamente mais baixas em testes de desempenho acadêmico em relação ao grupo-controle, provavelmente devido a uma disfunção executiva. Outros estudos também têm mostrado o comprometimento das funções executivas em crianças com ER, além de comportamentos impulsivos, dificuldade de tomada de decisão e distraimento.

Epilepsia de lobo temporal na infância

A epilepsia de lobo temporal (ELT) é uma alteração neurológica, na qual há ativação do córtex temporal. Abrange entre 10 e 20% dos casos de epilepsia intratável em pacientes pediátricos e envolve diversos aspectos: neuropsicológicos, cirúrgicos, sociais e psicológicos. Seu começo ocorre habitualmente na vida adulta, mas pode haver um evento inicial, também, na infância.

Estudos mostraram que crianças com ELT podem apresentar prejuízo em memória, atenção, linguagem, habilidades visuoespaciais e funções executivas, além de distúrbios comportamentais e da aprendizagem.

Os déficits neuropsicológicos na ELT na infância não estão associados somente à lesão temporal, mas também a uma disfunção de regiões extratemporais, devido a uma lesão cerebral precoce em áreas importantes para o desenvolvimento cognitivo.

> A epilepsia de lobo temporal (ELT) é uma alteração neurológica, na qual há ativação do córtex temporal. Abrange entre 10 e 20% dos casos de epilepsia intratável em pacientes pediátricos e envolve diversos aspectos: neuropsicológicos, cirúrgicos, sociais e psicológicos. Seu começo ocorre habitualmente na vida adulta, mas pode haver um evento inicial, também, na infância.

Diversos autores sugerem que a epilepsia e os distúrbios cognitivos e comportamentais podem ser resultados de um mesmo substrato anatômico-funcional.

Rzezak, Guimarães, Fuentes, Guerreiro e Valente (2012) investigaram o impacto da disfunção executiva e da memória em pacientes com distúrbio neurológico misto e observaram que as crianças com ELT tiveram pior desempenho em teste de atenção, recuperação imediata e tardia, memória fonológica, controle mental, planejamento e abstração. Crianças com disfunção executiva grave tiveram pior desempenho na prova de memória verbal e visual e nos testes de aprendizagem, concluindo que a disfunção executiva estava relacionada com o desempenho da memória em crianças com ELT.

Epilepsia mioclônica juvenil

A epilepsia mioclônica juvenil (EMJ) é hereditária e afeta até 10% dos indivíduos epilépticos. Os pacientes apresentam abalos mioclônicos, crises tônico-clônicas e, raramente, crises de ausência. O pico de início da doença acontece entre os 14 e 16 anos, podendo variar dos 8 aos 26 anos. As crises epilépticas geralmente seguem um ritmo circadiano, com preponderância no despertar (Wandschneider, Thompson, Vollmar, & Koepp, 2012).

Em geral, os padrões de comprometimento cognitivo na EMJ são leves, mas podem influenciar o funcionamento cotidiano. Estudos neuropsicológicos e de imagem funcional sugerem que as funções cognitivas do lobo frontal são predominantemente afetadas, entre elas a "memória de trabalho" e a tomada de decisão, além de déficits observados em tarefas que exigem resposta a perguntas verbais e desempenho motor complexo (Wandschneider et al., 2012).

O início da doença durante a puberdade precoce pode fazer o paciente com EMJ não ser capaz de se beneficiar da fase educacional na mesma medida que seus pares, apesar da exposição educacional compatível.

SÍNDROMES ELETROCLÍNICAS NA VIDA ADULTA

Epilepsia de lobo temporal

A ELT é a forma mais prevalente de crises focais e a principal causa de epilepsia refratária no adulto. Sua etiologia é diversa, mas a esclerose mesial temporal (EMT) é a forma mais comum da doença, diagnosticada por exame de ressonância magnética (RM), em que se identifica uma perda celular superior a 30% da estrutura hipocampal.

Alguns estudos mostraram que crises recorrentes afetam todos os aspectos do funcionamento cognitivo, incluindo atenção, praxia, inteligência, funções executivas e resolução de problemas. Entre as disfunções neuropsicológicas específicas relacionadas à ELT, constam distúrbios de linguagem envolvendo nomeação e déficits mnêmicos nas esferas visual e/ou verbal.

Oyegbile e colaboradores (2004) demonstraram que os distúrbios de linguagem (sobretudo a capacidade de nomeação) são mais comumente observados em pacientes com ELT com foco à esquerda ou bilateral do que naqueles com ELT com foco à direita. Essa função cognitiva costuma ser avaliada por meio de testes de nomeação por confronto visual; porém, Bell, Seidenberg, Hermann, e Douville (2003) sugerem que testes de nomeação por confronto auditivo (a partir da definição verbal) sejam mais eficientes na caracterização da disfunção de linguagem e na lateralização do foco epiléptico em hemisfério direito ou esquerdo.

O papel das estruturas temporais mesiais em função da memória foi demonstrada pelo caso de H.M., que ficou livre das crises epilépticas depois de ser submetido a uma lobectomia temporal bilateral; contudo, foi incapaz de converter novas memórias em memórias permanentes, enquanto suas memórias de trabalho, de longo prazo e processuais permaneceram intactas.

Del Vecchio, Liporace, Nei, Sperling e Tracy (2004) estudaram os tipos de memória implicados na ELT, comparando a explícita e à implícita. Identificaram pior desempenho em tarefas envolvendo memória explícita em pacientes com ELT à esquerda em comparação a controles sem epilepsia. De acordo com os autores, tais achados decorrem do fato de que estruturas mesiais temporais, sobretudo o hipocampo, são essenciais na memória consciente e intencional, com um papel menos importante, portanto, para os processos mnêmicos implícitos e automáticos.

Em 1993, Seidenberg, Hermann, Haltiner e Wyler trouxeram uma importante contribuição para a compreensão dos componentes específicos da memória prejudicados na ELT. Segundo eles, a avaliação da capacidade de reconhecimento e discriminação podem fornecer informações sobre a base do déficit de aprendizagem e memória. Nesse estudo, utilizaram um reconhecido teste de aprendizagem e memória para material verbal e encontraram uma alta frequência de paramnésias, identificadas a partir do número elevado de reconhecimentos falso-positivos em pacientes com ELT à esquerda em comparação a sujeitos com ELT à direita. Verificaram também

> A ELT é a forma mais prevalente de crises focais e a principal causa de epilepsia refratária no adulto. Sua etiologia é diversa, mas a esclerose mesial temporal (EMT) é a forma mais comum da doença.

que, após a cirurgia, aqueles pacientes que foram submetidos à lobectomia temporal à direita apresentaram melhora considerável no desempenho, aumentando a eficiência da memória por reconhecimento. Não houve melhora dessa capacidade nos indivíduos submetidos à ressecção do foco epileptogênico temporal esquerdo.

Como visto, os estudos sobre memória em pacientes com ELT são bastante aprofundados devido à alta prevalência da síndrome. No entanto, embora uma considerável proporção dessa população apresente prejuízos em testes de funções executivas, há menos publicações sobre o assunto.

Disfunções executivas em pacientes com ELT têm sido frequentemente investigadas utilizando o Teste de Seleção de Cartas de Wisconsin (WCST), que é responsável por verificar funções executivas clássicas. Hermann e Seidenberg (1995) analisaram a *performance* executiva de 64 pacientes com ELT unilateral utilizando o WCST e observaram que 44% deles apresentaram uma disfunção executiva clinicamente relevante. Seidenberg e colaboradores (1998) compararam o desempenho de pacientes com e sem EMT quanto ao desempenho executivo, atentando para a lateralização do foco, e não encontraram diferenças. Os autores sugeriram que os déficits de função executiva poderiam estar associados à propagação da atividade epileptiforme do lobo temporal para áreas relevantes das habilidades executivas. Outros estudos posteriores também observaram que o desempenho no WCST estava prejudicado em ELT, sobretudo naqueles pacientes com esclerose hipocampal (Garcia Espinosa et al., 2010).

Labudda e colaboradores (2008) avaliaram a tomada de decisão em 20 pacientes com ELT usando a Iowa Gambling Task (IGT) (Bechara, Damásio, Damásio, & Anderson, 1994) e observaram que os pacientes com ELT foram significativamente piores, sendo que aqueles que tiveram uma preferência por decisões desfavoráveis obtiveram *performance* prejudicada em outros testes de função executiva, quando comparados ao grupo-controle.

Cabe ressaltar, no entanto, que uma importante limitação dos estudos citados refere-se à metodologia, uma vez que neles são utilizados poucos paradigmas para a investigação de uma função complexa e multidimensional.

Epilepsia de lobo frontal

A epilepsia de lobo frontal (ELF) foi pouco estudada considerando-se os aspectos neurocomportamentais e psicológicos. No entanto, é responsável por 20 a 30% das epilepsias focais, sendo também a segunda razão mais frequente para o tratamento cirúrgico da epilepsia.

> A epilepsia de lobo frontal (ELF) foi pouco estudada considerando-se os aspectos neurocomportamentais e psicológicos. No entanto, é responsável por 20 a 30% das epilepsias focais, sendo também a segunda razão mais frequente para o tratamento cirúrgico da epilepsia.

São três as principais regiões de foco epileptogênico nos lobos frontais: o córtex motor, o córtex motor suplementar e o córtex pré-frontal. Dependendo da região acometida, são esperados diferentes sintomas.

A descrição clínica desses pacientes geralmente inclui prejuízos de organização e planejamento, característicos de disfunções executivas, e alterações comportamentais como impulsividade, agressividade e labilidade do humor (Culhane-Shelburne, Chapieski, Hiscock, & Glaze, 2002).

Medidas de inteligência apontam para limites normais em pacientes com ELF, algo também visto nos sujeitos com lesões frontais. Nos casos de ELF, podem ocorrer prejuízos de memória, porém em menor grau do que em pacientes com ELT. Estudos com pacientes submetidos à lobectomia frontal mostrou prejuízos em relação às funções motoras e executivas.

Estudando indivíduos com ELF de várias etiologias, Upton e Thompson (1996) observaram redução no desempenho em diversas medidas de execução desses pacientes, sendo que aqueles com ELF à esquerda foram mais prejudicados do que os com ELF à direita. Os resultados dessa pesquisa sugerem que os pacientes com ELF podem manifestar um padrão semelhante de disfunção cognitiva observada em sujeitos com outras formas de dano frontal.

Helmstaedter, Kemper e Elger (1996) compararam pacientes com ELF àqueles com ELT e observaram que os primeiros apresentavam pior *performance* na tarefa de sequenciamento uni e bimanual de Luria; no teste de Stroop quanto a manutenção e inibição de respostas; em testes de velocidade de visuopercepção (discriminação de símbolos) e influência de interferências (leitura inversa de sequência de letras); e nas avaliações associadas a formação de conceitos, planejamento e inibição de respostas (WCST e Teste de Matrizes). Helmstaldter, Hauff e Elger, em 1998, avaliaram se os déficits neuropsicológicos específicos poderiam ser marcadores de disfunção frontal nesses pacientes. A amostra ELF foi relativamente pequena (n = 23), sendo 13 pacientes com lesões causadas por tumores, derrames e abcessos e 10 sem lesão cerebral específica. Dois terços dos sujeitos com ELF apresentaram prejuízos no planejamento e na coordenação motora.

Farrant e colaboradores (2005) investigaram a cognição social de pacientes com ELF e observaram que eles não apresentavam deficiência na teoria da mente; entretanto, mostraram prejuízo no reconhecimento de *faux pas, performance* empobrecida na apreciação do humor (com a utilização de charges) e dificuldade no reconhecimento de emoções faciais, revelando prejuízo da cognição social, caracterizado por uma disfunção executiva leve.

AVALIAÇÃO NEUROPSICOLÓGICA NO TRATAMENTO CIRÚRGICO DA EPILEPSIA

Apesar dos avanços que ocorreram em relação ao diagnóstico e ao tratamento farmacológico da epilepsia, as crises permanecem refratárias ao tratamento medicamentoso em cerca de 30% dos casos (Kwan & Brodie, 2000). É justamente nesses casos em que há refratariedade à medicação que a cirurgia é considerada uma importante alternativa terapêutica. Pesquisas mostram que 65 a 80% dos pacientes ficam livres das crises; 15 a 25% melhoram substancialmente; e em torno de 5% permanecem sem benefícios (Engel, 1996; Vibre, Iriarte, Schlumberger, & Manrique, 2000). Dessa forma, a cirurgia para epilepsia pode ser considerada de sucesso em relação ao controle das crises nas epilepsias focais resistentes ao tratamento medicamentoso. De acordo com uma estimativa, 10 mil entre 24 mil pacientes são considerados candidatos para cirurgia de epilepsia na Europa (Wieser, 2001).

Mais da metade dos adultos com epilepsia refratária ao tratamento medicamentoso é composta por pacientes com ELT. Logo, a ressecção do lobo temporal é uma importante opção para os sujeitos com crises focais resistentes ao tratamento medicamentoso e bem-localizadas, sendo essa a técnica mais utilizada nos centros de epilepsia.

O sucesso da cirurgia depende de uma acurada localização e lateralização do foco

> É justamente nesses casos em que há refratariedade à medicação que a cirurgia é considerada uma importante alternativa terapêutica. Pesquisas mostram que 65 a 80% dos pacientes ficam livres das crises; 15 a 25% melhoram substancialmente; e em torno de 5% permanecem sem benefícios.

epileptogênico. A avaliação pré-cirurgica deve envolver uma série de avaliações e investigações, incluindo história clínica detalhada, eletrencefalograma (EEG) interictal, monitoramento por vídeo EEG, tomografia por emissão de pósitrons (PET), tomografia computadorizada por emissão de fóton único (SPECT) e avaliação neuropsiquiátrica e neuropsicológica.

A avaliação neuropsicológica é de grande importância nos programas de cirurgia para epilepsia. Ao estudar pacientes antes e depois da intervenção cirúrgica, é possível predizer resultados neuropsicológicos pós-cirúrgicos e auxiliar no prognóstico.

A primeira função que podemos atribuir ao neuropsicólogo clínico, dada a natureza da intervenção, é a de controle dos efeitos da cirurgia sobre as funções neuropsicológicas do paciente. Por exemplo, a associação entre as estruturas do lobo temporal e as funções mnêmicas torna essencial o controle do impacto neuropsicológico decorrente da lobectomia sobre cada paciente. Por isso, cabe ao neuropsicólogo clínico estabelecer uma linha de base e usá-la em comparação a outra, posterior, obtida provavelmente seis meses após a intervenção cirúrgica (Orozco-Giménez, Verdejo-García, Sánchez-Alvarez, Altuzarra-Corral, & Pérez-Garcia, 2002).

Outro objetivo da neuropsicologia clínica é a avaliação dos pacientes mediante seguimento mais amplo. Deve-se considerar que a avaliação neuropsicológica permite a localização do dano estrutural e funcional. Dessa forma, outra de suas funções é determinar a lateralização e a localização de áreas cerebrais disfuncionais. Cabe dizer que essa função diagnóstica não é absoluta e que devem ser realizadas técnicas funcionais de imagem mais precisas na localização de áreas lesionadas.

A avaliação neuropsicológica também possui valor prognóstico em relação aos resultados da neurocirurgia, ou seja, a história clínica e a função neuropsicológica pré-operatória de cada paciente nos permitem estabelecer um prognóstico. Este faz referência tanto ao grau de benefício da cirurgia em termos de redução das crises como ao funcionamento neuropsicológico posterior à intervenção, assim como à existência de padrões anormais de organização cerebral.

Por último, o estudo neuropsicológico assume também uma função investigadora. O trabalho com o paciente possibilita indagar as manifestações neuropsicológicas da epilepsia, os mecanismos da função cerebral e as características pré-cirúrgicas que se associam com bons resultados pós-operatórios.

CONSIDERAÇÕES FINAIS

A epilepsia, como distúrbio do sistema nervoso central, tem um impacto significativo sobre a cognição dos indivíduos acometidos, independentemente da idade, da síndrome epiléptica ou da localização e do tamanho da região de descargas epileptiformes. Assim, o neuropsicólogo tem um importante papel na investigação dos comprometimentos cognitivos secundários à epilepsia e à medicação antiepiléptica e na avalição dos potenciais e déficits cognitivos pré e pós-cirúrgicos. Contudo, ainda que vários estudos tenham sido feitos nos últimos anos, muitas síndromes epilépticas e a epilepsia na faixa etária pediátrica foram pouco pesquisadas. Dessa forma, a inserção do neuropsicólogo nesse campo de pesquisa e clínico é de suma importância para o crescimento do conhecimento sobre as epilepsias.

REFERÊNCIAS

Bechara, A., Damásio, A. R., Damásio, H., & Anderson, S. (1994). Insensitivity to future consequences following damage to human prefrontal cortex. *Cognition, 50*(1-3), 7-15.

Bell, B. D., Seidenberg, M., Hermann, B. P., & Douville, K. (2003). Visual and auditory naming in patients with left or bilateral temporal lobe epilepsy. *Epilepsy Research, 55*(1-2):29-37.

Berg, A. T., Berkovic, S. F., Brodie, M. J., Buchhalter, J., Cross, J. H., van Emde Boas, W., ... Scheffer, I. E. (2010). Revised terminology and concepts for organization of seizures and epilepsies: Report of the ILAE Commission on classification and Terminology, 2005-2009. *Epilepsy, 51*(4), 676-685.

Culhane-Shelburne, K., Chapieski, L., Hiscock, M., & Glaze, D. (2002). Executive functions in children with frontal and temporal lobe epilepsy. *Journal of the International Neuropsychological Society, 8*(5), 623-632.

Del Vecchio, N., Liporace, J., Nei, M., Sperling, M., & Tracy, J. (2004). A dissociation between implicit and explicit verbal memory in left temporal lobe epilepsy. *Epilepsia, 45*(9), 1124-1133.

Engel, J. Jr. (1996). Introduction to temporal lobe epilepsy. *Epilepsy Research, 26*(1), 141-150.

Farrant, A., Morris, R. G., Russell, T., Elwes, R., Akanuma, N., Alarcón, G. & Koutroumanidis, M. (2005). Social cognition in frontal lobe epilepsy. *Epilepsy & Behavior, 7*(3), 506-516.

Fisher, R. S., van Emde Boas, W., Blume, W., Elger, C., Genton, P., Lee, P., & Engel, J. Jr. (2005). Epileptic seizures and epilesy: Definitions proposed by the International League Against Epilepsy (ILAE) and the International Bureau of Epilepsy (IBE). *Epilepsia, 46*(4), 470-472.

Garcia Espinosa, A., Andrade Machado, R., Borges González, S., García González, M. E., Pérez Montoto, A., & Toledo Sotomayor, G. (2010). Wisconsin Card Sorting Test performance and impulsivity in patients with temporal lobe epilepsy: Suicidal risk and suicide attempts. *Epilepsy & Behavior, 17*(1), 39-45.

Helmstaedter, C., Hauff, M., & Elger, C. E. (1998). Ecological validity of list-learning tests and self-reported memory in healthy individuals and those with temporal lobe epilepsy. *Journal of Clinical and Experimental Neuropsychology, 20*(3), 365-375.

Helmstaedter, C., Kemper, B., & Elger, C. E. (1996). Neuropsychological aspects of frontal lobe epilepsy. *Neuropsychologia, 34*(5), 399-406.

Hermann, B., & Seidenberg, M. (1995). Executive system dysfunction in temporal lobe epilepsy: Effects of nociferous cortex *versus* hippocampal pathology. *Journal of Clinical and Experimental Neuropsychology, 17*(6), 809-819.

Kwan, P., & Brodie, M. J. (2000). Early identification of refractory epilepsy. *The New England Journal of Medicine, 342*(5), 314-319.

Labudda, K., Frigge, K., Horstmann, S., Aengenendt, J., Woermann, F. G., Ebner, A., ... Brand, M. (2008). Decision making in patients with temporal lobe epilepsy. *Neuropsychologia, 47*(1), 50-58.

Miziara, C. S., Manreza, M. L., Mansur, L., Reed, U. C., Guilhoto, L. M., Serrano, V. A., ... CInAPCe Group. (2012). Impact of benign childhood epilepsy with centrotemporal spikes (BECTS) on school performance. *Seizure, 21*(2), 87-91.

Orozco-Giménez, C., Verdejo-García, A., Sánchez-Alvarez, J. C., Altuzarra-Corral, A., & Pérez-García, M. (2002). Clinical neuropsychology of the surgery of temporal lobe epilepsy. *Revista de Neurología, 35*(12), 1116-1135.

Oyegbile, T. O., Dow, C., Jones, J., Bell, B., Rutecki, P., Sheth, R., ... Hermann, B. P. (2004). The nature and course of neuropsychological morbidity in chronic temporal lobe epilepsy. *Neurology, 62*(10), 1736-1742.

Rzezak, P., Guimarães, C. A., Fuentes, D., Guerreiro, M. M., & Valente, K. D. (2012). Memory in children with temporal lobe epilepsy is at least partially explained by executive dysfunction. *Epilepsy & Behavior, 25*(4), 577-584.

Seidenberg, M., Hermann, B., Haltiner, A., & Wyler, A. (1993). Verbal recognition memory performance in unilateral temporal lobe epilepsy. *Brain and Language, 44*(2), 191-200.

Seidenberg, M., Hermann, B., Wyler, A. R., Davies, K., Dohan, F. C. Jr., & Leveroni C. (1998). Neuropsychological outcome following anterior temporal lobotomy in patients with and without the syndrome of mesial temporal lobe epilepsy. *Neuropsychology, 12*(2), 303-316.

Tedrus, G. M., Fonseca, L. C., Castilho, D. P., Pacheco, E. M., Campregher, A. A., & Bittar, M. C. (2010). Benign childhood epilepsy with centro-temporal spikes: Evolutive clinical, cognitive and EEG aspects. *Arquivos de Neuro-Psiquiatria, 68*(4), 550-555.

Upton, D., & Thompson, P. J. (1996). General neuropsychological characteristics of frontal lobe epilepsy. *Epilepsy Research, 23*(2), 169-177.

Vibre, C., Iriarte, J., Schlumberger, E., & Manrique, M. (2000). Surgical treatment of epilepsies: criteria for the selection of patients and results. *Revista de Neurologia, 30*(Suppl 1), S141-S153.

Wandschneider, B., Thompson, P. J., Vollmar, C., & Koepp, M. J. (2012). Frontal lobe function and structure in juvenile myoclonic epilepsy: A comprehensive review of neuropsychological and imaging data. *Epilepsia, 53*(12), 2091-2098.

Wieser, H. G. (2001). Epilepsy surgery in Europe: Developments in the last decade and present state. *Klinische Neurophysiologie, 32*(1), 10-15.

24
Neuropsicologia dos comportamentos antissociais

RICARDO DE OLIVEIRA SOUZA
PAULO MATTOS
FLÁVIA MIELE
LEANDRO F. MALLOY-DINIZ

SIGNIFICADO CLÍNICO DOS COMPORTAMENTOS ANTISSOCIAIS

A expressão *comportamentos (ou atos) antissociais* compreende um leque de comportamentos comuns a transtornos neuropsiquiátricos cuja característica essencial é a violação dos direitos dos outros (American Psychiatric Association [APA], 2000). Em sentido amplo, os comportamentos antissociais constituem uma diversidade de condutas que vão de estacionar em vaga de deficiente à execução de civis inocentes (Conquest, 1991). Em sentido estrito, o valor diagnóstico dos comportamentos antissociais implica que:

1. o indivíduo seja capaz de enunciar, de maneira informal e pragmática, as diferenças entre o certo e o errado, tanto em termos morais como legais; e
2. que seu comportamento não esteja sob influência de delírios, alucinações ou ambos.

A experiência clínica ensina que os comportamentos antissociais praticados pelas pessoas normais diferem em aspectos essenciais daqueles perpetrados por indivíduos com diagnósticos formais (Tabela 24.1). Para efeito de exposição, menções a comportamentos antissociais neste capítulo devem ser entendidas como anormais.

O transtorno da personalidade antissocial, incluído entre os transtornos da personalidade do grupo B do *Manual diagnóstico e estatístico de transtornos mentais – Quarta Edição* (DSM-IV), pode ser

TABELA 24.1
Diferenças entre os comportamentos antissociais de indivíduos normais e anormais[*]

	INDIVÍDUOS NORMAIS	ANTISSOCIAIS/PSICOPATAS
Frequência	Ocasionais, esporádicos	Recorrentes e persistentes
Impacto sobre terceiros	Ausente ou negligenciável	Danos psicológicos, físicos e materiais (financeiros)
Natureza das ações antissociais	Triviais: atravessar fora da faixa, trapacear no jogo de cartas com amigos	Sistemáticos: golpes, falsificações, assalto, tráfico, homicídio

[*]Do ponto de vista operacional, consideram-se "normais" aqueles indivíduos autônomos nas diferentes esferas da vida produtiva, especialmente social, familiar e ocupacional.

considerado como a psicopatologia prototípica em relação à expressão de comportamentos antissociais. O indivíduo com transtorno da personalidade antissocial apresenta desprezo marcante por regras sociais, direitos e sentimentos de outras pessoas; diminuição da capacidade empática; e falta de arrependimento em relação aos próprios comportamentos e decisões. Ainda assim, o comportamento antissocial está presente e é requisito fundamental em outros transtornos da personalidade classificados no grupo B do DSM-IV (adultos) em transtornos externalizantes (crianças) e nas síndromes maníacas, quer no transtorno bipolar, quer nas manias secundárias (Tyrer & Brittlebank, 1993).

As mudanças persistentes de personalidade em adultos ou crianças previamente normais podem resultar de lesões cerebrais de causas diversas, configurando a síndrome da "sociopatia adquirida" (Eslinger & Damasio, 1985). Ainda sob essa perspectiva,

> O indivíduo com transtorno da personalidade antissocial apresenta marcante desprezo por regras sociais, direitos e sentimentos de outras pessoas; diminuição da capacidade empática; e falta de arrependimento em relação aos próprios comportamentos e decisões.

alguns casos pontuais de condutas antissociais em pacientes com epilepsia (Mesulam, 1981; Walker, 1961) e parassonias (Mahowald, Schenk, & Bornemann, 2011) podem gerar sérias dúvidas quanto à natureza do diagnóstico subjacente, especialmente em contextos médico-legais. Por fim, graves instâncias de comportamentos antissociais são ocasionalmente observadas em indivíduos com inteligência normal com autismo ou síndrome de Asperger (Haskins & Silva, 2006) e em casos pertencentes ao grupo obscuro dos "transtornos dissociativos" (Tabela 24.2). Por causa de suas características próprias, casos de psicose que, eventualmente, levem à comissão de atos antissociais sob a influência de delírios e alucinações **não** são considerados primariamente pertencentes às condições ora em discussão.

Do ponto de vista da psicopatologia do desenvolvimento, é interessante notar que o comportamento antissocial pode

TABELA 24.2
Condições clínicas nas quais comportamentos antissociais são essenciais para o diagnóstico

Transtornos da personalidade, grupo B: antissocial, narcisista, histriônica e *borderline* (DSM-IV)	Padrões estáveis e inconvenientes de experiências subjetivas e comportamentos dramáticos e erráticos consolidados no final da adolescência e início da idade adulta.
Transtornos da conduta, desafiador de oposição e do comportamento diruptivo (DSM-IV)	Padrão persistente e repetitivo de comportamento primeiramente notado na infância ou adolescência em que os direitos fundamentais dos outros ou as normas e regras sociais são violados. O transtorno da conduta frequentemente precede a personalidade antissocial e a psicopatia na idade adulta.
Psicopatia (PCL-R e PCL-SV)	Transtorno da personalidade com início na infância ou adolescência caracterizado pela perpetração de atos antissociais aliados a frieza interpessoal e ausência de empatia. Na maioria dos casos, indivíduos com diagnóstico de psicopatia preenchem critérios para personalidade antissocial, mas o contrário não é necessariamente verdadeiro.
Sociopatia adquirida (diagnóstico clínico, qualitativo)	Mudança de personalidade que pode ocorrer em qualquer idade, na qual um indivíduo, até então socialmente ajustado e produtivo, engaja-se em atos antissociais consequentes a lesão(ões) cerebral(is) adquirida(s), como traumatismo craniencefálico, sequela de neurocirurgia, infarto, tumor, doença degenerativa (em geral, degeneração frontotemporal).

também representar um *continuum* evolutivo entre diferentes psicopatologias ao longo da vida. Por exemplo, estudos longitudinais sugerem que pelo menos uma parcela dos indivíduos que recebem o diagnóstico de transtorno da personalidade antissocial na idade adulta preenche critérios para o diagnóstico de transtorno desafiador de oposição na pré-escola e no início da vida escolar e posteriormente de transtorno da conduta (no fim da infância/início da adolescência) (Burke, Waldman, & Lahan, 2010). Tal demonstração aponta para a existência de um padrão anormal de desenvolvimento da relação do indivíduo com o cumprimento de regras sociais que surge no início da infância e que se torna complexo com o passar do tempo.

PERSONALIDADE ANTISSOCIAL E PSICOPATIA COMO REFERÊNCIAS CONCEITUAIS

A psicopatia e a personalidade antissocial constituem referências conceituais a partir das quais os comportamentos antissociais são reconhecidos e integrados a categorias diagnósticas mais específicas. A psicopatia consiste em transtorno da personalidade grave, manifestando-se na infância ou na adolescência, consolidando-se até o início da vida adulta e permanecendo irredutível ao longo da vida na maior parte dos casos (Harpur & Hare, 1994). Essa patologia exerce impacto considerável sobre diferentes segmentos da sociedade devido aos prejuízos materiais, emocionais e pessoais que impõe àqueles que, de algum modo, se encontram em seu arco de influência. Atualmente, estima-se em 2 milhões o número de psicopatas nos Estados Unidos, a maioria não reconhecida como tal e vivendo fora do sistema penal. Contrariando a impressão popular, poucos desses indivíduos são homicidas e, menos ainda, assassinos seriais (Ressler & Shachtman, 1992).

Do ponto de vista comportamental, a psicopatia é caracterizada pela violação crônica e recorrente das normas sociais e dos direitos dos outros; do ponto de vista psicopatológico, pela ausência ou debilitação das emoções sociais de culpa e pena ("empatia"), expressa por frieza nas relações interpessoais, egocentrismo, mentiras para obtenção de benefícios pessoais, irresponsabilidade financeira e impulsividade (Hare, 1993). Um diagnóstico mais fidedigno da psicopatia tornou-se possível apenas a partir dos anos 1980, graças ao desenvolvimento da Lista de Verificação de Psicopatia (LVP) (Hare, 1980). A LVP é um instrumento semiestruturado de 20 itens, cada um deles pontuado de 0 a 2 por profissional especializado. A pontuação pode variar de 0 a 40 após entrevistas com o indivíduo e com fontes colaterais de informação, consultas a prontuários médicos e processos penais. Pontuações acima de 28 são consideradas diagnósticas de psicopatia (Hare, 2006). A gravidade da psicopatia é diretamente proporcional à pontuação na LVP, informação preciosa para a tomada de decisões médicas e jurídicas em casos individuais (Gacono, 2000). Originalmente, a LVP foi desenvolvida para uso em ambientes penais e carcerários.

A versão de rastreamento com 12 itens – a Lista de Verificação de Psicopatia, versão rastreamento (LVPvr) – foi desenvolvida para aplicação fora do sistema penal, como hospitais e ambulatórios. A LVPvr conserva as propriedades psicométricas da LVP original, e vem mostrando-se igualmente confiável e válida. Admitindo faixa de pontuação de 0 a 24, pontuações acima de 17 são consideradas diagnósticas de psicopatia (Hart, Cox, & Hare, 1995). Estudos

> A psicopatia consiste em transtorno da personalidade grave, manifestando-se na infância ou na adolescência, consolidando-se até o início da vida adulta e permanecendo irredutível ao longo da vida na maior parte dos casos.

psicométricos em que grandes grupos de sujeitos são submetidos às diferentes versões da LVP geralmente indicam a existência de dois grandes fatores de psicopatia nas análises fatoriais (Hare & Neumann, 2005). O fator 1, denominado "frieza emocional", traduz a essência da psicopatia, isto é, a ausência de empatia; o fator 2, "comportamentos antissociais", descreve a conduta desses indivíduos e se correlaciona com a personalidade antissocial diagnosticada pelo DSM-IV (Hare, 1996). Sob essa perspectiva, a psicopatia (diagnosticada pela LVP) corresponde a um terço de todos os casos de personalidade antissocial (diagnosticada pelos critérios DSM-IV). A Figura 24.1 ilustra as afiliações conceituais entre psicopatia (reconhecidos pela LVP) e transtornos da personalidade do grupo B reconhecidos pelo DSM-IV.

A personalidade antissocial é conhecida de tempos imemoriais, mas apenas no final do século XIX foi demonstrada sua existência em indivíduos previamente normais após lesões cerebrais "estratégicas". Depois de mais de um século de observações casuais e investigações sistemáticas, hoje sabemos que os casos mais graves resultam de lesões bilaterais do córtex pré-frontal ventromedial e dos polos temporais, incluindo as conexões dessas regiões com estruturas subcorticais, como o hipotálamo ventromedial. Essas lesões advêm de neurocirurgias, tumores, infartos, traumatismos craniencefálicos, doenças desmielinizantes, distúrbios endócrino-metabólicos e doenças degenerativas primárias, em especial as degenerações frontotemporais e a coreia de Huntington (Mendez, 2009).

NEUROPSICOLOGIA DOS COMPORTAMENTOS ANTISSOCIAIS

O método neuropsicológico pode ser aplicado em indivíduos com comportamentos antissociais com três finalidades que, embora distintas, frequentemente se sobrepõem:

1. como exame complementar para excluir ou endossar hipóteses diagnósticas específicas, como nos casos de retardo mental e demências;
2. como instrumento de pesquisa experimental; e
3. como instrumento pericial em contextos cíveis ou penais.

O emprego adequado do método neuropsicológico requer a apreciação dos padrões neuropsicológicos detectáveis em indivíduos antissociais.

O requisito *inteligência normal* deve ser qualificado. Como os comportamentos antissociais guardam relação inversa com medidas de quociente de inteligência (QI) – contrariando a opinião popular de que os psicopatas são "inteligentes" –, muitos desses pacientes têm QI no limite inferior da normalidade (Neumann & Hare, 2008). Por essa razão, deve-se ter alguma flexibilidade no uso das informações sobre o QI para fins de diagnóstico em casos particulares, sem perder de vista a capacidade de distinguir o certo do errado. Além disso, a avaliação de comorbidades, especialmente de

FIGURA 24.1 Relação entre personalidade antissocial e psicopatia.

dependência de álcool e drogas ilícitas e de transtornos de linguagem e atenção que se manifestam na infância, deve ser considerada como importantes fatores de confusão na interpretação dos resultados neuropsicológicos de indivíduos antissociais.

Depois da inteligência, o aspecto mais notável das investigações em indivíduos antissociais é a ausência de padrões consistentes de alterações neuropsicológicas, as quais, quando existem, costumam indicar lesões ou disfunções cerebrais apenas indiretamente relacionadas à personalidade ou à conduta antissocial (Blake, Pincus, & Buckner, 1995). Em outras palavras, pacientes com sociopatia adquirida apresentam alterações em testes neuropsicológicos tradicionais e de criação mais recente (Anderson, Bechara, Damasio, Tranee, & Damasio, 1999; Young et al., 2010); mas, na maioria dos estudos em psicopatas e antissociais do desenvolvimento, as alterações neuropsicológicas são inconsistentes e não devem ser vistas como características. Além disso, poucos autores esclarecem se seus resultados se relacionam à personalidade propriamente dita (fator 1) ou mais diretamente ao comportamento antissocial (Burgess, 1992). Por exemplo, alguns autores sugerem que as alterações executivas em testes como os da CANTAB acompanham a gravidade dos comportamentos antissociais, mas são inversamente proporcionais à gravidade da psicopatia (Dinn & Harris, 2000; Dolan & Park, 2002). Portanto, até que testes sensíveis às alterações típicas das personalidades psicopática e antissocial sejam validados, anormalidades neuropsicológicas em indivíduos antissociais sinalizam doença estrutural ou metabólica do sistema nervoso, sequelar ou em atividade. Como a maior parte das lesões estratégicas causadoras de sociopatia adquirida se localiza nas regiões pré-frontais e nos polos temporais, esses pacientes não apresentam sinais neurológicos focais convencionais, como hemiplegia ou hemianopsia, exceção feita à redução (ou abolição) do olfato, em casos de lesão dos nervos olfativos, que se alojam na goteira olfativa, subjacente às divisões orbitárias dos lobos frontais (Cicerone & Tanenbaum, 1997).

> Depois da inteligência, o aspecto mais notável das investigações em indivíduos antissociais é a ausência de padrões consistentes de alterações neuropsicológicas, as quais quando existem, costumam indicar lesões ou disfunções cerebrais apenas indiretamente relacionadas à personalidade ou à conduta antissocial.

De acordo com Fitzgerald e Demakis (2007), do ponto de vista neuropsicológico, três modelos teóricos têm sido utilizados na tentativa de compreender as bases do comportamento antissocial: o modelo da síndrome frontal/disexecutiva; o modelo emocional integrado; e o modelo da responsividade autonômica.

A maioria dos estudos neuropsicológicos em antissociais procurou estabelecer o fundamento disexecutivo das alterações de personalidade e comportamento descritas nos psicopatas (Cleckley, 1976; Hare, 1993). Embora alguns autores tenham, de fato, encontrado anormalidades em testes executivos (Dolan & Park, 2002), tentativas de replicar esses resultados falharam no todo ou em parte, de modo que, hoje, parece consensual que, quando tais alterações existem, pouco explicam em relação à personalidade anormal ou aos comportamentos antissociais propriamente ditos.

Lapierre, Braun e Hodgins (1995) observaram comprometimento olfativo e deficiências em testes supostamente sensíveis a lesões órbito-frontais (Labirintos de Porteus e Go/No go) em psicopatas encarcerados, mas não em testes sensíveis a lesões frontais dorsomediais (WCST) e retrorrolândicas (Teste de Rotação Mental). O estudo tomou como referência indivíduos encarcerados, mas que não atingiam o limiar do diagnóstico de psicopatia. Esses resultados, que cativam pela simplicidade, infelizmente não foram replicados. Ainda nos anos 1980, Hare refutou a proposição de Gorenstein (1982) quanto à disfunção dos lobos frontais em psicopatas, que demonstrou por anormalidade no WCST, no Cubo de Necker, e em teste de memória sequencial pareada. Em estudo idêntico, porém mais bem controlado, Hare não encontrou a existência de diferença em nenhum dos três testes utilizados por Gorenstein (Hare, 1984). Em metanálise sobre a magnitude da síndrome disexecutiva em antissociais, Morgan e Lilienfeld (2000) verificaram o tamanho do efeito de uma coleção de testes executivos: Categorias (Halstead), Porteus, Stroop, Trilhas B, Wisconsin (erros perseverativos) e associação controlada de palavras (fluência verbal). Os autores concluíram pela existência de tamanhos de efeitos médios a grandes no comprometimento executivo de antissociais, enfatizando a natureza heterogênea dos grupos estudados e sua generalização a comportamentos antissociais, mas sem delimitarem diagnósticos específicos, como psicopatia e transtorno da conduta. Além disso, como deficiências executivas também ocorrem em esquizofrênicos e em obsessivo-compulsivos, a especificidade dos testes fica ainda mais reduzida. Finalmente, como parte das amostras incluía indivíduos com deficiência atencional e dependência de álcool e drogas ilícitas, estas e outras variáveis deixaram dúvida quanto à associação imediata entre os comportamentos disexecutivos de psicopatas e antissociais e os testes utilizados para documentá-los.

Na última década, a elaboração de testes ecologicamente válidos e mais sensíveis ao comprometimento executivo alentou o estudo da neuropsicologia desses indivíduos. A ideia dominante de que as síndromes disexecutivas não se revelam por meio de testes em ambientes estruturados, como consultórios (Mesulam, 1986), tem sido contestada por autores que arguem que as manifestações disexecutivas podem ser testadas sem necessidade de "sair à rua com o indivíduo" (Shallice & Burgess, 1991), desde que instrumentos apropriados sejam desenvolvidos (Burgess et al., 2006). Essa perspectiva tem inspirado a criação de testes que reconhecidamente investiguem a integridade dos lobos frontais ou de sub-regiões críticas para a conduta social normal. Novamente, a tendência é aplicar à avaliação de antissociais testes que tenham se revelado úteis em transtornos adquiridos do comportamento social causados por lesões frontotemporais (Burgess, Alderman, Volle, Benoit, & Gilbert, 2009). A Tabela 24.3 exibe exemplos de testes construídos para essa finalidade.

O modelo da integração emocional, por sua vez, destaca uma provável deficiência em uma circuitaria que envolveria estruturas como a amígdala e o córtex pré-frontal ventromedial. Como consequência, o indivíduo passaria a ser incapaz de integrar pistas que levam à associação entre comportamentos e reforço/punição. Desse modo, o envolvimento em situações de risco por ineficiência da capacidade de se esquivar de danos leva a comportamentos antissociais em que os fins são buscados a partir de meios inapropriados.

Por último, Fitzgerald e Demarkis (2007) destacam a existência do modelo da responsividade autonômica, o qual se baseia em grande parte na teoria dos marcadores somáticos de Antônio Damasio. De acordo com os autores, a atividade do sistema nervoso autônomo é um importante delimitador de riscos contextuais. A hipoativação autonômica pode levar a dificuldades na identificação de pistas contextuais para tomadas de decisão, ao passo que uma hiperativação pode fazer o indivíduo captar sutilezas do ambiente para nortear seu comportamento. Diferenças no padrão de resposta autonômica diferenciariam, por exemplo, psicopatas mal e bem-sucedidos. O primeiro grupo seria mais facilmente identificado pelos pares sociais, na

TABELA 24.3
Instrumentos úteis na avaliação cognitiva de comportamentos antissociais

TESTE/INSTRUMENTO	DOMÍNIOS EXAMINADOS	REFERÊNCIAS
Teste Transcultural de Inteligência	Inteligência fluida: resolução de problemas novos que exijam criatividade; baixa influência de escolaridade, elevada influência de herança genética	Cattell e Cattell (2000); Duncan e colaboradores (2008)
Teste de Aplicação de Estratégias	Organização cognitiva em meio a pressão de tempo, distrações e imprevisibilidade	Levine e colaboradores (2002)
Testes do Olhar, Histórias Estranhas e Gafes	Teoria da mente: cognitiva e afetiva	Baron-Cohen, Wheelwright, Hill, Raste, & Plumb (2001); Vogeley e colaboradores (2000)
Teste da Maldade Intencional	Intenção de fazer mal a alguém (dolo) em oposição ao mal não intencional (acidental)	Young e colaboradores (2010)
Testes de Inteligência Social: Expressão, Desenhos Ausentes, Translações Sociais e Previsão por Desenhos	Expressões faciais, gestos manuais e atitudes corporais; interações interpessoais em contextos específicos; interpretação de enunciados verbais em diferentes situações sociais; predição das consequências sociais de determinadas ações com base nas intenções dos outros	O'Sullivan e Guilford (1976)

medida em que seu comportamento descontextualizado levaria a desfechos mais óbvios em termos de quebra de regras sociais. O segundo grupo teria maior poder de manipulação social e seria menos "visível" socialmente por ser capaz de usar pistas sociais sutis para orientação de suas condutas. Cumpre ressaltar que a hipótese da hipofunção autonômica associada à conduta antissocial tem sido explorada em diversas patologias, como nos transtornos externalizantes (Mathys & Lockman, 2010).

A literatura apresenta evidências que apoiam as hipóteses de disfunção executiva e déficits na integração emocional a partir de alterações em circuitos corticolímbicos e de alterações no funcionamento do sistema nervoso autônomo (Pemment, 2013). No entanto, tais alterações não têm se mostrado necessárias ou suficientes em quadros patológicos caracterizados por comportamento antissocial. Provavelmente, por se tratar de um conceito amplo, a compreensão do comportamento antissocial e suas bases neurobiológicas implicará a identificação de subgrupos específicos, como, por exemplo, os mal e os bem-sucedidos.

Uma das aplicações mais importantes da neuropsicologia em contextos médico-legais diz respeito à detecção de simulação (*malingering*) – a produção ou o exagero de sintomas físicos (p. ex., paralisias, cegueiras) e mentais (p. ex., amnésias, paralisias, loucura) com o propósito deliberado de enganar a autoridade pericial psicóloga, médica, forense ou militar para obtenção de benefícios pessoais. Embora escape ao âmbito deste capítulo, o leitor deve ter em mente a ampla variedade de técnicas e instrumentos disponíveis para o diagnóstico de simulação e de suas diferentes

> A literatura apresenta evidências que apoiam as hipóteses de disfunção executiva e déficits na integração emocional a partir de alterações em circuitos corticolímbicos e de alterações no funcionamento do sistema nervoso autônomo.

apresentações (Morgan & Sweet, 2009). Comportamentos característicos de simulação em testes neuropsicológicos tradicionais podem ser encontrados em Strauss, Sherman e Spreen (2006).

CONSIDERAÇÕES FINAIS E PERSPECTIVAS

Como os diagnósticos de psicopatia e personalidade antissocial requerem nível mínimo de competência cognitiva para que o indivíduo estabeleça a distinção entre o certo e o errado em termos lógico-verbais, a determinação do QI é essencial para o estabelecimento do diagnóstico. Idealmente, essa verificação é suplementada pelo exame da cognição social para estabelecer a capacidade do indivíduo em detectar, reconhecer e interpretar os diferentes símbolos culturais em contextos e situações particulares (Ibañez & Manes, 2012; O'Sullivan & Guilford, 1976). Finalmente, a avaliação neuropsicológica deve se estender ao exame das comorbidades mais comuns, em especial às alterações neuropsicológicas causadas por uso de álcool e drogas ilícitas e pelos transtornos que habitualmente começam na infância, em especial os quadros de transtornos externalizantes, o transtorno de déficit de atenção com ou sem hiperatividade, a dislexia e os distúrbios específicos da aquisição da linguagem.

A neuropsicologia tem importância decisiva no estudo experimental dos comportamentos antissociais, representando um valioso método de investigação da natureza de tal condição. Todavia, como já mencionado, os testes até hoje não conseguiram elucidar a essência de tais mecanismos, cujos acompanhamento e identificação são mais bem traduzidos por instrumentos de diagnóstico categórico (APA, 2000) e por inventários e escalas observacionais (Barrash, Jones, & Tradel, 1997; Frick, 2012). A nosso ver, a prática da neuropsicologia vem caminhando em duas direções gerais que podem representar um salto de proficiência em relação à neuropsicologia tradicional. A primeira diz respeito ao desenvolvimento de testes ecologicamente válidos que explorem as fronteiras da mente e do comportamento humano, reduzindo a necessidade de recorrermos a modelos animais para explicar fenômenos tipicamente humanos, como a atitude moral, a experiência numinosa e a apreciação estética. Essa perspectiva tem a idade da própria neuropsicologia (Luria, 1932), mas apenas há poucos anos a convergência de avanços tecnológicos em diversas áreas independentes de conhecimento, como, por exemplo, a neuroeconomia, tem permitido a execução desse programa em sua plenitude (de Oliveira-Souza, Moll, & Grafman, 2011). A segunda direção, em grande parte consequência da precedente, reflete a própria estrutura do laboratório neuropsicológico, cada vez mais articulado com métodos neurofisiológicos e de neuroimagem anatômica e funcional (Moll et al., 2011). O cenário que se descortina é o de laboratórios multimodais aparelhados para expor o sujeito, em ambientes de realidade virtual, a cenários-teste acoplados à monitoração eletrofisiológica e neuroimagética em tempo real (D'Esposito, Zarahn, & Aguirre, 1999). As medidas comportamentais, que constituem a base da neuropsicologia tradicional, deverão ser suplementadas por indicadores anatômicos e fisiológicos reveladores dos mapas neurais e das experiências subjetivas subjacentes aos comportamentos de interesse. Existem diversos exemplos dessa tendência na literatura (Bechara, Damasio, Tranel, & Damasio, 1997), mas sua tradução em ferramentas de utilidade diagnóstica ainda precisa ser demonstrada. Sob nossa ótica, a aplicação de técnicas multimodais a condições de elevada complexidade, como a psicopatia, deverá finalmente possibilitar sua caracterização objetiva com os necessários índices de especificidade e sensibilidade (Sato et al., 2011).

REFERÊNCIAS

American Psychiatric Association [APA]. (2000). *Diagnostic and Statistic Manual of Mental Disorders* (4th ed.). Washington: APA.

Anderson, S.W., Bechara, A., Damasio, H., Tranel, D., & Damasio, A. R. (1999). Impairment of social and moral behavior related to early damage in human prefrontal cortex. *Nature Neuroscience, 2*(11), 1032-1037.

Baron-Cohen, S., Wheelwright, S., Hill, J., Raste, Y., & Plumb, I. (2001). The "Reading the Mind in the Eyes" test revised version: A study with normal adults, and adults with Asperger syndrome or high-functioning autism. *Journal of Child Psychology and Psychiatry, 42*(2), 241-251.

Barrash, J., Jones, R., & Tradel, D. (1997). The Iowa Ratings Scales of Personality Change: Reliability and validity. *Journal of the International Neuropsychological Society, 3*, 27-28.

Bechara, A., Damasio, H., Tranel, D., & Damasio, A. R. (1997). Deciding advantageously before knowing the advantageous strategy. *Science, 275*(5304), 1293-1295.

Blake, P. Y., Pincus, J. H., & Buckner, C. (1995). Neurologic abnormalities in murderers. *Neurology, 45*(9), 1641-1647.

Burgess, J.W. (1992). Neurocognitive impairment in dramatic personalities: Histrionic, narcissistic, borderline, and antisocial disorders. *Psychiatry Research, 42*(3), 283-290.

Burgess, P. W., Alderman, N., Forbes, C., Costello, A., Coates, L. M., Dawson, D. R., ... Channon, S. (2006). The case for the development and use of "ecologically valid" measures of executive function in experimental and clinical neuropsychology. *Journal of the International Neuropsychological Society, 12*(2), 194-209.

Burgess, P. W., Alderman, N., Volle, E., Benoit, R. G., & Gilbert, S. J. (2009). Mesulam's frontal lobe mystery reexamined. *Restorative Neurology and Neuroscience, 27*(5), 493-506.

Burke, J. D., Waldman, I., & Lahey, B. B. (2010). Predictive validity of childhood oppositional defiant disorder and conduct disorder: implications for the DSM-V. *Journal of Abnormal Psychology, 119*(4), 739-751.

Cattell, R. B., & Cattell, A. K. S. (2000). *Teste equicultural de inteligência*. Rio de Janeiro: Centro de Psicologia Aplicada.

Cicerone, K. D., & Tanenbaum, L. N. (1997). Disturbance of social cognition after traumatic orbitofrontal brain injury. *Archives of Clinical Neuropsychology, 12*(2), 173-188.

Cleckley, H. (1976). *The mask of sanity* (5th ed.). St. Louis: Mosby.

Conquest, R. (1991). *Stalin: Breaker of nations*. London: Weidenfeld and Nicholson.

D'Esposito, M., Zarahn, E., & Aguirre, G. K. (1999). Event-related functional MRI: Implications for cognitive psychology. *Psychological Bulletin, 125*(1), 155-164.

de Oliveira-Souza, R., Moll, J., & Grafman, J. (2011). Emotion and social cognition: Lessons from contemporary human neuroanatomy. *Emotion Review, 3*(3), 310-312.

Dinn, W. M., & Harris, C. L. (2000). Neurocognitive function in antisocial personality disorder. *Psychiatry Research, 97*(2-3), 173-190.

Dolan, M., & Park, I. (2002). The neuropsychology of antisocial personality disorder. *Psychological Medicine, 32*(3), 417-427.

Duncan, J., Parr, A., Woolgar, A., Thompson, R., Bright, P., Cox, S., ... Nimmo-Smith, I. (2008). Goal neglect and Spearman's g: Competing parts of a complex task. *Journal of Experimental Psychology General, 137*(1), 131-148.

Eslinger, P. J., & Damasio, A. R. (1985). Severe disturbance of higher cognition after bilateral frontal lobe ablation: Patient EVR. *Neurology, 35*(12), 1731-1741.

Fitzgerald, K. L., & Demakis, G. J. (2007). The neuropsychology of antisocial personality disorder. *Disease-a-month, 53*(3), 177-183.

Frick, P. J. (2012). Developmental pathways to conduct disorder: Implications for future directions in research, assessment, and treatment. *Journal of Clinical Child and Adolescent Psychology, 41*(3), 378-389.

Gacono, C.B. (2000). *The clinical and forensic assessment of psychopathy: A practitioner's guide*. Mahwah: Lawrence Erlbaum.

Gorenstein, E. E. (1982). Frontal lobe functions in psychopaths. *Journal of Abnormal Psychology, 91*(5), 368-379.

Hare, R. D. (1980). A research scale for the assessment of psychopathy in criminal populations. *Personality and Individual Differences, 1*(2), 111-119.

Hare, R. D. (1984). Performance of psychopaths on cognitive tasks related to frontal lobe function. *Journal of Abnormal Psychology, 93*(2), 133-140.

Hare, R. D. (1996). Psychopathy and antisocial personality disorder: A case of diagnostic confusion. *Psychiatric Times, 13*, 39-40.

Hare, R. D. (2006). Psychopathy: A clinical and forensic overview. *Psychiatric Clinics of North America, 29*(3), 709-724.

Hare, R.D. (1993). *Without conscience: The disturbing world of the psychopath among us*. New York: Guilford.

Hare, R.D., & Neumann, C.S. (2005). Structural models of psychopathy. *Current Psychiatry Report, 7*(1), 57-64.

Harpur, T. J., & Hare, R. D. (1994). Assessment of psychopathy as a function of age. *Journal of Abnormal Psychology, 103*(4), 604-609.

Hart, S. D., Cox, D. N., & Hare, R. D. (1995). *The hare psychopathy checklist: Screening version*. Toronto: Multi-Health Systems.

Haskins, B.G., & Silva, J.A. (2006). Asperger's disorder and criminal behavior: forensic-psychiatric considerations. *Journal of the American Academy of Psychiatry and the Law, 34*(3), 374-384.

Ibañez, A., & Manes, F. (2012). Contextual social cognition and the behavioral variant of frontotemporal dementia. *Neurology, 78*(17), 1354-1362.

LaPierre, D., Braun, C. M. J., & Hodgins, S. (1995). Ventral frontal deficits in psychopathy: Neuropsychological test findings. *Neuropsychologia, 33*(2), 139-151.

Levine, B., Katz, D., Dade, L., & Black, S. E. (2002). Novel approaches to the assessment of frontal damage and executive deficits in traumatic brain injury. In D. T. Stuss, & R. T. Knight (Eds.), *Principles of frontal lobe function* (pp. 448-465). New York: Oxford University.

Luria, A. R. (1932). *The nature of human conflicts or emotion, conflict and will*. New York: Liveright.

Mahowald, M. W., Schenk, C. H., & Bornemann, M. A. C. (2011). Violent parasomnias: forensic implications. In P. Montagna, & S. Chokroverty (Eds.), *Handbook of clinical neurology* (vol. 99, pp. 1149-1159). Amsterdam: Elsevier.

Mathys, W., & Lockman, J. (2010). *Oppositional defiant disorder and conduct disorder in childhood*. West Sussex: John Wiley & Sons.

Mendez, M. F. (2009). The neurobiology of moral behavior: Review and neuropsychiatric implications. *CNS spectrums, 14*(11), 608-620.

Mesulam, M. M. (1981). Dissociative states with abnormal temporal lobe EEG. Multiple personality and the illusion of possession. *Archives of Neurology, 38*(3), 176-181.

Mesulam, M. M. (1986). Frontal cortex and behavior. *Annals of Neurology, 19*(4), 320-325.

Moll, J., Zahn, R., de Oliveira-Souza, R., Bramati, I. E., Krueger, F., Tura, B., ... Grafman, J. (2011). Impairment of prosocial sentiments is associated with frontopolar and septal damage in frontotemporal dementia. *NeuroImage, 54*(2), 1735-1742.

Morgan, A. B., & Lilienfeld, S. O. (2000). A meta-analytic review of the relation between antisocial behavior and neuropsychological measures of executive function. *Clinical Psychology Review, 20*(1), 113-136.

Morgan, J. E., & Sweet, J. J. (2009). *Neuropsychology of malingering casebook*. New York: Psychology Press.

Neumann, C. S., & Hare, R. D. (2008). Psychopathic traits in a large community sample: Links to violence, alcohol use, and intelligence. *Journal of Consulting and Clinical Psychology, 76*(5), 893-899.

O'Sullivan, M., & Guilford, J. (1976). *Four factor tests of social intelligence (behavioral cognition): Manual of instructions and interpretations*. Palo Alto: Consulting Psychologists.

Pemment, J. (2013). The neurobiology of antisocial personality disorder: The quest for rehabilitation and treatment. *Aggression and Violent Behavior, 18*, 79-82.

Ressler, R. K., & Shachtman, T. (1992). *Whoever fights monsters: My twenty years tracking serial killers for the FBI*. New York: St. Martin's Paperbacks.

Sato, J. R., de Oliveira-Souza, R., Thomaz, C. E., Basílio, R., Bramati, I. E., Amaro, E. Jr., ... Moll, J. (2011). Identification of psychopathic individuals using pattern classification of MRI images. *Society for Neuroscience, 6*(5-6), 627-639.

Shallice, T., & Burgess, P. W. (1991). Deficits in strategy application following frontal lobe damage in man. *Brain, 114*(Pt 2), 727-741.

Strauss, E., Spreen, O., & Sherman, E. M. S. (2006). *A compendium of neuropsychological tests: Administration, norms, and commentary* (3rd ed.). Oxford: Oxford University.

Tyrer, S. P., & Brittlebank, A. D. (1993). Misdiagnosis of bipolar affective disorder as personality disorder. *Canadian Journal of Psychiatry, 38*(9), 587-589.

Vogeley, K., Bussfeld, P., Newen, A., Herrmann, S., Happé, F., Falkai, P., ... Zilles, K. (2000). Mind reading: Neural mechanisms of Theory of Mind and Self-Perspective. *NeuroReport, 14*(1), 170-181.

Walker, E. A. (1961). Murder or epilepsy? *The Journal of Nervous and Mental Disease, 133*(5), 430-437.

Young, L., Bechara, A., Tranel, D., Damasio, H., Hauser, M., & Damasio, A. (2010). Damage to ventromedial prefrontal cortex impairs judgment of harmful intent. *Neuron, 65*(6), 845-851.

25

Aspectos neuropsicológicos das infecções virais: aids e hepatite C

PAULO PEREIRA CHRISTO
LUCAS ARAÚJO LIMA GÉO
FERNANDO SILVA NEVES

A síndrome da imunodeficiência adquirida (aids) foi descrita no início dos anos de de 1980 e se disseminou pelo mundo, tornando-se um dos maiores desafios de saúde pública das três últimas décadas. A aids é a apresentação clínica e/ou de resultados laboratoriais que indiquem deficiência imunológica decorrente da infecção pelo vírus da imunodeficiência humana (HIV) e que leva, em média, de 8 a 10 anos para se manifestar. A Organização Mundial da Saúde (OMS) estima que, no mundo, aproximadamente 34 milhões de pessoas estejam infectadas pelo HIV ou apresentem a doença e que, em 2011, ocorreram 1,7 milhão de mortes decorrentes da síndrome e cerca de 2,5 milhões de novos casos (World Health Organization [WHO], 2013). No Brasil, desde a identificação do primeiro paciente com aids, em 1982, até junho de 2012, foram detectados 656.701 casos da doença. Somente em 2011, foram notificados 38.776 casos.

A taxa de incidência de aids no Brasil é de 20,2 casos por 100 mil habitantes. No período de 2001 a 2011, o maior número de casos acumulados estava concentrado na região Sudeste (56%). A taxa de incidência caiu no Sudeste de 22,9 para 21 casos por 100 mil habitantes. Nas outras regiões, cresceu: 27,1 para 30,9 no Sul; 9,1 para 20,8 no Norte; 14,3 para 17,5 no Centro-oeste; e 7,5 para 13,9 no Nordeste. Atualmente, ainda há mais casos da doença entre os homens do que entre as mulheres, mas essa diferença está diminuindo ao longo dos anos. Em 1989, a razão de sexo era de cerca de seis casos de aids no sexo masculino para cada caso no sexo feminino. Em 2011, chegou a 1,7:1.

> A aids é a apresentação clínica e/ou de resultados laboratoriais que indiquem deficiência imunológica decorrente da infecção pelo vírus HIV e que leva, em média, de 8 a 10 anos para se manifestar.

A faixa etária mais incidente, em ambos os sexos, é de 25 a 49 anos de idade. O levantamento feito entre jovens, realizado com mais de 35 mil sujeitos do sexo masculino de 17 a 20 anos de idade, indica que, em cinco anos, a prevalência do HIV nessa população passou de 0,09 para 0,12%. O estudo também revela que, quanto menor a escolaridade, maior o percentual de infectados pelo vírus da aids (prevalência de 0,17% entre meninos com ensino fundamental incompleto e 0,10% entre aqueles com ensino fundamental completo). Em relação à forma de transmissão entre os maiores de 13 anos de idade, prevalece a sexual. Nas mulheres, 86,8% dos casos registrados em 2012 decorreram de relações heterossexuais com pessoas infectadas pelo HIV. Entre os homens, 43,5% dos casos se deram por relações heterossexuais, 24,5% por relações homossexuais e 7,7% por relações bissexuais. O restante ocorreu por transmissão sanguínea e vertical. Houve queda de cerca de 12% na taxa de mortalidade. Em 2002, eram 6,3 por 100 mil habitantes, passando para 5,6 em 2011 (AIDS, 2013). Após a introdução da política de acesso universal ao tratamento antirretroviral (ARV), que combina fármacos com diferentes formas de ação (terapia antirretroviral altamente ativa [HAART]), observou-se uma importante queda na mortalidade.

Desde os primeiros casos, ficou bastante evidente o grave e progressivo comprometimento imunológico dos pacientes infectados pelo HIV, particularmente de sua imunidade celular. Tal fato acabava predispondo-os a neoplasias e infecções, a maioria de caráter oportunista, tipo que sempre trouxe elevada morbimortalidade para os doentes de aids, sendo um elemento marcador da síndrome.

> O diagnóstico diferencial é amplo e inclui etiologias infecciosas, neoplásicas, cerebrovasculares, toxicometabólicas, nutricionais, autoimunes e aquelas relacionadas ao próprio vírus, como neuropatias, mielopatias e alterações cognitivas.

Ao lado do sistema linfoide, o sistema nervoso central (SNC) é um importante alvo para o HIV, e o vírus tem sido detectado no líquido cerebrospinal (LCS) e no tecido cerebral desde o início da infecção e em toda sua evolução, independentemente de o paciente apresentar sintomas neurológicos (Christo, Greco, Aleixo, & Livramento, 2005). O vírus infecta e replica-se em macrófagos, micróglia e células multinucleadas da glia, mas está, sobretudo, livre e presente no LCS acelular (Spector et al., 1993). O SNC é o segundo local mais comum de manifestações clínicas. Isso pode ser explicado pelo fato de o vírus ser neurotrópico, encontrando no SNC um "santuário", além da pobre penetração dos agentes antirretrovirais na presença de uma barreira hematencefálica intacta (McArthur et al., 2003).

As manifestações neurológicas acometem cerca de 40 a 70% dos pacientes portadores de HIV no curso da sua infecção (Berger, Moskovitz, Fische, & Kelloy, 1987; Levy, Rosemberg, Hahn, Lopes, & Netto, 1985), sendo que, em estudos de necropsia, a frequência pode chegar a mais de 90% (Chimelli, Shimabukuro, Hollander, Hills, & Kaminsky, 1992). No Serviço de Doenças Infecciosas e Parasitárias do Hospital Eduardo de Menezes, de Belo Horizonte, 46,5% das internações por aids apresentavam doença neurológica, seja como motivo principal da admissão hospitalar (27,5%), seja como intercorrência durante a internação (19%) (Oliveira et al., 2006).

A natureza das alterações neurológicas é muito variada, e qualquer parte do neuroeixo pode ser acometida. O aspecto determinante mais importante da suscetibilidade é o grau de imunossupressão. O diagnóstico diferencial é amplo e inclui etiologias infecciosas, neoplásicas, cerebrovasculares, toxicometabólicas, nutricionais, autoimunes e aquelas relacionadas ao próprio vírus, como neuropatias, mielopatias e alterações cognitivas. Também podem ocorrer associações de etiologias em um mesmo paciente, o que é uma particularidade do imunodeprimido.

O HIV atravessa a barreira hematencefálica por um mecanismo tipo "cavalo de Troia" usando macrófagos infectados (Lawrence & Major, 2002). No cérebro, o vírus infecta células da glia que, em última instância, secretam neurotoxinas que levam a dano e morte neuronal (Clifford, 2002). A extensão desse dano é ligada ao nível do déficit neurológico clínico. Exames de necropsia de pacientes HIV-positivo mostraram a presença de vírus em estruturas corticais e subcorticais, como lobos frontais, substância branca subcortical e gânglios basais (Navia, Jordan, & Price, 1986). Mecanismos que levam ao dano neurocognitivo ainda não são totalmente conhecidos, mas neurotoxinas produzidas pela microglia e pelos macrófagos periventriculares causam liberação de citocinas e quimiocinas, levando à modificação da arquitetura sináptica do córtex. A apoptose, ou morte celular programada, é o mecanismo mais comum que acarreta a perda celular (Dubé, Benton, Cruess, & Evans, 2005).

No curso da infecção pelo HIV, o vírus entra no SNC, podendo resultar em distúrbios da função neurocognitiva e causando déficits de processos mentais como atenção, aprendizado, memória, rapidez do processamento de informações, capacidade de resolução de problemas e sintomas sensoriais e motores.

A alta prevalência das manifestações neuropsiquiátricas é relacionada a uma grande variedade de fatores, que incluem os efeitos diretos dos vírus, condições psiquiátricas preexistentes, vulnerabilidades da personalidade, transtornos do humor, adicção e respostas pessoais ao isolamento social associado com o diagnóstico de HIV (Himelhoch, Moore, Treisman, & Gebo, 2004). As manifestações mais comuns são o transtorno cognitivo e motor menor, a demência pelo HIV e os transtornos depressivos. No Brasil, as sequelas relacionadas às doenças oportunistas do SNC como neurotoxoplasmose e meningite por tuberculose e fungos também são importantes causas de danos cognitivos e transtornos psiquiátricos. Portanto, o diagnóstico correto e precoce dessas condições e a pronta intervenção terapêutica podem minimizar as complicações neuropsiquiátricas. Estudos mostraram que condições neuropsiquiátricas promovem prognóstico pior e menor benefício com terapia antirretroviral; entretanto, o diagnóstico e o tratamento corretos melhoram a qualidade de vida e o prognóstico da doença.

Reconhecer as manifestações psiquiátricas da infecção pelo HIV pode ser difícil devido ao complexo biológico e psicológico e à circunstância social associados com a patologia; portanto, sintomas neuropsiquiátricos costumam não ser reconhecidos e, consequentemente, não tratados (Evans et al., 2002). A depressão pode estar associada ao aumento na taxa de mortalidade em mulheres soropositivas (Ickovics et al., 2001) e à progressão da doença em homens soropositivos (Leserman et al., 2002).

Pacientes com infecção pelo HIV estão em risco de desenvolver sintomas psiquiátricos. Pessoas com risco para adquirir a infecção podem vir de certas populações, como usuários de drogas injetáveis e outras substâncias, que já têm maior risco de desenvolver doenças psiquiátricas antes mesmo do efeito da infecção por HIV. Sintomas de ansiedade e depressão podem ser relacionados a apreensão sobre a progressão da doença, preocupação com morte e tristeza sobre a perda da saúde e de amigos (Forstein, 1984).

EPIDEMIOLOGIA DOS TRANSTORNOS NEUROCOGNITIVOS ASSOCIADOS AO HIV

Antes da HAART, a demência era a manifestação inicial da aids em 5% dos casos (McArthur et al., 2003) e geralmente ocorria nos estágios avançados da infecção.

A demência pelo HIV contribui para a morbidade da infecção e é um fator de risco para mortalidade (Sackor et al., 1996). Antes do uso da HAART, mais de 15% dos indivíduos com aids tinham demência; e mais de 15% distúrbio cognitivo motor menor (McAthur, Sackor, & Selnes, 1999). A infecção avançada é um fator de risco para o desenvolvimento de demência tanto na era pré como na pós-HAART (Sackor, 2002).

Houve um declínio nos relatos da incidência de demência com a HAART e consequente reconstituição imune nos países desenvolvidos (Sackor et al., 2001; Sackor, 2002), mas deve-se ter cautela na interpretação desses dados,

> Reconhecer as manifestações psiquiátricas da infecção pelo HIV pode ser difícil devido ao complexo biológico e psicológico e à circunstância social associados com a patologia; portanto, sintomas neuropsiquiátricos costumam não ser reconhecidos e, consequentemente, não são tratados (Evans et al. 2002).

que subestimam o impacto atual da doença (Valcour, Shikuma, Watters, & Sackor, 2004). Há, simultaneamente, relatos de aumento da prevalência e da incidência de déficit cognitivo menor comparado a demência. Aliado a isso, houve aumento da proporção de indivíduos diagnosticados com melhor imunidade (contagem de linfócitos T CD4 maior que 200 células/mm³) e também da incidência da demência como doença definidora de aids (Sackor et al., 2001; Valcour et al., 2004). A encefalopatia pelo HIV continua presente em cerca de 25% dos pacientes submetidos à autópsia, taxa que não foi alterada pela HAART (Masliah, DeTereza, Malloroy, & Hansen, 2000). Ao contrário, Neuenburg e colaboradores (2002) encontraram aumento da incidência de encefalopatia pelo HIV com o passar do tempo.

Com a HAART, a incidência da demência pelo HIV vem diminuindo (Sackor et al., 2001; Neuenburg et al., 2002; Dilley et al., 2005), mas sua prevalência tem aumentado devido à maior sobrevida dos pacientes infectados pelo HIV e ao aparecimento de formas mais leves de dano cognitivo (Cysique, Maluff, & Brew, 2004). A diminuição da morbidade e mortalidade com a HAART leva a um aumento do número de pessoas vivendo com aids, podendo representar um grupo "neurologicamente vulnerável" para doença neurológica, com o SNC servindo como um "santuário" para replicação do HIV parcialmente suprimido (Pialoux et al., 1997).

É de grande importância identificar o número de pacientes com danos cognitivos, uma vez que esses déficits afetam a qualidade de vida, a função laboral e a adesão à medicação (McArthur, 2004; Price et al., 1999). O dano cognitivo é associado com aumento do risco de mortalidade, aumento do risco de desenvolver demência e altas taxas de desemprego, fatos que persistem mesmo na era HAART. Fatores de risco para desenvolver demência são: diagnóstico de aids em idade avançada, elevada carga viral plasmática e no LCS, contagem de linfócitos T CD4 menor que 100 células/mm³, baixa concentração de hemoglobina e progressão da doença sistêmica.

DIAGNÓSTICO DAS ALTERAÇÕES NEUROCOGNITIVAS DA AIDS

Os termos complexo demência-aids, demência pelo HIV, encefalopatia pelo HIV e complexo demência associado ao HIV ou à aids são sinônimos. Graus menores de dano cognitivo, motor e funcional, insuficientes para o diagnóstico de demência, são conhecidos como distúrbio cognitivo-motor menor associado ao HIV, e nem sempre pacientes com essas condições evoluem para franca demência (McArthur et al., 2003).

O termo complexo demência associado ao HIV refere-se ao conjunto de sintomas e sinais cognitivos, motores e comportamentais e é classificado como uma demência "subcortical", conforme estudos de neuroimagem e anatomopatológicos. Portanto, há alguma similaridade com a demência da coreia de Huntington e da doença de Parkinson (Tab. 25.1).

A característica essencial do complexo demência associado ao HIV-1 é o comprometimento cognitivo, que pode ser acompanhado de disfunção motora, comportamental ou ambas. No entanto, alguns pacientes com alterações cognitivas podem não ter alterações comportamentais, e outros podem não ter alterações motoras.

O início da demência pelo HIV é insidioso, e, em seus estágios iniciais, o paciente pode se queixar de dificuldade de concentração, apatia e lentidão mental. Esses sintomas podem ser confundidos com depressão. Nos estágios mais tardios, a síndrome progride, aparecendo

> É de grande importância identificar o número de pacientes com danos cognitivos, uma vez que esses déficits afetam a qualidade de vida, a função laboral e a adesão à medicação.

alterações mais específicas de perda de memória, dificuldade de leitura e alterações da personalidade associadas a lentidão motora (Navia et al., 1986) (Tab. 25.1).

O desenvolvimento da demência costuma ocorrer em semanas e meses, sendo que a ocorrência de sintomatologia aguda aponta para outra etiologia. Alguns pacientes podem mostrar estabilidade do quadro por vários meses ou anos, com progressão muito lenta. O quadro pode permanecer estático ou oscilar, assim como melhorar com a HAART e piorar na presença de distúrbios metabólicos graves.

O exame do paciente pode revelar bradipsiquismo, alterações da motilidade ocular, diminuição da expressão facial, hipofonia, dano na coordenação e no equilíbrio, tremor e sinais de liberação frontal. Já os estágios finais são caracterizados por quase mutismo (Navia et al., 1986); no entanto, hoje em dia, devido ao uso da HAART, raramente são vistos.

Sintomas psiquiátricos como agitação, mania, alucinações e paranoia podem também ocorrer nos estágios tardios (Perry, 1990). Sinais como rigidez de nuca e déficits focais como hemiparesia e afasia não são comuns na demência pelo HIV, bem como a presença de crises epilépticas focais e generalizadas, o que deve alertar para outros diagnósticos. Amnésia e agnosia também são incomuns até os estágios terminais da doença.

O diagnóstico é baseado em história clínica, exame neurológico e neurocognitivo, além de exclusão de outras causas por meio de métodos de imagem e LCS (Diesing, Swindells, Gelbard, & Gendelman, 2002). A ressonância magnética nuclear (RMN) de encéfalo é superior à tomografia computadorizada (TC) de crânio e pode demonstrar lesões hiperintensas e relativamente simétricas na substância branca. Também pode ocorrer hipotrofia cortical e hidrocefalia. No entanto, nenhum desses sinais é específico de demência pelo HIV, e a doença pode estar presente mesmo com um exame normal. Pacientes com distúrbio cognitivo/motor menor associado ao HIV-1 costumam apresentar exames de imagens normais.

Nos estágios menos avançados, é necessário detalhar a avaliação neuropsicológica para determinar o grau e a natureza do dano cognitivo e identificar morbidades como depressão e ansiedade (Berger & Brew, 2005). A gravidade da demência pode ser caracterizada funcionalmente de acordo com a escala Memorial Sloan Kettering (Price & Brew, 1988) (Tab. 25.2).

TABELA 25.1
Sinais e sintomas da demência pelo HIV

DOMÍNIO	DESCRIÇÃO
Cognitivo	Perda de memória visuoespacial (p. ex., objetos em lugares trocados), perda da coordenação visuomotora, esquecimentos, dificuldade de concentração e atenção, lentidão no pensamento (compreensão e processamento), dano na memória verbal (p. ex., dificuldade de achar palavras). Tardios: desorientação temporal e espacial, mutismo.
Motor	Marcha instável, perda do balanço, lentidão dos movimentos, fraqueza dos membros inferiores, declínio das habilidades motoras finas, piora da escrita, incoordenação. Estágio inicial: lentidão de movimentos rápidos, tremor ocasional, marcha com pequenos passos. Estágio tardio: hiper-reflexia, Babinski, pode ocorrer polineuropatia. Estágio terminal: tetraplegia espástica e incontinência urinária e fecal.
Emocional	Perda da iniciativa (apatia), irritabilidade, mania, psicose de início recente.
Comportamental	Retardo psicomotor (p. ex., lentidão na fala ou no tempo de resposta), alterações na personalidade e afastamento de atividades sociais.

TABELA 25.2
Estágios clínicos da demência pelo HIV (escala Memorial Sloan Kettering)

ESTÁGIO	DESCRIÇÃO CLÍNICA
0 (normal)	Função motora e mental normal.
0,5 (subclínico/equívoco)	Sintomas ausentes, mínimos ou equívocos sem prejuízo no trabalho ou na capacidade de realizar as atividades diárias. Sinais leves (reflexo do focinho, lentidão dos movimentos oculares ou de extremidade) podem estar presentes. Força e marcha são normais.
1 (leve)	Capaz de realizar quase todos os aspectos exigentes do trabalho e da vida diária, mas requer maior esforço e com evidências inequívocas (sinais ou sintomas que podem incluir testes de *performance* neuropsicológica) de prejuízo no funcionamento intelectual ou motor. Consegue caminhar sem assistência.
2 (moderada)	Capaz de realizar atividades básicas de autocuidado, mas incapaz de trabalhar ou manter atividades da vida diária. Consegue caminhar, mas pode requerer algum suporte.
3 (grave)	Incapacidade intelectual grave (não consegue acompanhar eventos pessoais ou novos; não consegue sustentar uma conversação complexa; considerável lentidão em todas as respostas cognitivas) ou incapacidade motora (não consegue caminhar sem assistência, lentidão ou desajeitamento dos braços).
4 (final)	Estado vegetativo iminente. Compreensão intelectual e social e resposta são rudimentares. Completamente ou quase mudo. Paraplegia ou paraparesia com incontinência fecal e urinária.

A avaliação neuropsicológica tem um papel fundamental na identificação e no diagnóstico de distúrbios cognitivos associados ao HIV e é usada para quantificar alterações em processos cognitivos associadas com o tratamento.

> A avaliação neuropsicológica tem um papel fundamental na identificação e no diagnóstico de distúrbios cognitivos associados ao HIV e é usada para quantificar alterações em processos cognitivos associadas com o tratamento.

Testes neuropsicológicos são sensíveis para detectar distúrbios cognitivos na infecção pelo HIV-1 e devem incluir os seguintes domínios:

1. atenção/concentração;
2. rapidez do processamento da informação;
3. função executiva;
4. raciocínio/abstração; memória/aprendizado;
5. habilidade visuoespacial; e
6. funcionamento motor (Tab. 25.3).

Na análise desses testes, devem ser considerados possíveis fatores de confusão ou associados que podem alterá-los, como uso de álcool, drogas ilícitas e certos fármacos; e antecedentes de doenças neurológicas (p. ex., traumatismo craniano) ou psiquiátricas (p. ex., depressão maior ou transtornos de aprendizagem). Os testes neuropsicológicos são bastante úteis, mas sozinhos não são capazes de determinar a presença do complexo demência associado ao HIV-1 ou distúrbio cognitivo/motor menor.

O diagnóstico de demência e de distúrbios cognitivos menores são de exclusão; ou seja, patógenos infecciosos, tumores e causas metabólicas de encefalopatia devem ser investigados antes de o déficit cognitivo ser atribuído à infecção pelo HIV (Quadro 25.1).

Testes rápidos de avaliação cognitiva, como o Miniexame do Estado Mental, que é útil para demências "corticais" como a doença de Alzheimer, não se mostraram

TABELA 25.3
Testes neuropsicológicos mais usados e recomendados

DOMÍNIO COGNITIVO	TESTE
Fluência verbal e linguagem	Teste de Fluência Fonêmica (F.A.S.) (Gladsjo et al., 1999). Fluência Verbal – Categorias (animais, partes do corpo, frutas, cores, alimentos) (Spreen & Strauss, 1999). Boston Naming Test (Miotto, Sato, Lucia, Camargo, & Scaff, 2010)
Função executiva	Cinco Dígitos (Sedó, 2007). Iowa Gambling Task – GT (Malloy-Diniz et al., 2008) WAIS-III – Dígito *Span* (Wechsler, 1997) WAIS-III – Códigos (Wechsler, 1987) Fluência Não-verbal Teste Cinco Pontos (Sedó, 2007)
Atenção	Teste Trilhas – Parte A (Heaton et al., 2004). Paced Auditory Serial Addition Test (Diehr, Heaton, Miller, & Grant, 1998). Conner's Continuous Performance Test – CCPT (Miranda, Sinnes, Pompéia, & Bueno, 2008)
Memória verbal	Teste de Aprendizagem Auditivo Verbal de Rey – RAVLT (Malloy-Diniz, Lasmar, Gazinelli Lde, Fuentes, & Salgado, 2007)
Memória visual	Teste da Figura Complexa de Rey – ROCF (Rey, 1999)
Velocidade de processamento da informação	Paced Auditory Serial Addition Test (Diehr et al., 1998). Teste de Trilhas – Parte A (Heaton et al., 1995; Reitan, Frost, Silberberg, Iversen, & Cummings,1955). Cinco Dígitos – Parte A (Sedó, 2007)
Habilidades psicomotoras	Grooved Pegboard Test (Heaton et al., 1995) Nine Hole Perg Test (Kellor, Frost, Silberberg, Iversen, & Cummings, 1971)

QUADRO 25.1
Doenças associadas à infecção pelo HIV

Efeitos diretos do HIV
 Cefaleias
 Meningites assépticas
 Demência pelo HIV
 Distúrbio cognitivo motor menor
 Mielopatia vacuolar

Infecções oportunistas
 Toxoplasmose cerebral
 Meningite criptocócica
 Meningite tuberculosa
 Leucoencefalopatia multifocal progressiva
 Encefalite por citomegalovírus
 Neurossífilis

Neoplasias oportunistas
 Linfoma primário do SNC (relacionado ao EBV)
 Linfoma metastático sistêmico
 Sarcoma de Kaposi

úteis para demências "subcorticais", como aquela associada ao HIV (Goodkin, 2002; Sackor et al., 2005).

Power, Selnes, Grim e McArthur (1995) descreveram um teste específico para triagem de dano cognitivo em pacientes com aids, porém, este foi testado em pacientes norte-americanos e com nível social, cultural e econômico diferente daquele da população brasileira. Essa escala de demência pelo HIV inclui testes que avaliam rapidez motora (tempo gasto para escrever o alfabeto), memória (lembrança de quatro palavras após cinco minutos), praxia construcional (tempo para copiar um cubo) e função executiva (número de erros de testes de movimentos oculares antissacádicos). Este último subteste, de erros de movimentos antissacádicos, foi considerado de difícil aplicação por não neurologistas

(Davis, Skolasky, Selnes, Burgess, & McArthur, 2002). Os subtestes de cópia do cubo e escrita do alfabeto podem ser difíceis para indivíduos com baixo nível sociocultural.

Sackor e colaboradores (2005) descreveram a International HIV Dementia Scale (Quadro 25.2) que foi validada para triagem em uma população com baixa escolaridade (África – Uganda). Contudo, ela apresentava escores entre dementes e não dementes muito próximos, e os autores a aplicaram em uma amostra pequena de pacientes. Essa escala foi recentemente validada para uso no Brasil, com sensibilidade de 55% e especificidade de 80% (Rodrigues, Oliveira, Grinsztein, & Silva, 2013); o ponto de corte sugerido foi igual ou menor a 11.

O transtorno da cognição associado com a infecção pelo HIV é conhecido na literatura como distúrbio neurocognitivo associado ao HIV (HIV-associated neurocognitive disorders – HAND). A verdadeira extensão do HAND e o ônus das alterações funcionais ainda não são bem conhecidos. Estudos sugerem que manifestações leves são altamente prevalentes e que HAND

QUADRO 25.2
Escala Internacional de Demência pelo HIV*

1. **Memória – registro:** Diga quatro palavras para o paciente lembrar (cachorro, chapéu, feijão, vermelho) – 1 segundo para cada palavra; pergunte ao paciente todas as quatro palavras após você tê-las dito. Repita caso o paciente não tenha lembrado de todas imediatamente. Fale que vai perguntar as palavras de novo mais tarde.

2. **Rapidez motora:** Peça ao paciente para bater os dois primeiros dedos da mão não dominante o mais rápido e com o movimento mais amplo possível.

    4 = 15 em 5 segundos
    3 = 11-14 em 5 segundos
    2 = 7-10 em 5 segundos
    1 = 3-6 em 5 segundos
    0 = 0-2 em 5 segundos _____

3. **Rapidez psicomotora:** Peça ao paciente para fazer os seguintes movimentos com a mão não dominante o mais rápido possível:
    1. Mão fechada com o punho na mesa.
    2. Colocar a mão espalmada na mesa.
    3. Colocar a mão perpendicular à mesa com o lado do quinto dedo. Demonstre e peça ao paciente que repita duas vezes para praticar.

    4 = 4 sequências em 10 segundos
    3 = 3 sequências em 10 segundos
    2 = 2 sequências em 10 segundos
    1 = 1 sequência em 10 segundos
    0 = Incapaz de fazer _____

4. **Memória recente:** Peça ao paciente para lembrar das quatro palavras. Para cada palavra não lembrada, ajude com a regra semântica: animal (cachorro), parte do vestuário (chapéu), vegetal (feijão), cor (vermelho).

    Dê 1 ponto para cada palavra lembrada espontaneamente.
    Dê 0,5 para cada palavra correta após ajuda.
    Máximo 4 pontos _____
    Escore total: _____

* Fonte: Sackor e colaboradores (2005).

grave representa um importante problema de saúde pública devido a manifestações cognitivas precoces e potencial incapacidade. Enquanto a incidência da mais grave forma de HAND, a demência associada ao HIV (HAD), tem diminuído na era cART (Sackor et al., 2001), a incidência e a prevalência de formas mais leves têm aumentado. Pessoas infectadas com HIV tratadas com cART estão vivendo mais, devido à melhor resposta ao tratamento com longos períodos de aviremia; no entanto, mais de 30% de todos os pacientes infectados pelo HIV têm formas leves de HAND (McArthur, 2004), incluindo tanto os indivíduos que não estão imunossuprimidos como aqueles nos estágios finais da aids.

O diagnóstico do HAND ainda é muito discutido na literatura. Consensos atuais sugerem que o diagnóstico deve ser determinado pela avaliação de pelo menos cinco áreas de funcionamento cognitivo que podem ser afetadas pelo HIV. Essas áreas pertencem aos domínios subcorticais, como humor, atenção, velocidade psicomotora, funções executivas, e corticais, como memória episódica e de trabalho, habilidades motoras, praxia, linguagem e percepção sensorial. Idealmente, esses domínios devem ser avaliados usando uma bateria de testes neurocognitivos, cujos escores devem ser comparados com os resultados normais de uma população cultural e economicamente semelhante. O diagnóstico depende também da presença de declínio das funções da vida diária, que pode não ser percebido nos estágios iniciais. Isso torna o diagnóstico de transtorno cognitivo particularmente difícil.

O diagnóstico de HAND é baseado na história de declínio cognitivo progressivo e na exclusão de infecções oportunistas, neoplasias do SNC e outras causas de disfunção cognitiva em indivíduos infectados pelo HIV. A exclusão de outras doenças é realizada por meio de neuroimagem, análise do LCS e outros testes laboratoriais apropriados (Portegies et al., 2004). Nenhum teste laboratorial único pode estabelecer o diagnóstico de HAND, mas estudos complementares podem ser úteis para corroborá-lo ou refutá-lo. A contribuição das comorbidades, particularmente condições psiquiátricas, como transtorno depressivo, e os efeitos antirretrovirais também devem ser considerados e excluídos (Ho & Jay, 2010).

Tendo em vista essas dificuldades e visando abordar as preocupações sobre as definições e as causas da disfunção cognitiva em indivíduos infectados pelo HIV, o National Institute of Mental Health e o National Institute of Neurological Diseases and Stroke constituíram um grupo de trabalho para analisar criticamente a adequação e a utilidade de definições do diagnóstico de HAD e distúrbio motor cognitivo leve na era cART. Os resultados dessa reunião, realizada em Frascati, Itália, deram origem ao artigo *Updated nosology for HIV-associated neurocognitive disorders*, publicado por Antinori e colaboradores em 2007. Essa nova nosologia propõe a identificação de formas mais leves de comprometimento cognitivo e sua classificação em três diagnósticos possíveis, que devem ser usados na avaliação do paciente e em trabalhos de pesquisas:

1. Transtorno neurocognitivo assintomático (Asymptomatic neurocognitive impairment [ANI])
2. Transtorno neurocognitivo leve associado ao HIV (HIV-associated mild neurocognitive disorder [MND])
3. HAD.

O ANI representa a maioria dos casos de HAND. O significado clínico desse transtorno é menos estabelecido, embora tenha sido associado a alterações neuropatológicas e aumento do risco de mortalidade precoce (Cherner et al., 2007). Uma vez que o SNC é um dos mais importantes alvos da infecção pelo HIV, parece razoável avaliar precocemente o perfil neurocognitivo do paciente. Isso pode ser feito usando baterias de testes neuropsicológicos com foco em domínios subcorticais para detectar transtornos em indivíduos assintomáticos. Na verdade, a detecção de alterações cognitivas sutis reflete dano cerebral que costuma ser irreversível, causado pelo HIV por si ou por mecanismos imunológicos que levam a um processo inflamatório contínuo. Consequentemente, a mensuração do funcionamento cognitivo de base torna-se importante. O Quadro 25.3 apresenta os

> Uma vez que o SNC é um dos mais importantes alvos da infecção pelo HIV, parece razoável avaliar precocemente o perfil neurocognitivo do paciente. Isso pode ser feito usando baterias de testes neuropsicológicos com foco em domínios subcorticais para detectar transtornos em indivíduos assintomáticos.

QUADRO 25.3
Critérios revisados para distúrbios neurocognitivos associados ao HIV

Transtorno neurocognitivo assintomático associado ao HIV

1. Distúrbio adquirido no funcionamento cognitivo envolvendo pelo menos dois domínios e documentado por pelo menos 1 desvio-padrão abaixo da média em testes neuropsicológicos padronizados e apropriados para a idade e educação do paciente. A avaliação deve incluir as funções: visual/linguagem, atenção/memória de trabalho, abstração/função executiva, memória, rapidez do processamento de informação, habilidades motoras e de percepção sensorial.
2. O transtorno cognitivo não interfere nas atividades da vida diária.
3. O transtorno cognitivo não preenche os critérios para *delirium* ou demência.
4. Não existe evidência de outra causa preexistente para o déficit.

Distúrbio neurocognitivo leve associado ao HIV

1. Distúrbio adquirido no funcionamento cognitivo envolvendo pelo menos dois domínios e documentado por pelo menos 1 desvio-padrão abaixo da média em testes neuropsicológicos padronizados e apropriados para a idade e educação do paciente. A avaliação deve incluir as funções: visual/linguagem, atenção/memória de trabalho, abstração/função executiva, memória, rapidez do processamento de informação, habilidades motoras e de percepção sensorial.
2. O distúrbio cognitivo leva a pelo menos leve interferência nas atividades da vida diária (pelo menos um dos seguintes):
    a) Redução da acuidade mental e ineficiência no trabalho, nas atividades do lar ou no funcionamento social autorreportado pelo paciente.
    b) Observação por terceiros de que o indivíduo tem leve declínio na acuidade mental com resultante ineficiência no trabalho, nas atividades do lar e no funcionamento social.
3. O paciente não preenche critérios para *delirium* ou demência.
4. Não existe evidência de outra causa preexistente para o déficit.

Demência associada ao HIV

1. Déficit substancial adquirido do funcionamento cognitivo envolvendo pelo menos dois domínios; em geral, o distúrbio afeta múltiplos domínios, especialmente a aprendizagem de novas informações, a velocidade no processamento de informação e o nível de atenção/concentração. O dano cognitivo deve ser verificado por teste neuropsicológico com pelo menos 2 desvio-padrão abaixo da média em instrumentos neuropsicológicos padronizados e apropriados para a idade e educação do paciente em dois ou mais domínios.
2. O déficit cognitivo produz interferência substancial nas atividades da vida diária (trabalho, atividades do lar e vida social).
3. O paciente não preenche critérios para *delirium*.
4. Não existe evidência de outra causa preexistente para o déficit (p. ex., infecções do SNC, acidente vascular cerebral, doença neurológica preexistente, uso de drogas ilícitas, etc.)

Fonte: Adaptado de Antinori e colaboradores (2007).

critérios revisados para transtornos neurocognitivos associados ao HIV.

FUNÇÕES COGNITIVAS NA INFECÇÃO PELO HIV

O perfil de comprometimento cognitivo pelo HIV é normalmente subcortical, porém com uma variabilidade grande na ocorrência dos domínios afetados – o que pode gerar muita dificuldade no processo avaliativo e até mesmo dúvidas diagnósticas com outros processos demenciais, inclusive aqueles considerados corticais (p. ex., doença de Alzheimer). Quando se define como demência subcortical, o esperado é um comprometimento típico em velocidade do processamento de informações e/ou psicomotora, presença de sintomas psiquiátricos como depressão, ansiedade e apatia, bem como alterações em funções executivas. Essas alterações nas funções executivas, que têm funcionamento preponderantemente cortical, deve-se a estruturas mais internas no cérebro, como os núcleos da base. Para uma avaliação neuropsicológica eficaz, é necessário um exame global do desempenho cognitivo, já que todos os domínios cognitivos podem estar alterados, mesmo que em menor intensidade (Christo, Géo, & Antunes, 2013).

Nota-se que a maioria dos pacientes apresenta dificuldades relacionadas à atenção. A infecção pelo HIV está associada a déficits atencionais, especialmente em atenção sustentada e dividida. Argumenta-se que a diminuição da velocidade de processamento cognitivo seja a raiz dos déficits de atenção em pacientes sintomáticos (Sorenson, Martin, & Robertson, 1994).

Talvez a alteração mais típica e específica de um processo demencial subcortical seja a diminuição da rapidez psicomotora/motora. É o déficit neurocognitivo mais comum associado à infecção pelo HIV e pode ocorrer independentemente de comprometimento de nervo periférico, motor central e estado psiquiátrico. A redução na velocidade psicomotora é evidenciada em estágios precoces da infecção. A infecção pelo HIV causa alteração na velocidade de processamento da informação, processamento cognitivo lentificado e alteração na rapidez psicomotora. O tempo de reação ou a velocidade de processamento da informação diminui em adultos infectados pelo HIV. A capacidade reduzida de processamento da informação é percebida tanto em contextos que exigem maior complexidade para processar a informação como em situações nas quais o tempo de reação é direcionado a uma questão focal. O prejuízo da habilidade de processar a informação ocorre especialmente quando é requerido o controle dos processos atencionais. (Martin, Pitrak, Pursell, Mullane, & Novak, 1995).

Observa-se o comprometimento da memória de trabalho verbal e espacial em indivíduos infectados pelo HIV. Evidências sugerem que pessoas infectadas pelo HIV-1 demonstram déficits na memória de trabalho devido à afinidade do vírus pelos circuitos frontais (Castellon, Hinkin, Wood, & Yarema, 1998). A deterioração do sistema dopaminérgico frontoestriatal causa comprometimento na velocidade de processamento perceptomotor, com consequente redução da capacidade da memória de trabalho. As limitações da capacidade de memória de trabalho prejudicam o desempenho nas estratégias de memória e resolução de problemas. O desempenho da memória de trabalho é significativamente preditor de alterações cognitivas e de memória em pacientes com infecção pelo HIV, uma vez

> Talvez a alteração mais típica e específica de um processo demencial subcortical seja a diminuição da rapidez psicomotora/motora. É o déficit neurocognitivo mais comum associado à infecção pelo HIV e pode ocorrer independentemente de comprometimento de nervo periférico, motor central e estado psiquiátrico.

excluídas variáveis sobreponentes, como depressão, idade e nível educacional.

O comprometimento nas funções executivas no HIV é o dano de maior impacto na gestão do tratamento e na capacidade do paciente administrar e lidar com as dificuldades de seu dia a dia. Entretanto, ressalta-se que boa parte dos pacientes que contraíram o HIV já tinha um perfil de comportamento de risco, típico de populações com déficits nessas funções ligadas a controle da impulsividade, tomada de decisão e planejamento. Esse fator confundidor deve ser levado em consideração para a avaliação de declínio nessas habilidades do sujeito ao longo do tempo somente após a infecção pelo HIV.

Além disso, é de fundamental importância a avaliação das atividades da vida diária básicas e instrumentais (AVDs e AVDIs), que são as capacidades de realizar de forma independente tarefas envolvendo higiene, alimentação, gestão financeira, etc. Em uma perspectiva mais ecológica, é esperado que alterações cognitivas levem a dificuldades nas AVDs em maior ou menor grau. Em pacientes em estágios avançados, percebe-se maior impacto nessas atividades, diminuindo sua qualidade de vida deles e a dos familiares envolvidos em seus cuidados. A mensuração das AVDs e AVDIs é importante inclusive na diferenciação diagnóstica; na ausência dessas dificuldades, o diagnóstico passa a ser considerado uma alteração cognitiva assintomática.

São exemplos de instrumentos direcionados para verificar as habilidades funcionais: Direct Assessment of Functional Status (DAFS) (Lowenstein, Rubert, Arguilles, & Duara, 1995); Instrumental Activities of Daily Living (IADL); Disability Assessment Dementia Scale (DADS); Interview for Deterioration in Daily Living Activies in Dementia (IDDD).

INFECÇÕES OPORTUNISTAS

Portadores do vírus HIV podem indiretamente ter distúrbios neuropsiquiátricos devido a infecções oportunistas, neoplasias e distúrbios metabólicos (Quadro 25.1). Essas infecções são incomuns na ausência do HIV e tendem a ocorrer nos estágios tardios da infecção, quando a função imunológica diminui e a contagem de linfócitos T CD4+ cai para níveis inferiores a 200 células/mm^3, e a carga viral aumenta. Com a HAART, a incidência de infecções oportunistas diminuiu, mas, no Brasil, esse continua a ser um importante problema (Oliveira et al., 2006).

As infecções do SNC mais comuns são toxoplasmose cerebral, meningite criptocócica, meningite tuberculosa, neurossífilis, leucoencefalopatia multifocal progressiva e encefalite por citomegalovírus (Oliveira et al., 2006). Alterações do estado mental também podem ocorrer como resultado de distúrbios metabólicos como hipoxia, febre, desidratação, desequilíbrio eletrolítico, uremia e encefalopatia hepática. A identificação dessas condições é extremamente importante, já que elas têm boa resposta ao tratamento, mas podem levar a danos permanentes no SNC se diagnosticadas e tratadas tardiamente.

EFEITOS DOS MEDICAMENTOS

Muitos medicamentos antibacterianos, antifúngicos, antineoplásicos e antivirais, assim como os próprios antirretrovirais (HAART), podem ter efeitos colaterais no SNC (Tab. 25.4), devendo sempre ser lembrados na avaliação de pacientes com distúrbios neuropsiquiátricos.

Alguns agentes antirretrovirais são associados a efeitos colaterais neuropsiquiátricos. A zidovudina (AZT), um inibidor nucleosídeo da

> Muitos medicamentos antibacterianos, antifúngicos, antineoplásicos e antivirais, assim como os próprios antirretrovirais (HAART), podem ter efeitos colaterais no SNC (Tab. 25.4), devendo sempre ser lembrados na avaliação de pacientes com distúrbios neuropsiquiátricos.

TABELA 25.4
Efeitos neuropsiquiátricos de medicamentos

MEDICAMENTO	EFEITO COLATERAL
NRTIs	
Zidovudina (AZT)	Agitação, confusão, letargia, cefaleia, insônia
Didadosina (ddI)	Neuropatia periférica
Zalcitabina (ddC)	Neuropatia periférica
Estavudina (d4T)	Neuropatia periférica
NNRTI	
Efavirenz	Pesadelos, alucinações, confusão, dificuldade de concentração, sonolência, euforia, vertigens
PIs	
Ritonavir	Parestesias
Saquinavir	Cefaleia
Amprenavir	Cefaleia
Outros agentes	
Aciclovir	Alucinações
Ganciclovir	Confusão, mania
Dapsona	Agitação, alucinações
Corticosteroides	Labilidade do humor, mania, psicose
Sulfadiazida	Encefalopatia, alucinações
Amfotericina B	Agitação, letargia, desorientação, cefaleia
Vincristina	Letargia, disforia, convulsões

Legendas: NRTIs: inibidores nucleosídeos da transcriptase reversa; NNRTI: inibidor não nucleosídeo da transcriptase reversa; PIs: inibidores da protease.

transcriptase reversa, já foi associada a casos de mania (Wright et al., 1989). Atualmente, com o uso de doses menores, essa complicação é menos descrita. O efavirenz (inibidor não nucleosídeo da trascriptase reversa) foi associado a vertigens, cefaleia, confusão mental, torpor, diminuição da concentração, agitação, amnésia, despersonalização, alucinações, insônia e terror noturno. Esses sintomas podem ocorrer no primeiro mês e geralmente desaparecem entre 6 e 10 semanas de uso. Um estudo mostrou aumento das taxas de depressão, nervosismo, sonhos anormais e euforia em pacientes sob uso de efavirenz (Ruiz et al., 1999).

Outros efeitos adversos da HAART, como lipodistrofia, disfunção sexual e fadiga, podem causar angústia e levar à depressão, com suas consequentes anormalidades nos testes neuropsicológicos.

DEPRESSÃO

Estudos de prevalência de depressão mostram larga variação, mas se estima que esteja entre 4 e 22% para homens soropositivos e entre 2 e 18% para mulheres (Dubé et al., 2005). Os primeiros estudos mostraram que a prevalência de depressão maior e outros transtornos do humor era mais alta entre homens soropositivos assintomáticos que na população em geral, mas similar aos homossexuais masculinos soronegativos.

A maioria dos estudos de prevalência focou homens soropositivos, entretanto, as mulheres representam cerca de metade dos novos casos no mundo (WHO, 2013) e têm maior taxa de depressão na população em geral (Blazer, Kessler, McGonagle, & Swartz, 1994). Estimativas atuais de depressão entre as mulheres soropositivas variam de 1,9 a 35% em amostras clínicas e de 30 a 60% em amostras da comunidade (Dubé et al., 2005). Em uma amostra de 765 mulheres soropositivas, Ickovics e colaboradores (2001) reportaram sintomas depressivos crônicos em 42% e sintomas depressivos intermitentes em 35%. Em nosso serviço, identificamos sintomas físicos e psicológicos depressivos em 38% dos pacientes (dados não publicados).

Os estudos sobre a prevalência de depressão em indivíduos infectados pelo HIV apresentam resultados muito variados (0 a 45%). Isso se deve a diversos fatores, como população estudada (homossexuais masculinos, mulheres e usuários de drogas intravenosas), instrumento de avaliação utilizado (entrevista diagnóstica padronizada e escalas de autoavaliação), local de realização da pesquisa (comunidade e serviços médicos) e estágio da doença. Além disso, o diagnóstico de depressão em indivíduos infectados pelo HIV pode ser dificultado devido: à tendência dos profissionais da saúde em considerar a depressão uma reação normal ao diagnóstico da infecção; à presença de sintomas somáticos que complicam o diagnóstico diferencial; ao receio de alguns pacientes em expressarem seus sentimentos; e aos efeitos colaterais psiquiátricos de alguns antirretrovirais (Fulk, Kane, Phillips, Bopp, & Hand, 2004; Chandra, Desai, & Ranjan, 2005).

A depressão maior em indivíduos infectados pelo HIV parece estar associada a fatores como estigma da doença, efeitos diretos do vírus e infecções oportunistas no SNC, além do desencadeamento de episódio depressivo em populações vulneráveis, como usuários de drogas injetáveis e homossexuais (Malbergier & Schöffel, 2001; Chandra et al., 2005).

O diagnóstico é difícil porque muitos sintomas vegetativos da depressão, como fadiga, dor, anorexia e insônia, são observados em muitos pacientes no curso de sua infecção, mesmo quando a depressão não está presente. Entretanto, nas fases iniciais e tardias da doença, esses sintomas se correlacionam mais com transtornos do humor do que com a infecção (Hutton, Lyketsos, Zenilman, Thompson, & Erbelding, 2004).

A diminuição do humor pela manhã associada à anedonia deve alertar o médico para a presença de depressão maior e pode ajudar a diferenciá-la de outros transtornos psiquiátricos. Sintomas depressivos podem diminuir a adesão à HAART, e o tratamento adequado da depressão pode melhorar o funcionamento psicossocial e a qualidade de vida (Starace et al., 2002).

> A diminuição do humor pela manhã associada à anedonia deve alertar o médico para a presença de depressão maior e pode ajudar a diferenciá-la de outros transtornos psiquiátricos.

Um complicador no estudo da relação entre HIV e depressão é o fato de que tanto a depressão como os eventos de vida estressantes provocam alterações no sistema imune. Os trabalhos sobre os efeitos da depressão nesse sistema evidenciaram decréscimos em todas as medidas de função linfocitária; além disso, a atividade das células destruidoras naturais (células NK) também se encontra significativamente reduzida (Herbert & Cohen, 1993).

A detecção clínica dos sintomas depressivos é de extrema importância, e o diagnóstico e a adesão ao tratamento antirretroviral reduzem os sinais depressivos. O tratamento dos sintomas depressivos em pacientes com HIV promove melhora na qualidade de vida e na adaptação psicossocial.

ANSIEDADE

Ansiedade é comum em pacientes infectados pelo HIV e também em grupos de alto risco para aquisição da infecção. Pacientes com ansiedade prévia têm risco aumentado de exacerbar seus sintomas devido a fatores estressantes relacionados à infecção crônica pelo HIV. Preocupações sobre a progressão da doença e o seu impacto no *status* social, na família, no trabalho e entre os amigos, bem como preocupações existenciais, podem resultar em ansiedade substancial (George, 1996).

MANIA

Nos estágios iniciais da infecção pelo HIV, a prevalência de mania é levemente maior que na população em geral, cerca de 1 a 2% (Hutton et al., 2004). No entanto, após o desenvolvimento da aids, 4 a 8% dos pacientes manifestam esse transtorno (Dubé et al., 2005). Essa frequência aumentada de mania após o desenvolvimento da síndrome é ligada a sintomas cognitivos ou demência e parece ser secundária à infecção pelo HIV no SNC. Essa condição difere da síndrome de mania típica do transtorno bipolar em gravidade e perfil dos sintomas, sendo mais frequentemente caracterizada por irritabilidade do que por euforia (Hutton et al., 2004).

PSICOSE

A prevalência de início recente de psicose em pacientes infectados pelo HIV varia de 0,5 a 15%. Parece que a presença de psicose é associada com alta taxa de mortalidade nos pacientes HIV-positivo em relação aos soropositivos sem psicose (Koutsilieri, Scheller, Sopper, der Meulen, & Riederer, 2002). Pode ser também precipitada por terapia antirretroviral como efavirenz, ganciclovir e outras doenças oportunistas do SNC. A psicose é mais frequentemente associada a danos neurocognitivos (Dubé et al., 2005).

DELIRIUM

Delirium é uma consequência frequente de doenças ou tratamentos que ocorrem no curso da infecção pelo HIV e pode apresentar-se como distúrbio cognitivo. Suas manifestações comportamentais incluem agitação, psicose, agressividade, mutismo e reclusão. O *delirium* na aids é indistinguível daquele de outras doenças clínicas agudas.

ADICÇÃO

O abuso de certas substâncias, drogas ilícitas e álcool pode ser comum em grupos com alto risco para infecção pelo HIV. A adicção pode ter várias consequências, incluindo interferência na adesão ao tratamento, aumento do risco de transmitir o vírus (sexo sem proteção, compartilhamento de seringas, etc.) e morbidade relacionada diretamente ao uso de substâncias. O uso persistente de drogas por outras vias não intravenosas (*crack*/cocaína) também pode aumentar o risco de infecção pelo HIV. O uso da droga pode aumentar o risco de pessoas soropositivas apresentarem déficits cognitivos, e o consumo da cocaína pode resultar em acidentes cerebrovasculares e distúrbios do movimento.

Substâncias como *crack*/cocaína foram significativamente associadas com a progressão mais rápida da doença em portadores de HIV, e o uso de drogas injetáveis foi também associado à progressão mais rápida de demência. A adicção diminui o desempenho neuropsicológico total e reduz o processamento das habilidades visuomotoras, o funcionamento executivo, a velocidade, a força motora e a percepção sensório-motora nas pessoas em estágios adiantados da infecção pelo HIV.

Os déficits de atenção, aprendizagem, memória, fluência verbal, integração visuomotora e função executiva podem se agravar com o uso de drogas e álcool.

ADESÃO AO MEDICAMENTO

O sucesso dos medicamentos antirretrovirais para diminuir a mortalidade e a morbidade associadas ao HIV depende de seu uso regular e apropriado. Múltiplos fatores influenciam a adesão, incluindo efeitos adversos, número de comprimidos ingeridos no dia, esquemas de doses e custos. Pacientes com HAD e outros tipos de dano cognitivo podem se esquecer de tomar o medicamento regularmente. Alguns estudos mostram associação entre não adesão e depressão, problemas interpessoal, abuso de drogas, alcoolismo e problemas legais e profissionais (Nath & Berger, 2004).

HEPATITE C

A hepatite C é considerada um dos mais graves problemas de saúde pública da atualidade (World Health Organization [WHO], 2012). Seu agente etiológico (VHC) infecta entre 130 e 170 milhões de pessoas em todo o mundo, sendo responsável por 350 mil óbitos anuais (Wasley e Alter, 2000). Nos países desenvolvidos, a hepatite C superou o impacto provocado pela dependência etílica em termos de comprometimento hepático. Recentemente, ela passou a ser a principal indicação de transplante hepático e responde pela maioria dos casos de cirrose e carcinoma hepatocelular (Seeff, 2002).

O VHC tem uma grande variabilidade fenotípica, resultado da alta frequência de mutações genéticas em seu instável ácido ribonucleico (RNA). Essa característica confere ao vírus maior capacidade de ludibriar o sistema imune e criar resistência aos antivirais (Choo et al., 1989). As principais formas de transmissão do VHC são o uso de drogas intravenosas e a hemotransfusão. Esta última passou a ser rara desde os anos de 1990 com o advento dos testes sorológicos para triagem em pré-doadores (Allison et al., 2012). Outras formas menos comuns de transmissão são os acidentes ocupacionais com perfurocortantes, o intercurso sexual, a hemodiálise e durante o parto. Cerca de 80% dos infectados tornam-se portadores crônicos do VHC, e, no decorrer de 10 a 20 anos, um quarto desenvolve cirrose (Zaltron, Spinetti, Biasi, Baiguera, & Castelli, 2012).

Evidências recentes indicam que o VHC afeta o SNC e produz sintomas na esfera cognitiva e afetiva, tais como depressão, ansiedade, fadiga e desatenção (Rifai, Gleason, & Sabouni, 2010). As próximas páginas deste capítulo discorrem acerca das manifestações neuropsicológicas e neuropsiquiátricas associadas à hepatite C.

MANIFESTAÇÕES NEUROPSICOLÓGICAS E NEUROPSIQUIÁTRICAS NO CONTEXTO DA HEPATITE C CRÔNICA

Sendo as funções hepática e imunológica fundamentais para a sobrevivência do indivíduo, não resta dúvidas de que agravos nessas instâncias produzem desequilíbrios nos demais órgãos e sistemas que compõem o corpo humano. Por conseguinte, estima-se que 40% dos pacientes com hepatite C crônica apresentarão alguma manifestação extra-hepática ao longo do curso da doença (Zignego & Craxi, 2008). Entre as manifestações ocorridas no SNC, destacam-se a encefalopatia hepática (EH), os quadros neuropsiquiátricos de etiologia indefinida e os efeitos colaterais desencadeados pelo tratamento da infecção viral por interferon-alfa.

Encefalopatia hepática

A EH é uma síndrome multifatorial que ocorre entre 20 e 30% dos pacientes infectados pelo VHC. A EH engloba um amplo espectro de manifestações neuropsiquiátricas e neuropsicológicas decorrentes da disfunção hepática. No contexto da disfunção hepática acompanhada de cirrose, o fluxo sanguíneo proveniente do tubo digestivo, repleto de toxinas (entre as quais se destaca a amônia), é desviado do fígado, atingindo o SNC. A EH pode ocorrer em até 80% dos cirróticos (EH mínima), acarretando redução do nível de consciência, diminuição da função intelectual, distúrbios do comportamento e debilidade neuromuscular. O diagnóstico de EH é estabelecido por meio de história clínica completa, exame físico detalhado, avaliação neuropsicológica, propedêutica laboratorial, dosagem de amônia e TC do cérebro. Na EH mínima, o diagnóstico é mais complexo, pois é necessária a execução de testes neuropsicológicos e eletrofisiológicos. Os testes neuropsicológicos podem ser mais sensíveis que os realizados rotineiramente à beira do leito. Suas principais desvantagens são o tempo de execução, a dificuldade de interpretação, o efeito de aprendizagem e a falta de especificidade. O teste mais comumente utilizado no diagnóstico da EH mínima é o Number Conection Test (Reitan Test), de fácil execução e interpretação (Coon, 1977). Outros testes neuropsicológicos (Teste de Controle Inibitório, Cognitive Drug Research, RBANS e PHES) são usados quase exclusivamente em pesquisa, pois demandam maior tempo, envolvem métodos estatísticos sofisticados e requerem neuropsicólogos treinados para sua execução.

> As citocinas são um grupo diverso de proteínas secretadas por várias células com o objetivo de regular o sistema imune e mediar a comunicação intercelular para responder a lesão e infecção.

MANIFESTAÇÕES NEUROPSICOLÓGICAS E NEUROPSIQUIÁTRICAS DA HEPATITE C NA AUSÊNCIA DE DISFUNÇÃO HEPÁTICA

Até pouco tempo, acreditava-se que as disfunções cognitivas encontradas no contexto da hepatite C eram atribuídas exclusivamente à EH. Várias evidências científicas indicam que portadores do VHC com função hepática preservada apresentam alterações neuropsiquiátricas e neuropsicológicas significativas (Hilsabeck, Perry, & Hassanein, 2002). Ou seja, a hepatite C é também uma doença do SNC (Rifai et al., 2010). De fato, o VHC é capaz de atravessar a barreira hematencefálica e atingir o cerebelo, os gânglios basais, a substância branca e a medula oblonga (Forton, Taylor-Robinson, & Thomas, 2003). Ainda não foi esclarecido se o papel patogênico do vírus se manifesta por meio da invasão direta do SNC, pois a quantidade de material viral encontrada não foi suficiente para justificar uma taxa de replicação elevada. A resposta imunológica em pacientes cronicamente infectados com o VHC contribui para a eliminação viral, mas também causa lesão no fígado e no SNC (Spann, Janssen, & Boonstra, 2012). Durante a infecção pelo VHC, ocorre uma resposta imunológica mediada principalmente pela produção de citocinas do fator de necrose tumoral (TNF), interleucinas (IL-1 e IL-6) e outras. As citocinas são um grupo diverso de proteínas secretadas por várias células com o objetivo de regular o sistema imune e mediar a comunicação intercelular para responder a lesão e infecção. A IL-1, a IL-6 e o TNF são considerados pró-inflamatórios, pois aumentam a resposta imunológica para facilitar a eliminação do patógeno, enquanto a IL-4, a IL-10 e a IL-13 atuam primariamente como anti-inflamatórias. Uma vez penetrando o SNC, as citocinas podem influenciar a atividade cerebral por meio de modificações neuroendócrinas, alterações na neurotransmissão, ativação de células de defesa, modulação imunológica e, consequentemente, alterações neuropsicológicas e neuropsiquiátricas.

As alterações neuropsicológicas e neuropsiquiátricas encontradas no pacientes com hepatite C são muito variadas. Começando pelas neuropsiquiátricas, estudos epidemiológicos do tipo caso-controle têm demonstrado que metade dos pacientes infectados apresenta pelo menos um diagnóstico psiquiátrico. Os transtornos psiquiátricos mais comumente encontrados nessa população são, em ordem decrescente: transtornos por uso de substância, transtornos do humor, transtornos de ansiedade, transtornos da personalidade e transtornos psicóticos. É digno de nota que vários transtornos psiquiátricos são mais prevalentes nos pacientes com VHC em comparação com amostras pareadas provenientes da população em geral (Rifai et al.,

2010). Entre todos os distúrbios neuropsiquiátricos, os mais consistentemente associados com hepatite C são o transtorno depressivo maior (TDM) e as dependências químicas (por motivos óbvios). Os estudos encontraram taxas de prevalência de TDM em torno de um terço na maioria das amostras analisadas (Lee, Jamal, Regenstein, & Perrillo, 1997; Yovtcheva, Rifai, Moles, & Van der Linden, 2001; Weinstein et al., 2011). As eventuais variações nas taxas de prevalência podem ser explicadas por fatores como composição etária da amostra (indivíduos mais jovens), maior frequência de sujeitos do sexo feminino, método usado no diagnóstico da depressão e presença de outros diagnósticos psiquiátricos e não psiquiátricos. As taxas elevadas de depressão nos indivíduos acometidos pela hepatite C não podem ser totalmente creditadas às ações orquestradas pelo VHC, pois várias outras doenças crônicas, como cardiopatias, diabetes melito, patologias reumatológicas e neoplasias, possuem taxas de prevalência semelhantes (Katon, 1987).

O uso de instrumentos validados é a melhor estratégia para o diagnóstico e a avaliação da gravidade do TDM em pacientes com hepatite C, especialmente entre os candidatos a iniciar o tratamento com interferon. A Hospital Anxiety and Depression Scale (HADS) apresenta várias vantagens em relação às demais, pois é autoaplicável, fácil de entender, rápida e possui grau elevado de acurácia (Zigmond & Smaith, 1989). Ela foi desenvolvida especificamente para rastrear sintomas afetivos em pacientes internados por doenças não psiquiátricas, portanto não indaga acerca de queixas somáticas. As queixas somáticas ou vegetativas podem ocorrer em qualquer doença crônica não psiquiátrica; logo, não possuem valor discriminatório. Quando

> Quando diagnosticado, o TDM deve ser prontamente tratado, pois é um dos principais fatores que interferem no decréscimo da qualidade de vida e provocam o abandono do tratamento (Rifai et al., 2010).

diagnosticado, o TDM deve ser prontamente tratado, pois é um dos principais fatores que interferem no decréscimo da qualidade de vida e provocam o abandono do tratamento (Rifai et al., 2010).

Cerca de um terço dos pacientes com hepatite C, mesmo aqueles sem cirrose, apresenta problemas na esfera neuropsicológica, inclusive nos estágios iniciais da doença, sendo que uma fração significativa exibe dificuldades graves na execução das AVDs e são incapazes de viver de maneira independente. Do ponto de vista dos pacientes, as queixas mais comuns são fadiga, mal-estar e fraqueza mental. Esses indivíduos, quando submetidos à avaliação neuropsicológica, revelam prejuízos na capacidade de concentração, redução da velocidade de processamento e da memória de trabalho, e dificuldades de relembrar eventos recentes (Forton et al., 2005). Esses déficits são compatíveis com disfunção frontal subcortical, condição também encontrada com frequência nos portadores de HIV. No conjunto, os déficits neuropsicológicos reduzem a capacidade de adaptação ao meio, predispondo o indivíduo à problemas neuropsiquiátricos como o TDM e os transtornos de ansiedade.

O estudo das alterações neuropsicológicas e neuropsiquiátricas associadas à hepatite C apresenta importantes dificuldades de interpretação. A principal delas é que uma parte considerável dos infectados contraiu a doença por meio do uso de drogas intravenosas, ou seja, já possuía uma condição psiquiátrica grave (abuso, uso nocivo ou dependência de substância) que costuma ser acompanhada por outras psicopatologias (p. ex., TDM, abuso/dependência de álcool, dependência de nicotina, transtornos da personalidade e transtornos de ansiedade). Além disso, pacientes comprometidos do ponto de vista psiquiátrico tendem a usar drogas. Ou seja, existe uma relação bidirecional: usuários de substâncias são mais propensos a desenvolver quadros psiquiátricos (Regier et al., 1990), assim como pacientes psiquiátricos são mais propensos ao consumo de substâncias (Rosenberg et al., 2001). Portanto, é difícil estabelecer, tanto coletiva como individualmente, nexo causal entre transtornos neuropsiquiátricos e infecção pelo VHC. Outra questão que dificulta a interpretação dos resultados é a existência dos chamados *fatores psicossociais*: ao tomar conhecimento do diagnóstico de hepatite C, muitos pacientes reagem com vergonha, isolamento, culpa e ira. Esses comportamentos podem provocar dificuldades conjugais e perda do emprego, e esse contexto psicossocial insatisfatório pode por si só desencadear quadros depressivos e/ou ansiosos.

MANIFESTAÇÕES NEUROPSICOLÓGICAS E NEUROPSIQUIÁTRICAS NO CONTEXTO DO TRATAMENTO DA HEPATITE C CRÔNICA

O interferon-alfa (pegilato) em combinação com a rivabirina é o principal tratamento da hepatite C crônica. O mecanismo de ação desses fármacos ainda não foi completamente elucidado. Sugere-se que seu efeito antiviral decorra da ativação da expressão de determinados genes que bloqueiam a síntese de proteínas virais, reduzindo a estabilidade do RNA viral e ativando a produção de citocinas (Feld & Hoofnagle, 2005). A taxa de resposta (clareamento viral) ocorre em metade dos pacientes tratados; no entanto, a incidência e a gravidade dos efeitos colaterais são consideráveis, sendo os mais comuns fadiga, insônia, irritabilidade, sintomas de depressão e TDM (Udina et al., 2012). A abordagem adequada desse quadro é fundamental, pois tais efeitos estão associados a piora da qualidade de vida, baixa adesão ao tratamento e aumento do risco de suicídio. A seleção e o preparo dos pacientes elegíveis é o primeiro passo. Deve-se evitar ou adiar o tratamento com interferon-alfa naqueles com quadros psiquiátricos graves não estabilizados. Assim, todos os pacientes devem ser triados para a identificação de quadros psiquiátricos com ênfase para TDM, transtorno bipolar e esquizofrenia. A HADS, descrita anteriormente, pode ser uma ferramenta útil para detecção do TDM. A Mini International Neuropsychiatric Interview v.5.0.0.(M.I.N.I. *Plus*) rastreia vários diagnósticos psiquiátricos com taxas aceitáveis de sensibilidade e especificidade (Amorim, 2000). As taxas de TDM induzidas por interferon variam de 0 a 90%. Essa grande variabilidade pode ser explicada pelos aspectos metodológicos relacionados ao diagnóstico de TDM, ao perfil sociodemográfico da amostra e à vulnerabilidade individual. Os principais fatores preditivos para TDM são: sexo feminino, baixo nível educacional, história pregressa de TDM e presença de TDM subsindrômico. Considera-se que esses pacientes necessitem de tratamento profilático para TDM. Os inibidores seletivos da recaptação de serotonina (ISRSs), em especial a paroxetina e o citalopram, têm sido os mais extensivamente estudados (Raison, Demetrashvili, Capuron, & Miller, 2005). No entanto, nem todos os estudos mostraram benefício, tanto no tratamento profilático como no sindrômico.

COINFECÇÕES HIV E HEPATITE C

Uma população de alto risco para um desfecho de alterações neuropsicológicas negativo é a de pacientes com HIV/aids e hepatite C. Devido a mecanismos de transmissão comuns (p. ex., uso de seringas compartilhadas) ou a fatores ainda não esclarecidos na literatura, a incidência da coinfecção pode ser muito elevada, em torno de 16% (Sherman, Rouster, Chung, & Rajicic, 2002) da população infectada pelo HIV. Poucos estudos tentaram caracterizar essa população coinfectada de acordo com o perfil de comprometimento neuropsicológico (Richardson et al., 2005; Ryan et al., 2004), e os achados apontam para um agravamento dos mesmos déficits cognitivos, com padrão tipicamente subcortical ou global de demência. Os resultados sugerem um perfil muito semelhante desses déficits, sobretudo em funções executivas e velocidade de processamento, mas eles podem ter alterações gerais e atingir funções cognitivas diversas, como memória episódica e outras. Dentro de uma linha de agravamento, os danos relacionados à hepatite C são mais leves em comparação aos déficits por HIV, sendo o quadro mais grave o dos pacientes coinfectados (HIV + hepatite C).

REFERÊNCIAS

Allison, R. D., Conry-Cantilena, C., Koziol, D., Schechterly, C., Ness, P., Gibble, J., & Alter, H. J. (2012). A 25-year study of the clinical and histologic outcomes of hepatitis C virus infection and its modes of transmission in a cohort of initially asymptomatic blood donors. *Journal of Infections Disease, 206*(5), 654-661.

Amorin, P. (2000). Mini International Neuropsychiatric Interview (MINI): validação de entrevista breve para diagnóstico de transtornos mentais. *Revista Brasileira de Psiquiatria, 23*(3), 106-115.

Antinori, A., Arendt, G., Becker, J. T., Brew, B. J., Byrd, D. A., Cherner, M., ... Wojna, V. E. (2007). Updated research nosology for HIV associated neurocognitive disorders. *Neurology, 69*(18), 1789-1799.

Berger, J. R., & Brew, B. (2005). An international screening tool for HIV dementia. *AIDS, 19*(18), 2165-2166.

Berger, J. R., Moskowitz, L., Fischl, M., & Kelley, R. E. (1987). Neurologic disease as the presenting manifestation of acquired immunodeficiency syndrome. *South Med J., 80*(6), 683-686.

Blazer, D. G., Kessler, R. C., McGonagle, K. A., & Swartz, M. S. (1994). The prevalence and distribution of major depression in a national community sample: the National Comorbidity Survey. *American Journal of Psychiatry, 151*(7), 979-986.

Castellon, S. A., Hinkin, C. H., Wood, S., & Yarema, K. T. (1998). Apathy, depression, and cognitive performance in HIV-1 infection. *Journal of Neuropsychiatry and Clinical Neurosciences, 10*(3), 320-329.

Chandra, P. S., Desai, G., & Ranjan, S. (2005). HIV & psychiatric disorders. *Indian J Med Res., 121*(4), 451-467.

Cherner, M., Cysique, L., Heaton, R. K., Marcotte, T. D., Ellis, R. J., Masliah, E., ... HNRC Group. (2007). Neuropathologic confirmation of definitional criteria for human immunodeficiency virus-associated neurocognitive disorders. *J Neurovirol., 13*(1), 23-28.

Chimelli, L., Rosemberg, S., Hahn, M. D., Lopes, M. B., & Netto, M. B. (1992). Pathology of the central nervous system in patients infected with the human immunodeficiency virus (HIV): a report of 252 autopsy cases from Brazil. *Neuropathology and Applied Neurobiology, 18*(5), 478-488.

Choo, Q. L., Kuo, G., Weiner, A. J., Overby, L. R., Bradley, D. W., & Houghton, M. (1989). Isolation of a cDNA clone derived from a blood-borne non-A, non-B viral hepatitis genome. *Science, 244*(4902), 359-362.

Christo, P. P., Géo, L. A. L., & Antunes, C. M. F. (2013). Neurocognitive Performance in Patients with AIDS in Brazil: a case-control study. *Clinical Neuropsychiatry, 10*(2), 107-110.

Christo, P. P., Greco, D. B., Aleixo, A. W., & Livramento, J. A. (2005). HIV-1 RNA levels in cerebrospinal fluid and plasma and their correlation with opportunistic neurological diseases in a Brazilian AIDS reference Hospital. *Arquivos de Neuropsiquiatria, 63*(4), 907-913.

Clifford, D. B. (2002). AIDS dementia. *Medical Clinics of North America, 86*(3), 537-550.

Conn, H. O. (1977). Trailmaking and number-connection tests in the assessment of mental state in portal systemic encephalopathy. *Digestive Diseases, 22*(6), 541-550.

Cysique, L. A., Maruff, P., Brew, B. J. (2004). Prevalence and pattern of neuropsychological impairment in human immunodeficiency virus-infected/acquired immunodeficiency syndrome (HIV/AIDS) patients across pre and pos-highly active antiretroviral therapy eras: a combined study of two cohorts. *Journal of neurovirology, 10*(6), 350-357.

Diehr, M. C., Heaton, R. K., Miller, W., & Grant, I. (1998). The Paced Auditory Serial Addition Task (Pasat): Norms for age, education, and ethnicity. *Assessment, 5*(4), 375-387.

Diesing, T. S., Swindells, S., Gelbard, H., & Gendelmam, H. E. (2002). HIV-1-associated dementia: A basic science and clinical perspective. *AIDS Read, 12*(8), 358-368.

Dilley, J. W., Schwarcz, S., Loeb, L., Hsu, L., Nelson, K., & Scheer, S. (2005). The decline of incidence cases of HIV-associated neurological disorders in San Francisco, 1991-2003. *AIDS, 19*(6), 634-635.

Dubé, B., Benton, T., Cruess, D. E., & Evans, D. L. (2005). Neuropsychiatric manifestations of HIV infection and AIDS. *Journal of Psychiatry and Neuroscience, 30*(5), 237-246.

Evans, D. L., Have, T. R. T., Douglas, S. D., Gettes, D. R., Morrison, M., Chiappini, M. S., ... Petitto, J. M. (2002). Association of depression with viral load, CD8 T lymphocytes, and natural killer cells in women with HIV infection. *American Journal of Psychiatry, 159*(10), 1752-1759.

Feld, J. J., & Hoofnagle, J. H. (2005). Mechanism of action of interferon and ribavirin in treatment of hepatitis C. *Nature, 436*(7053), 967.

Forstein, M. (1984). The psychosocial impact of the acquired immunodeficiency syndrome. *Semin Oncol, 11*(1), 77-82.

Forton, D. M., Allsop, J. M., Cox, I. J., Hamilton, G., Wesnes, K., Thomas, H. C., & Taylor-Robinson, S. D. (2005). A review of cognitive impairment and cerebral metabolite abnormalities in patients with hepatitis C infection. *AIDS, 19*(Suppl 3), S53-63.

Forton, D. M., Taylor-Robinson, S. D., & Thomas, H. C. (2003). Cerebral dysfunction in chronic hepatitis C infection. *Journal of Viral Hepatitis, 10*(2), 81-86.

Fulk, L. J., Kane, B. E., Phillips, K. D., Bopp, C. M., & Hand, G. A. (2004). Depression in HIV-infected patients: allopathic, complementary, and alternative treatments. *Journal of Psychosomatic Research, 57*(4), 339-351.

George, M. (1996). AIDS. Sharing knowledge. *Nurs Stand., 10*(36), 55-56.

Gladsjo, J. A., Schuman, C. C., Evans, J. D., Peavy, G. M., Miller, S. W., & Heaton, R. K. (1999). Norms for letter and category fluency: Demographic corrections for age, education, and ethnicity. *Assessment, 6*, 147-178.

Goodkin, K. (2002). Evolution of neuro-AIDS During the HAART Era. *Journal of Neuro-AIDS, 2*(3), 1-17.

Heaton, R. K., Grant, I., Butters, N., White, D. A., Kirson, D., Atkinson, J. H., ... Abramson, I. (1995). The HNRC 500--neuropsychology of HIV infection at different disease stages. *Journal of the International Neuropsychological Society, 1*(3), 231-251.

Herbert, T. B., & Cohen, S. (1993). Stress and immunity in humans: A meta-analytic review. *Psychosom Med., 55*(4), 364-379.

Hilsabeck, R. C., Perry, W., & Hassanein, T. I. (2002). Neuropsychological impairment in patients with chronic hepatitis C. *Hepatology, 35*(2), 440-446.

Himelhoch, S., Moore, R. D., Treisman, G., & Gebo, K. A. (2004). Does the presence of a current psychiatric disorder in AIDS patients affect the initiation of antiretroviral treatment and duration of therapy? *J Acquir Immune Defic Syndr., 37*(4), 1457-1463.

Ho, E. L., & Jay, C. A. (2010). Altered mental status in HIV-infected patients. *Emerg Med Clin North Am., 28*(2), 311-323.

Hutton, H. E., Lyketsos, C. G., Zenilman, J. M., Thompson, R. E., & Erbelding, E. J. (2004). Depression and HIV risk behaviors among patients in a sexually transmitted disease clinic. *Am J Psychiatry., 161*(5), 912-914.

Ickovics, J. R., Hamburger, M. E., Vlahov, D., Schoenbaum, E. E., Schuman, P., Boland, R. J., ... HIV Epidemiology Research Study Group. (2001). Mortality, CD4 cell count decline, and depressive symptoms among HIV-seropositive women: longitudinal analysis from the HIV Epidemiology Research Study. *JAMA, 285*(11), 1466-1474.

Katon, W. (1987). The epidemiology of depression in medical care. *The International Journal of Psychiatry in Medicine, 17*(1), 93-112.

Kellor, M., Frost, J., Silberberg, N., Iversen, I., & Cummings, R. (1971). Hand strength and dexterity. *American Journal of Occupational Therapy, 25*(2), 77-83.

Koutsilieri, E., Scheller, C., Sopper, S., ter Meulen, V., & Riederer, P. (2002). Psychiatric complications in human immunodeficiency virus infection. *J Neurovirol.*, Suppl 2, 129-133.

Lawrence, D. M., & Major, E. O. (2002). HIV-1 and the brain: connections between HIV-1-associated dementia, neuropathology and neuroimmunology. *Microbes Infection, 4*(3), 301-308.

Lee, D. H., Jamal, H., Regenstein, F. G., & Perrillo, R. P. (1997). Morbidity of chronic hepatitis C as seen in a tertiary care medical center. *Digestive Diseases, 42*(1), 186-191.

Leserman, J., Petitto, J. M., Gu, H., Gaynes, B. N., Barroso, J., Golden, R. N., ... Evans, D. L. (2002). Progression to AIDS, a clinical AIDS condition and mortality: Psychosocial and physiological predictors. *Psychological Medicine, 32*(6), 1059-1073.

Levy, J. A., Shimabukuro, J., Hollander, H., Mills, J., & Kaminsky, L. (1985). Isolation of AIDS-associated retroviruses from cerebrospinal fluid and brain of patients with neurological symptoms. *Lancet, 2*(8455), 586-588.

Loewenstein, D. A., Rubert, M. P., Argüelles, T., & Duara, R. (1995). Neuropsychological test performance and prediction of functional capacities among Spanish-speaking and English-speaking patients with dementia. *Arch Clin Neuropsychol., 10*(2), 75-88.

Malbergier, A., & Schöeffel, A. C. (2001). Tratamento de depressão em indivíduos infectados pelo HIV. *Revista Brasileira de Psiquiatria, 23*(3), 160-167.

Malloy-Diniz, L. F., Lasmar, V. A., Gazinelli Lde, S., Fuentes, D., & Salgado, J. V. (2007). The Rey Auditory-Verbal Learning Test: applicability for the Brazilian elderly population. *Revista Brasileira de Psiquiatria, 29*(4), 324-329.

Malloy-Diniz, L. F., Leite, W. B., Moraes, P. H., Correa, H., Bechara, A., & Fuentes, D. (2008). Brazilian Portuguese version of the Iowa Gambling Task: transcultural adaptation and discriminant validity. *Revista Brasileira de Psiquiatria, 30*(2), 144-148.

Martin, E. M., Pitrak, D. L., Pursell, K. J., Mullane, K. M., & Novak, R. M. (1995). Delayed recognition memory span in HIV-1 infection. *Journal of the International Neuropsychological Society, 1*(6), 575-580.

Masliah, E., DeTeraza, R. M., Mallory, M. E., & Hansen, L. A. (2000). Changes in pathological findings at autopsy in AIDS cases for the last 15 years. *AIDS, 14*(1), 69-74.

McArthur, J. C. (2004). HIV dementia: an evolving disease. *J Neuroimmunol, 157*(1-2), 3-10.

McArthur, J. C., Haughey, N., Gartner, S., Conant, K., Pardo, C., Nath, A., & Sacktor, N. (2003). Human immunodeficiency virus-associated dementia: An evolving disease. *Journal of Neurovirology, 9*(2), 205-221.

McArthur, J. C., Sackor, N., & Selnes, O. (1999). Human immunodeficiency virus-associated dementia. *Seminars in Neurology, 19*(2), 129-150.

Miotto, E. C., Sato, J., Lucia, M. C., Camargo, C. H., & Scaff, M. (2010). Development of an adapted version of the Boston Naming Test for Portuguese speakers. *Revista Brasileira de Psiquiatria, 32*(3), 279-282.

Miranda, M. C., Sinnes, E. G., Pompéia, S., & Bueno, O. F. A. (2008). A Comparative Study of Performance in the Conners' Continuous Performance Test between Brazilian and North American children. *Journal of Attention Disorders, 11*(5), 588-598.

Nath, A., & Berger, J. (2004). HIV Dementia. *Curr Treat Options Neurol., 6*(2), 139-151.

Navia, B. A., Jordan, B. D., & Price, R. W. (1986). The AIDS dementia complex: I. clinical features. *Annals of Neurology, 19*(6), 517-524.

Neuenburg, J. K., Brodt, H. R., Herndier, B. G., Bickel, M., Bacchetti, P., Price, R. W., ... Schlote, W. (2002). HIV-1 related neuropathology, 1985 to 1999: Rising prevalence of HIV encephalopathy in the era of highly active antiretroviral therapy. *Journal of Acquired Immune Deficiecy Syndromes, 31*(2), 171-177.

Oliveira, J. O., Greco, D. B., Oliveira, G. C., Christo, P. P., Guimarães, M. D. C., & Oliveira, R. C. (2006). Neurological disease in HIV-1-infected patients in the era of highly active antiretroviral treatment: a Brazilian experience. *Revista da Sociedade Brasileira de Medicina Tropical, 39*(2), 146-151.

Perry, S. W. (1990). Organic mental disorders caused by HIV: Update on early diagnosis and treatment. *Am J Psychiatry, 147*(6), 696-710.

Pialoux, G., Fournier, S., Moulignier, A., Poveda, J.-D., Clavel, F., & Dupont, B. (1997). Central nervous system as a sanctuary for HIV-1 infection despite treatment with zidovudine, lamivudine and indinavir. *AIDS, 11*, 1302-1303.

Portegies, P., Solod, L., Cinque, P., Chaudhuri, A., Begovac, J., Everall, I., ... Kennedy, P. G. (2004). Guidelines for the diagnosis and management of neurological complications of HIV infection. *Eur J Neurol., 11*(5), 297-304.

Power, C., Selnes, O. A., Grim, J. A., & McArthur, J. C. (1995). HIV Dementia Scale: a rapid screening test. *J Acquir Immune Defic Syndr Hum Retrovirol., 8*(3), 273-278.

Price, R. W., & Brew, B. J. (1988). The AIDS dementia complex. *J Infect Dis., 158*(5), 1079-1083.

Price, R. W., Yiannoutsos, C. T., Clifford, D. B., Zaborski, L., Tselis, A., Sidtis, J. J., ... Henry, K. (1999). Neurological outcomes in late HIV infection: adverse impact of neurological impairment on survival and protective effect of antiviral therapy. *AIDS, 13*(13), 1677-1685.

Raison, C. L., Demetrashvili, M., Capuron, L., & Miller, A. H. (2005). Neuropsychiatric adverse effects of interferon-alpha: Recognition and management. *CNS Drugs, 19*(2), 105-123.

Regier, D. A., Farmer, M. E., Rae, D. S., Locke, B. Z., Keith, S. J., Judd, L. L., & Goodwin, F. K. (1990). Comorbidity of mental disorders with alcohol and other drug abuse. Results from the Epidemiologic Catchment Area (ECA) Study. *JAMA, 264*(19), 2511-2518.

Rey, A. *Figuras complexas de Rey*. São Paulo: Casa do Psicólogo; 1999.

Richardson, J. L., Nowicki, M., Danley, K., Martin, E. M., Cohen, M. H., Gonzalez, R., ... Levine, A. M. (2005). Neuropsychological functioning in a cohort of HIV- and hepatitis C virus-infected women. *AIDS, 19*(15), 1659-1667.

Rifai, M. A., Gleason, O. C., & Sabouni, D. (2010). Sychiatric care of the patient with hepatitis C: A review of the literature. *Prim Care Companion to the Journal of Clinical Psychiatry, 12*(6).

Rodrigues, R. A., Oliveira, R. L., Grinsztejn, B., & Silva, M. T. (2013). Validity of the International HIV Dementia Scale in Brazil. *Arquivos de Neuropsiquiatria, 71*(6), 376-379.

Rosenberg, S. D., Goodman, L. A., Osher, F. C., Swartz, M. S., Essock, S. M., Butterfield, M. I., ... Salyers, M. P. (2001). Prevalence of HIV, hepatitis B, and hepatitis C in people with severe mental illness. *American Journal of Public Health, 91*(1), 31-37.

Ruiz, N. (1999). Clinical history of efavirenz. *Int J Clin Pract Suppl., 103*, 3-7.

Ryan, E. L., Morgello, S., Isaacs, K., Naseer, M., Gerits, P., & Manhattan HIV Brain Bank. (2004). Neuropsychiatric impact of hepatitis C on advanced HIV. *Neurology, 62*(6), 957-962.

Sackor, N. (2002). The epidemiology of human immunodeficiency virus-associated neurological disease in the era of highly active antiretroviral therapy. *Journal of Neurovirology, 2*, 115-121.

Sackor, N. C., Bacellar, H., Hoover, D. R., Nance-Sproson, T. E., Selnes, O. A., Miller, E. N., ... McArthur, J. C. (1996). Psychomotor slowing in HIV infection: a predictor of dementia, AIDS and death. *Journal of Neurovirology, 2*(6), 404-410.

Sackor, N., Lyles, R. H., Skolask, R., Kleeberger, C., Selnes, O. A., Miller, E. N., & Multicenter AIDS Cohort Study. (2001). Multicenter AIDS Cohort Study. HIV-associated neurologic disease incidence changes: Multicenter AIDS Cohort Study, 1990-1998. *Neurology, 56*(2), 257-260.

Sackor, N., Wong, M., Nakasujja, N., Skolasky, R. L., Selnes, O. A., Musisi, S., ... Katabira, E. (2005). The International HIV Scale: a new rapid screening test for HIV dementia. *AIDS, 19*(13), 1367-1374.

Sedó, M. A. (2007). *Five digit test*. Madrid: TEA.

Seeff, L. B. (2002). Natural history of chronic hepatitis C. *Hepatology, 36*(5 Suppl 1), S35-S46.

Sherman, K. E., Rouster, S. D., Chung, R. T., & Rajicic, N. (2002). Hepatitis C virus prevalence among patients infected with human immunodeficiency virus: a cross-sectional analysis of the US adult AIDS clinical trials group. *Clinical Infectious Diseases, 34*(6), 831-837.

Sorenson, D. J., Martin, E. M., & Robertson, L. C. (1994). Visual attention in HIV-1 infection. *Neuropsychology, 8*, 424-32.

Spaan, M., Janssen, H. L., & Boonstra, A. (2012). Immunology of hepatitis C virus infections. *Best Practice & Research Clinical Gastroenterology, 26*(4), 391-400.

Spector, S. A., Hsia, K., Pratt, D., Lathey, J., McCutchan, J. A., Alcaraz, J. E., ... Grant, I. (1993). Virologic markers of human immunodeficiency virus type 1 in cerebrospinal fluid. The HIV Neurobehavioral Research Center Group. *J Infect Dis, 168*(1), 68-74.

Spreen, O., & Strauss, E. (1998). *A compendium of neuropsychological tests: Administration, norms and commentary*. (2nd ed.). New York: Oxford University.

Starace, F., Ammassari, A., Trotta, M. P., Murri, R., De Longis, P., Izzo, C., ... AdICoNA Study Group. NeuroICoNA Study Group. (2002). Depression is a risk factor for suboptimal adherence to highly active antiretroviral therapy. *J Acquir Immune Defic Syndr., 31*(Suppl 3), S136-S139.

Udina, M., Castellví, P., Moreno-España, J., Navinés, R., Valdés, M., Forns, X., ... Martín-Santos, R. (2012). Interferon-induced depression in chronic hepatitis C: A systematic review and meta-analysis. *Journal of Clinical Psychiatry, 73*(8), 1128-1138.

Valcour, V. G., Shikuma, C. M., Watters, M. R., & Sackor, N. C. (2004). Cognitive impairment in older HIV-1-seropositive individuals: prevalence and potencial mechanisms. *AIDS, 18*(Suppl 1), S79-S86.

Wasley, A., & Alter, M. J. (2000). Epidemiology of hepatitis C: Geographic differences and temporal trends. *Seminars in Liver Disease, 20*(1), 1-16.

Wechsler, D. (1987). *Wechsler memory scale: revised manual*. San Antonio: The Psychological Corporation.

Weinstein, A. A., Kallman Price, J., Stepanova, M., Poms, L. W., Fang, Y., Moon, J., ... Younossi, Z. M. (2011). Depression in patients with nonalcoholic fatty liver disease and chronic viral hepatitis B and C. *Psychosomatics, 52*(2), 127-132.

World Health Organization [WHO]. (2012). Hepatitis C. Recuperado de: http://www.who.int/mediacentre/factsheets/fs164/en/.

World Health Organization [WHO]. (2013). Global report: UNAIDS report on the global AIDS epidemic 2013. Geneva: WHO.

Yovtcheva, S. P., Rifai, M. A., Moles, J. K., & Van der Linden, B. J. (2001). Psychiatric comorbidity among hepatitis C-positive patients. *Psychosomatics, 42*(5), 411-415.

Zaltron, S., Spinetti, A., Biasi, L., Baiguera, C., & Castelli, F. (2012). Chronic HCV infection: Epidemiological and clinical relevance. *BMC Infectious Diseases, 12*(Suppl 2), S2.

Zigmond, A. S., & Snaith, R. P. (1983). The hospital anxiety and depression scale. *Acta Psychiatrica Scandinavica, 67*(6), 361-370.

Zignego, A. L., & Craxì, A. (2008). Extrahepatic manifestations of hepatitis C virus infection. *Clinics in Liver Disease, 12*(3), 611-636.

26
Neuropsicologia das demências

LEONARDO CRUZ DE SOUZA
ANTONIO LUCIO TEIXEIRA

O termo *demência* deriva da raiz latina "dementia" (*"de"*, sem; e *"mentia"*, mente), a qual teria sido usada pela primeira vez por Cícero (106 – 43 a.C.) para se referir a "cidadãos que, pervertidos por um tipo de demência, declararam guerra à pátria" (Derouesné, 2008). Do período clássico até meados do século XIX, o termo "demência" foi usado tanto no sentido de "abolição do pensamento" como no de "loucura" ou de "conduta extravagante". Foi apenas a partir do século XIX, com as definições de Pinel, Esquirol e Ball, que demência passou a denotar uma afecção cerebral associada a comprometimento intelectual (Derouesné, 2008).

Atualmente, define-se demência como uma síndrome de declínio cognitivo-comportamental que se manifesta pelo comprometimento de, pelo menos, duas funções mentais, como memória, linguagem e habilidade visuoespacial, de intensidade suficientemente grave para comprometer a autonomia do paciente na realização das atividades da vida cotidiana (McKhann et al., 2011). Cumpre sublinhar que essa definição engloba apenas déficits adquiridos, não associados a problemas do desenvolvimento, como observado no retardo mental. A exclusão de uma alteração do nível de consciência, como no *delirium* (estado confusional agudo), também é condição *sine qua non* para o diagnóstico de demência. Por fim, uma cuidadosa caracterização do desempenho cognitivo pré-mórbido do paciente é essencial para o diagnóstico, pois os déficits cognitivos e a perda de autonomia que definem a demência só podem ser assim caracterizados quando se contrastam nitidamente com o padrão de funcionamento prévio do indivíduo.

As doenças neurodegenerativas constituem as principais causas de demência. A doença de Alzheimer (DA) é a causa mais frequente, representando 50 a 60% dos casos (Kalaria et al., 2008). Outras causas neurodegenerativas de quadros demenciais são menos frequentes e incluem a demência com corpos de Lewy (DCL) e a demência frontotemporal (DFT). Entre as demências não degenerativas, destaca-se a demência vascular (DV), responsável por cerca de 25% dos casos (Kalaria et al., 2008). Outras causas menos comuns de demências secundárias incluem processos infecciosos (neurossífilis, demência associada ao HIV), metabólicos (hipotireoidismo, deficiência de vitamina B12) e estruturais (tumor, hematoma, hidrocefalia de pressão normal).

Cada uma das causas de demência tem características próprias nos diferentes aspectos clínicos, neuropsicológicos e neuropatológicos. Embora a maior parte dos sinais e sintomas

> Define-se demência como uma síndrome de declínio cognitivo-comportamental que se manifesta pelo comprometimento de, pelo menos, duas funções mentais, como memória, linguagem e habilidade visuoespacial, de intensidade suficientemente grave para comprometer a autonomia do paciente na realização das atividades da vida cotidiana.

neuropsicológicos não seja específica de um tipo de demência, a caracterização precisa dos déficits cognitivos e comportamentais por meio de uma avaliação neuropsicológica cuidadosa é etapa essencial na investigação diagnóstica de um paciente com quadro demencial.

NEUROPSICOLOGIA DA DOENÇA DE ALZHEIMER

O avanço do conhecimento sobre a DA evidenciou a heterogeneidade clínica da doença (McKhann et al., 2011). Longe de ser uma enfermidade monolítica e invariável, a DA apresenta grande variabilidade clínica, tanto na sua sintomatologia como na sua progressão clínica. A doença pode ser distinguida em uma forma típica e em formas atípicas (Dubois et al., 2010; Warren et al., 2012). A apresentação típica corresponde à forma amnésica da doença, que é a mais frequente, ocorrendo em até 95% dos pacientes. As formas atípicas são raras e compreendem determinada sintomatologia cognitiva focal associada a relativa preservação da memória episódica. Elas incluem a afasia logopênica, a atrofia cortical posterior e a variante frontal (Warren et al., 2012). O espectro de manifestações cognitivas da DA é, portanto, bastante amplo, e o exame neuropsicológico deve considerar essa variabilidade.

A forma típica da DA costuma acometer pacientes a partir dos 65 anos. Nesses casos, o sintoma inicial é a amnésia, caracterizada por déficit progressivo de memória episódica anterógrada. Os sintomas amnésicos iniciais estão estreitamente relacionados ao acometimento de regiões temporais mediais, em especial o hipocampo e o córtex entorrinal. A evolução dos sintomas cognitivos e comportamentais da DA correlaciona-se com a progressão das alterações neuropatológicas (emaranhados neurofibrilares, perda sináptica e morte neuronal), que se iniciam em áreas temporais mediais (córtex entorrinal e formação hipocampal) e, posteriormente, atingem o neocórtex, localizado em áreas temporais, parietais e frontais (Hyman, 2011). À medida que ocorre a progressão dessas lesões no neocórtex, observa-se o comprometimento de outras funções cognitivas, como linguagem, habilidades visuoespaciais e visuoperceptivas (Ballard et al., 2011). A perda de autonomia decorrente dos déficits cognitivos define o estágio demencial da DA.

A evolução da DA pode ser distinguida em três estágios principais, de acordo com o estágio e/ou a gravidade da doença: inicial ou leve, intermediária ou moderada, avançada ou grave. Nas formas amnésicas típicas, a progressão da doença é relativamente previsível, embora haja certa variabilidade, sendo influenciada por fatores como idade de início dos sintomas, sexo, nível educacional e aspectos genéticos (Stern 2012; Warren et al., 2012).

No primeiro estágio, o dado clínico predominante é a perda de memória para fatos recentes, com preservação da memória para fatos remotos.

No primeiro estágio, o dado clínico predominante é a perda de memória para fatos recentes, com preservação da memória para fatos remotos. Dessa maneira, o paciente exibe dificuldade para armazenar e recuperar informações aprendidas há alguns minutos. O paciente esquece nomes, não se lembra onde guardou objetos pessoais e repete a mesma pergunta várias vezes. A capacidade de recuperação de informações novas é pouco influenciada por pistas. Outras habilidades cognitivas, como linguagem e praxias, estão globalmente preservadas, embora alterações leves em testes de atenção e de memória de trabalho possam ser identificadas. Não há comprometimento da funcionalidade do paciente, de modo que a autonomia do indivíduo se encontra preservada.

No estágio moderado, outros domínios cognitivos, além da memória episódica, passam a exibir sinais evidentes de deterioração: a linguagem é caracterizada por discurso fluente e parafásico, compreensão alterada, mas repetição relativamente preservada, as memórias recente e remota estão bastante acometidas, as habilidades visuoespaciais são progressivamente comprometidas, bem como as praxias gestuais. Nessa etapa da doença, os pacientes perdem-se dentro da própria casa e têm dificuldade para se vestir ou para realizar a higiene pessoal. A autonomia, portanto, encontra-se comprometida, e o paciente necessita de auxílio para a realização de atividades da vida diária.

No estágio grave, todas as funções cognitivas estão gravemente prejudicadas. A fluência verbal se reduz a ecolalia, palilalia ou mutismo. Ocorre incontinência esfincteriana, e o paciente pode desenvolver rigidez generalizada, assumindo postura de flexão dos quatro membros. O óbito ocorre, em média, 10 anos após o início dos sintomas, geralmente por complicações clínicas relacionadas aos problemas motores (restrição ao leito, dificuldade de deglutição), incluindo pneumonia aspirativa e infecção do trato urinário com sepse.

O Miniexame do Estado Mental é o instrumento mais utilizado na prática clínica para a avaliação cognitiva dos pacientes com demência, pois é de fácil e breve aplicação (Brucki, Nitrini, Caramelli, Bertolucci, & Okamoto, 2003). Ele permite a investigação de várias funções cognitivas, como orientação (temporal e espacial), memória (registro e evocação), cálculo, linguagem (compreensão, nomeação e repetição) e habilidade visuoespacial. Embora não possibilite a discriminação das diferentes formas de demência, o Miniexame do Estado Mental estabelece objetivamente, por meio de uma pontuação simples, o nível de funcionamento cognitivo do paciente. Isso contribui não apenas para a identificação de alterações, mas também para o acompanhamento longitudinal do paciente, balizando condutas terapêuticas. Outras baterias neuropsicológicas para a avaliação dos pacientes com DA incluem: Mattis Dementia Rating Scale (Porto, Fichman, Caramelli, Bahia, & Nitrini, 2003), Consortium to Establish a Registry for Alzheimer's Disease (CERAD) (Bertolucci et al., 2001), Alzheimer's Disease Assessment Scale-Cognitive Subscale (ADAS-Cog) (Schultz, Siviero, & Bertolucci, 2001), Montreal Cognitive Assessment (Memoria, Yassuda, Nakano, & Forlenza, 2013) e Addenbrooke Cognitive Examination (Carvalho, Barbosa, & Caramelli, 2010). Todas essas baterias compreendem os domínios mais significativamente afetados no curso da DA, como atenção, orientação, memória, habilidades visuoespaciais, praxias gestuais e funções executivas.

Além das alterações cognitivas características, a DA típica apresenta uma série de sintomas comportamentais. Vários estudos avaliaram esses sintomas neuropsiquiátricos na DA, estimando sua prevalência entre 50 e 80%. Os mais frequentes são: apatia, depressão e agitação/agressividade (Teixeira & Caramelli, 2006). A presença dos sintomas neuropsiquiátricos na DA relaciona-se com maior sobrecarga de cuidadores e, consequentemente, com maior probabilidade de institucionalização desses pacientes.

As formas atípicas da doença cursam com relativa preservação da memória episódica e acometimento focal de outros domínios cognitivos, como déficits de linguagem (afasia logopênica), de habilidades visuoespaciais (atrofia cortical posterior) ou déficits de funções

> O Miniexame do Estado Mental estabelece objetivamente, por meio de uma pontuação simples, o nível de funcionamento cognitivo do paciente. Isso contribui não apenas para a identificação de alterações, mas também para o acompanhamento longitudinal do paciente, balizando condutas terapêuticas.

executivas associados a alterações comportamentais (variante frontal da DA). Essas formas atípicas costumam acometer indivíduos mais jovens que aqueles afetados pela forma amnésica clássica. A avaliação cognitiva desses pacientes deve incluir instrumentos neuropsicológicos específicos. A avaliação fonoaudiológica dos diferentes aspectos da produção e da compreensão linguística é essencial para o diagnóstico da afasia logopênica, evidenciando dificuldade de nomeação, diminuição da fluência verbal, presença de circunlocuções e jargões, além de comprometimento da repetição (Deramecourt et al., 2010; Gorno-Tempini et al., 2011). O exame do paciente com atrofia cortical posterior deve incluir a exploração de elementos das síndromes de Gerstmann (agnosia digital, agrafia, indistinção direito-esquerda e acalculia) e de Balint (simultagnosia, ataxia óptica e apraxia do olhar), além de sinais de heminegligência (de Souza et al., 2011a; Kas et al., 2011). Por fim, os pacientes com a variante frontal da DA têm apresentação clínica idêntica à daqueles com demência frontotemporal, manifestando déficits em funções executivas e pronunciadas alterações comportamentais (de Souza et al., 2013; Mendez, Joshi, Tassniyon, Teng, & Shapira, 2013). É importante destacar que o diagnóstico etiológico de DA nessas formas atípicas requer o uso de biomarcadores fisiopatológicos, como os biomarcadores no líquido cerebrospinal (Tau, Fosfo-Tau, Beta-amiloide) e os marcadores amiloides em neuroimagem molecular (Dubois, Slachevsky, Livtan, & Pillon, 2010).

NEUROPSICOLOGIA DA DEGENERAÇÃO LOBAR FRONTOTEMPORAL

A degeneração lobar frontotemporal (DLFT) agrupa um conjunto de doenças neurodegenerativas com substratos histopatológicos distintos, mas que têm como denominador comum o acometimento preponderante dos lobos frontais e temporais. Nesse grupo, incluem-se a variante comportamental das DLFTs (ou demência frontotemporal [DFT]), a demência semântica (DS) e a afasia progressiva não fluente (APNF). A DFT é o subtipo mais comum das DLFTs.

Neuropsicologia da demência frontotemporal

A DFT manifesta-se principalmente no período pré-senil, ou seja, entre 45 e 65 anos, mas um significativo número de pacientes manifesta a doença após a oitava década de vida (Le Ber et al., 2006).

Três tipos patológicos principais podem ser observados na DFT: um subgrupo com patologia Tau, outro caracterizado por inclusões ubiquitina-TDP (*transactive response DNA binding protein*)-43 positivas (Piguet, Hornberger, Mioshi, & Hodges, 2011; Seelaar, Rohrer, Pijnenburg, Fox, & van Swieten, 2011) e outro, mais raro, do tipo FUS (*fused in sarcoma*). Apesar da variabilidade histopatológica, todos esses subtipos manifestam degeneração progressiva e circunscrita dos lobos frontotemporais.

O quadro clínico da DFT é dominado, desde a apresentação inicial, por sintomas neuropsiquiátricos associados a alterações de personalidade e a transtornos de conduta social. Os pacientes apresentam sintomas comportamentais como impulsividade, desinibição, indiferença afetiva, apatia e perda de regras sociais. A compreensão da divisão funcional do lobo frontal em três áreas distintas (orbital, medial e dorsolateral), que compõem circuitos paralelos e segregados com estruturas subcorticais, como os núcleos da base e o tálamo, possibilita uma abordagem explicativa dos sintomas na DFT (Teixeira

> A DFT manifesta-se principalmente no período pré-senil, ou seja, entre 45 e 65 anos, mas um significativo número de pacientes manifesta a doença após a oitava década de vida.

& Cardoso, 2004). O comprometimento orbital estaria associado a desinibição, impulsividade e comportamentos antissociais e estereotipados. Os comportamentos estereotipados ou ritualísticos podem assumir diferentes formas, desde estereotipias motoras e verbais simples, como repetir frequentemente gestos e palavras, a rotinas complexas. O comprometimento medial (córtex do cíngulo) correlaciona-se com apatia, passividade e tendência ao isolamento social. Conforme a progressão do processo degenerativo para a convexidade do lobo frontal e consequente disfunção dorsolateral, surgem alterações de funções executivas.

A apresentação clínica da DFT não é homogênea, podendo ser diferenciada em três padrões comportamentais: a forma apática (ou inerte), a forma desinibida e a mista (Le Ber et al., 2006; Snowden et al., 2001). As formas apática e desinibida são particularmente distinguíveis nos estágios iniciais da doença, sendo comum uma sobreposição em casos mais avançados (Le Ber et al., 2006; Zamboni et al., 2008).

A apatia pode ser observada em 60 a 90% dos pacientes com DFT, assumindo diferentes expressões clínicas, como a indolência, a inatividade física, a indiferença afetiva e a perda de interesse e de empatia (Chow et al., 2009). Nas formas desinibidas e mistas da DFT, manifestam-se sociopatias como desinibição sexual, agressividade e infrações penais (Mendez, Chen, Shapira, & Miller, 2005). Esses comportamentos estariam relacionados a déficits no julgamento moral e no controle inibitório (impulsividade), assim como à disfunção na atribuição da valência emocional dos próprios atos. Por exemplo, em testes de tomada de decisão, pacientes com DFT mostraram excessivo comportamento de risco ao decidir. Esse comportamento de risco pode relacionar-se à falta de crítica sobre as consequências do próprio comportamento e, assim, estar associado a tendências sociopáticas observadas na DFT (Rahman, Sahakian, Hodges, Rogers, & Robbins, 1999). Essas alterações são atribuídas à disfunção do córtex orbitofrontal e das amígdalas (Mendez, 2006). Além dos atos antissociais, a impulsividade exacerbada na DFT também pode se associar a gastos financeiros vultosos e inapropriados.

Mudanças nos hábitos alimentares (hiperoralidade, comportamento glutão), negligência da higiene, comportamentos compulsivos (estereotipias, maneirismos), ansiedade e distimia também se inscrevem entre as manifestações comportamentais características da DFT (Le Ber et al., 2006; McKhann et al., 2001; Piguet et al., 2011).

As queixas são frequentemente trazidas por familiares, pois a anosognosia é marcante na maioria dos pacientes, que ignoram suas próprias alterações de personalidade, de comportamento e de conduta social. Portanto, o desenvolvimento desses sintomas no período pré-senil deve alertar para o diagnóstico da DFT.

Do ponto de vista neuropsicológico, as disfunções executivas são os achados mais frequentes, e os pacientes têm desempenho reduzido em testes de flexibilidade cognitiva, de elaboração de conceitos, de categorização, de planificação e de resolução de problemas. Assim, os pacientes com DFT costumam apresentar comprometimentos em testes como o Teste de Trilhas (Trail Making Test), o Teste de Seleção de Cartas de Wisconsin e a Torre de Londres. A Bateria de Avaliação Frontal (Beato et al., 2012; Dubois et al., 2000) pode ser empregada em uma investigação sumária das funções frontais, mas não prescinde de avaliação neuropsicológica completa.

Considerou-se por muito tempo que os pacientes com DFT teriam preservação da memória episódica. Contudo, reconhece-se atualmente que o déficit de memória episódica pode estar presente na DFT, inclusive na fase inicial (Hodges et al., 2004; Hornberger & Piguet, 2012). Pacientes com DFT podem apresentar comprometimento de memória episódica similar ao observado em sujeitos com DA (Hornberger & Piguet, 2012; Hornberger, Piguet, Graham, Nestor, & Hodges, 2010). Contudo, é interessante observar que, embora possam ser amnésicos, os pacientes com DFT costumam exibir corretas orientações no tempo e no espaço, ao contrário de indivíduos com DA (Yew, Alladi, Shailaja, Hodges, & Hornberger, 2013). Outros elementos do exame neuropsicológico podem contribuir para o diagnóstico diferencial entre DA e DFT: habilidades cognitivas como praxias gestuais, gnosias e capacidades visuoespaciais estão, em geral, preservadas na DFT e comprometidas na DA. A linguagem, por sua vez, encontra-se alterada na DFT, com expressão verbal deficitária e redução da fluência. Ressalta-se que nenhum teste neuropsicológico é capaz de diferenciar com absoluta segurança a DA de DFT (Hutchinson & Mathias, 2007), de modo que o diagnóstico diferencial deve apoiar-se também na história clínica e em exames complementares, como os biomarcadores no líquido cerebrospinal.

Mais recentemente, novos instrumentos de avaliação da cognição socioemocional têm contribuído para melhorar a especificidade do diagnóstico clínico de DFT e, consequentemente, o diagnóstico diferencial com DA (Sarazin, Dubois, de Souza, & Bertoux, 2012). Baterias específicas para avaliação das funções socioemocionais incluem testes de teoria da mente, reconhecimento de emoções faciais, sensibilidade à recompensa e tomadas de decisão (Funkiewiez et al., 2012, Torralva et al., 2009). A bateria francesa SEA (Social and Emotional Assessment, ou Avaliação da Cognição Social e Emocional) (Funkiewiez, Bertoux, de Souza, Levy, & Dubois, 2012) demonstrou sua utilidade no diagnóstico diferencial entre DA e DFT, distinguindo pacientes com DFT daqueles com DA com sensibilidade de 86% e especificidade de 95%. Essa bateria também diferenciou, com expressivos índices de sensibilidade (94%) e de especificidade (89%), indivíduos com DFT em estágio inicial de sujeitos com transtorno depressivo maior, situação clínica em que o diagnóstico diferencial impõe significativa dificuldade (Bertoux et al., 2012).

Neuropsicologia da demência semântica

A memória semântica é um componente da memória de longo prazo que contém a representação de fatos e conceitos gerais, além do significado das palavras. Ao contrário da memória episódica, a evocação de informações semânticas não está associada a autorreferência bem definida no tempo e no espaço. O significado da palavra "eleição", o conhecimento sobre o idioma que se fala na Austrália ou sobre quem foi Mahatma Ghandi são exemplos de informações estocadas na memória semântica.

Pacientes com demência semântica (DS) queixam-se de dificuldades para se lembrar de informações gerais (p. ex., capitais de países) ou do significado de palavras (Hodges et al., 2010; Snowden et al., 2001). Os familiares podem notar trocas de palavras por expressões vagas e dificuldades para compreender o significado de palavras menos comuns. Nas fases iniciais, essas alterações são sutis e podem passar despercebidas, pois a gramática e a sintaxe estão preservadas. Ao contrário da

> Pacientes com demência semântica (DS) queixam-se de dificuldades para se lembrar de informações gerais (p. ex., capitais de países) ou do significado de palavras (Hodges et al., 2010; Snowden et al., 2001). Os familiares podem notar trocas de palavras por expressões vagas e dificuldades para compreender o significado de palavras menos comuns.

DA, os pacientes com DS têm boa memória episódica. No princípio, as alterações de comportamento são pouco significativas, mas vão progressivamente se tornando semelhantes às da DFT.

Na avaliação neuropsicológica, os pacientes com DS caracteristicamente apresentam mau desempenho em testes de memória semântica, como testes de pareamento semântico. Os déficits são evidentes em testes de fluência verbal para categorias (p. ex., animais), de nomeação de figuras e de definições de palavras e figuras. Os erros incluem, por exemplo, chamar uma "abelha" de "mosquito" ou nomear um "cachorro" como "animal" (ordenação pela categoria superior). Em contraste com os déficits semânticos, os outros aspectos da linguagem, como fonologia e sintaxe, estão preservados (Gorno-Tempini et al., 2011). Apesar de a leitura e a soletração serem boas, os pacientes têm dificuldade na escrita (disortografia) de palavras irregulares (como "exceção", "companhia", "saxofone"), pois é necessário apoio semântico para que essas palavras sejam escritas corretamente. Da mesma forma, dificuldades de leitura (dislexia) podem ser observadas em palavras irregulares. O reconhecimento de faces de pessoas célebres pode estar comprometido, configurando a prosopagnosia. Os pacientes exibem bom desempenho em testes de habilidades visuoespaciais, de resolução de problemas não verbais e de memória imediata.

Neuropsicologia da afasia progressiva não fluente

Os pacientes com afasia progressiva não fluente (APNF) apresentam inicialmente dificuldade para encontrar palavras e redução da fluência verbal (Deramecourt et al., 2010; Gorno-Tempini et al., 2011). Durante o exame da fala espontânea, podem exibir erros fonológicos grosseiros. A compreensão está relativamente preservada, mas, mais tarde, podem ocorrer déficits de discriminação fonêmica, os quais os pacientes costumam atribuir à perda de audição. A queixa de intolerância a ruídos é comum. Com o avançar da APNF, o discurso se torna progressivamente mais pobre, e, em estágios finais, ocorre mutismo. Em contrapartida, a memória episódica é boa e, em geral, os pacientes se mantêm independentes por longo período de tempo.

O padrão de alteração neuropsicológica desses pacientes consiste em bom desempenho nas provas de percepção, habilidades visuoespaciais e memória semântica, exceto naquelas que requerem fluência verbal. A nomeação de figuras é pouco prejudicada, e os erros são fonológicos. Os testes de fluência verbal para categorias (p. ex., animais) são mais afetados que os de fluência verbal fonêmica (p. ex., F-A-S).

NEUROPSICOLOGIA DA DEMÊNCIA COM CORPOS DE LEWY

> A demência com corpos de Lewy (DCL) é uma demência degenerativa marcada pela presença de, pelo menos, duas das seguintes características: parkinsonismo, alucinações visuais recorrentes e flutuação cognitiva.

A demência com corpos de Lewy (DCL) é uma demência degenerativa marcada pela presença de, pelo menos, duas das seguintes características: parkinsonismo, alucinações visuais recorrentes e flutuação cognitiva (McKeith et al., 2005; Teixeira & Cardoso, 2005).

Parkinsonismo é o termo que descreve o quadro clínico marcado por bradicinesia (lentificação motora) e, pelo menos, um dos seguintes sintomas: rigidez, instabilidade de postura e tremor de repouso. Na DCL, bradicinesia e rigidez são os sinais parkinsonianos mais frequentes. As alucinações visuais tendem a ser complexas e detalhadas, envolvendo, por exemplo, figuras humanas ou objetos animados. Em relação à flutuação do estado mental, é comum observar episódios recorrentes de *delirium* (estado confusional agudo), com interferência nos níveis de consciência e de atenção, sem uma causa aparente. Esses episódios têm duração bastante variável (de horas a dias).

Outros sinais que sugerem o diagnóstico de DCL incluem distúrbios do sono (transtorno comportamental relacionado ao sono REM), quedas repetidas e grande sensibilidade desses pacientes ao uso de neurolépticos, que podem agravar o quadro de parkinsonismo.

Os pacientes com DCL têm um perfil neuropsicológico que associa déficits corticais a subcorticais. Os déficits atencionais, visuoespaciais e visuoconstrutivos tendem a ser bastante pronunciados na DCL (Collerton, Burn, McKeith, & O'Brien, 2003). Nesse sentido, cabe relatar o interessante trabalho de Cahn-Weiner e colaboradores (2003), que usaram o teste do desenho do relógio para discriminar DCL e DA. Embora os escores para o desenho espontâneo tenham sido similares nos dois grupos, quando se solicitava a cópia do desenho do relógio, o desempenho dos pacientes com DA tendia a melhorar, e o dos pacientes com DCL, a manter os erros de organização espacial (Cahn-Weiner et al., 2003).

A memória episódica encontra-se comprometida na DCL, mas geralmente em um grau menor do que aquele observado na DA. Em termos de processos cognitivos, a amnésia do paciente com DCL pode ser similar àquela do indivíduo com DA, com um déficit da evocação que não responde à ajuda com pistas (Perri et al., 2013). Contudo, um subgrupo de pacientes com DCL apresenta déficits amnésicos relacionados a dificuldades atencionais, beneficiando-se das pistas. Assim, a distinção entre DCL e DA baseada somente na avaliação neuropsicológica é difícil ante a considerável superposição das alterações cognitivas das duas condições.

NEUROPSICOLOGIA DA DEMÊNCIA VASCULAR

A demência vascular (DV) é a segunda principal causa de demência, sendo responsável por cerca de 25% dos casos (Kalaria et al., 2008). Seu diagnóstico depende do estabelecimento da relação causal entre a síndrome demencial e a doença cerebrovascular. Ressalta-se a grande heterogeneidade clínica da DV, uma vez que os quadros de doença cerebrovascular são bastante variáveis, compreendendo a doença de pequenos vasos (lesões lacunares, lesões de substância branca), a doença de grandes vasos (lesões corticais focais ou múltiplas e lesões de territórios vasculares limítrofes) e as lesões hemorrágicas intracerebrais (Auriacombe et al., 2008; Bowler, 2005; O'Brien et al., 2003). Assim, a DV ocorre em associação com diferentes tipos de lesão vascular encefálica, determinando distintas síndromes clinicopatológicas, cabendo destacar a síndrome por múltiplos infartos e a síndrome por isquemia subcortical.

A síndrome por múltiplos infartos resulta da doença de grandes vasos que afeta várias áreas corticossubcorticais. Embora não seja a forma mais frequente de DV, é considerada sua forma protótipica. Nessa síndrome, observa-se comumente o início abrupto relacionado a um acidente vascular cerebral e/ou a clássica progressão em degraus. Esses pacientes apresentam, ainda, sinais motores e sensoriais focais, além de sintomas cognitivos corticais e subcorticais.

> A síndrome por múltiplos infartos resulta da doença de grandes vasos que afeta várias áreas corticossubcorticais. Embora não seja a forma mais frequente de DV, é considerada sua forma protótipica.

A síndrome por isquemia subcortical é causada pela doença de pequenos vasos (geralmente a arteriolosclerose hipertensiva), determinando duas entidades clínicas: o estado lacunar e a doença de Binswanger. O estado lacunar é determinado por múltiplos infartos lacunares na substância branca, nos núcleos da base ou no tálamo. Por sua vez, na doença de Binswanger, há leucoaraiose difusa, ou seja, lesões confluentes na substância branca encefálica, sobretudo em regiões periventriculares. Segundo alguns autores, a diferença entre estado lacunar e doença de Binswanger é de intensidade, sendo as alterações mais significativas no último caso. Clinicamente, esses pacientes tendem a evoluir com declínio cognitivo insidioso, muitas vezes sem história prévia de acidentes vasculares cerebrais. No entanto, sinais neurológicos focais podem estar presentes. Esses pacientes exibem predominantemente alterações das funções executivas. As alterações do humor, sobretudo depressão, também são muito comuns.

O "infarto estratégico" é tradicionalmente arrolado como uma causa vascular de demência, na qual ocorreria a instalação de um quadro demencial consequente a um infarto em localização dita "estratégica" para as funções cognitivas. Trata-se, no entanto, de um conceito controvertido, visto que foi proposto em um contexto em que não se dispunham de modernos recursos em neuroimagem, de modo que outras lesões neuroanatômicas podem não ter sido detectadas (Auriacombe et al., 2008; Smith et al., 2012). Diversos sítios neuroanatômicos foram relatados como associados à demência por infarto estratégico, como, por exemplo, o giro angular esquerdo, a porção medial do lobo temporal esquerdo, a parte mediana dos lobos frontais e as porções talâmicas anteromedianas (Auriacombe et al., 2008).

Considerando a heterogeneidade das síndromes relacionadas à DV, os resultados da avaliação neuropsicológica são bastante variáveis. De maneira geral, os pacientes com DV apresentam menor comprometimento de memória episódica que os pacientes com DA, enquanto a atenção e as funções executivas estão mais gravemente acometidas na DV (O'Brien et al., 2003).

CONSIDERAÇÕES FINAIS

A caracterização objetiva dos déficits cognitivos e comportamentais por meio de uma avaliação neuropsicológica cuidadosa é etapa essencial na investigação de um paciente com quadro demencial, sendo útil tanto para o reconhecimento e a mensuração das alterações cognitivas como para o diagnóstico diferencial e o acompanhamento da evolução dos sintomas nas demências.

Cada uma das causas de demência tem sinais e sintomas neuropsicológicos que lhe são próprios, configurando perfis característicos à avaliação cognitiva. Contudo, a maior parte dos sinais e sintomas neuropsicológicos não é específica de um tipo de demência, havendo considerável sobreposição dos déficits entre as diferentes doenças demenciais. Assim, a experiência do examinador e o recurso de baterias neuropsicológicas direcionadas a um exame aprofundado específico de determinado domínio cognitivo (p. ex., a avaliação da memória semântica ou da cognição socioemocional) são de enorme valia para o diagnóstico neuropsicológico preciso.

A avaliação neuropsicológica integra a propedêutica complementar do paciente com sintomas cognitivos, de modo que os dados do exame psicométrico devem ser sempre interpretados à luz de um contexto clínico, singular para cada paciente. Cada vez mais, o diagnóstico etiológico dos sintomas neuropsicológicos se apoia em biomarcadores do líquido cerebrospinal (de Souza et al., 2011b) e em marcadores amiloides em neuroimagem molecular (de Souza, Lehericy, Dubois, Stella, & Sarazin, 2012), que permitem maior precisão do diagnóstico diferencial entre os diversos tipos de demências. É a análise conjunta dos dados fornecidos pela história clínica, pela avaliação neuropsicológica e pelos exames complementares que redundará no correto diagnóstico preciso, propiciando uma melhor assistência terapêutica ao paciente e a sua família.

REFERÊNCIAS

Auriacombe, S., Amarenco, P., Baron, J. C., Ceccaldi, M., Dartigues, J. F., Lehéricy, S., ... Groupe de consensus Théma. (2008). Update on vascular dementias. *Revue Neurologique, 164*(1), 22-41.

Ballard, C., Gauthier, S., Corbett, A., Brayne, C., Aarsland, D., & Jones, E. (2011). Alzheimer's disease. *Lancet, 377*, 1019-1031.

Beato, R., Amaral-Carvalho, V., Guimaraes, H. C., Tumas, V., Souza, C. P., Oliveira, G. N., & Caramelli, P. (2012). Frontal assessment battery in a Brazilian sample of healthy controls: normative data. *Arquivos de Neuropsiquiatria, 70*(4), 278-280.

Bertolucci, P. H., Okamoto, I. H., Brucki, S. M., Siviero, M. O., Toniolo Neto, J., & Ramos, L. R. (2001). Applicability of the CERAD neuropsychological battery to Brazilian elderly. *Arquivos de Neuropsiquiatria, 59*, 532-536.

Bertoux, M., Delavest, M., de Souza, L. C., Funkiewiez, A., Lepine, J. P., Fossati, P., ... Sarazin, M. (2012). Social Cognition and Emotional Assessment differentiates frontotemporal dementia from depression. *Journal of Neurology, Neurosurgery, and Psychiatry, 83*(4), 411-416.

Bowler, J. V. (2005). Vascular cognitive impairment. *Journal of Neurology, Neurosurgery, and Psychiatry, 76*(Suppl 5), 35-44.

Brucki, S. M., Nitrini, R., Caramelli, P., Bertolucci, P. H., & Okamoto, I. H. (2003). Suggestions for utilization of the mini-mental state examination in Brazil. *Arquivos de Neuropsiquiatria, 61*(3), 777-781.

Cahn-Weiner, D. A., Williams, K., Grace, J., Tremont, G., Westervelt, H., & Stern, R. A. (2003). Discrimination of dementia with lewy bodies from Alzheimer disease and Parkinson disease using the clock drawing test. *Cognitive and Behavioral Neurology, 16*(2), 85-92.

Carvalho, V. A., Barbosa, M. T., & Caramelli, P. (2010). Brazilian version of the Addenbrooke Cognitive Examination-revised in the diagnosis of mild Alzheimer disease. *Cognitive and Behavioral Neurology, 23*, 8-13.

Chow, T. W., Binns, M. A., Cummings, J. L., Lam, I., Black, S. E., Miller, B. L., ... van Reekum, R. (2009). Apathy symptom profile and behavioral associations in frontotemporal dementia vs dementia of Alzheimer type. *Archives of Neurology, 66*(7), 888-893.

Collerton, D., Burn, D., McKeith, I., & O'Brien, J. (2003). Systematic review and meta-analysis show that dementia with Lewy bodies is a visual-perceptual and attentional-executive dementia. *Dementia and Geriatric Cognitive Disorders, 16*(4), 229-237.

de Souza, L. C., Bertoux, M., Funkiewiez, A., Samri, D., Azuar, C., Habert, M.-O., ... Dubois, B. (2013). Frontal presentation of Alzheimer's disease: a series of patients with biological evidence by CSF biomarkers. *Dementia & Neuropsychologia, 7*(1), 66-74.

de Souza, L. C., Corlier, F., Habert, M.-O., Uspenskaya, O., Maroy, R., Lamari, F., ... Sarazin, M. (2011a). Similar amyloid-{beta} burden in posterior cortical atrophy and Alzheimer's disease. *Brain 134*(Pt 7), 2036-2043.

de Souza, L. C., Lamari, F., Belliard, S., Jardel, C., Houillier, C., De Paz, R., ... Sarazin, M. (2011b). Cerebrospinal fluid biomarkers in the differential diagnosis of Alzheimer's disease from other cortical dementias. *Journal of Neurology, Neurosurgery, and Psychiatry, 82*(3), 240-246.

de Souza, L. C., Lehericy, S., Dubois, B., Stella, F., & Sarazin, M. (2012). Neuroimaging in dementias. *Current opinion in psychiatry, 25*, 473-479.

Deramecourt, V., Lebert, F., Debachy, B., Mackowiak-Cordoliani, M. A., Bombois, S., Kerdraon, O., ... Pasquier, F. (2010). Prediction of pathology in primary progressive language and speech disorders. *Neurology, 74*(1), 42-49.

Derouesné, C. (2008). Alzheimer and Alzheimer's disease: the present enlighted by the past. An historical approach. *Psychologie and Neuropsychiatrie du Vieillissement, 6*(2), 115-128.

Dubois, B., Feldman, H. H., Jacova, C., Cummings, J. L., Dekosky, S. T., Barberger-Gateau, P., ... Scheltens, P. (2010). Revising the definition of Alzheimer's disease: a new lexicon. *Lancet Neurology, 9*(11), 1118-11127.

Dubois, B., Slachevsky, A., Litvan, I., & Pillon, B. (2000). The FAB: a Frontal Assessment Battery at bedside. *Neurology, 55*, 1621-1626.

Funkiewiez, A., Bertoux, M., de Souza, L. C., Levy, R., & Dubois, B. (2012). The SEA (Social cognition and Emotional Assessment): a clinical neuropsychological tool for early diagnosis of frontal variant of frontotemporal lobar degeneration. *Neuropsychology, 26*, 81-90.

Gorno-Tempini, M. L., Hillis, A. E., Weintraub, S., Kertesz, A., Mendez, M., Cappa, S. F., ... Grossman, M. (2011). Classification of primary progressive aphasia and its variants. *Neurology 76*(11), 1006-1014.

Hodges, J. R., Davies, R. R., Xuereb, J. H., Casey, B., Broe, M., Bak, T. H, ... Halliday, G. M. (2004). Clinicopathological correlates in frontotemporal dementia. *Annals of Neurology, 56*(3), 399-406.

Hodges, J. R., Mitchell, J., Dawson, K., Spillantini, M. G., Xuereb, J. H., McMonagle, P., ...Patterson, K. (2010). Semantic dementia: demography, familial factors and survival in a consecutive series of 100 cases. *Brain, 133*(Pt 1), 300-306.

Hornberger, M., & Piguet, O. (2012). Episodic memory in frontotemporal dementia: a critical review. *Brain, 135*, 678-692.

Hornberger, M., Piguet, O., Graham, A. J., Nestor, P. J., & Hodges, J. R. (2010). How preserved is episodic memory in behavioral variant frontotemporal dementia? *Neurology, 74*, 472-479.

Hutchinson, A. D., & Mathias, J. L. (2007). Neuropsychological deficits in frontotemporal dementia and Alzheimer's disease: a meta-analytic review. *Journal of Neurology, Neurosurgery, and Psychiatry, 78*, 917-928.

Hyman, B. T. (2011). Amyloid-Dependent and Amyloid-Independent Stages of Alzheimer Disease. *Archives of Neurology, 68*(8), 1062-1064.

Kalaria, R. N., Maestre, G. E., Arizaga, R., Friedland, R. P., Galasko, D., Hall, K., ... World Federation of Neurology Dementia Research Group. (2008). Alzheimer's disease and vascular dementia in developing countries: prevalence, management, and risk factors. *Lancet Neurology, 7*(9), 812-826.

Kas, A., de Souza, L. C., Samri, D., Bartolomeo, P., Lacomblez, L., Kalafat, M., ... Sarazin, M. (2011). Neural correlates of cognitive impairment in posterior cortical atrophy. *Brain, 134*(Pt 5), 1464-1478.

Le Ber, I., Guedj, E., Gabelle, A., Verpillat, P., Volteau, M., Thomas-Anterior, C., ... Dubois, B. (2006). Demographic, neurological and behavioural characteristics and brain perfusion SPECT in frontal variant of frontotemporal dementia. *Brain, 129*(11), 3051-3065.

McKeith, I. G., Dickson, D. W., Lowe, J., Emre, M., O'Brien, J. T., Feldman, H., ... Consortium on DLB. (2005). Diagnosis and management of dementia with Lewy bodies: third report of the DLB Consortium. *Neurology, 65*(12), 1863-1872.

McKhann, G. M., Albert, M. S., Grossman, M., Miller, B., Dickson, D., & Trojanowski, J. Q. (2001). Clinical and pathological diagnosis of frontotemporal dementia: report of the Work Group on Frontotemporal Dementia and Pick's Disease. *Archives of Neurology, 58*, 1803-1809.

McKhann, G. M., Knopman, D. S., Chertkow, H., Hyman, B. T., Jack, C. R., Jr., Kawas, C. H., ... Phelps, C. H. (2011). The diagnosis of dementia due to Alzheimer's disease: Recommendations from the National Institute on Aging-Alzheimer's Association workgroups on diagnostic guidelines for Alzheimer's disease. *Alzheimers and Dementia, 7*(3), 263-269.

Memória, C. M., Yassuda, M. S., Nakano, E. Y., & Forlenza, O. V. (2013). Brief screening for mild cognitive impairment: validation of the Brazilian version of the Montreal cognitive assessment. *International Journal of Geriatric Psychiatry, 28*, 34-40.

Mendez, M. F. (2006). What frontotemporal dementia reveals about the neurobiological basis of morality. *Medicine Hypotheses, 67*, 411-418.

Mendez, M. F., Chen, A. K., Shapira, J. S., & Miller, B. L. (2005). Acquired sociopathy and frontotemporal dementia. *Dementia and Geriatric Cognitive Disorders, 20*, 99-104.

Mendez, M. F., Joshi, A., Tassniyom, K., Teng, E., & Shapira, J. S. (2013). Clinicopathologic differences among patients with behavioral variant frontotemporal dementia. *Neurology, 80*, 561-568.

O'Brien, J. T., Erkinjuntti, T., Reisberg, B., Roman, G., Sawada, T., Pantoni, L., ... DeKosky, S. T. (2003). Vascular cognitive impairment. *Lancet Neurology, 2*, 89-98.

Perri, R., Fadda, L., Caltagirone, C., & Carlesimo, G. A. (2013). Word List and Story Recall Elicit Different Patterns of Memory Deficit in Patients with Alzheimer's Disease, Frontotemporal Dementia, Subcortical Ischemic Vascular Disease, and Lewy Body Dementia. *Journal of Alzheimers Disease, 37*(1), 99-107.

Piguet, O., Hornberger, M., Mioshi, E., & Hodges, J. R. (2011). Behavioural-variant frontotemporal dementia: diagnosis, clinical staging, and management. *Lancet Neurology, 10*, 162-172.

Porto, C. S., Fichman, H. C., Caramelli, P., Bahia, V. S., & Nitrini, R. (2003). Brazilian version of the Mattis dementia rating scale: diagnosis of mild dementia in Alzheimer's disease. *Arquivos de Neuropsiquiatria, 61*, 339-345.

Rahman, S., Sahakian, B. J., Hodges, J. R., Rogers, R. D., & Robbins, T. W. (1999). Specific cognitive deficits in mild frontal variant frontotemporal dementia. *Brain, 122*(Pt 8), 1469-1493.

Sarazin, M., Dubois, B., de Souza, L. C., & Bertoux, M. (2012). Should the Social Cognition and Emotional Assessment replace standard neuropsychological tests for frontotemporal dementia? *Expert Rev Neurother, 12*, 633-635.

Schultz, R. R., Siviero, M. O., & Bertolucci, P. H. (2001). The cognitive subscale of the "Alzheimer's Disease Assessment Scale" in a Brazilian sample. *Brazilian journal of medical and biological research, 34*, 1295-1302.

Seelaar, H., Rohrer, J. D., Pijnenburg, Y. A., Fox, N. C., & van Swieten, J. C. (2011). Clinical, genetic and pathological heterogeneity of frontotemporal dementia: a review. *Journal of Neurology, Neurosurgery, and Psychiatry, 82*, 476-486.

Snowden, J. S., Bathgate, D., Varma, A., Blackshaw, A., Gibbons, Z. C., & Neary, D. (2001). Distinct behavioural profiles in frontotemporal dementia and semantic dementia. *Journal of Neurology, Neurosurgery, and Psychiatry, 70*, 323-332.

Stern, Y. (2012). Cognitive reserve in ageing and Alzheimer's disease. *Lancet Neurology, 11*, 1006-1012.

Teixeira, A. L., & Cardoso, F. (2004). Neuropsiquiatria dos núcleos da base: uma revisão. *Jornal Brasileiro de Psiquiatria, 53*(3), 153-158.

Teixeira, A. L., & Cardoso, F. (2005). Demência com corpos de Lewy: abordagem clínica e terapêutica. *Revista de Neurociências, 13*, 28-33.

Teixeira, A. L., & Caramelli, P. (2006). Apathy in Alzheimer's disease. *Revista Brasileira de Psiquiatria, 28*, 238-241.

Warren, J. D., Fletcher, P. D., & Golden, H. L. (2012). The paradox of syndromic diversity in Alzheimer disease. *Nature Reviews Neurology, 8*(8), 451-464.

Yew, B., Alladi, S., Shailaja, M., Hodges, J. R., & Hornberger, M. (2013). Lost and forgotten? Orientation versus memory in Alzheimer's disease and frontotemporal dementia. *Journal of Alzheimers Disease, 33*(2), 473-481.

Zamboni, G., Huey, E. D., Krueger, F., Nichelli, P. F., & Grafman, J. (2008). Apathy and disinhibition in frontotemporal dementia: Insights into their neural correlates. *Neurology, 71*, 736-742.

27

Neuropsicologia do sono e seus transtornos

KATIE MORAES DE ALMONDES

CONCEITOS GERAIS PARA A COMPREENSÃO DO CICLO SONO E VIGÍLIA

A qualidade e a quantidade de sono, assim como a boa nutrição e a atividade física, contribuem de forma essencial para a saúde, o bem-estar e a *performance* dos indivíduos, caracterizando o sono como um evento *para* o cérebro.

Durante o sono, ocorrem processos fisiológicos, neurocognitivos e comportamentais, os quais podem sofrer prejuízos pela restrição do sono. Décadas de pesquisas experimentais e clínicas documentam as consequências da perda de sono em um amplo espectro de processos cognitivos, como atenção, memória, funções cognitivas, percepção (Killgore, 2010), usando técnicas de imageamento funcional do cérebro humano, as quais mostram mudanças na atividade de várias estruturas cerebrais e regiões corticais (Desseilles, Vu, & Maquet, 2011). A restrição do sono resulta em redução da ativação cerebral nos córtices pré-frontal, parietal inferior e temporal superior, bem como no tálamo (Thomas et al., 2000), mostrando que o sono é um evento *no* cérebro.

Os prejuízos neurocognitivos e comportamentais associados a alterações de sono (restrição, distúrbios e irregularidades de início e fim) e fatores ocupacionais são reconhecidos como o principal problema de saúde pública e segurança, com alto impacto financeiro (Durmer & Dinges, 2005). O custo econômico mundial chega à ordem de bilhões de dólares por ano, abrangendo ausências médicas, acidentes e perda da eficiência operacional e da produtividade. No Brasil, em relação aos acidentes, a Polícia Rodoviária Federal registrou, em 2011, mais de 4,4 mil acidentes com condutores que dormiram enquanto dirigiam. Foram 286 mortes só nas estradas federais (dprf.gov.br, 2013).

Quando consideramos os efeitos da perda de sono, é importante a distinção entre *privação de sono total aguda* e *privação de sono parcial crônica*. A privação de sono total aguda se refere a episódios de vigília com duração maior ou igual a 72 horas acompanhada pela perda de 90% de sono REM e NREM. Esse tipo de privação é provocada, por exemplo, em situações de esquemas de turnos, afetando trabalhadores como médicos, militares, trabalhadores de empresas, ou em condições clínicas como a insônia. Na restrição ou privação de sono crônica, há redução progressiva da quantidade de sono diária por demandas acadêmicas, de trabalho ou de estilo de vida. Bixler (2009) aponta que a duração de sono subjetiva tem declinado nos últimos 50 anos. De acordo com uma *survey* da Saúde nos Estados Unidos, aproximadamente 21% dos adultos (cerca de 70 milhões de norte-americanos) têm uma média de 6 horas ou menos de sono a cada 24 horas, experimentando a restrição de sono com prejuízos na *performance* (Partinen & Hublin, 2011).

O sono também é um evento *do* cérebro, porque é um processo fisiológico e comportamental que apresenta variações regulares no tempo associado à hora. Essa característica o define como um *ritmo biológico circadiano*, porque sua fase (momento em que acontece a expressão de um ritmo) é associada às 24 horas de um dia. É regulado por um sistema de temporização circadiano (STC) que envolve um conjunto de estruturas e mecanismos capaz de gerar o ritmo circadiano endogenamente por meio de uma estrutura neural: o núcleo supraquiasmático (NSQ). O NSQ é reconhecido como o principal marca-passo neural dos mamíferos e como um sincronizador interno que permite diferentes níveis de simultaneidade entre os ritmos fisiológicos do nosso organismo. Além da sincronização do NSQ, o STC tem o auxílio de fotorreceptores e vias sincronizadoras que conduzem a informação do ciclo claro-escuro ambiental, sincronizando (mantendo relação de fases estáveis) o ritmo de sono e vigília ao ciclo ambiental das 24 horas. Essa organização entre as pistas ambientais e o ritmo possibilita a organização temporal externa. O STC também conta com o auxílio das vias de saída que conectam os marca-passos centrais aos órgãos efetores, podendo exibir uma oscilação circadiana autossustentada e sincronizada ao marca-passo central por meio de vias neurais, mantendo a ordem temporal interna, em que os ritmos de sistemas e órgãos de um organismo mantêm relações de fases estáveis entre si (Almondes, 2007; Yoo et al., 2004).

Além do controle circadiano, o sono é regulado pelo componente homeostático, que é definido como o aspecto da regulação do sono dependente da quantidade de sono e vigília. Os controles circadiano homeostático aumentam a propensão ao sono quando há restrição de sono e reduzem-na em resposta ao excesso (Achermann & Borbély, 2011).

O processo ultradiano é o terceiro regulador, com periodicidade em intervalos menores do que 20 horas, que ocorre durante a fase de sono e que é representado pela alternância de dois períodos: sono de ondas lentas e sono paradoxal (Carskadon & Dement, 2011). O sono de ondas lentas, ou de "movimento não rápido dos olhos" (NREM, do inglês *non rapid eye movement*), é caracterizado pela ausência desses movimentos, pela diminuição da frequência respiratória e cardíaca e pela diminuição do tônus muscular. É subdividido em quatro estágios, sendo que os dois últimos correspondem ao sono profundo. Ocupa 75% do tempo total do sono. O sono REM, ou de "movimento rápido dos olhos" (REM, do inglês *rapid eye movement*), por sua vez, é caracterizado por uma intensa atividade registrada no eletrencefalograma, seguida por flacidez e paralisia funcional dos músculos esqueléticos. Nessa fase, a atividade cerebral é semelhante à do estado de vigília, por isso o sono REM é também denominado como sono paradoxal. Nessa etapa, a atividade onírica é intensa, sendo sobretudo sonhos (Carskadon & Dement, 2011).

A RELAÇÃO SONO-COGNIÇÃO NAS DIFERENTES FASES DO DESENVOLVIMENTO

Após a caracterização do ciclo sono-vigília, é adequado destacar que sua organização modifica-se consideravelmente ao longo do desenvolvimento do indivíduo, assim como as pistas temporais do ambiente que sincronizam esse ritmo não permanecem igualmente relevantes ao longo da vida. Na Tabela 27.1, descrevem-se as principais mudanças ontogenéticas relacionadas ao padrão de sono-vigília e seus sincronizadores. Essas transformações são imprescindíveis para estimar as repercussões das alterações de sono nas dimensões neurocognitivas e comportamentais em cada etapa do desenvolvimento.

> Além do controle circadiano, o sono é regulado pelo componente homeostático, que é definido como o aspecto da regulação do sono dependente da quantidade de sono e vigília.

TABELA 27.1
Mudanças ontogenéticas do ritmo do ciclo sono-vigília

FASE DO DESENVOLVIMENTO	MUDANÇAS ONTOGENÉTICAS
Feto	Os ritmos biológicos do feto estão sincronizados aos ritmos maternos, por meio das substâncias que chegam até ele pelo sangue materno.
Neonato	Ritmo circadiano de sono-vigília é estabelecido de uma semana a dois meses. Duração de sono de cerca de 16 a 17 horas.
Criança	Padrão de sono monofásico (sono longo à noite), com menos fragmentação do sono noturno e mais tempo acordado durante o dia, fazendo uma sesta pela manhã e outra à tarde. Sincronizadores: as atividades dos pais e a escola com suas demandas escolares e horários. Duração de sono de 13 horas aos 2 anos e de 9 horas aos 10 anos.
Adolescência	Tendência à sonolência diurna e à ocorrência do deitar e levantar tardios em função do desenvolvimento puberal (ação direta ou indireta dos hormônios sexuais na sincronização dos ritmos). Padrão de sono-vigília irregular, com presença do "efeito sanfona" (efeito de restrição-extensão do sono, ou seja, sono insuficiente durante a semana e prolongamento de sono no fim de semana como tentativa de recuperar o sono insuficiente). Sincronizadores: socialização com os pares durante a noite, realização de trabalhos escolares e envolvimento em atividades de caráter lúdico, como assistir à televisão ou navegar na internet. Duração de sono de 7,9 horas.
Adulto	Mudança de sincronizadores: horários de trabalho, atividades sociais e horários para estudos complementares (pós-graduação, graduação). A duração de sono de, em média, 7 horas diárias.
Idoso	Redução na duração total de sono, com uma redistribuição de episódios de sono (cochilos) ao longo do dia e redução do sono noturno. Horário de início do sono mais cedo, com levantares frequentes durante a madrugada, permanecendo muitas horas na cama. Mudança de sincronizadores, pois há ausência de horários de trabalho e de uma rotina diária regular.

Fundamentalmente, importa saber que existem duas hipóteses teóricas que explicam os mecanismos de relação entre os prejuízos neurocognitivos e comportamentais e a restrição do sono. A primeira afirma que a restrição de sono tem efeitos globais na atenção sustentada (habilidade de se manter alerta por um longo período de tempo), o que resultaria em diminuição da atenção com repercussões em todos os processos cognitivos que dependem da atenção sustentada. Essa hipótese é denominada de *hipótese dos lapsos e instabilidade na vigília*, que levaria a pequenos lapsos e respostas lentificadas com breves momentos de inatividade (Dorrian, Rogers, & Dinges, 2005). De acordo com essa teoria, o desempenho durante a privação de sono se deterioraria em tarefas longas, simples e monótonas, em que são requeridas velocidade de reação e vigilância. Isso seria consequência da pressão elevada do regulador homeostático do sono, que resultaria em uma iniciação sem controle do sono. A segunda hipótese é a da *vulnerabilidade pré-frontal*, proposta por Horne (1993) e referida como uma abordagem da perspectiva neuropsicológica baseada no sono por Babkoff, Zukerman, Fostick e Artzi (2005). Essa teoria advoga que a privação de sono prejudica processos que dependem do córtex pré-frontal, que seria a primeira área atingida. Técnicas de imageamento cerebral têm exibido que a perda de sono resulta na ativação cerebral reduzida, com maiores reduções de atividade metabólica no córtex pré-frontal, ocasionando déficits em funções executivas (Killgore, Balkin, & Wesensten, 2006; Thomas et al., 2000). Além disso, evidências recentes indicam que a vulnerabilidade cognitiva para perda de sono envolve três distintas dimensões neurocomportamentais: autoavaliação de sonolência, fadiga e humor, capacidade de processamento cognitivo (memória de trabalho) e capacidade de atenção sustentada (Doran, Van Dongen, & Dinges, 2001; Van Dongen, Baynard, Maislin, & Dinges, 2004).

As duas hipóteses têm sido testadas, com resultados contraditórios, mas permitindo a conclusão de que o declínio neurocognitivo e comportamental em função da restrição do sono atinge indiscriminadamente as diferentes etapas de desenvolvimento, com diferentes impactos em função dos fortes sincronizadores elencados no Quadro 26.1. Para crianças e adolescentes, as consequências diretas dessa relação recaem sobre a aprendizagem, para os adultos, recaem na produtividade, e, para os idosos, na qualidade de vida.

O estudo de Vriend e colaboradores (2012) concluiu que crianças que apresentavam problemas atencionais e/ou acadêmicos na escola tinham dificuldades relacionadas ao sono. O estudo, com 32 crianças e pré-adolescentes entre 8 e 12 anos, revelou que as crianças dormiam 1 hora menos do que a média de sono esperada para essa etapa do desenvolvimento (ver Quadro 26.1) e que havia déficits atencionais. Gruber e colaboradores (2010) constataram uma correlação entre curta duração do sono e déficits em funções executivas em crianças e adolescentes.

Em adultos, os horários de trabalho são fortes dessincronizadores, pois, dependendo do esquema de trabalho a que o indivíduo esteja submetido, esses horários enfraquecem ou rompem sua ritmicidade biológica, promovendo desorganizações temporais internas e externas e agravando a saúde biopsicossocial (Almondes, 2007; Almondes & Araújo, 2011). Alguns trabalhos têm mostrado que há diminuição da concentração, do estado de alerta e do tempo de reação (Nielson, Deegan, Hung, & Nunes, 2010). Os processos cognitivos, como memória, atenção, raciocínio, vigilância psicomotora, também são afetados (Boscolo, Sacoo, Antunes, Mello, & Tufik, 2008), assim como a percepção visual e visuoespacial (Soares & Almondes, 2012).

Em idosos, os resultados são contraditórios. Essencialmente, porque é difícil determinar com precisão o efeito da idade sobre os processos cognitivos na privação de sono em função das diferenças entre envelhecimento cognitivo normal e o envelhecimento com demência. Murillo-Rodriguez, Blancocenturion, Gerashchenko, Salin-Pascual e Shiromani (2004) exibiram resultados de alerta em idosos que tinham restrição de sono, discutindo que os idosos se recuperam mais rápido, em termos de sono fisiológico, do que os mais jovens, o que poderia refletir em melhor *performance*. Com relação à memória episódica visual, *performance* visuomotora e atenção dividida, Alhola, Tallus, Kylmälä, Portin e

> O declínio neurocognitivo e comportamental em função da restrição do sono atinge indiscriminadamente as diferentes etapas de desenvolvimento, com diferentes impactos em função dos fortes sincronizadores.

Polo-Kantola (2005) mostraram que indivíduos de 58 a 72 anos são capazes de manter seu desempenho depois de 25 horas de privação de sono. Já Waters e Bucks (2011) relatam impactos negativos nas funções executivas em decorrência dessa privação, em especial em processos de flexibilidade mental, memória de trabalho, fluência verbal, resolução de problemas, capacidade de planejamento e pensamento criativo.

A RELAÇÃO ENTRE COGNIÇÃO E OS TRANSTORNOS DO SONO

A cada 24 horas, um terço da população relata algum distúrbio de sono. Pelo menos 10% da população são diagnosticados clinicamente com algum tipo de distúrbio, sendo o mais prevalente a insônia, seguido de apneia do sono e síndrome das pernas inquietas (Partinen & Hublin, 2011).

Alguns estudos epidemiológicos mostram que aproximadamente 43 a 48% da população em geral apresentam queixas de insônia, mas apenas cerca de 6 a 10% desses indivíduos atendem aos critérios de um distúrbio clinicamente classificado (Ohayon & Reynolds, 2009). A síndrome da apneia obstrutiva do sono varia em torno de 2 a 5%. Dependendo da faixa etária, esse número pode se elevar (Partinen & Hublin, 2011). A síndrome das pernas inquietas apresenta prevalência clínica de 2 a 3% entre adultos.

Considerando os efeitos dos distúrbios de sono na cognição, dados da literatura mostram que pacientes apneicos experimentam déficits na atenção (velocidade de processamento da informação e memória operacional reduzidas), no tempo de reação das tarefas e nas funções executivas (Verstraeten & Cluydts, 2004). Déficits nas funções executivas têm sido relacionados às alterações no lobo frontal causadas pela hipóxia (Beebe & Gozal, 2002). A fragmentação do sono, cujos efeitos são quase similares às mudanças produzidas pela privação de sono total, também explicam esse fato (Durmer & Dinges, 2005). A hipoxemia e a fragmentação do sono contribuem para prejuízos nas funções executivas.

Pacientes com insônia experimentam prejuízos no funcionamento diurno, levando, às vezes, a estresse em sua vida pessoal e trabalho. Poucos estudos têm pesquisado de forma objetiva os efeitos da insônia na *performance* neurocomportamental se comparada à apneia do sono, que tem sido muito mais avaliada. Os poucos estudos controlados existentes analisaram déficits neurocomportamentais em insones primários, com resultados contraditórios. Um estudo com imageamento mostrou que insones apresentam hipoativação das áreas corticais pré-frontais medial e inferior, sugerindo prejuízos nas funções executivas. Quanto à atenção, há resultados contraditórios relacionados a déficits atencionais, envolvendo seus subtipos, e insônia, assim como à memória operacional (Shekleton, Rogers, & Rajaratnam, 2010).

Em relação à síndrome das pernas inquietas, há poucas e contraditórias evidências sobre déficits cognitivos, resultando em escassa literatura a respeito. Pearson e colaboradores (2006) observaram efeitos nas funções executivas fluência verbal e tomada de decisão, após uma noite de privação de sono total em 16 pacientes em tratamento monitorados com polissonografia. Gamaldo, Benbrook, Allen, Oguntimein e Earley (2008) realizaram uma breve bateria para avaliação de inteligência geral e funções executivas em 16 pacientes com diagnóstico de síndrome das pernas inquietas e 13 indivíduos no grupo-controle. Todos foram monitorados em uma noite de privação de sono. Os resultados mostraram melhor *performance* dos pacientes em comparação aos indivíduos do grupo-controle com restrição do sono.

CONSIDERAÇÕES FINAIS

De forma geral, considerando o estudo das alterações de sono e os prejuízos neurocognitivos e comportamentais nas diferentes etapas do desenvolvimento e/ou nos distúrbios de sono, percebe-se que essa área é relativamente recente, merecendo estudos controlados em função das variáveis confundidoras e das discussões teóricas em avaliação. Além disso, os testes neuropsicológicos não são sensíveis para detecção das flutuações cronobiológicas, o que poderia explicar parcialmente os resultados contraditórios.

REFERÊNCIAS

Achermann, P., & Borbély, A. A. (2011). Sleep homeostasis and models of sleep regulation. In M. H. Kryger, T. Toth, & W. C Dement (Eds.), *Principles and practice of sleep medicine* (5th ed., pp. 431-444). Philadelphia: Elsevier Saunders.

Alhola, P., Tallus, M., Kylmälä, M., Portin, R., & Polo-Kantola, P. (2005). Sleep deprivation, cognitive performance, and hormone therapy in postmenopausal women. *Menoupause, 12*, 149-155.

Almondes, K. (2007). *Qualidade de sono e qualidade de vida em trabalhadores submetidos a diferentes esquemas de trabalho de uma empresa petroquímica* (Tese de Doutorado, Universidade Federal do Rio Grande do Norte, Natal). Recuperado de ftp://ftp.ufrn.br/pub/biblioteca/ext/bdtd/KatieMA.pdf.

Almondes, K. M., & Araújo, J. F. (2011). Sleep quality and daily lifestyle regularity in workers with different working hours. *Biological Rhythm Research, 42*(3), 231-245.

Babkoff, H., Zukerman, G., Fostick, L., & Artzi, B. (2005). Effect of the diurnal rhythm and 24 h of sleep deprivation on dichotic temporal order judgment. *Journal Sleep Research, 14*, 7-15.

Beebe, D. W., & Gozal, D. (2002). Obstructive sleep apnea and the pré-frontal córtex: towards a comprehensive model linking nocturnal upper airway obstruction to daytime cognitive and behavioral déficits. *Journal of neuroscience, 11*, 1-16.

Bixler, E. (2009). Sleep and society: An epidemiological perspective. *Sleep Medicine, 10* (Suppl 1), S3-S6.

Boscolo, R. A., Sacoo, I. C., Antunes, H. K., Mello, M. T., & Tufik. S. (2008). Avaliação do padrão de sono, atividade física e funções cognitivas em adolescentes escolares. *Revista Portuguesa de Ciência e Desporto, 7*(1), 18-25.

Carskadon, M. C., & Dement, W. C. (2011). Normal human sleep: An overview. In M. H. Kryger, T. Toth, & W. C, Dement (Eds.), *Principles and practice of sleep medicine* (5th ed., pp. 16-21). Philadelphia: Elsevier Saunders.

Desseiles, M., Vu, T. D., & Maquet, P. (2011). Functional neuroimaging in sleep, sleep deprivation, and sleep disorders. *Handbook of Clinical Neurology, 98*, 71-94.

Doran, S. M., Van Dongen, H. P., & Dinges, D. F. (2001). Sustained attention performance during sleep deprivation: evidence of state instability. *Archives Italiennes de Biologie, 139*, 253-267.

Dorrian, J., Rogers, N. L., & Dinges, D. F. (2005). *Psychomotor vigilance performance: Neurocognitive assay sensitive to sleep loss*. New York: Marcel Dekker.

Dprf.gov.br. (2013). Recuperado de http://www.dprf.gov.br/PortalInternet/index.faces.

Durmer, J. S., & Dinges, D. F. (2005). Neurocognitive consequences of sleep deprivation. *Seminars in Neurology, 25*, 117-129.

Gamaldo, C. E., Benbrook, A. R., Allen, R. P., Oguntimein, O., & Earley C. J. (2008). A further evaluation of the cognitive deficits associated with restless legs syndrome (RLS). *Sleep Medicine, 9*(5), 500-505.

Gruber, R., Laviolette, R., Deluca, P., Monson, E., Cornish, K., & Carrier, J. (2010). Short sleep duration is associated with poor performance on IQ measures in healthy school-age children. *Sleep Medicine, 11*, 289-294.

Horne, J. A. (1993). Human sleep, sleep loss and behavior implications for the prefrontal cortex and psychiatric disorder. *The British Journal of Psychiatric, 162*, 413-419.

Killgore, W. D. S, Balkin, T. J., & Wesensten, N. J. (2006). Impaired decision-making following 49 hours of sleep deprivation. *Journal of Sleep Research, 15*, 7-13.

Killgore, W. D. S. (2010). Effects of sleep deprivation on cognition. *Progress in Brain Research, 185*, 105-129.

Murillo-Rodriguez, E., Blancocenturion, C., Gerashchenko, D., Salin-Pascual, R. J., & Shiromani, P. J. (2004). The diurnal rhythm of adenosine levels in the basal forebrain of Young and old rats. *Neuroscience, 123*, 361-370.

Nielson, C. A., Deegan, E. G., Hung, A. S. & Nunes, A. J. (2010). Potential effects of sleep deprivation on sensorimotor integration during quiet stance in young adults. *Health and Natural Sciences, 1*(1), 1-8.

Ohayon, M. M., & Reynolds, C. F. (2009). Epidemiological and clinical relevance of insomnia diagnosis algorithms according to the DSM-IV and the International Classification of Sleep Disorders (ICSD). *Sleep Medicine, 10,* 952-960.

Partinen, M., & Hublin, C. (2011). Epidemiology of Sleep Disorders. In M. H. Kryger, T. Toth, & W. C, Dement (Eds.), *Principles and practice of sleep medicine* (5th ed., pp. 694-715). Philadelphia: Elsevier Saunders.

Pearson, V. E., Allen, R. P., Dean, T., Gamaldo, C. E., Lesage, S. R., & Earley, C. J. (2006). Cognitive deficits associated with restless legs syndrome (RLS). *Sleep Medicine, 7*(1), 25-30.

Shekleton, J. A., Rogers, N. L., & Rajaratnam, S. M. W. (2010). Searching for the daytime impairments of primary insomnia. *Sleep Medicine Reviews, 14,* 47-60.

Soares, C. S., & Almondes, K. M. (2012). Sono e cognição: Implicações da privação do sonopara a percepção visual e visuoespacial. *Psico,* 43(1), 85-92.

Thomas, M., Sing, H., Belenky G., Holcomb, H., Mayberg, H., Dannals, R., ... Redmond, D. (2000). Neural basis of alertness and cognitive performance impairments during sleepiness. I. Effects of 24 h of sleep deprivation on waking human regional brain activity. *Journal of Sleep Research, 9,* 335-352.

Van Dongen, H. P., Baynard, M. D., Maislin, G., & Dinges, D. F. (2004). Systematic interindividual differences in neurobehavioral impairment from sleep loss: evidence of trait-like differential vulnerability. *Sleep, 27,* 423-433.

Verstraeten, E., & Cluydts, R. (2004). Executive control of attention in sleep apnea patients: Theorical concepts and methodological considerations. *Sleep Medicine Reviews, 8,* 257-267.

Vriend, J. L., Davidson, F. D., Corkum, P. V., Rusak, B., McLaughlin, E. N., & Chambers, C. T. (2012). Sleep quantity and quality in relation to daytime functioning in children. *Children's Health Care, 41*(3), 204-222.

Waters, F., & Bucks, R. (2011). Neuropsychological effects of sleep loss: implication for neuropsychologists. *Journal of the International Neuropsychological Society, 17,* 571-586.

Yoo, S. H., Yamazaki, S., Lowrey, P. L., Shimomura, K., Ko, C. H., Buhr, E. D., ... Takahashi, J. S. (2004). PERIOD2::LUCIFERASE real-time reporting of circadian dynamics reveals persistent circadian oscillations in mouse peripheral tissues. *PNAS, 101*(15), 5339-5346.

28

Exame neuropsicológico de pacientes com comprometimento cognitivo leve e demência

JONAS JARDIM DE PAULA
BRENO SATLER DINIZ
LEANDRO F. MALLOY-DINIZ

O exame neuropsicológico do idoso apresenta características muito particulares quando comparado ao exame em outras faixas etárias. O processo de envelhecimento cognitivo normal acarreta mudanças importantes em muitos dos domínios cognitivos, entre os quais as funções executivas, a memória episódica e a velocidade de processamento. Assim, queixas subjetivas de esquecimento, desorganização e lentificação mental são absolutamente comuns nessa fase no desenvolvimento. Contudo, há situações em que esses sintomas encontram-se mais pronunciados, interferindo de forma significativa no funcionamento diário dos pacientes e acarretando prejuízos em várias esferas de sua vida.

O comprometimento cognitivo leve (CCL) e as demências são perfis sindrômicos associados a diferentes fatores etiológicos, os quais cursam com alterações importantes da cognição e da funcionalidade. Nesses casos, o exame neuropsicológico apresenta dois objetivos principais. O primeiro visa o aspecto retrospectivo do exame, com foco na história clínica do paciente e em seu estado atual, para fins diagnósticos. O segundo objetivo tem foco no aspecto prospectivo do manejo clínico do paciente, visando a estabelecer o prognóstico da doença e guiar as intervenções e os tratamentos farmacológicos e não farmacológicos. A Figura 28.1 expressa essa relação. Este capítulo tem por foco o aspecto retrospectivo do exame neuropsicológico de idosos com suspeita de CCL e demência, enfatizando a cognição como ponto fundamental para diagnóstico diferencial entre o envelhecimento normal e o patológico. Para melhor compreensão dos aspectos neuropsiquiátricos e funcionais desses pacientes e seus métodos de avaliação ao longo do exame, sugerimos a leitura de Malloy-Diniz, Fuente e Cosenza (2013).

DEMÊNCIA E COMPROMETIMENTO COGNITIVO LEVE: CARACTERÍSTICAS E DIAGNÓSTICO

As demências são síndromes caracterizadas por comprometimento expressivo da cognição e/ou do comportamento e por déficit funcional ao exercer atividades sociais, domésticas ou de autocuidado, considerando-se o nível prévio de funcionamento do paciente para caracterizar a existência de um possível declínio. Esses sintomas não são

> As demências são síndromes caracterizadas por comprometimento expressivo da cognição e/ou do comportamento e por déficit funcional ao exercer atividades sociais, domésticas ou de autocuidado, considerando-se o nível prévio de funcionamento do paciente para caracterizar a existência de um possível declínio.

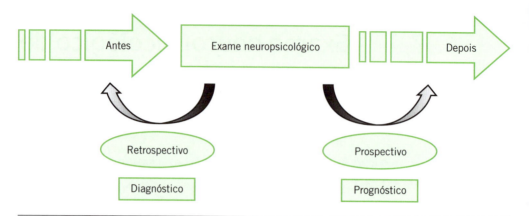

FIGURA 28.1 Objetivos do exame neuropsicológico no contexto do comprometimento cognitivo leve e das demências.

mais bem explicados por alterações no estado de consciência ou transtornos neuropsiquiátricos. O CCL apresenta padrão semelhante, mas as alterações cognitivas são mais brandas e circunscritas. Além disso, o declínio funcional é inexistente ou discreto, restrito a aspectos complexos das atividades da vida diária (AVDs). Os aspectos cognitivos que devem ser particularmente observados são a memória episódica, as funções executivas, as habilidades visuoespaciais (ou cognição espacial) e a linguagem. Os aspectos comportamentais envolvem a personalidade, o comportamento e o temperamento.

Nas demências, o paciente deve apresentar comprometimento em pelo menos dois domínios cognitivos (ou alterações na personalidade, no comportamento e no temperamento para o diagnóstico). No CCL, o comprometimento de um domínio cognitivo é suficiente para caracterização dos sintomas cognitivos. A presença de déficits na memória episódica e a quantidade de domínios cognitivos afetados influenciam os subtipos do CCL, como exposto na Figura 28.2 (Winblad et al., 2004). Não há consenso sobre qual critério deve ser adotado para considerar a avaliação de um domínio cognitivo como indicativa de déficit ou não. Parâmetros como, 1, 1,5 ou 2 desvios-padrão abaixo da média populacional ponderada por fatores sociodemográficos são comumente adotados. Há também a interpretação dos déficits com base em percentis, adotando como parâmetros valores abaixo dos percentis 25 (médio inferior), 10 (inferior) ou 5 (muito inferior). Para outros instrumentos, há pontos de corte para diferentes faixas de comprometimento, e podendo ser adotados. Sugere-se que o profissional estabeleça um critério comum para os métodos selecionados para o exame.

O exame neuropsicológico é considerado por muitos o padrão-ouro para o diagóstico dessas duas condições. Um estudo recente (Schmand, Eikelenboom, van Gool, & Alzheimer's Disease Neuroimaging Initiative, 2011) sugere que a avaliação neuropsicológica isolada, em comparação a exames de imagem e biomarcadores, é a mais precisa para classificar corretamente idosos em envelhecimento normal, CCL e demência. Com foco nos aspectos cognitivos, consideramos quatro aspectos-chave para o exame neuropsicológico de idosos com suspeita de CCL ou demências.

O primeiro passo é a condução de uma *anamnese/história clínica* com foco

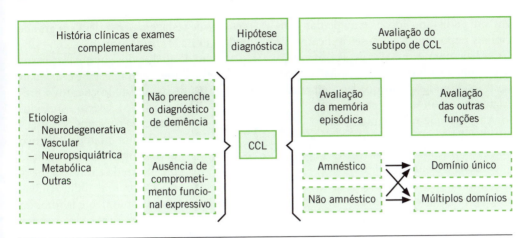

FIGURA 28.2 Algoritmo de diagnóstico e classificação do comprometimento cognitivo leve (Winblad et al., 2004).
Legenda: CCL = comprometimento cognitivo leve.
Fonte: Winblad e colaboradores (2004).

na caracterização dos sintomas do paciente, sua progressão e relação com aspectos de saúde geral e contextuais. Esse primeiro momento, fundamental para o exame, permite que o neuropsicólogo estabeleça hipóteses diagnósticas a serem investigadas por meio de uma avaliação neuropsicológica. O segundo passo é a compreensão das hipóteses com base nos *modelos cognitivo-neuropsicológicos* que estabelece as estruturas e conexões mentais e neurobiológicas que respondem pelos aspectos cognitivos que serão avaliados. Tendo clareza desses modelos, o profissional prepara a *seleção de métodos de avaliação*, qualitativos ou quantitativos, envolvendo os testes neuropsicológicos, para o teste das hipóteses clínicas sob os modelos em questão. Por fim, realiza-se a *interpretação dos resultados*, conjugando aspectos qualitativos e quantitativos para o teste das hipóteses clínicas. Esse teste é realizado com base nos parâmetros esperados para diferentes categorias diagnósticas, a serem estudados com base nos manuais e consensos diagnósticos e na literatura especializada em neuropsicologia.

ANAMNESE E HISTÓRIA CLÍNICA

A anamnese realizada em casos de suspeita de CCL e demência deve enfatizar o aspecto de mudança cognitiva ou comportamental apresentada pelo paciente ao longo do tempo, desde o início dos sintomas. Diversas condições clínicas em psiquiatria podem cursar com prejuízos cognitivos de diferentes intensidades (p. ex., transtorno de déficit de atenção/hiperatividade, transtorno bipolar, esquizofrenia, abuso de substâncias e síndromes neurológicas, como a epilepsia). No entanto, o padrão de alterações cognitivas nesses transtornos é inerente ao quadro clínico e acompanha o indivíduo ao longo da vida. Ao contrário do que ocorre em sujeitos normais, ou mesmo em pessoas com alterações cognitivas prévias, uma piora ou alteração no padrão das dificuldades

> A anamnese realizada em casos de suspeita de CCL e demência deve enfatizar o aspecto de mudança cognitiva ou comportamental apresentada pelo paciente ao longo do tempo, desde o início dos sintomas.

em um indivíduo idoso, sem perdas funcionais importantes, pode ser indicativa de CCL. Já a piora expressiva dessas dificuldades seguida de prejuízo funcional importante pode indicar um quadro demencial. Algumas manifestações ecológicas das queixas cognitivas são descritas no Quadro 28.1. Recomenda-se que, na anamnese, o neuropsicólogo classifique o padrão de início e progressão dos sintomas. Para tanto, a presença de um segundo informante além do paciente é fundamental, a fim de se obter a correta compreensão dessas informações. Pacientes com demência muitas vezes são incapazes de perceber os próprios sintomas com clareza, minimizando sua frequência ou intensidade (Maki, Amari, Yamaguchi, Nakaaki, & Yamaguchi, 2012).

A avaliação pormenorizada dos sintomas e de seu curso clínico é fundamental para a elaboração das hipóteses diagnósticas. Um exemplo disso são as dificuldades de memória episódica, caracterizadas por esquecimentos no cotidiano. Pacientes com doença de Alzheimer, demência de etiologia vascular subcortical e depressão maior podem apresentar queixas similares e o mesmo perfil de dificuldades em testes de recuperação da memória episódica, sobretudo a evocação livre. Contudo, dificuldades de início insidioso e piora progressiva são mais características da doença de Alzheimer. Um início súbito e atrelado a sintomas neurológicos clássicos seguidos de estabilização é mais característico da demência vascular subcortical. Uma piora sintomática associada a oscilações do humor é mais característica da depressão maior. Desse modo, podemos perceber o papel central da história clínica dos sintomas como aspecto norteador da anamnese. A construção das hipóteses clínicas que guiarão a confecção de um protocolo de avaliação e a seleção de métodos de testagem dependerá em grande medida dessa fase do processo.

Além da análise dos sintomas e de sua progressão, é interessante estabelecer quais parâmetros de base (estado cognitivo pré-mórbido) seriam esperados para cada paciente. Na ausência de um método objetivo para estimativa da cognição pré-mórbida em nosso meio, o *background* educacional, socioeconômico e laboral do paciente fornece elementos importantes para o estabelecimento de um perfil cognitivo anterior aos déficits atuais. Indivíduos com habilidades cognitivas que destoem significativamente da média populacional (inteligência muito acima ou muito abaixo do padrão etário/educacional) podem apresentar padrões diferenciados ao exame neuropsicológico. Esses padrões refletem o próprio percurso intelectual ao longo da vida e a formação da reserva cognitiva, não sendo uma simples consequência do estado atual do paciente (Stern, 2012).

A avaliação da influência de habilidades específicas sobre o desempenho neuropsicológico também é fundamental: pacientes que apresentam maior contato com determinado conteúdo ao longo da vida (p. ex., matemática, desenho, coordenação motora, etc.) podem ter seu desempenho neuropsicológico influenciado por aspectos ligados à aprendizagem, sobretudo a seu componente procedural (Stern, 2012). Um bom detalhamento dessas informações permite ao profissional planejar a seleção de métodos de avaliação de forma menos enviesada, bem como interpretá-los de modo qualitativo.

Por fim, recomenda-se que a anamnese contemple uma avaliação breve da condição dos sistemas fisiológicos (nervoso, endócrino, sensorial, motor, cardiovascular, etc). Alterações sistêmicas podem ser indicativas de uma etiologia específica

> Na ausência de um método objetivo para estimativa da cognição pré-mórbida em nosso meio, o *background* educacional, socioeconômico e laboral do paciente fornece elementos importantes para o estabelecimento de um perfil cognitivo anterior aos déficits atuais.

para o CCL ou a demência e podem também influenciar de forma positiva ou negativa o desempenho em testes neuropsicológicos. Estudos indicam que mesmo limitações sensoriais discretas podem se refletir sobre a avaliação neuropsicológica, levando a um desempenho abaixo do esperado para a população de mesma idade e escolaridade(Strauss, Sherman, & Spreen, 2006). Alterações metabólicas graves ou sem controle médico adequado podem, por si só, acarretar um perfil cognitivo característico de CCL ou demência, dependendo de sua intensidade e de características individuais do paciente. Sendo assim, recomenda-se uma triagem breve dos diferentes sistemas na anamnese. Alterações específicas que possam comprometer o desempenho na avaliação neuropsicológica devem ser consideradas pelo neuropsicólogo e mais bem caracterizadas por especialistas em suas respectivas áreas.

Um método interessante para sintetizar os achados da história clínica é construir uma linha do tempo contendo a ordenação das principais informações coletadas. A confecção da linha do tempo com o paciente e seu cuidador facilita a validação das informações coletadas e sua posterior análise pelo neuropsicólogo, além de ser uma estratégia válida para documentar quais informações levaram o profissional a formar sua hipótese clínica. A Figura 28.3 exemplifica esse processo, ilustrando em uma linha do tempo os sintomas apresentados por um paciente idoso cuja anamnese foi sugestiva de demência por doença de Alzheimer.

MODELOS COGNITIVO- -NEUROPSICOLÓGICOS

Após a caracterização da história clínica do paciente, o profissional deve planejar o processo de avaliação neuropsicológica. Suas perguntas, suas hipóteses e seus métodos de testagem devem ser embasados em um modelo cognitivo-neuropsicológico que responda sobre a função cognitiva a ser avaliada. Não há consenso claro sobre quais modelos cognitivos devem ser adotados para tal fim. A ausência de uniformidade à seleção de modelos repercute sobre os métodos de avaliação, que se tornam mais heterogêneos. No exame neuropsicológico do idoso, mais que nas outras faixas etárias, surge uma tendência a dirigir o nível de análise ao teste neuropsicológico, e não ao construto cognitivo a ele associado. Muitos testes são construídos dentro de um modelo cognitivo específico e perdem o sentido caso o profissional desconheça tal modelo, como é o caso da Torre de Londres, desenvolvida como medida do sistema atencional supervisor, de Tim Shallice (1982).

Sugerimos a adoção de alguns modelos cognitivos a serem utilizados como base para o exame neuropsicológico de idosos. Longe de serem os únicos, os mais consensuais ou os mais corretos, os modelos citados foram selecionados de forma pragmática, com base na literatura mais recente sobre neuropsicologia cognitiva e envelhecimento. Recomendamos aos leitores que desejem trabalhar com neuropsicologia do envelhecimento que recorram aos textos originais para uma descrição pormenorizada de cada domínio. Selecionamos seis aspectos da cognição a serem avaliados pelo neuropsicólogo no exame do idoso: inteligência/cognição geral, raciocínio/funções executivas, aprendizagem/memória episódica, linguagem/memória semântica, habilidades visuoespaciais/gnosia e velocidade de processamento/atenção. Essa divisão teve por fundamento os estudos da psicométrica clássica, com base na avaliação da estrutura fatorial de diferentes testes cognitivos.

> Um método interessante para sintetizar os achados da história clínica é construir uma linha do tempo contendo a ordenação das principais informações coletadas.

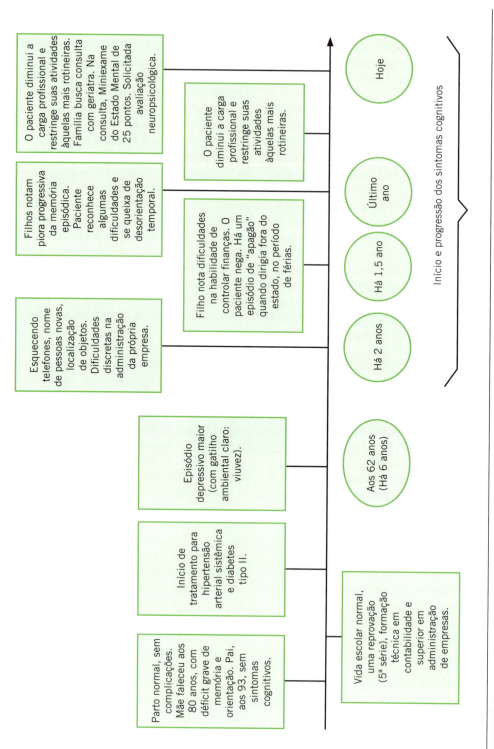

FIGURA 28.3 Linha do tempo sintetizando as principais informações da história clínica em um paciente com suspeita de demência por doença de Alzheimer.

Salthouse (2004) apresenta uma estrutura fatorial formada por seis componentes – um supraordenado, representando a inteligência (ou *g* psicométrico), e cinco fatores de segunda ordem representando as habilidades já citadas – em um estudo que identifica como ocorre a associação da idade com esses domínios cognitivos. Estudos em neuropsicologia do idoso referendam tal distribuição, mas mostram que diferentes aspectos cognitivos (incluindo componentes de modelos distintos) compõem os fatores de segunda ordem (Strauss et al.,. Dessa forma, a nomenclatura apresentada neste capítulo é uma tentativa de consenso entre os termos mais comumente adotados em psicometria e neuropsicologia. A Tabela 28.1 descreve as funções cognitivas em questão, os modelos adotados, seus componentes, seus correlatos neuroanatômicos (sintetizados de forma ilustrativa, mas certamente grosseira) e manifestações ecológicas.

Tendo em consideração os modelos teóricos, seus componentes, sua estruturação e suas conexões com outros aspectos da cognição, o próximo passo é planejar quais métodos de avaliação serão adotados para o exame do paciente. De posse dos modelos teóricos, esse segundo processo é significativamente mais simples, tendo em vista que, com a clareza conceitual daquilo que será testado, é mais fácil selecionar instrumentos que apresentam validade para tal fim.

SELEÇÃO DE INSTRUMENTOS DE TESTAGEM: COMO, QUANTOS E QUAIS?

A seleção de métodos para avaliação neuropsicológica do paciente idoso encontra grande sobreposição com os procedimentos adotados pela avaliação psicológica tradicional. Indícios de fidedignidade (precisão e estabilidade da medida), validade (adequação ao construto-alvo e capacidade discriminativa) e bons dados normativos (estratificados por idade e/ou escolaridade se necessário) dão maior segurança ao profissional na prática clínica. Contudo, o foco da avaliação de ter como base os modelos cognitivos propostos: sabendo o modelo, como ele se comporta e como se relaciona com outros construtos e o cotidiano, os métodos qualitativos, clínicos e experimentais podem trazer respostas tão boas ou melhores que a avaliação objetiva.

Quantos testes são recomendados para documentar o desempenho do paciente em determinada área da cognição? Novamente, não há consenso sobre esse tópico do exame neuropsicológico. Existem, no entanto, alguns artigos de *guidelines* clínicos interessantes, como aqueles propostos por Litvan e colaboradores (2012), que ajudam a responder tal questão. No trabalho desses pesquisadores encontram-se as recomendações para o diagnóstico do CCL na doença de Parkinson. Eles recomendam que cada domínio cognitivo seja avaliado por dois testes independentes de uma mesma função. Sugerem também que o neuropsicólogo evite sobreposição de paradigmas. Se o profissional utilizar um paradigma de aprendizagem de palavras, como o Teste de Aprendizagem Auditivo-Verbal de Rey, ele deve evitar outro teste semelhante (como a Aprendizagem de Palavras da Bateria Neuropsicológica CERAD) na mesma avaliação. Há efeitos de interferência entre os testes (no exemplo, sobreposição de conteúdo), bem como o risco de o paciente apresentar um déficit específico em outras funções, o qual pode comprometer não a memória episódica como um todo, mas as demandas comportamentais necessárias para realizar a aprendizagem de palavras. Por exemplo, um paciente com déficit específico na alça fonológica da memória de trabalho seria limitado ao realizar a aprendizagem de palavras, mas não apresentaria dificuldades tão intensas em um teste de memória espacial ou visual. Caso os déficits sejam consistentes, eles provavelmente serão encontrados em mais de

TABELA 28.1
Sugestão de modelos cognitivos para as principais funções avaliadas no exame neuropsicológico

FUNÇÃO	MODELO(S)	COMPONENTES	CORRELATOS NEUROANATÔMICOS	MANIFESTAÇÕES ECOLÓGICAS
Funções executivas/raciocínio	Diamond (2013)	*Funções-base*: memória de trabalho, controle inibitório, flexibilidade cognitivas. *Funções-desfecho*: planejamento, raciocínio, solução de problemas.	Circuitos fronto-estriato-cerebelares bilateralmente. A divisão do córtex pré-frontal em seus circuitos dorsolaterais, ventromediais e orbitofrontais é comumente adotada para compreender as funções específicas.	Comportamento perseverativo e estereotipado, impulsividade, tomadas de decisão inadequadas, dificuldades na percepção e na compreensão de emoções e regras sociais, dificuldade na resolução de problemas e na autorregulação.
Memória episódica/aprendizagem	Squire e Wixted (2011) – Divisão estrutural Tulving (2002) – Processos de formação da memória	*Divisão estrutural da memória*: declarativa (episódica e semântica) e não declarativa (procedural, hábitos e condicionamento clássico). *Processos de formação da memória*: codificação, armazenamento e recuperação (evocação e reconhecimento).	Circuitos fronto-têmporo-parietais (codificação), formação hipocampal e regiões límbicas (armazenamento), regiões límbicas e circuitos pré-frontais (recuperação). Armazenamento difuso pelo córtex, associado aos sistemas sensoriais (episódica), córtex temporal (semântica) e núcleos da base (procedural).	Esquecimentos cotidianos, como a perda de objetos e compromissos, dificuldade em memória prospectiva, déficits no aprendizado de conteúdo novo, desorientação temporal e espacial (memória episódica), comprometimento dos hábitos, perícias e rotinas fortemente consolidadas (memória não declarativa).
Linguagem/memória semântica	Ellis e Young (1988) e Hickock e Poeppel (2007)	Léxico fonológico e ortográfico de entrada e saída, processos sublexicais de conversão grafema-fonema, unidades de reconhecimento de objeto, sistema semântico.	Diversas regiões corticais e subcorticais, sobretudo no hemisfério esquerdo. Incluem as áreas de Broca e Wernick, giro supramarginal, giro angular, lobo temporal anterior e posterior, sulco pré-central e a área de associação frontal.	Agramatismo, anomia, alexia, agrafia, acalculia. Dificuldade em localizar palavras, sensação de "ponta da língua", parafasias semânticas e fonêmicas, dificuldades de compreensão de ordens simples e complexas, dificuldades na articulação de palavras incomuns ou irregulares, dificuldades de repetição.

(Continua)

TABELA 28.1
Sugestão de modelos cognitivos para as principais funções avaliadas no exame neuropsicológico (*continuação*)

FUNÇÃO	MODELO(S)	COMPONENTES	CORRELATOS NEUROANATÔMICOS	MANIFESTAÇÕES ECOLÓGICAS
Habilidades visuoespaciais	Kravitz, Saleem, Baker e Mishkim (2011) e Lithfous, Dufour e Després (2013)	Representações egocêntricas e alocêntricas, percepção visual, organização e síntese visual, acesso visual ao sistema semântico e à memória de trabalho, formação de mapas cognitivos e rotas.	Lobo parietal (representações alocêntricas), núcleo caudado (representações egocêntricas), córtex visual e parietal (percepção e organização visual), hipocampo (formação e uso de mapas espaciais), lobo frontal (memória de trabalho visuoespacial)	Desorientação espacial, dificuldade para aprender novas rotas e trajetos, episódios de apagão, dificuldades em montar desenhos ou diagramas, dificuldades de percepção visual (agnosia), erros de cálculo e escrita, erros em estimação de quantidade ou magnitude.
Atenção/ velocidade de processamento	Posner e Rothbart (2007)	*Alerta, orientação* (processos atencionais automáticos). *Executiva* (processos atencionais controlados)	Tronco encefálico, tálamo, regiões posteriores e frontais (alerta), colículo superior, tálamo, junção temporoparietal, lobo parietal superior, campo visual frontal (orientação), córtex pré-frontal e cíngulo anterior (executiva). Substância branca (velocidade de processamento como um todo).	Baixa responsividade, passividade quanto ao ambiente, apatia, lentificação psicomotora, desatenção, dificuldades em manter o tônus atencional por períodos prolongados, déficits em alternar o foco atencional em diferentes estímulos, redução da eficiência da busca visual e auditiva, impulsividade atencional.

um teste bem-validado de um mesmo construto ou processo específico. Em casos nos quais ocorre discordância entre os instrumentos de avaliação e esta não é explicada em termos do modelo cognitivo adotado e das características individuais do paciente, sugere-se o uso de novos testes.

No exame dos pacientes idosos com suspeita de CCL ou demência, deve haver equilíbrio entre o conjunto de testes a ser adotado pelo profissional, os domínios cognitivos em questão, as capacidades do paciente e suas características individuais, o tempo disponível para a realização do exame e a hipótese diagnóstica a ser testada.

Quanto ao conjunto de testes, no Brasil, ainda há uma carência considerável de instrumentos para avaliação neuropsicológicos devidamente adaptados, validados e normatizados para a população idosa. Contudo, na última década, esse campo de pesquisa e prática cresceu de modo exponencial. Felizmente, o profissional de neuropsicologia tem à sua disposição instrumentos que vão além dos tradicionais Miniexame do Estado Mental e Teste da Fluência Verbal, os dois testes mais utilizados para avaliação cognitiva de idosos com demência segundo uma revisão da literatura brasileira (Vasconcelos, Brucki, & Bueno, 2007). Os dois testes citados têm papel importante na avaliação neuropsicológica, mas quase sempre são realizados antes da consulta com o neuropsicólogo – por geriatras, neurologistas, psiquiatras, clínicos gerais, terapeutas ocupacionais e enfermeiros. Vasconcelos e colaboradores (2007) e Malloy-Diniz e colaboradores (2010, 2013) sintetizam muitos dos testes neuropsicológicos disponíveis para a avaliação de idosos. Alguns dos instrumentos disponíveis no Brasil e que não apresentam restrições quanto à formação profissional são:

> No exame dos pacientes idosos com suspeita de CCL ou demência, deve haver equilíbrio entre o conjunto de testes a ser adotado pelo profissional, os domínios cognitivos em questão, as capacidades do paciente e suas características individuais, o tempo disponível para a realização do exame e a hipótese diagnóstica a ser testada.

- ***Baterias cognitivas estruturadas***: Miniexame do Estado Mental (Bertolucci, Brucki, Campacci, & Juliano, 1994), Bateria Neuropsicológica CERAD (Bertolucci et al., 2001); Escala Mattis para Avaliação de Demências (Porto, Fichman, Caramelli, Bahia, & Nitrini, 2003), ADAS-Cog (Schultz, Siviero, & Bertolucci, 2001) e Addenbrooke Cognitive Examination-Revised (Amaral-Carvalho & Caramelli, 2012).
- ***Funções executivas/raciocínio***: Bateria de Avaliação Frontal (de Paula et al., 2013a), *Span* de Dígitos (de Paula et al., 2010, 2013b), Cubos de Corsi (de Paula et al., 2010, 2013b), Bateria de Avaliação da Memória de Trabalho (Wood, Carvalho, Rothe-Neves, & Haase, 2001), Teste de Stroop (Klein, Adda, Miotto, Lucia, & Scaff, 2010), Teste dos Cinco Dígitos (de Paula et al., 2011, 2012a), Teste das Trilhas Parte B (Hamdan & Hamdan, 2009), Torre de Londres (de Paula et al., 2012a, 2012b, 2012c, 2012d), Fluência Verbal Semântica (Brucki, Malheiros, Okamoto, & Bertolucci, 1997; de Paula et al., 2010, 2013b) e Fluência Verbal Fonêmica (Machado et al., 2009).
- ***Memória episódica/aprendizagem***: Teste de Aprendizagem Auditivo-Verbal de Rey (RAVLT) (de Paula et al., 2012e, 2013b; Malloy-Diniz, Lasmar, Gazinelli, Fuentes, & Salgado, 2007), Aprendizagem Verbal da Bateria CERAD (Nitrini et al., 2004); Brief Cognitive Screening Test (Nitrini et al., 2004), Memória Lógica Adaptado (Nitrini, 2008) e Teste das Três Palavras Três Figuras (Moura & Haase, 2008).
- ***Linguagem/memória semântica***: Fluência Verbal, Prancha do Roubo dos Biscoitos (Alves & Souza, 2005), Token Test (Moreira et al., 2011; de Paula et

al., 2012e, 2013b), Teste de Nomeação de Boston (Miotto, Sato, Lucia, Camargo, & Scaff, 2010), Teste de Nomeação do Laboratório de Investigações Neuropsicológicas – TN-LIN (de Paula et al., 2013b) e Bateria Boston para o Diagnóstico de Afasias (Radanovic, Mansur, & Scaff, 2004).

- **Habilidades visuoespaciais/gnosia**: Teste de Construção com Palitos (de Paula et al., 2013b, 2013c), Teste das Três Palavras Três Figuras (Moura & Haase, 2008), Desenho do Relógio (de Paula et al., 2010, 2013b; Lourenço, Ribeiro-Filho, Moreira, Paradela, & Miranda, 2008), Teste de Reprodução Visual (Brito-Marques, Cabral-Filho, & Miranda, 2012).
- **Atenção e velocidade de processamento**: Teste dos Cinco Dígitos Leitura e Contagem (de Paula et al., 2011, 2012a), Teste de Stroop (Klein et al., 2010), Teste das Trilhas Parte A (Hamdan & Hamdan, 2009), PASAT e Nine Hole-Peg Test (Rodrigues, Ferreiro, & Hoose, 2008)

Com base nos testes anteriores, como selecionar os melhores instrumentos para o exame neuropsicológico do idoso? O neuropsicólogo deve guiar a seleção de instrumentos à hipótese diagnóstica considerando também as características sociodemográficas do paciente e das amostras normativas dos testes disponíveis. Consideremos a avaliação de um paciente com suspeita de quadro demencial decorrente de doença de Alzheimer. Nessa situação, o neuropsicólogo deve guiar a seleção de instrumentos de forma a contemplar as funções cognitivas que devem ser avaliadas ao diagnóstico. No caso, as cinco funções citadas nos tópicos anteriores são importantes para a compreensão da demência por doença de Alzheimer.

> O neuropsicólogo deve guiar a seleção de instrumentos à hipótese diagnóstica considerando também as características sociodemográficas do paciente e das amostras normativas dos testes disponíveis.

Os domínios cognitivos mais comumente afetados são a memória episódica e os processos de aprendizagem de conteúdo novo. Com base nos modelos e testes descritos anteriormente, quais as melhores ferramentas? O exemplo a seguir aborda essa questão.

A literatura acerca da doença de Alzheimer sugere que esses pacientes apresentam comprometimento nos três processos de aquisição de novas informações: codificação, armazenamento e recuperação (Salmon & Bondi, 2009). Idealmente, os testes selecionados deveriam contemplar as principais dificuldades esperadas para esse quadro. Das opções já citadas, o RAVLT, adaptado (Malloy-Diniz et al., 2007), validado (de Paula et al., 2012e) e com evidências de fidedignidade (Magalhães, Malloy-Diniz, & Hamdan, 2012) e dados normativos (de Paula et al., 2012f; Magalhães & Hamdan, 2010; Malloy-Diniz et al., 2007) para idosos brasileiros, avalia a memória episódica por meio da leitura de uma lista de palavras ao longo de cinco tentativas.

Na fase de aprendizagem, o neuropsicólogo pode avaliar os aspectos relacionados à codificação das informações: o paciente mantém os efeitos de primazia e reecência? Consegue agrupar as palavras em blocos ao se lembrar da lista? Constrói uma curva de aprendizagem? É capaz de manter as palavras lidas anteriormente em uma nova leitura da lista? Consegue adicionar novas palavras? Por meio de um único instrumento, o neuropsicólogo consegue extrair diversas informações relacionadas à codificação.

A segunda fase, armazenamento, evolve a capacidade do sujeito de manter as informações codificadas ao longo do tempo. No RAVLT, após a fase de aprendizagem, há uma etapa de distração (em que uma nova lista é apresentada), seguida de uma tarefa de evocação imediata. Nesse momento, o paciente deve buscar as informações aprendidas na ausência delas, ignorando os distratores. O armazenamento pode ser avaliado comparando o total de palavras codificadas (última leitura da lista) com o total de palavras evocadas após a distração. O índice de retenção de curto prazo do RAVLT (100 × escore ponderado da evocação imediata/escore ponderado de última leitura) representa o armazenamento de informações nessa fase. O mesmo procedimento pode ser realizado comparando a próxima etapa do teste (uma evocação livre com 30 minutos de intervalo) como uma proporção da evocação imediata (100 × escore ponderado da evocação imediata/escore ponderado da evocação tardia). Essas duas medidas oferecem um parâmetro representativo da capacidade de armazenamento do sujeito em curto e longo prazo. Um artigo de nosso grupo, intitulado *Expanding the Role of Rey Auditory Verbal Learning Test (RAVLT) on the Assessent of Brazilian Young and Older Adults*, ainda em fase de submissão, unifica dados normativos de três estados do Brasil, propõe uma transformação do RAVLT em escores ponderados e valida os índices propostos para a população brasileira.

A última fase da aquisição de novas informações envolve a capacidade de recuperar o conteúdo aprendido. No teste, esse aspecto é representado pelas evocações imediata e tardia de conteúdo, bem como pela fase de reconhecimento. A comparação dessas etapas permite ao neuropsicólogo inferir se o déficit do paciente se encontra na fase de armazenamento ou na de recuperação. Um déficit específico de recuperação implica dificuldades de evocação livre; contudo, quando a tarefa envolve o componente de familiaridade da memória episódica (em que o paciente deve apenas julgar o conteúdo, e não evocá-lo livremente), seu desempenho é normal ou significativamente melhor do que a evocação livre. Um déficit no armazenamento comprometeria as duas etapas do teste. O padrão pode ser utilizado, por exemplo, no diagnóstico diferencial de demência por doença de Alzheimer e quadros de etiologia vascular subcortical (Tierney et al., 2001) ou de transtornos psiquiátricos acompanhados por comprometimento cognitivo, como a depressão maior (de Paula et al., 2013c). O exemplo mostra como um instrumento de exame pode ser utilizado para testar o construto em questão com base no modelo, exemplificando o processo de avaliação neuropsicológica.

INTERPRETAÇÃO DOS DADOS

A interpretação dos resultados obtidos por meio da avaliação neuropsicológica deve ser realizada com base tanto nos modelos cognitivos adotados na seleção dos instrumentos – permitindo a identificação de quais módulos cognitivos estão normais ou alterados no paciente avaliado – como nos dados psicométricos acerca das ferramentas de testagem – permitindo caracterizar as dificuldades ante parâmetros populacionais e estimar sua intensidade. Como parâmetros para interpretação quantitativa, recomendamos os valores compatíveis com os percentis 10 e 5 ou as marcas de -1,5 ou -2,0 desvios-padrão abaixo do referencial normativo. No caso do uso de pontos de corte, recomenda-se a avaliação criteriosa do equilíbrio entre sensibilidade e especificidade. Em todos os métodos citados anteriormente, é importante adotar dados normativos compatíveis com parâmetros relativos a sexo, idade e escolaridade quando necessário.

Uma vez estabelecido o perfil de desempenho do paciente, o neuropsicólogo testa suas hipóteses clínicas

> Uma vez estabelecido o perfil de desempenho do paciente, o neuropsicólogo testa suas hipóteses clínicas comparando os dados do paciente com o perfil esperado nas condições clínicas investigadas.

comparando os dados do paciente com o perfil esperado nas condições clínicas investigadas. Esse teste de hipóteses é o mecanismo com o qual o profissional de neuropsicologia pauta suas decisões na prática clínica. A caracterização das síndromes demenciais, embora tenha sido discutida no Capítulo 25, é aqui revisitada visando exemplificar como os dados do exame neuropsicológico podem nortear o diagnóstico diferencial entre quadros demenciais, principalmente em termos de suas manifestações cognitivas iniciais. Um texto de referência sobre o tema é a revisão de Salmon e Bondi (2009).

Doença de Alzheimer

O déficit mais comumente relatado nessa patologia diz respeito à memória episódica. Os pacientes apresentam déficits consistentes na maior parte dos testes utilizados para tal fim, nos componentes de codificação, armazenamento e recuperação (tanto na evocação espontânea quanto no reconhecimento). Déficits de linguagem geralmente ocorrem em tarefas de linguagem expressiva, como a Fluência Verbal (sobretudo envolvendo categorias) e no acesso à memória semântica pela via visual, como os testes de nomeação. Déficits executivos ocorrem com frequência no controle inibitório e na flexibilidade cognitiva, mas, em geral, são pouco intensos na memória de trabalho e circunscritos a seus componentes fluidos. Tarefas complexas que envolvam planejamento e raciocínio comumente contumam evidenciar prejuízos. Alterações nas habilidades visuoespaciais são comuns nesses pacientes e se manifestam na cópia de figuras complexas; no julgamento de orientação, distância ou proporção; na desorientação espacial; ou em tarefas de percepção visual complexa. Alterações nas redes atencionais são geralmente discretas nos mecanismos de alerta e orientação, mas se intensificam nas redes executivas. É digno de nota que, em pacientes mais jovens (com menos de 80 anos), as alterações neuropsicológicas são mais expressivas na memória e nas funções executivas, enquanto em pacientes mais velhos há um rebaixamento geral das habilidades, à exceção da velocidade de processamento.

Além da manifestação típica da doença de Alzheimer (variante amnéstica), existem ao menos duas formas de manifestações não amnésticas: a variante logopênica da afasia progressiva primária e a atrofia cortical posterior. Elas podem ser consideradas como variantes linguísticas e visuoespaciais da doença de Alzheimer, respectivamente. A primeira envolve dificuldade em buscar palavras isoladas de modo espontâneo, no discurso ou na nomeação, dificuldade na repetição de sentenças ou frases e erros fonológicos na linguagem expressiva. Não há agramatismo intenso, déficits semânticos acentuados ou alterações motoras na linguagem. Na atrofia cortical posterior, as principais alterações ocorrem no processamento visual, envolvendo desregulação das redes atencionais relacionadas à orientação; déficits de processamento visuoespacial; alterações na leitura, na escrita e em habilidades matemáticas; e prejuízos na memória de trabalho visuoespacial. Nessas variantes não amnésticas da doença de Alzheimer, alterações em outros domínios cognitivos, sobretudo na memória episódica, são discretas e, em geral, secundárias a seus sintomas principais.

Degeneração lobar frontotemporal (variante comportamental)

O perfil cognitivo dessa demência é consideravelmente discreto em suas fases iniciais, tornando-se mais evidente no estágio intermediário. Ao considerar essa hipótese, recomenda-se maior foco nos aspectos comportamentais que nos aspectos cognitivos. As alterações mais expressivas encontram-se nas funções executivas, sobretudo em tarefas que se relacionem mais fortemente aos componentes de controle inibitório (controle de interferência e inibição de respostas), envolvendo também outros aspectos relacionados a teoria da mente e autorregulação. Déficits de memória episódica ocorrem de forma mais circunscrita nos componentes de codificação e recuperação – neste último aspecto, o prejuízo é mais expressivo na evocação livre. Alterações visuoespaciais são discretas, refletindo a preservação relativa de áreas posteriores na progressão do quadro. Quando ocorrem, geralmente são mais circunscritos a tarefas complexas que demandam maior planejamento ou envolvimento da memória de trabalho visuoespacial. Mudanças de linguagem, na variante comportamental, costumam ser discretas e em geral se manifestam na fluência verbal e na nomeação. Alterações nas redes atencionais são circunscritas à rede executiva.

Afasia progressiva primária variante semântica (ou demência semântica)

Essa variante da demência frontotemporal é caracterizada por atrofia expressiva em regiões frontotemporais, mais expressivamente no hemisfério esquerdo, o que acarreta perda das representações semânticas por parte do paciente. Dificuldades cognitivas ocorrem de forma mais expressiva na linguagem, com redução da fluência verbal e dificuldades acentuadas no acesso ao sistema semântico, tanto pela via visual (tarefas de nomeação) como pelas vias fonológica (tarefas de vocabulário realizadas oralmente) e lexical (tarefas de vocabulário apresentadas por escrito). Alterações executivas também podem ocorrer nas fases iniciais, sobretudo na memória de trabalho verbal e na flexibilidade cognitiva. Alterações no processamento visuoespacial são menos comuns e seguem o padrão da variante comportamental. Há poucas alterações nas redes atencionais e, quando ocorrem, restringem-se à rede executiva e são mais expressivas para conteúdo verbal. A memória episódica não apresenta grandes alterações na fase inicial; contudo, quando avaliada por meio de testes verbais, estes costumam se mostrar alterados em decorrência da menor capacidade de usar recursos semânticos na codificação. Tarefas de memória não verbal são pouco alteradas.

Afasia progressiva primária variante agramática (ou afasia progressia não fluente)

Nessa demência associada à degeneração lobar frontotemporal, os principais déficits apresentados pelo paciente ocorrem na linguagem expressiva (agramatismo, fala cortada ou inconsistente, erros fonológicos e distorções), associada a dificuldades na compreensão da sintaxe em frases complexas. Os déficits neuropsicológicos desse quadro ocorrem consistentemente em tarefas de linguagem expressiva, como a fluência verbal semântica ou fonêmica, mas também podem se manifestar em outros domínios cognitivos caso o teste utilizado demande um *output* verbal. Alterações na alça fonológica da memória de trabalho foram documentadas na fase inicial da doença, o que pode acarretar dificuldades na codificação e recuperação (mais na evocação que no reconhecimento) da memória episódica. O conhecimento semântico, contudo, encontra-se preservado. Alterações nas outras funções cognitivas são incomuns e, quando ocorrem, costumam ser secundárias aos déficits de linguagem.

Demência por doença de Parkinson

Nesse quadro, as manifestações cognitivas mais intensas encontram-se no funcionamento executivo, devido à depleção de dopamina nos circuitos fronto-estriato--cerebelares. Podem ocorrer déficits nas três funções básicas (controle inibitório, flexibilidade cognitiva e memória de trabalho) e nas funções desfecho (sobretudo no planejamento). Alterações da memória costumam ser circunscritas aos componentes de evocação livre, com codificação discretamente alterada e, em geral, bom armazenamento. Há evidências, contudo, de que déficits na memória procedural sejam comuns nas fases iniciais dessa demência. O comprometimento das redes atencionais também costuma ser documentado, acarretando redução significativa da velocidade de processamento (tanto em processos automáticos como em processos controlados). Alterações na linguagem ocorrem na expressiva, sobretudo na fluência verbal. Um aspecto a ser investigado clinicamente nesses pacientes é o comprometimento mais acentuado para a categoria "ações" nas tarefas de fluência e nomeação, um padrão que pode ajudar o neuropsicólogo no diagnóstico diferencial de outras condições. Alguns estudos sugerem também déficits na compreensão de ordens complexas, embora esta possa ser secundária a alterações executivas. Alterações no processamento visuoespacial são comumente encontradas nesses pacientes, mas, como em alguns aspectos da linguagem, costumam ser secundárias a déficits de outras funções.

Demência por corpúsculos de Lewy

Nessa demência, as alterações neuropsicológicas mais comumente relatadas são os prejuízos nas funções executivas (um déficit difuso, afetando todos os componentes), no processamento visuoespacial (talvez o domínio mais intensamente comprometido nas fases iniciais) e na memória episódica. O comprometimento das redes atencionais em geral está associado às alterações visuoespaciais, sendo atrelado aos déficits na percepção e no processamento de informações visuais. Alterações de linguagem são relativamente incomuns, a não ser em tarefas que demandem maior componente executivo (como a fluência verbal) ou acesso ao sistema semântico por meio visual (nomeação).

Demência vascular

Possivelmente, é a demência com perfil mais heterogêneo de dificuldades cognitivas. O diagnóstico dessa condição pressupõe a associação de infartos de diferentes tipos e em regiões cerebrais diferentes, com o comprometimento das funções cognitivas mais fortemente associadas a essas áreas. Apesar da heterogeneidade, alterações no funcionamento executivo são comuns nesses quadros. Tal fato levou alguns autores a classificarem a disfunção executiva como o principal sintoma cognitivo dos quadros de etiologia vascular. Os déficits mais comuns ocorrem em tarefas relacionadas ao controle inibitório e à flexibilidade cognitiva, sobretudo na presença de infartos subcorticais. Junto à disfunção executiva, o segundo sintoma mais comum é a redução na velocidade de processamento, bem como a alteração das redes atencionais, o que diminui a eficiência de integração de informações nesses pacientes. A síntese dessas duas alterações básicas é uma dificuldade mais heterogênea em tarefas complexas, ou seja, que envolvam a integração de diferentes módulos cognitivos. Alterações de memória geralmente são mais expressivas nos componentes de codificação e recuperação (mais na evocação do que no reconhecimento). Mudanças na linguagem ocorrem com maior frequência na fluência verbal (mais na fluência fonêmica que na semântica) e na compreensão de ordens complexas. O comprometimento do processamento visuoespacial ocorre em infartos posteriores e é fortemente influenciado por alterações nas redes atencionais e no funcionamento executivo.

CONSIDERAÇÕES FINAIS

Considerando-se a saúde cognitiva do idoso, o exame neuropsicológico é uma das práticas clínicas mais importantes. Diferenciar o envelhecimento normal do patológico é uma tarefa de fundamental importância para questões de diagnóstico e tratamento. Embora muitos considerem o exame neuropsicológico um ramo da avaliação psicológica tradicional, ele vai muito além da simples testagem de funções cognitivas e comportamentais. Mais do que escores de testes, são os conhecimentos sobre envelhecimento cerebral, psicopatologias e neuropatologias do envelhecimento e modelos neuropsicológicos da cognição que norteiam o raciocínio clínico do neuropsicólogo ao avaliar um idoso.

Em nosso meio, dada a heterogeneidade das variáveis sociodemográficas, influências importantes no envelhecimento cognitivo, o exame neuropsicológico do idoso apresenta desafios adicionais. Adequar os procedimentos de exame às diferentes condições nas quais os pacientes idosos estão inseridos minimiza o efeito de vieses que possam influenciar a interpretação dos resultados da avaliação. Por fim, o exame neuropsicológico do idoso, tendo em vista a busca atual por um envelhecimento de melhor qualidade e bem-sucedido, tende a figurar não apenas como definidor de estratégias diagnósticas e de intervenção, mas como um exame de rotina para identificar a necessidade de estimulação ou outras medidas preventivas.

> Adequar os procedimentos de exame às diferentes condições nas quais os pacientes idosos estão inseridos minimiza o efeito de vieses que possam influenciar a interpretação dos resultados da avaliação.

REFERÊNCIAS

Alves, D.C., & Souza, L.A.P. (2005). Performance de moradores da Grande São Paulo na descrição da prancha do roubo de biscoitos. *Revista CEFAC, 7*(1), 13-20.

Amaral-Carvalho, V., & Caramelli, P. (2012). Normative data for healthy middle-aged and elderly performance on Addenbrooke Cognitive Examination-Revised. *Cognitive and Behavioral Neurology, 25*(2), 72-76.

Bertolucci, P. H. F., Okamoto, I. H., Brucki, S. M. D., Siviero, M. O., Toniolo Neto, J., & Ramos, L. R. (2001). Applicability of the CERAD neuropsychological battery to Brazilian elderly. *Arquivos de Neuro-Psiquiatria, 59*(3-A), 532-536.

Bertolucci, P. H., Brucki, S. M., Campacci, S. R., & Juliano, Y. (1994). The Mini-Mental State Examination in a general population: impact of educational status. *Arquivos de Neuro-Psiquiatria, 52*(1), 1-7.

Brito-Marques, P. R., Cabral-Filho, J. E., & Miranda, R. M. (2012). Visual reproduction test in normal elderly: Influence of schooling and visual task complexity. *Dementia & Neuropsychologia, 6*(2), 91-96.

Brucki, S. M. D., Malheiros, S. M. F., Okamoto, I. H., & Bertolucci, P. H. F. (1997). Dados normativos para o teste de fluência verbal categoria animais em nosso meio. *Arquivos de Neuro-Psiquiatria, 55*(1), 56-61.

de Paula, J. J., Ávila, R. T., Costa, D. S., Moraes, E. N., Bicalho, M. A., Nicolato, R., ... Malloy-Diniz, L. F. (2011). Assessing processing speed and executive functions in low educated older adults: The use of the Five Digits Test in patients with Alzheimer's disease, mild cognitive impairment and major depressive disorders. *Clinical Neuropsychiatry, 8*(6), 339-346.

de Paula, J. J., Bertola, L., Ávila, R. T., Moreira, L., Coutinho, G., Moraes, E. N., ... Malloy-Diniz, L. F. (2013b). Clinical applicability and cutoff values for an unstructured neuropsychological assessment protocol for older adults with low formal education. *PloS One, 8*(9), e73167.

de Paula, J. J., Bertola, L., Nicolato, R., Moraes, E. N., & Malloy-Diniz, L. F. (2012e). Evaluating language comprehension in Alzheimer's disease: The use of the Token Test. *Arquivos de Neuro-Psiquiatria, 70*(6), 435-440.

de Paula, J. J., Costa, D. S., Moraes, E. N., Nicolato, R., & Malloy-Diniz, L. F. (2012b). Contribuições da Torre de Londres para o exame do planejamento em idosos com comprometimento cognitivo leve. *Revista Neuropsicología Latinoamericana, 4*(2), 16-21.

de Paula, J. J., Costa, D. S., Moraes, E. N., Nicolato, R., Sedó, M., & Malloy-Diniz, L. F. (2012a). Automatic and controlled attentional processes in amnestic mild cognitive impairment. *Psychology*, 3(5), 379-383.

de Paula, J. J., Costa, M. V., Bocardi, M. B., Cortezzi, M., Moraes, E. N., & Malloy-Diniz, L. F. (2013c, no prelo). The stick design test on the assessment of older adults with low formal education: Evidences of construct, criterion-related and ecological validity. *International Psychogeriatrics*.

de Paula, J. J., Melo, L. P. C., Nicolato, R., Moraes, E. N., Bicalho, M. A., Hamdan, A. C., & Malloy-Diniz, L. F. (2012f). Reliability and construct validity of the Rey-Auditory Verbal Learning Test in Brazilian elders. *Revista de Psiquiatria Clínica*, 39(1), 19-23.

de Paula, J. J., Moreira, L., Nicolato, R., Marco, L. A., Côrrea, H., Romano-Silva, M. A., ... Malloy-Diniz, L. F. (2012c). The Tower of London Test: Different scoring criteria for diagnosing Alzheimer's disease and mild cognitive impairment. *Psychological Reports*, 110(2), 477-488.

de Paula, J. J., Moura, S. M., Bocardi, M. B., Moraes, E. N., Malloy-Diniz, L. F., & Haase, V. G. (2013a). Screening for executive dysfunction with the frontal assessment battery: Psychometric properties analysis and representative normative data for Brazilian older adults. *Psicologia em Pesquisa*, 7(1), 89-98.

de Paula, J. J., Neves, F., Levy, A., Nassif, E., & Malloy-Diniz, L. F. (2012d). Assessing planning skills and executive functions in the elderly: Preliminary normative data for the Tower of London Test. *Arquivos de Neuro-Psiquiatria*, 70(10), 826-830.

de Paula, J. J., Schlottfeldt, C. G., Moreira, L., Cotta, M., Bicalho, M. A., Romano-Silva, M. A., ... Malloy-Diniz, L. F. (2010). Psychometric properties of a brief neuropsychological protocol for use in geriatric populations. *Revista de Psiquiatria Clínica*, 37(6), 246-250.

Diamond, A. (2013). Executive Functions. *Annual Reviews of Psychology*, 64, 135-168.

Ellis, A. W., & Young, A. W. (1988). *Human cognitive neuropsychology*. Hove: Erlbaum.

Hamdan, A. C., & Hamdan, E. M. L. R. (2009). Effects of age and education level on the Trail Making Test in a healthy Brazilian sample. *Psychology & Neuroscience*, 2(2), 199-203.

Hickok, G., & Poeppel, D. (2007). The cortical organization of speech processing. *Nature Reviews Neuroscience*, 8, 392-402.

Klein, M., Adda, C. C., Miotto, E. C., Lucia, M. C. S., & Scaff, M. (2010). O paradigma de Stroop em uma amostra de idosos brasileiros. *Psicologia Hospitalar*, 8(1), 93-112.

Kravitz, D. J., Saleem, K. S., Baker, C. I., & Mishkin, M. (2011). A new neural framework for visuospatial processing. *Nature Reviews Neurosciece*, 12, 217-230.

Lithfous, S., Dufour, A., & Després, O. (2013). Spatial navigation in normal aging and the prodromal stage of Alzheimer's disease: insights from imaging and behavioral studies. *Ageing Research and Reviews*, 12(1), 201-213.

Litvan, I., Goldman, J. G., Tröster, A. I., Schmand, B. A., Weintraub, D., Petersen, R. C., ... Emre, M. (2012). Diagnostic criteria for mild cogntivie impairment in Parkinson's disease: Movement Disorder Society Task Force Guidelines. *Movement Disorders*, 27(3), 349-356.

Lourenço, R. A., Ribeiro-Filho, S. T., Moreira, I. F. H., Paradela, E. M. P., & Miranda, A. S. (2008). The Clock Drawing Test: Performance among elderly with low educational level. *Revista Brasileira de Psiquiatria*, 30(4), 109-315.

Machado, T. H., Fichman, H. C., Santos, E. L., Carvalho, V. A., Fialho, P. P., Koenig, A. M., ... Caramelli, P. (2009). Normative data for the healthy elderly on the phonemic verbal fluency task – FAS. *Dementia & Neuropsychologia*, 3(1), 55-60.

Magalhães, S. S., & Hamdan, A. C. (2010). The Rey Auditory Verbal Learning Test: Normative data for the Brazilian population and analysis of the influence of demographic variables. *Psychology & Neuroscience*, 3(1), 85-91.

Magalhães, S. S., Malloy-Diniz, L. F., & Hamdan, A. C. (2012). Validity convergent and reliability test-retest of the Rey Auditory Verbal Learning Test. *Clinical Neuropsychiatry*, 9(3), 129-137.

Maki, Y., Amari, M., Yamaguchi, T., Nakaaki, S., & Yamaguchi, H. (2010). Anosognosia: Patients' distress and self-awareness of deficits in Alzheimer's disease. *American Journal of Alzheimer's Disease and Other Dementias*, 27(5), 339-345.

Malloy-Diniz, L. F., Fuentes, D., & Cosenza, R. M. (Orgs.) (2013). *Neuropsicologia do envelhecimento: Uma abordagem multidimensional*. Porto Alegre: Artmed.

Malloy-Diniz, L. F., Fuentes, D., Mattos, P., & Abreu, N. (Orgs.) (2010). *Avaliação neuropsicológica*. Porto Alegre: Artmed.

Malloy-Diniz, L. F., Lasmar, V. A., Gazinelli, L. S., Fuentes, D., & Salgado, J. V. (2007). The Rey

Auditory-Verbal Learning Test: Applicability for the Brazilian elderly population. *Revista Brasileira de Psiquiatria, 29*(4), 324-329.

Miotto, E. C., Sato, J., Lucia, M. C. S., Camargo, C. H. P., & Scaff, M. (2010). Development of an adapted version of the Boston Naming Test for Portuguese Speakers. *Revista Brasileira de Psiquiatria, 32*(3), 279-282.

Moreira, L., Schlottfeldt, C. G., de Paula, J. J., Daniel, M. T., Paiva, A., Coutinho, G., ... Malloy-Diniz, L. F. (2011). Normative study of the Token Test (short version): Preliminary data for a sample of Brazilian seniors. *Revista de Psiquiatria Clínica, 38*(3), 97-101.

Moura, S. M., & Haase, V. G. (2008). Características psicométricas e dados normativos do Teste das Três Palavras e Três Figuras (2P3F) no Brasil. *PSICO, 39*(4), 500-508.

Nitrini, R. (2008). Immediate recall of short stories depends on educational level. *Dementia & Neuropsychologia, 2*(4), 310-314.

Nitrini, R., Caramelli, P., Herrera, E., Porto, C. S., Charchat-Fichman, H., Goulart, M. T., ... Lima, E. P. (2004). Performance of illiterate and literate non-demented elderly subjects in two tests of long-term memory. *Journal of The International Neuropsychological Society, 10*(4), 634-638.

Porto, C. S., Fichman, G. C., Caramelli, P., Bahia, V. S., & Nitrini, R. (2003). Brazilian version of the Mattis Dementia Rating Scale: Diagnosis of mild dementia in Alzheimer's disease. *Arquivos de Neuro-Psiquiatria, 61*(2B), 339-345.

Posner, M. I., & Rothbart, M. K. (2007). Research on attention networks as a model for integration of psychological science. *Annual Review of Psychology, 58*, 1-23.

Radanovic, M., Mansur, L. L., & Scaff, M. (2004). Normative data for the Brazilian population in the Boston Diagnostic Aphasia Examination: Influence of schooling. *Brazilian Journal of Medical and Biological Research, 37*(11), 1731-1738.

Rodrigues, J. L., Ferreira, F. O., & Haase, V. G. (2008). Perfil do desempenho motor e cognitivo na idade adulta e na velhice. *Gerais: Revista Interinstitucional de Psicologia, 1*(1), 20-33.

Salmon, D. P., & Bondi, M. W. (2009). Neuropsychological assessment of dementia. *Annual Review of Psychology, 60*, 257-282.

Salthouse, T. A. (2004). Localizing age-related individual differences in a hierarchical structure. *Intelligence, 32*, 541-561.

Schmand, B., Eikelenboom, P., van Gool, W. A., Alzheimer's Disease Neuroimaging Initiative (2011). Value of neuropsychological tests, neuroimaging, and biomarkers for diagnosing Alzheimer's disease in younger and older age cohorts. *Journal of the American Geriatrics Society, 59*(9), 1705-1710.

Schultz, R. R., Siviero, M. O., & Bertolucci, P. H. F. (2001). The cognitive subscale of the "Alzheimer's Disease Assessent Scale" in a Brazilian sample. *Brazilian Journal of Medical and Biological Research, 34*(10), 1295-1302.

Shallice, T. (1982). Specific impairments of planning. *Philosophical transactions of the Royal. Society of London, 298*, 199-209.

Squire, L. R., & Wixted, J. T. (2011). The cognitive neuroscience of human memory since H.M. *Annual Review of Neuroscience, 34*, 259-288.

Stern, Y. (2012). Cognitive reserve in ageing and Alzheimer's disease. *The Lancet Neurology, 11*(11), 1006-1012.

Strauss, E., Sherman, E. M. S., & Spreen, O. (2006). *A compendium of neuropsychological tests: Administration, norms and commentary* (3rd ed.). Oxford: Oxford University.

Tierney, M. C., Black, S. E., Szalai, J. P., Snow, W. G., Fisher, R. H., Nadon, G., & Chui, H. C. (2001). Recognition memory and verbal fluency differentiate probable Alzheimer disease from subcortical ischemic vascular dementia. *Archives of Neurology, 58*(10), 1654-1659.

Tulving, E. (2002). Episodic memory: From mind to brain. *Annual Review of Psychology, 53*, 1-25.

Vasconcelos, L. G., Brucki, S. M. D., & Bueno, O. F. A. (2007). Cognitive and functional dementia Assessment tools: Review of Brazilian literature. *Dementia & Neuropsychologia, 1*(1), 18-23.

Winblad, B., Palmer, K., Kivipelto, M., Jelic, V., Fratiglioni, L., Wahlund, L. O., ... Petersen, R. C. (2004). Mild cognitive impairment--beyond controversies, towards a consensus: report of the International Working Group on Mild Cognitive Impairment. *Journal of Internal Medicine, 256*(3), 240-246.

Wood, G. M. O., Carvalho, M. R. S., Rothe-Neves, R., & Haase, V. G. (2001). Validação da Bateria de Avaliação da Memória de Trabalho (BAMT-UFMG). *Psicologia: Reflexão e Crítica, 14*(2), 325-341.

29

Fundamentos da reabilitação neuropsicológica

SANCLER ANDRADE

A reabilitação pode ser o trabalho mais gratificante ou o mais frustrante de todos. Os resultados alcançados fazem com que o profissional se torne um agente de mudança. No entanto, se o trabalho feito não for consistente e "suficientemente bom",* então decepção e contrangimento são inevitáveis. Não falo isso para desanimar ninguém, mas, sim, para motivá-lo a se aventurar nesse campo de atuação ainda pouco conhecido.

Para começar, você precisará de um supervisor. Deve ser alguém que já trabalhe há alguns anos nessa área. Alguém que você admire e em quem possa confiar. Eu tive a sorte de encontrar excelentes supervisoras. Elas – Dra. Carmen Teixeira de Carvalho, Dra. Shizuka Nomura e Dra. Candida Pires de Camargo – acreditaram em mim e me deram importantes recursos para a prática. Para cada terapeuta, um supervisor. Então, encontre o seu. A base teórica da reabilitação precisa ser apurada dentro de você. Esse é um processo que vem com o tempo, por isso o supervisor será peça fundamental para o seu crescimento.

Teoria e prática são ações que devem estar bem interligadas. O técnico é um "divisor de águas" (Guirardi, 1999) que marca o passo da reabilitação junto com o seu cliente. Vou apresentar neste capítulo como pensei ao lidar com clientes com problemas cognitivos e comportamentais. Vou mostrar meu raciocínio clínico e meu método de trabalho.

Como você pôde ver no decorrer deste livro, muitos profissionais fazem reabilitação – psicólogos, fonoaudiólogos, professores, fisioterapeutas, assistentes sociais e terapeutas ocupacionais. A abordagem irá variar dependendo de como o cliente é visto dentro de cada disciplina. Assim, cada profissional contribui para a melhoria do cliente, trazendo sua especialidade na equação do tratamento. Não raro, as intervenções usadas são compartilhadas. Por exemplo, uma mesma intervenção pode ser usada por um psicólogo, por um fonoaudiólogo ou por um terapeuta ocupacional. Isso acontece porque os referenciais teóricos são também comuns a todas essas áreas, ou seja, lemos os mesmos autores. Mas existe um porém. Algumas áreas são específicas de determinada disciplina. Cada disciplina tem seu olhar sobre uma questão específica. A Figura 29.1 ilustra o que estou falando.

UM MODELO DE REABILITAÇÃO

Se você é um leitor atento, já percebeu que eu não uso a nomenclatura *paciente*, mas *cliente*. Acredito que terapeutas devem prover serviço – com começo, meio e fim. Além disso, usando o termo *cliente* em vez de

> A reabilitação pode ser o trabalho mais gratificante ou o mais frustrante de todos. Os resultados alcançados fazem com que o profissional se torne um agente de mudança.

---
* Expressão usada por Winnicott (2006).

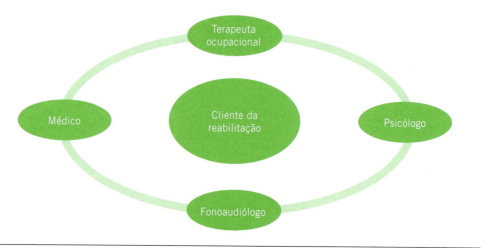

FIGURA 29.1 O cliente da reabilitação recebe intervenções profissionais de igual valor.

paciente, deixo claro que quem recebe o serviço é parte ativa (não paciente) do tratamento e deve ser responsável por ele.

Não se sinta mal por usar o termo *paciente*. Eu me pego falando isso o tempo todo, mas estou me educando a tratar *clientes* em vez de *pacientes*. Comecei a fazer isso depois de minha breve experiência no Canadá em 2006. É de lá que vem este modelo centrado no cliente, que apresento agora.

O ponto fundamental da reabilitação deve ser funcional. As ações de reabilitação devem ser centradas nos ganhos funcionais do cliente. Explico melhor: talvez o seu cliente tenha um grande problema de memória. Se esse problema estiver afetando as atividades diárias, é nelas que seu tratamento deve ser focado. Um problema de memória pode afetar várias funções fundamentais do dia de uma pessoa. Agora, proponho um desafio para você.

Vamos imaginar que não esteja se lembrando de fatos importantes e rotineiros de sua vida. Não se lembra de datas de compromissos, lugares onde guardou objetos, nomes de pessoas. Vamos imaginar também que isso vem piorando, segundo a opinião de seus familiares. Conseguiu imaginar? Agora me diga: O que você deve fazer? Receber tratamento para aprender a memorizar uma lista de 10 palavras ou aprender estratégias para sua vida? O treino cognitivo deve refletir-se e ser utilizado na vida prática. Você pode usar como material uma lista a ser memorizada ou até mesmo um jogo de memória, desde que esses recursos auxiliem o cliente a desenvolver estratégias para a vida prática.

Lembro de uma história que Shizuka, uma de minhas supervisoras, me contou: ela atendia uma senhora, portadora de demência, que estava muito mal. A senhora já estava em uma fase adiantada da doença, com muitas dificuldades ocupacionais causadas pelo próprio curso do seu quadro neurológico. Os exercícios cognitivos já não estavam sendo produtivos, não auxiliavam muito a vida da cliente. Então, o que foi feito?

Shizuka pensou nos pontos fortes da cliente e os usou para diminuir o impacto das dificuldades neurológicas. A senhora costumava tocar piano há muitos anos e esse foi um dos pontos de partida da

> O ponto fundamental da reabilitação deve ser funcional. As ações de reabilitação devem ser centradas nos ganhos funcionais do cliente.

reabilitação. Tocar piano não é nada fácil, exige uma série de recursos cognitivos. Devagar, com objetivos claros e bem definidos, a cliente foi saindo do estado de passividade para um estado mais ativo. Voltou a tocar piano. A vida deixou de ser aquela imagem em branco e preto, ganhou cores e passou a ser admirada.

Eu resumi a história, mas o que eu quero mostrar com ela é que devemos nos inspirar e buscar na reabilitação maneiras de colocar a vida na prática. Esse é um dos fundamentos do modelo centrado no cliente.

O desenvolvimento do conceito da prática centrada no cliente tem sido descrito como possibilitador (McColl & Pranger, 1994) e se refere a uma prática que é iniciada a partir da perspectiva do cliente. O termo foi cunhado por Rogers (1939) no livro *The Clinical Treatment of the Problem Child*. Muitos debates ocorreram a partir daí, principalmente na Associação Canadense de Terapia Ocupacional. Os textos publicados por essa associação nos anos de 1991 e posteriores estavam lincados à prática de terapeutas ocupacionais. A associação precisava provar a importância deste tipo de terapia para o Sistema de Saúde Pública do país.

Não acredito, no entanto, que a prática centrada no cliente deva ser exclusiva de terapeutas ocupacionais. Neste movimento de globalização, devemos aprender a ler outros referenciais teóricos, entender o contexto político de onde surgiram tais conceitos e fazer a nossa prática.

> A prática centrada no cliente refere-se a abordagens colaborativas que objetivam possibilitar ocupações com clientes. Clientes são indivíduos, grupos, agências, governos, corporações ou outros. Terapeutas ocupacionais demonstram respeito aos clientes, envolvem-se na tomada de decisão, advogam com e para eles, a fim de alcançar a necessidade dos mesmos e reconhecem a experiência e o conhecimento do cliente (Canadian Association of Occupational Therapists [CAOT], 2002, p. 49).

O Quadro 29.1 lista os princípios que guiam a prática centrada no cliente.

Na prática, atender usando esse modelo significa ouvir o que o cliente ou familiar tem a dizer. Não raro, vejo clientes que têm disabilidades que precisam ser reabilitadas, mas que, por quaisquer motivos, não aparentam ser impactantes em suas vidas.

Recentemente atendi um senhor que havia sofrido um acidente vascular cerebral

---

QUADRO 29.1
Lista dos princípios que guiam a prática centrada no cliente

- Prática baseada nos valores do cliente e em suas escolhas, o quanto for possível
- Ouvir o ponto de vista do cliente
- Facilitar processos para que a perspectiva do cliente seja alcançada o máximo possível
- Dar suporte ao cliente para examinar riscos e consequências
- Dar suporte ao cliente para ter sucesso, mas também para correr riscos e falhar
- Respeitar o estilo próprio do cliente ao lidar com mudanças
- Guiar clientes e familiares para a identificação das necessidades de tratamento
- Encorajar e ativamente facilitar a participação dos clientes nas tomadas de decisão relativas à terapia e ao planejamento do programa
- Providenciar informações que auxiliem o cliente a fazer escolhas
- Prover comunicação clara e aberta
- Engajar os clientes em seus pontos fortes

Fonte: Adaptado de CAOT (2002).

(AVC). Do ponto de vista clínico, muitas coisas poderiam ser feitas. Uma das condições que me chamou a atenção foi a inabilidade para ser mais independente ao usar o banheiro. Pensei: "Um dos pontos fundamentais desta reabilitação será viabilizar o uso do banheiro da casa com algumas adaptações". A família, no entanto, não concordou. Para eles, e para o próprio senhor B., usar o banheiro com a ajuda de uma auxiliar de enfermagem já era bom e nada precisava ser modificado. O cliente (e aqui incluo sua família) tinha outras questões que julgava prioritárias. E assim o fiz. O que quero dizer aqui é: não adianta tentar empurrar para o cliente o que é ou o que não é bom para ele.

Profissionais da saúde precisam se colocar no lugar do cliente de vez em quando. Outro dia mesmo, eu estava tentando me associar a uma academia de ginástica. O vendedor me mostrou os equipamentos, o espaço físico da academia, me fez algumas perguntas e depois me mostrou por A mais B por que eu devia frequentar aquela academia. Ele me dizia: "Se você não faz exercício com peso há mais de um ano, precisará vir aqui com muita frequência...". Eu fiquei apavorado e saí de lá rapidinho. Quem era esse vendedor que mal me conhecia e já estava fazendo sugestões do que eu devia ou não devia fazer?

Eu até poderia ir com uma certa frequência à academia, mas, primeiro, ele teria de me motivar para isso. Nós, como terapeutas, temos de cativar o nosso cliente. Cativar significa cuidar. Cuidar significa mostrar caminhos que o cliente não conhece, facilitar a busca de perguntas e respostas. Se não há perguntas, provoque-as. "Faça o seu cliente capaz" (CAOT, 2002). Quanto mais afetamos a vida de nosso cliente, mais resultados serão alcançados. No processo de reabilitação, vale o que a minha avó Dita diz: "Pare de colocar o nariz aonde não é chamado!". O papel principal do terapeuta

FIGURA 29.2 As ações de reabilitação reduzem o "peso" das dificuldades do cliente.

é diminuir o impacto das dificuldades na vida do cliente. A Figura 29.2 ilustra isso.

A reabilitação precisa ser um processo claro e entendido por todos que estão ao redor. As intervenções precisam ser discutidas antes de acontecerem, e todos devem concordar com os termos do trabalho. Não é fácil fazer isso em sessões de 55 minutos. O tempo necessário, o cenário da intervenção e a duração dos atendimentos são tópicos que devem ser vistos com extremo cuidado.

EXPRESSÕES USADAS EM REABILITAÇÃO

Os profissionais de reabilitação usam os termos *atividade*, *tarefa*, *exercício* e *ocupação* como se fossem sinônimos. Sou da opinião de que esses profissionais devem diferenciar cada uma dessas nomenclaturas (Figura 29.3). Quanto mais clara a definição do que estamos falando, mais fácil será fornecer serviços de qualidade. No fundo, é função do terapeuta deixar claro o que está fazendo.

Exemplificando: é minha *tarefa* produzir um capítulo deste livro. Para isso, tive de fazer várias *atividades* – coletar dados, traduzir textos, escrever, imprimir, fazer cópias, etc. Poderia transformar essa tarefa em um *exercício* se colocasse nela uma grade de progressão de dificuldade baseada nas variáveis da tarefa.

Exercícios são pensados do grau mais fácil para o mais complexo. As variáveis

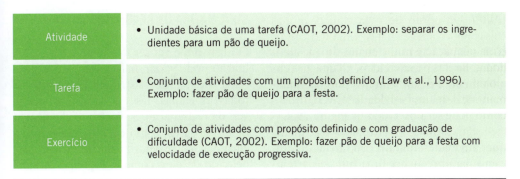

FIGURA 29.3 Definições das nomeclaturas mais usadas em reabilitação.

graduam o exercício. Alguns exemplos de variáveis são: tempo de execução, tipo de estímulo (visual, auditivo, sensório-motor, olfativo...), quantidade de estímulos (1, 2, poucos, muitos...), tamanho dos estímulos (pequeno, médio e grande), etc.

Com base nessas definições, responda as questões a seguir:

1. Jogo de memória é um exercício? Sim ou não?
2. Uma página de palavras cruzadas é um exercício? Sim ou não?
3. Pintar ou fazer artesanato é um exercício? Sim ou não?

Se você respondeu "sim" para essas questões, então... precisa reler as definições que foram propostas. Um jogo de memória não é um exercício, pois não há gradação de dificuldade. Pelo contrário, ao decorrer do jogo, fica cada vez mais fácil identificar os pares. A estratégia mais usada é a de tentativa e erro, que, por si só, não é uma boa estratégia de treino cognitivo.

Fazer uma página de palavras cruzadas não pode ser considerado um exercício pelos mesmos motivos: não há gradação de dificuldade na página e são usadas estratégias complexas, difíceis de se graduar. Já pintar ou fazer artesanato pode ser considerada uma tarefa ou atividade de ocupação, mas não um exercício. Como terapeutas, podemos usar tais atividades como parte de um programa *desde que* entendamos qual a sua finalidade. Exercícios nascem de atividades e tarefas, mas devem ser graduados e ter um objetivo específico.

Há poucos profissionais no Brasil que sabem fazer exercícios de reabilitação. Os profissionais devem se inspirar, planejar e criar seus próprios exercícios, e, para isso, conversar com colegas, ler materiais, dividir informações. No Brasil, eu participava semanalmente de uma reunião com colegas e supervisoras para fazer exercícios de reabilitação. Sinto muita falta dessas reuniões por aqui. Nós sentávamos juntos todas as segundas-feiras para dividir nossas experiências, trocar conselhos, discutir materiais, escrever e formatar exercícios. Alguns desses materiais podem ser vistos pela internet, no *site* www.treinocognitivo.com.br. Sinto-me feliz e orgulhoso de ter sido colaborador desse grupo.

Saudosismos à parte, "terapeutas devem justificar suas intervenções em várias esferas – no meio profissional, para a família do cliente, para a escola do cliente, para o convênio médico" (Lee, Powell, & Esdaile, 2001), entre outros. Se você sabe do que está falando (atividade, tarefa ou exercício), tudo fica mais fácil. Logo, outra nomenclatura de igual importância é *ocupação*.

OCUPAÇÕES

Uma ocupação é muito maior do que atividades, tarefas ou exercícios. Ocupações englobam mais de uma tarefa, e tarefas englobam mais de uma atividade (CAOT, 1998), como pode ser observado na Figura 29.4.

Em essência, "[...] ocupações são quaisquer atividades humanas ou tarefas organizadas para preencher uma função particular [...]" (Clark et al., 1991). Segundo Moats (2007), ocupações devem ser usadas como meio terapêutico, fonte de propósito, significação e escolha do cliente.

A ocupação é uma necessidade humana básica (Kielhofner, 1995) e é determinante de saúde. Atividades, exercícios, tarefas e ocupações devem ser usadas como recurso de intervenção. Dar uma ocupação para o seu cliente não significa dar um jogo de memória ou um quebra-cabeça para ser completado no tempo livre, mas sim prover para o cliente uma organização de tempo, materiais e métodos (CAOT, 2002).

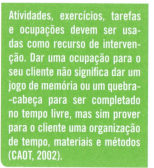

Atividades, exercícios, tarefas e ocupações devem ser usadas como recurso de intervenção. Dar uma ocupação para o seu cliente não significa dar um jogo de memória ou um quebra-cabeça para ser completado no tempo livre, mas sim prover para o cliente uma organização de tempo, materiais e métodos (CAOT, 2002).

SISTEMÁTICA DA REABILITAÇÃO

O lugar onde vai ser desenvolvida a reabilitação pode variar, mas a sistemática deve ser a mesma. Por sistemática, entende-se: todas as etapas, fases e caminhos possíveis da reabilitação. Se você trabalha dentro de um hospital, como eu, o percurso que o cliente percorre dentro da instituição é estabelecido desde o começo. Algumas modificações podem ser feitas e acomodadas, mas a equipe do cliente deve trabalhar em sintonia. Se você trabalha em algum outro cenário (consultório, escola, etc.), as etapas percorridas na reabilitação são as mesmas, mas o tempo dispensado em cada uma delas é estabelecido de outras formas.

Um parênteses: trabalhar em sintonia com outros profissionais nem sempre é fácil. Em alguns locais de trabalho, infelizmente, profissionais se tornam muito territorialistas. Há uma extrema necessidade de marcar território, brigar por salas, por equipamentos e por poder. Isso é cansativo...

A Figura 29.5 resume um modelo de sistemática de reabilitação.

O encaminhamento

No Brasil, clientes chegam à reabilitação de várias maneiras. Nessa etapa, a equipe ou o terapeuta devem fazer uma triagem para determinar se o cliente vai ou não se beneficiar com a reabilitação neuropsicológica. Nesse sentido, critérios de inclusão e exclusão de possíveis clientes devem ser estabelecidos. Por exemplo, um cliente com quadro depressivo grave, dependendo do critério de uma equipe, pode ser excluído ou incluído nos programas de reabilitação. "Cada hospital e cada terapeuta tem os seus critérios, que podem ser impostos pela política

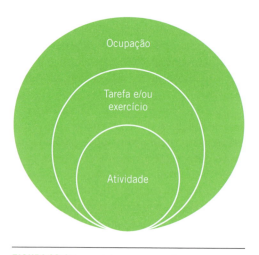

FIGURA 29.4 Nomenclatura e suas posições.

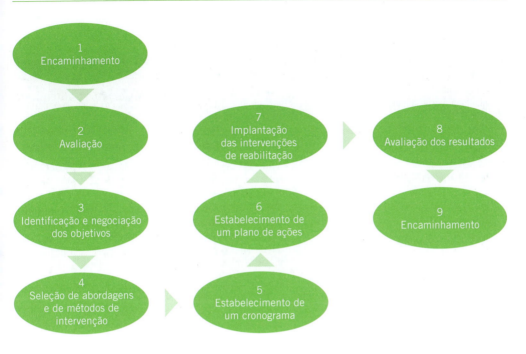

FIGURA 29.5 A sistemática da reabilitação – baseado no modelo norte-americano/canadense.
Fonte: Cicerone, Mott, Azulay e Friel (2004), Law et al. (1996) e Unsworth (1999).

do serviço, por uma legislação ou estabelecidos pelas práticas profissionais." (CAOT, 2002).

A avaliação

A avaliação deve incluir todos os componentes do desempenho ocupacional do cliente, as condições para a realização de ocupações e, principalmente, um relato detalhado dos pontos fortes dele. A descrição das dificuldades funcionais, bem como dados numéricos, são de extrema importância, mas não são exclusivos para a condução do plano da reabilitação (Unsworth, 1999). Os dados de avaliação podem ser coletados de várias formas (a partir do cliente, da família, de outros profissionais) e de várias maneiras (por meio de entrevista, observação, uso de instrumentos padronizados).

> Os dados de avaliação podem ser coletados de várias formas (a partir do cliente, da família, de outros profissionais) e de várias maneiras (por meio de entrevista, observação, uso de instrumentos padronizados).

Outros componentes da avaliação incluem: identificação de problemas, recomendação de serviços, comunicação de resultados para clientes, familiares e outros profissionais relevantes (CAOT, 1998). Os serviços de reabilitação precisam ter recursos suficientes para que se tenha quantidade e variedade de ferramentas de avaliação. Tais ferramentas podem ser genéricas ou instrumentos especializados, padronizados ou não.

Na Tabela 29.1, indico alguns desses instrumentos de avaliação que levam em consideração o desempenho ocupacional dos clientes.

Há muitos protocolos de avaliação no mercado que cobrem um amplo espectro de funções cognitivas e

TABELA 29.1
Instrumentos para avaliação de desempenho cognitivo e ocupacional

AVALIAÇÃO	AUTOR	DESCRIÇÃO
COPM (Canadian Ocupacional Performance Measure)	CAOT (2005)	Medida de desempenho ocupacional, internacionalmente respeitada por apresentar a perspectiva do cliente no contexto de vida diária. Simples para ser administrada, leva de 30 a 40 minutos. Publicada inicialmente em 1990. Contém livro de instruções, formulários para preenchimento e DVD instrucional.
AMPS (Assessment of Motor and Process Skills)	Fisher (1997)	É preciso fazer um curso de certificação de cinco dias para aplicar a avaliação. Trata-se de uma avaliação observacional da qualidade do desempenho das tarefas ocupacionais. O cliente é avaliado a partir de critérios de esforço, eficiência, independência e segurança ao desempenhar mais de 16 atividades de vida diária. A versão de 2005 é computadorizada, o que facilita, para o terapeuta ocupacional, a coleta e o acompanhamento dos dados. Visite o site: www.ampsintl.com.
A-One (Arnadóttir OT-ADL Neurobehavioral Evaluation)	Arnadóttir (1999)	Provê informações sobre impedimentos neurocomportamentais e dificuldades no desempenho funcional do cliente. Avaliação observacional qualitativa das atividades de vida diária. Sugere-se o uso de outras baterias, incluindo testes de percepção visual e motora.
KELS (Kohlman Evaluation of Living Skills) 3a edição	Kohlman-Thompson	Avaliação observacional inicialmente formatada para a população geriátrica. Simples de ser administrada. Útil para determinar a habilidade do cliente em executar habilidades básicas de vida diária. Avalia os componentes das ocupações em três áreas: autocuidado, produtividade e lazer.
ACL (Allen Cognitive Level Test)	Allen (1996, 1998)	Estabelece o nível cognitivo de clientes com base em seu desempenho ocupacional em tarefas do dia a dia. Avaliação longa e detalhada. O terapeuta precisa se familiarizar bem com o protocolo da avalição antes de aplicá-lo. Pode ser adquirida pelo endereço: Alimed, Inc. 297 High Street, Dedham, MA 02026-9135.
SOTOF (Structured Observacional Test of Function)	Unsworth (1999)	Avaliação observacional. O cliente realiza cinco diferentes tarefas de vida diária e, conforme seu desempenho e nível de ajuda requerido, recebe uma pontuação. Simples de ser aplicada para várias categorias diagnósticas, sendo mais usada, no entanto, para a população geriátrica.
LOTCA (Loewenstein Occupational Therapy Cognitive Assessment)	Cermak (1998)	Avaliação de componentes cognitivos das atividades de vida diária. Feita por terapeutas ocupacionais para terapeutas ocupacionais. Usada em algumas regiões do Brasil. Pessoalmente, acredito que uma boa avaliação neuropsicológica é muito melhor do que este protocolo. Se o cliente nunca realizou uma bateria de testes cognitivos, esta avaliação é um bom começo.

ocupacionais. O que mais importa não são os resultados numéricos dessas avaliações, mas estabelecer uma linha de base para a reabilitação. Ao notificar ou relatar avaliações, o terapeuta deve focar nos resultados qualitativos. Muitas das avaliações não são conhecidas por todos os profissionais e, por isso, uma breve descrição do que é a avaliação e do que foi achado é essencial.

Segundo Wheatley (1990), três linhas guias devem ser estabelecidas nas avaliações:

1. Identificar componentes de uma habilidade específica para ser avaliada e comparada.
2. Observar o cliente em diferentes cenários e atividades. O desempenho ocupacional pode ser afetado de acordo com as condições para a realização da atividade.
3. Ao usar testes padronizados, estabelecer a linha de base para as medidas. Considerar a frequência e a severidade do problema.

Muitos princípios teóricos podem ser incorporados, e os níveis cognitivos do cliente devem estar relacionados com outras áreas deficitárias. Na prática, o profissional que faz a reabilitação deve ter claro que a avaliação tem como finalidade ajudar o cliente a ter um melhor desempenho ocupacional e possibilitar-lhe uma vida mais completa e plena. Uma avaliação bem feita deve ter indicações para encaminhamentos de serviços e estar escrita de forma simples e clara.

Uma vez, ainda quando atendia em São Paulo, recebi um cliente vindo de Manaus. Ele e seu familiar traziam uma avaliação cheia de nomes de testes e resultados numéricos, mas que não dizia nada diferente do que se observava nos primeiros minutos de conversa com o cliente. Nas páginas bem impressas e pomposas do "relatório", não havia sugestões de encaminhamentos, não havia dados da sua história de vida, tampouco dados de seu perfil ocupacional. Na minha opinião, avaliações como essa são grandes decepções, porque não ajudam em nada na reabilitação.

Felizmente, na maioria das vezes, meu trabalho como reabilitador foi facilitado por boas avaliações neuropsicológicas que recebi. A discussão dos resultados da avaliação com outros profissionais também é vital. Mais uma vez, minha avó Dita está com a razão: "Duas cabeças pensam melhor do que uma!" – principalmente no início de um processo de reabilitação.

Identificação e negociação dos objetivos

Como já coloquei anteriormente, os objetivos devem ser funcionais e priorizados de acordo com o modelo centrado no cliente. Deve-se estabelecer prazos para alcançar metas de tratamento que podem ser a curto, a médio e a longo prazos. Assim, você consegue ter claro o que vai acontecer em suas intervenções, e seu cliente vai aderir ao tratamento com mais facilidade.

Falar isso é fácil, mas, na prática, ater-se aos objetivos determinados e cumpri-los é algo que depende tanto de você quanto de seu cliente. O seu papel é motivar o cliente para alcançar as metas, dando reforços positivos e provendo experiências de sucesso. Por exemplo, imagine um cliente que tem como um dos objetivos ter independência ao manejar dinheiro. O primeiro objetivo de curto prazo vai ser reconhecer as notas, depois separá-las, depois agrupá-las e assim sucessivamente. Note que esses objetivos são funcionais e fazem parte de um objetivo maior: manejar dinheiro significa ser capaz de fazer outras tantas atividades – pessoais e sociais.

Um cliente motivado é um cliente que tem alto índice de sucesso na reabilitação. O terapeuta não pode ser aquele que dita o que deve ser feito ou não no tratamento, mas sim ser acertivo

> Um cliente motivado é um cliente que tem alto índice de sucesso na reabilitação. O terapeuta não pode ser aquele que dita o que deve ser feito ou não no tratamento, mas sim ser acertivo e congruente com os objetivos deste.

e congruente com os objetivos deste. Lembre-se: em essência, o reabilitador é um facilitador. Uma vez, fui fazer um atendimento domiciliar e meu cliente falou que não poderia ter sessão naquele dia porque precisava assistir a um dos jogos da Libertadores da América. Fuga. Ele ainda não estava motivado o suficiente para se ater aos objetivos do tratamento. Algum tempo depois, esse mesmo cliente "esqueceu" da final da Libertadores porque estava envolvido em uma das tarefas do tratamento. Foi somente nesse momento que a sua reabilitação começou a mostrar resultados.

Objetivos podem ser alterados e modificados se outras intercorrências acontecem. Não raro, medicações novas e/ou eventos da vida pessoal do cliente interferem nos objetivos da reabilitação. O quadro clínico da doença também afeta a perspectiva do tratamento, e a abordagem teórica do terapeuta pode mudar. Por exemplo, clientes com quadros neurodegenerativos precisam de terapeutas que saibam "dançar conforme a música", ou seja, terapeutas que sejam capazes de, rapidamente, alterar abordagens e criar novos objetivos.

Seleção de abordagens e métodos de intervenção

Segundo Radomski e Davis (2002), ao selecionar uma abordagem de tratamento para otimizar habilidades cognitivas e ocupacionais, o terapeuta deve perguntar-se várias questões sobre o cliente e sobre os resultados que precisam ser alcançados. Algumas dessas questões são apresentadas no Quadro 29.2.

Após responder a essas questões, inicia-se a seleção da abordagem. Na prática, é quase impossível separar uma abordagem da outra. Não raro, tentam-se duas ou mais abordagens simultaneamente. Várias abordagens de tratamento são propostas na literatura da reabilitação neuropsicológica. As abordagens mais usadas são:

Abordagem remediativa – treino cognitivo

Os esforços terapêuticos têm o objetivo de restaurar capacidades cognitivas por meio de prática, exercício e simulação (Wilson, 1997), na esperança de que esses ganhos cognitivos se traduzam em melhorias nas tarefas e atividades às quais essas capacidades e habilidades se relacionem (Radomski, 1994). Nessa abordagem, o terapeuta identifica domínios cognitivos que estão deficitários, tais como atenção ou memória, e provê exercícios sequenciados.

Tipicamente, para o treino cognitivo, são usadas atividades de mesa, com papel e lápis, e atividades e exercícios em computador e jogos. Todas essas atividades têm o objetivo de atacar a capacidade cognitiva que está deficitária.

O grande desafio dessa abordagem é, no entanto, tornar possível a transferência das atitudes e estratégias aprendidas para a vida prática do cliente. Um treino cognitivo sem possibilidade de generalização para a vida prática não é de grande valia (Sohlberg & Mateer, 1989). Conforme o cliente vai progredindo, o nível de dificuldade e complexidade do treino aumenta, sempre promovendo experiências de sucesso no treino.

O uso da abordagem remediativa sugere que o treino cognitivo melhora os mecanismos biológicos de recuperação cerebral e facilita a reorganização dos circuitos cerebrais independentemente do tempo após a lesão (Sohlberg & Mateer, 1989). Há evidências de que a prática do treino cognitivo nas áreas de atenção e memória

> O uso da abordagem remediativa sugere que o treino cognitivo melhora os mecanismos biológicos de recuperação cerebral e facilita a reorganização dos circuitos cerebrais independentemente do tempo após a lesão (Sohlberg & Mateer, 1989).

QUADRO 29.2
Perguntas para o reabilitador

Perguntas para o terapeuta

- Os problemas do cliente são atribuídos a uma causa orgânica primária? Ou seja, existe alguma doença de base ou lesão que justifique as dificuldades cognitivas?
- Como estão funcionando os outros sistemas, tais como sistema motor, visual e perceptivo? (Schwartz, 1995)
- Quem é considerado o cliente primário da reabilitação: o próprio cliente, o time família-cliente ou alguma outra parte significativa da vida do cliente?
- O cliente está consciente de seus problemas cognitivos e ocupacionais e motivado para melhorar seu funcionamento nessas áreas?
- O cliente parece ter capacidade de transferir habilidades aprendidas na terapia para situações novas?
- O cliente tem recursos (p. ex., recursos financeiros, tempo, recursos emocionais) para participar da terapia durante o período necessário?

está correlacionada com a melhoria dessas áreas em testagens neuropsicológicas (Taub & Prade. 2006).

Segundo Bolognani e Fabrício (2006), nesse tipo de abordagem, os procedimentos devem envolver atividades específicas não somente para uma melhora da função intelectual, mas também com metas objetivas de melhora funcional que influenciem diretamente a vida diária do cliente. O Quadro 29.3 apresenta algumas intervenções usadas nessa abordagem.

QUADRO 29.3
Intervenções usadas na abordagem remediativa

1. *Treino de Atenção e Memória*: pode ser feito com materiais simples (como papel e lápis) ou com pranchas de figuras/palavras sequenciadas. Há, também, no mercado, alguns programas computadorizados. Saliento que, para uso no Brasil, esses programas *devem ser devidamente adaptados*, não basta só traduzi-los. Já ouvi notícia, em alguns congressos, de que alguns profissionais brasileiros estão adaptando alguns materiais americanos. Espero que tenhamos logo, no Brasil, materiais de qualidade, e que possam ser feitos estudos sobre sua utilização.

    O cliente aprende estratégias para conseguir aumentar o tempo atencional ou relembrar o maior número de estímulos. Outros objetivos podem ser traçados com esse treino, dependendo de cada programa. Usa-se repetição, ensaio, estratégias e pistas com a finalidade de alcançar sucesso crescente.

2. *Treino de Memória de Faces*: usam-se materiais como fotos, desenhos, pranchas com nomes, pranchas com características, com a finalidade de lembrar nomes e características de pessoas importantes para a vida do cliente – desde o nome de um familiar até o nome de um político ou personalidade.

3. *Treino de Orientação Espacial*: utilizam-se mapas e diagramas que progridem de dificuldade constantemente.

4. *Treino de Praxias*: manejo e aperfeiçoamento de uma função ocupacional específica. Envolve o treino sequenciado e concreto usando técnicas de encadeamento de ações. A formação das cadeias de atividades progride em dificuldade e complexidade. Por exemplo, treino de escrita.

Abordagem Adaptativa ou Compensatória

A abordagem adaptativa, também referida como abordagem compensatória, é uma intervenção que envolve os impedimentos ou dificuldades do cliente. Foca-se nas capacidades que estão intactas a fim de desenvolver métodos compensatórios para as funções deficitárias (Wheatley, 1990). Para usar métodos compensatórios, o cliente, com a ajuda de seu terapeuta, deve reorganizar hábitos e rotinas, aprender estratégias internas e modificar o contexto das atividades que realiza.

> A abordagem adaptativa, também referida como abordagem compensatória, é uma intervenção que envolve os impedimentos ou dificuldades do cliente. Foca-se nas capacidades que estão intactas a fim de desenvolver métodos compensatórios para as funções deficitárias (Wheatley, 1990).

A organização de rotina e hábitos é essencial na reabilitação neuropsicológica, e é uma das principais ferramentas de tratamento.

Exemplo de caso: uma senhora jovem, 47 anos, profisssional dedicada em sua área, apresentava baixa pontuação em testes de atenção e memória. A causa de suas dificuldades ocupacionais ainda estava sendo pesquisada pelos médicos; mesmo assim, a seu pedido, iniciei o trabalho de reabilitação com ela. A primeira providência, após terem sido determinados seus objetivos e as metas do tratamento, foi a reestruturação de seus hábitos e rotinas de trabalho. Essa abordagem possibilitou que as demandas no processo de tomadas de decisão diárias fossem minimizadas e, assim, seus hábitos rotineiros puderam ser desempenhados de forma mais consistente.

A abordagem compensatória pressupõe o uso de recursos externos de auxílio, como agendas, bloco de notas, *pagers*, sinalizações. O fundamento aqui é promover atividades que possam ser realizadas apesar das dificuldades cognitivas do cliente. Em outras palavras, busca-se oferecer recursos para que o cliente funcione na vida prática e diminuir o impacto de suas dificuldades em sua rotina. A senhora do exemplo, apesar das dificuldades cognitivas, aprendeu a usar estratégias internas e externas e pôde, assim, obter mais sucesso em sua vida.

Abordagem Mista

Essa abordagem combina atividades, tarefas e ocupações das duas abordagens anteriores. O terapeuta usa e faz o cliente aplicar técnicas e estratégias internas compensatórias para a realização de atividades. A descrição de algumas dessas técnicas são apresentadas no Quadro 29.4.

Tive um cliente jovem que, após um acidente automobilístico, felizmente sem danos físicos graves, não conseguia desempenhar suas tarefas no trabalho. Sua avaliação mostrava que uma das áreas cognitivas afetadas era responsável pela atenção seletiva, sequenciada e dividida. Ele não conseguia se manter concentrado nas atividades, negligenciava detalhes importantes e não completava com qualidade suas tarefas administrativas, como conferir listagens, executar operações matemáticas, completar um formulário, arquivar um documento, selecionar uma informação no meio de outras, etc.

Ao lado de estratégias compensatórias, foi realizado treino cognitivo e, após um ano de tratamento, suas habilidades cognitivas tinham melhorado significamente. O que funcionou neste caso foi a combinação de abordagens. Na prática, fazemos isso porque precisamos buscar resultados funcionais o mais rápido possível, e quem se beneficia é o nosso cliente.

Estabelecimento de um cronograma

Quantas vezes na semana? Por quanto tempo? Essas perguntas são sempre feitas aos profissionais, e a resposta mais comum é:

QUADRO 29.4
Algumas técnicas compensatórias usadas na reabilitação

Ensaio e antecipação	O cliente repete em voz alta o que precisa ser feito ou memorizado, testa recursos antes de fazer a tarefa.
Visualização	O cliente consolida informações a serem lembradas fazendo a imagem mental do que precisa ser feito.
Elaboração semântica	O cliente consolida informações criando pequenas histórias ou frases.
Estratégias de processamento	O cliente prioriza e planeja ações a serem feitas, estabelecendo etapas na atividade.
Uso de conhecimento e vivência prévia	O cliente usa suas próprias vivências e experiências de vida para aprender/reaprender atividades.
Treinamento metacognitivo	O cliente usa tarefas de avaliação, predição de consequências, formulação de objetivos, automonitoramento de desempenho, autocontrole e iniciativa.
Planejamento básico e complexo	O cliente usa *checklists* para se engajar em atividades, planejar o que tem para fazer, analisar projetos.
Uso do ambiente externo	O cliente treina suas habilidades em ambiente familiar a ele ou simula situações reais para facilitar a generalização do tratamento (Fuentes & Andrade, 2006).

Fonte: Baseado em Toglia (1998).

Isso vai depender de você... Se o seu cliente faz essas perguntas, é porque precisa de resposta objetiva e clara. Para responder, tenha em mãos o cronograma de atividades e datas para o alcance de metas do tratamento. Aqui, nos Estados Unidos, dependendo do caso, tenho o luxo de poder atender o mesmo cliente 5 a 7 vezes na semana em sessões de reabilitação. Tudo depende de como foi feito o encaminhamento e do programa no qual o cliente está inserido. No Brasil, ainda estamos longe dessa realidade, mas somos bem criativos e podemos tentar fazer sessões mais organizadas e mais focadas.

Meu primeiro cliente de reabilitação foi um encaminhamento para atendimento domiciliar. Não sabia ao certo até onde podia chegar e nem sabia direito como fazer. Tinha uma única certeza: queria tornar o cliente o mais adaptado possível dentro e fora de sua casa. Era necessário organizar a sua rotina, dar-lhe mais independência e oferecer mais possibilidades de ações no mundo – independentemente de suas dificuldades cognitivas. A abordagem era adaptativa, mas também tentava, na medida do possível, algumas estratégias remediativas.

O cronograma estabelecido e o número de horas de tratamento eram, no começo, extremamente longos (20 horas semanais, ou seja, 5 tardes por semana!). Esse cronograma foi sendo reduzido ao serem completadas etapas do tratamento. Por exemplo, quando era possível organizar um horário para outras atividades, eu ia aos poucos me distanciando. Assim, em pouco mais de um ano de tratamento, o número de horas com o terapeuta reduziu de 20 para 3 horas semanais e, depois, foi gradualmente se extinguindo. O que quero mostrar aqui é: ter datas e rotinas de tratamento facilita todo o processo – tanto para o terapeuta quanto para o cliente.

Plano de ações

Saiba o que você vai oferecer para o cliente na sessão. Tenha um repertório de materiais e atividades. Sessão de reabilitação não é sessão de psicoterapia. Não espere que o cliente vá trazer conteúdos obscuros que precisam ser trabalhados. Motive-o a descobrir o que precisa ser tratado objetivamente. A psicoterapia é de extrema importância para a reabilitação, conforme indicam Bolognani e Fabrício (2006): sessões de psicoterapia podem facilitar a conscientização das dificuldades e serem auxiliares ao treino cognitivo e social.

Com base em Borcherding (2005), pode-se afirmar que um plano de ação envolve a documentação do que vai acontecer e do que aconteceu em sessões de reabilitação do cliente. O plano deve conter:

- Informação provinda do cliente – alterações do quadro, condições ambientais e informações pessoais
- Frequência e duração do tratamento
- Foco nos elementos de desempenho funcional, ou seja, o que se quer alcançar com determinadas intrevenções
- Nível de ajuda e tipo de auxílio necessário para a realização de atividades
- Seleção de materiais específicos
- Identificação de áreas-problema
- Raciocínio clínico para a intervenção
- Anotações de resultados prévios e expectativas

Na prática, o plano de ações é tudo aquilo que você, como terapeuta, traz para a equação do tratamento. Muitas vezes, uma mesma atividade de tratamento pode ser usada com vários clientes em situações diferentes. Por exemplo, um material bem feito para treino de memória pode ser usado de várias formas. Vai depender de como você vai utilizá-lo e para qual finalidade.

Adoro cozinhar em meu tempo livre. Se tenho uma receita em mãos (um plano de ação), tudo fica mais fácil. Sem a receita ou sem os ingredientes necessários, fica difícil fazer qualquer coisa. Outro dia mesmo, eu queria fazer um bolo de milho. Tinha milho, açúcar, leite... e achei que, mesmo sem ter uma receita, eu poderia dar conta do recado. Para minha surpresa, deu certo! Ficou uma delícia. Tentei fazer de novo o mesmo bolo para levar para o hospital em que trabalho e foi um fracasso total. Às vezes, uma pitada disso, um pouquinho daquilo pode resolver, mas, com um plano de ação, sua receita tem mais chances de dar certo.

Implantação das Intervenções de Reabilitação

Carvalho e Nomura (2004), com grande clareza, apontam as atitudes que o terapeuta deve ter ao implementar as intervenções de reabilitação. Segundo as autoras:

> [...] o terapeuta precisa estar atento a alguns aspectos:
> - o objetivo último do trabalho é conseguir que o [cliente] possa utilizar sozinho qualquer estratégia, de modo independente e em seu ambiente natural. Nesse sentido, é importante que o terapeuta oriente o [cliente] a se avaliar de forma realista, incentivando-o a usar estratégias eficientes de correção e autorreforçamento [...]
> - não se trata de "curar" um déficit ou uma lesão, mas sim de estimular habilidades.
> - flexibilidade é um fator crítico. O terapeuta deve estar pronto a reconhecer que muitas razões levam um indivíduo a falhar, e precisa analisar continuamente o que precisa ser modificado no trabalho.
> - é muito importante ensinar o [cliente] a "pensar alto". É útil que o terapeuta atue como modelo, falando alto, por exemplo, como planeja enfrentar uma dificuldade, resolver um problema, ou escolher uma estratégia para fazer uma tarefa.
> - compete ao terapeuta apresentar as tarefas de modo simples e objetivo, as-

segurando sucesso em cada nível antes de aumentar a complexidade. [...]
- a variabilidade é esperada: o desempenho cognitivo é afetado por inúmeros fatores e pode sofrer alterações em qualquer pessoa.
- não se pode subestimar ou minimizar os efeitos da ansiedade, na medida em que ela afeta o funcionamento cognitivo. Em muitos [clientes] a antecipação de fracasso chega a ser paralisante. O terapeuta precisa reconhecer a ansiedade e ajudar o cliente a enfrentá-la.

Na prática, o reabilitador precisa ter paciência – apressar o processo não funciona e demorar demais em cada etapa também não. No fundo, devemos ter bom senso e implementar intervenções com consistência e segurança. Afinal de contas, essa é a melhor parte do trabalho.

O cenário da reabilitação é outro fator de grande importância. Por cenário, estou me referindo ao local de atendimento. Em termos práticos, apesar de ser mais confortável atender em nossos consultórios, nem sempre é possível ter uma visão mais ampla do cliente nesse espaço. Sou da opinião de que treinos cognitivos podem ser feitos no consultório, mas intervenções adaptativas/compensatórias têm mais probabilidade de sucesso se executadas no ambiente do cliente. As intervenções *in loco* são possibilitadoras de generalização de estratégias. Isso, no entanto, nem sempre é possível.

Avaliação dos result'ados

Os resultados da reabilitação devem ser medidos na eficácia do programa desenvolvido e devem ter uma linha qualitativa e outra quantitativa (CAOT, 1998). Alguns critérios devem ser estabelecidos para serem tomadas as medidas de resultados. Geralmente, terapeutas se utilizam das mesmas baterias de testes que foram empregadas no começo da reabilitação. Alguns trabalhos publicados recentemente mostram resultados pré e pós-intervenções de reabilitação. O leitor pode obter algumas das referências desses trabalhos no final deste capítulo.

Na minha opinião, mais importante do que resultados quantitativos é avaliar sem preconceitos se você, como terapeuta, está fazendo ou não um bom trabalho. Algumas condições degenerativas tratadas em reabilitação não vão ter resultados quantitativos satisfatórios, mas a qualidade de vida do seu cliente pode ter alterado imensamente. Tive a sorte de atender clientes com quadros avançados de demência. Apesar das testagens sempre mostrarem queda cognitiva, as intervenções eram efetivas porque os clientes podiam fazer mais atividades, ter novos papéis de vida e tantas outras conquistas não calculadas numericamente.

O contrário também pode acontecer: seu cliente pode ter resultados quantitativos bons após algumas sessões de reabilitação, mas a vida prática dele pode estar pior. Mais uma história: atendia um senhor que tinha uma avaliação neuropsicológica com dados muito favoráveis a ele. Havia áreas deficitárias claras, mas, segundo sua avaliação, também havia recursos que poderiam ser muito auxiliares para que ele pudesse funcionar bem na vida prática. Pois bem, após certo período em reabilitação, novos testes provaram que seu funcionamento cognitivo estava melhor. Mas, na vida prática, isso não se refletia. O funcionamento cognitivo é somente um dos fatores que afetam a vida prática.

Paradigmas à parte, os resultados da reabilitação devem ser medidos na vida prática.

Encaminhamento

Se os resultados inicialmente estabelecidos não foram alcançados, deve-se pensar por dois caminhos:

1. levantar novas hipóteses para o problema e reiniciar o processo de reabilitação ou
2. encaminhar o cliente para outro tipo de ajuda.

Por sua vez, se os resultados foram obtidos e não há outras questões a serem endereçadas, então o cliente está apto para o encaminhamento em outras esferas sociais (Cicerone et al., 2004).

Algumas vezes, nem sempre é possível continuar a atender um cliente, independentemente de como é feita a reabilitação. Tive clientes que mudaram de cidade, buscaram outros objetivos e até eu, um dia, mudei de cidade. De uma forma ou de outra, deve-se deixar uma rede de suporte para o cliente, construir uma teia de ajuda. Segundo Kielhofner (1995), somos essencialmente seres ocupacionais, nos apresentamos a partir do que fazemos. A reabilitação possibilita o fazer – seja esse fazer adaptado ou não – e é em um time do qual devemos nos sentir parte ao promover ações reabilitativas.

CONSIDERAÇÕES FINAIS

Faltou falar muitas coisas. Eu ainda, assim como você, estou aprendendo a fazer reabilitação. Espero que este capítulo o tenha incentivado a buscar mais informações. O conhecimento está sendo produzido em uma velocidade muito grande. Precisamos dedicar tempo para estudar mais, cuidar de nossos clientes e fazer da reabilitação a nossa mais prazeirosa ocupação.

Vou terminar com algumas "lições" que aprendi com meus clientes (Quadro 29.5). Boa sorte e bom divertimento!

QUADRO 29.5
Lições que aprendi com meus clientes

Lição número 1 – "Confie no que sabe, e se não sabe... procure saber." Fazer supervisão é essencial.

Lição número 2 – "Nem sempre o que funciona para um cliente funciona para outro." Mude de intervenção constantemente para alcançar bons resultados.

Lição número 3 – "Se fugir o bicho pega, se ficar o bicho come." Esteja preparado para o inesperado e saiba manejar situações não planejadas.

Lição número 4 – "Não espere até a primavera chegar." Os resultados da reabilitação podem demorar, mas você deve definir prazos para alcançar objetivos.

Lição número 5 – "Não apareça para a festa com as mãos abanando." Planeje suas sessões. Sem um plano de ações na manga, você vai se sentir perdido.

Lição número 6 – "A verdade é dura." Se o que você está fazendo não está dando certo, é porque você não está fazendo direito.

Lição número 7 – "Faça o relatório e não reclame." Um bom relatório facilita o trabalho do terapeuta. Quem sai ganhando é você mesmo.

Lição número 8 – "Se o exercício não estiver afetando diretamente a vida deste cliente, pare de perder tempo." Pergunte-se sempre: "Você levou em consideração a vida diária rotineira deste cliente?".

Lição número 9 – "Vacine-se. Prepare-se para a guerra de egos." Em um grupo de profissionais de reabilitação, há muitas vaidades. Saiba discutir construtivamente com seus colegas.

Lição número 10 – "Mergulhe de cabeça, mas use capacete." Faça tudo o que pode, mas saiba quando dizer não.

Lição número 11 – "Não deixe o bolo queimar." Seja cuidadoso com o seu cliente. Não desmarque atendimentos, nem faça sessões na correria. Pequenos detalhes podem estragar tudo.

Lição número 12 – "Tenha bom humor e ande de bicicleta." Cuide de sua saúde.

Lição número 13 – "Se você não dança tango, improvise alguns passos." Seja criativo.

REFERÊNCIAS

Allen, C. K. (1996). *Allen Cognitive Level Screen (ACLS). Test manual.* S&SS, P.O. Box 513, Colchester, CT 06414-0513. Published by S&S.

Allen, C. K. (1998). Cognitive disabilities model: How to make clinical judgments. In N. Katz (Ed.), *Cognition and occupation in rehabilitation: Cognitive models for intervention in occupational therapy* (pp. 225-279). Bethesda: American Occupational Therapists Association.

Arnadóttir, G. (1999). Evaluation and intervention with complex perceptual impairment. In C. Unsworth (Ed.), *Cognitive and perceptual dysfunction: A clinical reasoning approach to evaluation and intervention.* Philadelphia: F. A. Davis.

Bolognani, S. A., & Fabrício, A. M. (2006). Reabilitação neuropsicológica em lesão cerebral adquirida: O desafio de trabalhar com a diversidade. In J. Abrisqueta-Gomez, & F. H. Santos (Orgs.), *Reabilitação neuropsicológica: Da teoria à prática.* São Paulo: Artes Médicas.

Borcherding, S. (2005). *Documentation manual for writing SOAP notes in ocupational therapy.* Thorofare: Slack Incorporated.

Canadian Association of Occupational Therapists [CAOT] (1998). *Occupational therapy guidelines for client-centered practice.* Ottawa: CAOT.

Canadian Association of Occupational Therapists [CAOT] (2002). *Enabling occupation: An occupational therapy perspective.* Ottawa: CAOT.

Canadian Association of Occupational Therapists [CAOT] (2005). *Canadian occupational performance measure* (4th ed.). Ottawa: CAOT.

Carvalho, C. T., Nomura, S. (2004). *Treino cognitivo: A importância de materiais adequados na reabilitação neuropsicológica.* Recuperado de www.treinocognitivo.com.br

Cermak, S. A. (1998). Cognitive rehabilitation: a retraining model for clients following brain injuries. In N. Katz (Ed.). *Cognition and occupation in rehabilitation: Cognitive models for intervention in occupational therapy* (pp. 99-123). Bethesda: American Occupational Therapist Association.

Cicerone, K. D., Mott, T., Azulay, J., & Friel, J. C. (2004). Community integration and satisfaction with functioning after intensive cognitive rehabilitation for traumatic brain injury. *Archives of Physical Medicine and Rehabilitation, 85*(6), 943-50.

Clark, F. A., Parham, D., Carlson, M. E., Frank, G., Jackson, J., Pierce, D., ... Zemke, R. (1991). Occupational science: Academic innovation in the service of occupational therapy's future. *The American Journal of Occupational Therapy, 45*(4), 300-310.

Fisher, A. G. (1997). *Assessment of motor and process skills* (2nd ed.). Fort Collins: Three Star.

Fuentes, D., & Andrade, S. L. (2006). Reabilitação neuropsicológica de pacientes neuropsiquiátricos. In J. Abrisqueta-Gomez, & F. H. Santos (Orgs.), *Reabilitação neuropsicológica: Da teoria à prática.* São Paulo: Artes Médicas.

Guirardi, M. I. (1999). *Representações da deficiência e práticas de reabilitação: Uma análise do discurso técnico* (Tese de doutorado, Instituto de Psicologia, Universidade de São Paulo, São Paulo).

Kielhofner, G. (1995). *A model of human occupation: Theory and application* (2nd ed). Baltimore: Williams and Wilkins.

Kohlman-Thompson, L. (1992). *Kohlman evaluation of living skills.* Bethesda: American Occupational Therapy Association.

Law, M., Cooper, B., Strong, S., Stewart, D., Rigby, P., & Letts, L. (1996). The person-environment-occupation model: A transactive approach to occupational performance. *Canadian Journal of Occupational Therapy, 63*(1), 9-23.

Lee, S. S., Powell, N. J., & Esdaile, S. (2001). A functional model of cognitive rehabilitation in occupational therapy. *Canadian Journal of Occupational Therapy, 68*(1), 41-50.

McColl, M. A., & Pranger, T. (1994). Theory and practice in occupational therapy guidelines for client-centered practice. *Canadian Journal of Occupational Therapy, 61*, 250-259.

Moats, G. (2007). Discharge decision-making, enabling occupations, and client-centered practice. *Canadian Journal of Occupational Therapy, 74*(2), 91-101

Radomski, M. V. (1994). Cognitive rehabilitation: Advancing the stature of occupational therapy. *American Journal of Occupational Therapy, 48*(3), 271-273.

Radomski, M. V., & Davis, E. S. (2002). Optimizing cognitive abilities. In C. A. Trombly, & M. V. Radomski (Eds.), *Occupational therapy for physical dysfunction* (5th ed.). Baltimore: Lippincott Williams & Wilkins.

Rogers, C. R. (1939). *The clinical treatment of the problem child.* Boston: Houghton Mifflin.

Schwartz, S. M. (1995). Adults with traumatic brain injury: three case studies of cognitive rehabilitation in the home setting. *American Journal of Occupational Therapy, 49*(7), 655-667

Sohlberg, M. M., & Mateer, C. A. (1989). *Introduction to cognitive rehabilitation.* New York: Guilford.

Taub, A., & Prade, C. (2006). Modelo de intervenção em reabilitação neuropsicológica de lesões adquiridas. In J. Abrisqueta-Gomez, & F. H. Santos (Orgs.), *Reabilitação neuropsicológica: Da teoria à prática.* São Paulo: Artes Médicas.

Toglia, J. P. (1998). Cognitive-perceptual retraining and rehabilitation. In M. E. Neistadt, & Crepeau, E. B. (Eds.), *Williard and Spackman's occupational therapy* (9th ed.). Philadelphia: J. B. Lippincott

Unsworth, C. (1999). *Cognitive and perceptual dysfunction: A clinical reasoning approach to evaluation and intervention.* Philadelphia: F. A. Davis

Wheatley, C. J. (1990). Evaluation and treatment of cognitive dysfunction. In L. W. Pedretti (Ed.), *Occupational therapy: Practice skills for physical dysfunction* (4th ed.). St. Louis: Mosby.

Wilson, B. A. (1997). Cognitive rehabilitation: How it is and how it might be. *Journal of the International Neuropsychological Society, 3*(5), 487-496.

Winnicott, D. W. (2006). *Os bebês e suas mães.* São Paulo: Martins Fontes.

30

Remediação cognitiva

SILVIANE ANDRADE
THAÍS QUARANTA
DANIEL FUENTES

A remediação cognitiva (RC) é um modelo de reabilitação cognitiva que tem como pressuposto o uso da metacognição. Entende-se por metacognição o "pensar sobre o pensamento" (Flavell, 1979), ou seja, tornar conscientes as estratégias e formas de atuar diante de uma tarefa, buscando analisar erros, prever consequências, agir de acordo com uma intenção ou um objetivo, e utilizar a experiência prévia para selecionar uma gama de ações apropriadas para se alcançar o objetivo. Para tanto, faz-se necessário um treino para agir de forma controlada, em vez da realização automática de ações disfuncionais, uma vez que esse tipo de resposta ocorre sem controle interno (Wykes & Reeder, 2005).

A RC propõe:

- um modelo de processamento cognitivo saudável;
- compreensão clara dos aspectos cognitivos preservados e das dificuldades associadas ao transtorno;
- um modelo de relação entre o funcionamento cognitivo e o comportamento diário;
- métodos de melhora cognitiva;
- entendimento do impacto dos fatores ambientais, pessoais e interpessoais na mudança cognitiva e funcional do paciente.

Existem fatores que são relevantes para se conseguir maior eficácia do tratamento com RC, como: o ambiente, a relação terapêutica e o engajamento do paciente.

O modelo da RC propõe que o ambiente terapêutico deve ser diferente daquele da vivência diária do paciente, uma vez que tem como objetivo a reabilitação da função cognitiva, e não de estados afetivos; sendo assim, um ambiente neutro, que não tenha em si qualquer carga afetiva negativa para o paciente, é melhor. Isso possibilita maior engajamento e diminui o estresse, podendo, assim, aumentar a eficiência cognitiva (Wykes & Reeder, 2005).

O atendimento deve ser individual, uma vez que reduz a demanda social – uma fonte de estresse para o paciente –, além de possibilitar um acompanhamento mais próximo, em que o terapeuta pode dar maior *feedback* ao paciente e motivá-lo, pois na relação um a um o profissional pode continuamente avaliar e formular as aquisições e limitações cognitivas, bem como ajudar na regulação do comportamento do paciente (Bentall, 2003).

A postura do terapeuta deve ser a de possibilitar o engajamento do paciente. Para tanto, deve ter um olhar incondicional, estabelecendo empatia com as dificuldades

> O modelo da RC propõe que o ambiente terapêutico deve ser diferente daquele da vivência diária do paciente, uma vez que tem como objetivo a reabilitação da função cognitiva, e não de estados afetivos; sendo assim, um ambiente neutro, que não tenha em si qualquer carga afetiva negativa para o paciente, é melhor.

do paciente. O terapeuta deve ser diretivo, fornecendo suporte para o funcionamento cognitivo do paciente, dar poucas explicações verbais para diminuir a demanda cognitiva e oferecer múltiplas alternativas, sem confrontar a escolha do cliente (Wykes & Reeder, 2005).

O bom estabelecimento da relação terapêutica possibilita o engajamento do paciente e da família. Assim, o profissional deve utilizar-se de estratégias que aumentem esse engajamento, como, por exemplo, explicar os objetivos do tratamento com RC e mostrar com clareza a lógica deste, diminuindo, assim, as dúvidas do paciente e possibilitando a discussão sobre os problemas cognitivos associados à patologia. Isso pode ajudar o paciente a externar suas próprias experiências e criar uma oportunidade de estabelecer empatia com relação às suas dificuldades. Cabe também ao terapeuta buscar informações sobre interesses e *hobbies* do cliente, com o objetivo de trazer para o ambiente terapêutico um contexto agradável.

É importante estabelecer o objetivo do tratamento, possibilitando avaliações constantes, bem como entender o que é necessário para alcançar tal meta, de acordo com as habilidades e dificuldades do paciente.

Um modelo proposto para o tratamento com RC sugere que os estímulos recebidos ativam automaticamente um esquema cognitivo existente. Contudo, por vezes, respostas automáticas podem ser ineficazes. Por isso, o tratamento com RC conduz o paciente a pensar sobre sua ação, fazendo o controle cognitivo dela por meio do uso da metacognição. Para tanto, é necessário um ambiente adequado, de motivação e que amplie as possibilidades de tarefas para, assim, gerar uma ação eficaz.

TREINO COGNITIVO

No tratamento com RC, a aprendizagem deve ser um processo construtivo e reflexivo, e não passivo. As instruções devem ser claras e utilizadas para ensinar os princípios de transferência de metacognição, ensinando aos pacientes a reconhecer similaridade entre as tarefas, por meio da codificação análoga, e aplicar soluções conhecidas para novos problemas, uma vez que o emprego de uma ampla gama de estratégias deve ser encorajado.

O terapeuta deve fornecer os materiais necessários para o paciente completar uma tarefa nos limites de sua competência. Para isso, a tarefa pode ser feita em estágios, havendo sobreposição, ou seja, tarefas mais complexas se apoiam nas fases anteriores, assim como podem ocorrer simultaneamente. Dentro desse modelo, utiliza-se como metáfora o sistema de "andaime", em que há tanto uma construção simultânea como sobreposição de estágios, na qual o anterior dá suporte ao posterior. Do mesmo modo, no tratamento com RC, o surgimento de cada aprendizagem segue de forma gradual, a partir da etapa anterior, de acordo com o progresso do paciente (Wood, Bruner, & Ross, 1976).

Cabe ao terapeuta possibilitar a compensação dos prejuízos cognitivos. Para isso, ele deve minimizar instruções verbais, utilizando mais recursos visuais, e demonstrando tarefas como exemplo para o paciente realizar a sua própria tarefa. Também deve usar o reforço positivo e ir moldando o comportamento do paciente de forma a sempre motivá-lo, assim como raramente deve corrigir os erros, demonstrando formas eficazes de conseguir a meta. Deve-se utilizar a aprendizagem sem erro e ter como alvo a memória implícita, e não a explícita, uma vez que a primeira é mais preservada em caso de lesões neurológicas (Baddeley & Wilson, 1994).

> Também é papel do terapeuta fornecer ajuda sempre que verificar que as respostas do paciente são inadequadas, além de fazer pausas sempre que perceber algum desgaste deste cliente.

Além do trabalho com o paciente, o terapeuta deve contar com a ajuda de outra pessoa (familiar) que reforce as habilidades cognitivas adquiridas e possibilite seu uso em outros ambientes, permitindo assim, a generalização. Contudo, no tratamento com RC, o paciente é sempre ensinado e estimulado a organizar seu próprio comportamento nos diversos meios; para isso, ele deve utilizar apoio social.

Para a aprendizagem sem erro, o terapeuta deve: atuar de forma a simplificar a tarefa, uma vez que instruções complexas podem induzir ao erro ou ao uso de estratégias ineficazes; ser diretivo, dando instruções explícitas e, possibilitando, assim, uma boa compreensão por parte do paciente; fazer o manejo da velocidade com que o paciente realiza as etapas da tarefa, a fim de evitar o uso do tempo de forma inadequada, de modo a não se ater muito em etapas mais simples, o que poderia levar a fadiga e desmotivação para realização das etapas mais importantes; e garantir o uso de estratégias, ensinando as etapas do processo e evitando a execução de forma aleatória, desorganizada e sem planejamento, uma vez que esse padrão de resposta aumenta a chance de erro e desperdício de tempo. Também é papel do terapeuta fornecer ajuda sempre que verificar que as respostas do paciente são inadequadas, além de fazer pausas sempre que perceber algum desgaste deste cliente.

Para o treino cognitivo, o profissional deve utilizar modelagem, em que seu comportamento servirá de modelo para o paciente. Ao executar a tarefa passo a passo, o terapeuta facilita o entendimento de cada etapa pelo paciente. Uma vez que este emite um comportamento apropriado, cabe ao profissional reforçar, dando-lhe um *feedback* positivo; porém, no caso contrário, ele deve ignorar as respostas inadequadas. É importante o terapeuta usar a iniciativa do paciente para, então, sugerir estratégias.

No acompanhamento da realização das tarefas com o paciente, o profissional deve fazer uso do questionamento socrático, pois perguntas diretas podem ajudar o paciente a refletir sobre seu desempenho, com consequente reformulação de sua estratégia. O uso de quadros de perguntas pode auxiliar a orientação para o paciente.

OBJETIVOS DA RC

A RC tem como objetivos aumentar a capacidade e a eficiência das funções cognitivas; ensinar a ampliar, generalizar e transferir esquemas cognitivos para orientar a ação; melhorar a metacognição; e aumentar a motivação. A seguir, serão discutidas estratégias para alcançar cada um desses objetivos.

1. Aumentar a capacidade e a eficiência das funções cognitivas.
   – Uma vez conhecidas as funções preservadas, os déficits e o estilo cognitivo do paciente, deve-se

desenvolver estratégias baseadas no funcionamento cognitivo para uma melhor condição de engajamento. Estas devem estar de acordo com a personalidade do paciente devendo ser pragmáticas, individualizadas e simples.
- Exemplos de estratégias que podem ser utilizadas:
  a) Verbalização: estimular o paciente a usar apoio articulatório oral para que possa acompanhar sua ação e, assim, manter-se focado e com maior possibilidade de automonitoramento.
  b) Ensaio: encorajar o paciente a ensaiar a resposta antes mesmo de sua execução, a fim de perceber *a priori* erros e, dessa forma, evitá-los.
  c) Uso de imagens: a utilização de recursos visuais diminui a demanda verbal do paciente, podendo promover uma maior capacidade de resolução.
  d) Resumo da informação: conduzir o paciente a resumir o que está sendo solicitado possibilita verificar se ele entendeu a instrução.
  e) Categorização: orientar o paciente a categorizar informações, a fim de verificar se as respostas já aprendidas podem ser adequadas a situações de mesma categoria.
  f) Desmembramento em pequenos passos: trabalhar com o paciente o passo a passo da resposta, passando para o momento seguinte apenas quando a etapa anterior tiver sido compreendida.
  g) Organização: lançar mão de estratégias de planejamento e organização facilita a eficiência do paciente.
  h) Checagem: após o término da tarefa, sugerir ao paciente que reveja sua resposta, encorajando-o a perceber erros e, assim, concertá-los.
2. Ensinar a ampliar, generalizar e transferir esquemas cognitivos para orientar a ação.
   - Para ampliação dos esquemas cognitivos, deve-se fazer uso de diagramas e recursos multimídia; ajudar a pessoa a conectar explicações verbais com representações visuais; utilizar múltiplos contextos de aprendizagem, e de codificação analógica; usar estratégias de modo adequado.
3. Melhorar a metacognição.
   O ensino de habilidades metacognitivas para melhor resolução de problemas e para a utilização de estratégias deve envolver os seguintes passos:
   - Análise da tarefa e entendimento do problema.
   - Uma gama de estratégias possíveis é gerada; cada solução é avaliada, e a solução mais adequada e eficaz é selecionada.
   - A solução é monitorada e avaliada.
   - A resposta é modificada e adaptada se necessário ou uma estratégia alternativa é selecionada.

O paciente deve utilizar a autoinstrução verbal para facilitar o progresso de seu desempenho, e o terapeuta deve favorecer situações em que seja possível a generalização para comportamentos novos.

4. Aumentar a motivação do paciente é muito importante para que ele se mantenha engajado durante todo o tratamento, e, para obtê-la, deve-se desenvolver uma relação terapêutica de colaboração, o que pode ser conseguido

fazendo uso de objetivos pessoais do paciente e de técnicas de gratificação. A motivação para completar uma tarefa de particular interesse e que tenha um significado pessoal para o paciente é um importante ingrediente para a transferência de informação de um contexto para outro. Além disso, altos níveis de motivação parecem compensar a deficiência cognitiva (Miller & Rollnick, 2002).

TIPOS DE INTERVENÇÕES QUE PODEM SER UTILIZADAS EM PROBLEMAS COGNITIVOS E COMPORTAMENTAIS COMUNS

A seguir, são descritos alguns exemplos de situações em que os problemas cognitivos podem diminuir a eficácia do desempenho.

Tempo de resposta lento

Em várias síndromes neuropsicológicas, a velocidade de processamento para realizar as tarefas se encontra comprometida. Diante disso, é importante utilizar de algumas estratégias para que o paciente consiga, no decorrer do tratamento, melhorar seu tempo de execução. Para tanto, é sugerido:

- Dar um tempo limite no qual a tarefa deve ser completada.
- Fornecer palavras-estímulo que o paciente possa usar para guiar seu comportamento, como, por exemplo, parar, agir, planejar, continuar, etc.
- Mostrar ao paciente um modelo de velocidade de trabalho.
- Fazer o paciente primeiro articular seus pensamentos e depois refletir sobre eles.
- Colocar lembretes para que o paciente mantenha-se trabalhando, sem fazer pausas desnecessárias.

Respostas rápidas e impulsivas

Diante de respostas impulsivas – em que o paciente antecipa sua resposta antes mesmo de analisar o que está sendo proposto e, dessa forma, aumenta sua chance de cometer erros –, deve-se utilizar como estratégias as seguintes orientações:

- Encorajar a reflexão e o planejamento antes da execução da tarefa.
- Discutir os passos para realizar a tarefa antes de sua execução.
- Pedir ao paciente para descrever cada comportamento que é realizado.
- Dividir a tarefa em estágios e pedir ao paciente para completar um estágio por vez, parar e refletir sobre o próximo.
- Dar as instruções da tarefa, um passo de cada vez, e pedir ao paciente para trabalhar na velocidade em que o terapeuta está descrevendo o comportamento necessário.
- Pedir ao paciente para descrever o comportamento antes de realizá-lo.

Adoção de estratégias ineficientes

É muito comum o paciente que apresenta déficits cognitivos utilizar estratégias erradas ou pouco eficientes para realizar uma tarefa. Cabe, então, ao terapeuta evitar que isso aconteça, para que o paciente não se frustre diante de sua ineficiência, ficando fadigado e podendo, inclusive, desistir de completar a tarefa. Para minimizar esse problema, pode-se utilizar as seguintes orientações:

- Pedir ao paciente para monitorar a eficácia da estratégia.
- Antes do início da tarefa, encorajar o paciente a pensar em várias possibilidades de estratégias para executar aquela

tarefa, fazendo uso de múltiplas ideias, e, depois disso, identificar as alternativas que são possíveis. Após essa etapa, ele pode comparar o desempenho usando uma dessas estratégias com uma estratégia ineficiente. Isso conduz o paciente a refletir sobre a consequência de escolher uma estratégia errada.
- A cada estratégia pensada, discutir com o paciente as vantagens e desvantagens de cada uma.
- Criar para o paciente uma competição para testar duas estratégias alternativas, possibilitando, assim, aumentar o leque de opções e, dessa forma, ampliar a forma de pensar do paciente.

REMEDIAÇÃO COGNITIVA E ESQUIZOFRENIA

A eficácia da RC é alvo de muitos estudos em pacientes com esquizofrenia. Nesse contexto, é evidente a presença de prejuízos nas funções cognitivas, mas, por um tempo considerável, pouca atenção foi dada à redução desse problema. O tratamento farmacológico focava sobretudo a redução dos sintomas positivos e, recentemente, as investigações farmacológicas e psicológicas começaram a considerar a cognição como outro aspecto importante. Isso se deve, em parte, pelo fato de as dificuldades cognitivas serem mais relacionadas com o funcionamento posterior do paciente do que com os sintomas apresentados (Wykes & Reeder, 2005).

Na esquizofrenia, há uma heterogeneidade de dificuldades cognitivas a serem trabalhadas pela RC. Incluir no plano de tratamento desses pacientes várias habilidades cognitivas em vez de apenas uma tem se mostrado mais eficiente, uma vez que não há evidências de que o desenvolvimento de um domínio em detrimento de outro possa melhorar o funcionamento (Wykes, Huddy, Celard, McGurk, & Czbor, 2011).

De maneira geral, os estudos atuais mostraram que tanto as habilidades cognitivas como o funcionamento tiveram efeitos positivos e duradouros em todas as faixas etárias nos quadros de esquizofrenia. Em pacientes que apresentam sintomas considerados mais graves, a RC tem menor efeito, mas, ainda assim, essas pessoas podem se beneficiar desse tipo de intervenção (Wykes et al., 2011).

CONSIDERAÇÕES FINAIS

Identificação, modificação, otimização e adaptação das dificuldades cognitivas e funcionais são aspectos fundamentais em um programa de RC. O método desenvolvido por meio da metacognição permite a conscientização das próprias capacidades e dificuldades, além de promover maior controle da ação. Para alcançar bons resultados, é necessário atentar para a relação paciente-terapeuta, os objetivos do tratamento e a adequação do ambiente, bem como para os cuidados com os problemas cognitivos e comportamentais do paciente. Embora primordialmente a RC tenha sido utilizada em indivíduos com esquizofrenia, um enorme contingente de pessoas com as mais variáveis patologias ou dificuldades de adaptação pode ser beneficiado com o método, pois este possibilita encontrar maneiras adequadas e alternativas de alcançar metas funcionais específicas a fim de diminuir as funções prejudicadas, priorizando a qualidade de vida do indivíduo.

REFERÊNCIAS

Baddeley, A., & Wilson B. A. (1994). When implicit learning fails: Amnesia and the problem of error elimination. *Neuropsychologia, 32,* 53-58.

Bentall, R. (2003). *Madness explained: Psychosis and HUMAN Nature*. London: Allen Lane.

Flavell, J. H. (1979). Metacognition and cognitive monitoring: New area of cognitive-deveelopment inquiry. *American Psychologist, 34*, 906-911.

Miller, W. R., & Rollnick, S. (2002). *Motivational interviewing: Preparing people for change* (2nd ed.). New York: Guilford.

Wood, D., Bruner, J. S., & Ross, G. (1976). Role of tutoring in problem-solving. *Journal of Child Psychology and Psychiatry and Allied Disciplines, 17*, 89-100.

Wykes, T., & Reeder, C. (2005). *Cognitive remediation therapy for schizophrenia: Theory and practice*. East Sussex: Routledge.

Wykes, T., Huddy, V., Cellard, C., McGurk, S. R., & Czobor, P. (2011). A Meta-analysis of cognitive remediation for schizophrenia: Methodology and effect sizes. *The American Journal of Psychiatry, 168*, 472-485.

31
Novas tecnologias para reabilitação neuropsicológica

ELIZEU COUTINHO DE MACEDO
PAULO SÉRGIO BOGGIO

A reabilitação cognitiva é uma área clínica de atuação interdisciplinar que busca tanto a recuperação quanto a compensação de funções cognitivas alteradas decorrentes de dano encefálico (Cappa et al., 2005). Um programa para reabilitação cognitiva visa a recuperação da capacidade de uma pessoa para processar, interpretar e responder adequadamente às informações do ambiente, bem como a criação de estratégias e procedimentos para compensar funções perdidas necessárias nos relacionamentos familiares, sociais, educacionais e ocupacionais (Macedo, 2006).

Os procedimentos para recuperação, muitas vezes, são focados na reabilitação de domínios cognitivos específicos, como memória, motricidade, linguagem e funções executivas. Já os procedimentos de treinos compensatórios geralmente estão focados na realização de adaptações e mudanças ambientais a fim de dar maior autonomia ao paciente. Os programas de reabilitação cognitiva bem-sucedidos são aqueles que contemplam tanto a recuperação quanto a compensação a partir de uma abordagem integrada e interdisciplinar (World Health Organization [WHO], 1998). O avanço tecnológico observado nas últimas décadas tem possibilitado uma variedade de condições mais propícias aos programas de reabilitação. A seguir, são descritas duas novas tecnologias que estão sendo usadas em programas de reabilitação cognitiva: estimulação cerebral não invasiva e sistemas de controle do ambiente por acionamento ocular. Tais recursos podem contemplar tanto a recuperação quanto a compensação de alterações cognitivas.

> A reabilitação cognitiva é uma área clínica de atuação interdisciplinar que busca tanto a recuperação quanto a compensação de funções cognitivas alteradas decorrentes de dano encefálico (Cappa et al., 2005).

ESTIMULAÇÃO TRANSCRANIANA POR CORRENTE CONTÍNUA

A neuropsicologia tem na base de seu desenvolvimento a observação e a correlação entre lesões cerebrais e alterações comportamentais e cognitivas. São centrais na história da neuropsicologia os casos de Phineas Gage e H.M., assim como os de sobreviventes de períodos de guerra com lesões cerebrais avaliados por Alexander Luria. Entretanto, um novo e rápido avanço na neuropsicologia vem sendo observado com o desenvolvimento de novas tecnologias, tanto de avaliação e de compreensão – como o eletrencefalograma (EEG) e a neuroimagem funcional – dos correlatos neuroanatomofuncionais de diferentes funções cognitivas e comportamentais quanto de modulação da atividade cerebral – como, por exemplo, a estimulação cerebral não invasiva. A possibilidade de estimular áreas do córtex passou a fornecer correlações com ótima resolução temporal e espacial entre sistemas e funções. Além disso, tais tecnologias podem funcionar como ferramentas de intervenção em diferentes distúrbios neuropsicológicos.

Uma dessas técnicas, a estimulação transcraniana por corrente contínua (ETCC), consiste no posicionamento de dois eletrodos (ânodo e cátodo) sobre o escalpo e na aplicação de corrente contínua de baixa intensidade (em geral variando até 2 mA) durante determinado tempo. A Figura 31.1 apresenta o posicionamento de um dos eletrodos sobre o córtex pré-frontal esquerdo e o supraorbital direito.

Boa parte da compreensão a respeito desse tipo de estimulação vem de estudos com animais realizados na metade do século XX, os quais investigavam os efeitos desse tipo de estimulação superficial em etapas e mecanismos envolvidos no potencial de ação (Purpura & McMurtry, 1964). Os resultados mostram que a estimulação induz mudanças nas funções cerebrais pela sua influência na atividade neuronal espontânea; diferentes intensidades de corrente e de tempo de aplicação resultam em efeitos que podem ir além do tempo da estimulação; e diferentes direções de corrente (polaridade aplicada) resultam em efeitos opostos. Nesse sentido, observou-se que a aplicação de corrente anódica resulta em um aumento do disparo espontâneo, ao passo que a aplicação de corrente catódica resulta na inibição desse parâmetro.

Mais recentemente, estudos com seres humanos têm buscado compreender os mecanismos subjacentes às mudanças produzidas pela ETCC. Em um desses estudos, Ardolino, Bossi, Barbieri e Priori (2005) pesquisaram os mecanismos envolvidos na atividade neuronal espontânea (limiar motor em repouso) e na resposta motora evocada (potencial evocado motor – PEM) por estimulação catódica aplicada no sistema nervoso central durante aplicação de ETCC com 1,5 mA (intensidade da corrente) por 10 minutos na área motora. A ETCC catódica na área motora aumentou o limiar motor e diminuiu o tamanho do PEM induzido por estimulação magnética transcraniana (EMT) por pelo menos 60 minutos após o término da aplicação da corrente. Os autores consideraram que os efeitos duradouros da ETCC têm mecanismos de ação baseados em mudanças da função da membrana neuronal. Além disso, eles consideraram que tais mudanças podem ter como base alterações das proteínas transmembrana e mudanças na concentração de hidrogênio com base na eletrólise induzida pela exposição constante ao campo elétrico.

Além disso, outros estudos investigaram os efeitos da ETCC quando aplicada em conjunto com a administração de bloqueadores de canais iônicos ou de receptores pós-sinápticos. Nesses estudos (Liebetanz, Nitsche, Tergau, & Paulus, 2002), os efeitos da ETCC anódica ou catódica aplicada no córtex motor foram observados após a administração, em diferentes situações, de bloqueador de canais de sódio dependentes de voltagem (carbamazepina), antagonista de receptor NMDA (dextromethorphan) e bloqueador de canais de cálcio (flunarizina). Os autores observaram que, enquanto

> A ETCC catódica na área motora aumentou o limiar motor e diminuiu o tamanho do PEM induzido por estimulação magnética transcraniana (EMT) por pelo menos 60 minutos após o término da aplicação da corrente.

FIGURA 31.1 Posicionamento dos eletrodos sobre o córtex pré-frontal esquerdo e supraorbital direito.

o bloqueio de canais de sódio dependentes de voltagem eliminou completamente o aumento na excitabilidade observada durante a estimulação anódica, o bloqueio de cálcio apenas diminuiu esse aumento. Além disso, o bloqueio de receptores NMDA interferiu tanto no aumento da excitabilidade cortical como na redução promovida pela ETCC catódica. Além disso, em um dos estudos (Liebetanz et al., 2002), a administração de dextromethorphan suprimiu os efeitos pós-estimulação, geralmente observados. Os autores consideraram que tais resultados mostram a importância desses receptores na promoção dos efeitos a longo prazo, sobretudo quando se considera o crescente conhecimento sobre o envolvimento de receptores NMDA em mecanismos de plasticidade neuronal e memória como potenciação ou depressão de longo prazo.

Considerando esses mecanismos de neuroplasticidade como fundamentais em processos de aprendizagem e memória, a ETCC se torna uma ferramenta de pesquisa interessante nas áreas de neurociência, neuropsicologia e reabilitação neuropsicológica.

Efeitos na memória operacional e funções motoras

Considerando a possibilidade de interferência da ETCC em mecanismos de plasticidade neuronal, dois estudos (Fregni et al., 2005; Boggio et al., 2006ab) pesquisaram o impacto da ETCC na memória operacional. No primeiro deles, os autores investigaram a ETCC em um grupo de jovens saudáveis; no segundo, os participantes foram pacientes com doença de Parkinson (DP).

A memória operacional se refere à estocagem temporária e à manipulação de informações necessárias para a execução de tarefas complexas, como compreensão da linguagem, aprendizado e raciocínio. Estudos de neuroimagem e estudos com EMT mostram um envolvimento do córtex pré-frontal, particularmente da estrutura dorsolateral (áreas 9 e 46 de Brodmann), durante a execução de tarefas de memória operacional (D'Esposito, Ballard, Aguirre, & Zarahn, 1998; Jahanshahi et al., 1997; Mull & Seyal, 2001; Pascual-Leone & Hallett, 1994).

Com isso, Fregni e colaboradores (2005) observaram a aplicação da ETCC no córtex pré-frontal dorsolateral esquerdo (CPFDLE) durante uma tarefa de memória operacional com letras. Além da estimulação em CPFDLE, os participantes também receberam, em dias diferentes, estimulação placebo ou no córtex motor primário (M1) esquerdo. A intensidade da corrente foi de 1 mA aplicada por 10 minutos. O teste utilizado foi o 3-Back Task.

Os autores observaram como resultado um maior número de respostas corretas durante a ETCC anódica no CPFDLE quando comparada aos outros tipos de estimulação controle. Além disso, na estimulação do CPFDLE verificou-se um menor número de erros. Por fim, não foram observadas mudanças no tempo de reação entre as diferentes condições de estimulação.

Dessa forma, os autores mostraram que a ETCC anódica no CPFDLE melhora o desempenho na tarefa de memória operacional. Além disso, a melhora no desempenho durante a estimulação não pode ser creditada por respostas mais lentas, uma vez que o tempo de reação não mudou em função da estimulação. Com base nesses resultados, os autores analisaram os efeitos da ETCC na memória operacional de pacientes com DP.

A DP é um distúrbio neurodegenerativo que produz sintomas motores caracterizados por tremor de repouso, bradicinesia, rigidez e instabilidade postural. Além

> A DP é um distúrbio neurodegenerativo que produz sintomas motores caracterizados por tremor de repouso, bradicinesia, rigidez e instabilidade postural.

disso, alterações cognitivas também constituem um importante fator da doença. Os déficits cognitivos observados nos pacientes com DP se assemelham muito àqueles observados em lesões do lobo frontal e incluem alterações das funções executivas, como planejamento e memória operacional (Boggio, 2004).

Seguindo a mesma abordagem de avaliação da memória operacional e estimulação cerebral adotada no estudo anterior, Boggio e colaboradores (2006ab) investigaram o impacto desse tratamento no funcionamento da memória de pacientes com DP. Entretanto, foi testado, também, um valor de intensidade de corrente da ETCC mais alto – 2 mA (adicionalmente a 1 mA). Assim, os pacientes receberam, em dias diferentes, ETCC com intensidade de corrente de 1 ou 2 mA em CPFDLE, M1 e estimulação placebo.

Os resultados desse experimento mostraram um efeito benéfico da ETCC anódica na memória operacional. Tal melhora foi relacionada ao local em que foi posicionado o ânodo (CPFDLE *versus* M1 e placebo) e à intensidade da corrente aplicada (1 mA *versus* 2 mA). Pôde-se observar que a ETCC anódica no CPFDLE com corrente aplicada de 2 mA, mas não com 1 mA ou outras formas de ETCC, melhorou o desempenho na tarefa sem, no entanto, interferir na velocidade de execução.

Assim como no estudo de Fregni e colaboradores (2005), uma possível hipótese para os resultados pode estar relacionada a um aumento na excitabilidade cortical do CPFDLE, uma vez que a ETCC anódica induz um efeito na membrana neuronal caracterizado como despolarização (Purpura & McMurtry, 1964) e, portanto, pode aumentar a excitabilidade local como visto por outros estudos (Nitsche & Paulus, 2001); além disso, o CPFDLE é uma área cerebral fundamental no circuito de memória operacional (Mull & Seyal, 2001).

Uma diferença interessante entre os resultados obtidos com pacientes com DP e com participantes jovens é a falta de efeito significativo nos pacientes com DP quando submetidos à ETCC de 1 mA. Duas razões podem explicar essa diferença. A primeira delas diz respeito à idade como um possível fator preditor para resposta à ETCC, ou seja, sujeitos mais velhos talvez respondam menos à estimulação cerebral (Fregni et al., 2006). Outra possível explicação diz respeito à depleção dopaminérgica e seus efeitos na memória operacional. Uma vez que a depleção de dopamina está associada a um efeito negativo na memória operacional e que esse grupo de participantes apresenta uma patologia que envolve os circuitos dopaminérgicos, pode-se esperar que o déficit no desempenho na tarefa de memória operacional seja muito severo para ser modulado por uma corrente elétrica de apenas 1 mA.

O melhor desempenho dos pacientes com DP após ETCC abre novas fronteiras em reabilitação neuropsicológica. Além disso, levanta questões sobre a possibilidade de uso dessa técnica em grupos específicos de pacientes com importante disfunção de memória, como o caso da doença de Alzheimer (DA). Dados preliminares coletados em nosso laboratório mostraram que a ETCC aplicada no córtex temporal de pacientes com DA produziu efeito significativo, com aumento no desempenho em tarefa de memória de reconhecimento visual.

Com a finalidade de investigar o efeito da ETCC em funções motoras, Boggio e colaboradores (2006ab) realizaram experimento com participantes do sexo feminino, destros, com idade entre 22 e 26 anos e mesmo grau de escolaridade. Cada participante

> O melhor desempenho dos pacientes com DP após ETCC abre novas fronteiras em reabilitação neuropsicológica. Além disso, levanta questões sobre a possibilidade de uso dessa técnica em grupos específicos de pacientes com importante disfunção de memória, como o caso da doença de Alzheimer (DA).

recebeu dois tipos diferentes de estimulação: ETCC anódica ativa ou placebo aplicado no córtex motor primário (M1) não dominante (hemisfério direito). Além disso, parte do grupo realizou um segundo experimento: ETCC anódica ativa e placebo em M1 da mão dominante (hemisfério esquerdo). A estimulação foi de 1 mA aplicada por 20 minutos. A avaliação das funções motoras foi feita com a aplicação do teste Jebsen Taylor Hand Function Test (JTHF) (Jebsen, Taylor, Trieschmann, Trotter, & Howard, 1969). Esse teste mede o tempo gasto para o participante realizar sete tarefas com as mãos:

1. escrever uma sentença;
2. virar cartas para baixo;
3. pegar pequenos objetos (moedas, clipes e tampinha de garrafa) e colocá-los dentro de um recipiente;
4. empilhar damas;
5. simular alimentação (pegar feijões com colher e colocá-los dentro de um recipiente);
6. movimentar latas grandes vazias; e
7. movimentar latas grandes pesadas.

Observou-se como resultado principal um aumento significativo do desempenho motor da mão não dominante avaliado pelo teste JTHF após estimulação ativa, e não placebo, do córtex motor primário contralateral. Além disso, a ETCC ativa e placebo do córtex motor primário dominante não resultou em alterações significativas no desempenho motor. A melhora do desempenho motor após ETCC anódica de M1 encontra-se em consonância com outros estudos que mostram melhora das funções motoras e de outros aspectos da cognição induzidos pela ETCC (Antal et al., 2004; Nitsche et al., 2005).

Os resultados dessa investigação podem ser comparados a estudos similares em pacientes com acidente vascular cerebral (AVC). No estudo de Hummel e colaboradores (2005), os autores mostraram que a ETCC anódica do córtex M1 lesionado aumenta o funcionamento motor da mão parética. A magnitude da melhora motora avaliada pelo JTHF foi de 8,9%, similar à melhora motora observada nesse experimento, de 9,4%. Esse achado levanta uma interessante hipótese: talvez o desempenho superior observado nos pacientes com AVC tenha como base uma reversão dos efeitos deletérios de um uso diminuído da mão afetada, já que isso é similar à melhora observada na mão não dominante de participantes saudáveis. Essa hipótese encontra-se na mesma direção dos efeitos terapêuticos obtidos com terapia de constrição dos movimentos; a melhora das funções motoras está relacionada ao uso forçado da mão parética, sendo o sucesso do tratamento associado a um aumento da excitabilidade cortical local, o que mimetiza os efeitos da ETCC anódica.

Seguindo essa mesma linha, outro estudo foi conduzido, mas com a aplicação de ETCC em pacientes que sofreram AVC (Fregni et al., 2005). Foi levantada a hipótese de que a ETCC pode ser útil na reabilitação das funções motoras não só pela ativação da área lesionada, mas também pela diminuição da atividade da área não lesionada.

Para avaliar essa hipótese, os autores investigaram o efeito da ETCC catódica (diminuição da atividade da área estimulada) aplicada em hemisfério saudável no desempenho motor de pacientes com AVC e compararam com a ETCC anódica no hemisfério lesionado e com ETCC placebo.

A área estimulada foi o córtex motor primário. Para a ETCC anódica, o ânodo foi colocado em área M1 do hemisfério lesionado, e o cátodo, na área supraorbital

> A melhora do desempenho motor após ETCC anódica de M1 encontra-se em consonância com outros estudos que mostram melhora das funções motoras e de outros aspectos da cognição induzidos pela ETCC (Antal et al., 2004; Nitsche et al., 2005).

contralateral; já para a ETCC catódica, o cátodo foi posicionado em M1 do hemisfério saudável, e o ânodo, em região supraorbital contralateral. A estimulação foi de 1 mA aplicada por 20 minutos. A tarefa motora foi o teste JTHF, descrito anteriormente.

Os autores observaram que, assim como no estudo de Hummel e colaboradores (2005), a ETCC anódica melhorou o desempenho motor dos pacientes e, além disso, mostraram que a ETCC catódica em hemisfério saudável também produz melhora na função. Esse achado é importante, já que as mudanças anatômicas em função do AVC podem interferir na distribuição da corrente elétrica, deixando os efeitos da ETCC menos previsíveis. Dessa forma, uma possível explicação é que a ETCC catódica no hemisfério saudável pode ser mais previsível do que a ETCC anódica. Além disso, em relação à magnitude da melhora, observou-se que a ETCC catódica em hemisfério saudável produz um efeito maior em comparação ao ânodo aplicado em hemisfério lesionado (11,7 e 6,7%, respectivamente).

Um ponto comum entre os trabalhos apresentados é a observação de que a ETCC produziu efeitos positivos em duas funções – memória operacional e controle motor –, sendo estes dependentes da polaridade e da região estimulada. Entretanto, novos estudos são necessários. No que diz respeito ao uso da ETCC como ferramenta de reabilitação, novas pesquisas devem investigar e tentar definir os parâmetros de estimulação, como intensidade de corrente em função da patologia, idade dos pacientes, tempo de doença e uso de medicações, entre outras variáveis. Além disso, deve-se investigar os efeitos a longo prazo.

Diversas vantagens encorajam a elaboração de novos estudos com ETCC para verificar a possibilidade de essa técnica ser utilizada em processos de reabilitação. Entre elas, observa-se custo reduzido do equipamento, possibilidade de realização de estudos duplos-cegos confiáveis, segurança da técnica, fácil aplicação, possibilidade de administração dos estímulos concomitantemente a treinamento motor ou cognitivo.

A verificação de que a ETCC foi capaz de interferir no desempenho de duas tarefas diferentes (memória operacional e controle motor) em grupos distintos de participantes (voluntários saudáveis, pacientes com DP e sujeitos pós-AVC) mostra o potencial dessa técnica não invasiva e indolor para ser utilizada como ferramenta de investigação e intervenção em neuropsicologia.

DESENVOLVIMENTO DE INTERFACES PARA PESSOAS COM DISTÚRBIO MOTOR SEVERO

Pessoas com dano encefálico podem apresentar alterações neuromotoras e incapacidade de se comunicar oralmente. Assim, elas apresentam dificuldades para expressar desejos, pensamentos e necessidades. No entanto, a comunicação, às vezes, pode ser feita por meio dos limitados movimentos voluntários preservados, como mover as mãos, inclinar a cabeça, piscar os olhos voluntariamente ou dirigir o olhar para o objeto desejado. A utilização de recursos tecnológicos específicos pode possibilitar a comunicação de maneira mais eficaz.

A tecnologia assistiva é uma área que procura desenvolver equipamentos e procedimentos que garantam maior acesso aos recursos do ambiente e interação com outras pessoas. A criação de equipamentos adaptados às necessidades de cada paciente possibilita uma vida mais autônoma e independente, pois o paciente pode ter um maior controle sobre o ambiente e expressar seus sentimentos, emoções e vontades. Além de possibilitar um aumento na capacidade comunicativa, pessoas com distúrbio motor severo que usem recursos desenvolvidos com os princípios de tecnologia assistiva podem, por exemplo, ter acesso a informações por meio de computadores ligados à internet, adquirindo novos conhecimentos de maneira ativa, e envolver-se em grupos de discussão e relacionamentos.

O desenvolvimento de dispositivos de acionamento de computadores já vem sendo feito desde a década de 1980 (Perkins & Stenning, 1988) e, atualmente, tem se beneficiado da aplicação dos princípios da tecnologia assistiva. Existe uma grande variedade de dispositivos eletromecânicos que podem ser adaptados para controle de equipamentos, como botões, alavancas, pedais, *mouse* adaptado ou, ainda, sensores de sopro, som, inclinação, proximidade ou qualquer outro tipo de resposta voluntária. Uma das grandes limitações desses dispositivos, contudo, é que eles possibilitam o registro de apenas dois tipos de resposta: acionada e não acionada. Essa característica torna necessário o desenvolvimento de programas específicos de computadores, já que a grande maioria dos *softwares* comerciais não pode ser usada com tais dispositivos. No entanto, nos últimos 10 anos, diferentes *softwares* com recursos de acessibilidade foram desenvolvidos e estão disponíveis gratuitamente na internet ou já vêm integrados em sistemas operacionais bastante populares, como as versões XP e Vista do Windows®.

Pessoas com restrição motora podem não ser capazes de acionar de maneira eficaz dispositivos eletromecânicos (Macedo & Capovilla, 1998). No entanto, o desenvolvimento de novas tecnologias tem permitido que um maior número de pessoas possa ter acesso a equipamentos de forma rápida e ampla. Equipamentos desenvolvidos com essas tecnologias podem funcionar, por exemplo, a partir da emissão de raios infravermelhos e podem ser conectados a uma faixa presa na cabeça. Alguns têm preço acessível e são comercializados por empresas como a Tash (c2001) e a Don Johnston (c2013). Outros equipamentos são colocados sobre o monitor de vídeo e usam um refletor de infravermelho posicionado na testa ou nos óculos do usuário, como os da empresa Madentec (c2013). Esses sistemas possibilitam, por exemplo, que o paciente se comunique com outras pessoas ou tenha controle sobre o ambiente com a realização de movimentos discretos.

Chen e colaboradores (1999) desenvolveram um dispositivo para paciente com lesão medular que funcionava acoplado aos óculos do usuário, e um conjunto de módulos receptores de raios infravermelhos substituía as teclas do teclado do computador. Esse sistema possibilitava ao paciente escrever uma carta com o simples movimento de cabeça.

Pessoas com esclerose lateral amiotrófica (ELA) estão entre aquelas que mais têm se beneficiado do uso desses sistemas de comunicação, e o uso de sistemas de acionamento eletromecânico é bastante viável nas fases iniciais da doença. Segundo Gonçalves, Macedo, Sennyey e Capovilla (2000), a ELA é uma doença neuromuscular progressiva que afeta os corpos celulares do neurônio motor inferior e/ou superior, resultando em óbito do paciente, geralmente de 3 a 5 anos após o início dos sintomas. Como ainda é considerada uma doença incurável, procura-se melhorar a qualidade de vida do paciente a partir de um enfoque multiprofissional e de compensação de funções perdidas. Tais cuidados propiciam maior conforto físico e psicológico para os pacientes, a despeito da natureza progressiva e limitante da doença.

No Brasil, Lima, Macedo, Capovilla, e Sazonov (2000) fizeram uma bem-sucedida implantação e adaptação de um sistema de comunicação alternativa para um homem de 53 anos com ELA que apresentava apenas o movimento voluntário de piscar os olhos. O sistema de comunicação implantado foi o NoteVox, desenvolvido por Capovilla, Duduchi, Macedo, Capovilla e Sazonov (2000), com um dispositivo de acionamento fixado entre a sobrancelha e o músculo orbicular. Embora o sistema possa ser instalado em computadores portáteis e ser operado pelo teclado, foi feita a adaptação no quarto do paciente a fim de permitir o fácil acesso ao equipamento. A Figura 31.2 (à esquerda) ilustra a tela do *software* usado pelo paciente. Conforme a figura, na parte superior da tela há menus de letras e números (à esquerda) e de comando (ao centro), além do banco de palavras (à direita, com fundo branco). Na parte central da tela há uma janela de composição de mensagens (com oito linhas). Na parte inferior, há uma janela que mostra a opção disponibilizada pela varredura em qualquer momento. O programa projetava para o paciente uma moldura azul que migrava da esquerda para a direita, abraçando sequencialmente as janelas de letras, de dígitos, de comandos e do banco de palavras. O paciente piscava quando a coluna que tinha a letra que ele desejava selecionar apresentava a moldura em azul. Em seguida deveria piscar novamente quando a moldura em azul estivesse sobre a letra que desejava escolher. Dessa forma o paciente foi capaz de compor palavras, frases e até cartas para familiares e profissionais que trabalhavam com ele. No entanto, algumas desvantagens têm sido observadas na utilização desses aparelhos, como desconforto, dificuldade de ajuste para crianças e possibilidade de remoção involuntária. Além disso, uma grande desvantagem dos acionadores eletromecânicos é que o paciente pode perder o controle voluntário dos movimentos. Para contornar esses problemas, Reilly e O'Malley (1999) propuseram um sistema de acionamento baseado em raios infravermelhos que rastreiam os movimentos oculares.

Sistemas comerciais que registram os movimentos oculares são baseados nas medidas de reflexo da córnea e possibilitam o controle de equipamentos a partir da direção do olhar. A Figura 31.2 (à direita) ilustra o sistema NoteVox com os traços de busca visual das letras e os pontos de fixação (círculos) feitos por uma pessoa controlando o sistema por movimentos oculares pela primeira vez. Esses dispositivos de acionamento detectam

> Sistemas comerciais que registram os movimentos oculares são baseados nas medidas de reflexo da córnea e possibilitam o controle de equipamentos a partir da direção do olhar.

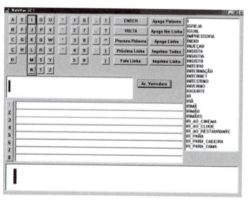 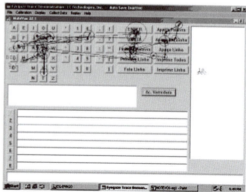

FIGURA 31.2 Tela do sistema NoteVox (Capovilla et al., 2000) com acionamento por linhas e colunas (à esquerda) e com padrão de busca visual de letras por sujeito exposto ao sistema (à direita).

a direção do olhar da pessoa a partir da comparação da posição da pupila em uma imagem do olho do usuário. Tais sistemas são popularmente conhecidos como *eye-tracking* (ET).

O ET é um equipamento computadorizado que permite avaliar e registrar a varredura visual de um sujeito ante um estímulo visual projetado na tela; controlar o cursor do *mouse* com a direção do olhar; selecionar ícones ao olhar para regiões da tela que apresentem esse comando. O equipamento detecta vários parâmetros durante o movimento ocular como as fixações e os movimentos sacádicos. Salvucci e Goldberg (2000) definem a fixação como sendo a pausa do movimento do olho em um objeto de interesse, ou seja, parar o olhar fixamente. Já os movimentos sacádicos são movimentos rápidos entre fixações sucessivas em lugares distintos. Esses dois parâmetros possibilitam reconstruir, por meio de traçados gráficos, os movimentos oculares durante uma atividade e construir novos sistemas de acionamento.

Diferentes sistemas de ET foram desenvolvidos com base nessa tecnologia e possibilitam a realização de comandos básicos de computadores, que podem ter *hardwares* específicos de controle do ambiente, como acender a luz, fazer uma ligação, destravar uma porta. Além de controle do ambiente, tais sistemas de acionamento possibilitam o uso de programas de comunicação alternativa personalizados para cada paciente, como o ImagoDiAnaVox (Macedo, Duduchi, & Capovilla, 2004).

O sistema de comunicação ImagoDiAnaVox-EG (Macedo et al., 2004) permite que os itens que compõem o sistema de comunicação sejam selecionados a partir da direção do olhar. Para escolher um determinado item, basta o usuário fixar o olhar sobre o item desejado. O programa possibilita a configuração do tempo de fixação do olhar para seleção do item em função das características do sujeito. Com esse sistema de acionamento, a seleção do item é feita de forma direta, e não por meio de varredura, como os sistemas tradicionais. A Figura 31.3 ilustra a tela com as categorias principais (à esquerda) e os itens da categoria frutas (à direita) do sistema ImagoDiAnaVox-EG com o traçado de busca visual e com os pontos de fixação (círculos).

Embora os sistemas de acionamento ocular ainda sejam inacessíveis para uma parcela significativa da população, em um futuro próximo essa situação poderá ser revertida em função dos seguintes fatores:

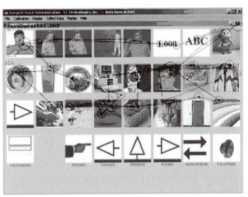 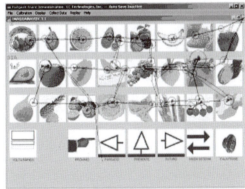

FIGURA 31.3 Telas do sistema de comunicação alternativa ImagoDiAnaVox, com o menu de categorias (esquerda) e de frutas (direita), com os traçados de movimentos oculares de um usuário.

desenvolvimento de novos sistemas com tecnologias mais baratas e acessíveis (Betke, Gips, & Fleming, 2002); computadores pessoais que já deverão vir equipados com câmeras de vídeo que poderão ser adaptadas; nova geração de equipamentos com sistemas operacionais que disponham de recurso de tecnologia assistiva e incorporação de interfaces de reconhecimento de voz.

CONSIDERAÇÕES FINAIS

Pode-se observar, com o uso das ferramentas citadas, a possibilidade de resposta a dois pontos importantes em programas de reabilitação cognitiva: recuperação e compensação. Novas perguntas surgem em relação ao futuro de integração dessas técnicas em procedimentos de avaliação e reabilitação neuropsicológica. Um estudo preliminar em nosso laboratório revelou a possibilidade de captação dos movimentos oculares simultâneamente à estimulação cerebral não invasiva durante realização de tarefa cognitiva. De forma interessante, verificou-se que a estimulação cerebral foi capaz de interferir positivamente na capacidade de organização visuoespacial avaliada por meio de análise dos movimentos oculares. Isso abre portas para novos estudos que investiguem a possibilidade de melhorar o desempenho de pacientes usuários de sistemas de comunicação ou de acelerar processos de aprendizagem de novas habilidades em pessoas com deficiências sensoriais adquiridas. Além disso, a integração dessas duas técnicas tem-se mostrado útil tanto na compensação como na recuperação de funções específicas em pacientes com traumatismo craniencefálico.

REFERÊNCIAS

Ablenetinc.com. (c2013). Recuperado de http://www.ablenetinc.com/Home/News-Events-new/Madentec.

Antal, A., Nitsche, M. A., Kincses, T. Z., Kruse, W., Hoffmann, K. P., & Paulus, W. (2004). Facilitation of visuo-motor learning by transcranial dire0ct current stimulation of the motor and extrastriate visual areas in humans. *European Journal of Neuroscience, 19*(10), 2888-2892.

Ardolino, G., Bossi, B., Barbieri, S., & Priori, A. (2005). Non-synaptic mechanisms underlie the after- effects of cathodal transcutaneous direct current stimulation of the human brain. *Journal of Physiology, 568*, 653-663.

Betke, M., Gips, J., & Fleming, P. (2002). The camera mouse: Visual tracking of body features to provide computer access for people with severe disabilities. *IEEE Transactions on Neural Systems and Rehabilitation Engineering, 10*(1), 1-9.

Boggio, P. S. (2004). *Avaliação neuropsicológica de pacientes com Doença de Parkinson e depressão submetidos a estimulação magnética transcraniana ou a fluoxetina.* (Dissertação de mestrado não publicada, Universidade de São Paulo, São Paulo).

Boggio, P. S., Castro, L. O., Savagim, E. A., Braite, R., Cruz, V. C., Rocha, R. R., ... Fregni, F. (2006b). Enhancement of non- dominant hand motor function by anodal transcranial direct current stimulation. *Neuroscience Letters, 404*(1-2), 232-236.

Boggio, P., Ferrucci, R., Rigonatti, S., Covre, P., Nitsche, M., Pascual-Leone, A., & Fregni, F. (2006a). Effects of transcranial direct current stimulation on working memory in patients with Parkinson's disease. *Journal of Neurological Science, 249*(1), 31-38.

Capovilla, F. C., Duduchi, M., Macedo, E. C., Capovilla, A. G. S., & Sazonov, G. C. (2000). Esclerose lateral amiotrófica: Como avaliar o declínio de funções e restabelecer o controle comunicativo por parte do paciente. In M. J. Gonçalves, E. C. Macedo, A. L. Sennyey, & F. C. Capovilla (Eds.), *Tecnologia em (re)habilitação cognitiva 2000: A dinâmica clínica-teoria-pesquisa.* (pp. 328-332). São Paulo: Edunisc.

Cappa, S. F., Bdsdsenke, T., Clarke, S., Rossi, B., Stemmer, B., & Van Heugten, C. M. (2005). Task force on cognitive rehabilitation, European federation of neurological societies, EFNS guidelines on cognitive rehabilitation: Report of an EFNS task force. *European Journal of Neurology, 12*(9), 665-680.

Chen, Y. L., Tang, F. T., Chang, W. H., Wong, M. K., Shih, Y. Y., & Kuo, T. S. (1999). The new design of an infrared-controlled human-computer in-terface for the disabled. *IEEE Transactions on Neural Systems and Rehabilitation Engineering, 7*, 474-481.

D'Esposito, M., Ballard, D., Aguirre, G. K., & Zarahn, E., (1998). Human prefrontal cortex is not specific for working memory: A functional MRI study. *Neuroimage, 8*, 274-282.

Donjohnston.com. (c2013). Recuperado de http://donjohnston.com/#sthash.Y9Ou1RK8.dpbs.

Fregni, F., Boggio, P. S., Mansur, C. G., Wagner, T., Ferreira, M. J., Lima, M. C., ... Pascual-Leone, A. (2005). Transcranial direct current stimulation of the unaffected hemisphere in stroke patients. *Neuroreport, 16*(14), 1551-1555.

Fregni, F., Boggio, P. S., Nitsche, M., Bermpohl, F., Antal, A., Feredoes, E., ... Pascual-Leone, A. (2005). Anodal transcranial direct current stimulation of prefrontal cortex enhances working memory. *Experimental Brain Research, 166*, 23-30.

Fregni, F., Marcolin, M., Myczkowski, M., Amiaz, R., Hasey, G., Rumi, D. O., ... Pascual-Leone, A. (2006). Predictors of antidepressant response in clinical trials of transcranial magnetic stimulation. *International Journal of Neuropsychopharmacology, 23*, 1-14.

Gonçalves, M. J., Macedo, E. C., Sennyey, A. L., & Capovilla, F. C. (Eds.). (2000). *Tecnologia em (re) habilitação cognitiva: A dinâmica clínica-teoria-pesquisa*. (pp. 328-332). São Paulo: Edunisc.

Hummel, F., Celnik, P., Giraux, P., Floel, A., Wu, W. H., Gerloff, C., & Cohen, L. G. (2005). Effects of non-invasive cortical stimulation on skilled motor function in chronic stroke. *Brain, 128*(3), 490-499.

Jahanshahi, M., Ridding, M. C., Limousin, P., Profice, P., Fogel, W., Dressler, D., ... Rothwell, J. C. (1997). Rapid rate transcranial magnetic stimulation--a safety study. *Electroencephalography and Clinical Neurophysiology, 105*(6), 422-429.

Jebsen, R. H., Taylor, N., Trieschmann, R. B., Trotter, M. J., & Howard, L. A. (1969). An objective and standardized test of hand function. *Archives of Physical Medicine and Rehabilitation, 50*(6), 311-319.

Liebetanz, D., Nitsche, M. A., Tergau, F., & Paulus, W. (2002). Pharmacological approach to the mechanisms of transcranial DC-stimulation-induced after-effects of human motor cortex excitability. *Brain, 125*, 2238-2247.

Lima, J. L. P., Macedo, E. C., Capovilla, F. C., & Sazonov, G. C. (2000). Implantação e adaptação do sistema de comunicação NoteVox para uma pessoa com Esclerose Lateral Amiotrófica. In M. J. Gonçalves, E. C. Macedo, A. L. Sennyey, F. C. Capovilla (Eds.), *Tecnologia em (re)habilitação cognitiva: A dinâmica clínica-teoria-pesquisa* (p. 347-352). São Paulo: Edunisc.

Macedo, E. C. (2006). Reabilitação cognitiva e neuropsicológica. In A. C. Lopes (Org.), *Tratado de clínica médica*. (p. 2458-2463). São Paulo: Rocca.

Macedo, E. C., & Capovilla, F. C. (1998). Desenvolvimento de programas computacionais para (re) habilitação cognitiva: Contribuições da ergonomia cognitiva. In F. C. Capovilla, M. J. Gonçalves, E. C. Macedo (Eds.), *Tecnologia em (re)habilitação cognitiva: Uma perspectiva multidisciplinar* (p. 173-179). São Paulo: Edunisc.

Macedo, E. C., Duduchi, M., & Capovilla, F. C. (2004). Notevox-EG e ImagoDiAnaVox-Eg: Programas de comunicação alternativa controlados por acionamento ocular. Programa de Computador.

Mull, B., & Seyal, M. (2001). Transcranial magnetic stimulation of left prefrontal cortex impairs working memory. *Clininical Neurophysiology, 112*, 1672-1675.

Nitsche, M. A., & Paulus, W. (2001). Sustained exci- tability elevations induced by transcranial DC motor cortex stimulation in humans. *Neurology, 57*, 1899-1901.

Nitsche, M. A., Seeber, A., Frommann, K., Klein, C. C., Rochford, C., Nitsche, M. S., ... Tergau, F. (2005). Modulating parameters of excitability during and after transcranial direct current stimulation of the human motor cortex. *Journal of Physiology, 568*(1), 291-303.

Pascual-Leone, A., & Hallett, M. (1994). Induction of errors in a delayed response task by repetitive transcranial magnetic stimulation of the dorsolateral prefrontal cortex. *Neuroreport, 5*, 2517-2520.

Perkins, W. J., & Stenning, B. F. (1986). Control units for operation of computers by severely physically handicapped persons. *Journal of Medical Engineering and Technology, 10*(1), 21-23.

Purpura, D., & McMurtry, J. (1964). Intracellular acti- vities and evoked potential changes during polari-zation of motor cortex. *Journal of Neurophysiology, 28*, 166-185.

Reilly, R. B., & O'Malley, M. J. (1999). Adaptive noncontact gesturebased system for augmentative communication. *IEEE Transactions on Neural Systems and Rehabilitation Engineering, 7*(2), 174-182.

Salvucci, D. D., & Goldberg, J. H. (2000). *Identifying fixations and saccades in eye-tracking protocols. Proceedings of the eye tracking research and applications symposium*. (p. 71-78). New York: ACM.

Tash.org. (c2011). Recuperado de http://tash.org/.

World Health Organization [WHO]. (1998). *The world health report 1998: Life in the 21st century: a vision for all*. Geneva: WHO.

32

Neuroeconomia e neuropsicologia

FELIPE FILARDI DA ROCHA
LEANDRO F. MALLOY-DINIZ

A necessidade de tomar decisões nas mais diversas áreas em que estamos inseridos nos coloca rotineiramente em face de possibilidades de ganhos e perdas. A palavra decisão é uma das mais pronunciadas e ouvidas, e sua correta aplicação é fundamental para o sucesso em diversas áreas de nosso cotidiano. Em praticamente todos os instantes, as pessoas necessitam tomar decisões. Enquanto algumas são simples, outras são bem mais complexas, sobretudo aquelas que envolvem diferentes níveis de hierarquização de etapas a serem seguidas.

Muitas das decisões são tomadas com base em princípios parcimoniosos, implícitos e que denotariam uma espécie de "modo *default*", o qual proporcionaria "economia cognitiva" e velocidade decisória, atuando em situações complexas em que optar pelo diferente implica dispêndio grande de esforço e elevado risco. Além disso, o modo *default* tende a aparecer em situações nas quais o custo relativo de respostas novas suplanta enormemente o de respostas habituais, levando-nos às decisões conservadoras e costumeiras.

A importância de processos decisórios é de tal proporção que, de acordo com Keeney (2008), uma considerável parcela das causas de óbito pode estar relacionada às escolhas feitas pelos indivíduos ao longo da vida. O autor sugere que 55% das mortes de pessoas com idade entre 15 e 54 anos nos Estados Unidos estão diretamente relacionadas a decisões envolvendo uso de drogas, doenças sexualmente transmissíveis, hábitos alimentares, suicídio, homicídio, etc. As decisões afetam ainda questões que vão desde estratégias de atletas em práticas esportivas (Lage et al., 2011) à forma como um indivíduo lida com as próprias finanças (Shivapour, Nguyen, Cole, & Denburg, 2012). Assim, o estudo da tomada de decisão é um tema recorrente em diversos campos do conhecimento.

A economia é a disciplina científica que aborda questões como planejamento, obtenção e alocação de recursos por indivíduos e instituições. Assim sendo, o estudo dos aspectos psicológicos relacionados ao objeto de estudo da economia, incluindo a temática da tomada de decisão, é de fundamental importância.

> A economia é a disciplina científica que aborda questões como planejamento, obtenção e alocação de recursos por indivíduos e instituições.

A economia comportamental, disciplina relativamente recente, surge justamente da tentativa de aplicar conhecimentos provenientes da psicologia a temas clássicos da área de economia. De acordo com Camerer (1999), diversas propostas e princípios teóricos se desenvolveram a partir dessa confluência de áreas; entre eles, o autor sugere como fundamentais os seguintes princípios:

a) *princípio da utilidade esperada*: o risco assumido em uma decisão ocorre em

função da relação entre o resultado esperado e sua probabilidade de ocorrência);
b) *princípio do desconto exponencial*: a escolha entre dois desfechos temporalmente separados será determinada pela relação entre o valor dos desfechos em função do tempo, sendo que o peso temporal apresenta um decréscimo exponencial;
c) *princípio da utilidade social*: as crenças sobre a relação entre o próprio bem-estar e o bem-estar de outros tendem a ser pautadas em expectativas de reciprocidade e justiça;
d) *princípio do equilíbrio:* sistemas (inclusive os econômicos) atingem estado de equilíbrio a partir de processos psicológicos que envolvem crenças, aprendizagem vicariante e aprendizagem por contingências.

Cada um desses princípios ajuda na compreensão sobre como decisões são tomadas em contextos pessoais ou institucionais. Mais do que isso, tais análises constituem-se em pontos fundamentais para aplicações relacionadas à estimativa comportamental em cenários relacionados a investimentos, aquisição de planos de seguros, aposentadoria e consumo.

Nas últimas duas décadas, os avanços das neurociências elucidaram diversos mecanismos relacionados à tomada de decisão. Tais princípios mostraram-se potencialmente aplicáveis no campo das ciências econômicas. A neuroeconomia surge como uma disciplina derivada das neurociências que tem como objeto as bases neurais do comportamento no cenário econômico, enfatizando processos como a tomada de decisão.

No presente capítulo, apresentamos uma revisão sobre a relação entre neuroeconomia e os processos decisórios, destacando as inter-relações com a neuropsicologia.

NEUROECONOMIA E A TOMADA DE DECISÃO

Por ser algo tão rotineiro, supõe-se que o processo de tomada de decisão seja algo totalmente compreendido. Entretanto, isso não é verdadeiro, e estudos buscam modelos que possam nortear como ocorre a tomada de decisão e, assim, responder a perguntas como: "Quais seriam as estruturas biológicas envolvidas?" e "Como esse processo pode ser aperfeiçoado tendo em vista sua enorme importância?" (Ernest & Paulus, 2005).

O processo de tomada de decisão é estudado pela economia desde o século passado, e diversos conceitos e pressupostos definidos há vários anos ainda são considerados essenciais na teoria econômica. O objetivo final de uma decisão econômica não é, necessariamente, o maior retorno financeiro possível. Busca-se, na verdade, o resultado que irá trazer maior satisfação ou bem-estar para aquela pessoa, grupo social ou instituição, apesar de tais resultados serem alcançados, em sua grande maioria, por meio de contingentes materiais. Esse objetivo final visado é nomeado como utilidade. De forma corrente entre boa parte dos economistas, presume-se que as decisões sejam baseadas em uma análise racional de custos e benefícios de um grupo determinado de ações, visando à maximização da utilidade.

Por fim, o modelo de decisão que a economia normalmente estuda é o que chamamos de "decisão em um cenário de risco". Nesse processo, os riscos envolvidos no processo decisório são conhecidos ou, pelo menos, estimados (Loewenstein, Rick, & Cohen, 2008; Sharp, Monterosso, & Montague, 2012).

Para ilustrar essas premissas básicas utilizadas pelos economistas, utilizaremos uma ferramenta amplamente aplicada em modelos computacionais que estudam o processo de tomada de decisão: a árvore de decisão (Fig. 32.1).

Nota-se a esquematização de uma simples tomada de decisão e podemos, por meio de rápidas contas matemáticas, chegar à conclusão de que é mais vantajoso a compra do ingresso no presente momento, já que sua postergação possui uma utilidade estimada de -R$ 283,33. Contudo, diversos aspectos de natureza comportamental contrariam esses modelos matemáticos, sobretudo pelo fato de processo de decisão não ser totalmente racional, sendo influenciada por diversas variáveis, como, por exemplo, fatores ambientais e emocionais, que podem interferir no processo de escolha.

De extrema importância para uma melhor compreensão dessas variáveis comportamentais foi o desenvolvimento da "teoria da perspectiva" (*prospect theory*) pelos psicólogos Daniel Kahneman e Amos Tverski, em 1979 (Kahneman & Tverski, 1979). Os dois pesquisadores observaram diversas situações em que as decisões tomadas contrariavam a teoria da utilidade esperada, ou seja, escolhas realizadas por indivíduos não maximizavam os retornos esperados.

De modo complementar, uma série de testes relativamente simples relatou que as pessoas evidenciam uma aversão à perda muito maior em comparação aos sentimentos positivos dos ganhos. Em outras palavras, o desconforto da perda é significantemente superior à satisfação de um ganho, fenômeno que não deveria ser observado em um processo racional (Fig. 32.2)

No final do século passado, o estudo do processo de tomada de decisão existia de forma quase independente entre os economistas e os psicólogos cognitivos. Com essas duas vertentes coexistindo, um grupo distinto de pesquisadores tentou unir ideias e conceitos das duas áreas, realizando parcerias com as neurociências com o objetivo de identificar as áreas cerebrais envolvidas nas decisões econômicas. Essa conjunção de pesquisadores, modelos e ideias ganhou destaque nos

> De extrema importância para uma melhor compreensão dessas variáveis comportamentais foi o desenvolvimento da "teoria da perspectiva" (*prospect theory*) pelos psicólogos Daniel Kahneman e Amos Tverski, em 1979 (Kahneman & Tverski, 1979).

FIGURA 32.1 Árvore de decisão com as estimativas dos preços de acordo com a escolha de comprar um ingresso para o jogo do Brasil no dia de hoje (custo de R$ 200,00) ou esperar até a véspera da partida, quando a entrada poderá estar mais barata (estimativa de dois terços de chance de que esteja custando metade do preço).

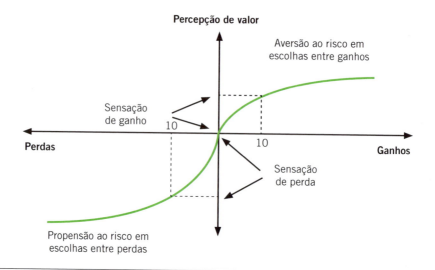

FIGURA 32.2 A função mostra, no eixo horizontal, os resultados da decisão como desvios do ponto de referência e associa, no eixo vertical, um valor subjetivo a cada resultado (utilidade). Seu formato em S a torna côncava para ganhos, de modo que cada unidade extra que seja ganha adiciona menos valor do que a precedente. No campo das perdas, a função é convexa, de forma que cada unidade perdida causa uma mudança menor na utilidade do que a precedente. A curva é mais íngreme do lado de perdas, de maneira a incorporar a noção de que somos mais sensíveis a perdas do que a ganhos de mesmo valor.
Fonte: Kahneman e Tversky (1984, p. 342).

últimos anos, estimulando o surgimento da neuroeconomia (Hasler, 2012; Loewenstein et al., 2008).

Desde o primeiro momento, os neuroeconomistas se depararam com dois grandes desafios para a produção de modelos acurados dos processos de tomada de decisão. O primeiro foi identificar tarefas cognitivas propostas para mensurar como as pessoas decidem em cenários ecologicamente válidos. A escolha dessas tarefas está associada ao tipo de fenômeno que se pretende investigar, bem como ao tipo de ferramenta de investigação proposto no estudo. O segundo foi identificar quais são os processos neurais envolvidos quando o sujeito toma uma decisão. Isso é extremamente complexo, seja pela natureza da tomada de decisão, que requisita diferentes processos cognitivos, seja pela limitação das ferramentas disponíveis para investigação (Loewenstein et al., 2008; Smith & Huettel, 2010).

CONTRIBUIÇÕES DA NEUROPSICOLOGIA E DA NEUROPSIQUIATRIA PARA A NEUROECONOMIA

Apesar dos desafios presentes desde o surgimento da neuroeconomia, os recentes progressos das técnicas de neuroimagem permitiram uma melhor compreensão entre função neural e atividade cognitiva. Diversas alternativas de pesquisas se mostraram viáveis e, a partir daí, geraram duas linhas de trabalho distintas na área:

1. A utilização da teoria econômica para a criação de recursos instrumentais capazes de organizar os dados obtidos dos exames de neuroimagem e desenvolver modelos algorítmicos dos sistemas neurais responsáveis pela tomada de decisão;
2. Complementação, aprimoramento ou, até mesmo, substituição das teorias atuais do processo decisório por parte

dos economistas comportamentais e cientistas cognitivos. (Kable, 2011; Loewenstein et al., 2008; Sharp et al., 2012; Smith & Huettel, 2010)

Nesse sentido, tanto a neuropsicologia como a neuropsiquiatria se mostraram úteis para os neurocientistas cognitivos e economistas comportamentais envolvidos na segunda vertente, possibilitando, assim, uma melhor compreensão dos mecanismos relacionados à tomada de decisão (Ernest e Paulus, 2005; Loewenstein, Rick e Cohen, 2008).

O estudo da cognição em pacientes acometidos por lesões cerebrais de diferentes naturezas ou com transtornos do desenvolvimento do sistema nervoso central tem sido importante para a compreensão de mecanismos relacionados à tomada de decisão em pessoas normais. Além disso, instrumentos de avaliação neuropsicológica desenvolvidos para fins clínicos e experimentais têm sido utilizados para avaliar, direta ou indiretamente, as funções cognitivas associadas ao processo de tomada de decisão. Uma vantagem do uso de tais instrumentos consiste na padronização da aplicação de testes concomitantemente à realização de exames de neuroimagem funcional, o que possibilita o mapeamento de áreas e circuitos cerebrais envolvidos no processo decisório, bem como suas respectivas ordens de ativação (Hasler, 2012; Kable, 2011; Sharp et al., 2012; Takahashi, 2013).

AVALIAÇÃO NEUROPSICOLÓGICA DA TOMADA DE DECISÃO E SUAS CONTRIBUIÇÕES PARA A NEUROECONOMIA

Em neurociências, as principais contribuições para a compreensão do processo de tomada de decisão vieram dos estudos de lesões no lobo frontal, mais especificamente no córtex pré-frontal (CPF). A participação dessa área cerebral específica começou a ser verificada desde o conhecido caso de Phineas Gage, que, após um acidente de trabalho em uma ferrovia, tornou-se despreocupado e passou a ter uma conduta social inapropriada, com extrema dificuldade em tomar decisões corriqueiras (Bechara, Damasio, & Damasio, 2000; Bechara, 2004).

Diversos modelos dividem o CPF em regiões que teriam funções específicas, apesar de manterem extensas conexões entre elas. De particular interesse na tomada de decisão, temos a região ventromedial, que engloba a porção medial do córtex orbitofrontal (COF) e a área ventral da região medial dos lobos frontais.

Além da relevância do CPF, estruturas subcorticais como a amígdala e os núcleos da base têm sido percebidas como partes fundamentais do processo, provavelmente devido às suas conexões com o circuito frontoestriatal (Sharp, Monterosso, & Montague, 2012; Smith & Huettel, 2010; Takahashi, 2013). A avaliação de pacientes com lesões nessa região demonstra que eles têm prejuízos na capacidade de tomar decisões, sendo imediatistas e com pouca capacidade de utilizar processos emocionais como sinalizadores de risco ou vantagens iminentes (Bechara et al., 2000; Bechara, 2004; Ernst & Paulus, 2005; Chang, Barack & Platt, 2012; Hirayama, Catalho, Brown, & Gillette, 2012; Takahashi, 2013).

Até a década de 1990, havia poucos recursos para avaliação objetiva e ecológica da tomada de decisão em pacientes com lesão cerebral. Um teste que ganhou extensa popularidade e reconhecimento como paradigma nas pesquisas envolvendo tomada de decisão econômica foi o Iowa Gambling Task (IGT) (Bechara, Damasio, Damasio,

> Em neurociências, as principais contribuições para a compreensão do processo de tomada de decisão vieram dos estudos de lesões no lobo frontal, mais especificamente no córtex pré-frontal.

& Anderson, 1994; da Rocha et al., 2008; Malloy-Diniz et al., 2008). O IGT envolve características típicas de um ambiente econômico, como, por exemplo, aversão a risco, punição e gratificação (Li, Lu, D'Argembeau, Ng, & Bechara, 2010). Brevemente, durante o IGT, os sujeitos se deparam com um computador que apresenta quatro baralhos de cartas. Recebem, inicialmente, um "empréstimo", uma certa quantidade em dinheiro para que comecem a jogar. O sujeito deverá escolher cartas tirando-as uma a uma, de forma a ganhar o máximo de dinheiro. Tirar uma carta dá direito a um ganho imediato. No entanto, de maneira imprevisível, algumas cartas implicarão em perdas que irão variar em magnitude. Os baralhos A e B trazem ganhos grandes e imediatos, mas as cartas com "multas" são mais frequentes ou mais vultosas. Escolher mais vezes os baralhos A e B levam a uma perda global. Já as cartas dos montes C e D levam a ganhos pequenos em curto prazo, mas perdas menos frequentes e de menor quantidade, conduzindo a um ganho global. Os sujeitos não são informados dessa regra, devendo descobri-la à medida que jogam. Pressupõe-se que os indivíduos percebam que os montes A e B são desvantajosos e mais arriscados, optando, ao longo do teste, pelos blocos C e D, mais vantajosos. Esse teste pode ser avaliado de duas formas. Na sua primeira metade, avalia-se o processo de tomada de decisão sem aprendizado consolidado, baseando as escolhas sem determinação das relações entre riscos e benefícios.

O comportamento adotado durante a primeira parte do teste, denominado "decisão em um cenário de ambiguidade", é correlacionado a áreas de gratificação imediata e regiões utilizadas na exploração e compreensão dos testes (da Rocha, Malloy-Diniz, Lage, & Corrêa, 2011; Ernst & Paulus, 2005; Gescheidt et al., 2013). São essenciais, nesse momento, processos emocionais associadas às escolhas. As alterações autônomas desencadeadas, como, por exemplo, taquicardia e sudorese, passam a influenciar escolhas futuras. Esse mecanismo é conhecido como marcador somático, e as conexões do COF com estruturas do sistema límbico como a amígdala são cruciais nessa etapa. (Bechara, 2004; Chang et al., 2012). Podemos citar como exemplo um indivíduo que, ao selecionar uma carta do monte A, sofre uma perda significativa de dinheiro. Essa perda desencadeia alterações fisiológicas e emocionais, como raiva, hiperventilação, sudorese e taquicardia. Essas alterações ganham uma representação cognitiva e, de forma não consciente, ocorrem de novo perante uma provável escolha do monte A. Essas alterações irão interferir ativamente na concretização dessa escolha (Bechara et al., 2004; da Rocha et al., 2011).

Apesar de o IGT ser considerado um teste que avalia sobretudo o tipo "em um cenário de ambiguidade", podemos considerar que ocorre um aprendizado durante sua realização (da Rocha et al., 2011). Os pacientes passam a perceber os riscos e benefícios inerentes a cada bloco. Suas escolhas adquirem, assim, uma nova conotação, baseadas nas escolhas já realizadas e no reconhecimento das regras do jogo. O nome dado a esse tipo de decisão é "decisão em um cenário de risco" e corresponderia, aproximadamente, à segunda metade do teste. Ressalta-se que as representações emocionais adquiridas até o momento continuam a exercer influência expressiva nas escolhas futuras (Hasler, 2012; Hirayama et al., 2012; Loewenstein et al., 2008).

O desempenho no IGT pode ser aplicado diretamente para a compreensão de ações vinculadas a situações econômicas, como, por exemplo, investimento em ações, gerenciamento de empresas e utilização de derivativos em operações financeiras.

Estudos ainda não publicados por nosso grupo investigaram o desempenho de gestores financeiros e operadores do mercado de capitais no IGT. Os resultados foram comparados aos de um grupo-controle. O gráfico da Figura 32.3 mostra os resultados ao comparar controles, gestores de fundos de renda fixa passivo (GRFs) e operadores de mercado de capitais (MF), mais especificamente aqueles que negociam mercado futuro na BM & FBOVESPA. Podemos observar que os GRFs apresentaram desempenho semelhante ao dos controles. Contudo, os MF mostraram, após metade do teste, piores resultados. Interessante ressaltar que esse resultado foi observado justamente no momento em que os participantes já haviam demonstrado compreensão das regras e dos mecanismos do teste ("decisão em cenário de risco"). Uma hipótese para explicar esses achados pode estar associada ao manejo de risco adotado pelos profissionais em suas respectivas profissões, em que se espera maior exposição ao risco para obtenção de melhores resultados financeiros. Operações com mercado futuro, muitas vezes, visam ganhos em períodos curtos de tempo (segundos a dias) com grande exposição do capital a fatores potencialmente desfavoráveis, como, por exemplo, grande alavancagem do capital utilizado.

O uso de instrumentos neuropsicológicos para estudo de temas relacionados à neuroeconomia não se restringe, obviamente, ao IGT, e os processos cognitivos relacionados ao comportamento econômico vão além dos processos de tomada de decisão. Por exemplo, Spinella e Yang (2004) verificaram relação entre o desempenho de sujeitos normais em uma escala de avaliação de funções executivas e dívidas em cartões de crédito.

Além disso, o estudo neurocientífico de tarefas clássicas provenientes da neuroeconomia também tem ajudado a identificar como as características biológicas dos sujeitos influenciam suas escolhas econômicas. Por exemplo, Reuter e colaboradores (2013)

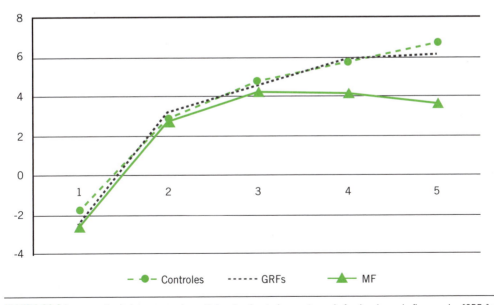

FIGURA 32.3 Desempenho de três grupos de participantes (controles; gestores de fundos de renda fixa passivo [GRFs] e operadores de mercado de capitais na BVM & FBOFESPA [MF]) no IGT. O eixo x mostra blocos de 20 cartas, e o y, a pontuação no respectivo bloco ao subtrairmos as escolhas favoráveis (Blocos A e B) das desfavoráveis (Blocos C e D).

verificaram que o comportamento pró-social evidenciado pelo desempenho no "*ultimatum game*"[*] é influenciado por polimorfismos genéticos relacionados ao sistema dopaminérgico, sistema de neurotransmissão envolvido na forma como o indivíduo lida com a obtenção de reforçamento.

Sapra, Beavim e Zak (2012) mostraram que polimorfismos de genes vinculados à via dopaminérgica associam-se ao sucesso profissional de *traders* de Wall Street. A ativação moderada dessa via de neurotrasmissão mostrou-se essencial para uma carreira bem-sucedida, ao contrário dos participantes com redução ou aumento da atividade dopaminérgica.

CONSIDERAÇÕES FINAIS

A neuroeconomia é uma disciplina recente e que, a partir da confluência das disciplinas que lhes são caudatárias, tem tido um importante potencial na construção de modelos explicativos para comportamentos econômicos em contextos ecologicamente determinados. A neuropsicologia é uma valiosa ferramenta na elaboração de delineamentos de investigação resultando em modificações conceituais que possam fornecer parâmetros mais embasados sobre os processos de tomada de decisão. A utilização de modelos com alterações neurobiológicas (transtornos neuropsiquiátricos) já conhecidas pode ajudar os pesquisadores de forma bilateral, beneficiando uma melhor compreensão tanto dos transtornos como do processo decisório.

É importante considerar que o conhecimento proveniente da neuroeconomia também tem potencial aplicação conceitual na neuropsicologia e psiquiatria clínica. Por exemplo, Hasler (2012) propuseram que alguns conhecimentos básicos da neuroeconomia poderiam ser aplicáveis à compreensão de comportamentos frequentes em diversas psicopatologias, como:

> A neuropsicologia é uma valiosa ferramenta na elaboração de delineamentos de investigação resultando em modificações conceituais que possam fornecer parâmetros mais embasados sobre os processos de tomada de decisão.

a) Depressão e ansiedade: os sintomas depressivos e ansiosos (não fóbicos) podem estar relacionados ao desequilíbrio no sistema de atribuição de valores e composição de utilidade. Por exemplo, esses indivíduos poderiam ter uma exacerbação da valorização dos custos em uma decisão específica e tenderiam a ter prejuízos particulares em situações de tomada de decisão envolvendo esforços maiores. Há evidências de que o substrato neural do sistema de atribuição de valores (circuitos frontoestriatais envolvendo o sistema monoaminérgico) e da tomada de decisão envolvendo esforços (córtex pré-frontal ventromedial) é semelhante ao envolvido na etiopatogênese da depressão.

b) Dificuldades em abandonar comportamentos não adaptativos: a taxa marginal de substituição diz respeito ao quanto determinados itens (incluindo hábitos e comportamentos) podem ser substituídos por outros de presumida "utilidade" semelhante. Em muitas situações, a mudança de um comportamento por

---

[*] Tarefa proveniente de estudos na teoria dos jogos e com diversas aplicações em estudos sobre decisão em economia. No jogo, um primeiro jogador recebe uma quantia em dinheiro e deve dividi-la com um segundo jogador, oferecendo-lhe uma oferta. Se esse segundo jogador recusar essa oferta, nenhum dos dois receberá qualquer quantia em dinheiro. Embora, em princípio, seja vantajoso para o segundo jogador receber qualquer quantidade em dinheiro, a decisão pela recepção envolve crenças relacionadas à reciprocidade e justiça. Assim, ofertas muito pequenas tendem a ser recusadas pelo segundo jogador.

outro de "utilidade" semelhante não ocorre porque

1. há supervalorização da utilidade do comportamento/pensamento problemático;
2. a utilidade do novo comportamento tem menor nível de certeza (p. ex., os efeitos do uso do *crack* são conhecidos pelo paciente, ao passo que a abstinência não leva necessariamente às consequências presumidas, como conseguir maior integração social);
3. muitas características dos transtornos são incorporadas como identidade (p. ex., eu sou "impulsivo" ou eu sou "preocupado") – assim, na medida em que existe uma desproporção entre o valor de adquirir/ter algo e o valor de dispor de algo, abandonar um determinado comportamento ou crença personificada tem um custo exacerbado;
4. algumas características dos transtornos psiquiátricos assumem valores mistificados e se tornam sagradas.

O valor de algo dessa natureza se torna praticamente insubstituível por outro hipoteticamente equivalente, o que diminui a margem de substituição.

c) Decisões em cenários de expectativas pessimistas: considerando-se o princípio da utilidade esperada, é plausível pensar que decidimos com base na análise de relação entre probabilidade do desfecho imaginado, sua utilidade e seu custo presumido. Nessa análise complexa, a manutenção de informações *on-line* para avaliações de custo/benefício é um requesito fundamental. Déficits na memória operacional, comuns em pacientes psiquiátricos, podem simplificar de forma prejudicial o processo de tomada de decisão.

d) Aumento do estresse em situações de incerteza: em cenários de ambiguidade, as decisões envolvem análises mais complexas e estão com frequência associadas a maiores riscos. O aumento de traços como aversão a danos e neuroticismo, frequentes em transtornos do espectro da ansiedade, podem tornar tais decisões mais estressantes e até mesmo moldar comportamentos de esquiva. Os autores citam, por exemplo, que as incertezas com relação a relacionamentos podem levar indivíduos com personalidade *borderline* a dificuldades no engajamento em situações sociais.

e) Aversão a perdas e hipersensibilidade a ganhos: de acordo com a teoria da perspectiva, a forma como processamos ganhos e perdas não se dá de forma linear. Em grande parte das situações, a esquiva à perda tem um valor mais acentuado que a busca de ganhos (em proporção de 2:1). Além disso, é verificado o fenômeno de diminuição de sensibilidade à medida que ocorre o aumento da intensidade de ganhos e perdas (ver Fig. 31.1). As decisões em psicopatologias podem representar hiperexpressões das relações entre ganhos e perdas. Na depressão, por exemplo, uma maior aversão a perdas pode levar a decisões mais conservadoras. Em indivíduos com risco para transtorno bipolar, por sua vez, observa-se um menor efeito da diminuição de sensibilidade para perdas e ganhos, o que pode explicar o comportamento de risco exacerbado nesses sujeitos, concomitante a sintomas depressivo-ansiosos.

f) Expectativa de equidade nas transações sociais: a expectativa de justiça e equidade nas transações sociais é uma característica que afeta diretamente as nossas decisões. As vasta produção baseada na tarefa do *"ultimatum game"* mostra que as decisões são baseadas, em grande parte, na expectativa de paridade, e menos em questões meramente racionais. As expectativas de equilíbrio de ganhos e perdas em transações podem estar alteradas em transtornos psiquiátricos como os transtornos do humor (em que há uma elevação da aversão à iniquidade nas transações entre pares) e transtorno da personalidade *borderline* (em que há uma exacerbada aversão à possibilidade de traição por pares).

g) Relação entre tempo, custo, benefício e decisão: as tomadas de decisão envolvem prospecção e análise de custo e benefício em escala temporal. A aversão à demora na obtenção de ganhos pode levar a respostas orientadas para o presente em detrimento de consequências de longo prazo, como pode ser observado nos transtornos do espectro da impulsividade. Por sua vez, o foco excessivo no futuro é algo que caracteriza decisões típicas dos transtornos em que aparece o comportamento acumulativo.

Conforme pode ser observado, a neuroeconomia não apenas se beneficia dos conhecimentos originados em outras disciplinas. Seus avanços recentes podem fornecer um arcabouço teórico para a compreensão da cognição e do comportamento normal e patológico. As aplicações do conhecimento produzido nessa área têm potencial utilidade para os mais diversos campos relacionados ao comportamento humano e, em particular, à tomada de decisão.

REFERÊNCIAS

Bechara, A. (2004). The role of emotion in decision-making: Evidence from neurological patients with orbitofrontal damage. *Brain and Cognition, 55*, 30-40.

Bechara, A., Damasio, A. R., Damasio, H., & Anderson, S. W. (1994). Insensitivity to future consequences following damage to human prefrontal cortex. *Cognition, 50*, 7-15.

Bechara, A., Damasio, H., & Damasio, A. R. (2000). Emotion, decision making and the orbitofrontal cortex. *Cerebral Cortex, 10*, 295-307.

Camerer, C. (1999). Behavioral economics: Reunifying psychology and economics. *Proceedings of the National Academy of Sciences, 96*(19), 10575-10577.

Chang, S. W., Barack, D. L., & Platt, M. L. (2012). Mechanistic classification of neural circuit dysfunctions: insights from neuroeconomics research in animals. *Biological Psychiatry, 72*(2), 101-106.

da Rocha, F. F., Malloy-Diniz, L., Lage, N. V., & Corrêa, H. (2011). The relationship between the Met allele of the BDNF Val66Met polymorphism and impairments in decision making under ambiguity in patients with obsessive-compulsive disorder. *Genes Brain Behavior, 10*(5), 523-529.

Ernst, M., & Paulus, M. P. (2005). Neurobiology of decision making: a selective review from a neurocognitive and clinical perspective. *Biological Psychiatry, 58*(8), 597-604.

Gescheidt, T., Mareček, R., Mikl, M., Czekóová, K., Urbánek, T., Vaníček, J., ... Bareš, M. (2013). Functional anatomy of outcome evaluation during Iowa Gambling Task performance in patients with Parkinson's disease: An fMRI study. *Neurological Sciences.* [Epub ahead of print].

Hasler, G. (2012). Can the neuroeconomics revolution revolutionize psychiatry? *Neuroscience & Biobehavioral Reviews, 36*(1), 64-78.

Hirayama, K., Catanho, M., Brown, J. W., & Gillette, R. (2012). A core circuit module for cost/benefit decision. *Frontiers in Neuroscience, 6*(123), 1-6.

Kable, J. W. (2011). The cognitive neuroscience toolkit for the neuroeconomist: A functional overview. *Journal of Neuroscience, Psychology, and Economics, 4*(2), 63-84.

Kahneman, D., & Tversky A. (1979). Prospect theory: An analysis of decision under risk. *Econometrica, 47*(2), 263-291.

Kahneman, D., & Tversky, A. (1984). Choices, values, and frames. *American Psychologist, 39*, 341-350.

Keeney, R. L. (2008). Personal decisions are the leading cause of death. *Operations Research, 56*(6), 1335-1347.

Lage, G. M., Junqueira, G. C., Fuentes, D., Lobo, I. L., Gomes, M., Salgado, J. V., ... Malloy-Diniz, L. F. (2011). Correlations between Impulsivity and technical performance in handball female athletes. *Psychology, 2*, 721-726.

Li, X., Lu, Z. L., D'Argembeau, A., Ng, M., & Bechara, A. (2010). The Iowa Gambling Task in fMRI images. *Human Brain Mapping, 31*(3), 410-423.

Loewenstein, G., Rick, S., & Cohen, J. D. (2008). Neuroeconomics. *Annual Review of Psychology, 58*, 647-672.

Malloy-Diniz, L. F., Leite, W. B., Moraes, P. H., Correa, H., Bechara, A., & Fuentes, D. (2008). Brazilian Portuguese version of the Iowa Gambling Task: transcultural adaptation and discriminant validity. *Revista Brasileira de Psiquiatria, 30*(2), 144-148.

Reuter, M., Felten, A., Penz, S., Mainzer, A., Markett, S., & Montag, C. (2013). The influence of dopaminergic gene variants on decision making in the ultimatum game. *Frontiers in Human Neuroscience, 7*, 242.

Sapra, S., Beavin, L. E., & Zak, P. J. (2012). A combination of dopamine genes predicts success by professional Wall Street traders. *Plos One, 7*(1), e30844.

Sharp, C., Monterosso, J., & Montague, P. R. (2012). Neuroeconomics: A bridge for translational research. *Biological Psychiatry, 72*(2), 87-92.

Shivapour, S. K., Nguyen, C. M., Cole, C. A., & Denburg, N. L. (2012). Effects of Age, Sex, and Neuropsychological Performance on Financial Decision-Making. *Frontiers Research Foundation, 6*, 82.

Smith, D. V., & Huettel, S. A. (2010). Decision neuroscience: Neuroeconomics. *Wiley Interdisciplinary Reviews: Cognitive Science, 1*(6), 854-871.

Spinella, M., Yang, B., & Lester, D. (2004). Prefrontal system dysfunction and credit card debt. *The International Journal of Neuroscience, 114*(10), 1323-1332.

Takahashi, H. (2013). Molecular neuroimaging of emotional decision-making. *Neuroscience Research, 75*(4), 269-274.

33
Neuropsicologia no Brasil

LUCIA IRACEMA ZANOTTO DE MENDONÇA
DEBORAH AZAMBUJA

Neuropsicologia é o estudo dos mecanismos neurais que subservem o comportamento humano. O termo "neurociências cognitivas" proposto por Michael Gazzaniga na década de 1970 reflete a distinção que na época era feita entre os processos cognitivos e as "neurociências do comportamento" (Gazzaniga, 2011). O crescimento da neuropsicologia como ciência e a ampliação de sua abrangência, observadas nas últimas décadas, é impressionante.

> Neuropsicologia é o estudo dos mecanismos neurais que subservem o comportamento humano. O termo "neurociências cognitivas" proposto por Michael Gazzaniga na década de 1970 reflete a distinção que na época era feita entre os processos cognitivos e as "neurociências de comportamento" (Gazzaniga, 2011). O crescimento da neuropsicologia como ciência e a ampliação de sua abrangência, observadas nas últimas décadas, é impressionante.

O crescimento da neuropsicologia como ciência e a ampliação de sua abrangência, observados nas últimas décadas, é impressionante. O processo de mudanças graduais pelo qual passou a neuropsicologia necessita ser compreendido a partir do início dessa ciência. Os eventos que ocorreram em nosso meio, na fase incipiente das ciências neuropsicológicas, demonstram as características da moderna neuropsicologia: convergência e integração de múltiplas faces do conhecimento.

Antonio Branco Lefèvre é o patrono da neuropsicologia no Brasil. Médico pediatra de formação, fundador da neurologia infantil em nosso País, graduou-se também em psicologia, na busca de maior compreensão do cérebro humano. Sua tese de doutoramento, intitulada *Contribuição para a psicopatologia da afasia em crianças*, de 1950, constitui um marco desse vínculo embrionário entre a neurologia e a psicologia. Na década de 1960, a psicóloga Beatriz Helena Whitaker Lefevre trouxe sua contribuição na avaliação e orientação de crianças e adultos com distúrbios cognitivos decorrentes de lesão cerebral. Na década de 1970, Antonio Branco Lefèvre criou o primeiro grupo de estudos e o primeiro programa de pós-graduação em "atividade nervosa superior", na Clínica Neurológica da Faculdade de Medicina da Universidade de São Paulo (Maciel Jr., 1999). Participavam das atividades de avaliação e reabilitação médicos neurologistas, psicólogos, fonoaudiólogos, terapeutas ocupacionais e fisioterapeutas.

Na mesma década de 1970, o neurocirurgião Raul Marino Junior retorna do Canadá, onde estudou epilepsia e sistema límbico. No Instituto de Psiquiatria da Faculdade de Medicina da Universidade de São Paulo, criou a Divisão de Neurocirurgia Funcional e convidou a então estudante de psicologia, Candida Helena Pires de Camargo, para participar do estudo dos pacientes. O objetivo desse grupo era investigar o funcionamento cognitivo e emocional de pacientes com afecções neurológicas e psiquiátricas. A equipe era constituída por médicos neurocirurgiões, neurologistas, psiquiatras, neurofisiologistas e psicólogos.

É interessante observar as características desses dois núcleos primordiais, um ligado à neurologia, e o outro, à psiquiatria. A participação de diferentes profissionais em ambos os núcleos ressalta o caráter multidisciplinar da neuropsicologia. Enquanto ambos estudavam as funções cognitivas, o grupo do Instituto de Psiquiatria estabelece um elo com os aspectos emocionais e comportamentais. Na visão da época, eram em princípio iguais, mas também diferentes, e refletiam a dicotomia cognição *versus* comportamento/emoção.

Essa polaridade precisa ser compreendida à luz da quase cisão entre os enfoques psiquiátrico e neurológico existente nesse tempo. O avanço farmacológico e a introdução na prática clínica de medicamentos neurolépticos, ansiolíticos e antidepressivos que efetivamente melhoravam a sintomatologia psiquiátrica, aliados à expansão da psicoterapia, propiciavam ao médico psiquiatra instrumentos para assistência e pesquisa. As bases anatomofuncionais dos transtornos psiquiátricos eram pouco consideradas.

Ao longo das décadas, o interesse na área passou a ser progressivo e crescente, inicialmente fundamentado em muita leitura, aquisição de conhecimento, formação de grupos de estudo e intercâmbio com serviços do exterior. Como característica, esses grupos eram verdadeiras equipes multidisciplinares.

O número de neuropsicólogos e o refinamento da avaliação e interpretação neuropsicológicas aumentaram em resposta ao crescente conhecimento e à demanda. O Conselho Federal de Psicologia reconheceu a neuropsicologia como especialidade da psicologia em 2004. A neurologia cognitiva, verdadeira subespecialização da neurologia, é hoje uma realidade, o que pode ser evidenciado pela existência do Departamento de Neurologia Cognitiva e Envelhecimento na Academia Brasileira de Neurologia.

COGNIÇÃO, EMOÇÃO E COMPORTAMENTO

O avanço do conhecimento tem demonstrado que tanto o comportamento instintivo de autopreservação e preservação da espécie como o motivacional margeiam a cognição e nela adentram. A neuropsicologia é o ramo das neurociências em que ocorre a intersecção das ciências cognitivas com as ciências do comportamento e engloba ambas.

Nas últimas décadas, a psiquiatria voltou a se aproximar da neurologia, graças à progressiva compreensão dos neurotransmissores e dos fundamentos neurobiológicos dos estados emocionais e do comportamento. Adentramos uma nova era, em que os psiquiatras se preocupam em saber como, onde e em quais circuitos cerebrais ocorre a ação medicamentosa. Esquizofrenia, depressão, ansiedade, transtornos obsessivo-compulsivos e outras manifestações psiquiátricas são, hoje, estudadas à luz de seu substrato biológico cerebral.

Robert Levenson (1994) define emoção como função de valor adaptativo:

> Emoções são fenômenos psicofisiológicos de curta duração que representam maneiras eficientes de adaptação às demandas ambientais. Psicologicamente, as emoções alteram a atenção, modificam o comportamento pelo grau de relevância do estímulo e ativam aspectos associados na memória. Fisiologicamente, as emoções rapidamente desencadeiam respostas biológicas, como expressão facial, tônus muscular, tom de voz e atividade endócrina e do sistema nervoso autônomo, para adequar o meio interno à resposta efetiva. As emoções servem para estabelecer nossa posição ante o meio, de aproximação a determinadas pessoas, objetos, ações e ideias e de evitamento a outros. Emoções também servem como repositório

para influências inatas ou aprendidas, algumas com características uniformes, outras variáveis entre indivíduos, grupos e culturas.

> O processamento emocional envolve estruturas cerebrais límbicas, como hipotálamo, amígdala, cíngulo anterior e córtices frontal medial e orbitário, as quais trabalham em concerto com as áreas essencialmente cognitivas.

O processamento emocional envolve estruturas cerebrais límbicas, como hipotálamo, amígdala, cíngulo anterior e córtices frontal medial e orbitário, as quais trabalham em concerto com as áreas essencialmente cognitivas.

Estudos pioneiros em macacos (Ongür, & Price, 2000) demonstram a existência de dois circuitos entre os nodos límbico e neocortical de processamento. O circuito orbital, relacionado aos mecanismos de recompensa/punição, é atualmente bastante estudado em relação a hábitos alimentares e drogadição. O circuito medial está envolvido com as respostas comportamentais motivacionais, ligando a motivação à ação.

DESENVOLVIMENTO COGNITIVO, NEUROGENÉTICA E EDUCAÇÃO

A neuropsicologia tem ramificações que alcançam muitas outras facetas do conhecimento, entre elas o desenvolvimento da criança e sua competência escolar.

O conhecimento da interação do ser humano com o ambiente abre caminho para a neurogenética e a neurociência do desenvolvimento cognitivo. A questão crucial é compreender como os fatores genéticos e os ambientais interagem ao longo do desenvolvimento para moldarem os circuitos neurais (Perani, 2008).

A neurogenética é ciência recente que busca relacionar genoma com cognição e comportamento. O genes codificam proteínas, que, por sua vez, são parte integrante dos circuitos neurais. Vários genes podem contribuir para o fenótipo, e cada um pode estar relacionado a um determinado aspecto (linguagem, socialização, etc.) e contribuir com uma parcela do fenótipo final.

Os geneticistas têm trazido importantes contribuições para a neuropsicologia.

O fenótipo cognitivo/comportamental é resultante da interação entre o material genético e as experiências do ambiente, especialmente no cérebro em desenvolvimento. Uma pesquisa recente sugere que a informação social recebida de outro indivíduo da mesma espécie pode alterar a expressão gênica (Robinson, Fernald, & Clayton, 2008).

A neurociência do desenvolvimento cognitivo investiga as relações entre o desenvolvimento cerebral da criança e as aquisições cognitivas.

Os transtornos da aprendizagem passaram a se destacar no âmbito das discussões na década de 1980.

O processo de aprendizado do cérebro humano envolve funções cognitivas como a atenção, a percepção, a memória, a linguagem e as habilidades motoras. Todas elas requisitam um enorme circuito de redes neurais que, ao interagirem com o meio ambiente, modificam o nosso desempenho na execução de tarefas e se reestruturam para que novos aprendizados sejam estabelecidos e gravados. Ao aprender, o cérebro produz sinapses que possibilitam a aquisição de novos conceitos e ideias e a resolução de problemas.

O advento das novas tecnologias de neuroimagem trouxe aos educadores o conhecimento do importante papel do lobo frontal esquerdo nas funções executivas e do lobo frontal direito na arte, na música e nos aspectos de organização espacial, fundamentais para o estudo da matemática e da lógica.

O educador passou a compreender também o quanto a emoção modula todos os aspectos da atividade cerebral e interfere diretamente no aprendizado. Existem redes neurais que ligam os lobos frontais, responsáveis pela capacidade executiva, ao subcórtex e à área límbica, responsáveis pelas nossas emoções. Por isso, o processo de aprendizagem e de criação dependem muito da qualidade das emoções.

Pesquisas em neuropsicologia têm comprovado que a neuroplasticidade é uma característica do cérebro que permite um constante aprendizado e reaprendizado. Graças a essa capacidade de reorganização das células neurais e de recrutamento de áreas adjacentes em casos de lesão cerebral, habilidades cognitivas e/ou motoras podem ser restauradas.

Hoje, educadores podem atuar não mais às escuras ao habilitar ou reabilitar indivíduos com transtornos de aprendizagem, de comportamento, com déficits intelectuais ou com múltiplas deficiências (surdez, cegueira ou baixa visão), mas à luz do conhecimento das correlações cérebro-função-aprendizado.

Além disso, estudiosos da neuropsicologia têm realizado pesquisas sobre a incapacidade de realizar cálculos aritméticos ou acalculia. Segundo Lezak (1995), a competência matemática estaria vinculada ao adequado funcionamento das funções executivas relacionadas a inteligência, atenção, linguagem e memória. De acordo com a autora, o pensar matemático exige uma estrutura mental capaz de perceber, integrar, elaborar e responder aos passos necessários para a resolução de um problema. Lezak (1995) considera que, para a execução do raciocínio lógico, o indivíduo deve ser capaz de: estabelecer um objetivo, planejar sua ação, manter e sustentar sequências de forma ordenada, bem como se automonitorar, autocorrigir e administrar tempo e intensidade.

A utilização dos conhecimentos neurobiológicos nos processos didáticos encontra-se em expansão. Em nosso meio, o projeto NeuroEduca, da Universidade Federal de Minas Gerais, desenvolvido em parceria com escolas estaduais e municipais de Belo Horizonte, tem levado aos pedagogos o conhecimento dos mecanismos cerebrais envolvidos na aprendizagem. Novas propostas quanto ao modo de adquirir conhecimento, considerando as características próprias de cada aluno, têm sido desenvolvidas pelo Grupo de Pesquisa em Educação e Produção do Conhecimento da Pontifícia Universidade Católica de São Paulo e pelo Grupo de Estudo sobre Educação e Neurociência da Universidade de São Paulo. Essas propostas promovem a interligação entre as diferentes disciplinas, incentivam a criatividade e fornecem à criança a noção de um ser social.

A psicopedagogia tem sido desenvolvida tanto por educadores e pedagogos que procuraram estabelecer o elo com a psicologia e a neuropediatria como por psicólogos e fonoaudiólogos que atuam com ênfase nos problemas de aprendizagem.

ARTE

O "belo" tem sido objeto de interesse da neuropsicologia por meio do estudo das manifestações artísticas.

Janson e Janson (2001) sugerem que a arte envolve a imagem mental e a manipulação de algum instrumento para sua materialização. Mesmo a cópia de algo do ambiente implica a interiorização de uma imagem. A pesquisa sobre a percepção dos conceitos, inclusive faces e a ligação dos sistemas perceptivos e motores para a fiel transcrição do que é imaginado, tem sido utilizada pela terapia ocupacional. A essência que caracteriza essa terapia é o "pensar e fazer". Planejar, organizar, recordar e compreender o mundo ao redor de si é essencial para levar a cabo as tarefas cotidianas. A música e a pintura, ou seja, as capacidades artísticas, foram incorporadas à atuação do terapeuta ocupacional. O trabalho desses profissionais tem contribuído para elucidar aspectos neurofisiológicos relevantes e a influência particular do hemisfério direito no processo criativo visual.

TECNOLOGIA E INTEGRAÇÃO FUNCIONAL CEREBRAL

A pesquisa em neuropsicologia sempre buscou estabelecer a relação entre função e estrutura cerebral.

A moderna neuroimagem anatômica e os métodos funcionais de investigação (ressonância magnética funcional [RMf], tomografia por emissão de pósitrons [PET], tomografia cerebral de fóton único [SPECT], potenciais evocados, magnetoencefalograma, vídeo-eletrencefalograma, estimulação magnética transcraniana) puderam ser aplicados em pacientes e também em voluntários normais durante a realização de tarefas neuropsicológicas bem controladas. Assim, a função cognitiva normal in vivo passou a ser acessível à pesquisa.

O avanço tecnológico demandou a organização de verdadeiras equipes nas quais atuam, além dos profissionais da área biológica, físicos, engenheiros e matemáticos, que devem possuir conhecimentos da anatomia e fisiologia cerebrais.

A neuroimagem funcional tem esclarecido aspectos da organização cerebral funcional, especialmente quanto aos conceitos de especialização funcional e integração funcional (Perani, 2008).

Uma inter-relação entre diferentes áreas cerebrais em prol de uma função cognitiva e uma interdependência entre as funções têm sido observadas. A especialização funcional não fica delimitada a certas regiões cerebrais, mas depende de uma rede neuronal mais difusa do que localizada, e mesmo os subprocessos que compõem cada função necessitam da participação de múltiplas áreas (Perani, 2008). O conhecimento da circuitaria cerebral e das relações córtico-subcorticais se expandiu.

Esses aspectos do funcionamento cerebral ficam bem evidentes no que concerne à fala e à linguagem. Historicamente, no Brasil e no mundo, afasias, anartrias, alexias e agrafia foram o foco inicial de estudo da incipiente neuropsicologia (Maciel Jr., 1999).

Nas diferentes universidades, o interesse na linguagem, a princípio restrito a poucos fonoaudiólogos – que efetivamente sabiam avaliar e atuar nas afasias –, foi aumentando de modo progressivo, na dependência direta do quanto era apresentado ao aluno, durante o curso, sobre o funcionamento cerebral como base para a fala, a linguagem e a comunicação como um todo em um contexto social. À expansão do conhecimento dos componentes linguísticos oral e escrito da fala, vieram se somar a prosódia, a pragmática e o discurso, pilares da capacidade comunicativa. Hoje, aspectos motores da fala e da deglutição já não podem ser desvinculados dos cognitivos.

Dois serviços se destacaram inicialmente, ambos de cunho multidisciplinar. O Instituto de Estudos da Linguagem da Unicamp (1989) envolvia os Departamentos de Neurologia e de Linguística, a Unidade de Neuropsicologia e Neurolinguística e o Centro de Convivência de Afásicos. Já o Ambulatório de Neurolinguística da USP (1989) estava ligado ao Curso de Fonoaudiologia da universidade e às Divisões de Neurologia e Geriatria do Hospital das Clínicas da FMUSP.

A neurolinguística é a grande vertente da neuropsicologia. A linguagem, a mais nobre das funções cognitivas, desde sua aquisição e seu desenvolvimento até as modificações que vão ocorrendo ao longo da vida, inclusive na senescência, inter-relaciona-se com todas as outras funções cerebrais e se situa na base da comunicação e, portanto, do comportamento e das relações sociais. Assim, a participação dos fonoaudiólogos é de vital importância na grande área das ciências neuropsicológicas.

AVALIAÇÃO NEUROPSICOLÓGICA

Com o incontestável avanço da neuropsicologia no Brasil, intensificado especialmente nos anos 2000, surgiu a necessidade de ampliar os conhecimentos na área de avaliação neuropsicológica e torná-la mais eficiente. Para isso, muitos pesquisadores vêm se dedicando a padronização e normatização de instrumentos utilizados em outros países, a fim de adequá-los à realidade cultural e social brasileira.

A avaliação neuropsicológica pode ser aplicada em contexto clínico ou de pesquisa, e a análise dos dados colhidos deve ser realizada respeitando os princípios da psicometria, garantindo uma seleção de instrumentos adequada a cada caso e considerando seus aspectos de validade, especificidade e sensibilidade.

É importante ressaltar que a avaliação neuropsicológica não se restringe apenas à aplicação de testes e obtenção de resultados, mas depende sobretudo da capacidade do examinador de interpretá-los e avaliá-los corretamente. O profissional deve ser capaz de estabelecer as correlações entre estruturas cerebrais e funções, o que requer conhecimento profundo de neuropsicologia e experiência clínica.

Em algumas situações, a participação de profissionais das mais diversas áreas (médicos, psicólogos, fonoaudiólogos, fisioterapeutas, terapeutas ocupacionais, etc.) se faz necessária para a conclusão do diagnóstico neuropsicológico.

No cenário brasileiro, questões legais e políticas sobre a quem cabe o direito de utilizar as técnicas da avaliação neuropsicológica vêm sendo discutidas pelos conselhos federais e por representantes das profissões envolvidas nesse processo, em conjunto com a Sociedade Brasileira de Neuropsicologia (SBNp), contudo ainda não há uma conclusão satisfatória sobre o assunto (Malloy-Diniz, Fuentes, Mattos, & Abreu, 2010).

A principal preocupação da SBNp (primeira associação representativa da neuropsicologia no Brasil) é garantir uma formação científica séria dos profissionais atuantes na área e a característica primordial da multi e interdisciplinaridade no trabalho neuropsicológico.

A avaliação neuropsicológica de crianças e adolescentes tem um enfoque específico e diferenciado. É um processo diagnóstico, pois deve considerar aspectos que influenciam nas diferentes etapas do desenvolvimento: a maturação neurológica, características emocionais, ambientais e sociais, a interação familiar e a adequação do processo de aprendizagem. Tendo em vista as constantes e rápidas alterações que uma criança apresenta ao longo do seu desenvolvimento, os protocolos de avaliação infantil devem ser dinâmicos no sentido de estabelecer as relações das funções cognitivas avaliadas com as condições ambiental, familiar e escolar em que ela se encontra (Miranda, Borges, & Rocca, 2010).

Na prática clínica, a avaliação neuropsicológica infantil é indicada para casos em que exista a suspeita da presença de déficits e/ou de comprometimentos cognitivos ou comportamentais de possível origem neurológica (Miranda & Muskat, 2004).

A aplicação da avaliação neuropsicológica tem se estendido às mais diversas

> Na prática clínica, a avaliação neuropsicológica infantil é indicada para casos em que exista a suspeita da presença de déficits e/ou de comprometimentos cognitivos ou comportamentais de possível origem neurológica (Miranda & Muskat, 2004).

áreas, como: biologia molecular, práticas forenses, práticas esportivas, engenharia, educação, psiquiatria, envelhecimento, entre outras. Esse crescimento pede o rápido aumento do trabalho de validação de testes.

Atualmente, vários instrumentos já estão validados e outros em processo de validação. Podemos citar alguns testes de avaliação neuropsicológica já padronizados e normatizados para o perfil brasileiro, com aplicação para diversas funções cognitivas e diferentes idades (Malloy-Diniz et al. 2010; Mendonça et al., 2008).

Infância

- Children Gambling Task: utilizado para avaliar os estágios iniciais do desenvolvimento do processo de decisões em crianças. Foi validado por Malloy-Diniz e colaboradores.
- Inventário de Temperamento e Caráter – Versões Pré-escolar e Juvenil: avalia a personalidade normal e patológica e estabelece um diagnóstico diferencial entre os subtipos de transtornos da personalidade e outros transtornos psiquiátricos. Foi validado por Fuentes e Moreno.
- Comprehensive Test of Phonological Processing – CTOPP: é um teste de nomeação rápida que avalia a recuperação da representação fonológica de palavras. Foi validado por Wagner e colaboradores e adaptado por Rosal.

Adultos

- Testes de avaliação da linguagem:
  a) Protocolo Montreal-Toulouse de Exame Linguístico da Afasia MT-86: foi validado por Parente, Ortiz, Nespoulous, Joanette e colaboradores.
  b) Teste de Boston versão de 1999: foi validado por Mansur e Scaff.
  c) Token Test: foi validado por Malloy-Diniz, Salgado e colaboradores.
- Testes de avaliação das funções executivas:
  a) Teste de Atenção Visual Tavis: foi desenvolvido por Mattos e Coutinho.
  b) Teste Wisconsin de Classificação de Cartas – WCST: foi validado por Trentini e Argimon.
  c) Iowa Gambling Task: foi validado por Malloy-Diniz, Fonseca e colaboradores.
- Testes de avaliação de memória:
  a) Automated Working Memory Assessmen: foi validado por Santos e Engel.
  b) Teste de Aprendizagem Auditivo-Verbal de Rey – RAVLT: foi validado por Malloy-Diniz e Fuentes.
- Bateria de testes neuropsicológicos:
  a) Instrumento de Avaliação Neuropsicológica Breve Neupsilin: foi validado por Fonseca, Salles e Parente.
  b) Exame Neurológico do Estado Mental de Strube Black: foi validado por Cosenza, Malloy-Diniz e colaboradores.

Idosos

a) Escala de Avaliação de Demência – DRS: foi validada por Porto.
b) Bateria Arizona para Distúrbios da Comunicação – ABCD: foi validada por Mansur e colaboradores.
c) Teste Breve de Performance Cognitiva – SKT: foi validado por Flaks.

(RE)HABILITAÇÃO NEUROPSICOLÓGICA

A compreensão e o conhecimento do cérebro e da capacidade de regeneração que suas estruturas possuem devido à plasticidade do sistema nervoso central abriram novos horizontes ao trabalho de reabilitação dos pacientes vítimas de afecções neurológicas.

O desenvolvimento de técnicas de neuroimagem aplicadas antes e depois da intervenção terapêutica em casos de lesões focais ou difusas possibilitou a análise da reorganização cerebral ocorrida pós lesão e reabilitação.

Estudos atuais demonstram a importância da terapia neuropsicológica para o tratamento de doenças que causam danos cognitivos e comportamentais, como: acidentes vasculares cerebrais, traumatismos craniencefálicos, doenças neurodegenerativas, psiquiátricas e déficits cognitivos do envelhecimento.

> Estudos atuais demonstram a importância da terapia neuropsicológica para o tratamento de doenças que causam danos cognitivos e comportamentais, como: acidentes vasculares cerebrais, traumatismos craniencefálicos, doenças neurodegenerativas, psiquiátricas e déficits cognitivos do envelhecimento.

Historicamente, as primeiras abordagens de reabilitação cognitiva (RC) foram utilizadas na tentativa de tratar os transtornos cognitivos de soldados feridos com lesões cerebrais nas duas Guerras Mundiais (Goldstein, 1942; Luria, 1979).

Não se sabe ao certo quando o termo reabilitação neuropsicológica (RN) foi aplicado ao tratamento das lesões cerebrais, mas é fundamental esclarecer que a RC possui uma área de atuação mais restrita em comparação à RN, sendo considerada um de seus componentes (Prigatano, 1997).

A principal característica da RN reside na possibilidade de tratar os problemas emocionais, comportamentais e motores, bem como a deficiência cognitiva do paciente (Wilson, 1996). Essa abordagem permite a adaptação funcional e a integração social do indivíduo (Abrisqueta-Gomez, 2006).

No Brasil, os estudos sobre a RN precisam ser ampliados e sistematizados, para que possamos conhecer a amplitude de seus resultados na recuperação de pacientes e utilizar os recursos neuropsicológicos com maior eficiência. Os profissionais experientes na área sabem que é praticamente impossível reabilitar por completo um paciente neurológico, pois a maioria dos casos apresentam sequelas. Sendo assim, o terapeuta deve buscar ajustá-lo ao seu ambiente, considerando sua atual condição, de maneira a reintegrá-lo à sociedade e torná-lo o mais independente possível.

A definição de reabilitação dada pela Organização Mundial da Saúde (OMS) reafirma essa preocupação:

> A reabilitação implica na recuperação dos pacientes ao maior nível físico, psicológico e de adaptação social possível. Isso inclui todas as medidas que pretendem reduzir o impacto da inabilidade e condições de desvantagem e permitir que as pessoas deficientes atinjam uma integração social ótima (Organização Mundial da Saúde [OMS], 1980 apud Abrisqueta-Gomez, 2006).

A OMS também estabeleceu, em 2001, a Classificação Internacional da Funcionalidade, com a finalidade de medir o impacto da doença sobre o indivíduo, o meio ambiente e a qualidade de vida (Battistella & Brito, 2002). Esse novo conceito valorizou a funcionalidade da intervenção neuropsicológica e a potencialidade do indivíduo portador de deficiência. As técnicas de RN devem ser aplicadas em dois níveis: o treino cognitivo e as estratégias compensatórias (Abrisqueta-Gomez, 2006).

O trabalho de RN tem como principal característica a multiplicidade de fatores envolvidos, cognitivos, emocionais, ambientais, comportamentais e sociais. Por isso, necessita de profissionais de diversas áreas de formação para estabelecer uma boa estratégia de reabilitação, incluindo psicólogos, médicos, fonoaudiólogos, fisioterapeutas, terapeutas ocupacionais, etc. Cada um deles estará apto a cuidar e reabilitar as funções específicas da sua área de atuação, garantindo, por meio de uma intervenção interdisciplinar, a melhor recuperação do paciente. Dessa maneira, a equipe multidisciplinar reconhece a interface entre as áreas de conhecimento, estabelece um diálogo constante durante o trabalho de (re)habilitação do paciente e atua com um espírito de colaboração entre os profissionais.

Graças ao avanço tecnológico, novas ferramentas têm sido utilizadas na RN. Muitas pesquisas têm comprovado a eficácia das técnicas de estimulação magnética transcraniana (EMT) e de estimulação transcraniana por corrente contínua (ETCC) em pacientes com quadros neurológicos. Com a popularização do uso do computador, surgiu, nos anos 1990, uma nova disciplina – a ergonomia cognitiva – que estuda a interação entre as pessoas e os computadores, buscando adequar os sistemas computacionais às necessidades dos indivíduos. Aliada à ergonomia cognitiva, a neuropsicologia tem criado novas possibilidades na reabilitação de pacientes com sérias restrições sensório-motoras (Macedo, Baptista, & Schwartzman, 2004).

Já a tecnologia assistiva procura desenvolver equipamentos que possam auxiliar pessoas com distúrbio motor severo a usarem seus movimentos voluntários para controlar o computador e, por meio dele, interagir e se comunicar com o mundo (Macedo et al., 2004). Essa tecnologia assume um papel cada vez mais importante para a comunicação alternativa e suplementar, que viabiliza o trabalho de reabilitação e inserção social de indivíduos com quadros clínicos em que a comunicação oral torna-se inviável.

Outra grande área de atuação da RN tem sido o trabalho de reabilitação de idosos com déficits cognitivos e funcionais decorrentes de afecções do sistema nervoso central. A RN auxilia o paciente idoso a identificar suas capacidades e limitações, cria estratégias para minimizar suas dificuldades cognitivas e o ensina a utilizar suas habilidades residuais. Os distúrbios comportamentais estão quase sempre presentes nas síndromes demenciais e, na reabilitação neuropsicológica, são trabalhados a partir de uma investigação minuciosa de suas causas.

Estudos mostram que a intervenção terapêutica precoce em fases iniciais da doença pode retardar a progressão da perda cognitiva. A intervenção farmacológica alivia as alterações de comportamento e os déficits cognitivos, mas apenas por um certo período (Abrisqueta-Gomez, 2006).

A família e os cuidadores também recebem orientação sobre como estruturar as atividades da vida diária e como ajudar o paciente a lidar com os problemas decorrentes do comprometimento cognitivo.

A terapia neuropsicológica também tem sido aplicada como prevenção em casos de envelhecimento cognitivo normal, utilizando estratégias de estimulação cognitiva.

A neuropsicologia não se restringe só à reabilitação de adultos, tendo também participação significativa na (re)habilitação de crianças e jovens.

No processo de reabilitação neuropsicológica na infância, teremos que contar com os resultados de instrumentos que contemplem as características de cada fase de desenvolvimento, para que se possa programar uma reabilitação de acordo com as capacidades cognitivas presentes.

> A tecnologia assistiva procura desenvolver equipamentos que possam auxiliar pessoas com distúrbio motor severo a usarem seus movimentos voluntários para controlar o computador e, por meio dele, interagir e se comunicar com o mundo (Macedo et al., 2004).

Portanto, dependendo da idade em que uma lesão ou disfunção neurológica ocorra, pode ser difícil o estabelecimento de tarefas que tenham como pré-requisito a aquisição de funções como a atenção e a memória. Pode ser impossível a realização de atividades que exijam um domínio das funções executivas, caso estas ainda não estejam totalmente desenvolvidas. A criança pode ainda não estar pronta para automatizar, nas suas atividades da vida diária, as habilidades adquiridas em terapia. Esse processo necessita de tempo, o qual será individual e específico para cada criança (Miranda, Mello, & Muskat, 2006).

A RN tem uma atuação significativa na reabilitação infantil, especialmente no que se refere aos processos de aprendizagem.

> Os distúrbios da aprendizagem requerem um diagnóstico extremamente preciso sobre as habilidades cognitivas, perceptivas, linguísticas e funcionais da criança, porque só a partir desse processo é que se pode planejar a terapêutica com base nas habilidades comprometidas (Ciasca, 2006).

A abordagem da terapia neuropsicológica privilegia o trabalho com a cognição e a emoção, ajudando a criança ou o jovem a superar não só suas dificuldades, mas também a adequar seu comportamento, desenvolvendo a capacidade de autogestão e de sociabilização, além de considerar e trabalhar comportamentos nocivos à aprendizagem, como ansiedade, desatenção e impulsividade.

A RN também é adequada para a habilitação de crianças com transtorno de déficit de atenção/hiperatividade e síndromes neurológicas e genéticas, como a disfasia infantil e a síndrome de Down.

No Brasil, ainda temos poucos estudos sobre a intervenção neuropsicológica na infância, mas muitos estudos devem ser realizados com o intuito de formar uma base científica que comprove os resultados obtidos por meio dessa abordagem terapêutica. A terapêutica farmacológica é, atualmente, parte integrante do trabalho de reabilitação. Os agentes farmacológicos podem favorecer ou prejudicar uma função cognitiva dependendo da fase de recuperação em que o paciente se encontra. Por exemplo, na fase aguda do trauma craniencefálico, quando existe um pico de atividade colinérgica, os anticolinérgicos têm efeito neuroprotetor; posteriormente, quando a atividade colinérgica diminui, essas mesmas substâncias podem prejudicar a atenção e a memória. Antidepressivos devem ser utilizados quando necessário, e o uso de estimulantes antes da terapia parece contribuir para a recuperação.

DA EMOÇÃO/COGNIÇÃO À COGNIÇÃO SOCIAL

A rede emocional-social deriva dos mamíferos inferiores, e pressões evolucionárias determinaram o aparecimento do comportamento grupal. Para que um grupo social seja eficiente, deve haver mecanismos de coesão e cooperação social. Isso significa não prejudicar ou ferir os membros do grupo, o que requer habilidades socioemocionais e regras sociais.

Os membros do grupo anseiam por aprovação e inclusão social. Os membros com comportamento inadequado são marginalizados, pois existe o risco da desintegração do grupo. O conhecimento semântico social surge das experiências socioemocionais próprias e alheias, a partir de pistas socialmente relevantes: a expressão facial, a postura corporal, o que é verbalizado e como é verbalizado. A percepção social começa direcionando o olhar para o rosto das outras pessoas e dele extraindo características específicas, as quais permitem fazer um julgamento social (Adolphs, 2007).

A teoria da mente se origina dos trabalhos pioneiros de Premack e Woodruff (1978). Designa a capacidade de compreender que o outro tem emoções, pensamentos e intenções, distintos de nossos próprios, o que nos capacita a prever ações ou intenções de terceiros.

A pesquisa recente com neurônios-espelho sugere ser possível compartilhar ações, intenções e emoções do outro. Os mesmos neurônios são ativados quando o indivíduo realiza uma ação e quando ele observa outra pessoa realizar uma ação similar. Observar a emoção ou a dor alheia causa uma reação "em espelho" em nós mesmos, por vezes produzindo a mesma expressão facial ou postura do corpo. As habilidades da teoria da mente se iniciam na criança após ela adquirir a noção de si própria, continuando a se desenvolver no adulto jovem.

O sistema de neurônios-espelho parece ter importância no desenvolvimento da cognição social (Rizzolatti, Fadiga, Gallese, & Fogassi, 1996). O comportamento de imitação da criança requer a capacidade de compreender a ação do outro (Woodward & Guajardo, 2002) e a integração do que é percebido com a ação realizada (Meltzoff & Decety, 2003). Alguns investigadores acreditam que esse sistema seja um substrato para a empatia. Empatia é a produção de um modelo, em nossa própria mente, daquilo que o outro está sentindo. A interpretação do outro desempenha relevante papel nas funções sociais da vida diária, permitindo uma vantagem evolutiva. Esse aspecto instintivo da empatia, que também é observado em outras espécies, é suplementado em humanos pelas habilidades cognitivas superiores.

Após perceber e interpretar a informação social, a resposta comportamental é selecionada, frequentemente requerendo processos regulatórios e executivos. Assim, as relações sociais e as tomadas de decisão se baseiam no binômio cognição/emoção.

A percepção e o comportamento social têm um substrato neuroanatômico. O hemisfério direito parece ser fundamental para o conhecimento do mundo (Deglin & Kinsbourne, 1996) e a cognição social (Tranel, Bechara, & Denburg, 2002). Uma via subcortical filogeneticamente mais antiga envolve o colículo superior e a amígdala, possibilitando a percepção emocional mais rápida e inconsciente. Parece que a ativação da amígdala deflagra de modo automático o comportamento de aproximação ou de evitamento.

Particularmente importantes (Mendez, 2008) são o giro fusiforme, em especial à direita, que possibilita o reconhecimento facial; as áreas do giro temporal superior e parietal inferior à direita, que permitem o processamento dos aspectos cinestésicos, como os movimentos da face, as mudanças do olhar e a postura do corpo; os polos temporais anteriores, especialmente à direita, que são áreas de convergência multimodal para o reconhecimento do outro como pessoa; a amígdala, que se relaciona com os aspectos emocionais da interação; e a ínsula anterior, especialmente à direita, que é importante no processamento das sensações viscerais emocionais e na mediação dos efeitos somáticos emocionais relacionados a determinada experiência social.

A evolução ao longo da filogênese e a crescente complexidade das espécies refletem a evolução do lobo frontal.

Os neurônios de Von Economo, ou "células em fuso", que se concentram no córtex pré-frontal de primatas, aumentam em número de acordo com a complexidade social da espécie, sendo mais abundantes no homem (Allman, Hakeem, & Watson,

2002). Ao nascimento, essas células são encontradas igualmente nos dois hemisférios cerebrais, mas, por volta dos 4 anos, são mais proeminentes no hemisfério direito. Parecem estar relacionadas à instantânea intuição social, ao julgamento imediato do outro e, em particular, às reações de empatia (Mendez, 2008).

O córtex orbitofrontal modula o comportamento socioemocional do momento, bloqueando impulsos ou gratificação imediata. A aquisição do conhecimento semântico social ocorre em humanos nas primeiras duas décadas de vida, tempo de amadurecimento do córtex pré-frontal mesial. Essa experiência de vida irá moldar as características individuais na interação social. O córtex frontal dorsolateral e polar realiza a regulação consciente da decisão social, em particular quando busca modificar uma resposta instintiva socialmente inapropriada.

MORAL E ÉTICA

O senso moral parece ser produto de pressões evolucionárias em animais sociais. Estudos com primatas não humanos sugerem que a capacidade de liderança se relaciona com iniciativa, inteligência, habilidade para uma tarefa específica e com vários indicadores de generosidade (Van Vugt, 2006). Na opinião de Damásio (2007), o conhecimento e as decisões morais são parte da rede cerebral relacionada ao conhecimento e à tomada de decisões em geral.

Estudos com ressonância magnética funcional em pessoas normais, com psicopatias e com sociopatias decorrentes de lesões cerebrais sugerem uma base neurobiológica para o comportamento moral; síndromes disexecutivas são encontradas no transtorno da personalidade antissocial (Dinn & Harris, 2000); aumento do comportamento de risco no Iowa Gambling Test (Bechara, Damásio, Damásio, & Anderson, 1994) é observado em pessoas violentas institucionalizadas; impulsividade, perseveração patológica e alterações da metacognição fazem parte do quadro clínico (Bassarath, 2001). Além disso, estudos estruturais e funcionais sugerem disfunção nas vias frontolímbicas nos transtornos da personalidade antissocial (McCloskey, Phan, Coccaro, 2005; Oliveira-Souza et al., 2008). Áreas frontotemporais têm sido relacionadas ao julgamento moral, particularmente o córtex frontal ventromedial direito (Moll & Oliveira-Souza, 2007; Zahn et al., 2007). Os processos executivos do córtex frontal dorsolateral possivelmente subsidiam a decisão moral racional.

O raciocínio moral depende do conhecimento das regras sociais, enquanto a "conduta pessoal moral" requer avaliar as emoções do outro e prever as consequências sociais das diferentes opções. Em última análise, baseia-se na teoria da mente e nos processos empáticos.

Lesões pré-frontais mesiais e orbitárias, especialmente à direita, afetam o julgamento moral (sociopatia adquirida). Em tarefas de dilema moral, esses pacientes são mais propensos a considerar aceitável uma violação moral pessoal, com rapidez e pequena hesitação (Ciaramelli, Muccioli, Làdavos, & di Pellegrino, 2007). Menor atividade autonômica é observada em resposta a figuras de forte apelo emocional (Koenigs & Tranel, 2007). A empatia é gravemente comprometida, sendo essas pessoas particularmente incapazes de perceber os sentimentos e emoções alheios. A lesão no adulto preserva o raciocínio moral e retém o conhecimento das regras e convenções morais. Em tarefas morais, os pacientes verbalizam a diferença entre o certo e o errado, mas não agem de acordo com esse conhecimento.

Lesões pré-frontais precoces interferem com o desenvolvimento do conhecimento e julgamento morais (sociopatia do desenvolvimento) (Anderson, Bechara, Damásio, Tranel, & Damásio, 2007). Os indivíduos afetados exibem comportamento antissocial severo e crônico, insensibilidade a consequências futuras das decisões e falha em responder a terapias comportamentais. São desprovidos de emoções morais, empatia, consciência ou remorso e culpa pelos seus atos. A agressão dirigida se acompanha de pouca descarga autonômica e menor reconhecimento de expressões de medo.

Os comportamentos empáticos e pró-sociais, que determinam a iniciativa de voluntariamente ajudar e beneficiar o próximo, parecem estar relacionados a altos níveis de moralidade e competência social.

A compreensão desses mecanismos deve contribuir para a orientação infantil por parte dos educadores (Eisenberg, 2007), propiciando maior ajustamento psicossocial da criança e do jovem, com benefício para toda a coletividade e redução da violência e das condutas antissociais. O conhecimento neuropsicológico se articula com as ciências sociais e jurídicas, as instituições governamentais e o próprio núcleo familiar.

NEUROFILOSOFIA

A neurofilosofia pesquisa as relações cérebro-mente. Os neurofilósofos são neurocientistas da consciência. A experiência conscientemente adquirida é registrada na memória e gera a noção do "eu" pessoal com suas relações grupais. Essa experiência consciente molda o *self*.

A consciência de "nível superior" é uma atividade neural "consciente de si mesma" e possibilita a consciência de ser consciente, de ser um indivíduo socialmente definido e de ter um conceito de passado e futuro (Edelman, 2004). Damásio (2000) escreve que a essência da consciência é o próprio pensamento de que nós somos indivíduos particulares, envolvidos no processo de tomar conhecimento da nossa própria existência, o próprio "eu", e da existência dos outros. Edelman (2004) afirma que a aquisição da consciência pelo homem é um produto da evolução e completa a proposta de Darwin.

Mais recentemente, tem se avolumado o estudo neurofisiológico das experiências místicas ou espirituais detectadas em voluntários durante a prece, a meditação e a contemplação. Talvez o cérebro funcione "como uma janela para o mundo da consciência, da alma e do espírito" (Marino Jr., 2005). A neuroteologia retoma a discussão da dicotomia entre ciência e religião.

A SOCIEDADE BRASILEIRA DE NEUROPSICOLOGIA

A Sociedade Brasileira de Neuropsicologia (SBNp) foi fundada em 1988, durante a realização do XIII Congresso Brasileiro de Neurologia, em São Paulo, graças aos esforços e dedicação de dois grandes neurologistas e professores, Norberto Rodrigues e Jayme Maciel. Desde seu início, foram estabelecidas parceria e troca de conhecimento científico com a Sociedade Latino-Americana (SLAN).

Em 1989, Norberto Rodrigues convocou profissionais de diferentes áreas de formação e dos mais diversos grupos e instituições, interessados pela área da neuropsicologia, a fim de organizar o I Congresso Brasileiro de Neuropsicologia e o II

Congresso Latino-Americano de Neuropsicologia. O evento, que teve grande sucesso, foi realizado em 1991, na cidade de São Paulo, e contou com a participação de ilustres colegas vindos de países da América Latina e Europa.

Muitos desses pesquisadores tornaram-se grandes colaboradores da SBNp, realizando importantes trabalhos de pesquisa em parceria com brasileiros ou ministrando cursos de aprimoramento para a formação na área. Entre eles, não podemos deixar de citar: o saudoso André Roch Lecours (Centro de Pesquisa do Hospital Côte-des-Neiges, de Montreal), que, junto à fonoaudióloga Maria Alice de Mattos Pimenta Parente, alavancou o estudo da dislexia no Brasil; o neurologista Jordi Peña Casanova (Hospital Del Mar de Barcelona), que, em 1989, ministrou o primeiro curso sobre avaliação neuropsicológica em território nacional, apresentando o Teste de Avaliação Neuropsicológica Barcelona, a convite do curso de Fonoaudiologia da USPSP, e, desde então, marcou sua presença em vários congressos da SBNp, sempre enriquecendo o conhecimento da área; Xavier Seron (Universidade de Louvain, Unité de Revalidation Neuropsychologique de Cliniques Universitaires de Bruxelas, Bélgica), que participou de congressos da SBNp e, em 1997, ministrou um curso sobre Metodologia de Reabilitação Neuropsicológica no Centro de (Re)habilitação Cognitiva, em São Paulo, no qual realizou estudos de casos com a participação de pais, educadores e terapeutas; Yves Joanette (Laboratório Th-Alajouanine, C.H. Côte-des-Neiges de Montreal), que desenvolveu vários trabalhos de pesquisa em parceria com as professoras Maria Alice de Mattos P. Parente e Rochele Paz Fonseca e colaboradores da Universidade Federal do Rio Grande do Sul (UFRGS), além de ter ministrado diversas conferências nos congressos da SBNp.

Seria impossível nomear neste capítulo os inúmeros pesquisadores e grandes nomes representantes da neuropsicologia mundial que generosamente compartilharam seus conhecimentos e trabalhos científicos com a SBNp.

A SBNp homenageia todos eles com a certeza de que a ciência é um meio de união entre os povos e que o caráter multidisciplinar da neuropsicologia confirma-se por meio da troca de experiência e conhecimento científico entre culturas heterogêneas, que conseguem encontrar uma linguagem comum ao falar sobre o cérebro humano e suas competências.

A SBNp passou a publicar, após cada congresso, um livro contendo as palestras proferidas e a organizar, a cada gestão, dois congressos: um de reabilitação neuropsicológica e um nacional.

Em 2013, será alcançada a marca de 21 congressos, sendo 19 nacionais e 2 internacionais, além de vários simpósios, jornadas e cursos nacionais e internacionais.

Em seus congressos e simpósios, foram privilegiados temas atuais e de incentivo às várias questões sociais, como o Primeiro Simpósio Internacional de Língua de Sinais e Educação do Surdo; o Simpósio Internacional de Neuropsicologia e Inteligência – um Enfoque nas Altas Habilidades; e o V Congresso Brasileiro de Tecnologia e (RE)habilitação Cognitiva sobre Neuropsicologia e Inclusão.

Até a data de publicação desta obra, foram publicados 15 livros. Na gestão 2011/2013, sob a presidência do Dr. Leandro F. Malloy-Diniz, foi retomada a edição da série *Temas em Neuropsicologia*, que promete ser referência de atualização na área.

A sede da SBNp fica em São Paulo, mas um dos seus principais objetivos sempre foi expandir a neuropsicologia por todo o Brasil. Por isso, desde a sua fundação, busca representatividade nos diversos estados brasileiros. Hoje em dia, existem representantes regionais nos estados do Rio de Janeiro, Minas Gerais, Rio Grande do Sul, Goiás, Bahia, Santa Catarina, Paraná e Pernambuco. Em 2004, foi fundada, com o reconhecimento da SBNp, a Sociedade Mineira de Neuropsicologia (SMN), a partir da iniciativa de profissionais da área da saúde e educação, com o intuito de desenvolver projetos de pesquisa e a área de formação em neuropsicologia em Minas Gerais. O psicólogo Leandro Fernandes Malloy-Diniz foi o primeiro presidente da SMN, que teve como presidente de honra o médico Ramon Moreira Cosenza.

Os esforços realizados pelos representantes regionais para divulgar o conhecimento da neuropsicologia é de grande valia para o desenvolvimento científico da área no Brasil. Procurando oferecer aos leitores um panorama da neuropsicologia nos principais centros de pesquisa de nosso país, alguns profissionais de referência deram seus depoimentos sobre o desenvolvimento da área em seus Estados, os quais podem ser lidos a seguir.

Ricardo Nitrini, da Universidade de São Paulo:

A máxima *publish or perish*, traduzível como "publique ou pereça" ou adaptável para "publique e floresça", ganhou força no Brasil com o advento dos programas de pós-graduação a partir da década de 1970. O papel das avaliações da CAPES e das instituições de fomento, em particular a FAPESP, no Estado de São Paulo, foi essencial para o processo de progressivo aumento das pesquisas e publicações no Estado em praticamente todos os âmbitos do conhecimento acadêmico. A neuropsicologia paulista cresceu muito nesse período devido a esses fatores gerais, mas houve outros elementos que também explicam a extensão de seu avanço. Em minha opinião, o envelhecimento populacional, que trouxe grande interesse para o diagnóstico das demências; a descoberta dos primeiros tratamentos para a demência de Alzheimer, que tornou necessário o correto diagnóstico; a neuroimagem, que abriu a possibilidade de compreender as relações mente-cérebro *in vivo*; e a interação de pesquisadores de múltiplas disciplinas destacam-se entre os fatores que tornaram a neuropsicologia uma área científica de crescente interesse tanto para a pesquisa como para a atividade prática. O número de periódicos, livros, eventos científicos e pesquisadores de alto nível com significativas cooperações internacionais espelha bem o crescente avanço da neuropsicologia no Estado de São Paulo e no Brasil.

Paulo Mattos, da Universidade Federal do Rio de Janeiro:

À semelhança do que ocorre com a neuropsicologia em outros países, existe um certo divórcio entre a prática clínica e a pesquisa no Brasil. Frequentemente, grandes estudos empregam testes neuropsicológicos que não são aqueles empregados na prática clínica ou, ainda, que não apresentam propriedades psicométricas adequadas. Agrava-se esse fato com um segundo divórcio: a prática clínica privada e aquela das instituições públicas de ensino.

Leandro F. Malloy-Diniz, da Universidade Federal de Minas Gerais:

A neuropsicologia foi inaugurada em Minas Gerais a partir dos esforços dos professores Ramon Cosenza e Vitor Haase, ambos da UFMG, durante a década de 1990, que incentivaram a formação de dezenas de profissionais relacionados à clínica e à pesquisa em neuropsicologia. O Prof. Vitor Haase fundou o primeiro Laboratório de Neuropsicologia de Minas Gerais, em 1997. O Laboratório de Neuropsicologia do Desenvolvimento logo se tornou um dos principais centros de formação e pesquisa em neuropsicologia do País. Em 2008, um segundo laboratório foi fundado junto ao Instituto Nacional de Ciência e Tecnologia em Medicina Molecular da UFMG. O Laboratório de Investigações Neuropsicológicas congrega, hoje, dezenas de pesquisadores de diversas áreas da neuropsicologia, constituindo-se também em um importante centro de formação e pesquisa na área. Nas últimas duas décadas, a neuropsicologia tornou-se uma realidade em Minas Gerais tanto no tocante à produção científica como no que se refere à disponibilização de serviços para a sociedade.

Leonardo Caixeta, da Universidade Federal de Goiás:

A neuropsicologia no Brasil Central evoluiu na última década a partir de uma atuação exclusivamente clínica, individualista e isolada do restante do País, centrada em consultórios privados, para uma perspectiva mais ampla e expressiva, com amadurecimento de serviços universitários, ou vinculados a instituições hospitalares multidisciplinares e maior intercâmbio com outras instituições nacionais, incluindo a SBNp. As atividades de pesquisa cresceram vinculadas sobretudo aos programas de pós-graduação, geralmente ligados às universidades locais mais tradicionais (UFG, UnB e PUC-GO).

Maria Alice P. Parente, da Universidade Federal do Rio Grande do Sul:

A neuropsicologia no Rio Grande do Sul ficou concentrada em sua capital, Porto Alegre, e teve duas vertentes iniciais desde os anos 1970/80: o estudo dos transtornos neuropsicológicos em epiléticos e os estudos sobre memória e envelhecimento. A primeira vertente foi liderada pela Dra. Mirna Português, no Hospital São Lucas, da PUCRS, com vasta experiência clínica e científica, formando vários profissionais na área de transtornos neuropsicológicos em epiléticos. Na segunda vertente, desenvolvida na UFRGS e no Hospital de Clínicas de Porto Alegre, a Dra. Márcia Chaves, aluna do reconhecido pesquisador em ciências básicas sobre memória, Ivan Izquierdo, difundiu e publicou formas de avaliação em pacientes com Alzheimer e abriu as portas de seu serviço para outros profissionais da Universidade. No final de 1990, formou-se na UFRGS um grupo forte com formação em neuropsicologia, liderado pela Dra. Maria Alice de Mattos Pimenta Parente, que tornou-se professora da pós-graduação em psicologia do Instituto de Psicologia da UFRGS. Com a subvenção da FAPERGS, cursos de formação em mestrado foram ministrados em diferentes cidades do interior, difundindo a neuropsicologia para professores de outras instituições universitárias. Em Porto Alegre, foram formados vários doutores que, atualmente, ocupam posições de liderança e acadêmicas e desenvolvem pesquisas na área da neuropsicologia em diversas instituições universitárias do Rio Grande do Sul. Nas diferentes linhas de pesquisa, cabe salientar os estudos sobre transtornos de leitura e escrita e *priming*, desenvolvidos pela Dra. Jerusa Salles (UFRGS); linguagem e hemisfério direito, liderados pela Dra. Rochele da Paz; transtornos e representações cerebrais do discurso, desenvolvidos pelas Dras. Lenisa Brandão (UFRGS) e Lilian Scherer (PUCRS); transtornos neuropsicológicos em estresse pós-traumático, sob a tutela do Dr. Christian Haag Kristensen (PUCRS); envelhecimento e qualidade de vida, coletados pela Dra. Gabriela Wagner, entre outros. Cabe, ainda, salientar a atuação da Dra. Jerusa Salles, que formou e lidera o Curso de Especialização em Neuropsicologia na UFRGS, aprimorando profissionais na área.

A SBNp sempre considerou e defendeu o caráter multi, inter e transdisciplinar da neuropsicologia. Por isso, em 2007, realizou o Fórum Multidisciplinar para discutir com os conselhos e as entidades representativas de classes a atuação das diferentes áreas profissionais na neuropsicologia, respeitando suas interfaces e os limites estabelecidos por cada área de conhecimento e formação. Passados seis anos desde sua realização, essa questão ainda não foi resolvida.

No Brasil, questões legais e políticas marcam uma disputa de área de atuação na neuropsicologia entre profissionais da área da psicologia e profissionais das demais áreas da saúde e educação. A SBNp, em parceria com o Instituto Brasileiro de Neurociência (IBNec), o Conselho Federal de Fonoaudiologia (CFFa) e outras instituições representantes da área, está levando adiante essa discussão, com a finalidade de validar o caráter multi e interdisciplinar da neuropsicologia.

Vários cursos de neuropsicologia têm sido ministrados em nível de pós-graduação no Brasil. A SBNp reconhece e destaca: o curso de aperfeiçoamento do Centro de Neuropsicologia Aplicada (CNA); os cursos oferecidos pela Universidade de São Paulo (USP), pela Universidade Federal de São Paulo (UNIFESP), pela Universidade Federal do Rio Grande do Sul (UFRGS) e pelo Instituto de Neurologia do Estado de São Paulo (INESP); e os cursos da Universidade FUMEC, da Universidade Federal de Minas Gerais (UFMG) e da Universidade Federal da Bahia.

A SBNp vai continuar seu trabalho de divulgação científica da neuropsicologia no Brasil, buscando atender às mais diversas áreas da (re)habilitação neurológica, da educação, da emoção, da inclusão do diferente, da arte, da ética, da filosofia, da tecnologia e de todas as demais áreas que envolvam o desenvolvimento e aprimoramento das capacidades cerebrais do ser humano.

REFERÊNCIAS

Abrisqueta-Gomez J. (2006). Reabilitação neuropsicológica: "o caminho das pedras". In J. Abrisqueta-Gomez, & F. H. Santos, *Reabilitação neuropsicológica: Da teoria à prática* (pp. 1-14). São Paulo: Artes Médicas.

Adolphs, R. (2007). Looking at other people: mechanisms for social perception revealed in subjects with focal amygdale damage. *Novartis Foundation Symposium, 278*, 146-159.

Allman, J., Hakeem, A., & Watson, K. (2002). Two phylogenetic specializations in the human brain. *The Neuroscientist, 8*(4), 335-346.

Anderson, S. W., Bechara, A., Damásio, H., Tranel, D., & Damásio, A. R. (1999). Impairment of social and moral behavior related to early damage in human prefrontal cortex. *Nature Neuroscience, 2*, 1032-1037.

Bassarath, L. (2001). Neuroimaging studies of antisocial behaviour. *Canadian Journal of Psychiatry, 46*(8), 728-732.

Battistela, L. R., & Brito, C. M. M. (2002). Classificação Internacional da Funcionalidade (CIF). *Acta Fisiátrica, 9*(2), 98-101

Bechara, A., Damásio, A. R., Damásio, H., & Anderson, S. W. (1994). Insensitivity to future consequences following damage to human prefrontal cortex. *Cognition, 50*(1-3), 7-15.

Ciaramelli, E., Muccioli, M., Làdavas, E., & di Pellegrino, G. (2007). Selective deficit in personal moral judgment following damage to ventromedial prefrontal córtex. *Social Cognitive and Affective Neuroscience, 2*(2), 84-92.

Ciasca, S. C. (2006). Distúrbios de aprendizagem: Processos de avaliação e intervenção. In J. Abrisqueta-Gomez, & F. H. Santos, *Reabilitação neuropsicológica: Da teoria à prática* (pp. 35-43). São Paulo: Artes Médicas.

Damásio, A. (2007). Neuroscience and ethics: Intersections. *American Journal of Bioethics, 7*(1), 3-7.

Damásio, A. R. (2000). *O mistério da consciência*. São Paulo: Companhia das Letras.

Deglin, V. L., & Kinsbourne, M. (1996). Divergent thinking styles of the hemispheres: How syllogisms are solved during transitory hemisphere suppression. *Brain and Cognition, 31*(3), 285-307.

Dinn, W. M., & Harris, C. L. (2000). Neurocognitive function in antisocial personality disorder. *Psychiatry Research, 97*(2-3), 173-190.

Edelman, G. M. (2004). *Wider than the sky: The phenomenal gift of consciousness*. London: Allen Lane.

Eisenberg, N. (2007). Empathy-related responding and prosocial behaviour. *Novartis Foudation Symposium, 278*, 71-80.

Gazzaniga M. (2011). Interview with Michael Gazzaniga. *Annals of the New York Academy of Sciences, 1224*, 1-8.

Goldstein, K. (1942). *After effects of brain injury in war*. New York: Grune & Stratton.

Janson, H. W., & Janson, A. F. (2001). *The history of art*. New York: Harry N. Abrams.

Koenigs, M., & Tranel, D. (2007). Irrational economic decision-making after ventromedial prefrontal damage: Evidence from the ultimatum game. *The Journal of Neuroscience, 27*(4), 951-956.

Levenson, R. W. (1994). Human emotion. In P. Ekman, & R. J. Davidson (Eds.), *A functional view in the nature of emotion: Fundamental questions* (pp. 123-126). New York: Oxford.

Lezak, M. D. (1995). *Neuropsychological assessment* (3rd ed.). New York: Oxford University.

Luria, A. R. (1979). The making of mind. In M. Cole, & S. Cole (Orgs.), *The making of mind: A personal account of Soviet psychology* (pp. 177-188). Cambridge: Harvard University.

Macedo, E. C., Baptista, P. M., & Schwartzman, J. S. (2004). Desenvolvimento de novas Interfaces Homem-Computador (IHC) e suas contribuições para a reabilitação cognitiva. In L. H. R. Valle, & F. C. Capovilla (Orgs.), *Temas multidisciplinares de neuropsicologia e aprendizagem* (pp. 625-635). São Paulo: Tecmedd.

Maciel Jr., J. A. (1999). História da neuropsicologia no Brasil. In R. Reimão (Org.), *História da neurologia no Brasil* (pp. 259-263). São Paulo: Lemos.

Malloy-Diniz, L. F., Fuentes, D., Mattos, P., & Abreu, N. (Orgs.) (2010). *Avaliação neuropsicológica*. Porto Alegre: Artmed.

Marino Jr., R. (2005). *A religião do cérebro*. São Paulo: Gente.

McCloskey, M. S., Phan, K. L., & Coccaro, E. F. (2005). Neuroimaging and personality disorders. *Current Psychiatry Report, 7*(1), 65-72.

Meltzoff, N. A., & Decety, J. (2003). What imitation tells us about social cognition: A rapprochement between developmental psychology and cognitive neuroscience. *Philosophical Transactions of the Royal Society of London. Series B, Biological Sciences, 358*(1431), 491-500.

Mendez, M. F. (2008). *Basic neuroscience of social behavior*. Syllabi of the 60th Annual Meeting, American Academy of Neurology, Chicago.

Mendonça, L. I. Z., Azambuja, D. A., Fuentes, D., Foz, A., Ortiz, K. Z., & Santos, C. B. (Orgs.) (2008). *Avaliação neuropsicológica: Panorama interdisciplinar dos estudos na normatização e validação de instrumentos no Brasil*. São Paulo: Vetor.

Miranda, M. C., Borges, M., & Rocca, C. C. A. (2010). Avaliação neuropsicológica infantil. In L. F. Malloy-Diniz, D. Fuentes, P. Mattos, & N. Abreu (Orgs.) (2010). *Avaliação neuropsicológica* (pp. 221-233). Porto Alegre: Artmed.

Miranda, M. C., Mello, C. B., & Muskat, M. (2006). Intervenção interdisciplinar em reabilitação neuropsicológica infantil. In J. Abrisqueta-Gomez, & F. H. Santos, *Reabilitação neuropsicológica: Da teoria à prática* (pp. 45-58). São Paulo: Artes Médicas.

Miranda, M. C., Muskat, M. (2004). Neuropsicologia do desenvolvimento. In V. M. Andrade, F. H. Santos, & O. F. A. Bueno (Orgs.), *Neuropsicologia hoje* (221-224). São Paulo: Artes Médicas.

Moll, J., & Oliveira-Souza, R. (2007). Moral judgments, emotions and the utilitarian brain. *Trends in Cognitive Sciences, 11*(8), 319-321.

Oliveira-Souza, R., Hare, R. D., Bramati, I. E., Garrido, G. J., Ignácio, F. A., Tovar-Moll, F., & Moll, J. (2008). Psychopathy as a disorder of the moral brain: Fronto-temporo-limbic grey matter reductions demonstrated by voxel-based morphometry. *NeuroImage, 40*(3), 1202-1213.

Ongür, D., & Price, J. L. (2000). The organization of networks within the orbital and medial prefrontal cortex of rats, monkeys and humans. *Cerebral Cortex, 10*(3), 206-219.

Perani, D. (2008). Functional neuroimaging of cognition. In G. Goldenberg, & B. L. Miller (Eds.), *Handbook of clinical neurology* (vol. 88, pp. 61-111). Amsterdam: Elsevier.

Premack, D., & Woodruff, G. (1978). Does the chimpanzee have a "theory of mind"? *Behavioral and Brain Sciences, 4*, 515-526.

Prigatano, G. P. (1997). Learning from our successes and failures: Reflections and comments on "Cognitive Rehabilitation: How it is and how it might be". *Journal of the International Neuropsychological Society. 3*(5), 497-499.

Rizzolatti, G., Fadiga, L., Gallese, V., & Fogassi, L. (1996). Premotor cortex and the recognition of motor actions. *Brain Research. Cognitive Brain Research, 3*(2), 131-141.

Robinson, G. E., Fernald, R. D., & Clayton, D. F. (2008). Genes and social behavior. *Science, 322*(5903), 896-900.

Tranel, D., Bechara, A., & Denburg, N. L. (2002). Asymmetric functional roles of right and left ventromedial prefrontal cortices in social conduct, decision-making, and emotional processing. *Cortex, 38*(4), 589-612.

Van Vugt, M. (2006). Evolutionary origins of leadership and followership. *Personality and Social Psychology Review, 10*(4), 354-371.

Wilson, B. A. (1996). Reabilitação das deficiências cognitivas. In R. Nitrini, P. Caramelli, & L. Mansur, *Neuropsicologia das bases anatômicas e reabilitação*. São Paulo: Clínica Neurológica do Hospital das Clínicas da Faculdade de Medicina da Universidade de São Paulo.

Woodward, A. L., & Guajardo, J. J. (2002). Infants' understanding of the point gesture as an object-directed action. *Cognitive Development, 17*, 1061-1084.

Zahn, R., Moll, J., Krueger, F., Huey, E. D., Garrido, G., & Grafman, J. (2007). Social concepts are represented in the superior anterior temporal cortex. *Proceedings of the National Academy of Sciences of the United States of America, 104*(15), 6430-6435.

Índice

A

Acidente vascular cerebral (AVC), 225-227
    pesquisas futuras, 229
    tratamento, 227-229
Adicção e HIV, 311
Adolescentes, 166, 278-280
    e síndromes eletroclínicas, 278-280
    e transtorno de déficit de atenção/hiperatividade, 166
Adultos, 166, 193-199, 280-282
    e síndromes eletroclínicas, 280-282
    e transtorno bipolar, 193-199
    e transtorno de déficit de atenção/hiperatividade, 166
Afasia(s), 96-98, 327, 354
    anômica, 98
    de broca, 96-97
    de condução, 98
    de Wernicke, 97-98
    global, 97
    progressiva não fluente, 327, 354
    progressiva primária variante semântica, 354
    sensorial transcortical, 98
    transcortical motora, 97
AIDS *ver* HIV
Álcool, 245
Alterações cognitivas, 195-199, 205, 207-211
Amígdala, 41-42
Análise de classe latente (LCAs), 166-167
Ansiedade, 53, 310
    e HIV, 310
Aprendizagem *ver* Memória
Áreas de associação, 33-38
    supramodais, 34-38
        pré-frontal, 36-38
        temporoparietal, 34-36
    unimodais, 33-34
Áreas de projeção, motora e sensoriais, 32-33
Áreas límbicas, 38-42
    amígdala, 41-42
    giro do cíngulo, 39-40
    hipocampo, 40-41
    ínsula, 39
    polo temporal, 39
Aspectos históricos, 19-26, 77-80
Atenção, 174 *ver* Funções executivas

Autismo, 183-189
    coerência central, 186-187
    cognição social, 183-185
    escalas e instrumentos, 189t
    funções executivas, 188-189
    linguagem, 187-188
    reconhecimento de emoções, 187, 188f
    teoria da mente, 185-186
    Teste de Conhecimento Emocional, 188f
Automated Working Memory Assessment, 415
Avaliação neuropsicológica, 123-133, 147, 148t, 220, 273-274, 277-283, 404-404, 414-415 *ver também* Exame neurospicológico
    da tomada de decisão, 401-404
    na esquizofrenia, 220
    nas epilepsias, 277-283
    no jogo patológico, 273-274

B

Bateria Arizona para Distúrbios da Comunicação – ABCD, 415
Brasil e neuropsicologia, 409-424
    arte, 412-413
    avaliação neuropsicológica, 414-415
        adultos, 415
        idosos, 415
        infância, 415
    cognição, emoção e comportamento, 410-411
    desenvolvimento cognitivo, neurogenética e educação, 411-412
    emoção/cognição – cognição social, 418-420
    moral e ética, 420-421
    neurofilosofia, 421
    (re)habilitação neuropsicológica, 416-418
    Sociedade Brasileira de Neuropsicologia, 421-424
    tecnologia e integração funcional cerebral, 413-414

C

Categorização, 131-132
Children Gambling Task, 415
CID-11, 216-217
    e transtornos psicóticos CID-11, 216-217
Circuito(s), 120-123, 233f
    CPTC, 233f

do cíngulo anterior, 122-123
circuito dorsolateral, 120-121
circuito orbitofrontal, 121-122
Cocaína, 243-244
Coerência central, 186-187
Cognição, 183-185, 337, 410-411
   e sono, 337
   emoção e comportamento, 410-411
   social, 183-185
Comportamento inibitório, 54
Comportamento motor, 155-161
   doença de Parkinson, 156-158
   transtorno bipolar, 158-160
   transtorno de déficit de atenção/hiperatividade, 160-161
   transtorno obsessivo-compulsivo, 158-160
Comportamentos antissociais, 287-294
   personalidade antissocial, 290
   psicopatia, 289-290
   significado clínico, 287-289
Comprehensive Test of Phonological Processing – CTOPP, 415
Comprometimento cognitivo leve, 341-356
   e demências (exame neuropsicológico), 341-356
      algoritmo de diagnóstico e classificação do CCL, 343f
      anamnese e história clínica, 343-345, 346f
      características e diagnóstico, 341-343
      interpretação dos dados, 352-355
      modelos cognitivo-neuropsicológicos, 345, 347, 348-349t
      seleção de instrumentos de testagem, 347, 350-352
Controle inibitório, 126-128
Corpo estriado, 43f
Córtex cerebral, 29-32, 43f, 42-45
   estruturas e divisões do, 29-32
   modelo das redes neurocognitivas e, 42-45
Crack, 243-244
Crianças, 278-280
   e síndromes eletroclínicas, 278-280
Crises epiléticas, 277

D

Degeneração lobar frontotemporal, 324-327, 353-354
Delirium e HIV, 311
Demências, 301t, 302t, 321-330, 354-355 *ver também* Comprometimento cognitivo leve e demências (exame neuropsicológico)
   afasia progressiva não fluente, 327
   com corpos de Lewy, 327-328, 355
   doença de Alzheimer, 322-324
   frontotemporal, 324-326
   pelo HIV, 301t, 302t
      estágios clínicos, 302t

   sinais e sintomas, 301t
   por doença de Parkinson, 354-355
   semântica, 326-327, 354
   vascular, 328-329, 355
Dependências não químicas, 249-254
   aspectos clínicos, 250-251
   aspectos históricos, 250-251
   dependência de sexo, 252-254
   diagnóstico, 250-251
Dependências químicas, 241-246
   alterações comuns, 242-243
   drogas estimulantes, 243-245
      cocaína e *crack*, 243-244
      drogas sintéticas (MDMA/*ecstasy*), 244-245
   drogas inibidoras, 245
      álcool, 245
      maconha, 245
   heroína/opioides, 245-246
   mecanismos neuropsicológicos, 241-242
Depressão e HIV, 309-310
Depressão maior, 52
Desempenho escolar, 177-178
Desenvolvimento cognitivo (neurogenética e educação), 411-412
Discalculia *ver* Dislexia e discalculia
Dislexia e discalculia, 139-150
   avaliação, 147, 148t
   critérios diagnósticos conforme o DSM-5, 142t
   epidemiologia clínica, 141-145
   intervenções, 147-149
   mecanismos cognitivos, 145-147
   perfil clínico-epidemiológico comparativo, 143-145t
Divisão funcional do córtex, 32f
Divisões do córtex pré-frontal, 36f
Doença de Alzheimer, 322-324, 353
Doença de Parkinson, 156-158
Drogas, 243-245
   estimulantes, 243-245
      cocaína e *crack*, 243-244
      MDMA/*ecstasy*, 244-245
      sintéticas, 244-245
   drogas inibidoras, 245
      álcool, 245
      maconha, 245
DSM-IV, 166-167
   e transtorno de déficit de atenção/hiperatividade, 166-167
DSM-5, 167
   e transtorno de déficit de atenção/hiperatividade, 166-167
   e transtornos psicóticos, 216-217

E

Ecstasy, 244-245
Eletrencefalografia, 63, 271-273t

Emoção/cognição – cognição social, 418-420
Encefalopatia hepática, 312-313
Epilepsias e avaliação neuropsicológica, 277-283
　　conceitos e definições, 277-278
　　　　crises epiléticas, 277
　　　　síndromes epiléticas, 277-278
　　no tratamento cirúrgico, 282-283
　　síndromes eletroclínicas, 278-282
　　　　na infância e na adolescência, 278-280
　　　　　　epilepsia de lobo temporal na infância, 279
　　　　　　epilepsia mioclônica juvenil, 279-280
　　　　　　epilepsia rolândica, 278-279
　　　　na vida adulta, 280-282
　　　　　　epilepsia de lobo frontal, 281-282
　　　　　　epilepsia de lobo temporal, 280-281
Escala de Avaliação de Demência, 415
Escala Internacional de Demência pelo HIV, 304q
Escalas de diagnóstico usadas no transtorno do espectro do autismo, 189t
Escalas Wechsler de Inteligência, 177
Escolares e transtorno de déficit de atenção/hiperatividade, 166
Espectroscopia por luz infravermelha, 63
Esquizofrenia, 53-54, 218-220, 382
　　avaliação neuropsicológica, 220
　　descrição clínica, 216
　　e remediação cognitiva, 382
　　histórico, 215
　　perfil neuropsicológico, 218-220
Estimulação transcraniana por corrente contínua, 385-390
Exame Neurológico do Estado Mental de Strube Black, 415
Exame neuropsicológico, 77-90
　　e reabilitação e habilitação cognitiva e funcional, 89-90
　　indicações, 84-89
　　internação hospitalar, 89
　　objetivos do, 80-84
　　　　auxílio diagnóstico, 80-81
　　　　orientação para tratamento, 82
　　　　perícia, 83
　　　　planejamento da reabilitação, 82
　　　　prognóstico, 81
　　　　seleção de paciente para técnicas especiais, 82-83
　　uso tradicional da neuropsicologia, 77-80

F

Figura de Rey, 237f
Flexibilidade cognitiva, 129-130
Fluência, 132-133
Fluxo de informações no córtex cerebral, 35f
Funções atencionais, 258-259
Funções cognitivas e HIV, 307-308

Funções executivas, 54, 115-135, 188-189, 206f, 259-260
　　avaliação neuropsicológica das, 123-133
　　　　baterias específicas, 123-124
　　　　outros instrumentos, 124-133
　　　　　　categorização, 131-132
　　　　　　controle inibitório, 126-128
　　　　　　flexibilidade cognitiva, 129-130
　　　　　　fluência, 132-133
　　　　　　memória operacional, 130-131
　　　　　　planejamento, 124-126
　　　　　　tomadas de decisão, 128-129
　　na obesidade, 259-260
　　neurobiologia das, 119-123
　　　　circuito do cíngulo anterior, 122-123
　　　　circuito dorsolateral, 120-121
　　　　circuito orbitofrontal, 121-122
　　no autismo, 188-189
　　no ciclo da vida, 117-119
　　redes atencionais, 133-134

G

Genética, 47-52
　　endofenótipos, 50-51
　　estrutura do DNA, 48-50
　　interação genético-ambiental, 51-52
Giro do cíngulo, 39-40
Grandes lobos da superfície cortical, 29f

H

Habilidade visuoespacial, 258
Habilidade visuomotora, 258
Hepatite C, 312-315
　　manifestações neuropsicológicas e neuropsiquiátricas, 312-313
　　　　na ausência de disfunção hepática, 313-315
　　　　no contexto da hepatite C crônica, 312-313
　　　　no contexto do tratamento da hepatite C crônica, 315
Heroína, 245-246
Hipocampo, 40-41
HIV, 297-312
　　adesão ao medicamento, 311-312
　　adicção, 311
　　ansiedade, 310
　　delirium, 311
　　depressão, 309-310
　　diagnóstico das alterações neurocognitivas da AIDS, 300-307
　　　　doenças associadas ao HIV, 303q
　　　　Escala Internacional de Demência pelo HIV, 304q
　　　　estágios clínicos da demência pelo HIV, 302t
　　　　sinais e sintomas de demência pelo HIV, 301t
　　　　testes neuropsicológicos, 303t

efeitos dos medicamentos, 308-309
epidemiologia dos transtornos neurocognitivos, 299-300
funções cognitivas, 307-308
infecções oportunistas, 308
mania, 310-311
psicose, 311

I

Idosos *ver* Comprometimento leve e demências (exame neurospicológico)
Impulsividade, 54, 267
   e jogo patológico, 267
Infância e transtorno bipolar *ver* Transtorno bipolar
Infecções oportunistas, 308
Infecções virais, 297-316
   coinfecções, 315-316
   hepatite C, 312-315
      manifestações neuropsicológicas e neuropsiquiátricas, 312-315
   HIV, 297-312
      adesão ao medicamento, 311-312
      adicção, 311
      ansiedade, 310
      delirium, 311
      depressão, 309-310
      diagnóstico das alterações neurocognitivas da AIDS, 300-307
      efeitos dos medicamentos, 308-309
      epidemiologia dos transtornos neurocognitivos, 299-300
      funções cognitivas, 307-308
      infecções oportunistas, 308
      mania, 310-311
      psicose, 311
Instrumentos, 189t, 366t, 415
   avaliação de desempenho cognitivo e ocupacional, 366t
   de diagnóstico usados no transtorno do espectro do autismo, 189t
   Instrumento de Avaliação Neuropsicológica Breve Neupsilin, 415
Ínsula, 39
Integração funcional cerebral, 413-414
Integridade cognitiva geral, 257
Inteligência, 258
Interacionismo cartesiano, 19-21
Inventário de Temperamento e Caráter – Versões Pré-Escolar e Juvenil, 415
Iowa Gambling Task, 415

J

Jogo patológico, 267-274
   avaliação neuropsicológica, 273-274
   impulsividade, 267

L

Lesão encefálica adquirida, 223-
   acidente vascular cerebral (AVC), 225-227
   pesquisas futuras, 229
   tratamento, 227-229
   traumatismo craniencefálico (TCE), 223-225
Linguagem, 93-100, 187-188
   afasias, 96-98
      anômica, 98
      de broca, 96-97
      de condução, 98
      de Wernicke, 97-98
      global, 97
      sensorial transcortical, 98
      transcortical motora, 97
   avaliação da, 98-99
   bases neurobiológicas da, 94-96
   no autismo, 187-188
Lobo límbico, 38f, 39f
Luria, 24-25

M

Maconha, 245
Magnetoencefalografia, 64
Mania e HIV, 310-311
Mapa citoarquitetônico cortical de Broadmann, 30f
Memória, 54, 103-112, 130-131, 259, 385-390
   avaliação da, 104
   de curto prazo, 110-111
      operacional, 110-111
      prospectiva, 111
   de longo prazo, 104-109
      declarativa (explícita), 104-106
      episódica, 106-108
      não declarativa (implícita), 109
      semântica, 108-109
   de trabalho, 54
   operacional, 110-111, 130-131, 385-390
      efeitos da estimulação transcraniana por corrente contínua, 385-390
Mente-cérebro, 19-23
   e interacionismo cartesiano, 19-21
   Luria, sistema e cultura, 24-25
   método anatomoclínico, 22-23
   neuropsicologia no século XXI, 25-26
   surgimento da neuropsicologia, 22-24
   teses correntes sobre, 21-22
Modelo *distributed plus-hub view*, 108f
Moral e ética, 420-421
Morfometria baseada em voxel (VBM), 60f

N

Neuroanatomia funcional básica, 29-45
   áreas de associação supramodais, 34-38
      pré-frontal, 36-38

temporoparietal, 34-36
áreas de associação unimodais, 33-34
áreas de projeção, motora e sensoriais, 32-33
áreas límbicas, 38-42
    amígdala, 41-42
    giro do cíngulo, 39-40
    hipocampo, 40-41
    ínsula, 39
    polo temporal, 39
estruturas e divisões do córtex cerebral, 29-32
modelo das redes neurocognitivas e córtex cerebral, 42-45
Neuroeconomia, 397-407
    contribuições da neuropsicologia e da neuropsiquiatria, 400-401
    e tomada de decisão, 398-404
        avaliação neuropsicológica da, 401-404
Neurofilosofia, 421
Neuroimagem, 57-64
    eletrencefalografia, 63
    espectroscopia por luz infravermelha, 63
    estudos na esquizofrenia, 217-218
    magnetoencefalografia, 64
    potenciais evocados, 63-64
    ressonância magnética funcional, 60-61
    ressonância magnética, 58-60
    tomografia computadorizada por emissão de fóton único, 62-63
    tomografia computadorizada, 57-58
    tomografia por emissão de pósitrons, 61-62
Neuropsicologia molecular, 47-55
    ansiedade, 53
    comportamento inibitório, 54
    depressão maior, 52
    esquizofrenia, 53-54
    funções executivas, 54
    genética, 47-52
        endofenótipos, 50-51
        estrutura do DNA, 48-50
        interação genético-ambiental, 51-52
    impulsividade, 54
    memória de trabalho, 54
    transtorno bipolar, 52-53
    transtorno obsessivo-compulsivo e tomada de decisão, 54-55
Neurotoxoplasmose, 59f

O

Obesidade, 257-263
    funções atencionais, 258-259
    funções executivas, 259-260
    habilidade visuoespacial, 258
    habilidade visuomotora, 258
    integridade cognitiva geral, 257
    inteligência, 258

    memória, 259
Opioides, 245-246

P

Perícia, 83
Planejamento, 124-126
Polo temporal, 39
Potenciais evocados, 63-64
Pré-escolares e transtorno de déficit de atenção/hiperatividade, 166
Prejuízo cognitivo progressivo, queixas de, 59f
Processamento, 175-177
    da informação temporal, 176-177
    de recompensas/tomada de decisão (impulsividade cognitiva), 175-176
Protocolo Montreal-Toulouse de Exame Linguístico da Afasia MT-86, 415
Psicometria, 67-74
    fontes de evidência de validade, 72t
    índices de fidedignidade, 70t
Psicoses, 215-220, 311
    descrição clínica, 216
    e HIV, 311
    esquizofrenia, 218-220
        avaliação neuropsicológica, 220
        perfil neuropsicológico, 218-220
    estudos de neuroimagem, 217-218
    histórico, 215
    transtornos psicóticos no DSM-5 e na CID-11, 216-217

R

Reabilitação neuropsicológica, 359-374, 385-394
    nomenclaturas, 362-363
    novas técnicas, 385-394
        estimulação transcraniana por corrente contínua, 385-390
        interfaces para pessoas com distúrbio motor severo, 390-394
    ocupações, 364
    prática centrada no cliente, 361q
    sistemática da, 364-374
        avaliação, 365-367
        avaliação dos resultados, 373
        cronograma, 370-371
        encaminhamento, 364-365, 373-374
        identificação e negociação dos objetivos, 367-368
        implantação das intervenções, 372-373
        plano de ações, 371-372
        seleção de abordagens e métodos de intervenção, 368-370, 371q
            adaptativa ou compensatória, 369
            mista, 370
            remediativa (treino cognitivo), 368-369

Reconhecimento de emoções no autismo, 187, 188f
Redes atencionais, 133-134
Regulação de estado (estado de alerta e ativação), 174-175
Remediação cognitiva, 377-382
    adoção de estratégias ineficientes, 381-382
    esquizofrenia e, 382
    objetivos, 379-381
    respostas rápidas e impulsivas, 381
    tempo de resposta lento, 381
    treino cognitivo, 378-379
Ressonância magnética, 58-61, 271-273t
    funcional, 60-61

S

Sintomas psicóticos, 59f
Sluggish cognitive temp (SCT), 167
Sociedade Brasileira de Neuropsicologia, 421-424
Sono, transtornos do, 333-338
    ciclo sono e vigília, 333-334
    relação com a cognição, 337
    relação sono-cognição e fases do desenvolvimento, 334-337

T

Tecnologia e integração funcional cerebral, 413-414
Teoria da mente, 185-186
Teste Breve de Performance Cognitiva – SKT, 415
Teste de Aprendizagem Auditivo-Verbal de Rey – RAVLT, 415
Teste de Atenção Visual Tavis, 415
Teste de Boston de 1999, 415
Teste de Conhecimento Emocional, 188f
Teste de Wisconsin de Classificação de Cartas, 415
Testes neuropsicológicos, 170-172t, 261t, 293t, 303t
    para avaliação cognitiva de comportamentos antissociais, 293t
    para avaliação de transtornos externalizantes, 170-172t
    para avaliação neuropsicológica em indivíduos obesos, 261t
    para detectar distúrbios cognitivos na infecção pelo HIV, 303t
Token Test, 415
Tomadas de decisão, 128-129, 398-404
    e neuroeconomia, 398-404
        avaliação neuropsicológica da, 401-404
Tomografia computadorizada, 57-58, 61-63
    por emissão de fóton único, 62-63
    por emissão de pósitrons, 61-62
Transtorno bipolar, 52-53, 158-160, 193-199, 203-211
    de início na infância, 203-211
        alterações cognitivas, 205, 207-211
        aspectos clínicos e diagnósticos, 203-205, 206f
    em adultos, 193-199
        alterações cognitivas, 195-199
        impacto na funcionalidade, 198-199
Transtorno de déficit de atenção/hiperatividade, 160-161, 165-180
    aspectos neuropsicológicos, 170-179
        atenção, 174
        desempenho escolar, 177-178
        diferenças de perfil entre os subtipos, 177
        escalas Wechsler de Inteligência, 177
        funções executivas "frias", 174
        processamento da informação temporal, 176-177
        processamento de recompensas/tomada de decisão, 175-176
        regulação de estado, 174-175
        testes, 170-172t
    caracterização clínica, 165-166
        adolescentes e adultos, 166
        escolares, 166
        pré-escolares, 166
    definições alternativas ao DSM-IV, 166-167
        análise de classe latente (LCAs), 166-167
        refinamento do subgrupo desatento, 167
        sluggish cognitive temp (SCT), 167
        transtorno único com modificadores dimensionais, 167
    etiologia, 168-170
    no DSM-5, 167
    outros transtornos externalizantes, 168
    prática clínica baseada em evidência, 179-180
Transtornos do sono *ver* Sono, transtornos do
Transtornos específicos de aprendizagem (TEAs), 139-149
Transtornos externalizantes, 165-180
Transtorno obsessivo-compulsivo, 54-55, 158-160, 231-238
    caracterização, 231-232
    e tomada de decisão, 54-55
    hipótese da mediação, 236-238
    neurobiologia, 232-236
Transtornos psicóticos *ver* Psicoses
Traumatismo craniencefálico, 223-225
    em crianças e adolescentes, 225
    pesquisas futuras, 229
    tratamento, 227-229
Treino cognitivo, 368-369

U

Unidades receptora e executora de Luria, 32f

V

Via mesolímbica, 242f